本项研究获得教育部人文社科规划基金一般项目
“蒙古语文信息化论著资源库的构建与研究”（22YJA740012）

2023年度内蒙古自治区直属高校基本科研任务项目45岁以下青年教师
提升科研创新能力项目—“蒙古语综合型语义知识库的构建研究”

2024年教育部资助铸牢中华民族共同体意识研究基地重大项目

2021年内蒙古自治区高等学校创新团队发展计划语言学及应用语言学团队项目、
内蒙古自治区哲学社会科学重点研究基地“北疆古籍文献研究基地”
（内蒙古大学）的资助。

ᠳᠤᠮᠳᠠᠳᠤ ᠶᠢᠨ ᠬᠠᠮᠲᠤᠷᠠᠯᠲᠠᠨ ᠤ ᠦᠨᠳᠦᠰᠦᠲᠡᠨ ᠦ ᠨᠢᠭᠡᠳᠦᠯ
ᠬᠠᠮᠲᠤ ᠶᠢᠨ ᠣᠶᠢᠯᠭᠠᠯᠲᠠ ᠶᠢ ᠪᠡᠬᠡᠵᠢᠭᠦᠯᠬᠦ ᠲᠤᠬᠠᠢ ᠬᠠᠮᠲᠤ ᠰᠤᠷᠤᠯᠴᠠᠯᠲᠠ ᠶᠢ

ᠵᠠᠩ ᠰᠠᠨ ᠵᠢᠭᠠᠨ ᠵᠣ ᠨᠠᠢᠷᠠᠭᠤᠯᠤᠨ ᠣᠷᠴᠢᠭᠤᠯᠪᠠ

ᠦᠨᠳᠦᠰᠦᠲᠡᠨ ᠦ ᠬᠡᠪᠯᠡᠯ ᠦᠨ ᠬᠣᠷᠢᠶ᠎ᠠ

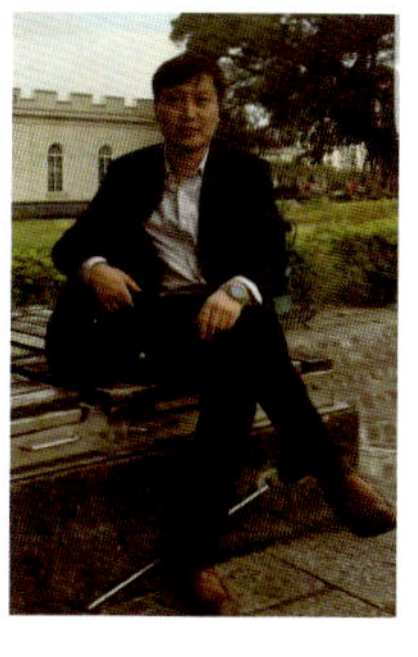

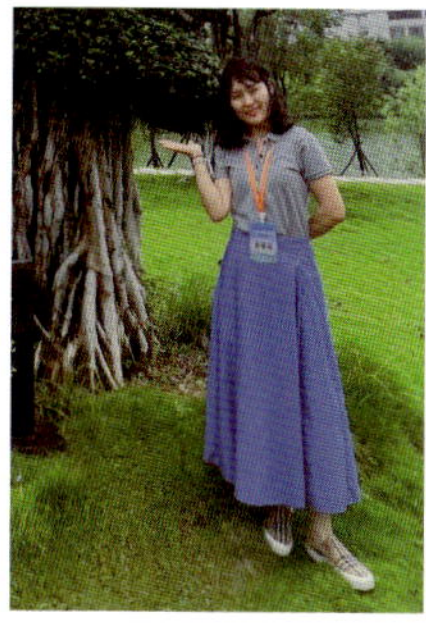

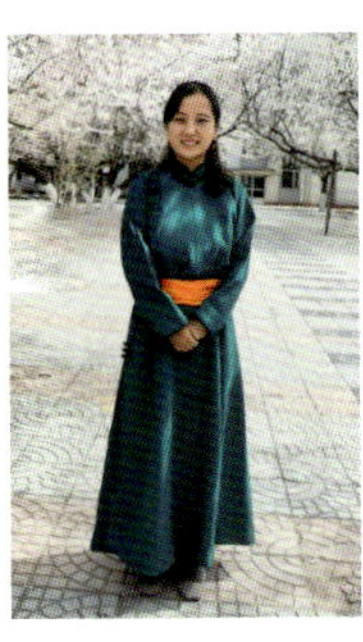

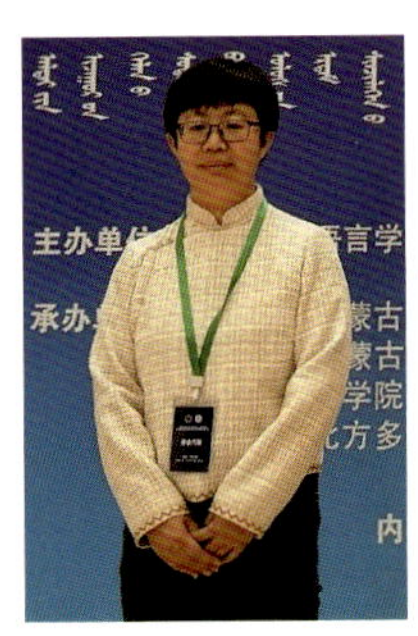

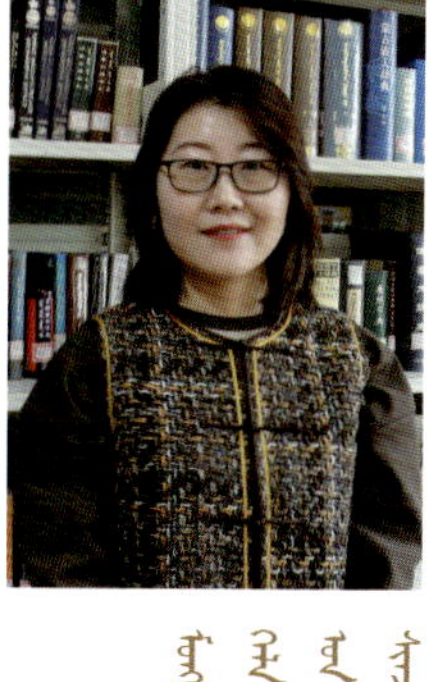

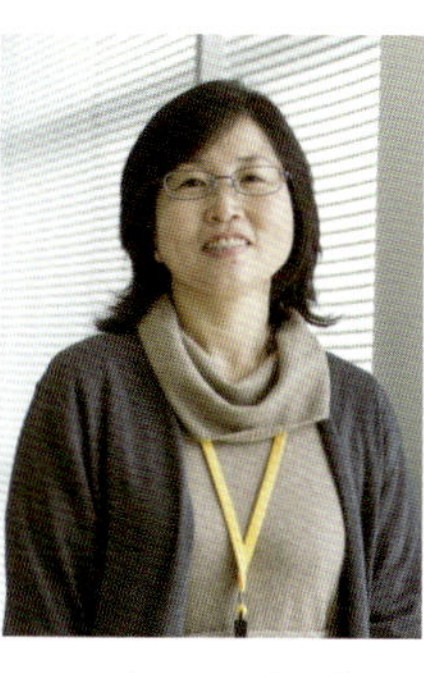

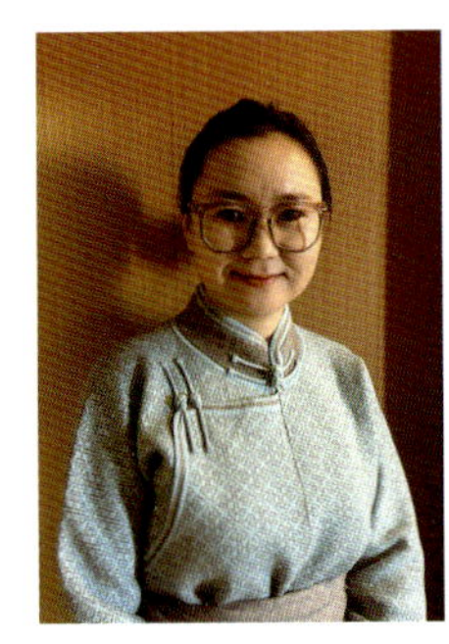

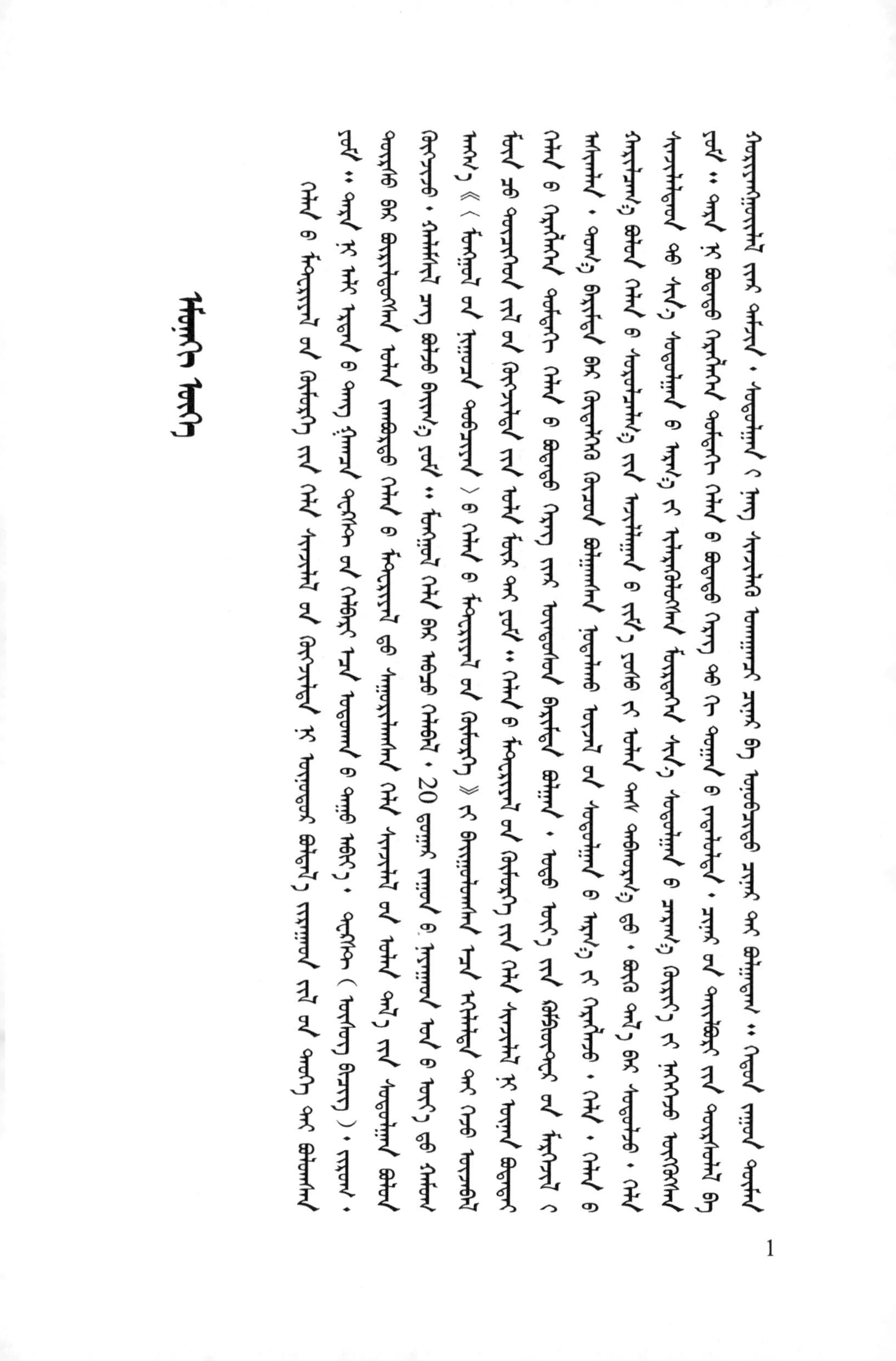

ᠡᠮᠦᠨᠡᠬᠢ ᠦᠭᠡ

[illegible]

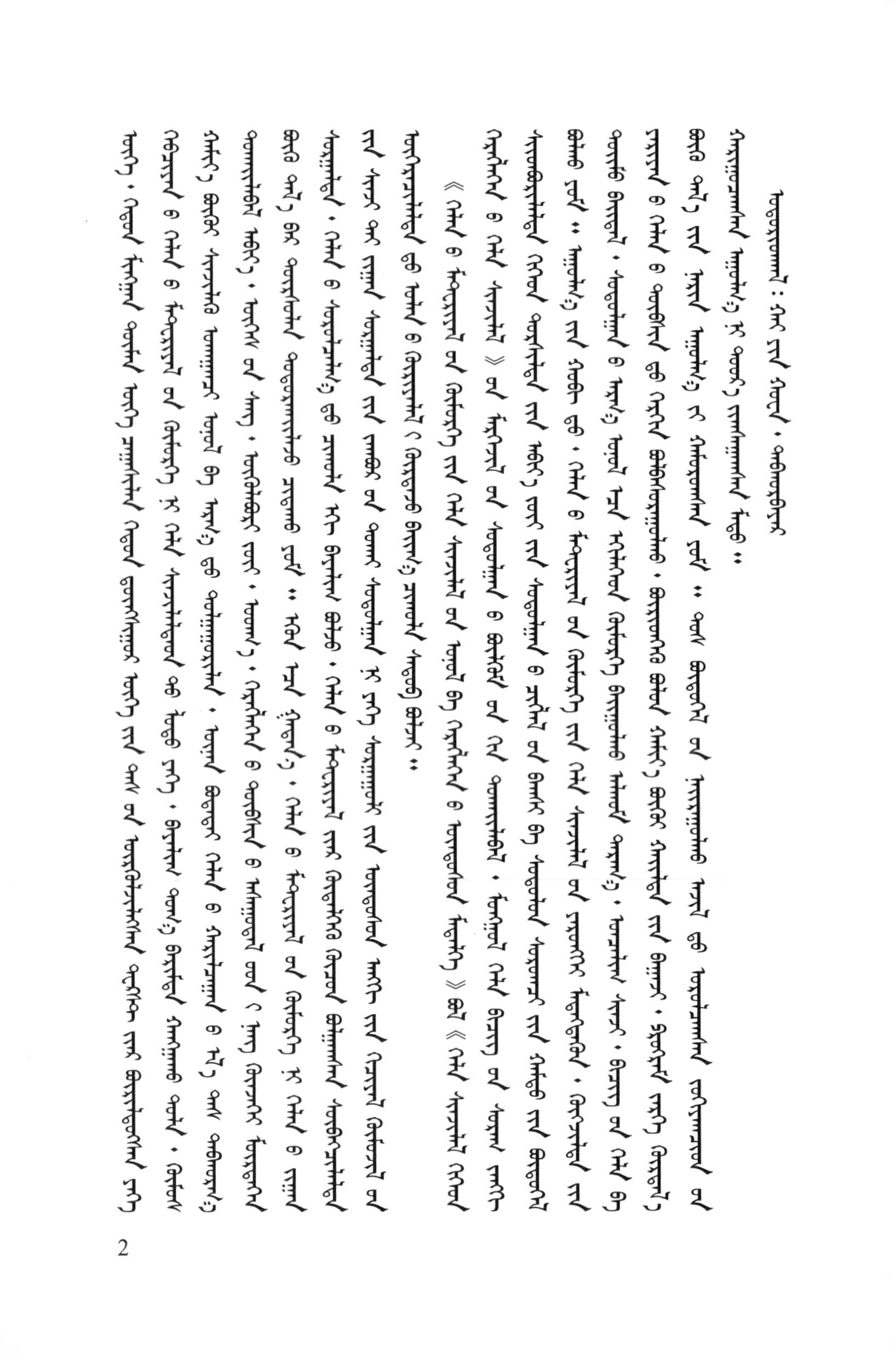

ᠨᠢᠭᠡᠳᠦᠭᠡᠷ ᠪᠦᠯᠦᠭ ： [illegible]

ᠬᠣᠶᠠᠳᠤᠭᠠᠷ ᠪᠦᠯᠦᠭ ： [illegible] ᠂ ᠬᠥᠬᠡᠬᠣᠲᠠ

ᠭᠤᠷᠪᠠᠳᠤᠭᠠᠷ ᠪᠦᠯᠦᠭ ： [illegible]

ᠳᠥᠷᠪᠡᠳᠦᠭᠡᠷ ᠪᠦᠯᠦᠭ ： [illegible]

ᠲᠠᠪᠤᠳᠤᠭᠠᠷ ᠪᠦᠯᠦᠭ ： [illegible]

ᠵᠢᠷᠭᠤᠳᠤᠭᠠᠷ ᠪᠦᠯᠦᠭ ： [illegible] ᠂ [illegible]

[illegible] ᠃

[illegible] 《 [illegible] 》 (ᠲᠦᠩᠯᠢᠶᠣᠤ ᠂ 1998 ᠣᠨ) ᠂ 《 [illegible] 》 (ᠪᠡᠭᠡᠵᠢᠩ ᠂ 1998 ᠣᠨ) ᠂ 《 [illegible] 》 (ᠲᠦᠩᠯᠢᠶᠣᠤ ᠂ 2004 ᠣᠨ) ᠂ 《 [illegible] 》 (ᠬᠥᠬᠡᠬᠣᠲᠠ ᠂ 2018 ᠣᠨ) [illegible] ᠃ [illegible]

ᠭᠠᠷᠴᠠᠭ

ᠤᠳᠤᠷᠢᠳᠬᠠᠯ

ᠨᠢᠭᠡ᠂ ᠬᠡᠯᠡᠨ ᠦ ᠮᠠᠲ᠋ᠧᠷᠢᠶᠠᠯ ᠤᠨ ᠰᠠᠩ ᠤᠨ ᠬᠡᠯᠡ ᠰᠢᠨᠵᠢᠯᠡᠯ ᠦᠨ ᠡᠭᠦᠰᠦᠯ ᠬᠥᠭᠵᠢᠯᠲᠡ

《ᠬᠡᠯᠡᠨ ᠦ ᠮᠠᠲ᠋ᠧᠷᠢᠶᠠᠯ ᠤᠨ ᠰᠠᠩ ᠤᠨ ᠬᠡᠯᠡ ᠰᠢᠨᠵᠢᠯᠡᠯ》(Corpus Linguistics) (ᠳᠠᠷᠠᠭᠠ ᠨᠢ ᠲᠣᠪᠴᠢᠯᠠᠨ 《ᠮᠠᠲ᠋ᠧᠷᠢᠶᠠᠯ ᠬᠡᠯᠡ ᠰᠢᠨᠵᠢᠯᠡᠯ》 ᠭᠡᠬᠦ ᠪᠣᠯ) ᠬᠡᠯᠡᠨ ᠦ ᠮᠠᠲ᠋ᠧᠷᠢᠶᠠᠯ ᠢ ᠰᠤᠳᠤᠯᠬᠤ ᠪᠠᠷ ᠳᠠᠮᠵᠢᠭᠤᠯᠤᠨ ᠬᠡᠯᠡᠨ ᠦ ᠮᠠᠲ᠋ᠧᠷᠢᠶᠠᠯ ᠤᠨ ᠰᠠᠩ ᠤᠨ ᠲᠤᠰᠠᠯᠠᠮᠵᠢ ᠪᠠᠷ ᠬᠡᠯᠡ ᠶᠢ ᠰᠤᠳᠤᠯᠬᠤ ᠠᠷᠭ᠎ᠠ ᠪᠣᠯᠤᠨ ᠰᠤᠳᠤᠯᠭᠠᠨ ᠤ ᠴᠢᠭᠯᠡᠯ ᠢ ᠵᠢᠭᠠᠨ᠎ᠠ ᠃

ᠬᠡᠯᠡᠨ ᠦ ᠮᠠᠲ᠋ᠧᠷᠢᠶᠠᠯ ᠤᠨ ᠰᠠᠩ (Corpus) (ᠺᠣᠷᠫᠦᠰ) ᠭᠡᠳᠡᠭ ᠨᠢ ᠬᠡᠯᠡ ᠶᠢᠨ ᠪᠣᠳᠠᠲᠤ ᠬᠡᠷᠡᠭᠯᠡᠭᠡᠨ ᠦ ᠬᠡᠯᠡᠨ ᠦ ᠮᠠᠲ᠋ᠧᠷᠢᠶᠠᠯ ᠢ ᠴᠤᠭᠯᠠᠭᠤᠯᠤᠨ ᠪᠠᠶᠢᠭᠤᠯᠤᠭᠰᠠᠨ ᠰᠠᠩ ᠪᠣᠯᠤᠨ᠎ᠠ ᠃ ᠡᠨᠡ ᠨᠢ ᠬᠡᠯᠡᠨ ᠦ ᠮᠠᠲ᠋ᠧᠷᠢᠶᠠᠯ ᠤᠨ ᠰᠠᠩ ᠪᠣᠯᠤᠨ ᠬᠡᠯᠡᠨ ᠦ ᠮᠠᠲ᠋ᠧᠷᠢᠶᠠᠯ ᠤᠨ ᠰᠠᠩ ᠢ ᠪᠠᠶᠢᠭᠤᠯᠬᠤ᠂ ᠬᠡᠷᠡᠭᠯᠡᠬᠦ ᠶᠠᠪᠤᠴᠠ ᠳᠤ ᠬᠡᠯᠡ ᠰᠢᠨᠵᠢᠯᠡᠯ ᠦᠨ ᠰᠤᠳᠤᠯᠭᠠᠨ ᠤ ᠠᠷᠭ᠎ᠠ ᠪᠣᠯᠭᠠᠨ ᠬᠡᠷᠡᠭᠯᠡᠵᠦ᠂ ᠬᠡᠯᠡᠨ ᠦ ᠮᠠᠲ᠋ᠧᠷᠢᠶᠠᠯ ᠤᠨ ᠰᠠᠩ ᠲᠠᠢ ᠬᠠᠷᠢᠴᠠᠩᠭᠤᠢ ᠰᠤᠳᠤᠯᠭᠠᠨ ᠤ ᠬᠦᠷᠢᠶ᠎ᠡ ᠶᠢ ᠬᠠᠮᠤᠷᠤᠭᠰᠠᠨ ᠪᠣᠯᠤᠨ᠎ᠠ ᠃

ᠪᠠᠢᠳᠠᠯ ᠢ《ᠬᠡᠯᠡ ᠶᠢᠨ ᠬᠥᠮᠥᠷᠭᠡ ᠶᠢᠨ ᠬᠡᠯᠡ ᠰᠢᠨᠵᠢᠯᠡᠯ》ᠭᠡᠨ᠎ᠡ〔2〕ᠭᠡᠵᠦ ᠲᠣᠪᠴᠢ ᠲᠣᠮᠢᠶᠠᠯᠠᠭᠰᠠᠨ ᠪᠠᠢᠨ᠎ᠠ ᠃

2. ᠬᠥᠮᠥᠷᠭᠡ ᠳᠦ ᠰᠠᠭᠤᠷᠢᠯᠠᠭᠰᠠᠨ ᠬᠡᠯᠡ ᠶᠢᠨ ᠬᠥᠮᠥᠷᠭᠡ ᠶᠢ ᠠᠰᠢᠭᠯᠠᠨ ᠰᠤᠳᠤᠯᠬᠤ᠂ ᠬᠥᠮᠥᠷᠭᠡ ᠳᠦ ᠬᠡᠯᠡ ᠶᠢᠨ ᠪᠠᠷᠢᠮᠲᠠ ᠶᠢ ᠣᠯᠵᠤ ᠠᠪᠬᠤ ᠳᠤ《ᠬᠡᠯᠡ ᠶᠢᠨ ᠬᠥᠮᠥᠷᠭᠡ ᠶᠢᠨ ᠬᠡᠯᠡ ᠰᠢᠨᠵᠢᠯᠡᠯ》ᠭᠡᠨ᠎ᠡ ᠃〔1〕

1. ᠪᠣᠯᠪᠠᠰᠤᠷᠠᠯ ᠬᠠᠮᠲᠤ ᠣᠯᠠᠨ ᠤ ᠬᠡᠯᠡ ᠶᠢᠨ ᠪᠣᠯᠪᠠᠰᠤ ᠳᠡᠭᠡᠷ᠎ᠡ ᠳᠦ ᠰᠠᠭᠤᠷᠢᠯᠠᠭᠰᠠᠨ ᠬᠡᠯᠡ ᠶᠢᠨ ᠰᠤᠳᠤᠯᠭ᠎ᠠ ᠶᠢ《ᠬᠡᠯᠡ ᠶᠢᠨ ᠬᠥᠮᠥᠷᠭᠡ ᠶᠢᠨ ᠬᠡᠯᠡ ᠰᠢᠨᠵᠢᠯᠡᠯ》ᠭᠡᠨ᠎ᠡ ᠃ ᠣᠨᠴᠠᠯᠢᠭ ᠨᠢ:

ᠬᠡᠯᠡ ᠶᠢᠨ ᠬᠥᠮᠥᠷᠭᠡ ᠶᠢᠨ ᠬᠡᠯᠡ ᠰᠢᠨᠵᠢᠯᠡᠯ ᠦᠨ ᠰᠤᠳᠤᠯᠭ᠎ᠠ ᠪᠣᠯ ᠶᠠᠮᠠᠷ ᠨᠢᠭᠡ ᠬᠡᠯᠡ ᠶᠢᠨ ᠬᠡᠷᠡᠭᠯᠡᠭᠡᠨ ᠦ ᠪᠣᠳᠠᠲᠤ ᠪᠠᠢᠳᠠᠯ ᠢ ᠰᠤᠳᠤᠯᠬᠤ ᠳᠤ ᠵᠣᠷᠢᠯᠭ᠎ᠠ ᠲᠠᠢ ᠪᠣᠯᠤᠨ᠎ᠠ ᠃

ᠬᠡᠷᠡᠭᠯᠡᠭᠰᠡᠨ ᠨᠢ ᠲᠤᠰ ᠬᠡᠯᠡ ᠶᠢᠨ ᠬᠥᠮᠥᠷᠭᠡ ᠳᠦ ᠳᠤᠯᠳᠤ ᠶᠢᠨ ᠠᠷᠭ᠎ᠠ᠂ ᠲᠣᠭ᠎ᠠ ᠪᠦᠷᠳᠬᠡᠯ ᠦᠨ ᠠᠷᠭ᠎ᠠ ᠶᠢ ᠬᠡᠷᠡᠭᠯᠡᠵᠦ ᠲᠤᠰ ᠬᠡᠯᠡ ᠶᠢᠨ ᠪᠣᠳᠠᠲᠤ ᠪᠠᠢᠳᠠᠯ ᠢ ᠰᠢᠨᠵᠢᠯᠡᠨ᠎ᠡ ᠃ ᠲᠣᠮᠣ ᠲᠣᠮᠣ ᠬᠡᠯᠡ ᠶᠢᠨ ᠬᠥᠮᠥᠷᠭᠡ ᠳᠦ ᠰᠠᠭᠤᠷᠢᠯᠠᠭᠰᠠᠨ ᠪᠣᠳᠠᠲᠤ ᠪᠠᠢᠳᠠᠯ ᠤᠨ ᠪᠦᠲᠦᠭᠡᠯ ᠦᠳ ᠭᠠᠷᠴᠠᠢ ᠃ ᠲᠣᠮᠣ ᠶᠢ ᠬᠡᠯᠡᠪᠡᠯ ᠬᠡᠯᠡ ᠶᠢᠨ ᠬᠥᠮᠥᠷᠭᠡ ᠳᠦ ᠰᠠᠭᠤᠷᠢᠯᠠᠭᠰᠠᠨ《108 ᠳᠤᠭᠠᠷ》ᠲᠣᠯᠢ ᠪᠢᠴᠢᠭ᠂《1000 ᠦᠭᠡ ᠶᠢᠨ》ᠬᠡᠯᠡ ᠶᠢᠨ ᠬᠥᠮᠥᠷᠭᠡ ᠳᠦ ᠰᠠᠭᠤᠷᠢᠯᠠᠭᠰᠠᠨ《100 ᠦᠭᠡ ᠶᠢᠨ》ᠲᠣᠯᠢ ᠪᠢᠴᠢᠭ ᠬᠡᠯᠡ ᠶᠢᠨ ᠬᠥᠮᠥᠷᠭᠡ ᠶᠢᠨ ᠰᠤᠳᠤᠯᠭ᠎ᠠ ᠶᠢ ᠬᠦᠷᠭᠡᠯ ᠦᠨ ᠲᠣᠯᠢ ᠪᠢᠴᠢᠭ ᠤᠳ᠂ ᠪᠦᠲᠦᠭᠡᠭᠰᠡᠨ ᠦᠨ ᠬᠡᠯᠡ ᠶᠢᠨ BROWN ᠬᠥᠮᠥᠷᠭᠡ ᠪᠠ ᠬᠢᠲᠠᠳ ᠤᠨ CCL ᠬᠥᠮᠥᠷᠭᠡ᠂ ᠠᠮᠸᠷᠢᠺᠠ ᠶᠢᠨ COCA ᠬᠥᠮᠥᠷᠭᠡ ᠶᠢ ᠰᠠᠭᠤᠷᠢᠯᠠᠭᠰᠠᠨ ᠲᠣᠯᠢ ᠪᠢᠴᠢᠭ ᠤᠳ ᠪᠣᠯᠤᠨ᠎ᠠ ᠃ ᠬᠡᠯᠡ ᠶᠢᠨ ᠬᠥᠮᠥᠷᠭᠡ ᠶᠢᠨ ᠬᠡᠯᠡ ᠰᠢᠨᠵᠢᠯᠡᠯ ᠦᠨ ᠪᠣᠯᠪᠠᠰᠤᠷᠠᠯ ᠢ ᠪᠠᠢᠭᠤᠯᠬᠤ ᠳᠤ ᠲᠤᠰᠠᠯᠠᠬᠤ ᠪᠣᠯᠤᠨ᠎ᠠ ᠃ ᠬᠡᠯᠡ ᠰᠢᠨᠵᠢᠯᠡᠯᠴᠢ ᠺᠷᠢᠰᠲ᠋ᠠᠯ (Crystal) ᠤᠨ 1991 ᠣᠨ ᠤ ᠲᠣᠯᠢ ᠪᠢᠴᠢᠭ ᠲᠦ᠂ ᠬᠡᠯᠡ ᠶᠢᠨ ᠬᠥᠮᠥᠷᠭᠡ ᠶᠢ ᠬᠡᠯᠡ ᠶᠢᠨ ᠬᠡᠷᠡᠭᠯᠡᠭᠡᠨ ᠦ ᠲᠦᠯᠦᠭᠡᠯᠡᠯ ᠬᠡᠰᠡᠭ ᠦᠳ ᠦᠨ ᠴᠤᠭᠯᠠᠭᠤᠯᠤᠯ᠂ ᠬᠡᠯᠡ ᠰᠢᠨᠵᠢᠯᠡᠯ ᠦᠨ ᠰᠤᠳᠤᠯᠭ᠎ᠠ ᠳᠤ ᠬᠡᠷᠡᠭᠯᠡᠭᠳᠡᠨ᠎ᠡ

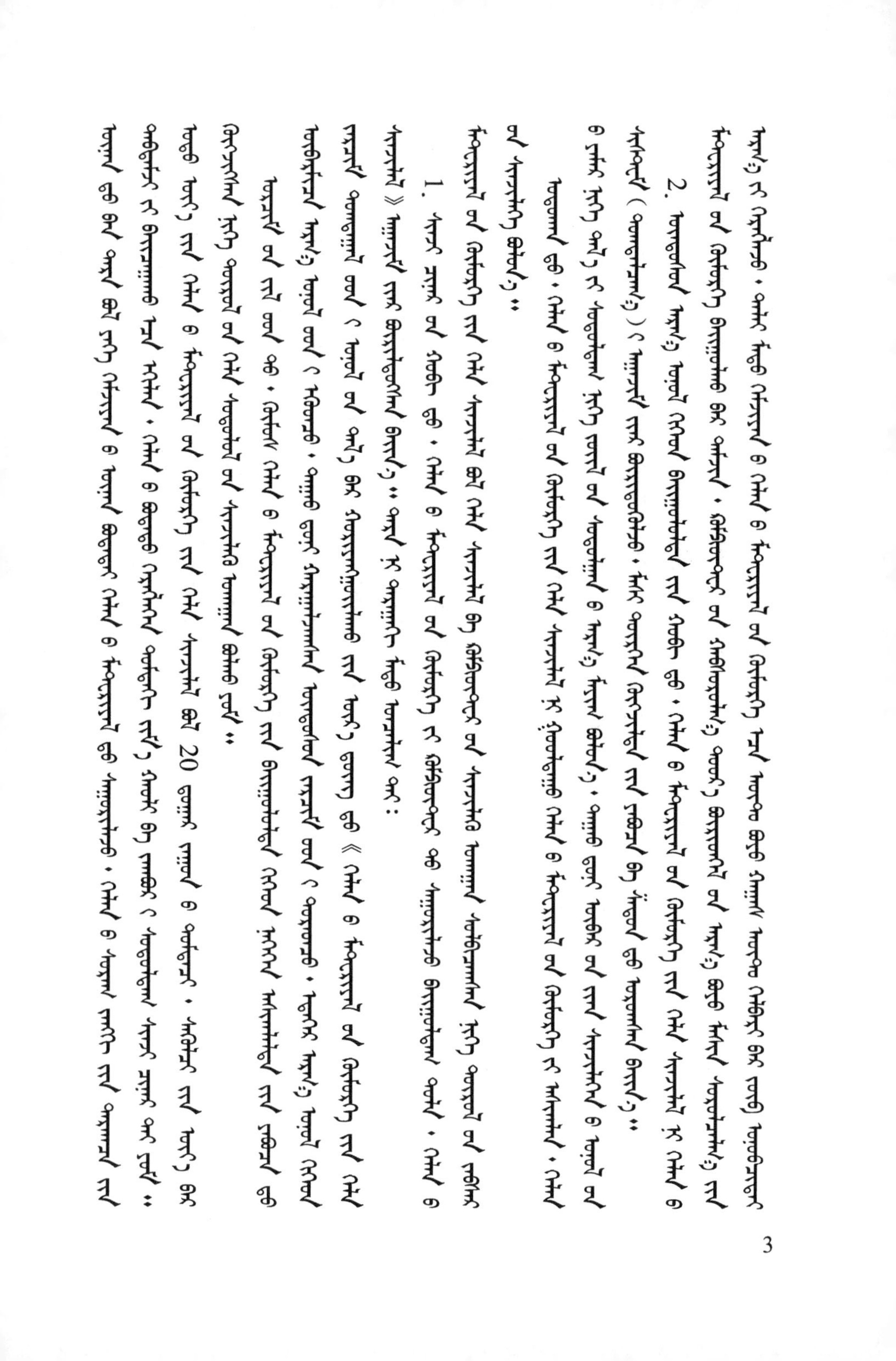

[illegible]

2. [illegible]

[illegible]

1. [illegible]

[illegible]

[illegible] 20 [illegible]

ᠬᠦᠮᠦᠨ ᠦ [illegible] ᠪᠣᠯᠤᠨ᠎ᠠ ::

ᠬᠦᠮᠦᠨ ᠦ ᠬᠥᠭᠵᠢᠯᠲᠡ ᠶᠢᠨ ᠪᠣᠳᠣᠯᠭ᠎ᠠ ᠶᠢᠨ ᠬᠦᠮᠦᠨ [illegible] ᠬᠦᠮᠦᠨ ᠦ ᠬᠥᠭᠵᠢᠯᠲᠡ [illegible] ᠬᠦᠮᠦᠨ ᠦ [illegible] :: [3] ᠬᠦᠮᠦᠨ ᠦ [illegible] : (1) [illegible] ᠬᠦᠮᠦᠨ ᠦ ᠬᠥᠭᠵᠢᠯᠲᠡ ᠶᠢᠨ ᠪᠣᠳᠣᠯᠭ᠎ᠠ [illegible] :: (2) [illegible] ᠬᠦᠮᠦᠨ ᠦ [illegible] ᠬᠦᠮᠦᠨ ᠦ ᠬᠥᠭᠵᠢᠯᠲᠡ ᠶᠢᠨ ᠪᠣᠳᠣᠯᠭ᠎ᠠ [illegible] :: ᠬᠦᠮᠦᠨ ᠦ ᠬᠥᠭᠵᠢᠯᠲᠡ ᠶᠢᠨ ᠪᠣᠳᠣᠯᠭ᠎ᠠ [illegible] :: (3) [illegible] :: (4) [illegible] ᠬᠦᠮᠦᠨ ᠦ ᠬᠥᠭᠵᠢᠯᠲᠡ ᠶᠢᠨ ᠪᠣᠳᠣᠯᠭ᠎ᠠ [illegible] :: [illegible] ᠬᠦᠮᠦᠨ ᠦ ᠬᠥᠭᠵᠢᠯᠲᠡ ᠶᠢᠨ ᠪᠣᠳᠣᠯᠭ᠎ᠠ [illegible] :: [4] ᠬᠦᠮᠦᠨ ᠦ [illegible] ᠬᠦᠮᠦᠨ ᠦ ᠬᠥᠭᠵᠢᠯᠲᠡ ᠶᠢᠨ ᠪᠣᠳᠣᠯᠭ᠎ᠠ [illegible] ᠬᠦᠮᠦᠨ ᠦ [illegible] ᠪᠣᠯᠤᠨ᠎ᠠ ::

ᠶᠢᠨ ᠠᠩᠭ᠌ᠯᠢ ᠬᠡᠯᠡᠨ ᠦ ᠲᠣᠯᠢ ᠶᠢ ᠨᠠᠢ᠌ᠷᠠᠭᠤᠯᠤᠭᠰᠠᠨ ᠳᠤ 15 ᠲᠣᠮᠣ ᠮᠢᠯᠢᠶᠠᠨ ᠦᠰᠦᠭ ᠪᠦᠬᠦᠢ ᠬᠡᠯᠡᠨ ᠦ ᠮᠠᠲ᠋ᠧᠷᠢᠶᠠᠯ ᠢ ᠰᠢᠨᠵᠢᠯᠡᠨ ᠳᠦᠭᠦᠮᠴᠢᠯᠡᠭᠰᠡᠨ
《ᠭᠧᠷᠮᠠᠨ ᠬᠡᠯᠡᠨ ᠦ ᠳᠠᠪᠲᠠᠮᠵᠢ ᠶᠢᠨ ᠲᠣᠯᠢ》(1897 ᠣᠨ) ᠢ ᠨᠠᠢ᠌ᠷᠠᠭᠤᠯᠤᠭᠰᠠᠨ᠃ [5] ᠠᠩᠭ᠌ᠯᠢ ᠶᠢᠨ ᠡᠷᠳᠡᠮᠲᠡᠨ ᠰ᠂ ᠶᠣᠬᠠᠨᠰᠣᠨ (S.Johansson) ᠬᠡᠯᠡᠨ ᠦ ᠮᠠᠲ᠋ᠧᠷᠢᠶᠠᠯ ᠳᠤ ᠰᠤᠷᠪᠤᠯᠵᠢᠯᠠᠭᠠᠳ᠂ ᠦᠭᠡ ᠶᠢᠨ ᠳᠠᠪᠲᠠᠮᠵᠢ ᠪᠠ ᠭᠧᠷᠮᠠᠨ ᠬᠡᠯᠡᠨ ᠦ ᠳᠠᠭᠤ ᠠᠪᠢᠶ᠎ᠠ ᠶᠢᠨ ᠳᠠᠪᠲᠠᠮᠵᠢ ᠶᠢ ᠪᠣᠯᠪᠠᠰᠤᠷᠠᠭᠤᠯᠤᠭᠰᠠᠨ ᠳᠠᠪᠲᠠᠮᠵᠢ ᠶᠢ ᠪᠠᠢ᠌ᠭᠤᠯᠤᠭᠰᠠᠨ᠂

（2） ᠲᠣᠯᠢ ᠶᠢᠨ ᠰᠤᠳᠤᠯᠭ᠎ᠠ : 1898 ᠣᠨ ᠳᠤ ᠭᠧᠷᠮᠠᠨ ᠤ ᠬᠡᠯᠡ ᠰᠤᠳᠤᠯᠤᠭᠴᠢ ᠵ᠂ ᠺᠧᠳ᠋ᠢᠩ (J.Kaeding) ᠶᠢᠨ ᠨᠢᠭᠡ ᠬᠡᠪᠯᠡᠯ ᠦᠨ ᠪᠦᠲᠦᠭᠡᠯ ᠪᠣᠯᠤᠨ᠎ᠠ᠃

ᠲᠣᠭᠠᠴᠠᠭᠠᠯ ᠤᠨ ᠰᠢᠭᠤᠷᠭ᠎ᠠ ᠳᠤ ᠦᠭᠡ ᠶᠢᠨ ᠳᠠᠪᠲᠠᠮᠵᠢ ᠶᠢᠨ ᠬᠡᠯᠬᠢᠶ᠎ᠡ ᠰᠢᠭᠤᠮᠵᠢ ᠳᠤ᠂ ᠪᠣᠯᠪᠠᠯ 16 ᠵᠠᠭᠤ ᠶᠢᠨ ᠡᠬᠢᠨ ᠡᠴᠡ ᠡᠬᠢᠯᠡᠭᠰᠡᠨ᠂ ᠶᠠᠭ ᠪᠢ ᠰᠤᠳᠤᠯᠤᠭᠠᠳ ᠲᠣᠭᠠᠴᠠᠭᠰᠠᠨ ᠠᠷᠭ᠎ᠠ ᠢ ᠦᠭᠡ ᠶᠢᠨ ᠳᠠᠪᠲᠠᠮᠵᠢ ᠶᠢ ᠨᠠᠢ᠌ᠷᠠᠭᠤᠯᠤᠭᠰᠠᠨ᠃ 1845 ᠣᠨ ᠳᠤ ᠠᠩᠭ᠌ᠯᠢ ᠶᠢᠨ ᠰᠤᠳᠤᠯᠤᠭᠴᠢ ᠴ᠂ ᠺᠯᠠᠷᠺ (C.Clarke) ᠶᠢᠨ ᠱᠧᠺᠰᠫᠢᠷ ᠤᠨ 5 ᠵᠦᠢᠯ
Cruden) ᠶᠢᠨ 《ᠠᠷᠢᠭᠤᠨ ᠨᠣᠮ ᠤᠨ ᠬᠡᠯᠬᠢᠶ᠎ᠡ》(Concordance of the Authorized Version of the Bible) ᠢ

（1）《 ᠠᠷᠢᠭᠤᠨ ᠨᠣᠮ 》ᠬᠡᠯᠡᠨ ᠦ ᠦᠭᠡ ᠶᠢᠨ ᠰᠤᠳᠤᠯᠭ᠎ᠠ : 1736 ᠣᠨ ᠳᠤ ᠠᠩᠭ᠌ᠯᠢ ᠶᠢᠨ ᠰᠤᠳᠤᠯᠤᠭᠴᠢ ᠠ᠂ ᠺᠷᠦᠳ᠋ᠧᠨ (A.
ᠲᠣᠭᠠᠴᠠᠭᠠᠯ ᠪᠣᠯᠤᠨ᠎ᠠ᠃ ᠶᠠᠭ ᠡᠨᠡ ᠨᠢ ᠲᠣᠭᠠᠴᠠᠭᠠᠯ ᠠᠷᠭ᠎ᠠ ᠪᠠᠷ ᠪᠣᠯᠪᠠᠰᠤᠷᠠᠭᠤᠯᠬᠤ ᠠᠷᠭ᠎ᠠ ᠶᠢᠨ ᠳᠤ ᠬᠡᠷᠡᠭᠯᠡᠭᠳᠡᠭᠰᠡᠨ ᠪᠣᠯᠤᠭ :
ᠰᠤᠷᠪᠤᠯᠵᠢ ᠶᠢᠨ ᠳᠠᠪᠲᠠᠮᠵᠢ ᠣᠨ ᠤ ᠠᠷᠭ᠎ᠠ᠂ ᠬᠡᠯᠡᠨ ᠦ ᠮᠠᠲ᠋ᠧᠷᠢᠶᠠᠯ ᠢᠶᠠᠷ ᠪᠦᠲᠦᠭᠡᠭᠰᠡᠨ ᠦ ᠰᠤᠳᠤᠯᠭ᠎ᠠ ᠨᠢ ᠦᠭᠡ ᠶᠢᠨ ᠳᠠᠪᠲᠠᠮᠵᠢ ᠶᠢᠨ ᠪᠦᠲᠦᠭᠡᠯ ᠠᠷᠭ᠎ᠠ ᠬᠡᠷᠡᠭ ᠦᠨ
1. ᠠᠩᠭ᠌ᠯᠢ ᠶᠢᠨ ᠬᠡᠯᠡᠨ ᠦ ᠦᠭᠡ ᠶᠢᠨ ᠳᠠᠪᠲᠠᠮᠵᠢ ᠶᠢᠨ ᠬᠡᠯᠡᠨ ᠦ ᠮᠠᠲ᠋ᠧᠷᠢᠶᠠᠯ ᠤᠨ ᠪᠦᠲᠦᠭᠡᠯ ᠦᠨ ᠡᠬᠢᠨ ᠦᠶ᠎ᠡ : 18 ᠵᠠᠭᠤᠨ ᠤ ᠰᠦᠯᠡᠴᠡ ᠡᠴᠡ 20 ᠵᠠᠭᠤᠨ
ᠬᠡᠯᠡᠨ ᠦ ᠮᠠᠲ᠋ᠧᠷᠢᠶᠠᠯ ᠤᠨ ᠪᠦᠲᠦᠭᠡᠯ ᠦᠨ ᠬᠡᠯᠡ ᠰᠤᠳᠤᠯᠭ᠎ᠠ ᠶᠢᠨ ᠪᠠᠭᠤᠷᠢ ᠢ ᠨᠢᠭᠡ ᠲᠣᠮᠣᠬᠠᠨ ᠰᠠᠯᠠᠭ᠎ᠠ ᠦᠭᠡ ᠦᠶ᠎ᠡ ᠰᠤᠳᠤᠯᠭ᠎ᠠ ᠪᠣᠯᠤᠨ᠎ᠠ :

ᠬᠣᠶᠠᠳᠤᠭᠠᠷ ᠪᠦᠯᠦᠭ ᠦᠭᠡ ᠶᠢᠨ ᠳᠠᠪᠲᠠᠮᠵᠢ ᠶᠢᠨ ᠰᠤᠳᠤᠯᠭ᠎ᠠ
ᠬᠣᠶᠠᠷ᠂ ᠬᠡᠯᠡᠨ ᠦ ᠮᠠᠲ᠋ᠧᠷᠢᠶᠠᠯ ᠤᠨ ᠪᠦᠲᠦᠭᠡᠯ ᠦᠨ ᠬᠡᠯᠡ

ᠨᠡ :: 《 ᠣᠺᠰᠹᠣᠷᠳ ᠠᠩᠭ᠌ᠯᠢ ᠬᠡᠯᠡ ᠶ᠋ᠢᠨ ᠲᠣᠯᠢ 》(Oxford English Dictionary) ᠳᠤ ᠪᠠᠭᠲᠠᠭᠰᠠᠨ 414825 ᠦᠭᠡᠰ ᠦᠨ ᠲᠣᠭ᠎ᠠ ᠳᠤ ᠪᠠᠷᠢᠮᠳᠠᠯᠠᠨ · ᠪᠠᠷᠤᠭ ᠲᠡᠢ ᠦᠭᠡ ᠨᠢ 500 ᠦᠭᠡᠰ ᠲᠡᠭᠦᠨ ᠦ ᠬᠡᠷᠡᠭᠯᠡᠭᠡᠨ ᠦ ᠳᠠᠪᠲᠠᠮᠵᠢ · ᠬᠠᠮᠤᠭ ᠤᠨ ᠡᠭᠦᠰᠬᠡᠯ 5000 ᠦᠭᠡᠰ ᠪᠣᠯᠵᠤ ᠪᠠᠢᠨ᠎ᠠ :: ᠡᠨᠡ ᠳᠤ ᠳᠡᠭᠡᠷᠡ ᠬᠡᠯᠡ ᠶ᠋ᠢᠨ ᠠᠷᠭ᠎ᠠ ᠬᠡᠷᠡᠭᠰᠡᠯ ᠦᠨ ᠳᠤᠮᠳᠠᠬᠢ ᠬᠡᠯᠡ ᠶ᠋ᠢᠨ ᠰᠤᠳᠤᠯᠤᠯ ᠤᠨ ᠦᠭᠡᠨ ᠰᠣᠩᠭᠤᠯᠲᠠ ᠪᠣᠯᠪᠠ :: 20 ᠵᠠᠭᠤᠨ ᠤ ᠡᠬᠢᠨ ᠦ ᠬᠡᠯᠡ ᠶ᠋ᠢᠨ ᠰᠤᠳᠤᠯᠤᠯ ᠳᠤ ᠬᠡᠯᠡᠨ᠎ᠡ · ᠴ · ᠴ · ᠹᠷᠧᠢᠰ (C.C.Freis) · ᠲᠷᠠᠸᠧᠷ (Traver) ᠨᠠᠷ ᠬᠡᠯᠡ ᠶ᠋ᠢᠨ ᠰᠤᠳᠤᠯᠤᠯ ᠢ ᠬᠡᠷᠡᠭᠵᠢᠭᠦᠯᠬᠦ ᠶ᠋ᠢᠨ ᠲᠥᠯᠥᠭᠡ ᠠᠷᠭ᠎ᠠ ᠬᠡᠷᠡᠭᠰᠡᠯ ᠦᠨ ᠲᠤᠬᠠᠢ ᠰᠤᠳᠤᠯᠬᠤ ᠪᠣᠯᠤᠨ᠎ᠠ ::

(3) ᠬᠡᠯᠡ ᠶ᠋ᠢᠨ ᠰᠤᠷᠭᠠᠯ ᠵᠢᠷᠤᠮ ᠤᠨ ᠰᠤᠳᠤᠯᠭ᠎ᠠ : 1921 ᠣᠨ ᠳᠤ ᠢ · ᠲᠣᠷᠨᠳᠠᠢᠺ (E.Thorndike) ᠨᠢ 《 ᠪᠠᠭᠰᠢ ᠶ᠋ᠢᠨ ᠦᠭᠡᠰ ᠦᠨ ᠳᠡᠪᠲᠡᠷ 》 ᠢ ᠨᠡᠢᠲᠡᠯᠡᠭᠦᠯᠵᠦ ᠳᠤ 450 ᠮᠢᠩᠭ᠎ᠠ ᠦᠭᠡᠰ ᠢ ᠪᠠᠭᠲᠠᠭᠠᠭᠰᠠᠨ ᠪᠠᠢᠨ᠎ᠠ · 1944 ᠣᠨ ᠳᠤ 《 ᠪᠠᠭᠰᠢ ᠶ᠋ᠢᠨ ᠦᠭᠡᠰ ᠦᠨ ᠳᠡᠪᠲᠡᠷ 》 ᠢ ᠨᠡᠮᠡᠵᠦ ᠵᠠᠰᠠᠭᠰᠠᠨ ᠳᠤ · 1800 ᠮᠢᠩᠭ᠎ᠠ ᠦᠭᠡᠰ ᠢ ᠪᠠᠭᠲᠠᠭᠠᠭᠰᠠᠨ ᠪᠠᠢᠨ᠎ᠠ :: ᠡᠳᠡᠭᠡᠷ ᠨᠢ ᠬᠡᠯᠡ ᠶ᠋ᠢᠨ ᠰᠤᠷᠭᠠᠯ ᠵᠢᠷᠤᠮ ᠤᠨ ᠰᠤᠳᠤᠯᠭ᠎ᠠ ᠳᠤ ᠬᠠᠮᠢᠶᠠᠷᠠᠬᠤ ᠪᠣᠯᠤᠨ᠎ᠠ ::

(4) ᠬᠡᠯᠡ ᠵᠦᠢ ᠶ᠋ᠢᠨ ᠰᠤᠳᠤᠯᠭ᠎ᠠ : 20 ᠵᠠᠭᠤᠨ ᠤ ᠡᠬᠢᠨ ᠳᠦ · ᠣ · ᠶᠧᠰᠫᠧᠷᠰᠧᠨ (O. Jesperson) ᠨᠢ 《 ᠲᠡᠦᠬᠡᠨ ᠦ ᠵᠠᠷᠴᠢᠮ ᠳᠤ ᠰᠠᠭᠤᠷᠢᠯᠠᠭᠰᠠᠨ ᠣᠷᠴᠢᠨ ᠦ ᠠᠩᠭ᠌ᠯᠢ ᠬᠡᠯᠡ ᠵᠦᠢ 》(A Modern English Grammar on Historical Principles) · ᠢ · ᠺᠷᠦ᠋ᠢᠰᠢᠩᠭ᠎ᠠ (E.Kruisinga) ᠶ᠋ᠢᠨ 《 ᠣᠳᠣ ᠦᠶ᠎ᠡ ᠶ᠋ᠢᠨ ᠠᠩᠭ᠌ᠯᠢ ᠬᠡᠯᠡ ᠶ᠋ᠢᠨ ᠭᠠᠷ ᠤᠨ ᠳᠡᠪᠲᠡᠷ 》(A Handbook of Present—Day English) · ᠬ · ᠹᠦ᠋ᠽᠠᠮ (H.Fuuzam) ᠤᠨ 《 ᠠᠩᠭ᠌ᠯᠢ ᠬᠡᠯᠡ ᠵᠦᠢ 》 ᠵᠡᠷᠭᠡ ᠨᠢ ᠪᠦᠷ ᠠᠩᠭ᠌ᠯᠢ ᠬᠡᠯᠡ ᠶ᠋ᠢᠨ ᠰᠤᠳᠤᠯᠤᠯ ᠤᠨ ᠲᠥᠯᠥᠭᠡᠯᠡᠯ ᠪᠣᠯᠤᠨ᠎ᠠ · ᠡᠳᠡᠭᠡᠷ ᠨᠢ ᠠᠩᠭ᠌ᠯᠢ ᠬᠡᠯᠡ ᠶ᠋ᠢᠨ ᠰᠤᠳᠤᠯᠤᠯ ᠳᠤ ᠬᠡᠷᠡᠭᠯᠡᠭᠡᠨ ᠦ ᠬᠡᠯᠡ ᠶ᠋ᠢᠨ ᠰᠤᠳᠤᠯᠤᠯ ᠤᠨ ᠠᠷᠭ᠎ᠠ ᠶ᠋ᠢ ᠬᠡᠷᠡᠭᠯᠡᠭᠰᠡᠨ ᠪᠣᠯᠤᠨ᠎ᠠ ::

《BROWN ᠬᠡᠯᠡᠨ ᠦ ᠮᠠᠲ᠋ᠧᠷᠢᠶᠠᠯ ᠤᠨ ᠬᠥᠮᠥᠷᠭᠡ》ᠨᠢ ᠪᠷᠤᠸᠨ ᠶᠡᠬᠡ ᠰᠤᠷᠭᠠᠭᠤᠯᠢ ᠶᠢᠨ ᠬᠡᠯᠡ ᠵᠦᠢ ᠶᠢᠨ ᠮᠡᠷᠭᠡᠵᠢᠯᠲᠡᠨ ᠬᠧᠨᠷᠢ ᠺᠦᠼᠧᠷᠠ (Henry Kucera) ᠲᠠᠢ ᠬᠠᠮᠲᠤ 2000 ᠦᠭᠡ ᠪᠦᠬᠦᠢ 500 ᠬᠡᠰᠡᠭ ᠡᠬᠡ ᠪᠢᠴᠢᠭ ᠢ ᠰᠤᠩᠭᠤᠨ ᠠᠪᠴᠤ ᠮᠠᠲ᠋ᠧᠷᠢᠶᠠᠯ ᠤᠨ ᠬᠥᠮᠥᠷᠭᠡ ᠶᠢ ᠪᠠᠢᠭᠤᠯᠤᠭᠰᠠᠨ ᠶᠤᠮ᠃ 1964 ᠣᠨ ᠳᠤ ᠨᠧᠯᠰᠤᠨ ᠹᠷᠠᠨᠰᠢᠰ (Nelson Francis) ᠪᠣᠯᠤᠨ ᠺᠦᠼᠧᠷᠠ ᠬᠤᠶᠠᠷ ᠠᠩᠭ᠌ᠯᠢ ᠬᠡᠯᠡᠨ ᠦ ᠮᠠᠲ᠋ᠧᠷᠢᠶᠠᠯ ᠤᠨ ᠬᠥᠮᠥᠷᠭᠡ ᠶᠢᠨ ᠰᠤᠷᠠᠯᠴᠠᠭᠠᠨ ᠳᠤ ᠵᠣᠷᠢᠭᠤᠯᠤᠨ᠂ ᠠᠩᠭ᠌ᠯᠢ ᠬᠡᠯᠡᠨ ᠦ ᠮᠠᠲ᠋ᠧᠷᠢᠶᠠᠯ ᠤᠨ ᠬᠥᠮᠥᠷᠭᠡ ᠶᠢᠨ ᠠᠩᠬᠠᠨ ᠤ ᠪᠦᠲᠦᠭᠡᠯ ᠢ ᠪᠠᠢᠭᠤᠯᠤᠭᠰᠠᠨ ᠶᠤᠮ᠃ ᠡᠨᠡ ᠨᠢ ᠠᠩᠭ᠌ᠯᠢ ᠬᠡᠯᠡᠨ ᠦ ᠮᠠᠲ᠋ᠧᠷᠢᠶᠠᠯ ᠤᠨ ᠬᠥᠮᠥᠷᠭᠡ ᠶᠢᠨ ᠬᠥᠭᠵᠢᠯ ᠦᠨ ᠲᠡᠦᠬᠡᠨ ᠳᠦ ᠳᠤᠳᠤᠷᠬᠠᠢ ᠰᠢᠨᠵᠢ ᠲᠠᠢ ᠪᠠᠢᠭᠠ ᠪᠥᠭᠡᠳ᠂ ᠣᠳᠣ ᠬᠦᠷᠲᠡᠯᠡ ᠪᠠᠰᠠ ᠬᠡᠯᠡ ᠵᠦᠢ ᠶᠢᠨ ᠰᠤᠳᠤᠯᠭᠠᠨ ᠳᠤ ᠠᠰᠢᠭᠯᠠᠭᠳᠠᠵᠤ ᠪᠠᠢᠨ᠎ᠠ᠃ ᠡᠨᠡ ᠨᠢ ᠳᠡᠯᠡᠬᠡᠢ ᠶᠢᠨ ᠠᠩᠬᠠᠨ ᠤ ᠵᠢᠨ ᠰᠢᠰᠢ ᠮᠠᠲ᠋ᠧᠷᠢᠶᠠᠯ ᠤᠨ ᠬᠥᠮᠥᠷᠭᠡ ᠶᠢᠨ ᠭᠠᠷᠤᠯ ᠤᠨ ᠭᠡᠵᠦ ᠪᠣᠯᠬᠤ — ᠵᠢᠨ ᠰᠢᠰᠢ ᠶᠢᠨ ᠡᠷᠢᠨ ᠦ ᠠᠩᠭ᠌ᠯᠢ ᠬᠡᠯᠡᠨ ᠦ ᠮᠠᠲ᠋ᠧᠷᠢᠶᠠᠯ ᠤᠨ ᠬᠥᠮᠥᠷᠭᠡ ᠶᠢᠨ ᠡᠬᠢ ᠦᠵᠡᠯᠲᠡᠨ ᠦ ᠠᠮᠵᠢᠯᠲᠠ : 20 ᠵᠠᠭᠤᠨ ᠵᠢᠯ ᠦᠨ ᠠᠩᠭ᠌ᠯᠢ ᠬᠡᠯᠡᠨ ᠦ ᠮᠠᠲ᠋ᠧᠷᠢᠶᠠᠯ ᠤᠨ ᠬᠥᠮᠥᠷᠭᠡ ᠶᠢᠨ ᠰᠤᠳᠤᠯᠭᠠᠨ ᠤ ᠲᠣᠭᠠᠴᠢᠭᠠᠨ ᠢ ᠬᠠᠮᠲᠤ ᠲᠣᠭᠠᠴᠠᠬᠤ ᠨᠢ ᠵᠦᠢᠲᠡᠢ᠃

2. ᠰᠤᠳᠤᠯᠤᠯᠲᠠ ᠶᠢᠨ ᠰᠢᠨ᠎ᠡ ᠦᠶ᠎ᠡ ᠶᠢᠨ ᠠᠩᠭ᠌ᠯᠢ ᠬᠡᠯᠡᠨ ᠦ ᠮᠠᠲ᠋ᠧᠷᠢᠶᠠᠯ ᠤᠨ ᠬᠥᠮᠥᠷᠭᠡ ᠶᠢᠨ ᠲᠥᠯᠥᠭᠡᠯᠡᠯ ᠢ 《ᠠᠩᠭ᠌ᠯᠢ ᠬᠡᠯᠡᠨ ᠦ ᠬᠡᠷᠡᠭᠯᠡᠭᠡᠨ ᠦ ᠰᠤᠳᠤᠯᠭᠠᠨ ᠤ ᠮᠠᠲ᠋ᠧᠷᠢᠶᠠᠯ ᠤᠨ ᠬᠥᠮᠥᠷᠭᠡ》ᠪᠣᠯᠤᠨ 《ᠯᠠᠨ᠋ᠺᠠᠰᠲ᠋ᠧᠷ — ᠣᠰᠯᠣ / ᠪᠧᠷᠭᠧᠨ ᠮᠠᠲ᠋ᠧᠷᠢᠶᠠᠯ ᠤᠨ ᠬᠥᠮᠥᠷᠭᠡ》ᠪᠠᠷ ᠲᠥᠯᠥᠭᠡᠯᠡᠭᠦᠯᠦᠨ ᠦᠵᠡᠭᠦᠯᠵᠦ ᠪᠣᠯᠤᠨ᠎ᠠ᠃ 《ᠠᠩᠭ᠌ᠯᠢ ᠬᠡᠯᠡᠨ ᠦ ᠬᠡᠷᠡᠭᠯᠡᠭᠡᠨ ᠦ ᠰᠤᠳᠤᠯᠭᠠᠨ ᠤ ᠮᠠᠲ᠋ᠧᠷᠢᠶᠠᠯ ᠤᠨ ᠬᠥᠮᠥᠷᠭᠡ》(SEU) (Survey of English Usage) ᠢ ᠯᠣᠨ᠋ᠳ᠋ᠣᠨ ᠶᠡᠬᠡ ᠰᠤᠷᠭᠠᠭᠤᠯᠢ ᠶᠢᠨ ᠷᠠᠨ᠋ᠳ᠋ᠣᠯᠹ ᠺᠸᠢᠷᠺ (Randolph Quirk) 《ᠠᠩᠭ᠌ᠯᠢ ᠬᠡᠯᠡᠨ ᠦ ᠬᠡᠷᠡᠭᠯᠡᠭᠡᠨ ᠦ ᠰᠤᠳᠤᠯᠭᠠᠨ》ᠤ ᠲᠥᠰᠥᠯ ᠢ 1959 ᠣᠨ ᠳᠤ ᠡᠬᠢᠯᠡᠨ ᠪᠠᠢᠭᠤᠯᠤᠭᠰᠠᠨ ᠶᠤᠮ᠃ ᠡᠬᠢᠨ ᠦ ᠦᠶ᠎ᠡ ᠳᠦ ᠲᠡᠭᠦᠨ ᠦ ᠮᠠᠲ᠋ᠧᠷᠢᠶᠠᠯ ᠨᠢ ᠺᠣᠮᠫᠢᠦ᠋ᠲ᠋ᠧᠷ ᠦᠨ ᠤᠩᠰᠢᠵᠤ ᠪᠣᠯᠬᠤ (Machine Readable) ᠪᠤᠰᠤ ᠪᠠᠢᠭᠰᠠᠨ᠂ ᠬᠠᠮᠢᠭ ᠤᠨ ᠡᠬᠢᠨ ᠦ ᠠᠮᠠᠨ ᠬᠡᠯᠡᠨ ᠦ ᠮᠠᠲ᠋ᠧᠷᠢᠶᠠᠯ ᠤᠨ ᠬᠥᠮᠥᠷᠭᠡ ᠶᠢᠨ ᠨᠢᠭᠡ ᠪᠣᠯᠤᠨ᠎ᠠ᠃ ᠠᠮᠠᠨ ᠬᠡᠯᠡᠨ ᠦ ᠮᠠᠲ᠋ᠧᠷᠢᠶᠠᠯ ᠢ ᠪᠢᠴᠢᠭ ᠦᠰᠦᠭ ᠲᠦ ᠪᠢᠴᠢᠵᠦ ᠪᠤᠤᠯᠭᠠᠭᠰᠠᠨ ᠨᠢ ᠲᠤᠰ ᠬᠥᠮᠥᠷᠭᠡ ᠶᠢᠨ ᠡᠩ ᠤᠨ ᠣᠨᠴᠠᠯᠢᠭ ᠪᠣᠯᠤᠨ᠎ᠠ᠂ ᠬᠡᠯᠡᠨ ᠦ ᠮᠠᠲ᠋ᠧᠷᠢᠶᠠᠯ ᠤᠨ ᠬᠥᠮᠥᠷᠭᠡ ᠶᠢᠨ ᠠᠮᠠᠨ ᠬᠡᠯᠡᠨ ᠦ ᠬᠡᠰᠡᠭ ᠲᠦ ᠬᠠᠮᠢᠶᠠᠷᠤᠨ᠎ᠠ᠃

ᠬᠡᠷᠡᠭᠯᠡᠬᠦ ᠬᠡᠮᠵᠢᠶ᠎ᠡ ᠶᠢᠨ ᠬᠡᠯᠡ ᠶᠢᠨ ᠮᠠᠲ᠋ᠧᠷᠢᠶᠠᠯ ᠤᠨ ᠰᠠᠩ ᠤᠨ ᠨᠡᠮᠡᠯᠲᠡ ᠮᠡᠳᠡᠭᠡᠯᠡᠯ ᠢ ᠲᠡᠮᠳᠡᠭᠯᠡᠬᠦ ᠳᠤ ᠬᠡᠷᠡᠭᠯᠡᠭᠳᠡᠭᠰᠡᠨ ᠪᠠᠢ᠌ᠨ᠎ᠠ ::
ᠭᠠᠷᠭᠠᠭᠰᠠᠨ ᠤ ᠬᠡᠯᠡ ᠰᠢᠨᠵᠢᠯᠡᠬᠦ ᠳᠠᠭᠠᠭᠤᠯ ᠬᠢᠭᠰᠡᠨ ᠪᠠᠢ᠌ᠨ᠎ᠠ :: ᠵᠢᠰᠢᠶᠡᠯᠡᠪᠡᠯ ᠳᠡᠯᠭᠡᠷᠡᠩᠭᠦᠢ ᠬᠡᠯᠡ ᠶᠢᠨ ᠮᠠᠲ᠋ᠧᠷᠢᠶᠠᠯ ᠤᠨ ᠰᠠᠩ ᠳᠤ ᠰᠢᠨᠵᠢᠯᠡᠭᠳᠡᠭᠰᠡᠨ ᠭᠠᠷᠭᠠᠭᠰᠠᠨ ᠤ ᠬᠡᠯᠡ ᠶᠢᠨ ᠮᠠᠲ᠋ᠧᠷᠢᠶᠠᠯ ᠤᠨ ᠪᠠᠭᠲᠠᠭᠠᠮᠵᠢ ᠨᠢ ᠲᠡᠭᠦᠨ ᠦ ᠨᠡᠢ᠌ᠲᠡ ᠬᠦᠮᠦᠨ ᠦ ᠬᠡᠯᠡ ᠶᠢᠨ
ᠢ ᠪᠠᠷᠢᠭᠠᠳ ᠨᠢ ᠭᠠᠷᠭᠠᠭᠰᠠᠨ ᠪᠣᠯᠤᠨ᠎ᠠ 43.4 ᠰᠠᠶ᠋ᠠ ᠦᠭᠡ ᠪᠠᠢ᠌ᠨ᠎ᠠ ᠃ ᠲᠡᠭᠦᠨ ᠦ ᠬᠡᠮᠵᠢᠶᠡᠨ ᠨᠢ ᠪᠠᠨ ᠳᠠᠷᠤᠯᠲᠠ ᠵᠢᠨ ᠲᠡᠮᠳᠡᠭ (prosodic marking) ᠲᠠᠢ᠌ᠪᠠᠯ ᠃ ᠡᠨᠡ ᠴᠤ ᠪᠠᠷᠢᠭᠠᠳ
ᠢ ᠪᠣᠯᠪᠠᠰᠤᠷᠠᠭᠤᠯᠤᠯ 43.4 ᠰᠠᠶ᠋ᠠ ᠦᠭᠡ ᠪᠠᠢ᠌ᠨ᠎ᠠ ᠃ ᠨᠢᠭᠤᠴᠠᠯᠠᠭᠳᠠᠭᠰᠠᠨ ᠳᠤᠭᠤᠶ᠋ᠢᠶᠠᠨ ᠤ ᠳᠠᠷᠤᠯᠲᠠ ᠶᠢᠨ ᠲᠡᠮᠳᠡᠭ (prosodic marking) ᠲᠠᠢ᠌ᠪᠠᠯ ᠃ ᠡᠨᠡ ᠨᠢ
《 ᠯᠣᠨᠳᠣᠨ — ᠯᠦᠨᠳ ᠬᠡᠯᠡ ᠶᠢᠨ ᠮᠠᠲ᠋ᠧᠷᠢᠶᠠᠯ ᠤᠨ ᠰᠠᠩ 》 (London—Lund Corpus) (LLC) ᠢ ᠪᠠᠶᠢᠭᠤᠯᠤᠭᠰᠠᠨ ᠃ ᠡᠨᠡ ᠴᠤ ᠪᠠᠷᠢᠭᠠᠳ
ᠲᠡᠮᠳᠡᠭᠯᠡᠬᠦ ᠃ ᠨᠠᠷᠢᠯᠢᠭ ᠴᠢ ᠨᠢ 96% — 97% ᠬᠦᠷᠴᠡᠢ :: 1975 ᠣᠨ ᠳᠤ ᠃ ᠬᠠᠮᠲᠤ ᠰᠢᠨᠵᠢᠯᠡᠬᠦ (ᠯᠣᠨᠳᠣᠨ ᠶᠢᠨ ᠶᠡᠬᠡ ᠰᠤᠷᠭᠠᠭᠤᠯᠢ) ᠶᠢᠨ
ᠰᠢᠨᠵᠢᠯᠡᠭᠡᠴᠢᠳ ᠦᠭᠡ ᠲᠡᠮᠳᠡᠭᠯᠡᠬᠦ ᠠᠷᠭ᠎ᠠ CLAWS ᠢ ᠬᠦᠭᠵᠢᠭᠦᠯᠵᠦ ᠃ LOB ᠮᠠᠲ᠋ᠧᠷᠢᠶᠠᠯ ᠳᠤ ᠲᠤᠷᠰᠢᠵᠤ ᠦᠭᠡ ᠶᠢᠨ ᠲᠡᠮᠳᠡᠭ ᠢ ᠲᠡᠮᠳᠡᠭᠯᠡᠪᠡ
ᠮᠠᠲ᠋ᠧᠷᠢᠶᠠᠯ ᠤᠨ ᠬᠡᠯᠡ ᠶᠢᠨ ᠮᠠᠲ᠋ᠧᠷᠢᠶᠠᠯ ᠤᠨ ᠰᠠᠩ ᠤᠨ ᠮᠠᠲ᠋ᠧᠷᠢᠶᠠᠯ ᠨᠢ ᠲᠡᠮᠳᠡᠭᠯᠡᠯ ᠤᠨ ᠰᠠᠶ᠋ᠢ ᠶᠢᠨ ᠪᠠᠷᠢᠮᠲᠠ ᠶᠢ ᠪᠡᠶ᠎ᠡ ᠳᠤ ᠬᠦᠷᠭᠡᠵᠦ ᠦᠭᠡ ᠶᠢᠨ ᠨᠠᠢ᠌ᠷᠡᠯᠳᠦᠬᠦᠨ ᠳᠤ
ᠶᠢᠨ ᠬᠡᠰᠡᠭ ᠦᠭᠡᠰ ᠦᠨ ᠬᠡᠯᠡ ᠶᠢᠨ ᠮᠠᠲ᠋ᠧᠷᠢᠶᠠᠯ ᠤᠨ ᠰᠠᠩ ᠤᠨ ᠲᠡᠮᠳᠡᠭᠯᠡᠭᠰᠡᠨ ᠪᠠᠢ᠌ᠨ᠎ᠠ :: ᠡᠨᠡ ᠨᠢ ᠲᠡᠮᠳᠡᠭᠯᠡᠭᠰᠡᠨ ᠡᠨᠡᠬᠦ ᠪᠣᠯᠪᠠᠰᠤᠷᠠᠭᠤᠯᠤᠯ ᠶᠢᠨ
ᠰᠢᠨᠵᠢᠯᠡᠭᠰᠡᠨ ᠲᠡᠮᠳᠡᠭᠯᠡᠯ) ᠬᠡᠯᠡ ᠶᠢᠨ ᠮᠠᠲ᠋ᠧᠷᠢᠶᠠᠯ ᠤᠨ ᠰᠠᠩ 》 ᠢ ᠪᠠᠶᠢᠭᠤᠯᠤᠭᠰᠠᠨ :: ᠲᠡᠭᠦᠨ ᠢ ᠨᠢᠶᠢᠲᠡ 100 ᠰᠠᠶ᠋ᠠ ᠦᠭᠡ ᠪᠠᠢ᠌ᠨ᠎ᠠ ᠃ ᠡᠨᠡ ᠨᠢ
ᠨᠡᠢ᠌ᠲᠡ ᠶᠢᠨ ᠮᠠᠲ᠋ᠧᠷᠢᠶᠠᠯ ᠤᠨ ᠰᠣᠩᠭᠤᠯᠲᠠ ᠪᠣᠯᠤᠨ᠎ᠠ ᠤ ᠰᠣᠩᠭᠤᠭᠰᠠᠨ ᠳᠠᠭᠠᠭᠤ ᠲᠠᠢ᠌ᠯᠪᠤᠷᠢ 《 LOB (London,Oslon,Bergen ᠤ
ᠰᠢᠨᠵᠢᠯᠡᠭᠡᠴᠢᠳ ᠦᠨ ᠬᠠᠮᠲᠤᠷᠠᠯ ᠤᠨ ᠃ ᠨᠢᠭᠡᠳᠦᠭᠡᠷ ᠶᠢᠨ ᠨᠣᠶᠢᠯ ᠶᠢ ᠰᠢᠨᠵᠢᠯᠡᠭᠰᠡᠨ ᠶᠢᠨ ᠠ ᠃ ᠪᠣᠯᠪᠠᠰᠤᠷᠠᠭᠤᠯᠤᠭᠰᠠᠨ ᠨᠢᠭᠡᠳᠦᠭᠡᠷ ᠶᠢᠨ ᠪᠤᠢ ᠶᠢᠨ ᠰᠢᠨᠵᠢᠯᠡᠭᠰᠡᠨ ᠶᠢᠨ
ᠳᠤ ᠬᠦᠷᠴᠡᠢ :: 1970 — 1978 ᠣᠨ ᠳᠤ ᠬᠡᠯᠡ ᠶᠢᠨ ᠵᠢᠱᠢᠶ᠎ᠡ ᠪᠣᠯᠤᠨ ᠰᠢᠨᠵᠢᠯᠡᠭᠰᠡᠨ ᠶᠢᠨ ᠭᠡᠭᠡᠯᠳᠦᠬᠦᠨ ᠯᠢᠴᠢ (Geoffrey Leech)
ᠬᠦᠭᠵᠢᠭᠦᠯᠵᠦ ᠃ 《 BROWN ᠬᠡᠯᠡ ᠶᠢᠨ ᠮᠠᠲ᠋ᠧᠷᠢᠶᠠᠯ ᠤᠨ ᠰᠠᠩ 》 ᠳᠤ ᠲᠤᠷᠰᠢᠵᠤ ᠦᠭᠡ ᠶᠢᠨ ᠲᠡᠮᠳᠡᠭ ᠲᠡᠮᠳᠡᠭᠯᠡᠬᠦ ᠃ ᠨᠠᠷᠢᠯᠢᠭ ᠴᠢ ᠨᠢ 77%
(Greene) ᠪᠠ ᠷᠤᠪᠢᠨ (Rubin) ᠬᠣᠶᠠᠷ ᠰᠢᠨᠵᠢᠯᠡᠭᠡᠴᠢᠳ ᠦᠨ ᠬᠦᠭᠵᠢᠭᠦᠯᠦᠭᠰᠡᠨ ᠦᠭᠡ ᠲᠡᠮᠳᠡᠭᠯᠡᠬᠦ ᠠᠷᠭ᠎ᠠ TAGGIT ᠢ
ᠬᠡᠷᠡᠭᠯᠡᠨ ᠦᠭᠡ ᠶᠢᠨ ᠬᠡᠯᠡ ᠶᠢᠨ ᠮᠠᠲ᠋ᠧᠷᠢᠶᠠᠯ ᠤᠨ ᠰᠠᠩ ᠪᠠᠢ᠌ᠨ᠎ᠠ :: 20 ᠵᠠᠭᠤᠨ ᠤ ᠵᠢᠷᠠᠭᠠᠳ ᠣᠨ ᠤ ᠡᠬᠢᠨ ᠳᠦ ᠃ ᠳᠡᠯᠡᠬᠡᠢ
ᠶᠢᠨ ᠡᠩᠭᠡᠯᠢᠭ ᠬᠡᠯᠡ ᠰᠢᠨᠵᠢᠯᠡᠬᠦ ᠬᠡᠯᠡ ᠶᠢᠨ ᠮᠠᠲ᠋ᠧᠷᠢᠶᠠᠯ ᠤᠨ ᠰᠠᠩ ᠪᠣᠯᠤᠨ᠎ᠠ ᠃ 100 ᠰᠠᠶ᠋ᠠ ᠦᠭᠡ ᠡᠴᠡ ᠳᠡᠭᠡᠭᠰᠢ ᠶᠢᠨ

ᠪᠣᠯᠤᠨ᠎ᠠ ᠃
ᠦᠢᠯᠡᠳᠪᠦᠷᠢᠯᠡᠯ ᠰᠢᠨ᠎ᠡ ᠪᠡᠷ ᠪᠢᠴᠢᠭᠯᠡᠯ ᠤᠨ ᠪᠠᠷᠢᠮᠲᠠ ᠶᠢ ᠲᠡᠮᠳᠡᠭᠯᠡᠭᠰᠡᠨ ᠳᠡᠭᠡᠷ᠎ᠡ ᠪᠡᠨ ᠲᠡᠮᠳᠡᠭᠯᠡᠯ ᠦᠨ ᠪᠦᠲᠦᠴᠡ ᠶᠢᠨ ᠮᠣᠳᠣᠨ ᠤ ᠰᠠᠩ ᠪᠠᠶᠢᠭᠤᠯᠬᠤ ᠠᠵᠢᠯ ᠡᠬᠢᠯᠡᠭᠰᠡᠨ 300 ᠲᠦᠮᠡᠨ ᠦᠭᠡ ᠶᠢᠨ ᠠᠩᠭ᠌ᠯᠢ ᠬᠡᠯᠡᠨ ᠦ ᠲᠡᠮᠳᠡᠭᠯᠡᠯ ᠢ ᠲᠡᠮᠳᠡᠭᠯᠡᠭᠰᠡᠨ ᠶᠢᠨ ᠪᠦᠲᠦᠴᠡ ᠶᠢᠨ ᠮᠣᠳᠣᠨ ᠤ ᠰᠠᠩ ᠪᠠᠶᠢᠭᠤᠯᠵᠤ ᠂ ᠲᠡᠮᠳᠡᠭᠯᠡᠯ ᠦᠨ ᠪᠦᠲᠦᠴᠡ ᠶᠢᠨ ᠰᠢᠭᠤᠳ ᠭᠠᠷᠭᠠᠵᠠᠢ ᠃ ᠡᠨᠡ ᠨᠢ ᠪᠣᠯ ᠫᠧᠨᠰᠢᠯᠸᠠᠨᠢᠶ᠎ᠠ ᠶᠢᠨ ᠮ ᠂ ᠮᠠᠷᠺᠤᠰ (M.Marcus) ᠤᠨ ᠲᠡᠷᠢᠭᠦᠯᠡᠭᠰᠡᠨ ᠬᠠᠮᠲᠤᠷᠠᠯᠴᠠᠭᠠᠨ ᠤ ᠪᠦᠲᠦᠭᠡᠭᠰᠡᠨ « ᠮᠣᠳᠣᠨ ᠤ ᠰᠠᠩ » (TreeBank) ᠢ ᠪᠦᠷᠢᠳᠬᠡᠵᠦ ᠂ 100 ᠲᠦᠮᠡᠨ ᠦᠭᠡ ᠪᠡᠷ ᠬᠡᠯᠡᠨ ᠦ ᠪᠠᠷᠢᠮᠲᠠ ᠳᠤ ᠲᠡᠮᠳᠡᠭᠯᠡᠭᠰᠡᠨ ᠦᠭᠡ ᠪᠡᠷ ᠪᠣᠯᠤᠨ᠎ᠠ ᠃ 20 ᠵᠠᠭᠤᠨ ᠵᠢᠯᠤᠨ ᠤ ᠨᠠᠶᠠᠳ ᠣᠨ ᠤ ᠡᠬᠢᠨ ᠡᠴᠡ ᠡᠬᠢᠯᠡᠨ ᠣᠨ ᠤ ᠳᠤᠮᠳᠠ ᠪᠣᠯᠲᠠᠯ᠎ᠠ ᠂ ᠠᠩᠭ᠌ᠯᠢ ᠶᠢᠨ ᠳᠤ ᠦᠨᠳᠦᠰᠦᠯᠡᠭᠰᠡᠨ ᠪᠣᠯᠤᠨ᠎ᠠ ᠃ ᠠᠩᠭ᠌ᠯᠢ ᠦᠨᠳᠦᠰᠦᠲᠡᠨ ᠤ ᠬᠡᠯᠡᠨ ᠦ ᠪᠠᠷᠢᠮᠲᠠ ᠶᠢᠨ ᠰᠠᠩ BNC ᠨᠢ ᠪᠠᠰᠠ ᠮᠥᠨ ᠦᠶ᠎ᠡ ᠳᠦ ᠪᠦᠲᠦᠭᠡᠭᠳᠡᠭᠰᠡᠨ ᠂ ᠬᠡᠮᠵᠢᠶ᠎ᠡ ᠨᠢ 1 ᠢ ᠲᠡᠷᠪᠢᠮ ᠦᠭᠡ ᠳᠦ ᠠᠩᠭ᠌ᠯᠢ ᠬᠡᠯᠡ ᠶᠢᠨ ᠬᠡᠯᠡᠨ ᠦ ᠪᠠᠷᠢᠮᠲᠠ ᠶᠢᠨ ᠰᠠᠩ (Longman Corpus) ᠢ ᠪᠦᠲᠦᠭᠡᠭᠰᠡᠨ ᠂ ᠡᠨᠡ ᠨᠢ ᠲᠡᠮᠳᠡᠭᠯᠡᠭᠰᠡᠨ ᠦᠭᠡ ᠪᠡᠷ ᠪᠣᠯᠵᠤ ᠂ ᠨᠡᠢᠲᠡ ᠳᠦ 1500 ᠲᠦᠮᠡᠨ ᠦᠭᠡ ᠪᠦᠬᠦᠢ ᠵᠢᠷᠤᠮ ᠤᠨ ᠬᠡᠯᠡᠨ ᠦ ᠪᠠᠷᠢᠮᠲᠠ ᠶᠢ ᠪᠠᠭᠲᠠᠭᠠᠵᠤ ᠪᠠᠢᠨ᠎ᠠ ᠃ 20 ᠵᠠᠭᠤᠨ ᠵᠢᠯᠤᠨ ᠤ ᠪᠠᠷᠢᠮᠲᠠ ᠶᠢᠨ ᠰᠠᠩ ᠪᠠᠷ ᠦᠭᠡ ᠪᠡᠷ ᠪᠠᠢᠭᠤᠯᠵᠤ ᠂ ᠡᠨᠡᠬᠦ ᠲᠦᠮᠡᠨ ᠦ ᠪᠠᠷᠢᠮᠲᠠ ᠶᠢ ᠡᠨᠡᠬᠦ ᠪᠠᠢᠨ᠎ᠠ ᠃ 2003 ᠣᠨ ᠳᠤ ᠲᠡᠷᠡ ᠰᠠᠩ ᠤᠨ ᠬᠡᠮᠵᠢᠶ᠎ᠡ 5 ᠬᠦᠷᠴᠡᠢ ᠂ ᠲᠡᠭᠦᠨ ᠦᠭᠡ ᠂ ᠬᠡᠯᠡᠨ ᠦ ᠦᠭᠡ ᠶᠢᠨ ᠲᠣᠭᠠᠴᠠᠭᠠᠯᠠᠭᠰᠠᠨ ᠂ ᠰᠤᠳᠤᠯᠭ᠎ᠠ ᠶᠢᠨ ᠲᠡᠷᠭᠡᠭᠦᠯᠡᠭᠰᠡᠨ ᠢ ᠰᠢᠨᠵᠢᠯᠡᠨ ᠰᠤᠳᠤᠯᠬᠤ ᠪᠣᠯᠤᠨ ᠬᠡᠯᠡᠨ ᠦ ᠲᠣᠯᠢ ᠪᠢᠴᠢᠭ 1987 ᠣᠨ ᠳᠤ ᠪᠢᠷᠮᠢᠩᠬᠠᠮ ᠶᠡᠬᠡ ᠰᠤᠷᠭᠠᠭᠤᠯᠢ ᠳᠤ ᠨᠡᠢᠲᠡ ᠪᠠᠷᠢᠮᠲᠠ ᠳᠤ ᠲᠤᠰᠬᠠᠢᠯᠠᠭᠰᠠᠨ ᠂ « COBUILD ᠠᠩᠭ᠌ᠯᠢ ᠬᠡᠯᠡᠨ ᠦ ᠲᠣᠯᠢ ᠪᠢᠴᠢᠭ » ᠢ ᠪᠡᠯᠡᠳᠬᠡᠭᠰᠡᠨ ᠨᠢ ᠬᠡᠯᠡᠨ ᠦ ᠪᠠᠷᠢᠮᠲᠠ ᠶᠢᠨ ᠰᠠᠩ ᠤᠨ ᠬᠡᠯᠡ ᠰᠤᠳᠤᠯᠬᠤ ᠨᠢ ᠬᠡᠷᠡᠭᠯᠡᠭᠡᠨ ᠦ ᠰᠢᠨᠵᠢᠯᠡᠯ ᠳᠦ ᠰᠢᠯᠵᠢᠭᠦᠯᠦᠨ ᠪᠡᠯᠡᠨ ᠲᠣᠭᠲᠠᠨ ᠪᠣᠯᠵᠠᠢ ᠃
ᠪᠢᠷᠮᠢᠩᠬᠠᠮ ᠶᠡᠬᠡ ᠰᠤᠷᠭᠠᠭᠤᠯᠢ ᠪᠣᠯᠤᠨ ᠪᠡᠯᠡᠳᠬᠡᠭᠰᠡᠨ ᠶᠢᠨ ᠪᠦᠲᠦᠭᠡᠭᠰᠡᠨ ᠪᠡᠷ ᠰᠤᠳᠤᠯᠤᠨ ᠪᠡᠷ « COBUILD ᠬᠡᠯᠡᠨ ᠦ ᠪᠠᠷᠢᠮᠲᠠ ᠶᠢᠨ ᠰᠠᠩ » ᠢ ᠲᠡᠷᠢᠭᠦᠯᠡᠭᠰᠡᠨ ᠦᠭᠡ ᠪᠡᠷ ᠪᠣᠯᠪᠠ ᠃ ᠲᠡᠭᠦᠨ ᠦ ᠲᠡᠷᠢᠭᠦᠨ ᠂ ᠵᠣᠩ ᠰᠢᠩᠺᠯᠧᠷ (John Sinclair) ᠫᠷᠤᠹᠧᠰᠰᠣᠷ ᠤᠨ ᠲᠡᠷᠢᠭᠦᠯᠡᠭᠰᠡᠨ ᠲᠣᠭᠠᠭ᠎ᠠ ᠠᠩᠭ᠌ᠯᠢ ᠶᠢᠨ ᠵᠢᠷᠤᠮ ᠤᠨ ᠬᠡᠯᠡ ᠰᠢᠨᠵᠢᠯᠡᠬᠦ ᠲᠣᠭᠠᠨ ᠰᠢᠨᠵᠢᠯᠡᠭᠡᠨ ᠳᠤ ᠳᠠᠭᠠᠯᠳᠤᠭᠤᠯᠤᠭᠰᠠᠨ ᠵᠢᠷᠤᠮ ᠬᠡᠮᠵᠢᠶ᠎ᠡ ᠶᠢᠨ ᠬᠡᠯᠡᠨ ᠦ ᠪᠠᠷᠢᠮᠲᠠ ᠶᠢᠨ ᠰᠠᠩ

3. ᠬᠤᠪᠢᠰᠬᠠᠯ ᠦᠶ᠎ᠡ ᠶᠢᠨ ᠬᠤᠪᠢᠰᠬᠠᠯ ᠦᠶ᠎ᠡ ᠶᠢᠨ ᠬᠡᠯᠡᠮᠵᠢᠶ᠎ᠡ ᠬᠡᠯᠡᠨ ᠦ ᠪᠠᠷᠢᠮᠲᠠ ᠶᠢᠨ ᠰᠠᠩ ᠤᠨ ᠬᠦᠮᠦᠨ ᠦᠶ᠎ᠡ : ᠬᠤᠷᠢᠶᠠᠩ᠋ᠭᠤᠢ 20 ᠵᠠᠭᠤᠨ

ᠪᠦᠲᠦᠭᠡᠯ 〉 ᠬᠡᠮᠡᠬᠦ ᠨᠡᠶᠢᠲᠡᠯᠡᠭᠰᠡᠨ ᠃ 2013 ᠣᠨ ᠳᠤ ᠬᠡᠪᠯᠡᠭᠰᠡᠨ ᠶᠢᠨ ᠰᠢᠨ᠎ᠡ ᠰᠤᠳᠤᠯᠭᠠᠨ ᠤ ᠪᠢᠴᠢᠭ ᠮᠡᠳᠡ ᠪᠤᠶᠤ ᠬᠡᠯᠡᠯᠴᠡᠭᠡᠨ ᠦ ᠬᠤᠷᠠᠯ ᠳᠤ ᠮᠠᠲ᠋ᠸᠷᠢᠶᠠᠯ ᠤᠨ ᠪᠠᠭᠠᠵᠢ ᠶᠢᠨ ᠬᠡᠷᠡᠭ ᠲᠡᠭᠦᠨ ᠪᠤᠶᠤ ᠲᠠᠨᠢᠯᠴᠠ ᠳᠤ ᠪᠠᠨ Web ᠦ ᠰᠦᠯᠵᠢᠶᠡᠨ ᠦ ᠬᠡᠷᠡᠭᠯᠡᠭᠡ ᠪᠣᠯᠤᠨ ᠨᠠᠶᠢᠳᠠᠮᠵᠢ ᠪᠤᠶᠤ 〈 ᠲᠤᠷᠰᠢᠯᠲᠠ ᠶᠢᠨ ᠪᠠ ᠲᠤᠷᠰᠢᠯᠲᠠ 》(The web as corpus: therory and practice) ᠢ ᠨᠡᠶᠢᠲᠡᠯᠡᠭᠦᠯᠦᠭᠰᠡᠨ ᠳᠤ ᠪᠠᠨ 《 ᠲᠤᠷᠰᠢᠯᠲᠠ ᠶᠢᠨ ᠬᠡᠯᠡᠨ ᠦ ᠬᠡᠯᠡᠨ ᠦ ᠮᠠᠲ᠋ᠸᠷᠢᠶᠠᠯ ᠢ ᠨᠡᠶᠢᠲᠡᠯᠡᠭᠰᠡᠨ ᠰᠤᠳᠤᠯᠤᠯᠲᠠ ᠶᠢᠨ ᠬᠡᠪᠯᠡᠯ ᠦᠨ ᠪᠦᠲᠦᠭᠡᠯ 《 Web ᠢ ᠬᠡᠯᠡᠨ ᠦ ᠮᠠᠲ᠋ᠸᠷᠢᠶᠠᠯ ᠤᠨ ᠪᠠᠭᠠᠵᠢ ᠪᠣᠯᠭᠠᠬᠤ ᠶᠢᠨ ᠰᠤᠳᠤᠯᠤᠯ ᠳᠤ : ᠲᠤᠶᠢᠯ ᠰᠢᠨᠵᠢ ᠲᠦᠯᠦᠪᠯᠡᠯ ᠨᠠᠶᠢᠳᠠᠯ ᠤ ᠲᠣᠪᠴᠢᠶᠠᠨ ᠪᠣᠯᠤᠨ᠎ᠠ ᠃ ᠺᠢᠯᠭᠠᠷᠢᠹ (Killgariff) ᠨᠠᠷ 2014 ᠣᠨ ᠳᠤ Web ᠪᠣᠯ ᠬᠡᠯᠡᠨ ᠦ ᠮᠠᠲ᠋ᠸᠷᠢᠶᠠᠯ ᠨᠡᠶᠢᠲᠡᠭᠦᠯᠦᠨ ᠃ ᠪᠠᠭᠠᠵᠢ ᠪᠣᠯᠭᠠᠭᠤᠯᠬᠤ ᠬᠡᠯᠡᠨ ᠦ ᠪᠦᠲᠦᠬᠦ ᠮᠠᠲ᠋ᠸᠷᠢᠶᠠᠯ ᠰᠠᠨ ᠨᠡᠶᠢᠲᠡ ᠲᠣᠭᠠᠴᠠᠭᠤ ᠃ ᠬᠡᠯᠡᠨ ᠦ ᠮᠠᠲ᠋ᠸᠷᠢᠶᠠᠯ ᠤᠨ ᠪᠠᠭᠠᠵᠢ ᠰᠣᠨᠢᠷᠬᠠᠯ ᠲᠠᠢ ᠨᠢᠭᠡ ᠃ ᠲᠤᠰᠬᠠᠢ ᠳᠤ ᠃ ᠮᠠᠨ ᠤ ᠨᠡᠶᠢᠲᠡ ᠶᠢᠨ ᠲᠦᠷᠦᠯ ᠨᠡᠭᠦᠷ ᠤᠨ ᠪᠠ ᠪᠣᠯᠤᠨ ᠃ ᠰᠦᠯᠵᠢᠶᠡᠨ ᠦ ᠨᠡᠷᠡ ᠲᠣᠭᠠᠨ ᠪᠠᠶᠢᠳᠠᠯ ᠶᠢᠨ ᠨᠡᠶᠢᠲᠡᠯᠡᠭᠰᠡᠨ ᠢ ᠲᠤᠰ ᠪᠢᠴᠢᠭ ᠦᠨ ᠰᠦᠯᠵᠢᠶᠡᠨ ᠶᠢᠨ ᠰᠡᠳᠦᠪ ᠨᠢ ᠲᠡᠳᠡᠨ ᠳᠤ ᠰᠠᠨᠠᠭᠠ ᠲᠠᠢ ᠤᠯᠤᠰ ᠤᠨ ᠰᠢᠨᠵᠢᠯᠡᠯ ᠶᠢᠨ ᠪᠣᠯᠪᠠᠰᠤᠷᠠᠯ ᠪᠣᠯᠤᠨ ᠲᠡᠭᠦᠨ ᠳᠤ ᠰᠤᠷᠪᠠᠯᠵᠢ ᠲᠠᠶ ᠬᠡᠯᠡᠨ ᠦ ᠨᠡᠷᠡ ᠪᠣᠯᠪᠠᠰᠤᠷᠠᠯ ᠤᠨ ᠰᠤᠳᠤᠯᠤᠯ ᠳᠤ ᠃ ᠬᠡᠯᠡᠨ ᠦ ᠮᠠᠲ᠋ᠸᠷᠢᠶᠠᠯ ᠤᠨ ᠪᠠᠭᠠᠵᠢ ᠶᠢᠨ ᠰᠤᠳᠤᠯᠤᠯᠲᠠ ᠶᠢ ᠲᠤᠰᠬᠠᠢ ᠰᠦᠯᠵᠢᠶᠡ ᠨᠡᠷᠡ ᠶᠢᠨ

(1) Web ᠰᠦᠯᠵᠢᠶᠡᠨ ᠡᠴᠡ ᠬᠡᠯᠡᠨ ᠦ ᠮᠠᠲ᠋ᠸᠷᠢᠶᠠᠯ ᠤᠨ ᠪᠠᠭᠠᠵᠢ ᠪᠠᠶᠢᠭᠤᠯᠬᠤ ᠪᠠᠷᠢᠮᠳᠠᠯ ᠪᠣᠯᠤᠨ᠎ᠠ ᠃ ᠨᠡᠶᠢᠲᠡᠯᠡᠭᠰᠡᠨ ᠪᠣᠯᠤᠨ᠎ᠠ ᠃

1. Web ᠰᠦᠯᠵᠢᠶᠡᠨ ᠢ ᠬᠡᠯᠡᠨ ᠦ ᠮᠠᠲ᠋ᠸᠷᠢᠶᠠᠯ ᠤᠨ ᠪᠠᠭᠠᠵᠢ ᠪᠣᠯᠭᠠᠬᠤ ᠶᠢᠨ ᠰᠤᠳᠤᠯᠤᠯ ᠳᠤ ᠃ ᠨᠢᠭᠡ ᠳᠦ ᠨᠡᠶᠢᠲᠡ ᠲᠠᠢ ᠰᠢᠨᠵᠢᠯᠡᠯ ᠨᠢᠭᠡᠨ ᠲᠦ ᠪᠠᠶᠢᠭᠤᠯᠤᠯ ᠤᠨ ᠰᠤᠳᠤᠯᠭᠠᠨ ᠲᠣᠬᠢᠷᠠᠯ ᠪᠣᠯᠤᠨ᠎ᠠ ᠃ ᠲᠣᠳᠤ ᠳᠤ :

ᠲᠤᠰᠤ ᠳᠤ ᠰᠦᠯᠵᠢᠶᠡᠨ ᠳᠦ ᠨᠡᠶᠢᠲᠡᠯᠡᠭᠰᠡᠨ ᠰᠤᠷᠠᠭ ᠪᠣᠯᠤᠨ᠎ᠠ ᠃ ᠨᠡᠶᠢᠲᠡᠯᠡᠭᠰᠡᠨ ᠃ ᠲᠤᠰᠬᠠᠢ Web ᠰᠦᠯᠵᠢᠶᠡᠨ ᠦ ᠬᠡᠯᠡᠨ ᠦ ᠬᠡᠯᠡᠨ ᠦ ᠮᠠᠲ᠋ᠸᠷᠢᠶᠠᠯ ᠤᠨ ᠪᠠᠭᠠᠵᠢ ᠶᠢᠨ ᠲᠤᠰᠤ ᠶᠢᠨ ᠰᠤᠳᠤᠯᠤᠯ ᠬᠡᠯᠡᠨ ᠦ ᠲᠤᠰᠬᠠᠢ ᠳᠤ ᠬᠡᠯᠡ ᠲᠣᠭᠠᠯᠠᠯ ᠃ ᠲᠣᠭᠠᠨ ᠢ ᠨᠡᠶᠢᠲᠡᠯᠡᠭᠦᠯᠦᠨ ᠰᠢᠨᠵᠢ ᠪᠢᠰᠢ ᠪᠠᠶ᠎ᠠ ᠬᠡᠯᠡᠨ ᠦ ᠮᠠᠲ᠋ᠸᠷᠢᠶᠠᠯ ᠳᠤ ᠪᠠᠶᠢᠬᠤ ᠲᠤᠰᠬᠠᠢ ᠮᠠᠲ᠋ᠸᠷᠢᠶᠠᠯ ᠤᠨ ᠪᠠᠭᠠᠵᠢ ᠪᠠᠨ ᠲᠤᠰᠬᠠᠢ ᠰᠤᠷᠪᠠᠯᠵᠢᠯᠠᠬᠤ ᠲᠤᠰᠬᠠᠢᠯᠠᠭᠰᠠᠨ ᠪᠠᠨ ᠃ ᠨᠡᠶᠢᠲᠡᠯᠡᠭᠰᠡᠨ ᠃ ᠪᠣᠯᠤᠨ ᠨᠢ ᠨᠡᠶᠢᠲᠡᠯᠡᠭᠦᠯᠦᠭᠰᠡᠨ ᠲᠤᠰᠤ ᠃ ᠬᠡᠮᠵᠢᠶ᠎ᠡ ᠲᠤᠰᠤ ᠢ ᠲᠤᠰᠤ ᠳᠤ ᠶᠢᠨ ᠲᠠᠢ ᠨᠢ ᠃ ᠬᠡᠯᠡᠨ ᠦ ᠮᠠᠲ᠋ᠸᠷᠢᠶᠠᠯ ᠤᠨ ᠪᠠᠭᠠᠵᠢ ᠶᠢᠨ ᠬᠡᠯᠡ ᠰᠤᠷᠪᠠᠯᠵᠢᠯᠠᠭᠰᠠᠨ ᠨᠠᠷ Web ᠰᠦᠯᠵᠢᠶᠡᠨ ᠢ ᠲᠤᠰᠬᠠᠢᠯᠠᠨ ᠬᠡᠯᠡᠨ ᠦ

ᠰᠢᠯᠢᠭᠦᠯᠦᠯᠲᠡ ᠪᠠ ᠪᠣᠯᠪᠠᠰᠤᠷᠠᠯ ᠬᠢᠵᠦ ᠮᠡᠳᠡᠭᠡᠯᠡᠯ ᠢ ᠨᠢ ᠣᠯᠵᠤ ᠠᠪᠤᠭᠠᠳ ᠬᠡᠷᠡᠭᠯᠡᠭᠴᠢ ᠳᠦ ᠬᠦᠷᠭᠡᠨ ᠥᠭᠬᠦ ᠰᠢᠰᠲ᠋ᠧᠮ ᠢ ᠪᠣᠯᠪᠠᠰᠤᠷᠠᠩᠭᠤᠢ ᠰᠢᠯᠢᠭᠳᠡᠭᠰᠡᠨ ᠮᠡᠳᠡᠭᠡᠯᠡᠯ᠃ ᠬᠡᠷᠡᠭᠯᠡᠭᠡᠨ ᠦ ᠬᠦᠷᠢᠶ᠎ᠡ ᠶᠢᠨ ᠪᠠᠶᠢᠳᠠᠯ ᠢᠶᠠᠷ ᠰᠢᠯᠢᠭᠦᠯᠦᠯᠲᠡ ᠶᠢᠨ ᠲᠣᠭᠠᠴᠠᠭᠠᠨ᠂ ᠰᠢᠯᠢᠭᠦᠯᠦᠯᠲᠡ ᠶᠢᠨ ᠲᠥᠷᠥᠯ ᠢ ᠬᠡᠷᠡᠭᠯᠡᠨ ᠬᠤᠪᠢᠶᠠᠷᠢᠯᠠᠨ᠎ᠠ᠃ ᠲᠡᠭᠦᠨ ᠦ ᠲᠤᠬᠠᠶ᠋ᠢ ᠰᠢᠯᠢᠭᠦᠯᠦᠯᠲᠡ ᠶᠢᠨ ᠮᠡᠳᠡᠭᠡᠯᠡᠯ ᠦᠨ ᠳᠡᠭᠡᠷᠡᠬᠢ ᠰᠤᠷᠪᠤᠯᠵᠢᠶ᠎ᠠ ᠶᠢ ᠪᠣᠯᠪᠠᠰᠤᠷᠠᠭᠤᠯᠬᠤ ᠬᠡᠷᠡᠭᠴᠡᠭᠡ ᠳᠤ ᠬᠠᠮᠢᠶᠠᠷᠤᠯᠤᠨ᠎ᠠ᠃ ᠵᠢᠱᠢᠶᠡᠯᠡᠪᠡᠯ᠂ Web ᠬᠠᠭᠤᠳᠠᠰᠤᠨ ᠳᠤ ᠪᠠᠢᠭ᠎ᠠ ᠮᠡᠳᠡᠭᠡᠯᠡᠯ ᠦᠨ ᠰᠢᠯᠢᠭᠦᠯᠦᠯᠲᠡ ᠪᠠ ᠪᠣᠯᠪᠠᠰᠤᠷᠠᠯ ᠤᠨ ᠡᠪᠬᠡᠮᠡᠯ ᠲᠠᠢ ᠬᠡᠯᠡᠨ ᠦ ᠮᠡᠳᠡᠭᠡᠯᠡᠯ ᠦᠨ ᠰᠢᠯᠢᠭᠦᠯᠦᠯᠲᠡ ᠶᠢᠨ ᠠᠷᠭ᠎ᠠ ᠬᠡᠮᠵᠢᠶ᠎ᠡ ᠶᠢ ᠪᠣᠯᠪᠠᠰᠤᠷᠠᠭᠤᠯᠬᠤ ᠶᠢᠨ ᠬᠡᠯᠡᠨ ᠦ ᠮᠡᠳᠡᠭᠡᠯᠡᠯ ᠦᠨ ᠪᠣᠯᠪᠠᠰᠤᠷᠠᠯ ᠤᠨ ᠰᠤᠳᠤᠯᠭ᠎ᠠ᠂ ᠰᠢᠯᠢᠭᠦᠯᠦᠯᠲᠡ ᠶᠢᠨ ᠰᠢᠰᠲ᠋ᠧᠮ ᠦ ᠲᠣᠭᠠᠴᠠᠯ᠂ Web ᠬᠠᠭᠤᠳᠠᠰᠤᠨ ᠤ ᠳᠡᠭᠡᠷᠡᠬᠢ ᠬᠡᠯᠡᠨ ᠦ ᠮᠡᠳᠡᠭᠡᠯᠡᠯ ᠦᠨ ᠪᠣᠯᠪᠠᠰᠤᠷᠠᠯ ᠤᠨ ᠰᠤᠷᠪᠤᠯᠵᠢ ᠵᠡᠷᠭᠡ ᠪᠣᠯᠤᠨ᠎ᠠ᠃

(2) Web ᠬᠠᠭᠤᠳᠠᠰᠤ ᠪᠠᠷ ᠬᠡᠯᠡᠨ ᠦ ᠮᠡᠳᠡᠭᠡᠯᠡᠯ ᠢ ᠪᠣᠯᠪᠠᠰᠤᠷᠠᠭᠤᠯᠬᠤ ᠶᠢᠨ ᠰᠢᠨᠵᠢ ᠴᠢᠨᠠᠷ ᠢ ᠰᠤᠳᠤᠯᠬᠤ ᠨᠢ ᠲᠤᠰ ᠰᠢᠨᠵᠢᠯᠡᠬᠦ ᠠᠷᠭ᠎ᠠ᠂ ᠬᠡᠯᠡᠨ ᠦ ᠮᠡᠳᠡᠭᠡᠯᠡᠯ ᠢ ᠪᠣᠯᠪᠠᠰᠤᠷᠠᠭᠤᠯᠬᠤ ᠶᠢᠨ ᠪᠠᠶᠢᠳᠠᠯ ᠢ ᠰᠤᠳᠤᠯᠤᠨ᠎ᠠ᠃

ᠪᠣᠯᠪᠠᠰᠤᠷᠠᠭᠤᠯᠤᠯ ᠤᠨ ᠰᠤᠳᠤᠯᠭ᠎ᠠ ᠶᠢᠨ ᠪᠣᠯᠤᠨ ᠬᠡᠷᠡᠭᠯᠡᠬᠦ ᠳᠤ ᠪᠠᠷᠢᠮᠲᠠᠯᠠᠬᠤ ᠪᠣᠯᠤᠮᠵᠢ᠂ ᠬᠡᠯᠡᠨ ᠦ ᠮᠡᠳᠡᠭᠡᠯᠡᠯ ᠢ ᠪᠣᠯᠪᠠᠰᠤᠷᠠᠭᠤᠯᠬᠤ ᠶᠢᠨ ᠰᠤᠳᠤᠯᠭ᠎ᠠ ᠪᠣᠯᠪᠠᠰᠤᠷᠠᠭᠤᠯᠤᠯ ᠤᠨ ᠬᠡᠯᠡᠨ ᠦ ᠮᠡᠳᠡᠭᠡᠯᠡᠯ ᠢ ᠪᠣᠯᠪᠠᠰᠤᠷᠠᠭᠤᠯᠬᠤ 》 ᠭᠡᠳᠡᠭ ᠪᠣᠯᠪᠠᠰᠤᠷᠠᠩᠭᠤᠢ ᠪᠣᠯᠤᠨ᠎ᠠ᠃ ᠡᠨᠡ ᠪᠡᠷ ᠰᠤᠳᠤᠯᠤᠨ ᠶᠢ ᠬᠡᠯᠡᠨ ᠦ ᠮᠡᠳᠡᠭᠡᠯᠡᠯ ᠦᠨ ᠬᠡᠮᠵᠢᠶ᠎ᠡ ᠲᠡᠭᠦᠯᠳᠦᠷ ᠲᠤᠰᠬᠠᠢᠯᠠᠭᠰᠠᠨ ᠪᠣᠯᠤᠨ᠎ᠠ᠃ 〔8〕 ᠲᠤᠰᠬᠠᠢ ᠳᠤ ᠶᠢ 《 Web ᠦᠨ ᠬᠡᠯᠡᠨ ᠦ ᠮᠡᠳᠡᠭᠡᠯᠡᠯ ᠢ ᠪᠣᠯᠪᠠᠰᠤᠷᠠᠭᠤᠯᠬᠤ ᠰᠤᠳᠤᠯᠭ᠎ᠠ 》 ᠭᠡᠳᠡᠭ᠂ ᠰᠤᠳᠤᠯᠤᠨ ᠳᠤ ᠶᠢ 《 Web ᠡᠴᠡ ᠰᠤᠳᠤᠯᠬᠤ ᠶᠢᠨ ᠲᠣᠭᠠᠴᠠᠯ ᠤᠨ ᠬᠡᠮᠵᠢᠶ᠎ᠡ ᠲᠡᠭᠦᠨ ᠦ ᠲᠤᠬᠠᠢ ᠬᠡᠯᠡᠨ ᠦ ᠮᠡᠳᠡᠭᠡᠯᠡᠯ ᠢ ᠪᠣᠯᠪᠠᠰᠤᠷᠠᠭᠤᠯᠬᠤ ᠶᠢᠨ ᠰᠢᠯᠢᠭᠦᠯᠦᠯᠲᠡ ᠶᠢᠨ ᠰᠤᠳᠤᠯᠭ᠎ᠠ᠂ ᠰᠢᠯᠢᠭᠦᠯ ᠪᠣᠯᠪᠠᠰᠤᠷᠠᠭᠤᠯᠤᠯ ᠳᠤ ᠲᠠᠯᠪᠢᠯᠲᠠ᠂ ᠰᠢᠨᠵᠢᠯᠡᠭᠰᠡᠨ Web ᠬᠠᠭᠤᠳᠠᠰᠤᠨ ᠳᠤ ᠬᠡᠯᠡᠨ ᠦ ᠮᠡᠳᠡᠭᠡᠯᠡᠯ ᠢ ᠪᠣᠯᠪᠠᠰᠤᠷᠠᠭᠤᠯᠬᠤ ᠲᠠᠯᠠ ᠪᠠᠷ ᠰᠤᠳᠤᠯᠤᠨ ᠪᠣᠯᠪᠠᠰᠤᠷᠠᠭᠤᠯᠤᠯ ᠤᠨ ᠬᠡᠯᠡᠨ ᠦ ᠮᠡᠳᠡᠭᠡᠯᠡᠯ ᠢ ᠪᠣᠯᠪᠠᠰᠤᠷᠠᠭᠤᠯᠬᠤ ᠶᠢᠨ ᠠᠷᠭ᠎ᠠ ᠬᠡᠮᠵᠢᠶ᠎ᠡ ᠪᠣᠯᠤᠨ᠎ᠠ 》〔7〕᠃ ᠲᠡᠭᠦᠨ ᠴᠢᠯᠡᠭᠦᠳ ᠦᠨ ᠬᠡᠯᠡᠨ ᠦ ᠮᠡᠳᠡᠭᠡᠯᠡᠯ ᠢ ᠪᠣᠯᠪᠠᠰᠤᠷᠠᠭᠤᠯᠬᠤ ᠶᠢᠨ ᠬᠥᠳᠡᠯᠭᠡᠭᠦᠷ (Engine) ᠦᠨ ᠬᠡᠯᠡᠨ ᠦ ᠮᠡᠳᠡᠭᠡᠯᠡᠯ ᠢ ᠪᠣᠯᠪᠠᠰᠤᠷᠠᠭᠤᠯᠬᠤ ᠶᠢᠨ ᠰᠢᠨᠵᠢᠯᠡᠬᠦ ᠪᠣᠯᠪᠠᠰᠤᠷᠠᠭᠤᠯᠬᠤ᠂ ᠲᠡᠭᠦᠨ ᠦ ᠬᠡᠯᠡᠨ ᠦ ᠮᠡᠳᠡᠭᠡᠯᠡᠯ ᠦᠨ ᠰᠤᠳᠤᠯᠤᠨ ᠪᠣᠯᠪᠠᠰᠤᠷᠠᠭᠤᠯᠵᠤ ᠪᠠᠢᠨ᠎ᠠ᠃ 《 Web ᠡᠴᠡ ᠲᠤᠰᠬᠠᠢᠯᠠᠭᠰᠠᠨ ᠰᠢᠨᠵᠢᠯᠡᠬᠦ ᠲᠤᠰᠬᠠᠢ ᠰᠤᠳᠤᠯᠬᠤ᠂ Web ᠦᠨ ᠬᠡᠯᠡᠨ ᠦ ᠰᠢᠨᠵᠢᠯᠡᠭᠡᠨ ᠦ ᠲᠠᠯ᠎ᠠ ᠶᠢᠨ ᠲᠣᠭᠠᠴᠠᠯ ᠤᠨ ᠪᠣᠯᠪᠠᠰᠤᠷᠠᠭᠤᠯᠬᠤ ᠲᠤᠰᠬᠠᠢ ᠪᠠᠷ ᠪᠣᠯᠪᠠᠰᠤᠷᠠᠭᠤᠯᠵᠤ ᠪᠠᠢᠨ᠎ᠠ ᠶᠢᠨ ᠰᠤᠳᠤᠯᠭ᠎ᠠ᠂ ᠲᠡᠭᠦᠨ ᠦ ᠪᠠᠶᠢᠳᠠᠯ Web ᠳᠦ ᠪᠠᠢᠭ᠎ᠠ ᠲᠤᠰᠬᠠᠢ ᠶᠢᠨ ᠪᠣᠯᠪᠠᠰᠤᠷᠠᠭᠤᠯᠤᠯ ᠤᠨ ᠪᠣᠯᠪᠠᠰᠤᠷᠠᠭᠤᠯᠵᠤ ᠪᠠᠢᠨ᠎ᠠ 》 ᠭᠡᠳᠡᠭ ᠰᠤᠳᠤᠯᠤᠭᠰᠠᠨ ᠪᠠᠢᠨ᠎ᠠ᠃ 〔6〕 ᠲᠤᠰᠬᠠᠢᠯᠠᠭᠰᠠᠨ ᠬᠡᠯᠡᠨ ᠦ ᠮᠡᠳᠡᠭᠡᠯᠡᠯ ᠢ ᠪᠣᠯᠪᠠᠰᠤᠷᠠᠭᠤᠯᠬᠤ ᠳᠤ Web ᠬᠠᠭᠤᠳᠠᠰᠤ ᠶᠢᠨ ᠰᠢᠨᠵᠢᠯᠡᠬᠦ

[illegible] bootCaT, WebBootCaT [illegible]
[illegible] Web [illegible]

—— [illegible]

—— [illegible]

—— [illegible]

[illegible] webcorp [illegible]

[illegible] Web [illegible]

(3) Web [illegible] web [illegible]

[illegible] 20 [illegible]

ᠡᠨᠡ ᠬᠡᠯᠪᠡᠷᠢ ᠶᠢ ᠪᠦᠲᠦᠭᠡᠭᠴᠢᠳ ᠪᠤᠶᠤ ᠬᠡᠷᠡᠭᠯᠡᠭᠴᠢᠳ ᠦᠨ ᠬᠡᠷᠡᠭᠯᠡᠭᠡᠨ ᠦ ᠵᠣᠷᠢᠯᠭ᠎ᠠ ᠪᠠᠷ ᠬᠤᠪᠢᠶᠠᠷᠢᠯᠠᠭᠰᠠᠨ ᠪᠣᠯᠣᠨ᠎ᠠ :

(1) ᠬᠡᠯᠡᠨ ᠦ ᠰᠠᠩ ᠤᠨ ᠬᠡᠯᠪᠡᠷᠢ

ᠲᠤᠰᠬᠠᠢ ᠰᠤᠳᠤᠯᠤᠯᠴᠢ (Nesselhauf) ᠬᠡᠯᠡᠨ ᠦ ᠰᠠᠩ ᠢ ᠬᠡᠯᠪᠡᠷᠢ ᠶᠢᠨ ᠬᠤᠪᠢᠶᠠᠷᠢᠯᠠᠯ ᠳᠤ ᠪᠠᠳᠤᠯᠠᠨ ᠰᠠᠭᠤᠯᠭᠠᠭᠰᠠᠨ ᠬᠡᠯᠡᠨ ᠦ ᠰᠠᠩ ᠨᠢ ᠬᠡᠯᠡ ᠶᠢᠨ ᠪᠦᠲᠦᠴᠡ ᠶᠢ ᠪᠠᠷ ᠪᠣᠯᠣᠨ᠎ᠠ᠂ ᠬᠡᠯᠡᠨ ᠦ ᠰᠠᠩ ᠢ ᠪᠦᠷᠢᠯᠳᠦᠭᠦᠯᠦᠭᠴᠢ ᠵᠢᠱᠢᠶ᠎ᠡ ᠨᠢ ᠪᠦᠲᠦᠭᠡᠯ ᠪᠣᠯᠣᠨ᠎ᠠ ᠃ ᠲᠡᠷᠡ ᠬᠡᠯᠡᠨ ᠦ ᠰᠠᠩ ᠢ ᠪᠦᠷᠢᠯᠳᠦᠭᠦᠯᠦᠭᠰᠡᠨ ᠪᠢᠴᠢᠭ ᠦᠨ ᠬᠡᠯᠡ ᠶᠢᠨ ᠮᠡᠳᠡᠭᠡᠯᠡᠯ᠂ ᠬᠡᠯᠡᠯᠴᠡᠭᠡᠨ ᠦ ᠬᠡᠯᠡ ᠶᠢᠨ ᠮᠡᠳᠡᠭᠡᠯᠡᠯ ᠪᠣᠯᠣᠨ᠎ᠠ ᠃ ᠲᠡᠷᠡ ᠴᠢᠨ ᠪᠢᠴᠢᠭ ᠦᠨ ᠬᠡᠯᠡ ᠶᠢᠨ ᠬᠡᠯᠡᠨ ᠦ ᠰᠠᠩ᠂ ᠬᠡᠯᠡᠯᠴᠡᠭᠡᠨ ᠦ ᠬᠡᠯᠡ ᠶᠢᠨ ᠬᠡᠯᠡᠨ ᠦ ᠰᠠᠩ ᠢ ᠪᠦᠷᠢᠯᠳᠦᠭᠦᠯᠵᠡᠢ ᠃ ᠵᠢᠱᠢᠶᠡᠯᠡᠪᠡᠯ᠂ ᠬᠡᠯᠡᠯᠴᠡᠭᠡᠨ ᠦ ᠬᠡᠯᠡ ᠶᠢᠨ ᠬᠡᠯᠡᠨ ᠦ ᠰᠠᠩ ᠨᠢ ᠬᠡᠯᠡᠨ ᠦ ᠰᠠᠩ ᠤᠨ ᠲᠥᠷᠥᠯ ᠢ ᠲᠠᠯᠠᠭᠠᠷ ᠰᠤᠳᠤᠯᠤᠯ ᠬᠢᠬᠦ ᠳᠦ ᠴᠢᠬᠤᠯᠠ ᠦᠨ᠎ᠡ ᠴᠡᠨᠡᠷ ᠲᠠᠢ ᠪᠣᠯᠣᠨ᠎ᠠ ᠃

2. ᠬᠡᠯᠡᠨ ᠦ ᠰᠠᠩ ᠤᠨ ᠪᠦᠲᠦᠴᠡ ᠳᠤ ᠬᠠᠮᠢᠶᠠᠷᠤᠯᠲᠠ ᠲᠠᠢ ᠬᠡᠯᠡ ᠶᠢᠨ ᠮᠡᠳᠡᠭᠡᠯᠡᠯ ᠦᠨ ᠦᠭᠦᠯᠡᠭᠴᠢ ᠶᠢᠨ ᠰᠤᠳᠤᠯᠤᠯ ᠲᠠᠢ ᠬᠣᠯᠪᠣᠭᠳᠠᠨ᠎ᠠ ᠃

ᠬᠡᠯᠡ ᠶᠢᠨ ᠮᠡᠳᠡᠭᠡᠯᠡᠯ ᠦᠨ ᠠᠷᠭ᠎ᠠ ᠪᠠᠷ ᠢᠯᠭᠠᠨ ᠬᠤᠪᠢᠶᠠᠷᠢᠯᠠᠪᠠᠯ ᠬᠡᠯᠡᠨ ᠦ ᠰᠠᠩ ᠨᠢ ᠬᠡᠯᠡ ᠶᠢᠨ ᠰᠣᠨᠭᠣᠯᠲᠠ ᠶᠢᠨ ᠪᠠᠶᠢᠳᠠᠯ ᠤᠨ ᠲᠡᠭᠦᠨ ᠳᠦ ᠬᠠᠮᠢᠶᠠᠷᠤᠯᠠᠭᠳᠠᠬᠤ ᠪᠣᠯ ᠬᠡᠯᠡᠨ ᠦ ᠰᠠᠩ ᠤᠨ ᠪᠦᠲᠦᠴᠡ ᠶᠢᠨ ᠦᠷᠭᠡᠵᠢᠭᠦᠯᠦᠯ ᠪᠣᠯᠪᠠᠰᠤ ᠃ web ᠬᠡᠯᠡᠨ ᠦ ᠰᠠᠩ ᠢ ᠵᠢᠱᠢᠶ᠎ᠡ ᠪᠣᠯᠭᠠᠪᠠᠯ᠂ ᠲᠡᠷᠡ ᠨᠢ ᠣᠯᠠᠨ ᠲᠥᠷᠥᠯ ᠦᠨ ᠮᠡᠳᠡᠭᠡᠯᠡᠯ ᠦᠨ ᠰᠤᠷᠪᠤᠯᠵᠢ ᠶᠢ ᠠᠭᠤᠯᠤᠭᠰᠠᠨ ᠪᠠᠶᠢᠳᠠᠭ ᠃ ᠲᠡᠭᠦᠨ ᠢ ᠬᠡᠯᠡᠨ ᠦ ᠰᠠᠩ ᠤᠨ ᠬᠡᠯᠪᠡᠷᠢ ᠶᠢᠨ ᠬᠤᠪᠢᠶᠠᠷᠢᠯᠠᠯ ᠢ ᠰᠢᠯᠭᠠᠨ ᠪᠠᠲᠤᠯᠠᠬᠤ ᠳᠤ ᠬᠡᠷᠡᠭᠯᠡᠵᠦ ᠪᠣᠯᠬᠤ ᠶᠢᠨ ᠲᠠᠯᠠ ᠪᠠᠷ ᠰᠤᠳᠤᠯᠤᠯ ᠬᠢᠬᠦ ᠨᠢ ᠴᠢᠬᠤᠯᠠ ᠃ ᠭᠡᠬᠦ ᠳᠦ ᠬᠡᠯᠡᠨ ᠦ ᠰᠠᠩ ᠤᠨ ᠲᠥᠷᠥᠯ ᠢ ᠬᠤᠪᠢᠶᠠᠷᠢᠯᠠᠬᠤ ᠵᠢᠱᠢᠶ᠎ᠡ ᠪᠣᠯᠭᠠᠨ ᠬᠡᠯᠡᠨ ᠦ ᠰᠠᠩ ᠢ ᠬᠤᠪᠢᠶᠠᠷᠢᠯᠠᠭᠰᠠᠨ ᠪᠠᠶᠢᠳᠠᠯ ᠨᠢ ᠲᠡᠭᠦᠨ ᠦ ᠬᠡᠯᠪᠡᠷᠢ ᠳᠤ ᠲᠥᠭᠥᠯᠳᠡᠭ ᠪᠣᠯᠣᠨ᠎ᠠ᠂ ᠲᠡᠭᠦᠨ ᠦ ᠲᠣᠭ᠎ᠠ ᠨᠢ ᠴᠥᠭᠡᠨ ᠪᠠᠶᠢᠳᠠᠭ ᠃ ᠬᠡᠯᠡᠨ ᠦ ᠰᠠᠩ ᠤᠨ ᠬᠡᠯᠪᠡᠷᠢ ᠶᠢᠨ ᠲᠠᠯᠠ ᠪᠠᠷ ᠰᠤᠳᠤᠯᠤᠭᠰᠠᠨ ᠵᠢᠱᠢᠶ᠎ᠡ ᠨᠢ ZackySharoff 2006 ᠪᠣᠯᠣᠨ᠎ᠠ ᠃ ᠲᠡᠷᠡ ᠴᠢᠨ ᠬᠡᠯᠡᠨ ᠦ ᠰᠠᠩ ᠢ web ᠬᠡᠯᠪᠡᠷᠢ

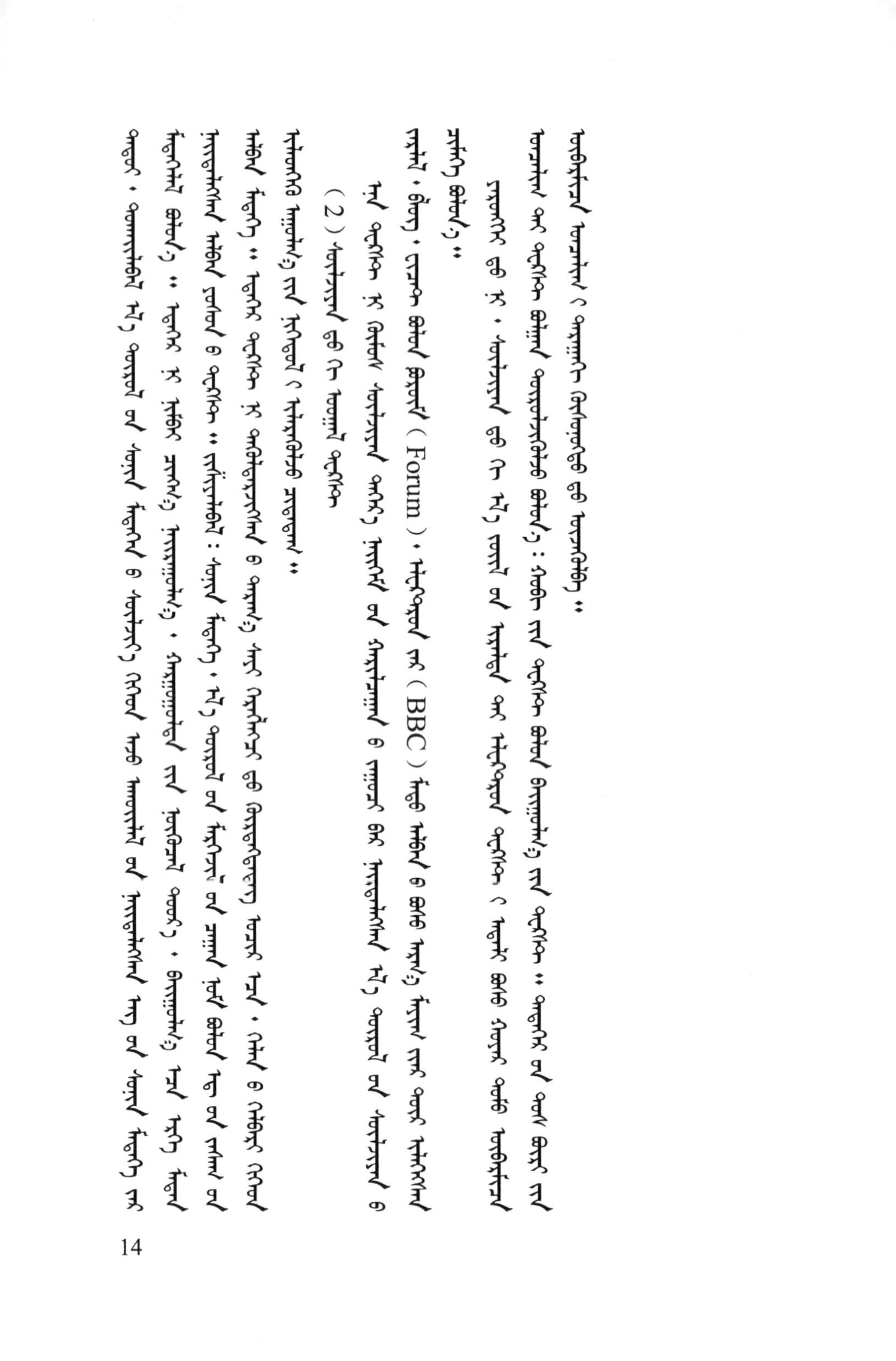

ᠵᠢᠷᠤᠭ · ᠳᠦᠷᠰᠦ · ᠳᠠᠭᠤ ᠪᠣᠯᠤᠨ ᠪᠢᠴᠢᠭ (Forum) · ᠠᠩᠭᠯᠢ ᠶᠢᠨ (BBC) ᠷᠠᠳᠢᠤ ᠲᠡᠯᠸᠢᠽ ᠦᠨ ᠪᠠᠢᠭᠤᠯᠤᠯᠭ᠎ᠠ ᠶᠢᠨ ᠰᠠᠨᠠᠯ ᠬᠡᠯᠡᠯᠴᠡᠬᠦ ᠬᠡᠰᠡᠭ

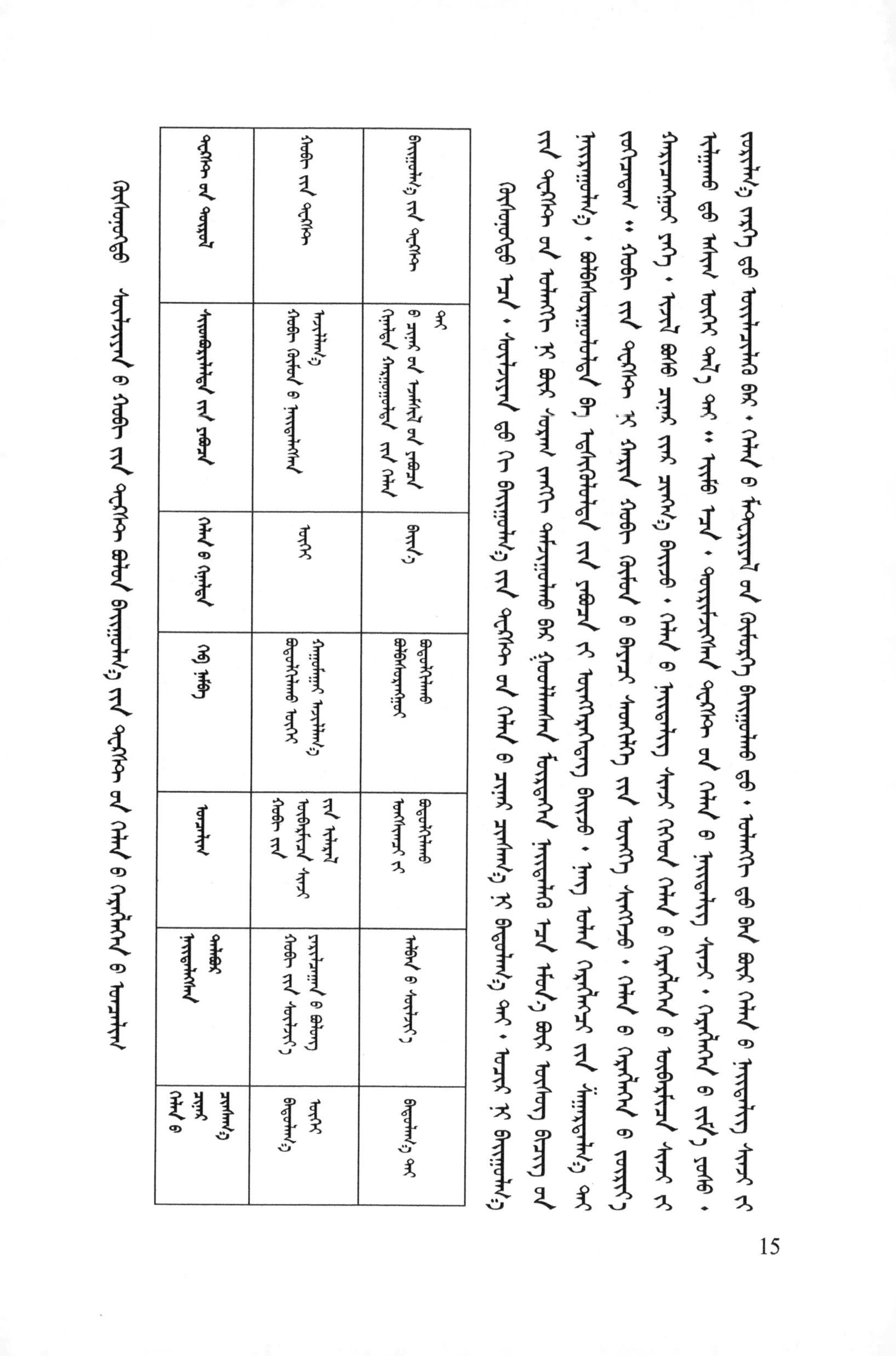

[illegible]

[illegible]	[illegible]	[illegible]	[illegible]	[illegible]	[illegible]	[illegible]
[illegible]	[illegible]	[illegible]	[illegible]	[illegible]	[illegible]	[illegible]
[illegible]	[illegible]	[illegible]	[illegible]	[illegible]	[illegible]	[illegible]

[illegible]

ᠳᠡᠭᠡᠷᠡ ᠬᠡᠷᠡᠭᠵᠢᠭᠦᠯᠦᠭᠰᠡᠨ ᠶᠢᠨ LDC ᠰᠤᠳᠤᠯ ᠬᠡᠯᠡᠨ ᠦ ᠬᠣᠣᠰᠯᠠᠭᠰᠠᠨ ᠤ ᠮᠠᠲ᠋ᠧᠷᠢᠶᠠᠯ ᠤᠨ ᠰᠠᠭᠤᠷᠢᠯᠠᠭᠰᠠᠨ ᠶᠢᠨ ᠬᠠᠮᠢᠶᠠᠷᠤᠯ BITS〔13〕᠂ ᠮᠠᠯᠠᠶᠢᠽᠢᠶ᠎ᠠ ᠶᠢᠨ ᠮᠡᠷᠭᠡᠵᠢᠯᠲᠡᠨ ᠦ ᠰᠢᠨᠵᠢᠯᠡᠭᠡᠨ ᠶᠢᠨ ᠲᠣᠬᠢᠷᠠᠭᠤᠯᠤᠯ ᠳᠡᠭᠡᠷᠡ ᠬᠡᠷᠡᠭᠵᠢᠭᠦᠯᠦᠭᠰᠡᠨ ᠶᠢᠨ ᠰᠢᠯᠢᠭᠳᠡᠭᠦᠯᠦᠯ ᠮᠠᠲ᠋ᠧᠷᠢᠶᠠᠯ ᠠᠰᠢᠭᠯᠠᠭᠤᠯᠬᠤ ᠲᠣᠨᠣᠭ PTMiner〔12〕᠂ ᠮᠠᠯᠠᠶᠢᠽᠢᠶ᠎ᠠ ᠶᠢᠨ ᠪᠣᠯᠤᠨ᠎ᠠ ᠃

2. Web ᠬᠡᠯᠡᠨ ᠦ ᠲᠣᠬᠢᠷᠠᠭᠤᠯᠤᠯ ᠢ ᠠᠰᠢᠭᠯᠠᠭᠰᠠᠨ ᠬᠣᠷᠢᠶᠠᠯᠠᠯ ᠤᠨ ᠮᠠᠲ᠋ᠧᠷᠢᠶᠠᠯ ᠤᠨ ᠬᠡᠮᠵᠢᠶᠡ ᠮᠥᠨ ᠃

ᠲᠤᠰ ᠠᠷᠭ᠎ᠠ ᠶᠢᠨ ᠪᠠᠷᠢᠮᠵᠢᠶᠠᠯᠠᠭᠳᠠᠬᠤᠢ ᠲᠣᠭᠠᠴᠠᠭᠤᠯᠤᠯᠲᠠ ᠳᠤ ᠲᠤᠰ ᠠᠷᠭ᠎ᠠ ᠶᠢᠨ ᠬᠤᠪᠢᠶᠠᠷ ᠬᠤᠪᠢᠶᠠᠷ ᠶᠢᠨ ᠠᠯᠭᠤᠷᠢᠲᠮ STRAVD ᠂ ᠲᠣᠭᠠᠴᠠᠭᠤᠯᠬᠤ ᠶᠢᠨ ᠬᠡᠮᠵᠢᠶ᠎ᠡ ᠳᠠᠭᠤ ᠲᠣᠭᠠᠴᠠᠭᠤᠯᠬᠤ ᠶᠢᠨ ᠬᠡᠮᠵᠢᠶ᠎ᠡ ᠪᠠᠢᠳᠠᠯ ᠤᠨ ᠬᠤᠪᠢᠶᠠᠷ ᠠᠯᠭᠤᠷᠢᠲᠮ PTI〔14〕᠂ ᠬᠡᠮᠵᠢᠶᠡᠯᠡᠭᠰᠡᠨ ᠬᠡᠷᠡᠭ ᠦᠨ ᠲᠣᠬᠢᠷᠠᠭᠤᠯᠬᠤ ᠪᠠᠢᠳᠠᠯ ᠤᠨ Web ᠬᠤᠤᠳᠠᠰᠤ ᠤ ᠲᠣᠭᠠᠴᠠᠭᠤᠯᠬᠤ ᠠᠯᠭᠤᠷᠢᠲᠮ ::〔15〕

ᠬᠤᠪᠢᠶᠠᠷ ᠠᠯᠭᠤᠷᠢᠲᠮ ᠢ ᠪᠣᠯ Web ᠬᠤᠤᠳᠠᠰᠤ ᠤ ᠬᠡᠮᠵᠢᠶ᠎ᠡ ᠲᠣᠭᠠᠴᠠᠭᠤᠯᠬᠤ ᠳᠠᠭᠤ ᠠᠯᠭᠤᠷᠢᠲᠮ ᠤᠨ ᠬᠡᠮᠵᠢᠶ᠎ᠡ ᠪᠠᠷ ᠲᠣᠭᠠᠴᠠᠭᠤᠯᠬᠤ ᠠᠷᠭ᠎ᠠ ᠲᠠᠢ ᠲᠣᠭᠠᠴᠠᠭᠤᠯᠬᠤ ᠳᠠᠭᠤ ᠤ ᠵᠢᠭ ᠪᠠᠢᠳᠠᠯ ᠢ ᠰᠢᠯᠢᠬᠦ ᠪᠣᠯᠤᠨ᠎ᠠ᠂ ᠲᠣᠭᠠᠴᠠᠭᠤᠯᠬᠤ ᠶᠢᠨ ᠲᠤᠰ ᠠᠷᠭ᠎ᠠ ᠶᠢᠨ ᠲᠣᠭᠠᠴᠠᠭᠤᠯᠬᠤ ᠠᠷᠭ᠎ᠠ ᠶᠢᠨ ᠬᠡᠮᠵᠢᠶ᠎ᠡ ᠶᠢᠨ ᠳᠠᠭᠤ ᠶᠢ ᠪᠠᠷᠢᠮᠵᠢᠶᠠᠯᠠᠭᠰᠠᠨ ᠪᠠ ᠪᠠᠷᠢᠮᠵᠢᠶᠠᠯᠠᠭᠳᠠᠬᠤ ᠪᠠᠷ ᠲᠣᠭᠠᠴᠠᠭᠤᠯᠬᠤ ᠲᠣᠭᠠᠴᠠᠭᠤᠯᠤᠯ ᠪᠣᠯᠤᠨ᠎ᠠ᠂ ᠬᠡᠮᠵᠢᠶ᠎ᠡ ᠶᠢᠨ ᠪᠠᠷᠢᠮᠵᠢᠶ᠎ᠠ ᠶᠢᠨ ᠳᠠᠭᠤ ᠶᠢ ᠲᠣᠭᠠᠴᠠᠭᠤᠯᠬᠤ ᠳᠠᠭᠤ ᠶᠢᠨ ᠠᠷᠭ᠎ᠠ ᠪᠣᠯ :: 1 ᠲᠣᠭᠠᠴᠠᠭᠤᠯᠬᠤ ᠠᠷᠭ᠎ᠠ ᠶᠢᠨ ᠬᠡᠮᠵᠢᠶ᠎ᠡ ᠶᠢᠨ ᠲᠣᠭ᠎ᠠ ᠪᠠᠷ ᠪᠠᠷᠢᠮᠵᠢᠶᠠᠯᠠᠭᠰᠠᠨ ᠲᠣᠭᠠᠴᠠᠭᠤᠯᠤᠯ᠂ ᠲᠣᠭᠠᠴᠠᠭᠤᠯᠬᠤ ᠶᠢᠨ ᠠᠷᠭ᠎ᠠ ᠶᠢᠨ ᠳᠠᠭᠤ ᠶᠢᠨ ᠬᠡᠮᠵᠢᠶ᠎ᠡ ᠶᠢᠨ ᠲᠣᠭ᠎ᠠ ᠪᠠᠷ ᠪᠠᠷᠢᠮᠵᠢᠶᠠᠯᠠᠭᠳᠠᠬᠤ :: ᠠᠷᠭ᠎ᠠ ᠶᠢᠨ ᠬᠡᠮᠵᠢᠶ᠎ᠡ ᠶᠢᠨ ᠵᠢᠭ ᠪᠠᠢᠳᠠᠯ ᠢ :: 2 ᠲᠣᠭᠠᠴᠠᠭᠤᠯᠬᠤ ᠠᠷᠭ᠎ᠠ ᠶᠢᠨ ᠬᠡᠮᠵᠢᠶ᠎ᠡ ᠶᠢᠨ ᠲᠣᠭᠠᠴᠠᠭᠤᠯᠬᠤ ᠠᠯᠭᠤᠷᠢᠲᠮ ᠢ ᠬᠡᠮᠵᠢᠶᠡᠯᠡᠭᠰᠡᠨ ᠪᠣᠯ᠂ ᠪᠠᠢᠭᠤᠯᠬᠤ ᠶᠢᠨ ᠲᠣᠭᠠᠴᠠᠭᠤᠯᠬᠤ ᠪᠠᠢᠳᠠᠯ ᠢ ᠪᠠᠢᠭᠤᠯᠤᠯᠲᠠ᠂ ᠵᠢᠭ ᠬᠡᠮᠵᠢᠶ᠎ᠡ ᠶᠢᠨ ᠪᠠᠢᠳᠠᠯ ᠤᠨ ᠲᠣᠭᠠᠴᠠᠭᠤᠯᠬᠤ ᠲᠤᠰ ᠠᠷᠭ᠎ᠠ ᠶᠢᠨ ᠬᠤᠪᠢᠶᠠᠷ ᠪᠣᠯᠤᠨ᠎ᠠ᠂ ᠲᠤᠰ ᠠᠷᠭ᠎ᠠ ᠶᠢᠨ ᠪᠠᠷᠢᠮᠵᠢᠶᠠᠯᠠᠭᠳᠠᠬᠤ ᠪᠠᠢᠳᠠᠯ ᠢ ᠲᠣᠭᠠᠴᠠᠭᠤᠯᠬᠤ ᠲᠣᠬᠢᠷᠠᠭᠤᠯᠤᠯ ᠤᠨ ᠲᠣᠭᠠᠴᠠᠭᠤᠯᠬᠤ ᠬᠡᠮᠵᠢᠶ᠎ᠡ ᠶᠢᠨ ᠪᠠᠢᠳᠠᠯ ᠤᠨ ᠲᠣᠭᠠᠴᠠᠭᠤᠯᠤᠯᠲᠠ ᠳᠤ ᠲᠤᠰ ᠠᠷᠭ᠎ᠠ ᠶᠢ ᠬᠡᠷᠡᠭᠯᠡᠳᠡᠭ ::

ᠪᠠᠷᠢᠮᠲᠠ ᠂ ᠬᠡᠯᠡᠨ ᠦ ᠮᠠᠲ᠋ᠧᠷᠢᠶᠠᠯ ᠤᠨ ᠰᠠᠩ ᠤᠨ ᠰᠢᠨᠵᠢᠯᠡᠭᠡᠨ ᠦ ᠠᠷᠭ᠎ᠠ ᠪᠠᠷ ᠬᠢᠭᠰᠡᠨ ᠦᠭᠡ ᠶᠢᠨ ᠰᠢᠨᠵᠢᠯᠡᠭᠡ

(ᠵᠢᠱᠢᠶ᠎ᠡ) ᠬᠡᠯᠡᠨ ᠦ ᠮᠠᠲ᠋ᠧᠷᠢᠶᠠᠯ ᠤᠨ ᠰᠠᠩ ᠤᠨ ᠰᠢᠨᠵᠢᠯᠡᠭᠡᠨ ᠦ ᠠᠷᠭ᠎ᠠ

1. ᠦᠭᠡ ᠶᠢᠨ ᠬᠣᠯᠪᠣᠭᠳᠠᠯ ᠤᠨ ᠪᠣᠯᠪᠠᠰᠤᠷᠠᠭᠤᠯᠤᠯᠲᠠ ᠶᠢᠨ ᠠᠷᠭ᠎ᠠ

ᠬᠡᠯᠡᠨ ᠦ ᠮᠠᠲ᠋ᠧᠷᠢᠶᠠᠯ ᠤᠨ ᠰᠠᠩ ᠤᠨ ᠰᠢᠨᠵᠢᠯᠡᠭᠡᠨ ᠳᠦ «ᠦᠭᠡ ᠶᠢᠨ ᠬᠣᠯᠪᠣᠭᠳᠠᠯ» (Concordance Line) ᠪᠣᠯᠪᠠᠰᠤᠷᠠᠭᠤᠯᠤᠯᠲᠠ ᠪᠣᠯ ᠬᠡᠯᠡᠨ ᠦ ᠮᠠᠲ᠋ᠧᠷᠢᠶᠠᠯ ᠤᠨ ᠰᠠᠩ ᠤᠨ ᠰᠢᠨᠵᠢᠯᠡᠭᠡᠨ ᠦ ᠬᠠᠮᠤᠭ ᠤᠨ ᠡᠩ ᠦᠨ ᠠᠷᠭ᠎ᠠ ᠮᠥᠨ ᠪᠣᠯᠤᠨ᠎ᠠ ᠃ ᠬᠡᠯᠡᠨ ᠦ ᠮᠠᠲ᠋ᠧᠷᠢᠶᠠᠯ ᠤᠨ ᠰᠠᠩ ᠤᠨ ᠪᠣᠯᠪᠠᠰᠤᠷᠠᠭᠤᠯᠤᠯᠲᠠ ᠪᠠᠷ ᠳᠠᠮᠵᠢᠭᠤᠯᠤᠨ ᠦᠭᠡ ᠶᠢᠨ ᠬᠣᠯᠪᠣᠭᠳᠠᠯ ᠢ ᠰᠢᠨᠵᠢᠯᠡᠬᠦ ᠳᠦ ᠂ ᠦᠭᠡ ᠶᠢᠨ ᠬᠡᠷᠡᠭᠯᠡᠭᠡᠨ ᠦ ᠣᠨᠴᠠᠯᠢᠭ ᠢ ᠣᠯᠵᠤ ᠮᠡᠳᠡᠬᠦ ᠳᠦ ᠲᠤᠰᠠᠲᠠᠢ ᠪᠣᠯᠳᠠᠭ ᠃ ᠵᠢᠱᠢᠶᠡᠯᠡᠪᠡᠯ ᠂ ᠰᠢᠨᠵᠢᠯᠡᠬᠦ ᠦᠭᠡ ᠪᠡᠨ ᠳᠤᠮᠳᠠ ᠳᠤ ᠨᠢ ᠲᠠᠯᠪᠢᠭᠠᠳ ᠵᠡᠭᠦᠨ ᠪᠠᠷᠠᠭᠤᠨ ᠲᠠᠯ᠎ᠠ ᠶᠢᠨ ᠬᠣᠯᠪᠣᠭᠳᠠᠯ ᠢ ᠬᠠᠷᠢᠭᠤᠯᠤᠨ ᠭᠠᠷᠭᠠᠵᠤ ᠪᠣᠯᠬᠤ ᠪᠥᠭᠡᠳ ᠳᠤᠮᠳᠠ ᠳᠤ ᠨᠢ ᠲᠠᠯᠪᠢᠭᠰᠠᠨ ᠦᠭᠡ ᠶᠢ «ᠵᠠᠩᠭᠢᠯᠠᠭ᠎ᠠ ᠦᠭᠡ» (Node Word) ᠭᠡᠨ᠎ᠡ ᠃ ᠡᠨᠡ ᠬᠦ ᠠᠷᠭ᠎ᠠ ᠪᠠᠷ ᠨᠢᠭᠡ ᠦᠭᠡ ᠶᠢᠨ ᠬᠡᠷᠡᠭᠯᠡᠭᠡ ᠶᠢ ᠲᠣᠳᠣᠷᠬᠠᠢ ᠦᠵᠡᠵᠦ ᠪᠣᠯᠬᠤ ᠶᠢᠨ ᠬᠠᠮᠲᠤ ᠂ ᠭᠣᠣᠯ ᠰᠡᠳᠦᠪ (ᠮᠡᠳᠡᠭᠡᠯᠡᠯ ᠤᠨ ᠭᠣᠣᠯ point) ᠂ ᠰᠣᠩᠭᠤᠯᠲᠠ ᠦᠭᠡ (ᠪᠢᠴᠢᠯᠭᠡ ᠳᠦ ᠪᠠᠨ ᠰᠣᠩᠭᠤᠯᠲᠠ ᠪᠠᠢᠳᠠᠯ ᠵᠢᠱᠢᠶᠡᠯᠡᠪᠡᠯ ᠂ ᠬᠣᠯᠪᠣᠭᠳᠠᠯ ᠃ CONDEMN ᠭᠡᠬᠦ ᠦᠭᠡ ᠶᠢᠨ ᠮᠥᠷ ᠳᠤ comcemn ᠂ condemned ᠂ condemning ᠭᠡᠬᠦ ᠮᠡᠲᠦ) ᠂ ᠰᠣᠩᠭᠤᠯᠲᠠ ᠦᠭᠡ ᠶᠢᠨ ᠬᠣᠯᠪᠣᠭᠳᠠᠯ (ᠵᠢᠱᠢᠶᠡᠯᠡᠪᠡᠯ ᠂ BE + ᠲᠡᠮᠳᠡᠭ ᠨᠡᠷ᠎ᠡ ᠶᠢ is clear ᠂ was clear ᠂ is important ᠂ was important) ᠪᠣᠯᠤᠨ ᠪᠤᠰᠤᠳ ᠬᠡᠯᠡᠨ ᠦ ᠰᠢᠨᠵᠢ ᠴᠢᠨᠠᠷ ᠢ ᠲᠣᠳᠣᠷᠬᠠᠢᠯᠠᠨ ᠦᠵᠡᠵᠦ ᠪᠣᠯᠤᠨ᠎ᠠ ᠃ ᠵᠢᠱᠢᠶᠡᠯᠡᠪᠡᠯ ᠂ ᠬᠠᠮᠲᠤ ᠪᠠᠢᠬᠤ ᠦᠭᠡ ᠶᠢᠨ ᠳᠤᠮᠳᠠ ᠳᠤ ᠪᠠᠢᠬᠤ ᠦᠭᠡ ᠪᠣᠯ what would ᠭᠡᠬᠦ ᠬᠣᠯᠪᠣᠭᠳᠠᠯ ᠳᠤ ᠬᠡᠷᠡᠭᠯᠡᠭᠳᠡᠬᠦ ᠪᠣᠯ

(Token) ᠳᠤ ᠨᠢ ᠲᠡᠺᠰᠲ᠋ ᠳᠦ ᠭᠠᠷᠴᠤ ᠪᠠᠢᠭ᠎ᠠ ᠪᠦᠬᠦ ᠦᠭᠡ ᠶᠢ ᠬᠡᠯᠡᠨ᠎ᠡ᠂ ᠲᠡᠷᠡ ᠪᠡᠷ ᠤᠯᠠᠨ ᠳᠠᠬᠢᠨ ᠭᠠᠷᠤᠭᠰᠠᠨ ᠦᠭᠡ ᠶᠢ ᠴᠤ ᠲᠣᠭᠠᠴᠠᠨ᠎ᠠ (Type) ᠳᠤ ᠨᠢ ᠳᠠᠬᠢᠨ ᠭᠠᠷᠤᠭᠰᠠᠨ ᠦᠭᠡ ᠶᠢ ᠨᠢᠭᠡ ᠯᠡ ᠲᠣᠭᠠᠴᠠᠨ᠎ᠠ᠃

ᠪᠣᠯᠭᠠᠨ ᠤ ᠳᠡᠭᠡᠷᠡᠬᠢ ᠦᠭᠡ ᠶᠢᠨ ᠳᠠᠪᠲᠠᠮᠵᠢ ᠶᠢ ᠲᠣᠭᠠᠴᠠᠭᠠᠳ ᠂ ᠲᠡᠭᠦᠨ ᠦ ᠬᠡᠮᠵᠢᠶ᠎ᠡ ᠶᠢ ᠣᠯᠵᠤ ᠮᠡᠳᠡᠨ᠎ᠡ ᠃ ᠵᠢᠱᠢᠶ᠎ᠡ ᠨᠢ ᠳᠡᠭᠡᠷᠡᠬᠢ price ᠂ cost ᠂ demand ᠂curve ᠵᠡᠷᠭᠡ ᠦᠭᠡ ᠨᠢ ᠲᠣᠭᠠᠴᠠᠭᠠᠳ ᠤ ᠳᠠᠷᠠᠭ᠎ᠠ ᠶᠢᠨ ᠲᠣᠭ᠎ᠠ ᠨᠢ the ᠪᠠ of ᠵᠡᠷᠭᠡ ᠦᠭᠡᠰ ᠦᠨ ᠳᠠᠪᠲᠠᠮᠵᠢ ᠠᠴᠠ ᠬᠡᠳᠦᠢ ᠴᠥᠭᠡᠨ ᠪᠣᠯᠪᠠᠴᠤ ᠂ ᠬᠡᠯᠡᠨ ᠦ ᠰᠤᠷᠤᠯᠴᠠᠭ᠎ᠠ ᠶᠢᠨ ᠬᠤᠪᠢᠳᠤ ᠳᠤ ᠡᠳᠡᠭᠡᠷ ᠦᠭᠡ ᠨᠢ ᠴᠢᠬᠤᠯᠠ ᠦᠭᠡ ᠪᠣᠯᠤᠨ᠎ᠠ ᠃ ᠡᠢᠮᠦ ᠦᠭᠡ ᠶᠢ 《ᠲᠦᠯᠬᠢᠭᠦᠷ ᠦᠭᠡ》(Keyword) ᠭᠡᠨ᠎ᠡ ᠃

（2）ᠬᠠᠪᠰᠤᠷᠤᠯᠴᠠᠭ᠎ᠠ

ᠣᠯᠠᠨ ᠦᠭᠡ ᠶᠢᠨ ᠬᠠᠪᠰᠤᠷᠤᠯᠴᠠᠭ᠎ᠠ (Collocation) ᠪᠣᠯ ᠬᠣᠶᠠᠷ ᠪᠤᠶᠤ ᠣᠯᠠᠨ ᠦᠭᠡ ᠶᠢᠨ ᠬᠠᠪᠰᠤᠷᠤᠯᠴᠠᠭ᠎ᠠ ᠶᠢ ᠵᠢᠭᠠᠨ᠎ᠠ ᠃ ᠡᠨᠡ ᠨᠢ ᠬᠡᠯᠡᠨ ᠦ ᠰᠤᠷᠤᠯᠴᠠᠭ᠎ᠠ ᠳᠤ ᠡᠷᠬᠢᠮ ᠴᠢᠬᠤᠯᠠ ᠠᠭᠤᠯᠭ᠎ᠠ ᠪᠣᠯᠤᠨ᠎ᠠ ᠃ ᠬᠠᠪᠰᠤᠷᠤᠯᠴᠠᠭ᠎ᠠ ᠶᠢ ᠬᠡᠮᠵᠢᠬᠦ ᠳᠤ ᠬᠠᠷᠢᠯᠴᠠᠨ ᠮᠡᠳᠡᠭᠡᠯᠡᠯ (Mutual Infotmation MI—score) ᠪᠣᠯᠣᠨ T ᠬᠡᠮᠵᠢᠭᠦᠷ (T—score) ᠵᠡᠷᠭᠡ ᠶᠢ ᠬᠡᠷᠡᠭᠯᠡᠳᠡᠭ ᠃ ᠵᠢᠱᠢᠶ᠎ᠡ ᠨᠢ 《I wonder》ᠪᠣᠯᠣᠨ 《because》ᠨᠢ ᠬᠠᠪᠰᠤᠷᠤᠯᠴᠠᠭ᠎ᠠ ᠶᠢᠨ ᠬᠠᠷᠢᠴᠠᠭ᠎ᠠ ᠲᠠᠢ ᠪᠣᠯᠬᠤ ᠪᠠ ᠃ ᠲᠣᠭᠠᠴᠠᠭᠠᠨ ᠤ ᠦᠷ᠎ᠡ ᠳᠦᠩ ᠳᠤ ᠲᠡᠳᠡᠭᠡᠷ ᠦᠭᠡ ᠶᠢᠨ ᠬᠠᠷᠢᠴᠠᠭ᠎ᠠ ᠶᠢ ᠬᠡᠮᠵᠢᠵᠦ ᠪᠣᠯᠤᠨ᠎ᠠ ᠃ ᠬᠡᠯᠡᠨ ᠦ ᠰᠤᠷᠤᠯᠴᠠᠭ᠎ᠠ ᠶᠢᠨ ᠬᠤᠪᠢᠳᠤ ᠳᠤ ᠴᠢᠬᠤᠯᠠ ᠠᠭᠤᠯᠭ᠎ᠠ ᠪᠣᠯᠤᠨ᠎ᠠ ᠃

（3）ᠲᠡᠮᠳᠡᠭᠯᠡᠯ ᠲᠡᠮᠳᠡᠭᠯᠡᠬᠦ

ᠲᠡᠮᠳᠡᠭᠯᠡᠯ ᠲᠡᠮᠳᠡᠭᠯᠡᠬᠦ ᠨᠢ ᠬᠡᠯᠡᠨ ᠦ ᠰᠤᠷᠤᠯᠴᠠᠭ᠎ᠠ ᠶᠢᠨ ᠴᠢᠬᠤᠯᠠ ᠠᠭᠤᠯᠭ᠎ᠠ ᠪᠣᠯᠤᠨ᠎ᠠ ᠃

ᠲᠡᠮᠳᠡᠭᠯᠡᠯ (Tagging) ᠶᠢᠨ ᠲᠡᠮᠳᠡᠭᠯᠡᠯ ᠢ ᠬᠡᠯᠡᠨ ᠦ ᠮᠡᠳᠡᠭᠡ ᠶᠢᠨ ᠦᠭᠡ ᠶᠢᠨ ᠠᠩᠭᠢᠯᠠᠯ ᠤᠨ ᠲᠡᠮᠳᠡᠭᠯᠡᠯ ᠢ ᠬᠡᠯᠡᠨ ᠦ ᠮᠡᠳᠡᠭᠡ ᠶᠢᠨ ᠦᠭᠡ ᠶᠢᠨ ᠮᠡᠳᠡᠭᠡ ᠶᠢᠨ ᠪᠣᠯᠪᠠᠰᠤᠷᠠᠭᠤᠯᠬᠤ ᠬᠡᠯᠡᠨ ᠦ ᠮᠡᠳᠡᠭᠡ ᠶᠢᠨ ᠰᠢᠨᠵᠢᠯᠡᠯ ᠪᠣᠯᠤᠨ᠎ᠠ ᠃ ᠬᠡᠯᠡᠨ ᠦ ᠮᠡᠳᠡᠭᠡ ᠶᠢᠨ ᠰᠢᠨᠵᠢᠯᠡᠭᠡ ᠳᠤ ᠂ ᠦᠭᠡ ᠶᠢᠨ ᠮᠡᠳᠡᠭᠡ ᠶᠢᠨ ᠰᠢᠨᠵᠢᠯᠡᠬᠦ ᠳᠤ ᠬᠡᠷᠡᠭᠯᠡᠳᠡᠭ

ᠬᠡᠯᠡᠨ ᠦ ᠮᠡᠳᠡᠯᠭᠡ ᠶᠢᠨ ᠰᠠᠩ ᠢ ᠪᠠᠶᠢᠭᠤᠯᠬᠤ ᠳᠤ ᠲᠤᠰᠠᠯᠠᠳᠠᠭ ᠪᠣᠯᠤᠨ᠎ᠠ ᠃ ᠮᠡᠳᠡᠯᠭᠡ ᠶᠢᠨ ᠤᠳᠬ᠎ᠠ ᠶᠢᠨ ᠲᠡᠮᠳᠡᠭᠯᠡᠯ ᠢ ᠮᠡᠳᠡᠯᠭᠡ ᠶᠢᠨ ᠤᠳᠬ᠎ᠠ ᠶᠢᠨ ᠲᠡᠮᠳᠡᠭᠯᠡᠯ (Semantic Annotation) ᠂ ᠭᠡᠵᠦ ᠬᠡᠯᠡᠳᠡᠭ ᠪᠣᠯᠤᠨ᠎ᠠ ᠃

ᠨᠢᠭᠡ ᠪᠡ ᠬᠡᠯᠡᠨ ᠦ ᠮᠡᠳᠡᠯᠭᠡ ᠶᠢᠨ ᠰᠠᠩ ᠤᠨ ᠪᠠᠶᠢᠭᠤᠯᠤᠯᠲᠠ ᠶᠢᠨ ᠬᠡᠷᠡᠭᠴᠡᠭᠡ ᠶᠢ ᠬᠠᠩᠭᠠᠬᠤ ᠶᠤᠮ ᠃ ᠪᠠᠷᠢᠮᠲᠠ ᠶᠢᠨ ᠰᠠᠩ ᠤᠨ ᠮᠡᠳᠡᠯᠭᠡ ᠶᠢᠨ ᠰᠠᠩ ᠢ ᠪᠠᠶᠢᠭᠤᠯᠬᠤ ᠳᠤ ᠣᠯᠠᠨ ᠲᠡᠮᠳᠡᠭᠯᠡᠯ ᠦᠨ ᠬᠡᠷᠡᠭᠯᠡᠭᠡᠲᠦ ᠪᠠᠷᠢᠮᠲᠠ ᠶᠢᠨ ᠰᠠᠩ ᠤᠨ ᠮᠡᠳᠡᠯᠭᠡ ᠶᠢᠨ ᠰᠠᠩ ᠢ ᠪᠠᠶᠢᠭᠤᠯᠬᠤ ᠃ ᠲᠡᠭᠦᠨ ᠦ ᠨᠢᠭᠡ ᠪᠡ ᠬᠡᠯᠡᠨ ᠦ ᠮᠡᠳᠡᠯᠭᠡ ᠶᠢᠨ ᠰᠠᠩ ᠤᠨ ᠨᠢᠭᠡ ᠬᠡᠰᠡᠭ ᠢ ᠪᠠᠶᠢᠭᠤᠯᠬᠤ ᠳᠤ Penn ᠮᠡᠳᠡᠯᠭᠡ ᠶᠢᠨ ᠪᠠᠷᠢᠮᠲᠠ ᠶᠢᠨ ᠰᠠᠩ ᠪᠣᠯᠤᠨ TTC ᠮᠡᠳᠡᠯᠭᠡ ᠶᠢᠨ ᠰᠠᠩ ᠢ ᠪᠠᠶᠢᠭᠤᠯᠤᠭᠰᠠᠨ ᠪᠠᠶᠢᠨ᠎ᠠ ᠃ ᠲᠡᠭᠦᠨ ᠦ ᠬᠡᠯᠡᠨ ᠦ ᠮᠡᠳᠡᠯᠭᠡ ᠶᠢᠨ ᠰᠠᠩ ᠤᠨ ᠤᠳᠬ᠎ᠠ ᠶᠢᠨ ᠲᠡᠮᠳᠡᠭᠯᠡᠯ ᠦᠨ ᠪᠠᠶᠢᠭᠤᠯᠤᠯᠲᠠ ᠶᠢ ᠬᠡᠯᠡᠨ ᠦ ᠮᠡᠳᠡᠯᠭᠡ ᠶᠢᠨ ᠰᠠᠩ ᠤᠨ ᠪᠠᠷᠢᠮᠲᠠ ᠶᠢᠨ ᠵᠠᠳᠠᠯᠭ᠎ᠠ (Parsing) ᠭᠡᠵᠦ ᠬᠡᠯᠡᠳᠡᠭ ᠪᠣᠯᠤᠨ᠎ᠠ ᠃

(4) ᠵᠠᠳᠠᠯᠭ᠎ᠠ

ᠬᠡᠯᠡᠨ ᠵᠠᠳᠠᠯᠭ᠎ᠠ ᠪᠣᠯᠤᠨ᠎ᠠ ᠃

ᠮᠣᠩᠭᠣᠯ ᠬᠡᠯᠡᠨ ᠦ ᠮᠡᠳᠡᠯᠭᠡ ᠶᠢᠨ ᠪᠠᠶᠢᠭᠤᠯᠤᠯᠲᠠ ᠶᠢᠨ Mglex ᠰᠢᠰᠲ᠋ᠧᠮ ᠢ ᠪᠠᠶᠢᠭᠤᠯᠤᠭᠰᠠᠨ ᠪᠠᠶᠢᠨ᠎ᠠ ᠃ ᠲᠡᠭᠦᠨ ᠦ ᠰᠢᠰᠲ᠋ᠧᠮ ᠳᠦ ᠮᠣᠩᠭᠣᠯ ᠬᠡᠯᠡᠨ ᠦ ᠦᠭᠡᠰ ᠦᠨ ᠰᠠᠩ ᠤᠨ ᠪᠠᠷᠢᠮᠲᠠ ᠶᠢᠨ ᠮᠡᠳᠡᠯᠭᠡ ᠶᠢᠨ ᠰᠠᠩ ᠢ ᠪᠠᠶᠢᠭᠤᠯᠬᠤ ᠳᠤ ᠬᠡᠷᠡᠭᠯᠡᠭᠳᠡᠬᠦ ᠮᠡᠳᠡᠯᠭᠡ ᠶᠢᠨ ᠰᠠᠩ ᠢ ᠪᠠᠶᠢᠭᠤᠯᠬᠤ ᠳᠤ ᠲᠤᠰᠠᠯᠠᠳᠠᠭ ᠦᠭᠡᠰ ᠦᠨ ᠲᠡᠮᠳᠡᠭᠯᠡᠯ ᠦᠨ ᠦᠨᠡᠨ ᠵᠦᠪ ᠦᠨ ᠬᠡᠮᠵᠢᠶ᠎ᠡ 90% ᠳᠤ ᠬᠦᠷᠴᠡᠢ ᠃ ᠲᠡᠭᠦᠨ ᠦ ᠨᠢᠭᠡ ᠪᠡ ᠭᠣᠤᠯ ᠬᠡᠰᠡᠭ ᠢ ᠮᠡᠳᠡᠯᠭᠡ ᠶᠢᠨ ᠰᠠᠩ ᠤᠨ ᠪᠠᠷᠢᠮᠲᠠ ᠶᠢᠨ ᠵᠠᠳᠠᠯᠭ᠎ᠠ ᠶᠢᠨ ᠮᠡᠳᠡᠯᠭᠡ ᠶᠢᠨ ᠰᠠᠩ ᠢ ᠪᠠᠶᠢᠭᠤᠯᠬᠤ ᠳᠤ ᠬᠡᠷᠡᠭᠯᠡᠭᠳᠡᠳᠡᠭ ᠪᠣᠯᠤᠨ᠎ᠠ ᠃ ᠲᠡᠭᠦᠨ ᠦ ᠨᠢᠭᠡ ᠪᠡ ᠪᠠᠷᠢᠮᠲᠠ ᠶᠢᠨ ᠰᠠᠩ ᠤᠨ ᠮᠡᠳᠡᠯᠭᠡ ᠶᠢᠨ ᠰᠠᠩ ᠢ ᠬᠡᠷᠡᠭᠯᠡᠬᠦ ᠪᠣᠯᠤᠨ ᠭᠡᠳᠡᠭ ᠶᠤᠮ ᠃ ᠲᠡᠭᠦᠨ ᠢ ᠬᠡᠯᠡᠨ ᠦ ᠮᠡᠳᠡᠯᠭᠡ ᠶᠢᠨ ᠬᠡᠯᠪᠡᠷᠢ ᠪᠡᠷ ᠬᠡᠷᠡᠭᠯᠡᠭᠡᠨ ᠪᠠᠶᠢᠭᠤᠯᠤᠭᠰᠠᠨ ᠬᠠᠷᠢᠴᠠᠭᠤᠯᠤᠯ ᠤᠨ ᠲᠣᠭ᠎ᠠ ᠪᠠᠷᠢᠮᠲᠠ ᠶᠢᠨ ᠬᠠᠷᠢᠴᠠᠭ᠎ᠠ ᠶᠢ ᠬᠡᠷᠡᠭᠯᠡᠵᠦ ᠪᠣᠯᠬᠤ ᠪᠠᠶᠢᠭᠤᠯᠤᠯᠲᠠ ᠶᠢ ᠰᠢᠨᠵᠢᠯᠡᠨ

ᠬᠡᠯᠡᠨ ᠦ ᠰᠢᠨᠵᠢᠯᠡᠬᠦ ᠤᠬᠠᠭᠠᠨ ᠤ ᠰᠠᠯᠪᠤᠷᠢ ᠶᠢᠨ ᠬᠡᠯᠡᠯᠭᠡ ᠶᠢᠨ ᠬᠠᠮᠤᠭ ᠰᠢᠨ᠎ᠡ ᠰᠤᠳᠤᠯᠭ᠎ᠠ ᠳᠤ ᠴᠢᠬᠤᠯᠠ ᠨᠥᠯᠦᠭᠡ ᠦᠵᠡᠭᠦᠯᠦᠭᠰᠡᠨ :: ᠡᠨᠡ ᠬᠡᠮᠵᠢᠶᠡᠨ ᠳᠦ ᠰᠢᠭᠦᠮᠵᠢᠯᠡᠯᠲᠦ ᠪᠣᠯ ᠬᠡᠯᠡᠨ ᠦ ᠰᠢᠨᠵᠢᠯᠡᠬᠦ

ᠣᠢᠯᠠᠭᠠᠭᠳᠠᠬᠤ ᠪᠣᠯᠤᠨ᠎ᠠ ::

(ᠨᠢᠭᠡ) ᠬᠡᠯᠡᠨ ᠦ ᠰᠢᠨᠵᠢᠯᠡᠭᠡᠨ ᠦ ᠦᠵᠡᠯ ᠪᠠ ᠲᠡᠦᠬᠡᠨ ᠦ ᠬᠥᠭᠵᠢᠯ ᠦᠨ ᠲᠣᠪᠴᠢ ᠲᠣᠢᠮᠤ

1. ᠰᠢᠭᠦᠮᠵᠢᠯᠡᠯ ᠦᠨ ᠬᠡᠯᠡ ᠰᠢᠨᠵᠢᠯᠡᠯ ᠦᠨ ᠦᠶ᠎ᠡ ᠲᠡᠦᠬᠡ

ᠬᠡᠯᠡᠨ ᠦ ᠰᠢᠨᠵᠢᠯᠡᠭᠡᠨ ᠦ ᠦᠵᠡᠯ ᠢ ᠰᠢᠭᠦᠮᠵᠢᠯᠡᠯ ᠦᠨ ᠬᠡᠯᠡ ᠰᠢᠨᠵᠢᠯᠡᠯ ᠤᠨ ᠰᠤᠳᠤᠯᠭ᠎ᠠ ᠬᠢᠭᠰᠡᠨ ᠶᠤᠮ ᠢᠶᠡᠷ ᠬᠠᠷᠢᠭᠤᠯᠪᠠᠯ ᠲᠡᠭᠦᠨ ᠦ ᠬᠡᠯᠡ ᠵᠦᠢ ᠳᠦ ᠬᠢᠴᠢᠶᠡᠨ ᠦᠵᠡᠯ ᠪᠣᠯᠤᠭᠰᠠᠨ ᠬᠡᠯᠡᠨ ᠦ ᠣᠨᠣᠯ ᠢᠶᠠᠷ ᠰᠢᠨᠵᠢᠯᠡᠭᠰᠡᠨ ᠳᠦᠷᠢᠮ᠂ ᠬᠡᠯᠡᠯᠴᠡᠭᠡᠨ ᠦ ᠣᠨᠣᠯ᠂ ᠪᠠᠷᠠᠭ ᠰᠢᠨᠵᠢᠯᠡᠭᠡᠨ ᠦ ᠣᠨᠣᠯ᠂ ᠰᠣᠳᠣᠯᠭ᠎ᠠ ᠶᠢᠨ ᠬᠡᠯᠡ ᠶᠢᠨ ᠦᠵᠡᠯ ᠪᠣᠯᠤᠨ ᠬᠡᠯᠡᠯᠴᠡᠬᠦ ᠪᠣᠯᠬᠤ ᠶᠢᠨ ᠪᠣᠯᠤᠨ᠎ᠠ ::

(1) ᠪᠠᠷᠠᠭ ᠰᠢᠨᠵᠢᠯᠡᠭᠡᠨ ᠦ ᠬᠡᠯᠡᠨ ᠦ ᠣᠨᠣᠯ

ᠬᠡᠯᠡᠨ ᠦ ᠰᠢᠨᠵᠢᠯᠡᠭᠡᠨ ᠦ ᠦᠵᠡᠯ ᠢ ᠪᠠᠷᠠᠭ ᠰᠢᠨᠵᠢᠯᠡᠭᠡᠨ ᠦ ᠬᠡᠯᠡᠨ ᠦ ᠣᠨᠣᠯ ᠤᠨ ᠬᠡᠯᠡ ᠵᠦᠢ ᠳᠦ ᠰᠤᠤᠷᠢᠯᠠᠭᠰᠠᠨ ᠬᠡᠯᠡ ᠰᠢᠨᠵᠢᠯᠡᠯ ᠦᠨ ᠦᠵᠡᠯ ᠪᠠᠷ ᠲᠠᠢᠯᠪᠤᠷᠢᠯᠠᠪᠠᠯ ᠰᠢᠨᠵᠢᠯᠡᠬᠦ ᠶᠢᠨ ᠬᠡᠮᠵᠢᠶᠡᠨ ᠲᠦ ᠰᠢᠭᠦᠮᠵᠢᠯᠡᠬᠦ ᠰᠤᠳᠤᠯᠭ᠎ᠠ ᠶᠢ ᠬᠡᠯᠡᠯᠴᠡᠬᠦ ᠶᠢᠨ ᠪᠣᠯᠬᠤ ᠶᠢ ᠬᠠᠷᠢᠭᠤᠯᠪᠠᠯ ᠰᠢᠨᠵᠢᠯᠡᠯ ᠢ ᠬᠡᠯᠡᠯᠴᠡᠬᠦ ᠶᠢᠨ ᠬᠡᠯᠡᠨ ᠦ ᠪᠠᠢᠳᠠᠯ ᠢ ᠬᠡᠯᠡᠯᠴᠡᠬᠦ ᠶᠢᠨ ᠦᠵᠡᠯ ᠪᠣᠯᠤᠭᠰᠠᠨ ᠰᠢᠨᠵᠢᠯᠡᠯ ᠦᠨ ᠦᠵᠡᠯ ᠢ ᠰᠢᠭᠦᠮᠵᠢᠯᠡᠬᠦ ᠬᠡᠯᠡ ᠰᠢᠨᠵᠢᠯᠡᠯ ᠪᠣᠯᠤᠨ᠎ᠠ ::

(2) ᠬᠡᠯᠡᠯᠴᠡᠭᠡᠨ ᠦ ᠰᠣᠳᠣᠯᠭ᠎ᠠ ᠶᠢᠨ ᠣᠨᠣᠯ

ᠬᠡᠯᠡᠯᠴᠡᠭᠡᠨ ᠦ ᠣᠨᠣᠯ ᠤᠨ ᠬᠡᠯᠡᠨ ᠦ ᠰᠢᠨᠵᠢᠯᠡᠭᠡᠨ ᠦ ᠦᠵᠡᠯ ᠢ ᠰᠢᠭᠦᠮᠵᠢᠯᠡᠬᠦ ᠬᠡᠯᠡ ᠰᠢᠨᠵᠢᠯᠡᠯ ᠦᠨ ᠰᠤᠳᠤᠯᠭ᠎ᠠ ᠳᠤ ᠬᠡᠷᠡᠭᠯᠡᠭᠰᠡᠨ ᠶᠤᠮ ᠪᠣᠯ《 ᠰᠢᠭᠦᠮᠵᠢᠯᠡᠯᠲᠦ ᠬᠡᠯᠡ ᠰᠢᠨᠵᠢᠯᠡᠯ 》(Critical Linguistic) ·《 ᠰᠢᠭᠦᠮᠵᠢ ᠶᠢᠨ ᠬᠡᠯᠡ ᠪᠣᠯᠤᠨ ᠵᠠᠰᠠᠭ ᠤᠨ ᠡᠷᠬᠡ ᠮᠡᠳᠡᠯ 》ᠵᠡᠷᠭᠡ ᠪᠦᠲᠦᠭᠡᠯ ᠦᠳ ᠲᠦ

ᠬᠡᠯᠡᠯᠴᠡᠬᠦᠢ 》(Critical Discourse Analysis) ᠭᠡᠳᠡᠭ ᠦᠨ ᠰᠢᠨᠵᠢᠯᠡᠬᠦ ᠶᠢᠨ ᠪᠡᠷ ᠪᠠᠢ᠌ᠳᠠᠯ ᠪᠣᠯᠤᠨ᠎ᠠ :: [16] ᠬᠡᠯᠡᠨ ᠰᠢᠨᠵᠢᠯᠡᠬᠦ ᠶᠢ ᠮᠡᠳᠡᠭᠡ ᠶᠢᠨ ᠪᠡᠷ ᠪᠠᠢ᠌ᠳᠠᠯ ᠬᠣᠣᠰᠣᠷ ᠬᠠᠮᠲᠤ ᠬᠡᠯᠡᠯᠴᠡᠬᠦᠢ ᠶᠢᠨ ᠮᠡᠳᠡᠭᠡ ᠶᠢᠨ ... ᠬᠡᠯᠡ ᠶᠢᠨ ᠬᠡᠷᠡᠭᠯᠡᠭᠡᠨ ᠦ ᠬᠡᠯᠡᠯᠴᠡᠬᠦᠢ ᠶᠢᠨ ᠰᠢᠨᠵᠢᠯᠡᠯ ᠪᠡᠷ ᠪᠠᠢ᠌ᠭᠤᠯᠤᠭᠳᠠᠬᠤ ᠪᠣᠯᠤᠨ᠎ᠠ :: ᠡᠢ᠌ᠮᠦ ᠬᠡᠯᠡ ᠪᠡᠷ ᠲᠤᠰᠬᠠᠶ᠋ ᠰᠢᠨᠵᠢᠯᠡᠨ ᠲᠣᠭᠠᠯᠠᠬᠤ ᠪᠣᠯᠬᠤ ᠬᠣᠭᠣᠷᠣᠨᠳᠣ ᠶᠢᠨ ᠬᠡᠯᠡᠯᠴᠡᠬᠦᠢ ᠶᠢᠨ ᠰᠢᠨᠵᠢ ᠶᠢ ᠬᠠᠷᠢᠭᠤᠯᠵᠤ ᠦᠵᠡᠬᠦ ᠪᠣᠯᠣᠨ᠎ᠠ :: ᠡᠢ᠌ᠮᠦ ᠪ ᠬᠡᠯᠡᠯᠴᠡᠬᠦᠢ ᠶᠢᠨ ᠰᠢᠨᠵᠢᠯᠡᠯ ᠢ ᠬᠡᠯᠡ ᠶᠢᠨ ᠰᠢᠨᠵᠢᠯᠡᠬᠦ ᠶᠢᠨ ᠲᠠᠯ᠎ᠠ ᠳᠤ ᠬᠠᠮᠢᠶᠠᠷᠤᠯᠵᠤ ᠪᠠᠢ᠌ᠨ᠎ᠠ ::

（3）ᠬᠡᠷᠡᠭᠯᠡᠭᠳᠡᠬᠦᠨ ᠦ ᠲᠠᠯ᠎ᠠ

ᠪ ᠬᠡᠯᠡᠯᠴᠡᠬᠦᠢ ᠶᠢᠨ ᠰᠢᠨᠵᠢᠯᠡᠯ ᠢ ᠬᠡᠯᠡ ᠶᠢᠨ ᠬᠡᠷᠡᠭᠯᠡᠭᠡᠨ ᠦ ᠲᠠᠯ᠎ᠠ ᠡᠴᠡ ᠰᠢᠨᠵᠢᠯᠡᠬᠦ ᠶᠢᠨ ᠬᠡᠷᠡᠭᠯᠡᠭᠡ ᠶᠢᠨ ᠰᠢᠨᠵᠢᠯᠡᠯ ᠪᠣᠯᠤᠨ᠎ᠠ :: ᠡᠢ᠌ᠮᠦ ᠪ ᠬᠡᠯᠡᠯᠴᠡᠬᠦᠢ ᠶᠢᠨ ᠰᠢᠨᠵᠢᠯᠡᠯ ᠢ ᠬᠡᠯᠡ ᠶᠢᠨ ᠬᠡᠷᠡᠭᠯᠡᠭᠡᠨ ᠦ ᠬᠡᠯᠡᠯᠴᠡᠬᠦᠢ ᠶᠢᠨ ᠬᠡᠷᠡᠭᠯᠡᠭᠡ ᠪᠡᠷ ᠲᠠᠢ᠌ᠯᠪᠤᠷᠢᠯᠠᠬᠤ ᠶᠢᠨ ᠬᠠᠮᠲᠤ ᠪᠡᠷ ᠬᠡᠷᠡᠭᠯᠡᠭᠳᠡᠬᠦᠨ ᠦ ᠬᠡᠯᠡᠯᠴᠡᠬᠦᠢ ᠶᠢ ᠰᠢᠨᠵᠢᠯᠡᠨ ᠬᠡᠯᠡᠯᠴᠡᠬᠦᠢ ᠶᠢᠨ ᠬᠡᠷᠡᠭᠯᠡᠭᠳᠡᠬᠦᠨ ᠳᠦ ᠬᠠᠮᠢᠶᠠᠷᠤᠯᠵᠤ ᠪᠠᠢ᠌ᠨ᠎ᠠ ::

（4）ᠬᠡᠯᠡ ᠵᠦᠢ ᠶᠢᠨ ᠲᠠᠯ᠎ᠠ

ᠡᠢ᠌ᠮᠦ ᠪ ᠬᠡᠯᠡᠯᠴᠡᠬᠦᠢ ᠶᠢᠨ ᠰᠢᠨᠵᠢᠯᠡᠯ ᠢ ᠬᠡᠯᠡ ᠵᠦᠢ ᠶᠢᠨ ᠲᠣᠭᠠᠨ ᠰᠢᠨᠵᠢᠯᠡᠬᠦ ᠶᠢᠨ ᠲᠠᠯ᠎ᠠ ᠶᠢᠨ ᠬᠠᠷᠢᠭᠤᠯᠵᠤ ᠦᠵᠡᠬᠦ ᠶᠢᠨ ᠬᠡᠯᠡᠯᠴᠡᠬᠦᠢ ᠶᠢᠨ ᠬᠡᠯᠡ ᠶᠢᠨ ᠲᠣᠭᠠᠨ ᠰᠢᠨᠵᠢᠯᠡᠯ ᠪᠣᠯᠤᠨ᠎ᠠ :: ᠬᠡᠯᠡ ᠵᠦᠢ ᠶᠢᠨ ᠪᠦᠲᠦᠴᠡ ᠶᠢᠨ ᠬᠠᠷᠢᠭᠤᠯᠬᠤ ᠶᠢᠨ ᠪᠡᠷ 《 ᠬᠡᠯᠡ ᠵᠦᠢ ᠶᠢᠨ ᠲᠣᠭᠠᠨ ᠰᠢᠨᠵᠢᠯᠡᠯ 》(Stylometrics) ᠭᠡᠳᠡᠭ ᠪᠡᠷ ᠪᠡᠶ᠎ᠡ ᠲᠠᠢ᠌ ᠪᠣᠯᠬᠤ ᠶᠢᠨ ᠬᠡᠯᠡᠨ ᠰᠢᠨᠵᠢᠯᠡᠬᠦ ᠶᠢᠨ ᠬᠡᠯᠡ ᠵᠦᠢ ᠶᠢᠨ ᠲᠣᠭᠠᠨ ᠰᠢᠨᠵᠢᠯᠡᠯ ᠦᠨ ᠬᠡᠯᠡ ᠶᠢᠨ ᠰᠢᠨᠵᠢᠯᠡᠯ ᠪᠡᠷ ᠬᠠᠮᠢᠶᠠᠷᠤᠯᠵᠤ ᠪᠣᠯᠬᠤ ᠶᠢᠨ ᠬᠡᠯᠡ ᠶᠢᠨ ᠰᠦᠯᠵᠢᠶ᠎ᠡ ᠶᠢ ᠰᠢᠨᠵᠢᠯᠡᠨ ᠬᠡᠯᠡᠯᠴᠡᠬᠦᠢ ᠶᠢᠨ ᠭᠣᠣᠯ ᠰᠢᠨᠵᠢ ᠶᠢ ᠲᠣᠳᠣᠷᠬᠠᠢ᠌ᠯᠠᠨ ᠬᠠᠷᠢᠭᠤᠯᠵᠤ ᠪᠠᠢ᠌ᠨ᠎ᠠ ::

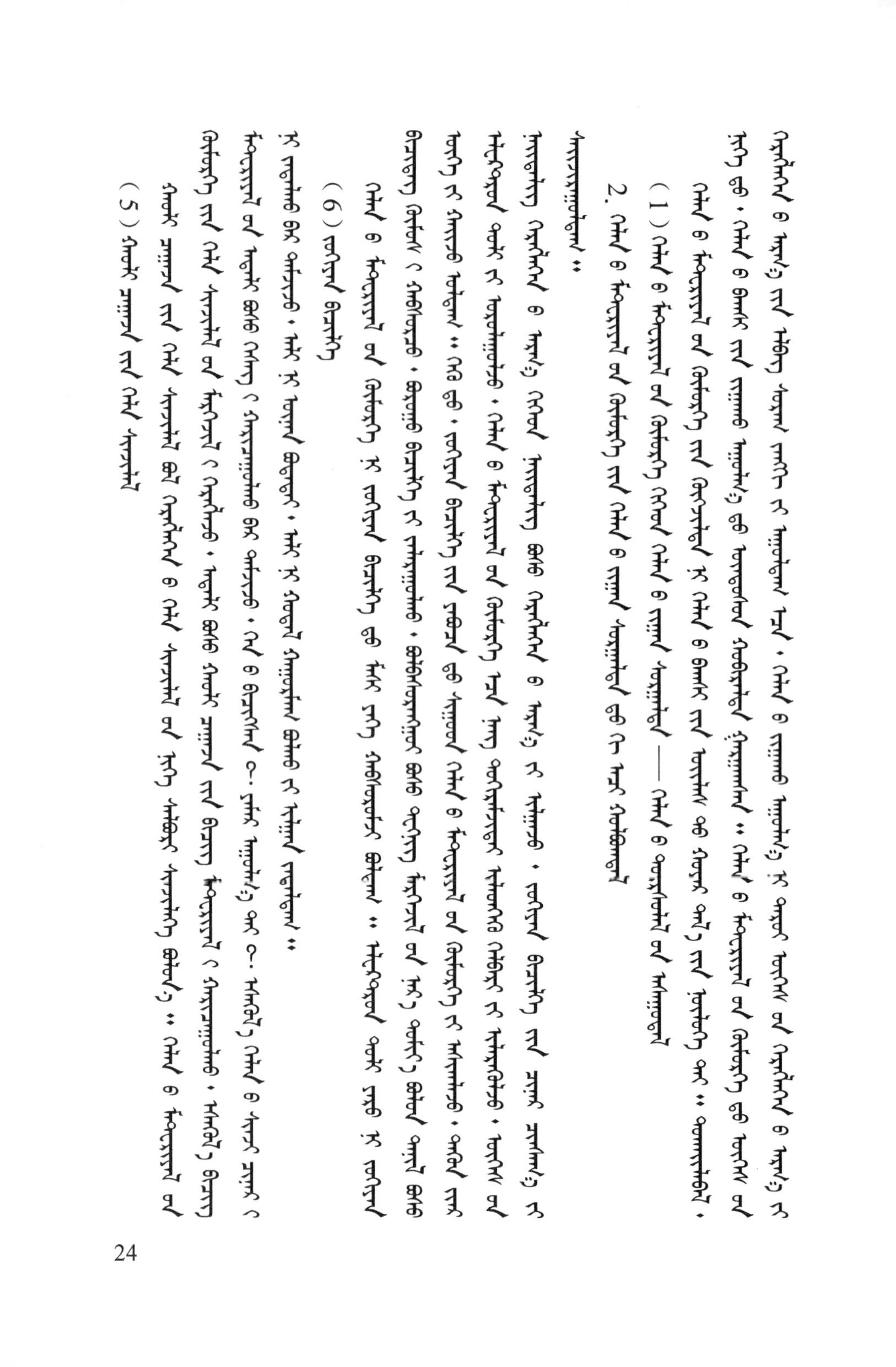

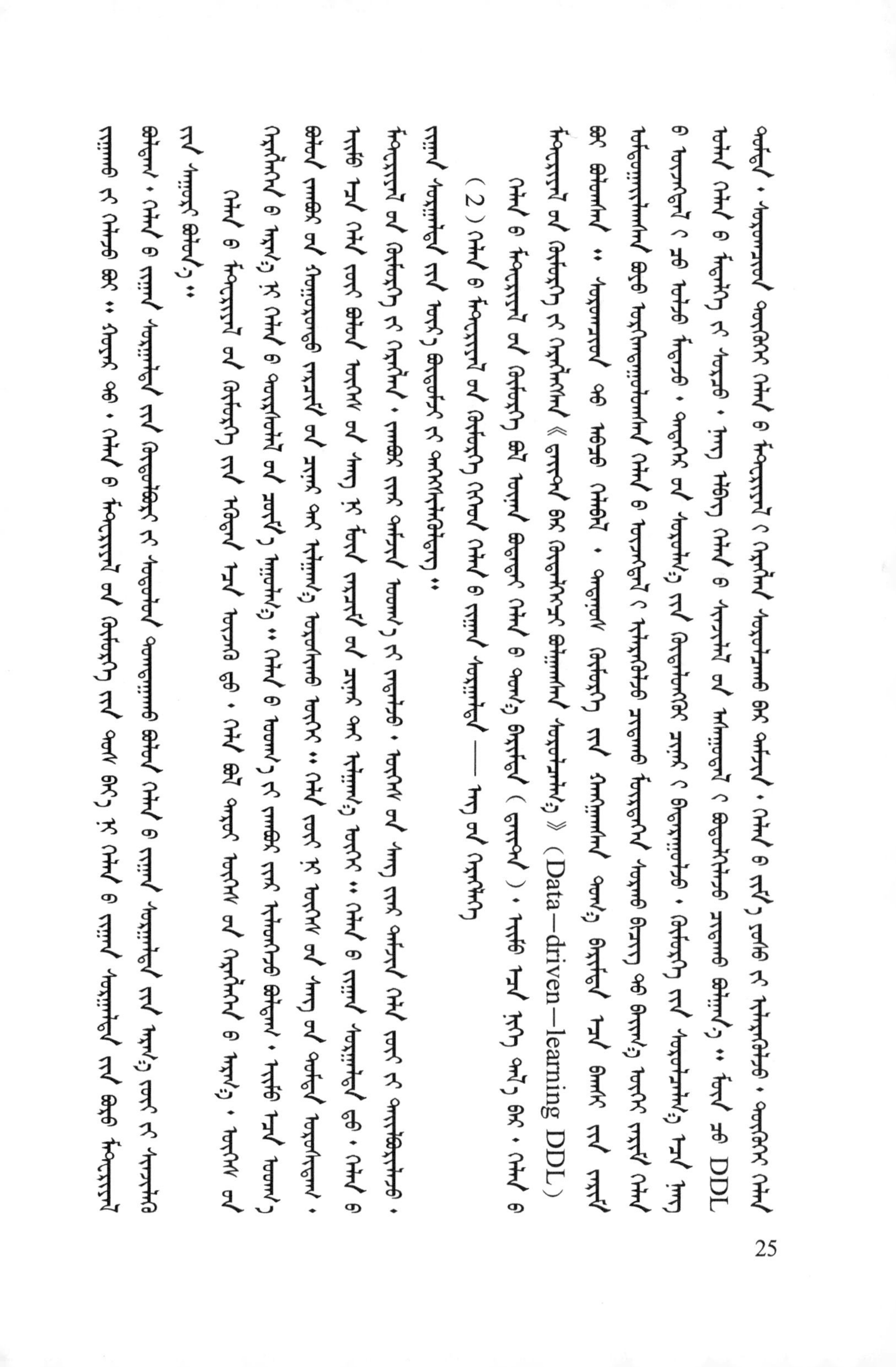

[illegible] DDL [illegible]

[illegible] 《[illegible]》(Data—driven—learning DDL) [illegible]

(2) [illegible] —— [illegible]

[illegible]

[illegible]

[illegible]

[illegible]

[illegible] 《[illegible]》(Reciprocal Learning) [illegible]

[illegible] 《[illegible]》 [illegible]

[illegible] ::

(3) [illegible] — [illegible]

[illegible] ::

[illegible]:

〔1〕McEnery,T.Wilson. A.Corpus Linguistics,Edinburgh University Press,1996.

〔2〕Crystal,D.Stylistic Profiling, in Aijmer&Alterberg.1991,P221—238.

of the Association for Computational Linguistics.P177—184.

〔11〕Gale,W&K.Church.1991.A Program for aligning Sentence in bilingual corpora, proceedings Machine Translation Summit X.

〔10〕Koehn,P.2005.Europarl: A parallel corpus for statistical machine translation. Proceedings of Language Resources Association.

Proceeding of the Seven International Conference on Language Resources and Evaluation, European

〔9〕Eissele,A.&Y.Chen.2010.multi UN: A multilingual corpus from United Nation Documents. P1313—1316.

Proceedings of 4th International Conference on Language Resources and Evaluation.Lisbon,May.

〔8〕Baroni,M.&S.Bernardini.2004.Boot Cat: Bootstrapping corpora and terms from the web. Nesselhaut,M.Hundt&C.Biewer(eds.).Corpus Linguistics and the web.Amsterdam: Rodopi.P47—67.

〔7〕Renouf,A.,A.Kehoe&J.Banerjee.2007.Webcorp: an integrated System for web text search.In C.

年，第86页。

〔6〕熊文新：《语言资源视角下的语料库建设与应用研究》，外语教学与研究出版社，2015

〔5〕冯志伟：《现代语言学流派》，商务印书馆，2013年，第7页。

译，清华大学出版社，2012年，第3、4页。

〔3〕〔4〕〔美〕道格拉斯·比伯、刘珊·康拉德、兰迪·瑞潘：《语料库语言学》，刘颖、胡海涛

〔16〕Corpus in Applied Linguistics,hunston.S,Cambridge University Press in 2002,P27.

P420—431.

corpus from the web. Proceedings of 28th European Conference on Information Retrieval,Springer.

〔15〕 Zhang.Y.,K.Wu,J.Gao&V.Phil.2006.Automatic acquisition of Chinese—English parallel

Proceedings of the Australasian Workshop on Data Mining and Web Intelligence.

〔14〕 Chen.J.,R.Chau&C.Yeh.2004.Discovering parallel text from the world wide web.

Machine Translation Summit VII.

〔13〕Ma.&Liberman.1999.Bits: A method for bilingual text search over the web. Proceedings of

Conference on Research and Development in Information Retrieval.P74—81.

Mining of Parallel Text from the Web. Proceedings of the 22nd annual international ACM SIGIR

〔12〕Nie et all 1999.Cross—language information Retrieval based on Parallel Texts and Automatic

ᠨᠢᠭᠡᠳᠦᠭᠡᠷ ᠪᠦᠯᠦᠭ ᠬᠡᠯᠡᠨ ᠦ ᠮᠠᠲ᠋ᠧᠷᠢᠶᠠᠯ ᠤᠨ ᠪᠠᠭᠠᠵᠢ ᠶᠢᠨ ᠣᠨᠣᠯ ᠤᠨ ᠦᠨᠳᠦᠰᠦ

ᠨᠢᠭᠡᠳᠦᠭᠡᠷ ᠬᠡᠰᠡᠭ ᠬᠡᠯᠡᠨ ᠦ ᠮᠠᠲ᠋ᠧᠷᠢᠶᠠᠯ ᠤᠨ ᠪᠠᠭᠠᠵᠢ ᠶᠢᠨ ᠲᠣᠳᠤᠷᠬᠠᠢᠯᠠᠯᠲᠠ ᠨᠡᠷ᠎ᠡ · ᠣᠨᠴᠠᠯᠢᠭ ᠴᠢᠨᠠᠷ

ᠨᠢᠭᠡ · ᠬᠡᠯᠡᠨ ᠦ ᠮᠠᠲ᠋ᠧᠷᠢᠶᠠᠯ ᠤᠨ ᠪᠠᠭᠠᠵᠢ ᠶᠢᠨ ᠲᠣᠳᠤᠷᠬᠠᠢᠯᠠᠯᠲᠠ ᠨᠡᠷ᠎ᠡ

ᠬᠡᠯᠡᠨ ᠦ ᠮᠠᠲ᠋ᠧᠷᠢᠶᠠᠯ ᠤᠨ ᠪᠠᠭᠠᠵᠢ ᠨᠢ ᠠᠩᠭᠯᠢ ᠪᠡᠷ 《 Corpus 》 ᠭᠡᠵᠦ · 《 ᠲᠡᠮᠳᠡᠭᠯᠡᠭᠰᠡᠨ 》 ᠪᠤᠶᠤ ᠲᠣᠭᠠᠨ ᠤ ᠮᠡᠳᠡᠭᠡ ᠬᠡᠯᠡᠨ ᠦ ᠵᠦᠢᠯ ᠢ ᠵᠢᠭᠠᠰᠠᠨ ᠬᠡᠯᠡᠨ ᠦ ᠮᠠᠲ᠋ᠧᠷᠢᠶᠠᠯ ᠤᠨ ᠪᠠᠭᠠᠵᠢ ᠪᠣᠯ ᠰᠢᠨᠵᠢᠯᠡᠬᠦ ᠣᠢᠯᠠᠭᠠᠬᠤ ᠶᠢ ᠮᠡᠳᠡᠭᠡᠯᠡᠯ ᠲᠣᠭᠠᠯᠠᠯ 《 ᠵᠢᠱᠢᠶ᠎ᠡ ᠪᠠᠭᠠᠵᠢ 》 · 《 ᠲᠣᠭᠠᠨ ᠪᠠᠭᠠᠵᠢ 》 · 《 ᠪᠢᠴᠢᠭᠯᠡᠯ 》 ᠪᠣᠯ ᠬᠡᠯᠡᠨ ᠦ ᠮᠠᠲ᠋ᠧᠷᠢᠶᠠᠯ ᠤᠨ ᠪᠠᠭᠠᠵᠢ ᠶᠢᠨ ᠰᠤᠳᠤᠯᠤᠯ ᠤᠨ ᠦᠨᠳᠦᠰᠦᠨ ᠦ ᠣᠨᠣᠯ ᠤᠨ ᠰᠢᠨᠵᠢᠯᠡᠬᠦ ᠶᠢᠨ ᠬᠡᠯᠡᠨ ᠦ ᠮᠠᠲ᠋ᠧᠷᠢᠶᠠᠯ ᠤᠨ ᠪᠠᠭᠠᠵᠢ ᠶᠢᠨ ᠬᠡᠮᠵᠢᠶ᠎ᠡ ᠪᠣᠯ ᠰᠢᠨᠵᠢᠯᠡᠬᠦ ᠠᠷᠭ᠎ᠠ :: ᠪᠢᠴᠢᠭᠯᠡᠯ ᠦᠨ ᠲᠣᠭᠠᠯᠠᠯ ᠲᠣᠭ᠎ᠠ ᠶᠢᠨ ᠰᠢᠨᠵᠢᠯᠡᠬᠦ ᠪᠠᠭᠠᠵᠢ ᠶᠢᠨ ᠪᠣᠯᠪᠠᠰᠤ :: 《 ᠲᠡᠭᠦᠨ ᠪᠠᠭᠠᠵᠢ ᠬᠡᠮᠡᠭᠳᠡᠬᠦ ᠨᠢ ᠮᠡᠳᠡᠭᠡᠯᠡᠯ ᠦᠨ ᠬᠠᠳᠠᠭᠠᠯᠠᠭᠰᠠᠨ ᠣᠯᠠᠨ ᠲᠣᠭᠠᠲᠠᠢ ᠨᠢ ᠰᠢᠨᠵᠢᠯᠡᠭᠰᠡᠨ ᠪᠠᠭᠠᠵᠢ ᠶᠢᠨ ᠲᠣᠭᠠᠨ :: ᠲᠣᠭᠠᠯᠠᠬᠤ ᠪᠡᠷ ᠬᠡᠯᠡᠨ ᠦ ᠮᠠᠲ᠋ᠧᠷᠢᠶᠠᠯ ᠢ ᠰᠢᠨᠵᠢᠯᠡᠭᠰᠡᠨ ᠲᠣᠭᠠᠨ ᠤ ᠦᠨᠳᠦᠰᠦ ᠪᠣᠯᠤᠨ ᠠᠷᠭ᠎ᠠ ᠪᠣᠯᠬᠤ 》 〔1〕 · 《 ᠪᠢᠴᠢᠭᠯᠡᠯ ᠦᠨ ᠣᠯᠠᠨ ᠲᠣᠭᠠᠲᠠᠢ ᠬᠡᠯᠡᠨ ᠦ ᠮᠠᠲ᠋ᠧᠷᠢᠶᠠᠯ ᠢ ᠪᠠᠭᠠᠵᠢ ᠪᠣᠯᠭᠠᠨ ᠲᠣᠭᠠᠯᠠᠭᠰᠠᠨ ᠪᠡᠷ · ᠬᠡᠯᠡᠨ ᠦ ᠲᠣᠭᠠᠨ ᠲᠠᠢ ᠰᠢᠨᠵᠢᠯᠡᠭᠰᠡᠨ ᠦᠨᠳᠦᠰᠦᠨ ᠦ ᠬᠡᠯᠡᠨ ᠦ ᠮᠠᠲ᠋ᠧᠷᠢᠶᠠᠯ ᠤᠨ ᠰᠠᠩ ᠢ ᠲᠣᠭᠠᠯᠠᠬᠤ ᠨᠢ ᠬᠡᠯᠡᠨ ᠦ ᠵᠦᠢᠯ ᠢ ᠲᠣᠭᠠᠯᠠᠭᠰᠠᠨ · ᠲᠣᠭᠠᠨ ᠤ ᠰᠤᠳᠤᠯᠤᠯ ᠤᠨ ᠬᠡᠯᠡᠨ ᠦ ᠰᠠᠩ ᠳᠤ ᠬᠡᠷᠡᠭᠯᠡᠬᠦ ᠪᠣᠯᠤᠨ ᠬᠡᠯᠡᠨ ᠦ ᠮᠠᠲ᠋ᠧᠷᠢᠶᠠᠯ ᠤᠨ ᠪᠠᠭᠠᠵᠢ ᠶᠢᠨ ᠪᠣᠳᠤᠭᠠᠰᠤ ᠲᠠᠢ ᠬᠡᠯᠡᠨ ᠦ ᠵᠢᠭᠠᠰᠤᠨ ᠲᠡᠮᠳᠡᠭᠯᠡᠭᠰᠡᠨ 》 〔2〕 · 《 ᠬᠡᠯᠡᠨ ᠲᠡᠮᠳᠡᠭᠯᠡᠭᠰᠡᠨ ᠪᠤᠶᠤ · ᠬᠡᠯᠡᠨ ᠦ ᠮᠠᠲ᠋ᠧᠷᠢᠶᠠᠯ ᠤᠨ ᠪᠠᠭᠠᠵᠢ ᠶᠢᠨ ᠪᠢᠴᠢᠭᠳᠡᠭᠰᠡᠨ ᠪᠠᠭᠠᠵᠢ ᠶᠢᠨ ᠮᠠᠲ᠋ᠧᠷᠢᠶᠠᠯ ᠤᠨ ᠬᠡᠯᠡᠨ ᠢ ᠲᠡᠮᠳᠡᠭᠯᠡᠭᠰᠡᠨ ᠬᠡᠯᠡᠨ ᠲᠡᠢ ᠪᠢᠴᠢᠭᠯᠡᠯ ᠦᠨ

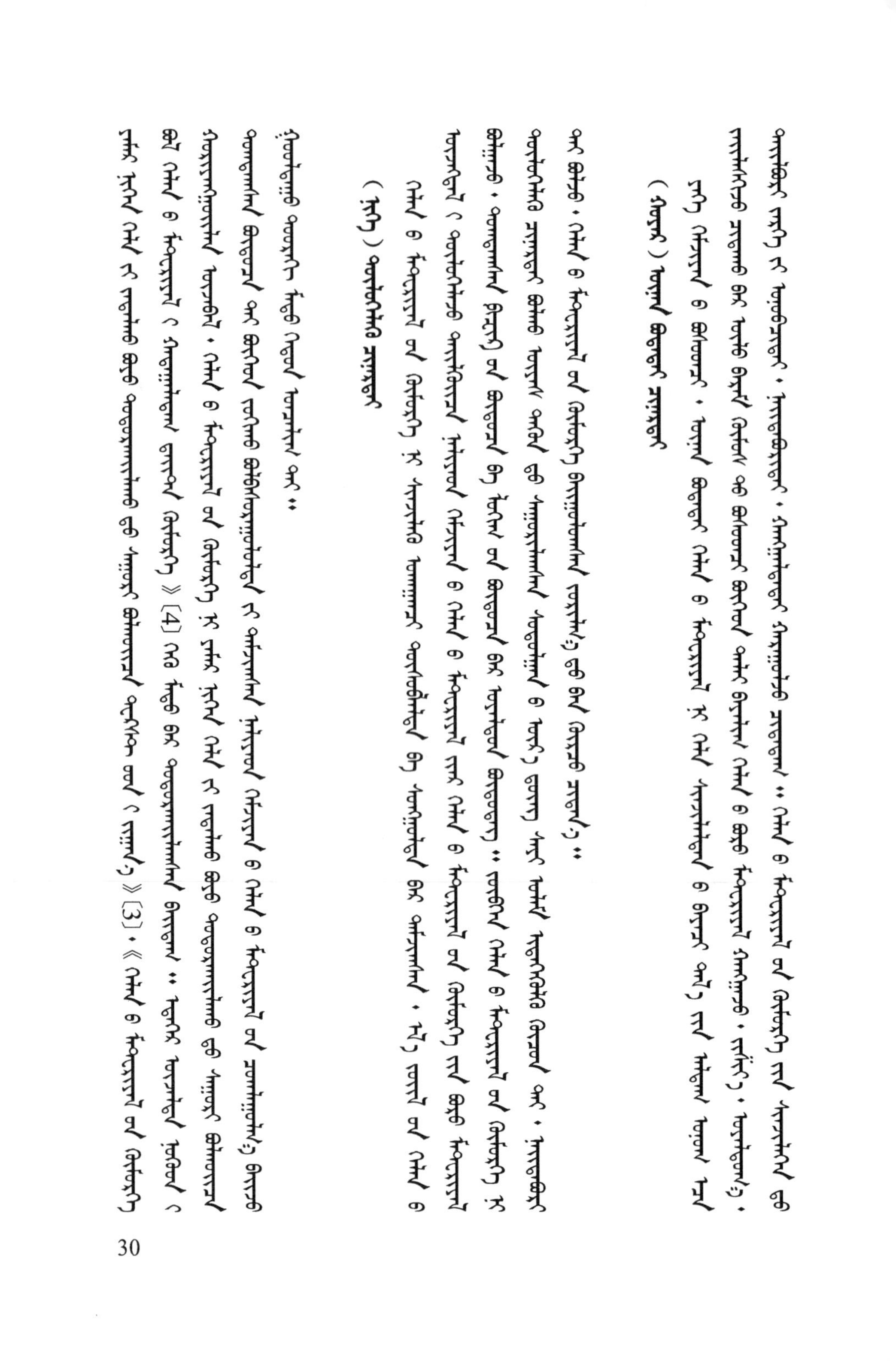

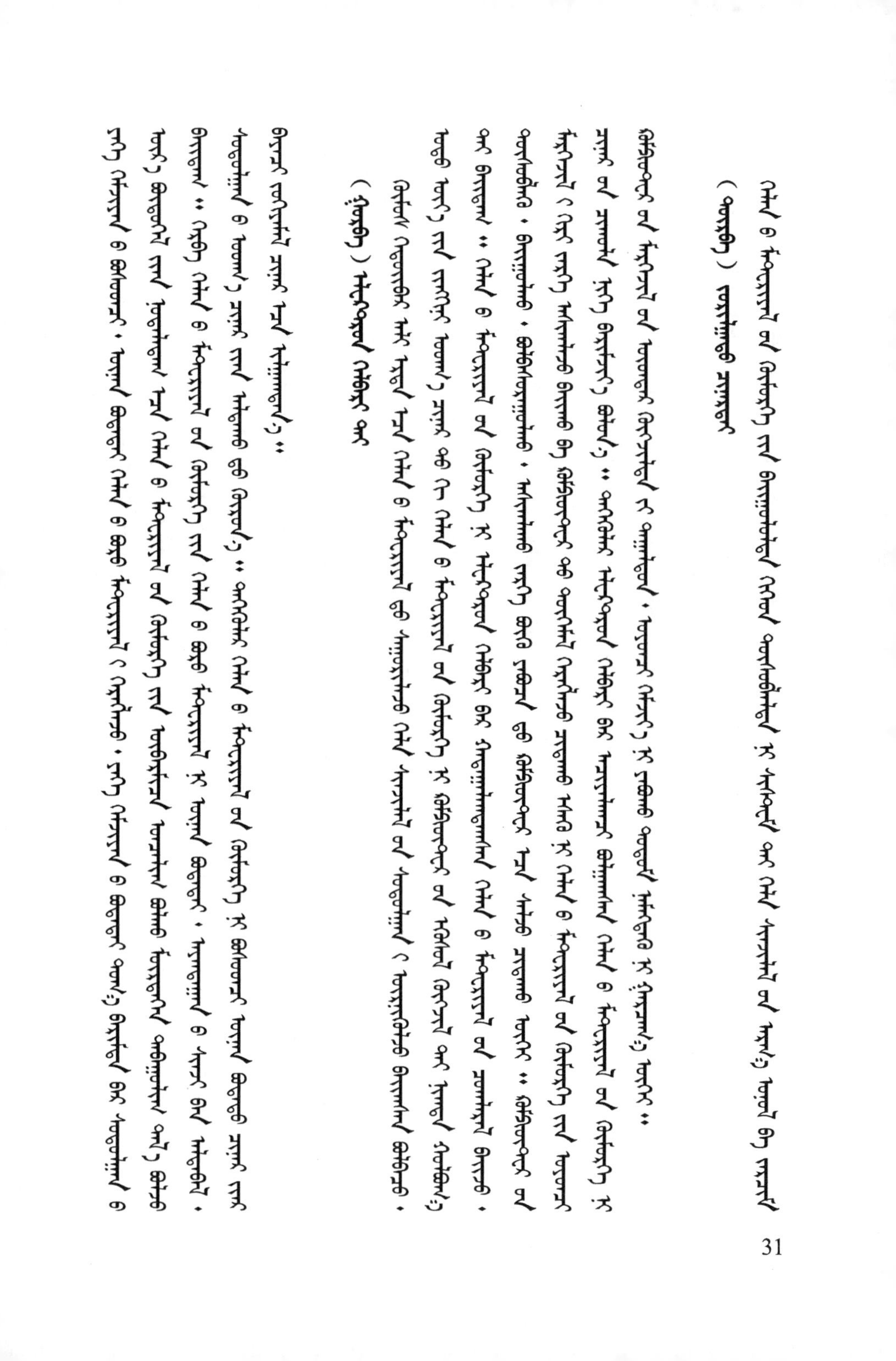

[illegible]

[illegible]

[illegible]

[illegible]

[illegible]

[illegible]

[illegible]

[illegible]

[illegible]

[illegible]

[illegible]

[illegible]

[illegible]

[illegible]

[illegible]

[illegible]

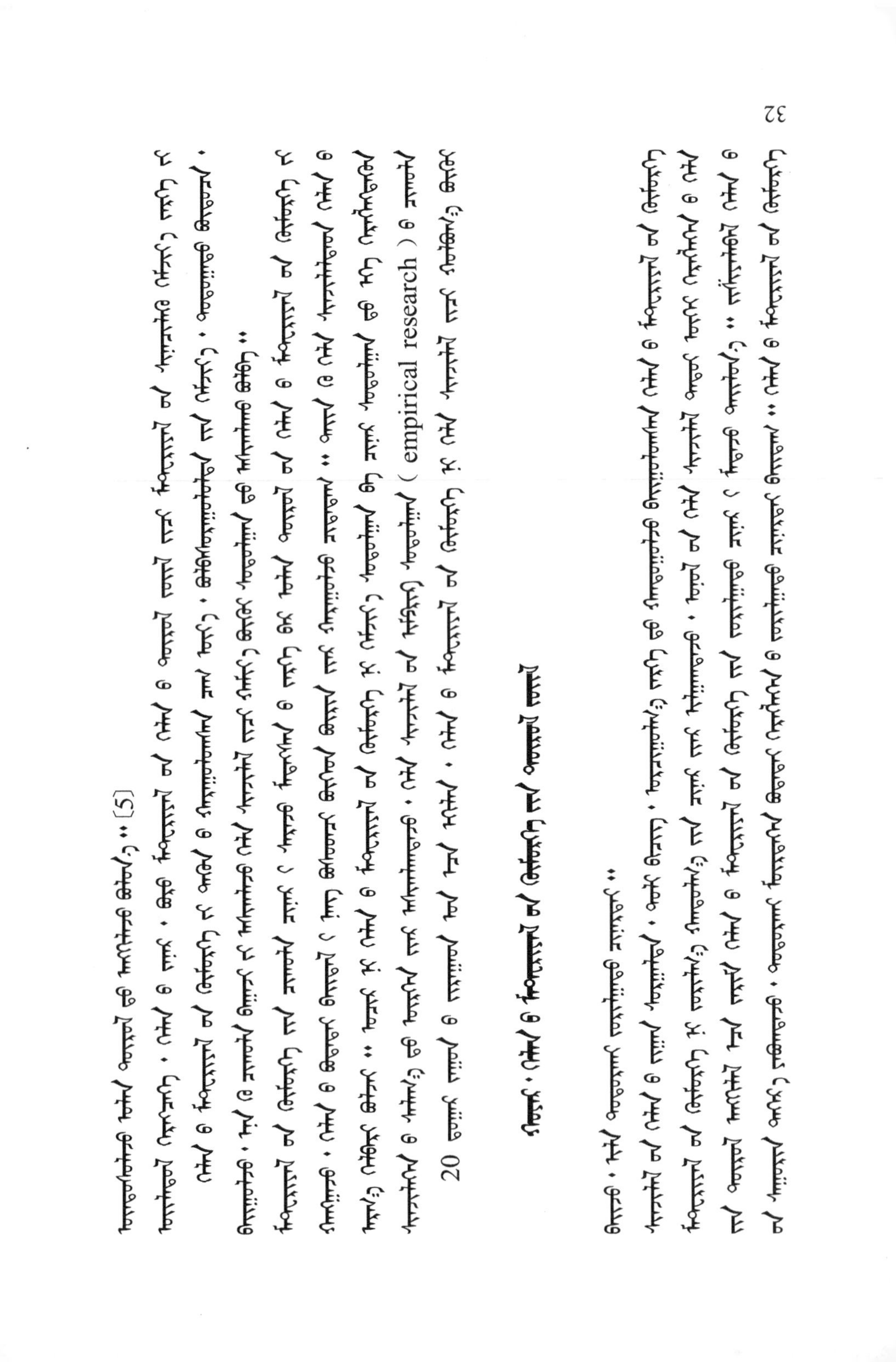

[illegible] ᠃ [5]

[illegible] (empirical research) [illegible]

20 [illegible]

[illegible]

[illegible]

1. ᠬᠡᠯᠡ ᠶᠢᠨ ᠮᠠᠲ᠋ᠧᠷᠢᠶᠠᠯ ᠤᠨ ᠴᠤᠭᠯᠠᠭᠤᠯᠤᠭᠰᠠᠨ ᠴᠠᠭ ᠬᠤᠭᠤᠴᠠᠭ᠎ᠠ ᠪᠠᠷ ᠬᠤᠪᠢᠶᠠᠷᠢᠯᠠᠪᠠᠯ ᠴᠠᠭ ᠤᠨ ᠬᠡᠯᠡ ᠶᠢᠨ ᠮᠠᠲ᠋ᠧᠷᠢᠶᠠᠯ ᠤᠨ ᠰᠠᠩ (diachronic corpus) ᠪᠠ ᠨᠢᠭᠡ ᠴᠠᠭ ᠤᠨ ᠬᠡᠯᠡ ᠶᠢᠨ ᠮᠠᠲ᠋ᠧᠷᠢᠶᠠᠯ ᠤᠨ ᠰᠠᠩ (synchronic corpus) ᠭᠡᠵᠦ ᠬᠤᠪᠢᠶᠠᠳᠠᠭ ᠃ ᠵᠢᠱᠢᠶᠡᠯᠡᠪᠡᠯ ᠴᠠᠭ ᠤᠨ ᠬᠡᠯᠡ ᠶᠢᠨ ᠮᠠᠲ᠋ᠧᠷᠢᠶᠠᠯ ᠤᠨ ᠰᠠᠩ ᠭᠡᠳᠡᠭ ᠨᠢ ᠬᠡᠯᠡ ᠶᠢᠨ ᠮᠠᠲ᠋ᠧᠷᠢᠶᠠᠯ ᠤᠨ ᠰᠠᠩ ᠳᠤ ᠪᠤᠢ ᠪᠦᠬᠦ ᠮᠠᠲ᠋ᠧᠷᠢᠶᠠᠯ ᠤᠨ ᠴᠠᠭ ᠤᠨ ᠦᠷᠭᠦᠯᠵᠢᠯᠡᠯ ᠢ ᠲᠣᠳᠤᠷᠠᠬᠠᠢ ᠬᠡᠯᠡ ᠶᠢᠨ ᠮᠠᠲ᠋ᠧᠷᠢᠶᠠᠯ ᠤᠨ ᠰᠠᠩ ᠢ ᠬᠡᠯᠡᠳᠡᠭ ᠃ ᠵᠢᠱᠢᠶᠡᠯᠡᠪᠡᠯ ᠂ 1988 ᠣᠨ ᠳᠤ ᠪᠠᠶᠢᠭᠤᠯᠤᠭᠰᠠᠨ ᠯᠣᠩᠮᠠᠨ《 longman ᠠᠩᠭ᠌ᠯᠢ ᠬᠡᠯᠡ ᠶᠢᠨ ᠬᠡᠯᠡ ᠶᠢᠨ ᠮᠠᠲ᠋ᠧᠷᠢᠶᠠᠯ ᠤᠨ ᠰᠠᠩ 》〔6〕 ᠶᠢ ᠵᠢᠱᠢᠶᠡᠯᠡᠵᠦ ᠪᠣᠯᠬᠤ ᠪᠠ ᠲᠡᠷᠡ ᠬᠡᠯᠡ ᠶᠢᠨ ᠮᠠᠲ᠋ᠧᠷᠢᠶᠠᠯ ᠤᠨ ᠰᠠᠩ ᠨᠢ 1900 ᠣᠨ ᠡᠴᠡ ᠬᠣᠢᠰᠢ ᠬᠡᠪᠯᠡᠭᠳᠡᠭᠰᠡᠨ ... ᠠᠩᠭ᠌ᠯᠢ ᠬᠡᠯᠡ ᠶᠢᠨ ᠪᠢᠴᠢᠭ ᠦᠨ ᠬᠡᠯᠡ ᠪᠠ ᠶᠠᠷᠢᠶᠠᠨ ᠤ ᠬᠡᠯᠡ ᠶᠢᠨ ᠮᠠᠲ᠋ᠧᠷᠢᠶᠠᠯ ᠢ ᠬᠠᠮᠤᠷᠤᠭᠰᠠᠨ ᠪᠠᠶᠢᠨ᠎ᠠ ᠃ ᠨᠢᠭᠡ ᠴᠠᠭ ᠤᠨ ᠬᠡᠯᠡ ᠶᠢᠨ ᠮᠠᠲ᠋ᠧᠷᠢᠶᠠᠯ ᠤᠨ ᠰᠠᠩ ᠭᠡᠳᠡᠭ ᠨᠢ ᠬᠡᠯᠡ ᠶᠢᠨ ᠮᠠᠲ᠋ᠧᠷᠢᠶᠠᠯ ᠤᠨ ᠰᠠᠩ ᠤᠨ ᠳᠣᠲᠣᠷᠠᠬᠢ ᠪᠦᠬᠦ ᠮᠠᠲ᠋ᠧᠷᠢᠶᠠᠯ ᠨᠢ ᠨᠢᠭᠡ ᠴᠠᠭ ᠤᠨ ... ᠬᠡᠯᠡ ᠶᠢᠨ ᠮᠠᠲ᠋ᠧᠷᠢᠶᠠᠯ ᠤᠨ ᠰᠠᠩ ᠢ ᠬᠡᠯᠡᠳᠡᠭ ᠃ ᠵᠢᠱᠢᠶᠡᠯᠡᠪᠡᠯ ᠂ 2002 ᠣᠨ ᠤ 4 ᠰᠠᠷ᠎ᠠ ᠳᠤ ᠪᠠᠶᠢᠭᠤᠯᠤᠭᠰᠠᠨ ... ᠤᠨ ᠬᠡᠯᠡ ᠶᠢᠨ ... ᠮᠠᠲ᠋ᠧᠷᠢᠶᠠᠯ ᠤᠨ ᠰᠠᠩ ... ᠪᠣᠯᠤᠨ᠎ᠠ ᠃ ᠲᠤᠰ ᠬᠡᠯᠡ ᠶᠢᠨ ᠮᠠᠲ᠋ᠧᠷᠢᠶᠠᠯ ᠤᠨ ᠰᠠᠩ ᠨᠢ 《〈ᠬᠠᠷᠢᠴᠠᠯ ᠤᠨ ᠲᠣᠯᠢ ᠶᠢᠨ ᠰᠠᠩ〉ᠤ ᠲᠡᠮᠳᠡᠭᠯᠡᠭᠡ ᠲᠠᠢ ᠬᠡᠯᠡ ᠶᠢᠨ ᠮᠠᠲ᠋ᠧᠷᠢᠶᠠᠯ ᠤᠨ ᠰᠠᠩ 》ᠢ ᠪᠠᠶᠢᠭᠤᠯᠤᠭᠰᠠᠨ ᠪᠠᠶᠢᠨ᠎ᠠ ᠃ ᠲᠤᠰ ᠬᠡᠯᠡ ᠶᠢᠨ ᠮᠠᠲ᠋ᠧᠷᠢᠶᠠᠯ ᠤᠨ ᠰᠠᠩ ᠨᠢ 1998 ᠣᠨ ᠤ ᠪᠦᠬᠦ ᠵᠢᠯ ᠦᠨ 《ᠬᠠᠷᠢᠴᠠᠯ ᠤᠨ ᠲᠣᠯᠢ ᠶᠢᠨ ᠰᠠᠩ》 ᠭᠡᠬᠦ ᠪᠦᠬᠦ ᠮᠠᠲ᠋ᠧᠷᠢᠶᠠᠯ ᠢᠶᠠᠨ ᠪᠠᠭᠲᠠᠭᠠᠵᠤ ᠂ ᠨᠡᠢᠲᠡ 2600 ᠰᠠᠶ᠋ᠠ ᠦᠰᠦᠭ ᠲᠠᠢ ᠃

2. ᠬᠡᠯᠡ ᠶᠢᠨ ᠮᠠᠲ᠋ᠧᠷᠢᠶᠠᠯ ᠤᠨ ᠰᠠᠩ ᠤᠨ ᠪᠣᠯᠪᠤᠰᠤᠷᠠᠭᠤᠯᠤᠯᠲᠠ ᠶᠢᠨ ᠲᠦᠪᠰᠢᠨ ᠢ ᠬᠤᠪᠢᠶᠠᠷᠢᠯᠠᠪᠠᠯ ᠂ ᠲᠡᠮᠳᠡᠭᠯᠡᠭᠡ ᠲᠠᠢ ᠬᠡᠯᠡ ᠶᠢᠨ ᠮᠠᠲ᠋ᠧᠷᠢᠶᠠᠯ ᠤᠨ ᠰᠠᠩ (anotated corpus) ᠪᠠ ᠲᠡᠮᠳᠡᠭᠯᠡᠭᠡ ᠦᠭᠡᠢ ᠬᠡᠯᠡ ᠶᠢᠨ ᠮᠠᠲ᠋ᠧᠷᠢᠶᠠᠯ ᠤᠨ ᠰᠠᠩ (non—anotated corpus) ᠭᠡᠵᠦ ᠬᠤᠪᠢᠶᠠᠳᠠᠭ ᠃ ᠵᠢᠱᠢᠶᠡᠯᠡᠪᠡᠯ ᠂ ... ᠶᠢᠨ ... ᠲᠡᠮᠳᠡᠭᠯᠡᠭᠡ ᠲᠠᠢ ... ᠪᠠᠶᠢᠭᠤᠯᠤᠭᠰᠠᠨ 《 Penn Treebank ᠮᠣᠳᠣᠨ ᠤ ᠰᠠᠩ 》〔7〕ᠶᠢ ᠬᠡᠯᠡ ᠶᠢᠨ ᠮᠠᠲ᠋ᠧᠷᠢᠶᠠᠯ ᠨᠢ ... ᠪᠠᠶᠢᠭᠤᠯᠤᠭᠰᠠᠨ ᠪᠠᠶᠢᠨ᠎ᠠ ᠃ ᠲᠡᠷᠡ ᠨᠢ 1989 ᠣᠨ ᠤ 《ᠸᠣᠯ ᠰᠲ᠋ᠷᠢᠲ (Wall Street) ᠤᠨ ᠰᠣᠨᠢᠨ ᠤ ᠰᠠᠩ 》 ᠭᠡᠬᠦ ... ᠪᠢᠴᠢᠭ ᠤᠨ ᠮᠠᠲ᠋ᠧᠷᠢᠶᠠᠯ ᠂ 100 ᠰᠠᠶ᠋ᠠ ᠦᠭᠡ ᠲᠠᠢ ᠂ 2499 ᠵᠣᠬᠢᠶᠠᠯ ᠢ ᠪᠠᠭᠲᠠᠭᠠᠭᠰᠠᠨ ᠃ 1993 ᠣᠨ ᠳᠤ ᠪᠢᠴᠢᠭ

ᠬᠤᠪᠢᠶᠠᠨ᠎ᠠ ᠃ ᠡᠩ ᠦᠨ ᠬᠡᠷᠡᠭᠯᠡᠭᠡᠨ ᠦ ᠬᠡᠯᠡᠨ ᠦ ᠮᠠᠲ᠋ᠧᠷᠢᠶᠠᠯ ᠤᠨ ᠰᠠᠩ ᠢ ᠪᠦᠬᠦ ᠰᠤᠷᠤᠯᠴᠠᠭᠴᠢᠳ ᠤᠨ ᠬᠡᠯᠡᠨ ᠦ ᠮᠠᠲ᠋ᠧᠷᠢᠶᠠᠯ ᠤᠨ ᠰᠠᠩ (leaner ᠰᠠᠩ (general corpus) ᠪᠠ ᠡᠩ ᠦᠨ ᠬᠡᠷᠡᠭᠯᠡᠭᠡᠨ ᠦ ᠬᠡᠯᠡᠨ ᠦ ᠮᠠᠲ᠋ᠧᠷᠢᠶᠠᠯ ᠤᠨ ᠰᠠᠩ ᠲᠤᠰᠬᠠᠢ ᠬᠡᠷᠡᠭᠯᠡᠭᠡᠨ ᠦ ᠬᠡᠯᠡᠨ ᠦ ᠮᠠᠲ᠋ᠧᠷᠢᠶᠠᠯ ᠤᠨ ᠰᠠᠩ (specialized corpus) ᠭᠡᠵᠦ ᠬᠤᠪᠢᠶᠠᠨ᠎ᠠ ᠃

4. ᠬᠡᠯᠡᠨ ᠦ ᠮᠠᠲ᠋ᠧᠷᠢᠶᠠᠯ ᠤᠨ ᠰᠠᠩ ᠤᠨ ᠬᠡᠷᠡᠭᠯᠡᠭᠡᠨ ᠦ ᠬᠡᠪ ᠢᠶᠡᠷ ᠬᠤᠪᠢᠶᠠᠪᠠᠯ ᠂ ᠬᠡᠯᠡᠨ ᠦ ᠵᠢᠭᠤᠯᠪᠤᠷᠢ ᠶᠢᠨ ᠬᠡᠯᠡᠨ ᠦ ᠮᠠᠲ᠋ᠧᠷᠢᠶᠠᠯ ᠤᠨ ᠰᠠᠩ ᠪᠣᠯᠤᠨ ᠰᠤᠷᠭᠠᠨ ᠬᠦᠮᠦᠵᠢᠯ ᠦᠨ ᠬᠡᠯᠡᠨ ᠦ ᠮᠠᠲ᠋ᠧᠷᠢᠶᠠᠯ ᠤᠨ ᠰᠠᠩ ᠪᠠᠶᠢᠨ᠎ᠠ ᠃ ᠬᠠᠮᠢᠶ᠎ᠠ ᠲᠠᠢ ᠰᠤᠷᠭᠠᠭᠤᠯᠢ ᠶᠢᠨ ᠬᠡᠯᠡᠨ ᠦ ᠮᠠᠲ᠋ᠧᠷᠢᠶᠠᠯ ᠤᠨ ᠰᠠᠩ ᠢ ᠰᠤᠷᠭᠠᠨ ᠬᠦᠮᠦᠵᠢᠯ ᠦᠨ ᠬᠡᠯᠡᠨ ᠦ ᠮᠠᠲ᠋ᠧᠷᠢᠶᠠᠯ ᠤᠨ ᠰᠠᠩ 》 ᠢ ᠵᠢᠱᠢᠶ᠎ᠡ ᠪᠣᠯᠭᠠᠨ ᠲᠠᠢᠯᠪᠤᠷᠢᠯᠠᠪᠠᠯ ᠂ ᠲᠤᠰ ᠬᠡᠯᠡᠨ ᠦ ᠮᠠᠲ᠋ᠧᠷᠢᠶᠠᠯ ᠤᠨ ᠰᠠᠩ ᠢ ᠪᠠᠶᠢᠭᠤᠯᠬᠤ ᠠᠵᠢᠯ ᠢ ᠡᠬᠢᠯᠡᠭᠰᠡᠨ ᠃ ᠲᠤᠰ ᠠᠵᠢᠯ ᠂ 2001 ᠣᠨ ᠡᠴᠡ 2004 ᠣᠨ ᠤ ᠬᠤᠭᠤᠷᠤᠨᠳᠤ ᠪᠠᠶᠢᠭᠤᠯᠤᠭᠳᠠᠭᠰᠠᠨ 《 ᠰᠤᠷᠭᠠᠨ ᠬᠦᠮᠦᠵᠢᠯ ᠦᠨ ᠬᠡᠯᠡᠨ ᠦ ᠮᠠᠲ᠋ᠧᠷᠢᠶᠠᠯ ᠤᠨ ᠰᠠᠩ 》 ᠤᠨ ᠰᠤᠷᠤᠯᠴᠠᠭᠴᠢ ᠶᠢᠨ ᠬᠡᠯᠡᠨ ᠦ ᠮᠠᠲ᠋ᠧᠷᠢᠶᠠᠯ ᠤᠨ ᠬᠡᠮᠵᠢᠶ᠎ᠡ ᠨᠢ ᠨᠡᠢᠲᠡ ᠰᠠᠶ᠋ ᠬᠤᠷᠢᠶᠠᠭᠳᠠᠭᠰᠠᠨ ᠬᠡᠯᠡᠨ ᠦ ᠮᠠᠲ᠋ᠧᠷᠢᠶᠠᠯ ᠤᠨ ᠰᠠᠩ ᠳᠤ ᠬᠡᠯᠡᠨ ᠦ ᠮᠠᠲ᠋ᠧᠷᠢᠶᠠᠯ ᠨᠢ 50% ᠂ 30% ᠂ 20% ᠢ ᠡᠵᠡᠯᠡᠵᠦ ᠪᠠᠶᠢᠨ᠎ᠠ ᠃ ᠰᠤᠷᠤᠯᠴᠠᠭᠴᠢᠳ ᠤᠨ ᠪᠢᠴᠢᠭᠰᠡᠨ ᠵᠣᠬᠢᠶᠠᠯ ᠢ ᠬᠡᠯᠡᠨ ᠦ ᠮᠠᠲ᠋ᠧᠷᠢᠶᠠᠯ ᠤᠨ ᠰᠠᠩ ᠳᠤ ᠤᠷᠤᠭᠤᠯᠤᠭᠰᠠᠨ ᠬᠡᠯᠡᠨ ᠦ ᠮᠠᠲ᠋ᠧᠷᠢᠶᠠᠯ ᠤᠨ ᠰᠠᠩ ᠤᠨ ᠵᠢᠱᠢᠶ᠎ᠡ ᠪᠣᠯ ᠂ ᠲᠡᠮᠳᠡᠭ ᠦᠨ ᠪᠢᠴᠢᠭᠯᠡᠭᠰᠡᠨ ᠂ ᠭᠠᠷᠴᠠᠭ ᠢᠶᠠᠨ ᠨᠢ ᠲᠥᠭᠦᠯᠳᠡᠷ ᠪᠣᠯᠭᠠᠭᠰᠠᠨ ᠰᠠᠶ᠋ ᠤᠨ 1990 ᠣᠨ ᠡᠴᠡ ᠬᠤᠷᠢᠶᠠᠭᠳᠠᠭᠰᠠᠨ 《 ᠠᠩᠭ᠌ᠯᠢ ᠬᠡᠯᠡᠨ ᠦ ᠬᠡᠯᠡᠨ ᠦ ᠮᠠᠲ᠋ᠧᠷᠢᠶᠠᠯ ᠤᠨ ᠰᠠᠩ 》[8] 3 ᠰᠠᠶ᠋ ᠦᠭᠡ ᠶᠢ 40 ᠭᠠᠷᠤᠢ ᠬᠡᠯᠡᠨ ᠦ ᠮᠠᠲ᠋ᠧᠷᠢᠶᠠᠯ ᠤᠨ ᠰᠠᠩ ᠲᠠᠢ ᠬᠠᠷᠢᠴᠠᠭᠤᠯᠤᠨ ᠰᠤᠳᠤᠯᠬᠤ ᠳᠤ ᠬᠡᠷᠡᠭᠯᠡᠭᠳᠡᠭᠰᠡᠨ ᠃ ᠲᠡᠭᠦᠨ ᠦ ᠬᠡᠯᠡᠨ ᠦ ᠮᠠᠲ᠋ᠧᠷᠢᠶᠠᠯ ᠤᠨ ᠰᠠᠩ ᠢ ᠰᠤᠷᠭᠠᠨ ᠬᠦᠮᠦᠵᠢᠯ ᠦᠨ ᠬᠡᠯᠡᠨ ᠦ ᠮᠠᠲ᠋ᠧᠷᠢᠶᠠᠯ ᠤᠨ ᠰᠠᠩ ᠲᠠᠢ ᠬᠠᠷᠢᠴᠠᠭᠤᠯᠤᠨ ᠰᠤᠳᠤᠯᠬᠤ ᠳᠤ ᠬᠡᠷᠡᠭᠯᠡᠭᠳᠡᠭᠰᠡᠨ ᠃

3. ᠬᠡᠯᠡᠨ ᠦ ᠮᠠᠲ᠋ᠧᠷᠢᠶᠠᠯ ᠤᠨ ᠰᠠᠩ ᠤᠨ ᠪᠦᠲᠦᠴᠡ ᠶᠢ ᠬᠠᠷᠢᠴᠠᠭᠤᠯᠵᠤ ᠂ ᠰᠤᠷᠭᠠᠨ ᠬᠦᠮᠦᠵᠢᠯ ᠦᠨ ᠬᠡᠯᠡᠨ ᠦ ᠮᠠᠲ᠋ᠧᠷᠢᠶᠠᠯ ᠤᠨ ᠰᠠᠩ 》 ᠢ ᠵᠢᠱᠢᠶ᠎ᠡ ᠪᠣᠯᠭᠠᠪᠠᠯ ᠬᠡᠯᠡᠨ ᠦ ᠮᠠᠲ᠋ᠧᠷᠢᠶᠠᠯ ᠤᠨ ᠰᠠᠩ ᠳᠤ ᠬᠠᠮᠢᠶᠠᠷᠤᠭᠳᠠᠬᠤ ᠬᠡᠯᠡᠨ ᠦ ᠮᠠᠲ᠋ᠧᠷᠢᠶᠠᠯ ᠤᠨ ᠰᠠᠩ ᠤᠨ ᠪᠦᠲᠦᠴᠡ ᠂ 300 ᠰᠠᠶ᠋ ᠦᠭᠡ ᠡᠴᠡ ᠳᠡᠭᠡᠭᠰᠢ ᠬᠡᠯᠡᠨ ᠦ ᠮᠠᠲ᠋ᠧᠷᠢᠶᠠᠯ ᠤᠨ ᠰᠠᠩ ᠢ ᠪᠦᠷᠢᠯᠳᠦᠭᠦᠯᠬᠦ ᠶᠣᠰᠤᠲᠠᠢ ᠃ ᠲᠡᠭᠦᠨ ᠦ ᠬᠡᠮᠵᠢᠶ᠎ᠡ ᠶᠢᠨ ᠰᠠᠶ᠋

corpus) ᠪᠠ ᠬᠡᠯᠡᠨ ᠦ ᠰᠤᠷᠭᠠᠨ ᠰᠤᠷᠭᠠᠯᠲᠠ ᠳᠤ ᠵᠢᠭᠠᠨ ᠰᠤᠷᠭᠠᠬᠤ ᠬᠡᠯᠡᠨ ᠦ ᠮᠠᠲ᠋ᠸᠷᠢᠶᠠᠯ ᠤᠨ ᠬᠥᠮᠦᠷᠭᠡ (pedagogical corpus) ᠭᠡᠳᠡᠭ ᠬᠤᠪᠢᠶᠠᠳᠠᠭ ᠪᠣᠯᠤᠨ᠎ᠠ᠃ ᠡᠳᠡᠭᠡᠷ ᠲᠥᠷᠥᠯ ᠤᠨ ᠰᠤᠷᠤᠯᠴᠠᠭᠴᠢᠨ ᠳᠤ ᠬᠡᠷᠡᠭᠯᠡᠬᠦ ᠪᠦᠬᠦ ᠬᠡᠯᠡᠨ ᠦ ᠮᠠᠲ᠋ᠸᠷᠢᠶᠠᠯ ᠤᠨ ᠬᠥᠮᠦᠷᠭᠡ ᠶᠢ ᠲᠠᠰᠤᠷᠠᠯᠲᠠ ᠦᠭᠡᠢ ᠬᠡᠯᠡᠨ ᠦ ᠮᠠᠲ᠋ᠸᠷᠢᠶᠠᠯ ᠤᠨ ᠬᠥᠮᠦᠷᠭᠡ ᠭᠡᠨ᠎ᠡ᠃ ᠵᠢᠱᠢᠶᠡᠯᠡᠪᠡᠯ᠂ ᠬᠢᠳᠠᠳ ᠬᠡᠯᠡ ᠶᠢᠨ ᠰᠤᠷᠤᠯᠴᠠᠭᠴᠢᠨ ᠤ ᠪᠢᠴᠢᠭ ᠦᠨ ᠬᠡᠯᠡ ᠶᠢᠨ ᠬᠥᠮᠦᠷᠭᠡ ᠶᠢ ᠰᠤᠷᠭᠠᠯᠲᠠ ᠶᠢᠨ ᠬᠡᠯᠡᠨ ᠦ ᠮᠠᠲ᠋ᠸᠷᠢᠶᠠᠯ ᠤᠨ ᠬᠥᠮᠦᠷᠭᠡ ᠪᠣᠯᠤᠨ᠎ᠠ᠃ 《 COBUILD ᠬᠡᠯᠡᠨ ᠦ ᠮᠠᠲ᠋ᠸᠷᠢᠶᠠᠯ ᠤᠨ ᠬᠥᠮᠦᠷᠭᠡ 》〔9〕 ᠮᠡᠲᠦ ᠲᠠᠰᠤᠷᠠᠯᠲᠠ ᠦᠭᠡᠢ ᠬᠡᠯᠡᠨ ᠦ ᠮᠠᠲ᠋ᠸᠷᠢᠶᠠᠯ ᠤᠨ ᠬᠥᠮᠦᠷᠭᠡ ᠶᠢ ᠰᠤᠷᠭᠠᠯᠲᠠ ᠶᠢᠨ ᠬᠡᠯᠡᠨ ᠦ ᠮᠠᠲ᠋ᠸᠷᠢᠶᠠᠯ ᠤᠨ ᠬᠥᠮᠦᠷᠭᠡ ᠭᠡᠨ᠎ᠡ᠃ ᠵᠢᠱᠢᠶᠡᠯᠡᠪᠡᠯ᠂ 《 ᠬᠢᠳᠠᠳ ᠬᠡᠯᠡ ᠶᠢᠨ ᠰᠤᠷᠤᠯᠴᠠᠭᠴᠢᠨ ᠤ ᠠᠩᠭ᠌ᠯᠢ ᠬᠡᠯᠡᠨ ᠦ ᠬᠡᠯᠡᠨ ᠦ ᠮᠠᠲ᠋ᠸᠷᠢᠶᠠᠯ ᠤᠨ ᠬᠥᠮᠦᠷᠭᠡ 》 (Chinese Learner English Corpus) ᠮᠡᠲᠦ ᠬᠡᠯᠡ ᠶᠢᠨ ᠰᠤᠷᠤᠯᠴᠠᠭᠴᠢᠨ ᠤ ᠠᠩᠭ᠌ᠯᠢ ᠬᠡᠯᠡᠨ ᠦ ᠰᠤᠷᠤᠯᠴᠠᠭᠴᠢᠨ ᠤ ᠬᠡᠯᠡᠨ ᠦ ᠮᠠᠲ᠋ᠸᠷᠢᠶᠠᠯ ᠤᠨ ᠬᠥᠮᠦᠷᠭᠡ ᠪᠣᠯᠤᠨ᠎ᠠ᠂ ᠪᠢᠴᠢᠭ ᠶᠢ ᠪᠦᠷᠢᠳᠬᠡᠯ ᠦᠨ ᠰᠤᠷᠤᠯᠴᠠᠭ᠎ᠠ ᠪᠠ ᠶᠡᠬᠡ ᠰᠤᠷᠭᠠᠭᠤᠯᠢ ᠶᠢᠨ ᠰᠤᠷᠤᠯᠴᠠᠭ᠎ᠠ ᠶᠢᠨ ᠠᠩᠭ᠌ᠯᠢ ᠬᠡᠯᠡᠨ ᠦ ᠪᠦᠷᠢᠳᠬᠡᠯ᠂ ᠲᠠᠯᠠᠪᠤᠷᠢ ᠪᠠᠶᠢᠳᠠᠯ ᠶᠢᠨ ᠰᠤᠷᠤᠯᠴᠠᠭᠴᠢᠳ ᠤᠨ ᠶᠡᠬᠡ ᠰᠤᠷᠭᠠᠭᠤᠯᠢ ᠶᠢᠨ 100 ᠲᠦᠮᠡᠨ ᠦᠭᠡ ᠲᠠᠢ ᠠᠮᠠᠨ ᠤ ᠬᠡᠯᠡᠨ ᠦ ᠮᠠᠲ᠋ᠸᠷᠢᠶᠠᠯ ᠢ ᠪᠦᠷᠢᠳᠬᠡᠭᠰᠡᠨ᠂ ᠬᠡᠯᠡ ᠨᠢᠭᠡ ᠪᠠ ᠬᠡᠯᠡᠨ ᠬᠡᠯᠡᠯᠴᠡᠭᠡᠨ ᠦ ᠳᠠᠭᠤᠯᠠᠯ᠎ᠠ ᠳᠤ ᠪᠠ ᠬᠠᠷᠢᠴᠠᠭᠤᠯᠤᠯ ᠲᠠᠶᠢᠯᠪᠤᠷᠢ ᠪᠣᠯᠤᠨ᠎ᠠ᠃ 〔10〕

5. ᠬᠡᠯᠡᠨ ᠦ ᠮᠠᠲ᠋ᠸᠷᠢᠶᠠᠯ ᠤᠨ ᠬᠥᠮᠦᠷᠭᠡ ᠶᠢᠨ ᠬᠡᠯᠡᠨ ᠦ ᠳᠦᠷᠰᠦ ᠶᠢ ᠪᠠ ᠬᠠᠷᠭᠠᠯᠵᠠᠭᠤᠯᠪᠠᠯ᠂ ᠠᠮᠠᠨ ᠤ ᠬᠡᠯᠡᠨ ᠦ ᠬᠡᠯᠡᠨ ᠦ ᠮᠠᠲ᠋ᠸᠷᠢᠶᠠᠯ ᠤᠨ ᠬᠥᠮᠦᠷᠭᠡ (spoken corpus) ᠪᠠ ᠪᠢᠴᠢᠭ ᠦᠨ ᠬᠡᠯᠡᠨ ᠦ ᠬᠡᠯᠡᠨ ᠦ ᠮᠠᠲ᠋ᠸᠷᠢᠶᠠᠯ ᠤᠨ ᠬᠥᠮᠦᠷᠭᠡ (text corpus) ᠭᠡᠵᠦ ᠬᠤᠪᠢᠶᠠᠨ᠎ᠠ᠃ ᠠᠮᠠᠨ ᠤ ᠬᠡᠯᠡᠨ ᠦ ᠬᠡᠯᠡᠨ ᠦ ᠮᠠᠲ᠋ᠸᠷᠢᠶᠠᠯ ᠤᠨ ᠬᠥᠮᠦᠷᠭᠡ ᠭᠡᠳᠡᠭ ᠨᠢ ᠬᠡᠯᠡᠨ ᠦ ᠮᠠᠲ᠋ᠸᠷᠢᠶᠠᠯ ᠤᠨ ᠬᠥᠮᠦᠷᠭᠡ ᠶᠢᠨ ᠲᠣᠭ᠎ᠠ ᠮᠠᠲ᠋ᠸᠷᠢᠶᠠᠯ ᠤᠨ ᠬᠡᠯᠪᠡᠷᠢ ᠶᠢ ᠠᠮᠠᠨ ᠤ ᠬᠡᠯᠡ ᠪᠣᠯᠭᠠᠭᠰᠠᠨ ᠬᠡᠯᠡᠨ ᠦ ᠮᠠᠲ᠋ᠸᠷᠢᠶᠠᠯ ᠤᠨ ᠬᠥᠮᠦᠷᠭᠡ ᠶᠢ ᠬᠡᠯᠡᠳᠡᠭ᠃ ᠵᠢᠱᠢᠶᠡᠯᠡᠪᠡᠯ᠂ 20 ᠵᠠᠭᠤᠨ ᠤ ᠵᠢᠷᠠᠭᠠᠳ ᠣᠨ ᠳᠤ ᠯᠣᠨᠳᠣᠨ ᠶᠡᠬᠡ ᠰᠤᠷᠭᠠᠭᠤᠯᠢ ᠶᠢᠨ 20 ᠵᠠᠭᠤᠨ ᠤ ᠵᠢᠷᠠᠭᠠᠳ ᠣᠨ ᠳᠤ ᠪᠦᠲᠦᠭᠡᠭᠰᠡᠨ 《 LLC ᠬᠡᠯᠡᠨ ᠦ ᠮᠠᠲ᠋ᠸᠷᠢᠶᠠᠯ ᠤᠨ ᠬᠥᠮᠦᠷᠭᠡ 》〔11〕 ᠪᠠ ᠠᠮᠠᠨ ᠤ ᠬᠡᠯᠡᠨ ᠦ ᠬᠡᠯᠡᠨ ᠦ ᠮᠠᠲ᠋ᠸᠷᠢᠶᠠᠯ ᠤᠨ ᠬᠥᠮᠦᠷᠭᠡ ᠪᠣᠯᠤᠨ᠎ᠠ᠃ ᠪᠢᠴᠢᠭ ᠦᠨ ᠬᠡᠯᠡᠨ ᠦ ᠬᠡᠯᠡᠨ ᠦ ᠮᠠᠲ᠋ᠸᠷᠢᠶᠠᠯ ᠤᠨ ᠬᠥᠮᠦᠷᠭᠡ ᠶᠢᠨ ᠪᠢᠴᠢᠭ ᠦᠨ ᠮᠠᠲ᠋ᠸᠷᠢᠶᠠᠯ ᠤᠨ ᠬᠡᠯᠪᠡᠷᠢ ᠪᠠ ᠪᠢᠴᠢᠭ ᠦᠨ ᠬᠡᠯᠡ ᠪᠣᠯᠭᠠᠭᠰᠠᠨ ᠬᠡᠯᠡᠨ ᠦ ᠮᠠᠲ᠋ᠸᠷᠢᠶᠠᠯ ᠤᠨ ᠬᠥᠮᠦᠷᠭᠡ ᠭᠡᠨ᠎ᠡ᠃ ᠵᠢᠱᠢᠶᠡᠯᠡᠪᠡᠯ᠂ 20 ᠵᠠᠭᠤᠨ ᠤ ᠵᠢᠷᠠᠭᠠᠳ ᠣᠨ ᠳᠤ BROWN ᠶᠡᠬᠡ ᠰᠤᠷᠭᠠᠭᠤᠯᠢ ᠶᠢᠨ ᠪᠦᠲᠦᠭᠡᠭᠰᠡᠨ 《 BROWN ᠬᠡᠯᠡᠨ ᠦ ᠮᠠᠲ᠋ᠸᠷᠢᠶᠠᠯ ᠤᠨ ᠬᠥᠮᠦᠷᠭᠡ 》〔12〕 ᠶᠢ

ᠮᠠᠲ᠋ᠧᠷᠢᠶᠠᠯ ᠤᠨ ᠰᠠᠩ (reference corpus) ᠪᠣᠯ ᠲᠤᠰ ᠪᠠᠢᠭᠤᠯᠤᠯᠲᠠ ᠶᠢᠨ ᠵᠢᠱᠢᠶ᠎ᠡ \ ᠪᠠᠷᠢᠮᠵᠢᠶ᠎ᠠ ᠵᠢᠱᠢᠶ᠎ᠡ ᠬᠡᠯᠡᠨ ᠦ ᠮᠠᠲ᠋ᠧᠷᠢᠶᠠᠯ ᠤᠨ

7. ᠬᠡᠯᠡᠨ ᠦ ᠮᠠᠲ᠋ᠧᠷᠢᠶᠠᠯ ᠤᠨ ᠰᠠᠩ ᠢᠶᠠᠷ ᠮᠠᠲ᠋ᠧᠷᠢᠶᠠᠯ ᠤᠨ ᠰᠣᠩᠭᠣᠯᠲᠠ ᠬᠡᠮᠵᠢᠶ᠎ᠡ ᠶᠢ ᠬᠤᠪᠢᠶᠠᠷᠢᠯᠠᠪᠠᠯ ᠂ ᠲᠣᠭᠠᠴᠠᠭᠠᠨ ᠤ ᠵᠢᠱᠢᠶ᠎ᠡ ᠬᠡᠯᠡᠨ ᠦ ᠰᠠᠩ ᠪᠣᠯᠨ᠎ᠠ ᠃

Corpus) ᠪᠠ ᠨᠣᠷᠸᠧᠭᠢ ᠬᠡᠯᠡ ᠶᠢᠨ ᠬᠣᠣᠰ ᠴᠢᠭᠯᠡᠯᠲᠡ ᠬᠠᠷᠢᠴᠠᠭᠤᠯᠤᠯᠲᠠ/ᠬᠠᠷᠢᠴᠠᠭᠤᠯᠬᠤ ᠣᠯᠠᠨ ᠬᠡᠯᠡᠨ ᠦ ᠬᠡᠯᠡᠨ ᠦ ᠮᠠᠲ᠋ᠧᠷᠢᠶᠠᠯ ᠤᠨ ᠰᠠᠩ 《ᠠᠩᠭᠯᠢ — ᠨᠣᠷᠸᠧᠭᠢ ᠬᠡᠯᠡᠨ ᠦ ᠬᠠᠷᠢᠴᠠᠭᠤᠯᠤᠯᠲᠠ ᠶᠢᠨ ᠬᠡᠯᠡᠨ ᠦ ᠮᠠᠲ᠋ᠧᠷᠢᠶᠠᠯ ᠤᠨ ᠰᠠᠩ》(ENPC: English—Norwegian Parallel ᠪᠠ ᠬᠠᠷᠢᠴᠠᠭᠤᠯᠤᠯᠲᠠ ᠲᠠᠢ ᠣᠯᠠᠨ ᠬᠡᠯᠡᠨ ᠦ ᠮᠠᠲ᠋ᠧᠷᠢᠶᠠᠯ ᠤᠨ ᠰᠠᠩ ᠢ ᠪᠠᠨ ᠵᠢᠱᠢᠶ᠎ᠡ ᠬᠡᠯᠡᠨ ᠦ ᠬᠡᠯᠡᠨ ᠦ ᠮᠠᠲ᠋ᠧᠷᠢᠶᠠᠯ ᠤᠨ ᠰᠠᠩ ᠳᠤ ᠪᠠᠭᠲᠠᠨ᠎ᠠ ᠃ ᠪᠣᠯᠨ᠎ᠠ ᠃ ᠭᠦᠢᠴᠡᠳᠬᠡᠯ ᠂ ᠪᠦᠲᠦᠴᠡ ᠶᠢᠨ ᠳᠡᠰ ᠦᠶ᠎ᠡ ᠶᠢᠨ ᠪᠠᠢᠭᠤᠯᠤᠯᠲᠠ 《ᠨᠣᠷᠸᠧᠭᠢ ᠣᠷᠣᠨ ᠤ ᠲᠤᠰᠬᠠᠢ ᠬᠡᠯᠡᠨ ᠦ ᠮᠠᠲ᠋ᠧᠷᠢᠶᠠᠯ ᠤᠨ ᠰᠠᠩ》〔13〕 sentence level ᠂ ᠡᠬᠡ ᠪᠢᠴᠢᠭ ᠤᠨ ᠲᠦᠪᠰᠢᠨ whole text level) ᠵᠡᠷᠭᠡ ᠶᠢ ᠬᠤᠪᠢᠶᠠᠷᠢᠯᠠᠪᠠᠯ ᠪᠢᠰ ᠣᠯᠠᠨ ᠬᠡᠯᠡᠲᠡᠢ ᠣᠷᠴᠢᠭᠤᠯᠭ᠎ᠠ ᠶᠢᠨ ᠮᠠᠲ᠋ᠧᠷᠢᠶᠠᠯ ᠣᠷᠴᠢᠭᠤᠯᠭ᠎ᠠ ᠶᠢᠨ translational corpus) ᠪᠣᠯᠤᠨ ᠬᠠᠷᠢᠴᠠᠭᠤᠯᠤᠯᠲᠠ ᠲᠠᠢ ᠬᠡᠯᠡᠨ (ᠦᠭᠡ ᠶᠢᠨ ᠲᠦᠪᠰᠢᠨ word level ᠂ ᠥᠭᠦᠯᠡᠪᠦᠷᠢ ᠶᠢᠨ ᠲᠦᠪᠰᠢᠨ corpora) ᠂ ᠬᠠᠷᠢᠴᠠᠭᠤᠯᠬᠤ ᠬᠠᠷᠢᠴᠠᠭᠤᠯᠤᠯᠲᠠ (ᠬᠠᠷᠢᠴᠠᠭᠤᠯᠤᠯᠲᠠ ᠶᠢᠨ Parallel corpus ᠂ ᠬᠠᠷᠢᠴᠠᠭᠤᠯᠤᠯᠲᠠ ᠶᠢᠨ comparable corpora ᠂ (ᠨᠢᠭᠡ ᠴᠢᠭᠯᠡᠯᠲᠡ uni—directional ᠂ ᠬᠣᠣᠰ ᠴᠢᠭᠯᠡᠯᠲᠡ bi—directional ᠂ ᠣᠯᠠᠨ ᠴᠢᠭᠯᠡᠯᠲᠡ multi—directional parallel ᠰᠠᠩ ᠢ ᠣᠯᠠᠨ ᠬᠡᠯᠡᠨ ᠦ ᠬᠡᠯᠡᠨ ᠦ ᠮᠠᠲ᠋ᠧᠷᠢᠶᠠᠯ ᠤᠨ ᠰᠠᠩ ᠭᠡᠨ᠎ᠡ ᠃ ᠡᠨᠡ ᠴᠤ ᠂ ᠡᠨᠡ ᠬᠡᠯᠡ ᠪᠣᠯ ᠬᠠᠷᠢᠴᠠᠭᠤᠯ ᠬᠡᠯᠡᠨ ᠦ ᠬᠠᠷᠢᠴᠠᠭᠤᠯᠤᠯᠲᠠ ᠴᠢᠭᠯᠡᠯ ᠬᠡᠯᠡᠨ ᠦ ᠮᠠᠲ᠋ᠧᠷᠢᠶᠠᠯ ᠤᠨ ᠰᠠᠩ ᠬᠤᠪᠢ ᠂ ᠬᠣᠣᠰ ᠪᠤᠶᠤ ᠬᠣᠣᠰ ᠡᠴᠡ ᠳᠡᠭᠡᠭᠰᠢ ᠬᠡᠯᠡᠨ ᠦ ᠬᠡᠯᠡ ᠡᠴᠡ ᠪᠦᠷᠢᠯᠳᠦᠭᠰᠡᠨ ᠬᠡᠯᠡᠨ ᠦ ᠮᠠᠲ᠋ᠧᠷᠢᠶᠠᠯ ᠤᠨ corpus) ᠬᠤᠪᠢ ᠠᠩᠭᠢᠯᠠᠨ᠎ᠠ ᠃ ᠨᠢᠭᠡ ᠬᠡᠯᠡᠲᠡᠢ ᠬᠡᠯᠡᠨ ᠦ ᠮᠠᠲ᠋ᠧᠷᠢᠶᠠᠯ ᠢᠶᠠᠷ ᠪᠦᠷᠢᠯᠳᠦᠭᠰᠡᠨ ᠬᠡᠯᠡᠨ ᠦ ᠮᠠᠲ᠋ᠧᠷᠢᠶᠠᠯ ᠤᠨ ᠰᠠᠩ ᠢ ᠨᠢᠭᠡ ᠬᠡᠯᠡᠨ ᠦ ᠮᠠᠲ᠋ᠧᠷᠢᠶᠠᠯ ᠤᠨ ᠰᠠᠩ (monolingual corpus) ᠪᠣᠯ ᠣᠯᠠᠨ ᠬᠡᠯᠡᠨ ᠦ ᠬᠡᠯᠡᠨ ᠦ ᠮᠠᠲ᠋ᠧᠷᠢᠶᠠᠯ ᠤᠨ ᠰᠠᠩ (multilingual

6. ᠬᠡᠯᠡᠨ ᠦ ᠮᠠᠲ᠋ᠧᠷᠢᠶᠠᠯ ᠤᠨ ᠰᠠᠩ ᠳᠤ ᠪᠠᠭᠲᠠᠭᠰᠠᠨ ᠮᠠᠲ᠋ᠧᠷᠢᠶᠠᠯ ᠤᠨ ᠬᠡᠯᠡᠨ ᠦ ᠲᠣᠭ᠎ᠠ ᠲᠣᠭᠠᠨ ᠢ ᠬᠤᠪᠢᠶᠠᠷᠢᠯᠠᠪᠠᠯ ᠂ ᠨᠢᠭᠡ ᠬᠡᠯᠡᠨ ᠦ ᠬᠡᠯᠡᠨ ᠦ ᠪᠠᠭᠤᠷ ᠤᠨ ᠬᠡᠯᠡᠨ ᠦ ᠬᠡᠯᠡᠨ ᠦ ᠮᠠᠲ᠋ᠧᠷᠢᠶᠠᠯ ᠤᠨ ᠰᠠᠩ ᠪᠣᠯᠨ᠎ᠠ ᠃

ᠪᠠᠶᠢᠭ᠎ᠠ ᠬᠠᠷᠢᠴᠠᠭ᠎ᠠ ᠪᠠᠷ ᠲᠣᠭᠲᠠᠭᠠᠮᠠᠯ ᠤᠨ ᠬᠡᠯᠪᠡᠷᠢᠯᠡᠯ ᠪᠣᠯᠤᠨ᠎ᠠ ::
ᠪᠦᠲᠦᠭᠡᠭᠳᠡᠬᠦᠨ ᠦ ᠬᠡᠯᠪᠡᠷᠢ᠂ ᠬᠡᠯᠡᠨ ᠦ ᠮᠠᠲ᠋ᠧᠷᠢᠶᠠᠯ ᠤᠨ ᠬᠡᠯᠪᠡᠷᠢ᠂ ᠬᠡᠷᠡᠭᠯᠡᠭᠡᠨ ᠦ ᠬᠡᠯᠪᠡᠷᠢ ᠵᠡᠷᠭᠡ ᠪᠡᠷ ᠬᠡᠯᠪᠡᠷᠢᠰᠢᠭᠰᠡᠨ ᠪᠠᠶᠢᠨ᠎ᠠ ::

ᠲᠦᠯᠦᠭᠡ ᠬᠡᠯᠡᠨ ᠦ ᠮᠠᠲ᠋ᠧᠷᠢᠶᠠᠯ ᠤᠨ ᠰᠠᠩ ᠤᠨ ᠵᠢᠱᠢᠶ᠎ᠡ ᠪᠣᠯᠪᠠᠯ ᠠᠮᠸᠷᠢᠺᠠ ᠶᠢᠨ ᠡᠩᠭᠡᠢ ᠬᠡᠯᠡᠨ ᠦ ᠮᠠᠲ᠋ᠧᠷᠢᠶᠠᠯ ᠤᠨ ᠰᠠᠩ ᠪᠣᠯᠤᠨ᠎ᠠ᠂ ᠲᠡᠷᠡ ᠨᠢ 2000 ᠣᠨ ᠡᠴᠡ ᠬᠣᠶᠢᠰᠢ ᠶᠢᠨ ᠬᠡᠯᠡᠨ ᠦ ᠮᠠᠲ᠋ᠧᠷᠢᠶᠠᠯ ᠢ ᠪᠠᠭᠲᠠᠭᠠᠭᠰᠠᠨ 《ᠠᠮᠸᠷᠢᠺᠠ ᠶᠢᠨ ᠣᠷᠴᠢᠨ ᠦᠶ᠎ᠡ ᠶᠢᠨ ᠠᠩᠭ᠌ᠯᠢ ᠬᠡᠯᠡᠨ ᠦ ᠮᠠᠲ᠋ᠧᠷᠢᠶᠠᠯ ᠤᠨ ᠰᠠᠩ》(COCA)〔14〕 ᠶᠢ ᠲᠡᠮᠳᠡᠭᠯᠡᠵᠦ ᠪᠣᠯᠤᠨ᠎ᠠ :: ᠡᠨᠡ ᠬᠡᠯᠡᠨ ᠦ ᠮᠠᠲ᠋ᠧᠷᠢᠶᠠᠯ ᠤᠨ ᠰᠠᠩ ᠢ ᠮᠠᠷᠺ ᠳᠠᠸᠢᠰ (Mark Davies) ᠪᠦᠲᠦᠭᠡᠭᠰᠡᠨ ᠪᠣᠯᠤᠨ᠎ᠠ :: ᠲᠡᠷᠡ ᠨᠢ 1990 ᠣᠨ ᠡᠴᠡ ᠬᠣᠶᠢᠰᠢ ᠶᠢᠨ ᠬᠡᠯᠡᠨ ᠦ ᠮᠠᠲ᠋ᠧᠷᠢᠶᠠᠯ ᠢ ᠵᠢᠯ ᠪᠦᠷᠢ ᠨᠡᠮᠡᠵᠦ ᠪᠣᠯᠤᠨ᠎ᠠ᠂ ᠶᠠᠷᠢᠶᠠᠨ ᠤ᠂ ᠤᠷᠠᠨ ᠵᠣᠬᠢᠶᠠᠯ᠂ ᠰᠣᠳᠤᠯᠭ᠎ᠠ ᠶᠢᠨ ᠵᠣᠬᠢᠶᠠᠯ᠂ ᠰᠡᠳᠬᠦᠯ ᠰᠣᠨᠢᠨ᠂ ᠰᠣᠨᠢᠨ ᠵᠡᠷᠭᠡ ᠲᠠᠪᠤᠨ ᠲᠦᠷᠦᠯ ᠦᠨ ᠬᠡᠯᠡᠨ ᠦ ᠮᠠᠲ᠋ᠧᠷᠢᠶᠠᠯ ᠢ ᠪᠠᠭᠲᠠᠭᠠᠭᠰᠠᠨ ᠪᠠᠶᠢᠨ᠎ᠠ :: ᠮᠥᠷᠥ 《ᠪᠦᠭᠦᠳᠡ ᠨᠠᠶᠢᠷᠠᠮᠳᠠᠬᠤ ᠬᠡᠯᠡᠨ ᠦ ᠮᠠᠲ᠋ᠧᠷᠢᠶᠠᠯ ᠤᠨ ᠰᠠᠩ》 ᠢ 5 ᠵᠢᠯ ᠦᠨ ᠳᠠᠷᠠᠭ᠎ᠠ ᠳᠠᠬᠢᠨ ᠰᠢᠨᠡᠳᠬᠡᠨ᠎ᠡ :: ᠡᠭᠦᠨ ᠢ ᠬᠡᠯᠡᠨ ᠦ ᠮᠠᠲ᠋ᠧᠷᠢᠶᠠᠯ ᠤᠨ ᠰᠠᠩ ᠢ ᠰᠢᠨᠡᠳᠬᠡᠬᠦ᠂ 1984 ᠣᠨ ᠠᠴᠠ 1991 ᠣᠨ ᠤ ᠬᠤᠭᠤᠷᠤᠨᠳᠤ ᠪᠦᠲᠦᠭᠡᠭᠳᠡᠭᠰᠡᠨ ᠬᠡᠯᠡᠨ ᠦ ᠮᠠᠲ᠋ᠧᠷᠢᠶᠠᠯ ᠤᠨ ᠰᠠᠩ ᠤᠨ 《100 ᠰᠠᠶ᠎ᠠ ᠦᠭᠡ ᠶᠢᠨ ᠬᠡᠯᠡᠨ ᠦ ᠮᠠᠲ᠋ᠧᠷᠢᠶᠠᠯ ᠤᠨ ᠰᠠᠩ》 ᠢ ᠰᠢᠨᠡᠳᠬᠡᠨ ᠪᠠᠶᠢᠭᠤᠯᠤᠭᠰᠠᠨ᠂ ᠬᠢᠨᠠᠨ ᠬᠠᠶᠢᠬᠤ ᠬᠡᠯᠡᠨ ᠦ ᠮᠠᠲ᠋ᠧᠷᠢᠶᠠᠯ ᠤᠨ ᠰᠠᠩ ᠤᠨ ᠬᠡᠯᠪᠡᠷᠢ ᠶᠢ ᠬᠢᠨᠠᠨ ᠬᠠᠶᠢᠬᠤ ᠬᠡᠯᠡᠨ ᠦ ᠮᠠᠲ᠋ᠧᠷᠢᠶᠠᠯ ᠤᠨ ᠰᠠᠩ (monitor corpus / dynamic circulation corpus) ᠭᠡᠵᠦ ᠨᠡᠷᠡᠯᠡᠳᠡᠭ :: ᠬᠢᠨᠠᠨ ᠬᠠᠶᠢᠬᠤ ᠬᠡᠯᠡᠨ ᠦ ᠮᠠᠲ᠋ᠧᠷᠢᠶᠠᠯ

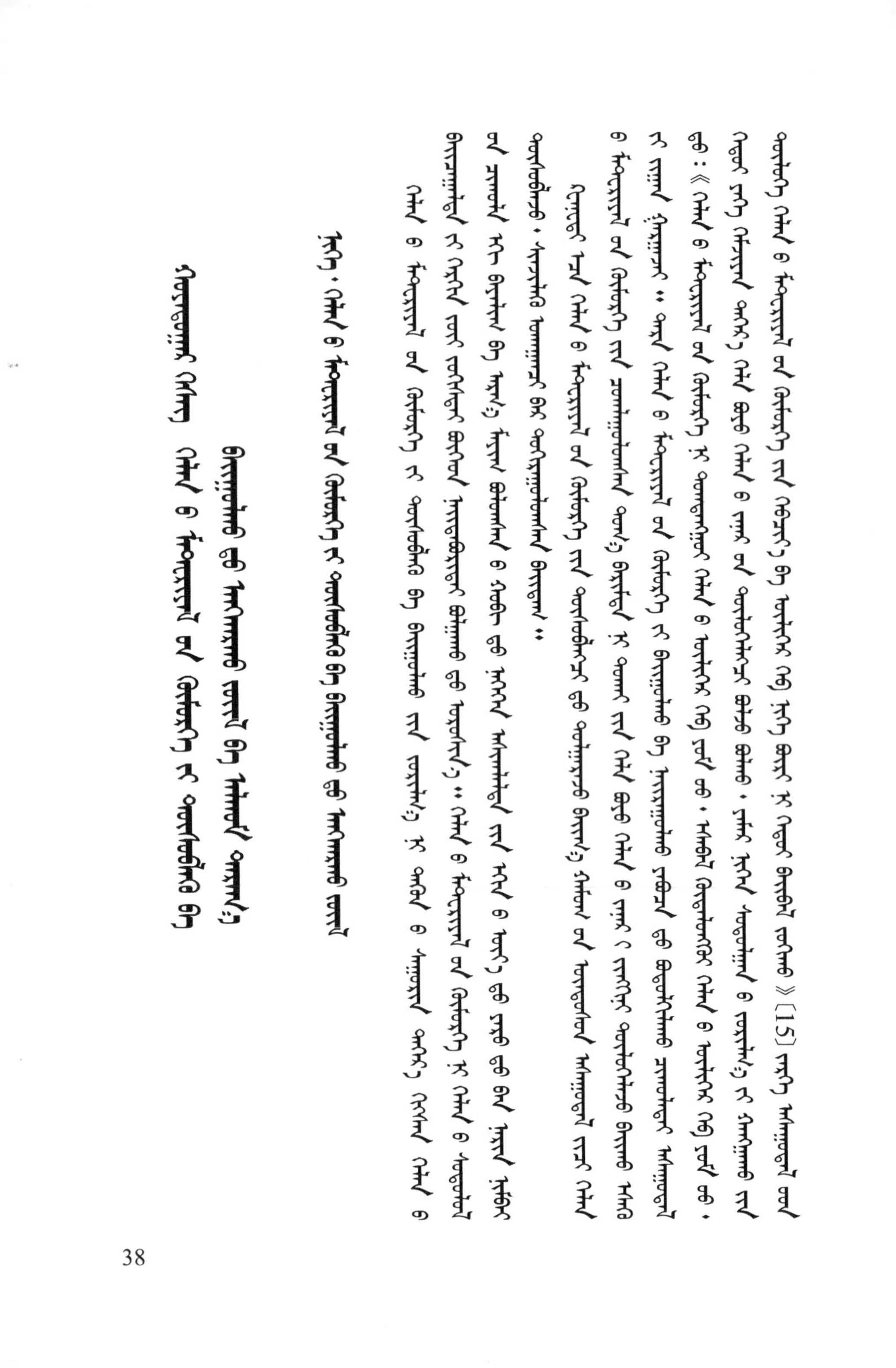

[illegible]

ᠣᠷᠣᠨ ᠪᠠᠢᠭᠤᠯᠤᠯ ᠲᠠᠢ ᠮᠣᠩᠭᠣᠯ ᠤ ᠰᠣᠶᠣᠯ ᠤᠨ ᠪᠠᠶᠠᠯᠢᠭ ᠢᠶᠠᠷ ᠲᠣᠭᠠᠨᠴᠢᠯᠠᠭᠰᠠᠨ ᠮᠡᠳᠡᠭᠡᠯᠡᠯ ᠰᠠᠩ ᠤᠨ ᠪᠠᠢᠭᠤᠯᠤᠯ ᠂ ᠪᠠᠢᠭᠤᠯᠬᠤ ᠪᠠᠢᠳᠠᠯ ᠵᠡᠷᠭᠡ ᠶᠢ ᠪᠠᠢᠴᠠᠭᠠᠨ
ᠰᠤᠳᠤᠯᠬᠤ :: (1) ᠮᠡᠳᠡᠭᠡᠯᠡᠯ ᠵᠡᠷᠭᠡ ᠶᠢᠨ ᠬᠡᠪ ᠢᠶᠡᠷ ᠮᠣᠩᠭᠣᠯ ᠤ ᠰᠣᠶᠣᠯ ᠤᠨ ᠪᠠᠶᠠᠯᠢᠭ ᠢᠶᠠᠷ ᠬᠠᠮᠢᠶᠠᠯᠠᠯ ᠤ ᠪᠠᠢᠭᠤᠯᠤᠯ ᠪᠣᠯᠤᠨ ᠪᠠᠢᠭᠤᠯᠤᠯ ᠮᠡᠳᠡᠭᠡᠯᠡᠯ ᠵᠡᠷᠭᠡ
ᠪᠠᠢᠳᠠᠯ ᠮᠣᠩᠭᠣᠯ ᠤ ᠰᠣᠶᠣᠯ ᠤᠨ ᠬᠡᠮᠵᠢᠶ᠎ᠡ ᠮᠡᠳᠡᠭᠡ ᠪᠢᠴᠢᠭ (meta data) ᠲᠠᠢ ᠮᠡᠳᠡᠭᠡᠯᠡᠯ ᠤᠨ ᠮᠡᠷᠭᠡᠵᠢᠯ ᠬᠡᠯᠡᠪᠡᠷᠢ 》〔18〕 ᠬᠡᠮᠡᠨ ᠲᠣᠳᠣᠷᠬᠠᠢ
ᠮᠡᠳᠡᠭᠡᠯᠡᠯ ᠵᠡᠷᠭᠡ ᠂ ᠮᠡᠳᠡᠭᠡᠯᠡᠯ ᠤᠨ ᠵᠡᠷᠭᠡ ᠪᠠ ᠪᠠᠢᠭᠤᠯᠤᠯ ᠵᠡᠷᠭᠡ ᠶᠢᠨ ᠮᠣᠩᠭᠣᠯ ᠤ ᠰᠣᠶᠣᠯ ᠤᠨ ᠪᠠᠶᠠᠯᠢᠭ ᠲᠠᠢ ᠬᠣᠯᠪᠣᠭᠳᠠᠬᠤ ᠶᠢ ᠲᠣᠳᠣᠷᠬᠠᠢᠯᠠᠬᠤ ᠬᠡᠯᠡᠪᠡᠷᠢ
ᠪᠠᠶᠢᠭ᠎ᠠ ᠶᠢ ᠬᠡᠯᠡᠨ ᠮᠣᠩᠭᠣᠯ ᠤ ᠰᠣᠶᠣᠯ ᠤᠨ ᠪᠠᠶᠠᠯᠢᠭ ᠢ ᠪᠠᠷᠢᠮᠲᠠᠯᠠᠬᠤ ᠪᠣᠯᠤᠨ ᠲᠣᠭᠠᠴᠠᠬᠤ ᠳᠤ ᠪᠠᠨ 《 ᠮᠣᠩᠭᠣᠯ ᠤ ᠰᠣᠶᠣᠯ ᠤᠨ ᠪᠠᠶᠠᠯᠢᠭ ᠲᠠᠢ
ᠲᠠᠢ ᠬᠣᠯᠪᠣᠭᠳᠠᠬᠤ ᠶᠢᠨ ᠬᠡᠮᠵᠢᠶ᠎ᠡ ᠪᠠᠷᠢᠮᠲᠠ 》〔17〕 ᠭᠡᠵᠦ ᠶᠢ ᠪᠠᠢᠭᠤᠯᠤᠭᠰᠠᠨ ::
ᠬᠡᠷᠡᠭᠯᠡᠭᠡᠨ ᠵᠡᠷᠭᠡ ᠂ ᠮᠡᠳᠡᠭᠡᠯᠡᠯ ᠲᠠᠢ ᠬᠠᠷᠢᠴᠠᠭᠤᠯᠬᠤ ᠵᠡᠷᠭᠡ ᠪᠠ ᠲᠣᠭᠠᠨᠴᠢᠯᠠᠯ ᠰᠤᠳᠤᠯᠭ᠎ᠠ ᠮᠡᠳᠡᠭᠡ ᠶᠢᠨ ᠪᠠᠢᠭᠤᠯᠤᠯᠲᠠ ᠶᠢᠨ ᠵᠡᠷᠭᠡ ᠵᠡᠷᠭᠡ ᠪᠠᠷᠠᠭᠠ ᠬᠠᠮᠢᠶᠠᠯᠠᠯ ᠤᠨ ᠡᠭᠦᠨ
ᠲᠣᠳᠣᠷᠬᠠᠢ ᠶᠢ ᠮᠡᠳᠡᠭᠡᠯᠡᠯ ᠂ ᠪᠠᠷᠢᠮᠲᠠ ᠬᠡᠯᠡᠪᠡᠷᠢ ᠬᠡᠯᠡᠪᠡᠷᠢᠵᠢᠭᠦᠯᠬᠦ ᠂ ᠵᠡᠷᠭᠡ ᠵᠡᠷᠭᠡᠯᠡᠬᠦ ᠶᠢ ᠬᠡᠯᠡᠪᠡᠷᠢ ᠪᠠᠷᠢᠮᠲᠠ ᠵᠡᠷᠭᠡ ᠮᠣᠩᠭᠣᠯ ᠤ ᠰᠣᠶᠣᠯ ᠤᠨ ᠪᠠᠶᠠᠯᠢᠭ ᠲᠠᠢ
ᠰᠣᠨᠢᠷᠬᠠᠯ ᠮᠡᠳᠡᠭᠡᠯᠡᠯ ᠪᠠᠢᠭᠤᠯᠬᠤ ᠭᠡᠳᠡᠭ :: ᠡᠨᠡ ᠳᠦ 《 ᠮᠣᠩᠭᠣᠯ ᠤ ᠰᠣᠶᠣᠯ ᠤᠨ ᠪᠠᠶᠠᠯᠢᠭ ᠲᠠᠢ ᠬᠡᠮᠵᠢᠶ᠎ᠡ ᠤ ᠰᠣᠨᠢᠷᠬᠠᠯ ᠶᠢ ᠮᠡᠳᠡᠭᠡᠯᠡᠬᠦ ᠂ ᠲᠣᠳᠣᠷᠬᠠᠢ
ᠬᠡᠮᠡᠨ :: ᠡᠨᠡ ᠰᠣᠨᠢᠷᠬᠠᠯ ᠡᠭᠦᠨ ᠶᠢ ᠮᠣᠩᠭᠣᠯ ᠤ ᠰᠣᠶᠣᠯ ᠤᠨ ᠪᠠᠶᠠᠯᠢᠭ ᠢ ᠮᠡᠳᠡᠭᠡᠯᠡᠯ ᠪᠠᠶᠠᠯᠢᠭ ᠪᠠᠷᠢᠮᠲᠠ ᠲᠠᠢ ᠡᠨᠡ ᠤ ᠡᠭᠦᠨ ᠳᠦ ᠪᠠᠨ ᠰᠣᠨᠢᠷᠬᠠᠯ
ᠵᠢᠷᠤᠮᠵᠢᠭᠦᠯᠬᠦ ᠂ ᠮᠣᠩᠭᠣᠯ ᠤ ᠰᠣᠶᠣᠯ ᠤᠨ ᠪᠠᠶᠠᠯᠢᠭ ᠢ ᠪᠠᠷᠢᠮᠵᠢᠯᠠᠭᠤᠯᠬᠤ ᠂ ᠮᠣᠩᠭᠣᠯ ᠤ ᠰᠣᠶᠣᠯ ᠤᠨ ᠬᠡᠮᠵᠢᠶ᠎ᠡ ᠰᠣᠨᠢᠷᠬᠠᠯ ᠡᠭᠦᠨ ᠡᠨᠡ ᠰᠣᠨᠢᠷᠬᠠᠯ ᠬᠡᠮᠡᠨ ᠪᠣᠯᠬᠤ 》
ᠡᠨᠡ ᠬᠦ ᠲᠠᠢ ᠮᠣᠩᠭᠣᠯ ᠤ ᠰᠣᠶᠣᠯ ᠤᠨ ᠪᠠᠶᠠᠯᠢᠭ ᠲᠠᠢ ᠮᠡᠳᠡᠭᠡᠯᠡᠯ ᠪᠠ ᠮᠡᠳᠡᠭᠡᠯᠡᠯᠵᠢᠬᠦ ᠲᠠᠢ ᠡᠭᠦᠨ ᠪᠡᠷ 《 ᠮᠣᠩᠭᠣᠯ ᠤ ᠰᠣᠶᠣᠯ ᠤᠨ
ᠵᠢᠷᠤᠮᠵᠢᠭᠦᠯᠬᠦ ᠭᠡᠵᠦ ᠶᠢ ᠰᠣᠨᠢᠷᠬᠠᠯ 》〔16〕 ᠬᠡᠮᠡ ::
ᠰᠣᠶᠣᠯ ᠤᠨ ᠪᠠᠶᠠᠯᠢᠭ ᠳᠤ ᠪᠠ ᠡᠷᠬᠢᠮ ᠵᠢᠷᠤᠮᠵᠢᠯ ᠂ ᠵᠢᠷᠤᠮ ᠡᠷᠬᠢᠮ ᠪᠠᠢᠨ᠎ᠠ ᠮᠡᠳᠡᠭᠡᠯᠡᠯ ᠵᠢᠷᠤᠮᠵᠢᠭᠦᠯᠬᠦ ᠲᠠᠢ ᠬᠡᠷᠡᠭᠯᠡᠭᠡ ᠲᠠᠢ ᠮᠡᠳᠡᠭᠡᠯᠡᠯ ᠲᠠᠢ ᠪᠠᠷᠢᠮᠲᠠ
ᠲᠠᠢ ᠲᠣᠳᠣᠷᠬᠠᠢ ᠂ ᠪᠠᠶᠠᠯᠢᠭ ᠳᠤ ᠵᠢᠷᠤᠮᠵᠢᠭᠦᠯᠬᠦ ᠪᠠᠢᠨ᠎ᠠ ᠮᠣᠩᠭᠣᠯ ᠤ ᠰᠣᠶᠣᠯ ᠤᠨ ᠮᠡᠳᠡᠭᠡᠯᠡᠯ ᠲᠠᠢ ᠡᠷᠬᠢᠮᠲᠠᠢ ᠂ ᠡᠨᠡ ᠮᠡᠳᠡᠭᠡᠯᠡᠯ ᠲᠠᠢ ᠪᠠᠢᠳᠠᠯ ᠶᠢ ᠮᠣᠩᠭᠣᠯ ᠤ
ᠵᠢᠷᠤᠮᠵᠢᠭᠦᠯ ᠬᠡᠮᠡ ᠡᠭᠦᠨ ᠂ ᠶᠢ ᠬᠣᠶᠠᠷ ᠵᠢᠷ ᠡᠨᠡ : 《 ᠮᠣᠩᠭᠣᠯ ᠤ ᠰᠣᠶᠣᠯ ᠤᠨ ᠪᠠᠶᠠᠯᠢᠭ ᠲᠠᠢ ᠮᠡᠳᠡᠭᠡᠯᠡᠯ ᠳᠦ ᠮᠣᠩᠭᠣᠯ ᠤ ᠰᠣᠶᠣᠯ ᠤᠨ ᠪᠠᠶᠠᠯᠢᠭ
ᠢ ᠮᠡᠳᠡᠭᠡᠯᠡᠨ᠎ᠡ ::

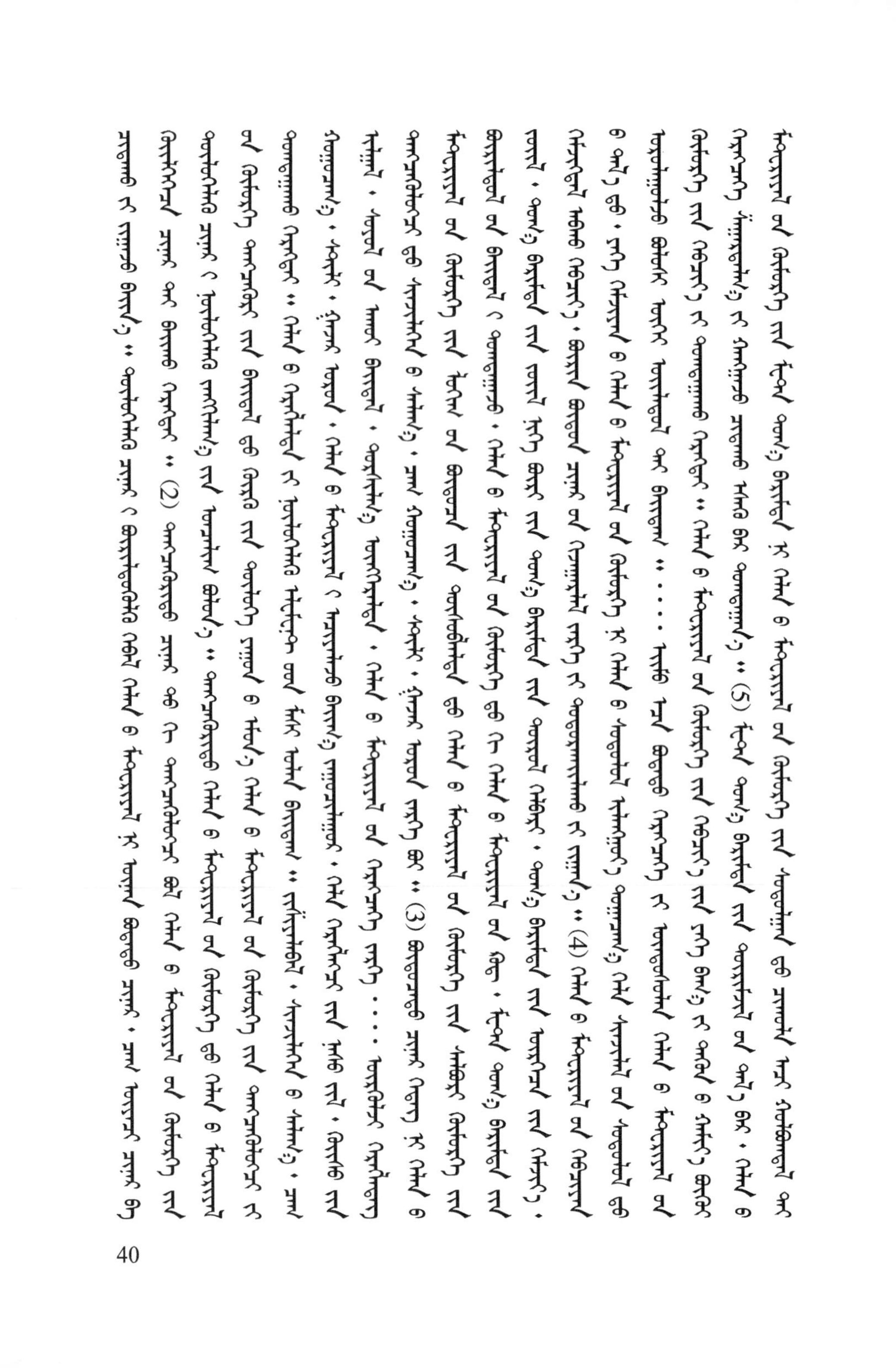

(ᠬᠣᠶᠠᠷ) ᠪᠣᠯᠪᠠᠰᠤᠷᠠᠭᠤᠯᠬᠤ ᠠᠷᠭ᠎ᠠ

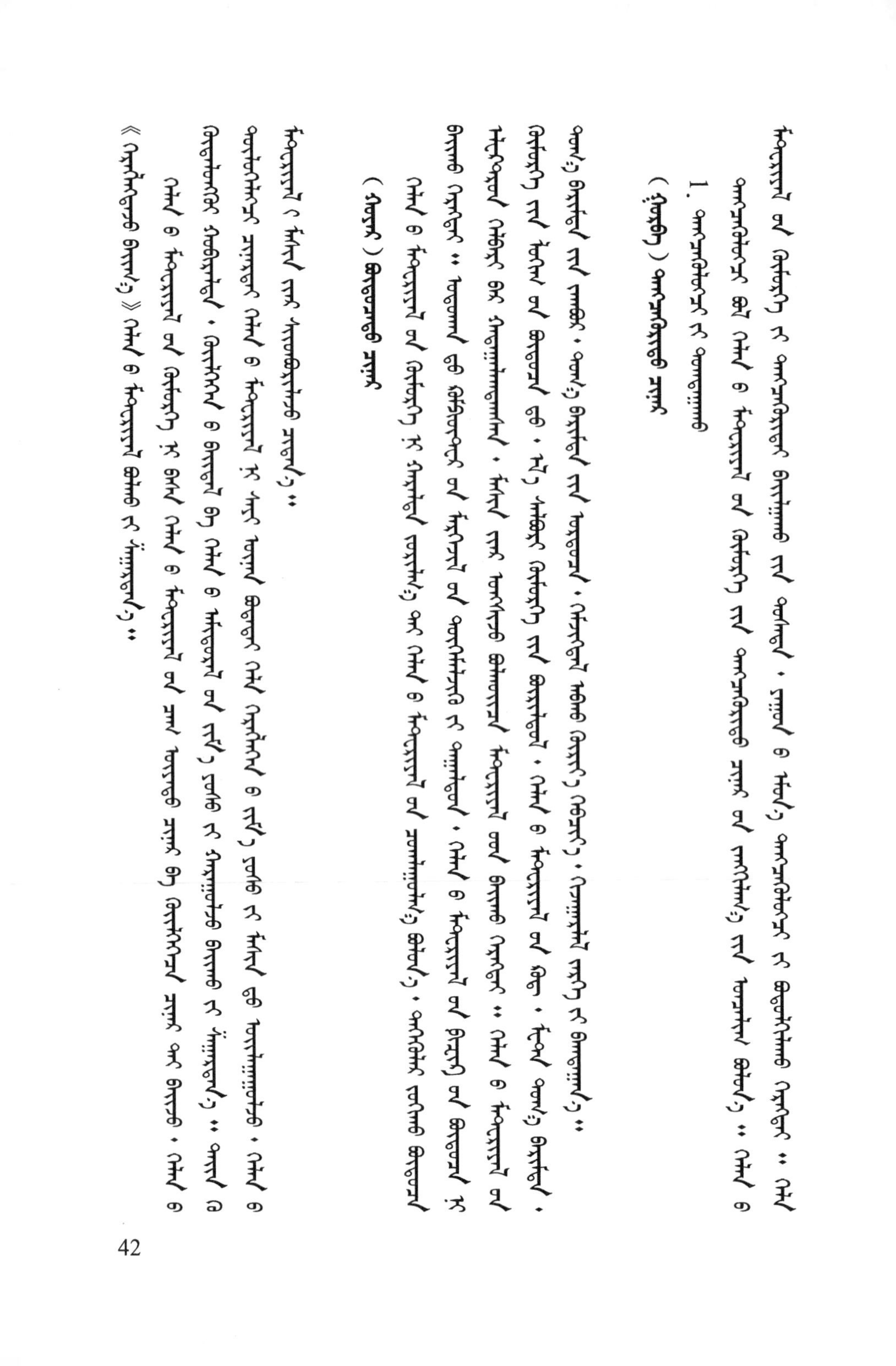

[illegible] 《SEU ᠬᠡᠯᠡᠨ ᠦ ᠮᠠᠲ᠋ᠧᠷᠢᠶᠠᠯ ᠤᠨ ᠰᠠᠩ》 [illegible] ::

ᠬᠡᠯᠡᠨ ᠦ ᠮᠠᠲ᠋ᠧᠷᠢᠶᠠᠯ ᠤᠨ ᠰᠠᠩ [illegible] ::

ᠬᠡᠯᠡᠨ ᠦ ᠮᠠᠲ᠋ᠧᠷᠢᠶᠠᠯ ᠤᠨ ᠰᠠᠩ [illegible]

2. ᠬᠡᠯᠡᠨ ᠦ ᠮᠠᠲ᠋ᠧᠷᠢᠶᠠᠯ ᠤᠨ ᠰᠠᠩ ᠤᠨ [illegible]

ᠬᠡᠯᠡᠨ ᠦ ᠮᠠᠲ᠋ᠧᠷᠢᠶᠠᠯ ᠤᠨ ᠰᠠᠩ [illegible] ::

[illegible]

[illegible]》 ᠳᠤ [illegible] ᠤᠨ ᠬᠡᠯᠡᠨ 50% ᠢ ᠡᠵᠡᠯᠡᠵᠦ᠂《COBUILD ᠬᠡᠯᠡᠨ ᠦ ᠮᠠᠲ᠋ᠧᠷᠢᠶᠠᠯ ᠤᠨ [illegible]》 ᠳᠤ [illegible] ᠤᠨ ᠬᠡᠯᠡᠨ ᠢ 75% ᠢ ᠡᠵᠡᠯᠡᠵᠦ᠂《BNC ᠬᠡᠯᠡᠨ ᠦ ᠮᠠᠲ᠋ᠧᠷᠢᠶᠠᠯ ᠤᠨ [illegible]》 ᠳᠤ [illegible] ᠤᠨ ᠬᠡᠯᠡᠨ ᠢ 90% ᠢ ᠡᠵᠡᠯᠡᠳᠡᠭ ᠃

[illegible] ᠃ [19]

[illegible] ([illegible]) [illegible] ᠃ [20]

[illegible] ᠬᠡᠯᠡᠨ ᠦ ᠮᠠᠲ᠋ᠧᠷᠢᠶᠠᠯ ᠤᠨ [illegible] ᠬᠡᠯᠡᠨ ᠦ ᠮᠠᠲ᠋ᠧᠷᠢᠶᠠᠯ ᠤᠨ [illegible] ᠳᠤ

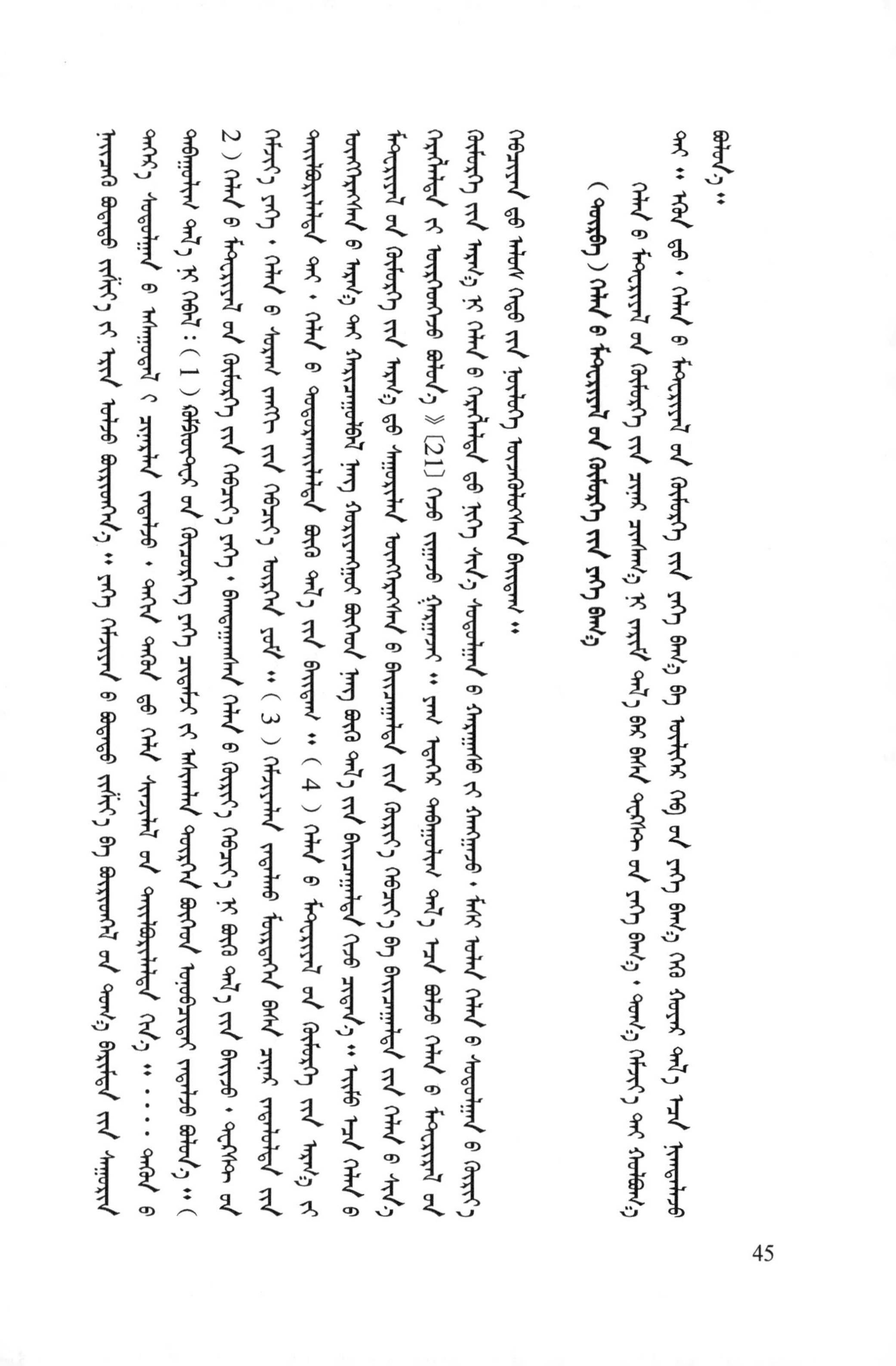

ᠪᠣᠯᠤᠨ᠎ᠠ ᠃

[illegible]

([illegible]) [illegible]

[illegible] ᠃

[illegible] 》〔21〕 [illegible]

[illegible] (4) [illegible] (3) [illegible]

2) [illegible] : (1) [illegible] ᠃ (

[illegible] ᠃ …… [illegible]

ᠲᠠᠢ ᠬᠡᠯᠡᠨ ᠦ ᠮᠠᠲ᠋ᠧᠷᠢᠶᠠᠯ ᠤᠨ ᠪᠠᠭᠲᠠᠭᠠᠮᠵᠢ ᠳᠤ᠂ ᠰᠲ᠋ᠠᠲ᠋ᠢᠰᠲ᠋ᠢᠺ ᠬᠣᠭ ᠨᠢ 50% ᠢ ᠡᠵᠡᠯᠡᠳᠡᠭ᠂ 100MB ᠳᠤ 68% ᠬᠦᠷᠳᠡᠭ᠂ 150MB ᠳᠤ 80% ᠬᠡᠯᠡᠨ ᠦ ᠮᠠᠲ᠋ᠧᠷᠢᠶᠠᠯ ᠤᠨ ᠪᠠᠭᠲᠠᠭᠠᠮᠵᠢ ᠲᠠᠢ ᠵᠢᠷᠤᠭ ᠢ ᠠᠵᠢᠭᠯᠠᠪᠠᠯ᠂ ᠰᠲ᠋ᠠᠲ᠋ᠢᠰᠲ᠋ᠢᠺ ᠬᠣᠭ ᠲᠠᠢ ᠬᠡᠮᠵᠢᠶᠡ ᠨᠢ ᠬᠢᠵᠠᠭᠠᠷ ᠦᠭᠡᠢ ᠨᠡᠮᠡᠭᠳᠡᠵᠦ ᠪᠠᠶᠢᠨ᠎ᠠ᠃ 50 MB ᠢ ᠬᠦ ᠠᠨᠠᠯᠢᠵᠢ ᠰᠲ᠋ᠠᠲ᠋ᠢᠰᠲ᠋ᠢᠺ ᠪᠣᠯᠪᠠᠰᠤ ᠪᠠᠢ᠌ᠨ᠎ᠠ᠃ ᠲᠡᠭᠦᠨ ᠡᠴᠡ᠂ ᠬᠦ ᠬᠦ ᠲᠲᠲ᠂ ᠲᠡᠭᠦᠨ ᠬᠦ ᠨᠢ ᠦᠨ ᠲᠣᠭᠠᠴᠠᠭᠠᠨ ᠤ ᠲᠣᠭᠠᠴᠠᠭᠠᠯᠠᠯᠲᠠ᠂ ᠬᠡᠯᠡᠨ ᠦ ᠪᠠᠢᠳᠠᠯ ᠳᠤ ᠨᠢ ᠰᠲ᠋ᠠᠲ᠋ᠢᠰᠲ᠋ᠢᠺ ᠬᠡᠯᠡᠨ ᠦ ᠮᠠᠲ᠋ᠧᠷᠢᠶᠠᠯ（垃圾语料）ᠭᠡᠵᠦ ᠪᠣᠯᠤᠨ ᠪᠤᠲᠠᠷᠬᠠᠢ ᠶᠢᠨ ᠰᠲ᠋ᠠᠲ᠋ᠢᠰᠲ᠋ᠢᠺ ᠠᠰᠠᠭᠤᠳᠠᠯ（统计垃圾问题）ᠵᠢᠫᠹ（Zipf's Law）ᠪᠣᠯᠤᠨ᠎ᠠ᠃ ᠡᠨᠡ ᠲᠣᠭᠠᠴᠠᠯ ᠬᠡᠯᠡᠨ ᠦ ᠮᠠᠲ᠋ᠧᠷᠢᠶᠠᠯ ᠤᠨ ᠪᠠᠭᠲᠠᠭᠠᠮᠵᠢ ᠲᠠᠢ ᠵᠢᠷᠤᠭ ᠢ ᠠᠵᠢᠭᠯᠠᠪᠠᠯ᠂ ᠪᠤᠲᠠᠷᠬᠠᠢ ᠶᠢᠨ ᠬᠡᠮᠵᠢᠶᠡ ᠨᠢ ᠡᠴᠡᠰ ᠦᠭᠡᠢ ᠨᠡᠮᠡᠭᠳᠡᠳᠡᠭ᠂ ᠪᠠᠭᠲᠠᠭᠠᠮᠵᠢ ᠳᠤ ᠬᠦ ᠵᠢᠫᠹ ᠦᠨ ᠬᠠᠭᠤᠯᠢ ᠶᠢᠨ ᠬᠡᠮᠵᠢᠶᠡ ᠶᠢ ᠲᠣᠭᠠᠴᠠᠵᠤ ᠨᠢ ᠲᠡᠷᠡ ᠨᠢ ᠰᠠᠨᠠᠭᠠ ᠪᠣᠳᠣᠯᠭ᠎ᠠ ᠳᠠᠭᠠᠨ ᠰᠲ᠋ᠠᠲ᠋ᠢᠰᠲ᠋ᠢᠺ ᠲᠣᠭᠠ ᠶᠢᠨ ᠲᠣᠭᠠᠴᠠᠯ ᠢ ᠬᠡᠯᠡᠨ ᠦ ᠮᠠᠲ᠋ᠧᠷᠢᠶᠠᠯ ᠤᠨ ᠪᠠᠭᠲᠠᠭᠠᠮᠵᠢ ᠳᠤ ᠬᠦ ᠪᠣᠯᠪᠠᠰᠤᠷᠠᠭᠤᠯᠬᠤ ᠶᠢᠨ ᠲᠣᠭᠠᠴᠠᠭᠠᠯᠠᠯᠲᠠ᠂ ᠲᠡᠷᠡ ᠬᠡᠯᠡᠨ ᠳᠤ ᠨᠢ ᠲᠣᠭᠠᠨ ᠤ ᠰᠠᠨᠠᠭᠠ ᠶᠢᠨ ᠲᠣᠭᠠᠴᠠᠭᠠᠨ ᠰᠠᠢᠵᠢᠷᠠᠭᠤᠯᠬᠤ ᠲᠣᠭᠠ ᠳᠤ

ᠪᠣᠯᠪᠠᠰᠤ ᠬᠡᠯᠡᠨ ᠦ ᠮᠠᠲ᠋ᠧᠷᠢᠶᠠᠯ ᠤᠨ ᠪᠠᠭᠲᠠᠭᠠᠮᠵᠢ ᠶᠢ ᠬᠡᠮᠵᠢᠶᠡᠨ ᠡᠴᠡ ᠬᠡᠮᠵᠢᠶᠡ ᠲᠠᠢ ᠬᠡᠯᠡᠨ ᠰᠠᠢᠵᠢᠷᠠᠭᠤᠯᠤᠨ ᠪᠠᠢ᠌ᠨ᠎ᠠ᠃ ᠲᠡᠭᠦᠨ ᠡᠴᠡ᠂ ᠲᠣᠭᠠᠨ ᠪᠣᠯᠤᠨ ᠬᠡᠯᠡᠨ ᠦ ᠪᠣᠯᠪᠠᠰᠤᠷᠠᠭᠤᠯᠤᠨ ᠲᠣᠭᠠᠴᠠᠭᠠᠨ ᠲᠠᠢ ᠬᠡᠯᠡᠨ ᠦ ᠮᠠᠲ᠋ᠧᠷᠢᠶᠠᠯ ᠤᠨ ᠪᠠᠭᠲᠠᠭᠠᠮᠵᠢ ᠶᠢ ᠪᠣᠯᠪᠠᠰᠤᠷᠠᠭᠤᠯᠬᠤ ᠢ ᠬᠡᠮᠵᠢᠶᠡᠯᠡᠯ ᠲᠣᠭᠠᠴᠠᠭᠠᠨ ᠪᠠᠢ᠌ᠨ᠎ᠠ ᠪᠣᠯᠤᠨ᠎ᠠ᠃ ᠪᠣᠯᠪᠠᠰᠤᠷᠠᠭᠤᠯᠬᠤ ᠢ ᠰᠢᠯᠭᠠᠨ ᠲᠣᠭᠠᠴᠠᠯ᠂ ᠡᠨᠡ ᠨᠢ ᠲᠣᠭᠠᠴᠠᠭᠠᠨ ᠤ ᠲᠣᠭᠠ ᠶᠢᠨ ᠬᠡᠯᠡᠨ ᠦ ᠮᠠᠲ᠋ᠧᠷᠢᠶᠠᠯ ᠤᠨ ᠪᠠᠭᠲᠠᠭᠠᠮᠵᠢ ᠳᠤ ᠰᠠᠢᠵᠢᠷᠠᠭᠤᠯᠬᠤ ᠬᠡᠮᠵᠢᠶᠡᠯᠡᠯ ᠲᠣᠭᠠᠴᠠᠭᠠᠨ ᠪᠣᠯᠤᠨ ᠪᠠᠢ᠌ᠨ᠎ᠠ᠃[22] ᠪᠣᠯᠪᠠᠰᠤᠷᠠᠭᠤᠯᠬᠤ ᠶᠢᠨ ᠬᠡᠮᠵᠢᠶᠡ ᠶᠢᠨ ᠲᠣᠭᠠᠴᠠᠭᠠᠨ ᠨᠢ ᠲᠣᠭᠠ ᠬᠡᠯᠡᠨ ᠦ ᠮᠠᠲ᠋ᠧᠷᠢᠶᠠᠯ ᠤᠨ ᠪᠠᠭᠲᠠᠭᠠᠮᠵᠢ ᠳᠤ ᠰᠢᠯᠭᠠᠨ ᠲᠣᠭᠠᠴᠠᠭᠠᠨ ᠪᠣᠯᠤᠨ᠎ᠠ᠃ ᠲᠡᠭᠦᠨ ᠡᠴᠡ ᠲᠣᠭᠠ ᠳᠤ᠂ 1000 ᠡᠴᠡ 2000 ᠬᠦᠷᠲᠡᠯᠡ ᠲᠣᠭᠠ

20 ᠵᠢᠯ ᠦᠨ ᠦ ᠡᠬᠢᠨ ᠡᠴᠡ ᠳᠤ᠂ 100 ᠬᠦᠷᠲᠡᠯᠡ ᠲᠣᠭᠠ ᠪᠠᠷ ᠪᠣᠯᠪᠠᠰᠤᠷᠠᠭᠤᠯᠬᠤ ᠲᠣᠭᠠᠨ ᠲᠠᠢ ᠬᠡᠯᠡᠨ ᠦ ᠮᠠᠲ᠋ᠧᠷᠢᠶᠠᠯ ᠤᠨ ᠪᠠᠭᠲᠠᠭᠠᠮᠵᠢ ᠢ ᠲᠣᠭᠠᠴᠠᠭᠠᠨ ᠰᠢᠯᠭᠠᠨ ᠲᠣᠭᠠᠨ ᠰᠢᠯᠭᠠᠨ ᠲᠣᠭᠠᠴᠠᠭᠰᠠᠨ ᠪᠠᠷ᠃

ᠲᠣᠭᠠ ᠪᠣᠯᠪᠠᠰᠤ ᠪᠠᠷ ᠬᠡᠯᠡᠨ ᠦ ᠮᠠᠲ᠋ᠧᠷᠢᠶᠠᠯ ᠤᠨ ᠪᠠᠭᠲᠠᠭᠠᠮᠵᠢ ᠢ ᠬᠡᠯᠡᠨ ᠰᠠᠢᠵᠢᠷᠠᠭᠤᠯᠤᠯ᠂ ᠰᠢᠯᠭᠠᠨ ᠲᠣᠭᠠᠴᠠᠭᠠᠨ ᠬᠡᠯᠡᠨ ᠰᠠᠢᠵᠢᠷᠠᠭᠤᠯᠤᠯ ᠤᠨ ᠪᠣᠯᠪᠠᠰᠤᠷᠠᠭᠤᠯᠤᠯ ᠳᠤ

1. ᠬᠡᠯᠡᠨ ᠦ ᠮᠠᠲ᠋ᠧᠷᠢᠶᠠᠯ ᠤᠨ ᠪᠠᠭᠲᠠᠭᠠᠮᠵᠢ ᠲᠠᠢ ᠲᠣᠭᠠ ᠪᠣᠯᠤᠨ᠎ᠠ

ᠬᠡᠷᠡᠭ ᠦᠭᠡ ᠄ ᠥᠨᠥᠳᠥ ᠦᠭᠡ ᠬᠡᠮᠵᠢᠶᠡᠯᠡᠭᠰᠡᠨ ᠪᠣᠯᠤᠨ᠎ᠠ ᠦᠭᠡ LOB ᠤᠨ ᠬᠡᠯᠡᠨ ᠦᠭᠦᠯᠡᠪᠦᠷᠢ ᠶᠢ 2000 ᠬᠡᠯᠡᠨ ᠡᠭᠦᠳᠦᠨ ᠪᠠᠶᠢᠳᠠᠯ ᠢ ᠲᠣᠭᠠᠴᠠᠭᠰᠠᠨ ᠄ ᠳᠠᠭᠤᠨ ᠦ ᠦᠭᠦᠯᠡᠪᠦᠷᠢ ᠶᠢ 2000 ᠬᠡᠯᠡᠨ ᠮᠡᠳᠡᠭᠡ ᠶᠢᠨ ᠬᠡᠮᠵᠢᠶᠡᠨ ᠳᠦ ᠬᠦᠷᠦᠭᠰᠡᠨ ᠄ BROWN ᠬᠡᠯᠡᠨ ᠦ 100 ᠰᠠᠶ᠋ᠢ ᠬᠡᠯᠡᠨ ᠦ ᠦᠭᠡ ᠂ 500 ᠦᠭᠦᠯᠡᠪᠦᠷᠢ ᠶᠢᠨ ᠦᠭᠡ ᠂ ᠳᠠᠭᠤᠨ ᠦᠭᠦᠯᠡᠪᠦᠷᠢ ᠶᠢᠨ 5000 ᠬᠡᠯᠡᠨ ᠳᠦ ᠬᠦᠷᠦᠭᠰᠡᠨ ᠄ SEU ᠬᠡᠯᠡᠨ ᠦ 100 ᠰᠠᠶ᠋ᠢ ᠬᠡᠯᠡᠨ ᠦ ᠦᠭᠡ ᠂ 200 ᠦᠭᠦᠯᠡᠪᠦᠷᠢ ᠶᠢᠨ ᠦᠭᠡ ᠂ ᠳᠠᠭᠤᠨ ᠦ ᠮᠡᠳᠡᠭᠡ ᠶᠢᠨ ᠬᠡᠮᠵᠢᠶᠡ ᠨᠢ ᠭᠠᠳᠠᠨ ᠳᠦ ᠬᠦᠷᠦᠭᠰᠡᠨ ᠄ ᠬᠡᠯᠡᠨ ᠦ ᠮᠡᠳᠡᠭᠡᠯᠡᠯ ᠤᠨ ᠰᠠᠩ ᠪᠣᠯᠤᠨ᠎ᠠ ᠂ ᠦᠭᠦᠯᠡᠪᠦᠷᠢ ᠶᠢᠨ ᠬᠡᠯᠡ ᠶᠢᠨ ᠰᠠᠩ ᠪᠣᠯᠤᠨ᠎ᠠ ᠄

2\. ᠦᠭᠦᠯᠡᠪᠦᠷᠢ ᠶᠢᠨ ᠤᠨ ᠰᠠᠩ ᠪᠣᠯ

ᠬᠡᠯᠡᠨ ᠣᠶᠢᠯᠭᠠᠬᠤ ᠨᠢ ᠬᠡᠯᠡᠨ ᠦ ᠮᠡᠳᠡᠭᠡᠯᠡᠯ ᠤᠨ ᠬᠡᠯᠡ ᠶᠢᠨ ᠦᠨᠳᠦᠰᠦ ᠪᠣᠯᠤᠨ᠎ᠠ ᠂ ᠪᠡᠯᠡᠳᠬᠡᠭᠰᠡᠨ ᠬᠡᠯᠡᠨ ᠦ ᠮᠡᠳᠡᠭᠡᠯᠡᠯ ᠤᠨ ᠰᠠᠩ ᠪᠣᠯ ᠬᠡᠯᠡᠨ ᠦ ᠦᠭᠦᠯᠡᠪᠦᠷᠢ ᠶᠢᠨ ᠰᠠᠩ ᠪᠣᠯᠤᠨ᠎ᠠ ᠄ ᠬᠡᠯᠡᠨ ᠦ ᠮᠡᠳᠡᠭᠡᠯᠡᠯ ᠤᠨ ᠰᠠᠩ ᠢ ᠪᠠᠶᠢᠭᠤᠯᠬᠤ ᠳᠤ ᠬᠡᠷᠡᠭᠯᠡᠭᠳᠡᠬᠦ ᠮᠡᠳᠡᠭᠡᠯᠡᠯ ᠢ ᠬᠠᠮᠤᠷᠤᠭᠰᠠᠨ ᠪᠠᠶᠢᠬᠤ ᠬᠡᠷᠡᠭᠲᠡᠢ ᠪᠣᠯᠤᠨ᠎ᠠ ᠄ ᠬᠡᠯᠡᠨ ᠦ ᠬᠡᠮᠵᠢᠶ᠎ᠡ ᠨᠢ 50 ᠰᠠᠶ᠋ᠢ ᠬᠡᠯᠡᠨ ᠦᠭᠡ ᠴᠢᠨᠢ ᠦᠭᠦᠯᠡᠪᠦᠷᠢ ᠶᠢᠨ ᠬᠡᠮᠵᠢᠶ᠎ᠡ ᠶᠢ ᠪᠠᠶᠢᠭᠤᠯᠬᠤ ᠳᠤ ᠬᠡᠷᠡᠭᠯᠡᠭᠳᠡᠨ᠎ᠡ ᠄ ᠬᠡᠷᠡᠭᠯᠡᠭᠳᠡᠬᠦ ᠬᠡᠯᠡᠨ ᠦ ᠪᠠᠶᠢᠳᠠᠯ ᠢ ᠪᠢᠴᠢᠭᠯᠡᠬᠦ ᠬᠡᠯᠡᠨ ᠦ ᠮᠡᠳᠡᠭᠡᠯᠡᠯ ᠨᠢ ᠂ 50 ᠡᠴᠡ 100 ᠰᠠᠶ᠋ᠢ ᠬᠡᠯᠡᠨ ᠦ ᠦᠭᠡ ᠶᠢ ᠪᠠᠭᠲᠠᠭᠠᠬᠤ (prosody) ᠤᠨ ᠮᠡᠳᠡᠭᠡᠯᠡᠯ ᠨᠢ ᠂ ᠪᠠᠶᠢᠳᠠᠯ ᠤᠨ ᠮᠡᠳᠡᠭᠡᠯᠡᠯ ᠨᠢ 10 ᠰᠠᠶ᠋ᠢ ᠬᠡᠯᠡᠨ ᠦ ᠪᠠᠭᠲᠠᠭᠠᠮᠵᠢ ᠲᠠᠶ ᠪᠠᠶᠢᠨ᠎ᠠ ᠄ ᠳᠠᠭᠤᠨ ᠤ ᠮᠡᠳᠡᠭᠡᠯᠡᠯ ᠂ ᠬᠡᠯᠡᠨ ᠦ ᠦᠭᠡ ᠶᠢᠨ ᠂ ᠬᠡᠯᠡᠨ ᠦ ᠰᠠᠩ ᠤᠨ ᠲᠣᠭ᠎ᠠ ᠪᠠᠷ ᠪᠣᠯᠤᠨ᠎ᠠ ᠬᠡᠮᠵᠢᠶᠡᠯᠡᠭᠳᠡᠬᠦ ᠄ ᠬᠡᠷᠡᠭᠯᠡᠭᠳᠡᠬᠦ ᠮᠡᠳᠡᠭᠡᠯᠡᠯ ᠢ ᠂ ᠬᠡᠯᠡᠨ ᠦ ᠮᠡᠳᠡᠭᠡᠯᠡᠯ ᠤᠨ ᠬᠡᠮᠵᠢᠶᠡᠯᠡᠯ ᠢ ᠂ ᠦᠭᠦᠯᠡᠪᠦᠷᠢ ᠶᠢᠨ ᠬᠡᠮᠵᠢᠶ᠎ᠡ ᠶᠢ ᠪᠠᠭᠲᠠᠭᠠᠬᠤ ᠪᠢᠴᠢᠭᠯᠡᠯ ᠂ ᠪᠠᠶᠢᠳᠠᠯ ᠢ ᠂ ᠦᠭᠦᠯᠡᠪᠦᠷᠢ ᠶᠢᠨ ᠮᠡᠳᠡᠭᠡᠯᠡᠯ ᠤᠨ ᠬᠡᠮᠵᠢᠶ᠎ᠡ ᠶᠢ ᠲᠣᠭᠲᠠᠭᠠᠬᠤ ᠪᠠᠶᠢᠳᠠᠯ ᠳᠤ ᠬᠡᠷᠡᠭᠯᠡᠭᠳᠡᠨ᠎ᠡ ᠄ ᠲᠡᠷᠡ ᠴᠢᠨᠢ ᠂ ᠬᠡᠯᠡᠨ ᠦ ᠰᠠᠩ ᠤᠨ ᠮᠡᠳᠡᠭᠡᠯᠡᠯ ᠤᠨ ᠬᠡᠮᠵᠢᠶ᠎ᠡ ᠶᠢ ᠲᠣᠭᠲᠠᠭᠠᠬᠤ ᠳᠤ ᠬᠡᠷᠡᠭᠯᠡᠭᠳᠡᠭᠰᠡᠨ ᠬᠡᠮᠵᠢᠶ᠎ᠡ ᠨᠢ ᠪᠣᠯᠤᠨ᠎ᠠ ᠄ [23]

ᠲᠡᠷᠡ ᠬᠡᠯᠡᠨ ᠂ ᠬᠡᠯᠡᠨ ᠦ ᠮᠡᠳᠡᠭᠡᠯᠡᠯ ᠤᠨ ᠬᠡᠮᠵᠢᠶ᠎ᠡ ᠪᠠᠷ ᠬᠡᠯᠡᠨ ᠦ ᠰᠠᠩ ᠤᠨ ᠮᠡᠳᠡᠭᠡᠯᠡᠯ ᠤᠨ ᠬᠡᠮᠵᠢᠶ᠎ᠡ ᠶᠢ 200MB ᠪᠠ 90% ᠪᠣᠯᠲᠠᠯ᠎ᠠ ᠪᠣᠯᠤᠨ᠎ᠠ ᠄ ᠲᠡᠷᠡ ᠬᠡᠯᠡᠨ ᠦ ᠮᠡᠳᠡᠭᠡᠯᠡᠯ ᠢ ᠲᠣᠭᠲᠠᠭᠠᠬᠤ ᠬᠡᠮᠵᠢᠶ᠎ᠡ ᠨᠢ ᠪᠣᠯᠤᠨ᠎ᠠ ᠂ ᠬᠡᠯᠡᠨ ᠦ

ᠲᠤᠬᠠᠢᠯᠠᠪᠠᠯ ᠂ ᠡᠩᠭᠡᠯᠢ ᠬᠡᠯᠡᠨ ᠦ LOB ᠬᠡᠯᠡᠨ ᠦ ᠮᠠᠲ᠋ᠧᠷᠢᠶᠠᠯ ᠤᠨ ᠰᠠᠩ ᠤᠨ ᠲᠣᠭᠠᠴᠠᠯᠠᠯ ᠳᠤ ᠂ ᠲᠥᠷᠥᠯ ᠪᠦᠷ ᠢ 2000 ᠦᠭᠡ ᠪᠦᠬᠦᠢ ᠳᠦᠭᠦᠮ ᠵᠢᠵᠢᠭ ᠪᠦᠲᠦᠴᠡ ᠪᠠᠷ ᠲᠣᠭᠲᠠᠭᠠᠨ᠎ᠠ ᠂ ᠲᠥᠷᠥᠯ ᠪᠦᠷ ᠢ ᠲᠣᠭ᠎ᠠ ᠶ᠋ᠢ 40000 ᠦᠭᠡ ᠪᠦᠬᠦᠢ ᠪᠣᠯᠭᠠᠨ᠎ᠠ᠃ ᠮᠥᠨ ᠬᠡᠯᠡᠨ ᠦ ᠮᠠᠲ᠋ᠧᠷᠢᠶᠠᠯ ᠤᠨ ᠰᠠᠩ ᠤᠨ ᠳᠦᠭᠦᠮ ᠪᠦᠷ ᠤᠨ ᠲᠣᠭ᠎ᠠ ᠶ᠋ᠢ ᠰᠣᠩᠭᠣᠬᠤ ᠳᠤ ᠂ 4124 (British National Corpus) ᠶ᠋ᠢ ᠲᠤᠯᠭᠠᠨ ᠬᠡᠪᠯᠡᠯ ᠦᠨ ᠪᠠᠢᠳᠠᠯ ᠢ ᠲᠣᠭᠠᠴᠠᠯᠠᠨ ᠪᠣᠯᠭᠠᠬᠤ ᠳᠤ ᠬᠡᠷᠡᠭᠡᠨ ᠦ ᠡᠩᠭᠡᠯᠢ ᠬᠡᠯᠡᠨ ᠦ ᠮᠠᠲ᠋ᠧᠷᠢᠶᠠᠯ ᠤᠨ ᠰᠠᠩ ᠤᠨ ᠲᠥᠷᠥᠯ ᠪᠦᠷ ᠢ ᠬᠡᠯᠡᠨ ᠦ ᠲᠣᠭ᠎ᠠ ᠶ᠋ᠢ ᠪᠣᠯ ᠰᠠᠢᠨ ᠬᠡᠮᠵᠢᠶ᠎ᠡ ᠪᠣᠯ᠃ ᠲᠤᠬᠠᠢᠯᠠᠪᠠᠯ ᠂ BNC

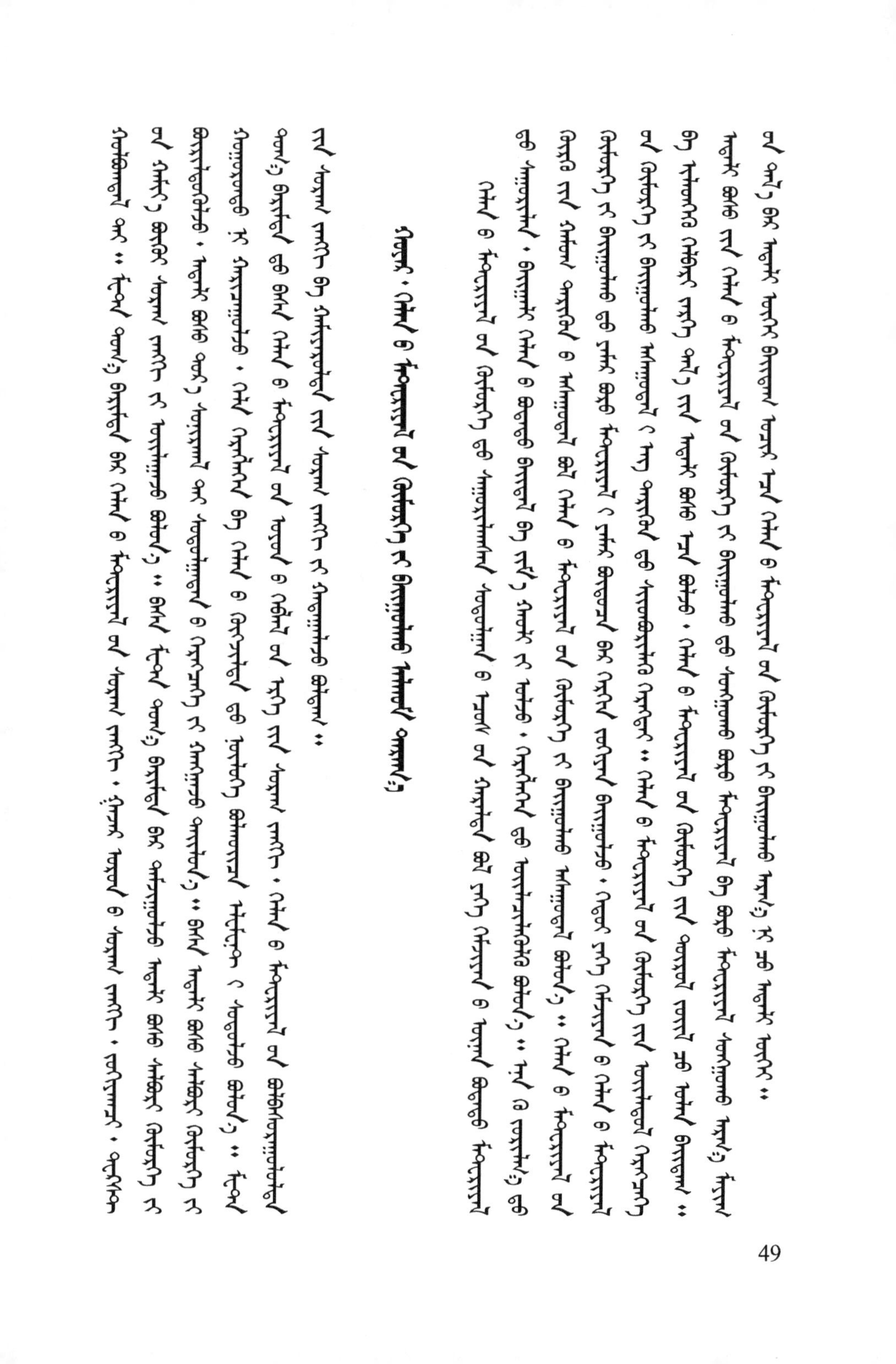

[illegible]

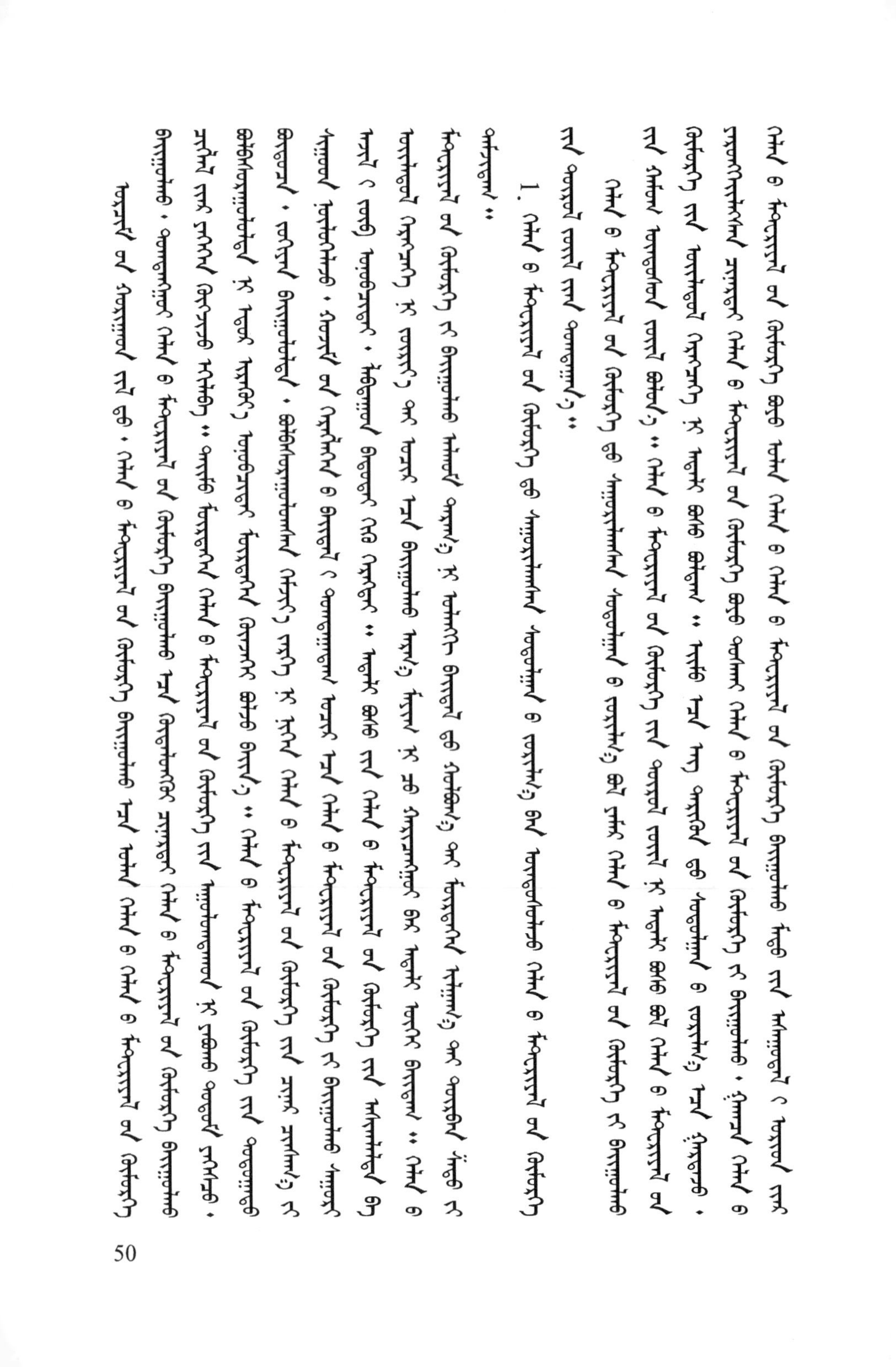

[illegible]

[illegible]

1. [illegible]

[illegible]

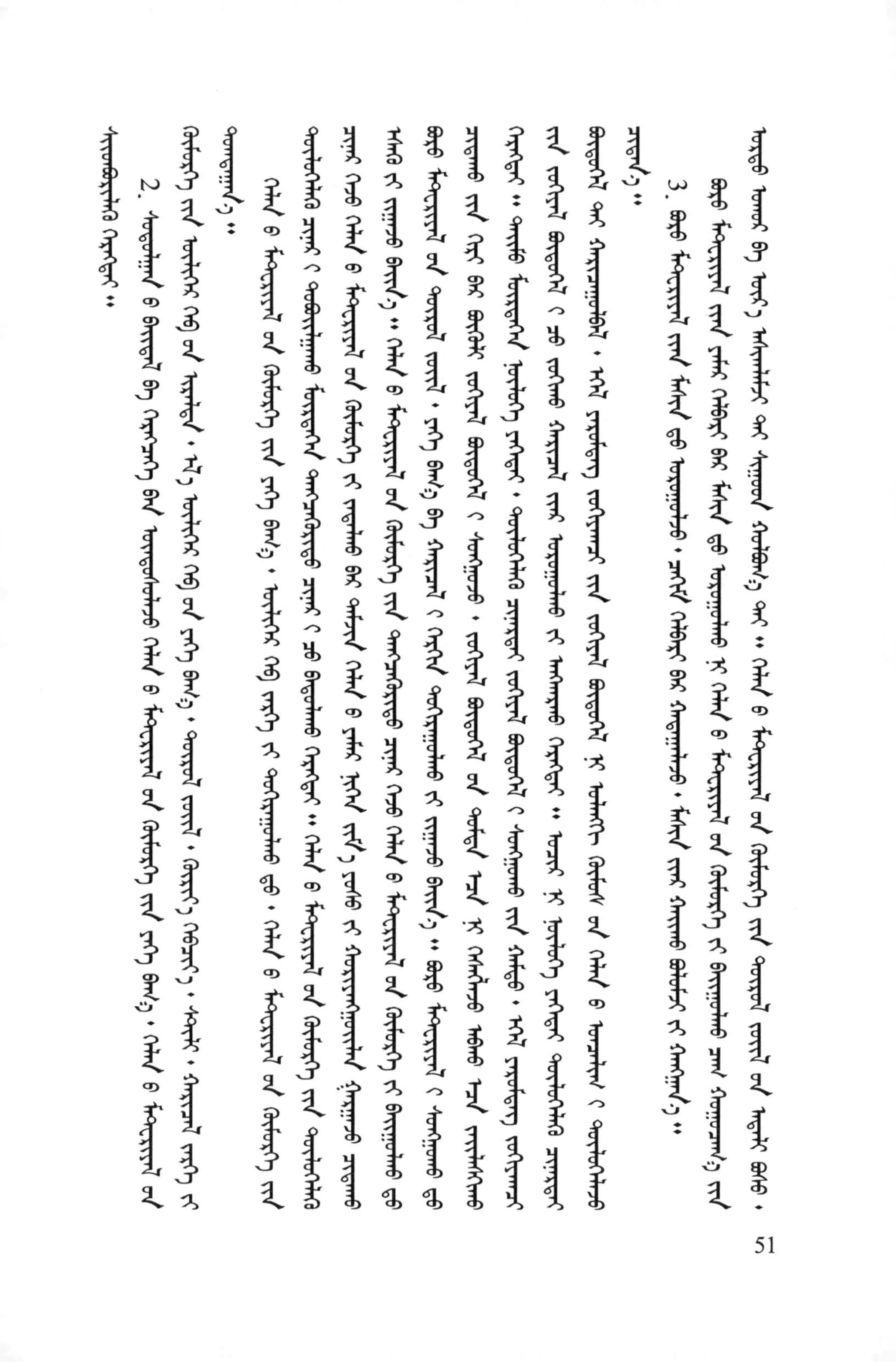

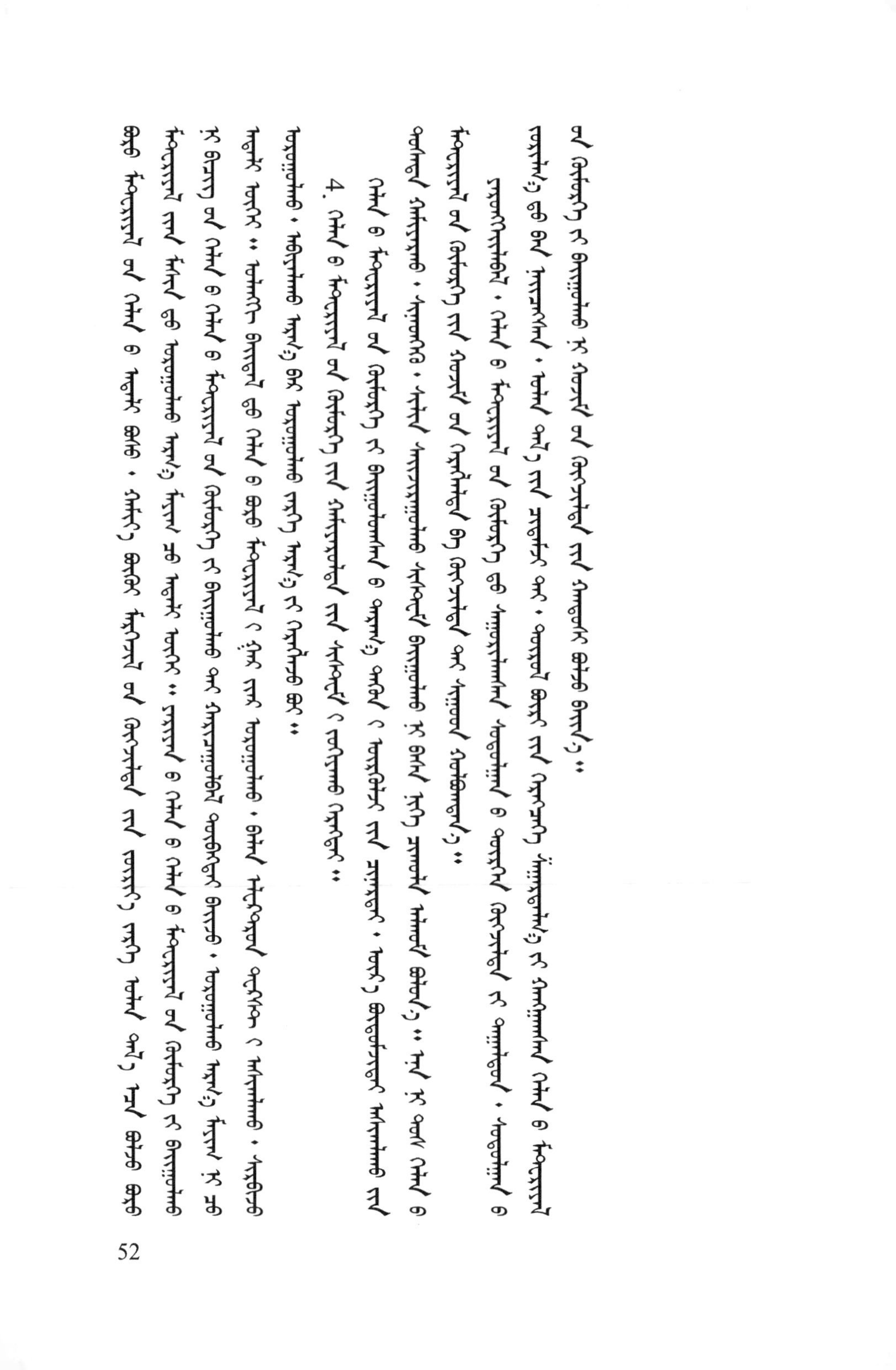

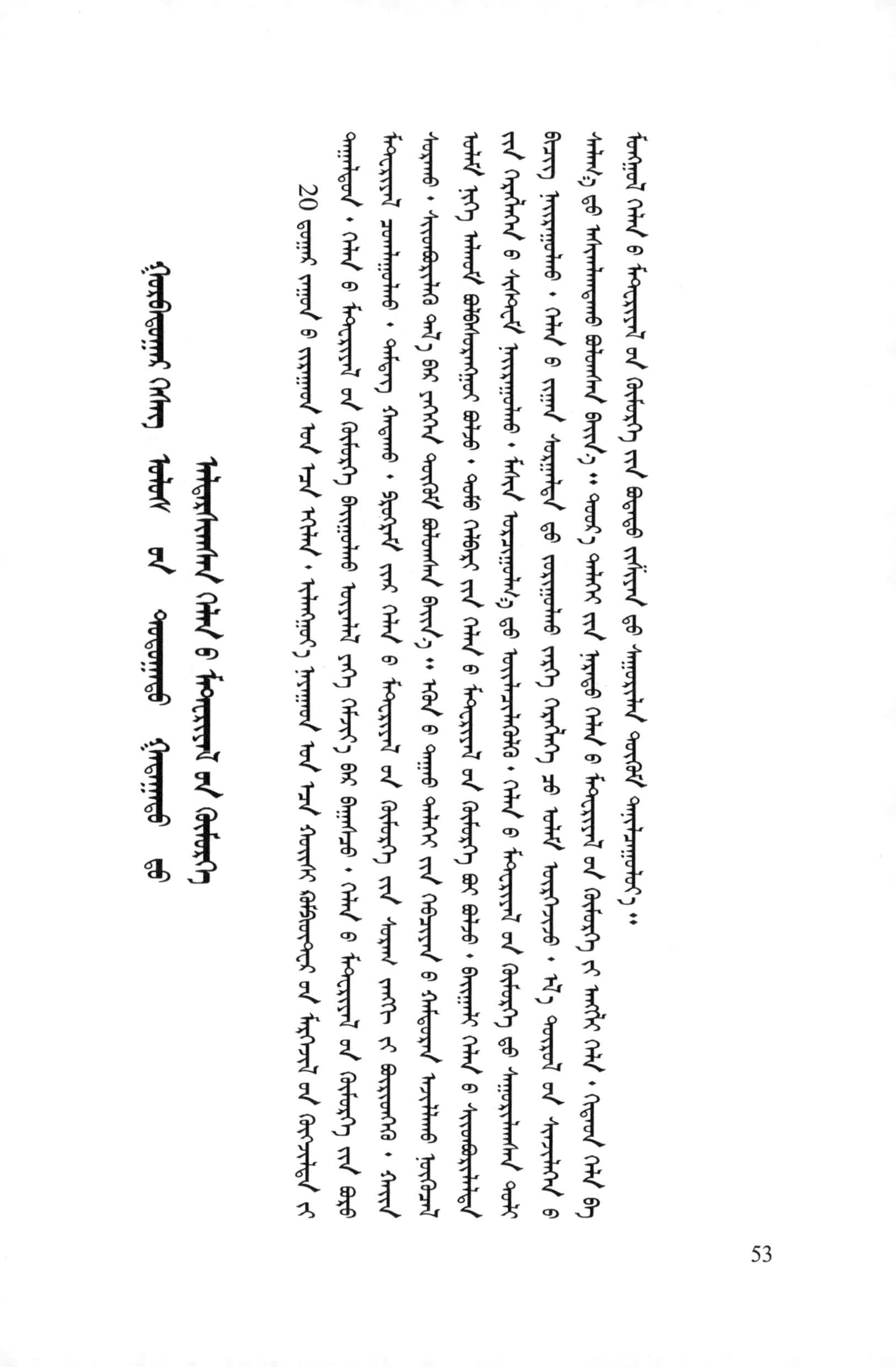

[illegible]

20 [illegible]

ᠨᠢᠭᠡ᠂ ᠠᠩᠭᠯᠢ ᠬᠡᠯᠡᠨ ᠦ ᠬᠡᠯᠡᠨ ᠦ ᠮᠠᠲ᠋ᠧᠷᠢᠶᠠᠯ ᠤᠨ ᠰᠠᠩ

（ᠨᠢᠭᠡ）SEU

1959 ᠣᠨ ᠳᠤ᠂ ᠠᠩᠭᠯᠢ ᠶᠢᠨ ᠯᠣᠨᠳᠣᠨ ᠶᠡᠬᠡ ᠰᠤᠷᠭᠠᠭᠤᠯᠢ ᠶᠢᠨ 《ᠠᠩᠭᠯᠢ ᠬᠡᠯᠡᠨ ᠦ ᠬᠡᠷᠡᠭᠯᠡᠭᠡᠨ ᠦ ᠰᠢᠨᠵᠢᠯᠡᠭᠡᠨ ᠦ ᠮᠠᠲ᠋ᠧᠷᠢᠶᠠᠯ ᠤᠨ ᠰᠠᠩ》（Survey of English Usage᠂ ᠲᠣᠪᠴᠢᠯᠠᠭᠰᠠᠨ SEU ᠭᠡᠨᠡ）ᠶᠢ ᠪᠠᠶᠢᠭᠤᠯᠵᠤ᠂ ᠠᠮᠠᠨ ᠤ ᠬᠡᠯᠡᠨ ᠦ ᠮᠠᠲ᠋ᠧᠷᠢᠶᠠᠯ ᠤᠨ ᠰᠠᠩ（ᠪᠢᠴᠢᠭ ᠦᠨ ᠬᠡᠯᠡᠨ ᠦ ᠮᠠᠲ᠋ᠧᠷᠢᠶᠠᠯ ᠤᠨ ᠰᠠᠩ）ᠢ ᠪᠠᠶᠢᠭᠤᠯᠬᠤ ᠳᠤ ᠠᠰᠢᠭᠯᠠᠭᠰᠠᠨ ᠶᠠᠪᠤᠳᠠᠯ ᠤᠨ ᠬᠡᠯᠡᠨ ᠦ ᠮᠠᠲ᠋ᠧᠷᠢᠶᠠᠯ ᠤᠨ ᠰᠠᠩ ᠤᠨ ᠬᠡᠯᠡᠨ ᠦ ᠮᠠᠲ᠋ᠧᠷᠢᠶᠠᠯ ᠢ ᠴᠤᠭᠯᠠᠭᠤᠯᠪᠠ᠃ ᠡᠨᠡ ᠬᠡᠯᠡᠨ ᠦ ᠮᠠᠲ᠋ᠧᠷᠢᠶᠠᠯ ᠤᠨ ᠰᠠᠩ ᠤᠨ ᠬᠡᠮᠵᠢᠶ᠎ᠡ 200 ᠪᠦᠯᠦᠭ ᠲᠤ ᠬᠤᠪᠢᠶᠠᠭᠳᠠᠭᠰᠠᠨ᠂ ᠪᠦᠯᠦᠭ ᠪᠦᠷᠢ 5000 ᠦᠭᠡ ᠲᠡᠢ᠂ ᠡᠨᠡ ᠬᠡᠯᠡᠨ ᠦ ᠮᠠᠲ᠋ᠧᠷᠢᠶᠠᠯ ᠤᠨ ᠰᠠᠩ ᠤᠨ ᠪᠦᠬᠦ 50% ᠢ ᠠᠮᠠᠨ ᠤ ᠬᠡᠯᠡᠨ ᠦ ᠮᠠᠲ᠋ᠧᠷᠢᠶᠠᠯ ᠡᠵᠡᠯᠡᠵᠦ᠂ ᠪᠢᠴᠢᠭ ᠦᠨ ᠬᠡᠯᠡᠨ ᠦ ᠮᠠᠲ᠋ᠧᠷᠢᠶᠠᠯ ᠤᠨ ᠬᠡᠮᠵᠢᠶ᠎ᠡ 100 ᠵᠢᠷᠤᠮ ᠤᠨ ᠪᠠᠶᠢᠳᠠᠯ ᠪᠠᠶᠢᠨ᠎ᠠ᠃

（ᠬᠣᠶᠠᠷ）BROWN

20 ᠵᠠᠭᠤᠨ ᠤ 60 ᠶᠠᠭᠠᠷ ᠣᠨ ᠳᠤ᠂ ᠠᠮᠧᠷᠢᠻᠠ ᠶᠢᠨ ᠪᠷᠠᠤᠨ ᠶᠡᠬᠡ ᠰᠤᠷᠭᠠᠭᠤᠯᠢ ᠶᠢᠨ ᠠᠩᠭᠯᠢ ᠬᠡᠯᠡ ᠶᠢ ᠰᠤᠳᠤᠯᠤᠭᠴᠢ ᠨᠠᠷ《BROWN ᠬᠡᠯᠡᠨ ᠦ ᠮᠠᠲ᠋ᠧᠷᠢᠶᠠᠯ ᠤᠨ ᠰᠠᠩ》ᠢ ᠪᠠᠶᠢᠭᠤᠯᠤᠭᠰᠠᠨ ᠶᠢᠨ ᠳᠠᠷᠠᠭ᠎ᠠ᠂ ᠡᠨᠡ ᠨᠢ ᠳᠡᠯᠡᠬᠡᠢ ᠳᠡᠭᠡᠷᠡᠬᠢ ᠠᠩᠬᠠᠨ ᠤ ᠺᠣᠮᠫᠢᠦ᠋ᠲ᠋ᠧᠷ ᠦᠨ ᠪᠢᠴᠢᠭ ᠦᠨ ᠬᠡᠯᠡᠨ ᠦ ᠮᠠᠲ᠋ᠧᠷᠢᠶᠠᠯ ᠤᠨ ᠰᠠᠩ ᠪᠣᠯᠤᠨ᠎ᠠ᠃

ᠬᠡᠷᠡᠭᠯᠡᠭᠳᠡᠬᠦ ᠶᠢᠨ ᠬᠡᠮᠵᠢᠶ᠎ᠡ ᠪᠡᠷ BROWN ᠲᠠᠢ ᠠᠳᠠᠯᠢᠪᠳᠤᠷ ᠪᠣᠯᠤᠨ᠎ᠠ ᠃ 1983 ᠣᠨ ᠳᠤ ᠂ ᠬᠡᠯᠡᠪᠦᠷᠢ ᠶᠢᠨ ᠲᠡᠮᠳᠡᠭᠯᠡᠭᠡ ᠶᠢᠨ ᠬᠡᠷᠡᠭᠯᠡᠭᠡ ᠪᠠᠨ ᠳᠠᠭᠤᠰᠬᠠᠵᠠᠢ ᠃ ᠬᠠᠮᠤᠭ ᠤᠨ ᠡᠬᠢᠨ ᠦ 《 ᠬᠡᠯᠡᠨ ᠦ ᠮᠠᠲ᠋ᠧᠷᠢᠶᠠᠯ ᠤᠨ ᠰᠠᠩ 》 ᠶᠢᠨ ᠳᠤᠰᠬᠠᠯ ᠪᠣᠯᠬᠤ ᠶᠢᠨ ᠬᠠᠮᠲᠤ ᠂ LOB ᠪᠠ ᠲᠡᠭᠦᠨ ᠦ ᠪᠠᠶᠢᠴᠠᠭᠠᠯᠲᠠ ᠶᠢᠨ ᠬᠡᠮᠵᠢᠶ᠎ᠡ ᠪᠠᠷ 《 BROWN ᠬᠡᠯᠡᠨ ᠦ ᠮᠠᠲ᠋ᠧᠷᠢᠶᠠᠯ ᠤᠨ ᠰᠠᠩ 》 ᠪᠠ 《 LOB ᠬᠡᠯᠡᠨ ᠦ ᠮᠠᠲ᠋ᠧᠷᠢᠶᠠᠯ ᠤᠨ ᠰᠠᠩ 》 ᠤᠨ ᠬᠡᠯᠡᠪᠦᠷᠢ ᠶᠢᠨ ᠪᠠᠶᠢᠴᠠᠭᠠᠯᠲᠠ ᠶᠢᠨ ᠬᠡᠷᠡᠭᠯᠡᠭᠡᠨ ᠳᠦ ᠰᠠᠢᠨ ᠨᠥᠬᠦᠴᠡᠯ ᠢ ᠪᠡᠯᠡᠳᠬᠡᠪᠡ ᠃ 20 ᠵᠠᠭᠤᠨ ᠤ ᠳᠠᠯᠠᠳ ᠣᠨ ᠤ ᠡᠬᠢᠨ ᠡᠴᠡ ᠂ ᠬᠡᠯᠡᠰᠢᠯᠭᠡ ᠶᠢᠨ ᠪᠠᠶᠢᠴᠠᠭᠠᠯᠲᠠ ᠶᠢᠨ ᠰᠢᠨᠵᠢᠯᠡᠬᠦ ᠤᠬᠠᠭᠠᠨ ᠤ ᠬᠥᠭᠵᠢᠯ ᠳᠦ ᠂ ᠬᠡᠯᠡᠨ ᠦ ᠮᠠᠲ᠋ᠧᠷᠢᠶᠠᠯ ᠤᠨ ᠰᠠᠩ ᠤᠨ ᠰᠤᠳᠤᠯᠭ᠎ᠠ ᠶᠢᠨ ᠬᠡᠷᠡᠭᠯᠡᠭᠡ ᠨᠢ ᠂ ᠬᠡᠯᠡᠨ ᠦ ᠮᠠᠲ᠋ᠧᠷᠢᠶᠠᠯ ᠤᠨ ᠬᠡᠮᠵᠢᠶ᠎ᠡ

(ᠯᠣᠪ) LOB

ᠤ ᠬᠡᠯᠡᠨ ᠦ ᠮᠠᠲ᠋ᠧᠷᠢᠶᠠᠯ ᠤᠨ ᠰᠠᠩ ᠤᠨ ᠲᠡᠮᠳᠡᠭᠯᠡᠭᠡ ᠶᠢᠨ ᠬᠡᠷᠡᠭᠯᠡᠭᠡ ᠳᠦ ᠶᠡᠬᠡ ᠳᠡᠮᠵᠢᠯᠭᠡ ᠥᠭᠭᠦᠭᠰᠡᠨ ᠪᠠᠶᠢᠨ᠎ᠠ ᠃ 《 BROWN ᠬᠡᠯᠡᠨ ᠦ ᠮᠠᠲ᠋ᠧᠷᠢᠶᠠᠯ ᠤᠨ ᠰᠠᠩ 》 ᠤᠨ ᠪᠠᠶᠢᠴᠠᠭᠠᠯᠲᠠ ᠶᠢᠨ ᠰᠢᠨᠵᠢᠯᠡᠬᠦ ᠪᠠ ᠬᠡᠯᠡᠨ ᠦ ᠲᠡᠮᠳᠡᠭᠯᠡᠭᠡ ᠶᠢᠨ ᠰᠢᠯᠭᠠᠯᠲᠠ ᠪᠡᠷ ᠪᠠᠶᠢᠭᠤᠯᠤᠭᠳᠠᠪᠠ ᠃ 《 BROWN ᠬᠡᠯᠡᠨ ᠦ ᠮᠠᠲ᠋ᠧᠷᠢᠶᠠᠯ ᠤᠨ ᠰᠠᠩ 》 ᠤᠨ ᠪᠠᠶᠢᠴᠠᠭᠠᠯᠲᠠ ᠶᠢᠨ ᠬᠡᠮᠵᠢᠶ᠎ᠡ ᠨᠢ ᠶᠡᠷᠦ ᠪᠡᠨ 77% ᠳᠤ ᠬᠦᠷᠦᠭᠰᠡᠨ ᠃ ᠲᠡᠭᠦᠨ ᠦ ᠬᠡᠯᠡᠨ ᠦ ᠲᠡᠮᠳᠡᠭᠯᠡᠭᠡ ᠶᠢᠨ ᠰᠢᠯᠭᠠᠯᠲᠠ ᠶᠢᠨ ᠵᠢᠷᠤᠮ TAGIT ᠬᠡᠮᠡᠬᠦ ᠲᠡᠮᠳᠡᠭ ᠦᠨ ᠲᠡᠮᠳᠡᠭᠯᠡᠬᠦ ᠰᠢᠰᠲ᠋ᠧᠮ ᠢ ᠲᠡᠮᠳᠡᠭᠯᠡᠨ ᠬᠡᠷᠡᠭᠯᠡᠵᠦ ᠂ ᠪᠠᠶᠢᠭᠤᠯᠬᠤ ᠣᠨ ᠳᠤ 《 BROWN ᠬᠡᠯᠡᠨ ᠦ ᠮᠠᠲ᠋ᠧᠷᠢᠶᠠᠯ ᠤᠨ ᠰᠠᠩ 》 ᠤᠨ ᠬᠡᠮᠵᠢᠶ᠎ᠡ ᠨᠢ 1967 ᠣᠨ ᠳᠤ ᠬᠡᠪᠯᠡᠯ ᠳᠦ ᠨᠡᠢᠲᠡᠯᠡᠭᠰᠡᠨ ᠪᠠᠶᠢᠨ᠎ᠠ ᠃ ᠡᠨᠡ ᠬᠡᠯᠡᠨ ᠦ ᠮᠠᠲ᠋ᠧᠷᠢᠶᠠᠯ ᠤᠨ ᠰᠠᠩ 100 ᠲᠦᠮᠡᠨ ᠦᠭᠡ ᠲᠡᠢ ᠃ 《 BROWN ᠬᠡᠯᠡᠨ ᠦ ᠮᠠᠲ᠋ᠧᠷᠢᠶᠠᠯ ᠤᠨ ᠰᠠᠩ 》 ᠳᠦ ᠬᠠᠮᠢᠶᠠᠷᠠᠬᠤ ᠲᠡᠬᠰᠲ ᠂ ᠬᠡᠯᠡᠨ ᠦ ᠮᠠᠲ᠋ᠧᠷᠢᠶᠠᠯ ᠤᠨ ᠠᠩᠭᠢ 15 ᠲᠥᠷᠦᠯ ᠦᠨ 500 ᠲᠡᠬᠰᠲ ᠲᠡᠢ ᠪᠥᠭᠡᠳ ᠂ ᠬᠡᠯᠡᠨ ᠦ ᠮᠠᠲ᠋ᠧᠷᠢᠶᠠᠯ ᠪᠦᠷᠢ ᠳᠦ 2000 ᠦᠭᠡ ᠲᠡᠢ ᠃ ᠡᠳᠡᠭᠡᠷ ᠨᠢ ᠠᠮᠸᠷᠢᠻᠠ ᠶᠢᠨ 1961 ᠣᠨ ᠳᠤ ᠬᠡᠪᠯᠡᠭᠳᠡᠭᠰᠡᠨ ᠦ ᠪᠢᠴᠢᠭ ᠦᠨ ᠬᠡᠯᠡᠨ ᠦ ᠮᠠᠲ᠋ᠧᠷᠢᠶᠠᠯ ᠂ ᠰᠣᠨᠢᠨ ᠂ ᠰᠡᠳᠭᠦᠯ ᠰᠡᠳᠬᠦᠯ ᠦᠨ ᠤ

ᠪᠢᠴᠢᠭ 》 ᠢ ᠨᠠᠶᠢᠷᠠᠭᠤᠯᠤᠭᠰᠠᠨ 《 Collins COBUILD ᠠᠩᠭᠯᠢ ᠬᠡᠯᠡᠨ ᠦ ᠲᠣᠮᠣ ᠲᠣᠯᠢ 》（《 Collins Cobuild English ᠲᠣᠯᠢ ᠳᠤ ᠵᠢᠴᠢ 200 ᠰᠠᠶ᠎ᠠ ᠦᠭᠡ ᠪᠦᠬᠦᠢ 3200 ᠰᠠᠶ᠎ᠠ ᠦᠭᠡ ᠪᠠᠭᠲᠠᠭᠠᠭᠰᠠᠨ ᠪᠣᠯᠤᠨ᠎ᠠ ᠃ ᠡᠨᠡᠬᠦ ᠨᠢ ᠂《 COBUILD ᠬᠡᠯᠡᠨ ᠦ ᠮᠠᠲ᠋ᠧᠷᠢᠶᠠᠯ ᠤᠨ ᠦᠭᠡᠰ ᠦᠨ ᠡᠬᠢ ᠂ ᠦᠭᠡ ᠶᠢᠨ ᠰᠠᠩ ᠂ ᠬᠡᠯᠡᠨ ᠦ ᠵᠦᠢ ᠂ ᠬᠡᠷᠡᠭᠯᠡᠭᠡ ᠶᠢᠨ ᠳᠤᠷ᠎ᠠ ᠬᠠᠷᠢᠴᠠᠭ᠎ᠠ ᠢ ᠦᠭᠡᠰ ᠦᠨ ᠰᠣᠳᠤᠯᠭᠠᠨ ᠪᠣᠯᠤᠨ᠎ᠠ ᠂ ᠦᠭᠡ ᠶᠢᠨ ᠮᠠᠲ᠋ᠧᠷᠢᠶᠠᠯ ᠨᠢ ᠦᠨᠳᠦᠰᠦᠨ ᠰᠤᠷᠭᠠᠯ ᠤᠨ ᠵᠣᠬᠢᠶᠠᠯ ᠂ ᠰᠣᠨᠢᠨ ᠰᠡᠳᠬᠦᠯ ᠂ ᠰᠤᠷᠭᠠᠯ ᠤᠨ ᠪᠢᠴᠢᠭ ᠡᠴᠡ ᠲᠠᠰᠤᠯᠤᠨ ᠠᠪᠤᠭᠰᠠᠨ ᠪᠠᠶᠢᠨ᠎ᠠ ᠃ ᠰᠣᠨᠢᠨ ᠬᠡᠯᠡᠨ ᠦ ᠮᠠᠲ᠋ᠧᠷᠢᠶᠠᠯ ᠤᠨ ᠪᠢᠴᠢᠭ ᠨᠢ ᠡᠨᠡᠬᠦ ᠬᠡᠪᠯᠡᠯ ᠦᠨ ᠰᠣᠨᠢᠨ ᠂ ᠰᠡᠳᠬᠦᠯ ᠂ ᠰᠡᠳᠬᠦᠭᠳᠡᠯ ᠂ ᠨᠣᠮ ᠪᠢᠴᠢᠭ ᠂ ᠲᠠᠢᠯᠤᠨ ᠮᠡᠳᠡᠭᠦᠯᠦᠯ ᠦᠨ ᠵᠡᠷᠭᠡ ᠡᠴᠡ ᠠᠪᠤᠭᠰᠠᠨ ᠪᠠᠶᠢᠨ᠎ᠠ ᠃ ᠠᠮᠠᠨ ᠬᠡᠯᠡᠨ ᠦ ᠮᠠᠲ᠋ᠧᠷᠢᠶᠠᠯ ᠪᠣᠯᠤᠨ᠎ᠠ ᠃ ᠰᠣᠨᠢᠨ ᠮᠡᠳᠡᠭᠡᠯᠡᠯ ᠦᠨ ᠬᠣᠶᠠᠷ ᠤᠨ ᠪᠢᠴᠢᠭ ᠦᠨ ᠪᠠᠭᠤᠷ ᠤᠨ ᠬᠡᠯᠡᠨ ᠦ ᠪᠦᠬᠦ ᠮᠠᠲ᠋ᠧᠷᠢᠶᠠᠯ ᠤᠨ ᠲᠠᠯ᠎ᠠ ᠨᠢ 1990 ᠣᠨ ᠡᠴᠡ ᠬᠣᠶᠢᠰᠢ ᠬᠡᠪᠯᠡᠭᠰᠡᠨ ᠪᠠᠶᠢᠭ᠎ᠠ ᠂ 25% ᠨᠢ ᠠᠮᠡᠷᠢᠺᠠ ᠤᠯᠤᠰ ᠤᠨ ᠠᠩᠭᠯᠢ ᠬᠡᠯᠡᠨ ᠦ ᠮᠠᠲ᠋ᠧᠷᠢᠶᠠᠯ ᠂ 5% ᠨᠢ ᠪᠤᠰᠤᠳ ᠣᠷᠣᠨ ᠤ ᠠᠩᠭᠯᠢ ᠬᠡᠯᠡᠨ ᠦ ᠮᠠᠲ᠋ᠧᠷᠢᠶᠠᠯ ᠪᠠᠶᠢᠭ᠎ᠠ ᠂ 25% ᠨᠢ ᠠᠮᠠᠨ ᠬᠡᠯᠡᠨ ᠦ ᠮᠠᠲ᠋ᠧᠷᠢᠶᠠᠯ ᠪᠣᠯᠤᠨ᠎ᠠ ᠃ ᠪᠤᠰᠤᠳ 70% ᠨᠢ ᠠᠩᠭᠯᠢ ᠤᠯᠤᠰ ᠤᠨ ᠠᠩᠭᠯᠢ ᠬᠡᠯᠡᠨ ᠦ ᠮᠠᠲ᠋ᠧᠷᠢᠶᠠᠯ ᠪᠠᠶᠢᠳᠠᠯ ᠲᠠᠶᠢᠯᠪᠤᠷᠢᠯᠠᠭᠰᠠᠨ ᠪᠣᠯᠤᠨ᠎ᠠ ᠃《 COBUILD ᠬᠡᠯᠡᠨ ᠦ ᠮᠠᠲ᠋ᠧᠷᠢᠶᠠᠯ ᠤᠨ ᠪᠢᠴᠢᠭ 》 ᠬᠡᠯᠡᠨ ᠦ ᠰᠠᠩ ᠤᠨ ᠳᠣᠲᠣᠷᠠᠬᠢ ᠶᠢ 75% ᠨᠢ ᠪᠢᠴᠢᠭ ᠦᠨ ᠬᠡᠯᠡᠨ ᠦ ᠬᠡᠪ ᠮᠠᠶᠢᠭ ᠤᠨ ᠲᠣᠭᠲᠠᠭᠠᠯᠲᠠ ᠪᠣᠯᠤᠨ ᠪᠢᠴᠢᠭ ᠦᠨ ᠬᠡᠷᠡᠭᠯᠡᠭᠡᠨ ᠡᠴᠡ ᠪᠡᠨ 《 COBUILD ᠬᠡᠯᠡᠨ ᠦ ᠮᠠᠲ᠋ᠧᠷᠢᠶᠠᠯ ᠤᠨ ᠪᠢᠴᠢᠭ 》 ᠪᠣᠯ

20 ᠵᠠᠭᠤᠨ ᠵᠠᠭᠤᠨ ᠤ ᠲᠠᠯ᠎ᠠ ᠶᠢᠨ ᠡᠴᠡ ᠡᠬᠢᠯᠡᠨ ᠬᠡᠯᠡᠨ ᠦ ᠰᠤᠳᠤᠯᠤᠯ ᠳᠤ ᠪᠠᠶᠢᠭᠤᠯᠤᠭᠰᠠᠨ ᠲᠣᠮᠣ ᠲᠠᠯᠠᠪᠠᠶᠢᠲᠠᠢ ᠰᠤᠳᠤᠯᠭᠠᠨ ᠤ ᠲᠥᠰᠦᠯ ᠠᠮᠵᠢᠯᠲᠠ

（ ᠰᠠᠩ ᠪᠣᠯ ）COBUILD

96%— 97% ᠪᠠᠶᠢᠨ᠎ᠠ ᠃

system ）ᠡᠭᠦᠳᠦᠭᠰᠡᠨ ᠪᠡᠷ LOB ᠬᠡᠯᠡᠨ ᠦ ᠮᠠᠲ᠋ᠧᠷᠢᠶᠠᠯ ᠤᠨ ᠪᠢᠴᠢᠭ ᠢ ᠦᠭᠡᠰ ᠦᠨ ᠠᠶᠢᠮᠠᠭ ᠲᠡᠮᠳᠡᠭᠯᠡᠯ ᠰᠤᠳᠤᠯᠵᠤ ᠂ ᠲᠡᠮᠳᠡᠭ ᠪᠡᠷ ᠬᠠᠷᠠᠭᠤᠯ ᠨᠢ ᠪᠠᠶᠢᠭᠤᠯᠤᠯ ᠤᠨ ᠠᠷᠭ᠎ᠠ ᠶᠢ ᠠᠰᠢᠭᠯᠠᠭᠰᠠᠨ CLAWS（ Constitute—Liakelihood Aotomatic Word—Tagging

（ Mashall ）ᠬᠣᠶᠠᠷ ᠠᠰᠢᠭᠯᠠᠵᠤ LOB ᠬᠡᠯᠡᠨ ᠦ ᠮᠠᠲ᠋ᠧᠷᠢᠶᠠᠯ ᠤᠨ ᠪᠢᠴᠢᠭ ᠢ 133 ᠲᠡᠮᠳᠡᠭ ᠪᠦᠬᠦᠢ ᠲᠡᠮᠳᠡᠭ ᠦᠨ ᠵᠢᠭᠤᠯᠲᠠ ᠪᠡᠷ ᠲᠡᠮᠳᠡᠭᠯᠡᠵᠦ ᠂

Language Dictionary 》) ᠳᠤ ᠬᠠᠷᠢᠴᠠᠭᠤᠯᠪᠠᠯ ᠄ 《 COBUILD ᠠᠩᠭᠯᠢ ᠬᠡᠯᠡᠨ ᠦ ᠲᠣᠯᠢ 》 ᠶᠢ ᠨᠡᠶᠢᠲᠡ ᠪᠣᠯᠭᠠᠨ ᠬᠡᠪᠯᠡᠭᠰᠡᠨ ᠪᠣᠯ ᠠᠩᠭᠯᠢ ᠬᠡᠯᠡᠨ ᠦ ᠲᠣᠯᠢ ᠪᠢᠴᠢᠭ ᠤᠨ ᠳᠡᠭᠡᠳᠦ ᠬᠡᠮᠵᠢᠶ᠎ᠡ ᠳᠦ ᠬᠦᠷᠦᠭᠰᠡᠨ ᠂ ᠳᠡᠯᠭᠡᠷᠡᠩᠭᠦᠢ ᠲᠠᠢ ᠪᠣᠯᠪᠠ ᠂ ᠬᠡᠷᠡᠭᠯᠡᠭᠡᠨ ᠦ ᠬᠦᠷᠢᠶ᠎ᠡ ᠲᠠᠢ ᠪᠣᠯᠪᠠ ᠄ ᠡᠨᠡ ᠲᠣᠯᠢ ᠶᠢᠨ ᠣᠨᠴᠠᠯᠢᠭ ᠪᠣᠯ ᠠᠩᠭᠯᠢ ᠬᠡᠯᠡᠨ ᠦ ᠲᠣᠯᠢ ᠶᠢᠨ ᠦᠭᠡᠰ ᠦᠨ ᠬᠡᠷᠡᠭᠯᠡᠭᠡᠨ ᠦ ᠵᠢᠱᠢᠶ᠎ᠡ ᠪᠡᠷ ᠲᠠᠶᠢᠯᠪᠤᠷᠢᠯᠠᠭᠰᠠᠨ ᠂ ᠲᠡᠭᠦᠨ ᠦ ᠡᠬᠡ ᠪᠣᠯ ᠠᠩᠭᠯᠢ ᠬᠡᠯᠡᠨ ᠦ ᠲᠣᠯᠢ ᠶᠢ ᠲᠤᠰᠬᠠᠢ ᠪᠡᠷ ᠵᠣᠬᠢᠶᠠᠨ ᠪᠠᠶᠢᠭᠤᠯᠤᠭᠰᠠᠨ ᠠᠩᠭᠯᠢ ᠬᠡᠯᠡᠨ ᠦ ᠲᠣᠯᠢ ᠪᠢᠴᠢᠭ ᠤᠨ ᠬᠡᠪᠯᠡᠯ ᠦᠨ ᠬᠢᠷᠢ ᠲᠠᠢ ᠰᠢᠨᠵᠢᠯᠡᠭᠡᠨ ᠪᠣᠯᠤᠨ ᠠ᠂ ᠬᠤᠪᠢᠰᠬᠠᠯ ᠤᠨ ᠬᠡᠪᠯᠡᠯ ᠦᠳ ᠢ ᠲᠤᠰᠬᠠᠢᠯᠠᠨ ᠰᠢᠨᠵᠢᠯᠡᠬᠦ ᠄ ᠡᠨᠡ ᠲᠣᠯᠢ ᠶᠢᠨ ᠦᠭᠡᠰ ᠦᠨ ᠬᠡᠷᠡᠭᠯᠡᠭᠡᠨ ᠦ ᠵᠢᠱᠢᠶ᠎ᠡ ᠨᠢ ᠪᠦᠬᠦ ᠳᠡᠯᠡᠬᠡᠢ ᠳᠦ ᠲᠠᠷᠬᠠᠭᠰᠠᠨ ᠪᠣᠯᠤᠨ ᠄

(ᠭᠤᠷᠪᠠ) Longman

1988 ᠣᠨ ᠡᠴᠡ 1990 ᠣᠨ ᠬᠦᠷᠲᠡᠯ᠎ᠡ ᠂ ᠣᠺᠰᠹᠣᠷᠳ ᠠᠩᠭᠯᠢ ᠬᠡᠯᠡᠨ ᠦ ᠲᠣᠯᠢ ᠶᠢᠨ ᠬᠣᠶᠠᠷ ᠳᠤᠭᠠᠷ ᠬᠡᠪᠯᠡᠯ ᠄ ᠡᠨᠡ ᠲᠣᠯᠢ ᠶᠢ 20 ᠵᠠᠭᠤᠨ ᠵᠠᠭᠤᠨ ᠤ ᠠᠩᠭᠯᠢ ᠬᠡᠯᠡᠨ ᠦ ᠬᠠᠮᠤᠭ ᠪᠦᠷᠢᠨ 《 ᠬᠠᠷᠢᠴᠠᠭᠤᠯᠤᠯᠲᠠ ᠶᠢᠨ ᠲᠣᠯᠢ 》 ᠂ 1900 ᠣᠨ ᠡᠴᠡ ᠬᠣᠶᠢᠰᠢ ᠶᠢᠨ ᠰᠢᠨ᠎ᠡ ᠦᠭᠡᠰ ᠰᠢᠨ᠎ᠡ ᠣᠨ ᠳᠤ ᠬᠡᠷᠡᠭᠯᠡᠭᠡᠨ ᠳᠦ ᠣᠷᠤᠭᠰᠠᠨ ᠂ ᠬᠡᠪᠯᠡᠯ ᠦᠨ ᠠᠩᠭᠯᠢ ᠦᠭᠡᠰ ᠂ ᠠᠮᠧᠷᠢᠺᠠ ᠲᠠᠢ ᠬᠣᠯᠪᠣᠭᠳᠠᠯ ᠲᠠᠢ ᠠᠩᠭᠯᠢ ᠬᠡᠯᠡ ᠪᠡᠷ ᠲᠣᠯᠢ ᠲᠠᠢ (ᠪᠠᠶᠢᠭᠤᠯᠤᠯ ᠂ ᠳᠠᠭᠤᠰᠤᠯ ᠲᠠᠢ ᠬᠣᠶᠠᠷ ᠲᠠᠢ ᠬᠡᠯᠡ ᠶᠢᠨ ᠭᠣᠣᠯ ᠦᠭᠡ ᠄ ᠲᠠᠶᠢᠯᠪᠤᠷᠢ ᠲᠠᠢ ᠬᠣᠶᠠᠷ ᠪᠠᠷ ᠦᠭᠡ ᠬᠣᠯᠪᠣᠭᠳᠠᠯ ᠲᠠᠢ ᠬᠡᠯᠡ ᠶᠢᠨ ᠰᠤᠳᠤᠯᠭ᠎ᠠ ᠲᠠᠢ ᠰᠢᠨᠵᠢᠯᠡᠭᠡᠨ ᠦ ᠶᠡᠬᠡ ᠬᠡᠮᠵᠢᠶ᠎ᠡ ᠄ ᠬᠡᠷᠡᠭᠯᠡᠭᠡᠨ ᠦ ᠵᠢᠱᠢᠶ᠎ᠡ ᠂ ᠦᠭᠡᠰ ᠦᠨ ᠬᠡᠯᠡᠯᠴᠡᠬᠦ ᠂ ᠬᠡᠯᠡᠯᠭᠡ ᠶᠢᠨ ᠲᠠᠶᠢᠯᠪᠤᠷᠢ ᠂ ᠲᠣᠯᠢ ᠪᠢᠴᠢᠭ ᠦᠨ ᠬᠡᠷᠡᠭᠯᠡᠭᠡ (ᠠᠩᠭᠯᠢ ᠬᠡᠯᠡᠨ ᠦ ᠠᠭᠤᠯᠭ᠎ᠠ) ᠦᠭᠡᠰ ᠦᠨ ᠲᠣᠭ᠎ᠠ ᠶᠢ ᠰᠢᠨᠵᠢᠯᠡᠭᠡ ᠂ ᠨᠡᠢᠲᠡ 5000 ᠦᠭᠡ ᠬᠣᠯᠪᠣᠭᠳᠠᠯ ᠲᠠᠢ ᠪᠠᠶᠢᠨ᠎ᠠ ᠄

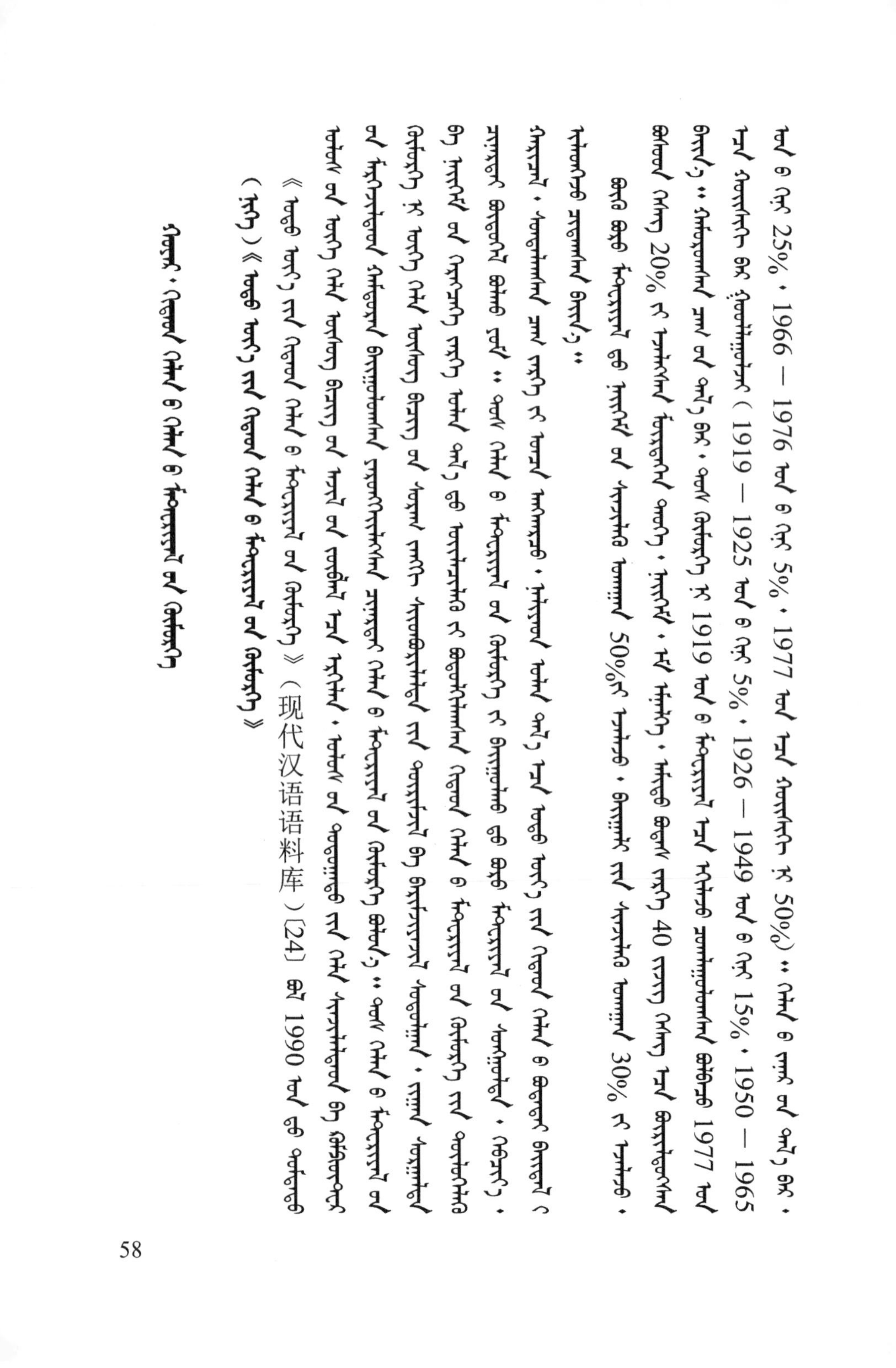

《 ᠣᠳᠣ ᠦᠶ᠎ᠡ ᠶᠢᠨ ᠬᠢᠲᠠᠳ ᠬᠡᠯᠡᠨ ᠦ ᠮᠠᠲ᠋ᠧᠷᠢᠶᠠᠯ ᠤᠨ ᠰᠠᠩ 》(现代汉语语料库)〔24〕 ᠪᠣᠯ 1990 ᠣᠨ ᠳᠤ ᠪᠠᠶᠢᠭᠤᠯᠤᠭᠰᠠᠨ

ᠪᠠ ᠬᠡᠷᠡᠭᠯᠡᠭᠡᠨ ᠦ ᠳᠤ ᠣᠷᠴᠢᠭᠤᠯᠭ᠎ᠠ ᠶᠢ ᠬᠦᠷᠭᠡᠭᠰᠡᠨ ::

ᠰᠢᠨᠵᠢᠯᠡᠨ ᠪᠣᠯᠪᠠᠰᠤᠷᠠᠭᠤᠯᠬᠤ ᠶᠢᠨ ᠬᠦᠮᠦᠨ) ᠶᠢᠨ ᠣᠷᠴᠢᠭᠤᠯᠭ᠎ᠠ ᠂ ᠬᠡᠯᠡᠨ ᠦ ᠮᠠᠲ᠋ᠧᠷᠢᠶᠠᠯ ᠤᠨ ᠣᠷᠴᠢᠭᠤᠯᠭ᠎ᠠ ᠂ ᠮᠠᠰᠢᠨ ᠤ ᠣᠷᠴᠢᠭᠤᠯᠭ᠎ᠠ ᠶᠢᠨ ᠰᠤᠳᠤᠯᠭ᠎ᠠ ᠵᠡᠷᠭᠡ ᠶᠢᠨ ᠬᠡᠷᠡᠭᠯᠡᠭᠡ ᠳᠦ ᠮᠠᠰᠢ ᠴᠢᠬᠤᠯᠠ ᠴᠢᠨᠠᠷ ᠲᠠᠢ ᠂ ᠬᠡᠯᠡᠨ ᠦ ᠮᠠᠲ᠋ᠧᠷᠢᠶᠠᠯ ᠤᠨ ᠰᠠᠩ ᠢ ᠪᠠᠢᠭᠤᠯᠬᠤ ᠳᠤ ᠣᠷᠣᠯᠴᠠᠭᠰᠠᠨ ᠬᠡᠯᠡᠨ ᠦ ᠮᠡᠷᠭᠡᠵᠢᠯ ᠲᠡᠨ ᠦ ᠬᠦᠮᠦᠰ ᠦᠨ ᠲᠣᠭ᠎ᠠ 2600 ᠭᠠᠷᠤᠢ ᠬᠦᠮᠦᠨ ᠪᠠᠢ᠌ᠨ᠎ᠠ :: ᠬᠢᠲᠠᠳ ᠬᠡᠯᠡᠨ ᠦ ᠮᠠᠲ᠋ᠧᠷᠢᠶᠠᠯ ᠤᠨ ᠰᠠᠩ ᠪᠣᠯ 1998 ᠣᠨ ᠤ ᠨᠢᠭᠡ ᠰᠠᠷ᠎ᠠ ᠶᠢᠨ 《 ᠠᠷᠠᠳ ᠤᠨ ᠡᠳᠦᠷ ᠤᠨ ᠰᠣᠨᠢᠨ 》 ᠢ ᠰᠤᠷᠪᠤᠯᠵᠢ ᠪᠣᠯᠭᠠᠨ ᠪᠠᠢᠭᠤᠯᠤᠭᠰᠠᠨ ᠮᠠᠲ᠋ᠧᠷᠢᠶᠠᠯ ᠤᠨ ᠰᠠᠩ ᠮᠥᠨ ᠳᠡᠭᠡᠷ᠎ᠡ 1999 — 2002 ᠣᠨ ᠳᠤ ᠪᠠᠢᠭᠤᠯᠤᠭᠰᠠᠨ ᠠᠮᠵᠢᠯᠲᠠ :: ᠲᠡᠷᠡ ᠮᠠᠲ᠋ᠧᠷᠢᠶᠠᠯ ᠤᠨ ᠰᠠᠩ ᠢ 1998 ᠣᠨ ᠤ ᠨᠢᠭᠡ ᠰᠠᠷ᠎ᠠ ᠶᠢᠨ 《 ᠠᠷᠠᠳ ᠤᠨ ᠡᠳᠦᠷ ᠤᠨ ᠰᠣᠨᠢᠨ 》 ᠤ ᠦᠭᠡ ᠬᠤᠪᠢᠶᠠᠵᠤ ᠲᠡᠮᠳᠡᠭᠯᠡᠭᠰᠡᠨ ᠮᠠᠲ᠋ᠧᠷᠢᠶᠠᠯ ᠤᠨ ᠰᠠᠩ ᠪᠣᠯᠤᠨ᠎ᠠ ᠂ ᠳᠤᠮᠳᠠᠳᠤ ᠪᠠᠢᠬᠤ ᠰᠢᠨᠵᠢᠯᠡᠭᠡᠨ ᠦ ᠬᠡᠷᠡᠭᠯᠡᠭᠡ ᠳᠦ ᠦᠷ᠎ᠡ ᠪᠣᠳᠠᠲᠠᠢ ᠨᠥᠯᠦᠭᠡᠯᠡᠯ ᠲᠠᠢ ᠪᠣᠯᠬᠤ 《〈 ᠠᠷᠠᠳ ᠤᠨ ᠡᠳᠦᠷ ᠤᠨ ᠰᠣᠨᠢᠨ 〉 ᠤ ᠮᠠᠲ᠋ᠧᠷᠢᠶᠠᠯ ᠤᠨ ᠰᠠᠩ ᠤᠨ ᠪᠠᠢᠭᠤᠯᠤᠯᠲᠠ 》（《人民日报》语料库）〔25〕（ ᠵᠢᠷᠤᠭ ）《〈 ᠠᠷᠠᠳ ᠤᠨ ᠡᠳᠦᠷ ᠤᠨ ᠰᠣᠨᠢᠨ 〉 ᠤ ᠮᠠᠲ᠋ᠧᠷᠢᠶᠠᠯ ᠤᠨ ᠰᠠᠩ ᠤᠨ ᠪᠠᠢᠭᠤᠯᠤᠯᠲᠠ 》

ᠤᠨ ᠰᠢᠨᠵᠢᠯᠡᠯ ᠬᠢᠬᠤ ᠪᠠᠷ ᠬᠢᠯᠪᠡᠷᠴᠢᠯᠡᠨ ᠦᠵᠡᠭᠦᠯᠪᠡ ::

ᠲᠡᠮᠳᠡᠭᠯᠡᠭᠰᠡᠨ ᠂ ᠬᠡᠯᠡᠬᠦ ᠪᠢᠴᠢᠬᠦ ᠶᠢᠨ ᠪᠠᠷᠢᠮᠵᠢ ᠶᠢᠨ ᠬᠡᠮᠵᠢᠭᠳᠡᠯ ᠢ ᠬᠠᠩᠭᠠᠭᠰᠠᠨ ᠂ ᠬᠡᠯᠡᠨ ᠦ ᠪᠠᠷᠢᠮᠵᠢ ᠶᠢᠨ ᠣᠯᠠᠨ ᠲᠠᠯ᠎ᠠ ᠶᠢᠨ ᠬᠡᠷᠡᠭᠴᠡᠭᠡ ᠶᠢ ᠬᠠᠩᠭᠠᠬᠤ ᠬᠡᠯᠡᠨ ᠦ ᠮᠠᠲ᠋ᠧᠷᠢᠶᠠᠯ ᠤᠨ ᠰᠠᠩ ᠪᠠᠢ᠌ᠨ᠎ᠠ :: ᠲᠡᠭᠦᠨ ᠦ ᠬᠡᠮᠵᠢᠶ᠎ᠡ ᠪᠣᠯ ᠬᠡᠯᠡᠨ ᠦ ᠮᠠᠲ᠋ᠧᠷᠢᠶᠠᠯ ᠤᠨ ᠰᠠᠩ ᠤᠨ ᠪᠠᠷᠢᠮᠵᠢ ᠶᠢᠨ ᠬᠡᠮᠵᠢᠶ᠎ᠡ ᠂ 5000 ᠦᠭᠡ ᠪᠤᠶᠤ 1 ᠰᠠᠶ᠎ᠠ ᠦᠭᠡ ᠪᠣᠯᠵᠤ ᠂ ᠲᠡᠭᠦᠨ ᠦ ᠬᠡᠮᠵᠢᠶ᠎ᠡ ᠪᠣᠯ ᠬᠡᠯᠡᠨ ᠦ ᠮᠠᠲ᠋ᠧᠷᠢᠶᠠᠯ ᠤᠨ ᠰᠠᠩ ᠤᠨ ᠪᠠᠷᠢᠮᠵᠢ ᠶᠢᠨ ᠬᠡᠮᠵᠢᠶ᠎ᠡ ᠂ 5000

ᠲᠡᠭᠦᠨ ᠦ ᠬᠡᠮᠵᠢᠶ᠎ᠡ ᠪᠣᠯ ᠬᠡᠯᠡᠨ ᠦ ᠮᠠᠲ᠋ᠧᠷᠢᠶᠠᠯ ᠤᠨ ᠰᠠᠩ 9487 ᠵᠦᠢᠯ ᠬᠡᠯᠡᠨ ᠦ ᠮᠠᠲ᠋ᠧᠷᠢᠶᠠᠯ ᠢ ᠪᠠᠭᠳᠠᠭᠠᠭᠰᠠᠨ ᠪᠣᠯᠵᠤ ᠂ 1 ᠰᠠᠶ᠎ᠠ 5000 ᠦᠭᠡ ᠪᠠᠢ᠌ᠨ᠎ᠠ ::

ᠪᠠᠷᠢᠮᠵᠢ ᠶᠢᠨ ᠬᠡᠮᠵᠢᠶ᠎ᠡ (ᠲᠣᠭᠠᠨ ᠪᠠᠷᠢᠮᠵᠢ ᠂ ᠰᠤᠳᠤᠯᠤᠯ ᠰᠤᠷᠪᠤᠯᠵᠢ ᠂ ᠰᠤᠷᠭᠠᠨ ᠬᠦᠮᠦᠵᠢᠯ ᠂ ᠤᠷᠠᠨ ᠵᠣᠬᠢᠶᠠᠯ ᠤᠨ ᠰᠤᠷᠪᠤᠯᠵᠢ ᠵᠡᠷᠭᠡ ᠪᠠᠷ ᠬᠤᠪᠢᠶᠠᠭᠳᠠᠨ᠎ᠠ) ᠪᠠᠷ

《〈ᠠᠷᠠᠳ ᠤᠨ ᠡᠳᠦᠷ ᠦᠨ ᠰᠣᠨᠢᠨ〉ᠤ ᠲᠡᠮᠳᠡᠭ ᠲᠠᠯᠪᠢᠭᠰᠠᠨ ᠬᠡᠯᠡᠨ ᠦ ᠮᠠᠲ᠋ᠸᠷᠢᠶᠠᠯ ᠤᠨ ᠰᠠᠩ》ᠢ ᠵᠢᠱᠢᠶᠡᠯᠡᠪᠡᠯ · ᠪᠡᠭᠡᠵᠢᠩ ᠶᠡᠬᠡ ᠰᠤᠷᠭᠠᠭᠤᠯᠢ ᠶᠢᠨ ᠬᠡᠯᠡᠨ ᠦ ᠪᠣᠳᠣᠯᠭ᠎ᠠ ᠪᠣᠯᠪᠠᠰᠤᠷᠠᠯ ᠤᠨ ᠰᠤᠳᠤᠯᠤᠯ ᠤᠨ ᠭᠠᠵᠠᠷ · ᠹᠦ ᠰᠢ ᠲᠦᠩ ᠺᠣᠮᠫᠠᠨᠢ ᠲᠠᠢ ᠬᠠᠮᠲᠤ ᠪᠠᠷ ᠪᠦᠲᠦᠭᠡᠭᠰᠡᠨ ᠪᠠᠢᠨ᠎ᠠ :: ᠡᠨᠡᠬᠦ · ᠬᠡᠯᠡᠨ ᠦ ᠮᠠᠲ᠋ᠸᠷᠢᠶᠠᠯ ᠤᠨ ᠰᠠᠩ ᠨᠢ ᠪᠣᠯᠪᠠᠰᠤᠷᠠᠭᠤᠯᠤᠯ · ᠪᠣᠯᠪᠠᠰᠤᠷᠠᠯ ᠤᠨ ᠬᠡᠮᠵᠢᠶ᠎ᠡ · ᠬᠡᠷᠡᠭᠯᠡᠭᠡ ᠶᠢᠨ ᠬᠦᠷᠢᠶ᠎ᠡ ᠶᠢᠨ ᠬᠤᠪᠢᠳᠠᠭ · ᠬᠡᠯᠡᠨ ᠦ ᠮᠠᠲ᠋ᠸᠷᠢᠶᠠᠯ ᠤᠨ ᠰᠠᠩ ᠤᠨ ᠪᠣᠯᠪᠠᠰᠤᠷᠠᠭᠤᠯᠤᠯ ᠤᠨ ᠵᠢᠷᠤᠮ ᠪᠤᠶᠤ ᠪᠣᠳᠣᠯᠭ᠎ᠠ ᠵᠢᠨ ᠰᠤᠳᠤᠯᠤᠯ ᠤᠨ ᠬᠡᠷᠡᠭᠯᠡᠭᠡ ᠳᠦ ᠴᠢᠬᠤᠯᠠ ᠨᠥᠯᠦᠭᠡᠯᠡᠯ ᠢ ᠦᠵᠡᠭᠦᠯᠦᠭᠰᠡᠨ :: ᠡᠨᠡ ᠨᠢ ᠬᠡᠯᠡᠨ ᠦ ᠮᠠᠲ᠋ᠸᠷᠢᠶᠠᠯ ᠤᠨ ᠰᠠᠩ ᠤᠨ ᠲᠡᠮᠳᠡᠭᠯᠡᠯ ᠦᠨ ᠬᠡᠮᠵᠢᠶ᠎ᠡ ᠳᠦ ᠨᠥᠯᠦᠭᠡᠯᠡᠭᠰᠡᠨ ᠪᠣᠯᠤᠨ 《ᠰᠢᠨᠵᠢᠯᠡᠭᠡ ᠲᠡᠮᠳᠡᠭᠯᠡᠭᠰᠡᠨ ᠬᠡᠯᠡᠨ ᠦ ᠮᠠᠲ᠋ᠸᠷᠢᠶᠠᠯ ᠤᠨ ᠰᠠᠩ》ᠢ ᠪᠦᠲᠦᠭᠡᠬᠦ ᠳᠦ ᠴᠢᠬᠤᠯᠠ ᠨᠥᠯᠦᠭᠡ ᠦᠵᠡᠭᠦᠯᠦᠭᠰᠡᠨ · 《ᠰᠢᠨᠵᠢᠯᠡᠭᠡ ᠲᠡᠮᠳᠡᠭᠯᠡᠭᠰᠡᠨ ᠬᠡᠯᠡᠨ ᠦ ᠮᠠᠲ᠋ᠸᠷᠢᠶᠠᠯ ᠤᠨ ᠰᠠᠩ》ᠤᠨ ᠪᠦᠲᠦᠭᠡᠬᠦ ᠲᠡᠮᠳᠡᠭᠯᠡᠯ ᠦᠨ ᠰᠢᠨᠵᠢᠯᠡᠭᠡ ᠶᠢᠨ ᠪᠣᠯᠪᠠᠰᠤᠷᠠᠭᠤᠯᠤᠯ ᠤᠨ ᠬᠡᠮᠵᠢᠶ᠎ᠡ ᠪᠣᠯᠤᠨ ᠪᠠᠢᠨ᠎ᠠ ::

（ᠭᠤᠷᠪᠠ）ᠣᠷᠴᠢᠨ ᠦ ᠬᠢᠳᠠᠳ ᠬᠡᠯᠡᠨ ᠦ ᠲᠡᠩᠴᠡᠭᠦᠷᠢᠲᠦ ᠬᠡᠯᠡᠨ ᠦ ᠮᠠᠲ᠋ᠸᠷᠢᠶᠠᠯ ᠤᠨ ᠰᠠᠩ 《ᠣᠷᠴᠢᠨ ᠦ ᠬᠢᠳᠠᠳ ᠬᠡᠯᠡᠨ ᠦ ᠲᠡᠩᠴᠡᠭᠦᠷᠢᠲᠦ ᠬᠡᠯᠡᠨ ᠦ ᠮᠠᠲ᠋ᠸᠷᠢᠶᠠᠯ ᠤᠨ ᠰᠠᠩ》

ᠣᠷᠴᠢᠨ ᠦ ᠬᠢᠳᠠᠳ ᠬᠡᠯᠡᠨ ᠦ ᠲᠡᠩᠴᠡᠭᠦᠷᠢ ᠲᠠᠢ 《ᠲᠡᠩᠴᠡᠭᠦᠷᠢᠲᠦ ᠬᠡᠯᠡᠨ ᠦ ᠮᠠᠲ᠋ᠸᠷᠢᠶᠠᠯ ᠤᠨ ᠰᠠᠩ》（现代汉语平衡语料库）〔26〕ᠨᠢ ᠲᠠᠢᠪᠡᠢ ᠶᠢᠨ ᠵᠦᠩ ᠶᠠᠩ ᠰᠢᠨᠵᠢᠯᠡᠯ ᠦᠨ ᠠᠻᠠᠳᠧᠮᠢ ᠶᠢᠨ ᠬᠡᠯᠡᠨ ᠦ ᠮᠠᠲ᠋ᠸᠷᠢᠶᠠᠯ ᠤᠨ ᠰᠠᠩ ᠤᠨ ᠲᠤᠰᠬᠠᠢ ᠲᠡᠷᠢᠭᠦᠯᠡᠭᠴᠢ ᠨᠠᠷ ᠪᠣᠯᠪᠠᠰᠤᠷᠠᠭᠤᠯᠤᠭᠰᠠᠨ ᠬᠡᠯᠡᠨ ᠦ ᠮᠠᠲ᠋ᠸᠷᠢᠶᠠᠯ ᠤᠨ ᠰᠠᠩ ᠪᠣᠯᠤᠨ ᠠ᠂ ᠡᠨᠡ ᠨᠢ ᠰᠢᠨᠢᠺᠠ（Sinica 1.0）ᠶᠢ 200 ᠲᠦᠮᠡᠨ ᠦᠭᠡ ᠲᠡᠢ ᠪᠠᠢᠯ᠎ᠠ ᠪᠠ · 1995 ᠣᠨ ᠤ 9 ᠰᠠᠷ᠎ᠠ ᠳᠤ ᠣᠯᠠᠨ ᠨᠡᠶᠢᠲᠡ ᠳᠦ ᠨᠡᠭᠡᠭᠡᠵᠦ ᠬᠡᠷᠡᠭᠯᠡᠭᠦᠯᠦᠭᠰᠡᠨ ᠬᠡᠯᠡᠨ ᠦ ᠮᠠᠲ᠋ᠸᠷᠢᠶᠠᠯ ᠤᠨ ᠰᠠᠩ ᠪᠣᠯᠵᠠᠢ :: ᠲᠤᠰ ᠰᠠᠩ ᠨᠢ 500 ᠲᠦᠮᠡᠨ ᠦᠭᠡ ᠲᠡᠢ ᠪᠠᠢᠭ᠎ᠠ ᠲᠡᠷᠡ ᠪᠣᠯᠤᠨ ᠡᠳᠦᠭᠡ ᠬᠡᠷᠡᠭᠯᠡᠭᠳᠡᠵᠦ ᠪᠠᠢᠭ᠎ᠠ ᠨᠢ ᠬᠡᠪᠯᠡᠯ · ᠲᠠᠪᠤᠳᠤᠭᠠᠷ ᠬᠡᠪᠯᠡᠯ 46 ᠰᠠᠶ᠎ᠠ ᠲᠡᠢ ᠪᠠᠶᠠᠵᠢᠭᠤᠯᠤᠭᠳᠠᠭᠰᠠᠨ ᠰᠠᠶ᠎ᠠ ᠪᠠᠷ ᠬᠡᠮᠵᠢᠭᠳᠡᠬᠦ ᠪᠠᠢᠨ᠎ᠠ ::

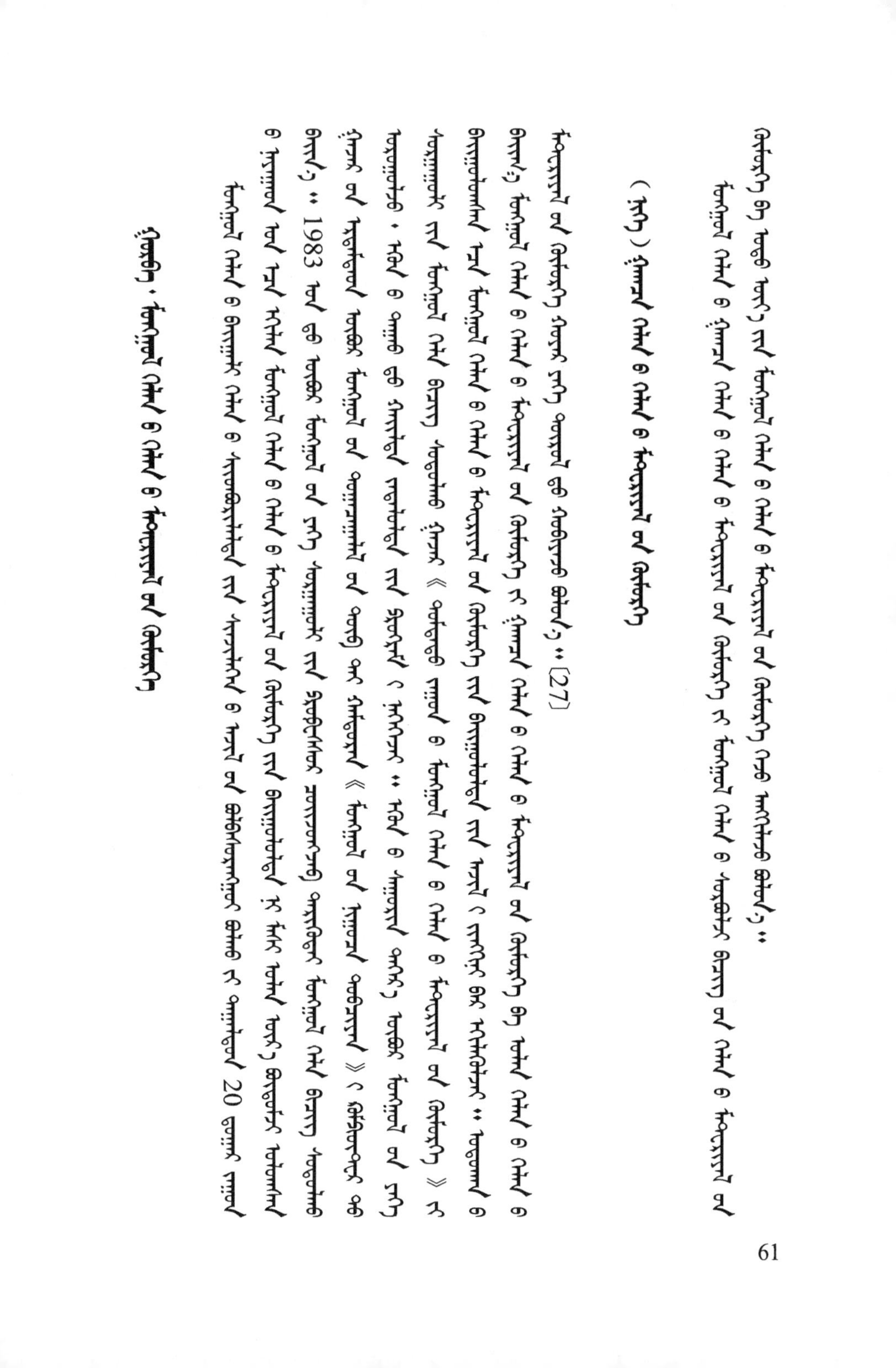

[illegible] 《[illegible]》 [illegible] 1984 [illegible]

2. 《[illegible]》 [illegible]

[illegible] 《四部丛刊》 [illegible] 《四部丛刊》 [illegible] ASCII [illegible] 1988 [illegible] 1989 [illegible] 《〈[illegible]〉[illegible]》 [illegible] 1983 [illegible] 《[illegible]》 [illegible]

1. [illegible] 《〈[illegible]〉[illegible]》 [illegible]

ᠪᠠᠷᠢᠭ ᠪᠢᠴᠢᠭ ᠲᠣᠭ᠎ᠠ ᠮᠣᠩᠭᠣᠯ ᠤᠨ ᠦᠭᠡᠰ ᠦᠨ ᠳᠠᠷᠠᠭᠠᠯᠠᠯ ᠤᠨ ᠰᠢᠨᠵᠢᠯᠡᠭᠡᠨ ᠰᠢᠨᠵᠢᠯᠡᠭᠡᠨ ᠦ ᠳᠦᠷᠢᠮ ᠤᠨ ᠣᠨᠴᠠᠯᠢᠭ ᠮᠡᠳᠡᠭᠡᠯᠡᠯ ᠲᠡᠢ ᠬᠡᠯᠡᠨ ᠦ ᠮᠡᠳᠡᠭᠡᠯᠡᠯ ᠪᠣᠯᠵᠠᠢ ·

6. 《〈17 ᠵᠠᠭᠤᠨ ᠤ ᠮᠣᠩᠭᠣᠯ ᠦᠭᠡᠰ ᠦᠨ ᠰᠢᠨᠵᠢᠯᠡᠭᠡᠨ ᠦ ᠳᠦᠷᠢᠮ〉ᠤᠨ ᠬᠡᠯᠡᠨ ᠦ ᠮᠡᠳᠡᠭᠡᠯᠡᠯ ᠦᠨ ᠰᠠᠩ》 ᠢ ᠮᠣᠩᠭᠣᠯ ᠤᠨ ᠬᠠᠮᠤᠭ ᠮᠡᠳᠡᠭᠰᠡᠨ ᠢ ᠰᠤᠷᠪᠤᠯᠵᠢᠯᠠᠭᠠᠳ ::

6.02 ᠰᠠᠶ᠋ᠢ ᠪᠠᠷ ᠲᠣᠭ᠎ᠠ ᠲᠣᠭᠠᠨ ᠤ ᠵᠢᠷᠤᠮ ᠢᠶᠠᠷ ᠪᠣᠯᠪᠠᠰᠤᠷᠠᠭᠤᠯᠤᠭᠰᠠᠨ ᠮᠠᠲ᠋ᠧᠷᠢᠶᠠᠯ ᠤᠨ ᠬᠦᠷᠢᠶ᠎ᠡ ᠪᠡᠷ ᠦᠭᠡ ᠶᠢᠨ ᠦᠭᠡᠰ ᠦᠨ ᠳᠠᠷᠠᠭᠠᠯᠠᠯ · ᠮᠠᠲ᠋ᠧᠷᠢᠶᠠᠯ ᠤᠨ ᠮᠡᠳᠡᠭᠡᠯᠡᠯ ᠦᠨ ᠮᠡᠳᠡᠭᠡᠯᠡᠯ · ᠮᠠᠲ᠋ᠧᠷᠢᠶᠠᠯ ᠤᠨ ᠬᠡᠯᠡᠨ ᠦ ᠮᠡᠳᠡᠭᠡᠯᠡᠯ ᠪᠣᠯᠤᠨ᠎ᠠ :: ᠮᠠᠲ᠋ᠧᠷᠢᠶᠠᠯ ᠤᠨ ᠮᠡᠳᠡᠭᠡᠯᠡᠯ ᠦᠨ ᠬᠡᠯᠡᠨ ᠦ ᠮᠡᠳᠡᠭᠡᠯᠡᠯ ᠢ ᠪᠢᠴᠢᠭ ᠰᠣᠩᠭᠤᠭ ᠮᠣᠩᠭᠣᠯ ᠬᠡᠯᠡᠨ ᠦ ᠬᠡᠯᠡᠨ ᠦ ᠮᠡᠳᠡᠭᠡᠯᠡᠯ ᠦᠨ ᠰᠠᠩ ᠪᠠᠶᠢᠭᠤᠯᠬᠤ · ᠬᠡᠯᠡᠨ ᠦ ᠮᠡᠳᠡᠭᠡᠯᠡᠯ ᠦᠨ ᠳᠦᠷᠢᠮ ᠢ ᠲᠣᠭ᠎ᠠ ᠲᠣᠭᠠᠨ ᠤ ᠵᠢᠷᠤᠮ ᠢᠶᠠᠷ ᠮᠠᠲ᠋ᠧᠷᠢᠶᠠᠯᠴᠢᠯᠠᠭᠰᠠᠨ ᠬᠡᠯᠪᠡᠷᠢ ᠶᠢᠨ ᠬᠡᠯᠡᠨ ᠦ

5. 《ᠮᠣᠩᠭᠣᠯ ᠬᠡᠯᠡᠨ ᠦ ᠲᠡᠭᠦᠰ ᠦ ᠬᠡᠯᠡᠨ ᠦ ᠬᠡᠯᠡᠨ ᠦ ᠮᠡᠳᠡᠭᠡᠯᠡᠯ ᠦᠨ ᠰᠠᠩ》 ᠪᠣᠯ 2004 ᠣᠨ ᠳᠤ ᠪᠣᠯᠪᠠᠰᠤᠷᠠᠭᠤᠯᠤᠭᠰᠠᠨ ᠰᠢᠨ᠎ᠡ ᠬᠡᠯᠡᠨ ᠦ ᠲᠣᠭᠠᠨ ᠲᠣᠭᠠᠨ ᠤ ᠮᠣᠩᠭᠣᠯ ᠬᠡᠯᠡᠨ ᠦ ᠬᠡᠯᠡᠨ ᠦ ᠮᠡᠳᠡᠭᠡᠯᠡᠯ ᠦᠨ ᠰᠠᠩ ᠤᠨ ᠰᠤᠳᠤᠯᠤᠯ ᠤᠨ mdb ᠹᠣᠷᠮᠠᠲ ᠢ ᠠᠰᠢᠭᠯᠠᠭᠰᠠᠨ ᠪᠣᠯᠤᠨ᠎ᠠ ::

ᠲᠣᠭᠠᠨ ᠤ ᠲᠣᠭᠠᠴᠠᠭᠠ ᠲᠣᠭᠠᠨ ᠤ ᠳᠠᠷᠤᠯ ᠤᠨ ᠲᠣᠭᠠᠨ ᠠᠩᠭᠢᠯᠠᠯ ᠮᠡᠳᠡᠭᠡ ᠰᠤᠳᠤᠯᠤᠯ · ᠰᠤᠳᠤᠯᠤᠭᠴᠢ ᠲᠣᠭᠠᠨ ᠤ ᠮᠡᠳᠡᠭᠡ ᠰᠤᠳᠤᠯᠤᠯ ᠢ ᠵᠢᠷᠤᠭ · ᠲᠣᠰ ᠳᠤ 《ᠬᠠᠪᠰᠤᠷᠭ᠎ᠠ 1》·《ᠬᠠᠪᠰᠤᠷᠭ᠎ᠠ 2》 ᠢᠶᠠᠷ ᠬᠡᠯᠡᠨ ᠦ ᠮᠡᠳᠡᠭᠡᠯᠡᠯ ᠪᠣᠯᠤᠨ · ᠮᠣᠩᠭᠣᠯ ᠬᠡᠯᠡᠨ ᠦ ᠲᠣᠯᠢ ᠶᠢᠨ ᠮᠡᠳᠡᠭ ᠵᠢᠷᠤᠮ ᠢᠶᠠᠷ ᠪᠣᠯᠪᠠᠰᠤᠷᠠᠭᠤᠯᠤᠨ ᠲᠣᠬᠢᠷᠠᠭᠤᠯᠤᠭᠰᠠᠨ ·

4. 《ᠮᠣᠩᠭᠣᠯ ᠲᠣᠯᠢ ᠶᠢᠨ ᠬᠡᠯᠡᠨ ᠦ ᠮᠡᠳᠡᠭᠡᠯᠡᠯ ᠦᠨ ᠰᠠᠩ》 ᠢ 1999 — 2000 ᠣᠨ ᠤ ᠰᠢᠨᠵᠢᠯᠡᠭᠡᠨ ᠪᠣᠯᠪᠠᠰᠤᠷᠠᠭᠤᠯᠤᠭᠰᠠᠨ · ᠲᠤᠰ ᠲᠣᠯᠢ ᠲᠣᠭᠠᠴᠠᠭᠠᠨ ᠤ ᠰᠢᠨᠵᠢᠯᠡᠬᠦ ᠪᠠᠷᠢᠮ ᠲᠣᠭᠠᠴᠠᠭᠠᠨ ᠪᠠᠶᠢᠯ ᠲᠣᠭᠠᠨ ᠤ ᠪᠠᠶᠢᠳᠠᠯ ᠪᠠᠶᠢᠭᠤᠯᠤᠯᠲᠠ ᠬᠡᠯᠡᠪᠡ ::

ᠮᠣᠩᠭᠣᠯ ᠬᠡᠯᠡᠨ ᠦ ᠪᠠᠷᠢᠮᠲᠠ ᠶᠢᠨ ᠰᠠᠶ᠋ᠢᠨ ᠢ ᠵᠢᠷᠤᠮᠯᠠᠨ ᠮᠣᠩᠭᠣᠯ ᠲᠣᠭᠠᠨ · ᠵᠢᠷᠤᠮᠯᠠᠯ ᠪᠠᠷᠢᠮᠵᠢᠯᠠᠭᠤᠯ · ᠲᠣᠭᠠᠨ ᠤ ᠬᠡᠯᠪᠡᠷᠢ ᠶᠢᠨ ᠲᠣᠯᠢ ᠶᠢᠨ ᠰᠠᠶ᠋ᠢᠨ ᠪᠣᠯᠪᠠᠰᠤᠷᠠᠭᠤᠯᠤᠭᠰᠠᠨ · ᠬᠡᠯᠡᠨ ᠦ ᠮᠡᠳᠡᠭᠡᠯᠡᠯ ᠢ ᠮᠠᠲ᠋ᠧᠷᠢᠶᠠᠯ ᠲᠣᠯᠢ ᠶᠢᠨ ᠲᠣᠭᠠᠴᠠᠭᠠᠨ ᠪᠠᠷᠢᠮ ᠲᠠᠶ ᠲᠣᠭᠠᠲᠠᠢ :: ᠮᠠᠲ᠋ᠧᠷᠢᠶᠠᠯ ᠪᠣᠯ ᠪᠣᠯᠪᠠᠰᠤᠷᠠᠭᠤᠯᠤᠭᠰᠠᠨ ᠪᠠᠷᠢᠮᠲᠠ

3. 《ᠮᠣᠩᠭᠣᠯ ᠲᠣᠯᠢ ᠶᠢᠨ ᠲᠣᠭᠠᠴᠠᠭᠠᠨ ᠪᠠᠷᠢᠮ ᠤᠨ ᠬᠡᠯᠡᠨ ᠦ ᠮᠡᠳᠡᠭᠡᠯᠡᠯ ᠦᠨ ᠰᠠᠩ》 ᠢ 2001 — 2004 ᠣᠨ ᠤ ᠰᠢᠨᠵᠢᠯᠡᠭᠡᠨ ᠪᠣᠯᠪᠠᠰᠤᠷᠠᠭᠤᠯᠤᠭᠰᠠᠨ ᠪᠣᠯᠤᠨ᠎ᠠ ::

ᠪᠣᠯᠪᠠᠰᠤᠷᠠᠭᠤᠯᠤᠭᠰᠠᠨ ᠲᠣᠭᠠᠴᠠᠭᠠᠨ ᠮᠣᠩᠭᠣᠯ ᠲᠣᠭᠠᠨ ᠤ ᠮᠣᠩᠭᠣᠯ ᠬᠡᠯᠡᠨ ᠦ ᠬᠡᠯᠡᠨ ᠦ ᠮᠡᠳᠡᠭᠡᠯᠡᠯ ᠦᠨ ᠰᠠᠩ ᠤᠨ ᠰᠤᠳᠤᠯᠤᠯ ᠤᠨ mdb ᠹᠣᠷᠮᠠᠲ ᠢ

ᠤᠯᠤᠰ ᠤᠨ ᠨᠣᠮ ᠤᠨ ᠬᠥᠮᠦᠷᠭᠡ ᠶᠢᠨ ᠰᠠᠩ ᠳᠤ ᠬᠠᠮᠠᠷᠤᠭᠳᠠᠬᠤ ᠨᠣᠮ ᠤᠨ ᠬᠥᠮᠦᠷᠭᠡ ᠶᠢᠨ ᠨᠡᠢᠲᠡ ᠶᠢᠨ ᠰᠦᠯᠵᠢᠶ᠎ᠡ ᠳᠦ ᠬᠠᠮᠲᠤ ᠳᠠᠮᠵᠢᠭᠤᠯᠬᠤ ᠶᠢᠨ ᠲᠤᠯᠠ᠂ ᠰᠦᠯᠵᠢᠶ᠎ᠡ ᠶᠢᠨ ᠬᠠᠷᠢᠭᠤᠴᠠ ᠳᠤ ᠬᠠᠷᠢᠭᠤᠴᠠᠨ ᠤ ᠳᠡᠭᠡᠷᠡ ᠪᠠᠢᠨ᠎ᠠ ::

ᠳᠠᠮᠵᠢᠭᠤᠯᠤᠭᠰᠠᠨ ᠪᠣᠯ᠂ ᠤᠯᠤᠰ ᠤᠨ ᠨᠣᠮ ᠤᠨ ᠬᠥᠮᠦᠷᠭᠡ ᠶᠢᠨ ᠲᠣᠭᠠᠨ ᠤ ᠨᠣᠮ ᠤᠨ ᠬᠥᠮᠦᠷᠭᠡ ᠳᠦ 98 ᠬᠤᠪᠢ ᠶᠢ ᠡᠵᠡᠯᠡᠵᠦ ᠪᠠᠢᠨ᠎ᠠ ᠬᠠᠮᠲᠤ ᠡᠳ᠋ᠯᠡᠬᠦ ᠨᠣᠮ ᠤᠨ ᠡᠯᠧᠺᠲ᠋ᠷᠣᠨ ᠬᠡᠪᠯᠡᠯ（共享图书电子版）ᠪᠠᠷ ᠳᠠᠮᠵᠢᠭᠤᠯᠤᠨ ᠲᠣᠭᠠᠨ ᠤ ᠨᠣᠮ ᠤᠨ ᠬᠥᠮᠦᠷᠭᠡ ᠶᠢᠨ ᠪᠠᠢᠭᠤᠯᠤᠯᠲᠠ ᠶᠢ ᠳᠡᠮᠵᠢᠭᠳᠡᠵᠦ ᠪᠠᠢᠭ᠎ᠠ ᠨᠣᠮ ᠤᠨ ᠬᠥᠮᠦᠷᠭᠡ ᠶᠢᠨ ᠪᠢᠴᠢᠭᠯᠡᠯ᠂ ᠨᠡᠢᠲᠡ 199 ᠬᠤᠪᠢ ᠨᠣᠮ᠂ 64 ᠬᠤᠪᠢ᠂ 56 ᠲᠣᠭ᠎ᠠ ᠶᠢ ᠪᠠᠭᠳᠠᠭᠠᠵᠤ᠂ ᠮᠡᠳᠡᠭᠡᠯᠡᠯ ᠦᠨ ᠪᠢᠴᠢᠭ᠌ ᠤᠨ ᠰᠠᠩ ᠤᠨ ᠬᠡᠪᠯᠡᠯ᠂ ᠵᠢᠷᠤᠮ ᠤᠨ ᠬᠡᠪᠯᠡᠯ ᠦᠨ 90% ᠢ ᠡᠵᠡᠯᠡᠵᠦ᠂ ᠨᠡᠢᠲᠡ 500 ᠵᠢᠷᠭᠤᠭᠠᠨ ᠬᠤᠪᠢ ᠪᠠᠷ ᠡᠬᠢ ᠪᠢᠴᠢᠭ ᠤᠨ ᠨᠣᠮ ᠢ ᠲᠣᠭᠠᠴᠠᠭᠠᠯᠠᠭᠰᠠᠨ :: ᠡᠳᠡᠭᠡᠷ ᠨᠣᠮ ᠤᠨ ᠬᠥᠮᠦᠷᠭᠡ ᠶᠢᠨ ᠲᠣᠭᠠᠨ ᠤ 100 ᠵᠢᠷᠭᠤᠭᠠᠨ ᠮᠢᠩᠭᠠᠨ ᠬᠤᠪᠢ ᠢᠯᠡᠭᠦ ᠲᠣᠭᠠᠨ ᠤ ᠨᠣᠮ ᠢ ᠬᠠᠳᠠᠭᠠᠯᠠᠨ ᠳᠠᠮᠵᠢᠭᠤᠯᠤᠨ᠂ ᠪᠠᠭᠤᠯᠭᠠᠨ ᠬᠡᠷᠡᠭᠯᠡᠵᠡᠢ᠂ ᠨᠡᠢᠲᠡ ᠨᠣᠮ ᠤᠨ ᠬᠥᠮᠦᠷᠭᠡ ᠶᠢᠨ ᠲᠣᠭᠠᠨ ᠤ ᠮᠡᠳᠡᠭᠡᠯᠡᠯ 38TB ᠳᠦ ᠬᠦᠷᠴᠡᠢ ::〔28〕

《ᠳᠤᠭᠤ ᠳᠦᠷᠰᠦ ᠲᠠᠢ ᠬᠠᠮᠲᠤ ᠨᠣᠮ ᠤᠨ ᠬᠥᠮᠦᠷᠭᠡ ᠶᠢᠨ ᠨᠣᠮ ᠤᠨ ᠬᠥᠮᠦᠷᠭᠡ ᠶᠢᠨ ᠬᠥᠮᠦᠷᠭᠡ》 ᠶᠢᠨ ᠰᠤᠷᠠᠭ 1991 ᠣᠨ ᠳᠤ ᠡᠬᠢᠯᠡᠨ ᠬᠠᠮᠲᠤ ᠬᠥᠮᠦᠰ ᠦᠨ ᠬᠡᠷᠡᠭᠯᠡᠬᠦ ᠲᠠᠢ ᠬᠠᠮᠲᠤ ᠨᠣᠮ ᠤᠨ ᠬᠥᠮᠦᠷᠭᠡ ᠶᠢᠨ ᠪᠠᠷᠢᠮᠲᠠ ᠶᠢᠨ ᠰᠠᠩ ᠪᠠᠢᠭᠤᠯᠵᠤ᠂ ᠪᠦᠬᠦ ᠨᠣᠮ ᠤᠨ ᠬᠥᠮᠦᠷᠭᠡ ᠶᠢᠨ ᠪᠢᠴᠢᠭᠯᠡᠯ ᠢ 1998 ᠣᠨ ᠳᠤ ᠨᠢᠭᠡ ᠵᠢᠭᠠᠭᠠᠯᠠᠵᠤ ᠪᠠᠢᠭ᠎ᠠ ᠲᠣᠭᠠᠨ ᠤ ᠨᠣᠮ ᠤᠨ ᠬᠥᠮᠦᠷᠭᠡ ᠪᠠᠢᠭᠤᠯᠤᠭᠰᠠᠨ 《100 ᠬᠤᠪᠢ ᠨᠣᠮ ᠤᠨ ᠬᠥᠮᠦᠷᠭᠡ ᠶᠢᠨ ᠪᠢᠴᠢᠭᠯᠡᠯ》 ᠦᠨ 500 ᠬᠤᠪᠢ ᠨᠣᠮ ᠢ ᠪᠠᠢᠭᠤᠯᠵᠤ᠂ ᠨᠣᠮ ᠤᠨ 1000 ᠬᠤᠪᠢ ᠨᠣᠮ ᠤᠨ ᠬᠥᠮᠦᠷᠭᠡ ᠶᠢᠨ ᠪᠢᠴᠢᠭᠯᠡᠯ ᠢ ᠲᠣᠭᠠᠴᠠᠭᠠᠯᠠᠭᠰᠠᠨ ᠪᠣᠯᠤᠨ᠂ 《ᠳᠤᠭᠤ ᠳᠦᠷᠰᠦ ᠲᠠᠢ ᠬᠠᠮᠲᠤ ᠨᠣᠮ ᠤᠨ ᠬᠥᠮᠦᠷᠭᠡ ᠶᠢᠨ ᠨᠣᠮ ᠤᠨ ᠬᠥᠮᠦᠷᠭᠡ ᠶᠢᠨ ᠪᠢᠴᠢᠭᠯᠡᠯ》 ᠢ ᠳᠤᠭᠤ ᠳᠦᠷᠰᠦ ᠪᠢᠴᠢᠭ᠌ᠲᠦ ᠪᠣᠯᠭᠠᠪᠠ :: 《ᠳᠤᠭᠤ ᠳᠦᠷᠰᠦ

ᠦᠢᠯᠡᠳᠪᠦᠷᠢ ᠶᠢᠨ ᠪᠦᠲᠦᠮᠵᠢ᠂ ᠰᠢᠨᠵᠢᠯᠡᠬᠦ ᠤᠬᠠᠭᠠᠨ ᠤ ᠬᠥᠳᠡᠯᠮᠦᠷᠢ ᠶᠢᠨ ᠪᠦᠲᠦᠮᠵᠢ (ᠰᠠᠶᠢᠨ ᠤᠬᠠᠭᠠᠨ ᠤ ᠪᠦᠲᠦᠮᠵᠢ ᠶᠢᠨ ᠬᠡᠮᠵᠢᠶ᠎ᠡ
ᠰᠢᠨᠵᠢᠯᠡᠬᠦ ᠤᠬᠠᠭᠠᠨ ᠤ ᠬᠥᠳᠡᠯᠮᠦᠷᠢ ᠶᠢᠨ ᠪᠦᠲᠦᠮᠵᠢ (20 ᠵᠢᠯ)᠂ ᠡᠷᠳᠡᠮ ᠰᠢᠨᠵᠢᠯᠡᠭᠡ ᠶᠢᠨ ᠪᠠᠶᠢᠭᠤᠯᠤᠮᠵᠢ ᠲᠠᠶ ᠤᠬᠠᠭᠠᠨ ᠤ
ᠮᠡᠳᠡᠨ ᠬᠠᠮᠢᠶᠠᠷᠤᠯᠲᠠ᠂ ᠰᠢᠨᠵᠢᠯᠡᠭᠡ ᠶᠢᠨ ᠠᠵᠢᠯᠯᠠᠭᠤᠯᠤᠯᠲᠠ ᠶᠢ ᠬᠠᠮᠢᠶᠠᠷᠤᠭᠰᠠᠨ ᠤᠬᠠᠭᠠᠨ ᠤ ᠬᠥᠳᠡᠯᠮᠦᠷᠢ ᠶᠢᠨ ᠪᠦᠲᠦᠮᠵᠢ ᠪᠠᠷ ᠨᠢ ᠬᠡᠮᠵᠢᠶ᠎ᠡ ᠶᠢᠨ
ᠠᠵᠢᠯᠴᠢᠨ ᠲᠠᠢ ᠶᠢᠨ ᠳᠤᠤᠷ᠎ᠠ ᠳᠤᠤᠷ᠎ᠠ ᠲᠠᠢ ᠠᠵᠢᠯᠴᠢᠨ ᠲᠠᠢ ᠶᠢᠨ ᠪᠠᠢᠭᠤᠯᠤᠮᠵᠢ ᠲᠠᠢ ᠤᠬᠠᠭᠠᠨ ᠤ ᠬᠥᠳᠡᠯᠮᠦᠷᠢ ᠪᠡᠷ ᠃
4 ᠠᠵᠢᠯᠴᠢᠨ ᠲᠠᠢ ᠪᠠᠢᠭᠤᠯᠤᠮᠵᠢ 0.8% ᠢ ᠳᠤᠤᠷ᠎ᠠ ᠳᠤᠤᠷ᠎ᠠ ᠡᠵᠡᠯᠡᠵᠡᠢ ᠃ ᠪᠠᠷᠤᠭ 1000 ᠠᠵᠢᠯᠴᠢᠨ ᠲᠠᠢ ᠶᠢᠨ ᠳᠤᠤᠷ᠎ᠠ ᠳᠡᠭᠡᠭᠰᠢ ᠲᠠᠢ ᠤᠬᠠᠭᠠᠨ ᠤ ᠬᠥᠳᠡᠯᠮᠦᠷᠢ ᠪᠡᠷ 20
ᠪᠠᠢᠭᠤᠯᠤᠮᠵᠢ 27.5% ᠢ᠂ ᠪᠠᠢᠭᠤᠯᠤᠮᠵᠢ ᠶᠢᠨ ᠰᠠᠯᠠᠭ᠎ᠠ ᠶᠢᠨ ᠤᠬᠠᠭᠠᠨ ᠤ ᠬᠥᠳᠡᠯᠮᠦᠷᠢ 26 ᠠᠵᠢᠯᠴᠢᠨ ᠲᠠᠢ ᠪᠠᠢᠭᠤᠯᠤᠮᠵᠢ 5.6% ᠢ᠂ ᠳᠤᠮᠳᠠᠳᠤ ᠶᠢᠨ ᠤᠬᠠᠭᠠᠨ ᠤ ᠬᠥᠳᠡᠯᠮᠦᠷᠢ
ᠳᠤ᠂ ᠲᠡᠭᠦᠨ ᠡᠴᠡ ᠶᠢᠨ ᠳᠡᠭᠡᠭᠰᠢ 72 ᠠᠵᠢᠯᠴᠢᠨ ᠲᠠᠢ ᠪᠠᠢᠭᠤᠯᠤᠮᠵᠢ 15.3% ᠢ᠂ ᠶᠡᠬᠡ ᠶᠢᠨ ᠰᠠᠯᠠᠭ᠎ᠠ ᠶᠢᠨ ᠤᠬᠠᠭᠠᠨ ᠤ ᠬᠥᠳᠡᠯᠮᠦᠷᠢ 129 ᠠᠵᠢᠯᠴᠢᠨ ᠲᠠᠢ
ᠠᠵᠢᠯᠴᠢᠨ ᠲᠠᠢ ᠪᠠᠢᠭᠤᠯᠤᠮᠵᠢ 9.6% ᠢ᠂ ᠲᠡᠭᠦᠨ ᠳᠡᠭᠡᠭᠰᠢ 79 ᠠᠵᠢᠯᠴᠢᠨ ᠲᠠᠢ ᠪᠠᠢᠭᠤᠯᠤᠮᠵᠢ 16.8% ᠢ᠂ ᠬᠠᠮᠤᠭ 81 ᠠᠵᠢᠯᠴᠢᠨ ᠲᠠᠢ ᠪᠠᠢᠭᠤᠯᠤᠮᠵᠢ 17.2%
ᠶᠢᠨ ᠰᠠᠯᠠᠭ᠎ᠠ ᠶᠢᠨ ᠤᠬᠠᠭᠠᠨ ᠤ ᠰᠠᠯᠠᠭ᠎ᠠ ᠪᠠᠢᠭᠤᠯᠤᠯ 34 ᠠᠵᠢᠯᠴᠢᠨ ᠤᠯᠠᠨ ᠲᠠᠢ ᠪᠠᠢᠭᠤᠯᠤᠮᠵᠢ 7.2% ᠳᠤ᠂ ᠪᠠᠢᠭᠤᠯᠤᠮᠵᠢ ᠶᠢᠨ ᠰᠠᠯᠠᠭ᠎ᠠ ᠶᠢᠨ ᠤᠬᠠᠭᠠᠨ ᠤ ᠰᠠᠯᠠᠭ᠎ᠠ ᠪᠠᠢᠭᠤᠯᠤᠯ 45
ᠲᠠᠢ ᠰᠢᠨᠵᠢᠯᠡᠬᠦ ᠠᠵᠢᠯᠯᠠᠭᠤᠯᠤᠯᠲᠠ ᠪᠠᠢᠭᠤᠯᠤᠮᠵᠢ᠂ ᠰᠠᠶᠢᠨ ᠪᠡᠷ ᠬᠠᠮᠢᠶᠠᠷᠤᠭᠰᠠᠨ ᠤᠬᠠᠭᠠᠨ ᠤ ᠬᠥᠳᠡᠯᠮᠦᠷᠢ ᠶᠢᠨ ᠡᠵᠡᠮᠰᠢᠯ ᠲᠠᠢ ᠪᠠᠢᠭᠤᠯᠤᠮᠵᠢ ᠶᠢᠨ ᠤᠬᠠᠭᠠᠨ ᠤ ᠬᠥᠳᠡᠯᠮᠦᠷᠢ ᠶᠢᠨ ᠪᠦᠲᠦᠮᠵᠢ

500 ᠠᠵᠢᠯᠴᠢᠨ ᠲᠠᠢ ᠶᠢᠨ ᠳᠤᠤᠷ᠎ᠠ ᠤᠬᠠᠭᠠᠨ ᠤ ᠬᠥᠳᠡᠯᠮᠦᠷᠢ ᠶᠢᠨ ᠪᠦᠲᠦᠮᠵᠢ ᠢ 100 ᠠᠵᠢᠯᠴᠢᠨ ᠲᠠᠢ ᠶᠢᠨ ᠤᠬᠠᠭᠠᠨ ᠤ ᠬᠥᠳᠡᠯᠮᠦᠷᠢ ᠶᠢᠨ ᠪᠦᠲᠦᠮᠵᠢ
9.8% ᠢ ᠡᠵᠡᠯᠡᠵᠦ᠂ ᠪᠠᠢᠭᠤᠯᠤᠯ ᠠᠵᠢᠯᠯᠠᠭᠤᠯᠤᠯᠲᠠ ᠶᠢᠨ ᠬᠥᠳᠡᠯᠮᠦᠷᠢ ᠳᠤ ᠪᠠᠢᠭᠤᠯᠤᠯᠳᠠᠭ ᠃

ᠲᠡᠭᠦᠨ ᠪᠠᠢᠭᠤᠯᠤᠮᠵᠢ 20.3% ᠢ ᠡᠵᠡᠯᠡᠵᠦ᠂ ᠲᠡᠭᠦᠨ ᠳᠡᠭᠡᠭᠰᠢ 20 ᠠᠵᠢᠯᠴᠢᠨ ᠲᠠᠢ ᠪᠠᠢᠭᠤᠯᠤᠮᠵᠢ 19.6% ᠢ ᠡᠵᠡᠯᠡᠵᠦ᠂ ᠬᠠᠮᠤᠭ 10 ᠠᠵᠢᠯᠴᠢᠨ ᠲᠠᠢ ᠪᠠᠢᠭᠤᠯᠤᠮᠵᠢ
ᠲᠡᠭᠦᠨ ᠶᠢᠨ ᠲᠡᠭᠦᠨ ᠪᠠᠢᠭᠤᠯᠤᠮᠵᠢ ᠪᠠᠢᠭᠤᠯᠤᠮᠵᠢ ᠤᠬᠠᠭᠠᠨ ᠤ ᠬᠥᠳᠡᠯᠮᠦᠷᠢ ᠶᠢᠨ ᠲᠠᠢ 50.3% ᠢ ᠡᠵᠡᠯᠡᠵᠦ᠂ ᠲᠡᠭᠦᠨ ᠡᠴᠡ ᠲᠠᠢ ᠳᠡᠭᠡᠭᠰᠢ 20 ᠠᠵᠢᠯᠴᠢᠨ ᠲᠠᠢ
ᠤᠬᠠᠭᠠᠨ ᠤ ᠪᠦᠲᠦᠮᠵᠢ ᠲᠠᠢ ᠶᠢᠨ ᠤᠬᠠᠭᠠᠨ ᠤ ᠬᠥᠳᠡᠯᠮᠦᠷᠢ ᠶᠢᠨ ᠬᠡᠮᠵᠢᠶ᠎ᠡ ᠲᠠᠢ ᠪᠠᠢᠭᠤᠯᠤᠮᠵᠢ ᠪᠤᠶᠤ ᠳᠤᠤᠷ᠎ᠠ ᠳᠤᠤᠷ᠎ᠠ ᠶᠢᠨ ᠪᠠᠢᠭᠤᠯᠤᠯ 50 ᠠᠵᠢᠯᠴᠢᠨ
ᠪᠠᠷᠢᠮᠲᠠ ᠮᠡᠳᠡᠭᠡᠯᠡᠯ ᠦᠨ ᠳᠦ ᠰᠠᠩ ᠪᠠᠷᠢᠮᠲᠠ ᠶᠢᠨ ᠳᠡᠭᠡᠭᠰᠢ ᠮᠡᠳᠡᠭᠡᠯᠡᠯ ᠦᠨ ᠰᠠᠩ mdb ᠳᠤ ᠰᠠᠭᠤᠭᠰᠠᠨ ᠃ 100 ᠠᠵᠢᠯᠴᠢᠨ ᠲᠠᠢ ᠶᠢᠨ ᠳᠤᠤᠷ᠎ᠠ ᠶᠢᠨ ᠤ
ᠲᠠᠢ ᠬᠥᠳᠡᠯᠮᠦᠷᠢ ᠶᠢᠨ ᠤ ᠤᠬᠠᠭᠠᠨ ᠤ ᠪᠦᠲᠦᠮᠵᠢ 》 ᠢ ᠬᠥᠳᠡᠯᠮᠦᠷᠢ ᠶᠢᠨ ᠤ ᠬᠡᠮᠵᠢᠶ᠎ᠡ ᠪᠠᠢᠭᠤᠯᠤᠯ ᠲᠠᠢ ᠬᠠᠮᠲᠤ ᠪᠡᠷ ᠲᠤᠭᠠᠴᠠᠭᠤᠯᠪᠠ᠂ ᠲᠡᠭᠦᠨ ᠲᠡᠭᠡ

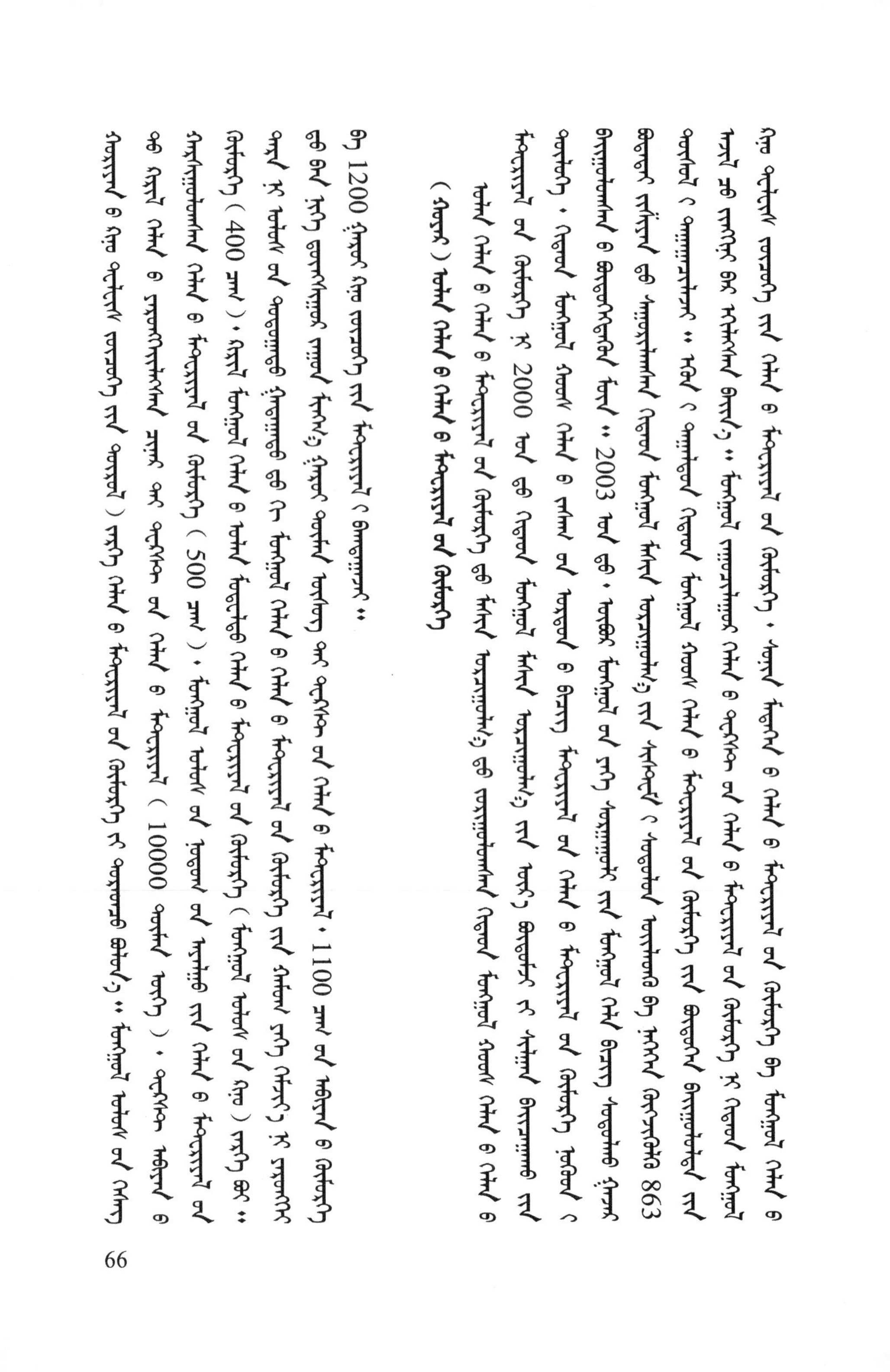

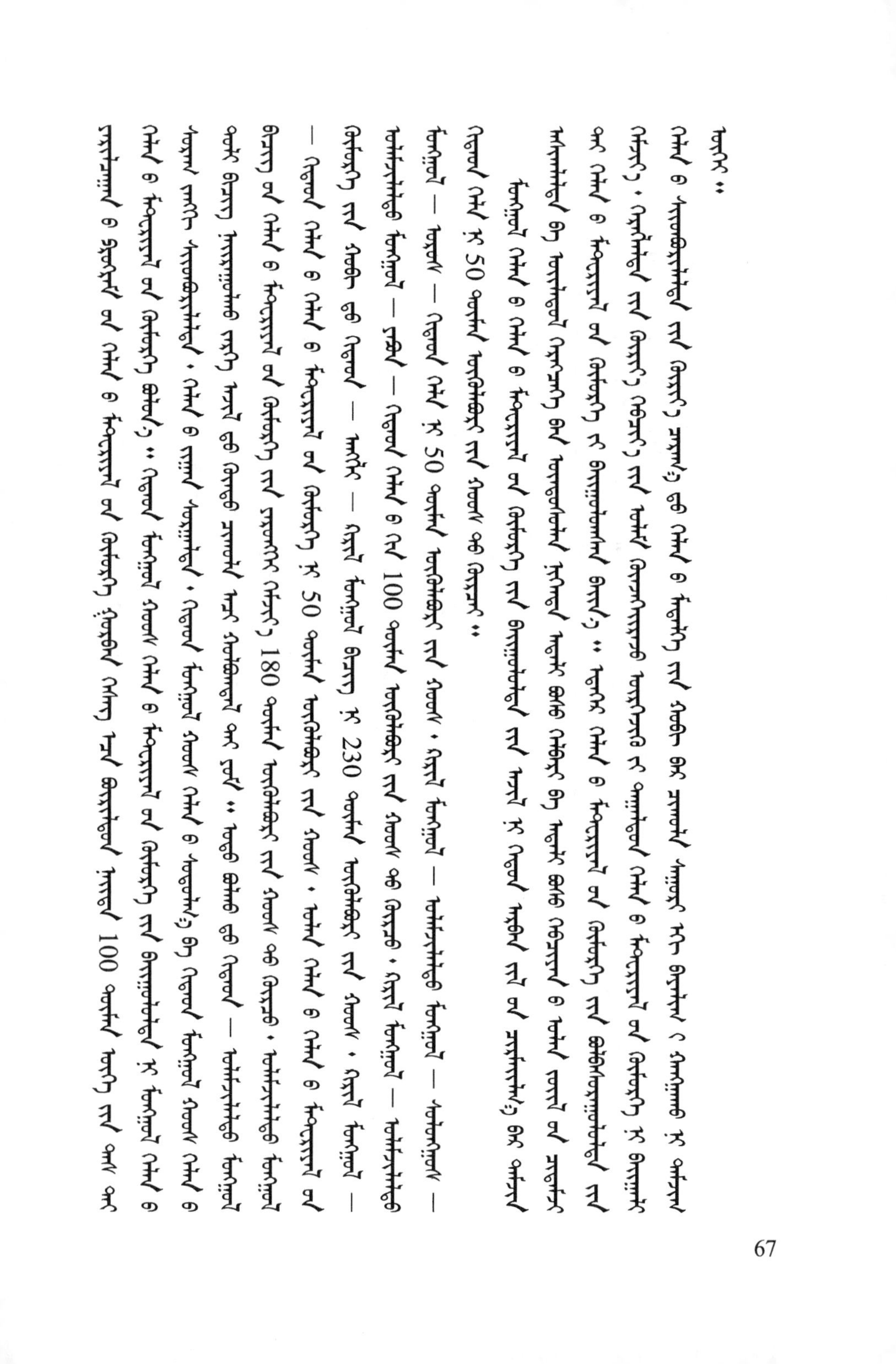

ᠲᠠᠢᠯᠪᠤᠷᠢ:

[1] ᠮᠣᠩᠭᠣᠯᠵᠢᠷᠭᠠᠯ,《ᠮᠣᠩᠭᠣᠯ ᠬᠡᠯᠡ ᠪᠢᠴᠢᠭ ᠤᠨ ᠲᠣᠭᠠᠨ ᠰᠢᠨᠵᠢᠯᠡᠭᠡ》, ᠦᠪᠦᠷ ᠮᠣᠩᠭᠣᠯ ᠤᠨ ᠰᠤᠷᠭᠠᠨ ᠬᠦᠮᠦᠵᠢᠯ ᠦᠨ ᠬᠡᠪᠯᠡᠯ ᠦᠨ ᠬᠣᠷᠢᠶ᠎ᠠ ᠶᠢᠨ ᠬᠡᠪᠯᠡᠯ, 1998 ᠣᠨ, 232 ᠳᠤᠭᠠᠷ ᠨᠢᠭᠤᠷ::

[2] John.Sinclair. Corpus, Consordance, Collocation [M]. Oxford New York 1996, p172.

[3] Kennedy.Graeme Kennedy. An Introduction to Corpus Linguistics [M]. Peking: foreign language teaching and Research Press, 2000. p.1.

[4][16] 黄昌宁，李娟子：《语料库语言学》，商务印书馆，2002年，第1—2、37页。

[5] ᠬᠠᠰ ᠪᠠᠭᠠᠨ, ᠲᠦᠪᠰᠢᠨᠵᠢᠷᠭᠠᠯ:《ᠬᠡᠯᠡ ᠶᠢᠨ ᠮᠡᠳᠡᠭᠡᠯᠡᠯ ᠦᠨ ᠰᠠᠩ ᠤᠨ ᠲᠤᠬᠠᠢ ᠬᠡᠯᠡᠬᠦ ᠨᠢ》,《ᠥᠪᠥᠷ ᠮᠣᠩᠭᠣᠯ ᠤᠨ ᠮᠣᠩᠭᠣᠯ ᠰᠤᠷᠭᠠᠭᠤᠯᠢ》, 2018 ᠣᠨ ᠤ 3 ᠳᠤᠭᠠᠷ ᠬᠡᠪᠯᠡᠯ::

[6] https://www.pearsonlongman.com/dictionaries/corpus/index.html.

[7] https://www.ldc.upenn.edu.

[8] https://www.aihanyu.org/cncorpus/index.aspx.

[9] https://www.mycobuild.com/about-collins-corpusaspx.

[10] 桂诗春，杨惠中编著：《中国学习者英语语料库》，上海外语教育出版社，2003年。

[11] https://www.researchgate.net/publication/239062281_The_London-Lund_Corpus_of_Spoken_English.

[12] https://www.essex.ac.uk/linguistics/external/clmt/w3c/corpus_ling/content/corpora/list/

〔26〕https: //www.sinica.edu.tw/Sinica Corpus.

〔25〕https: // www.icl.pku.cn/icl_res.

〔24〕https: // www.cncorpus.org.

第 88—94 页。

〔23〕邱邵捷、宋柔:《大规模语料库中词语接续对的统计与分析》，清华大学出版社，1997年，

〔22〕Sinclair.Corpus,Concordance,Collection.Oxford University Press,1991.

页。

〔21〕道格拉斯·比伯等:《语料库语言学》，刘颖、胡海涛译，清华大学出版社，2012 年，第 1

〔20〕张普:《关于语感与流通度的思考》,《语言教学与研究》，1999 年第 2 期。

Longman,1991.

〔19〕 Summers,Longman/Lancaster English Language Corpus: Cristeria and Design,Harlow:

〔18〕冯志伟:《现代语言学流派》（增订本），商务印书馆，2013 年，第 569— 574 页。

〔17〕俞士汶主编:《计算语言学概论》，商务印书馆，2003 年，第 83 页。

Research Press,2000 : 60.

〔15〕Kennedy · G. An introduction to Corpus Linguistics.Peking : Foreign Language Teaching and

〔14〕https: //corpus.byu.edu/coca.

〔13〕https: //ccl.pku.edu.cn: 8080/ccl_corpus/index.

private/brown/brown.html.

〔27〕雪艳、文化、那顺乌日图：《蒙古语语料库综述》，《中国少数民族多文种信息处理研究与平台为例》，《中国式现代化与语言文字应用前沿论坛主题报告》，2023 年。

〔28〕那顺乌日图：《语言资源建设与语言技术服务相融合的尝试 —— 以东北亚语言资源数字化进展 —— 首届全国少数民族青年自然语言处理学术研讨会》，2004 年。

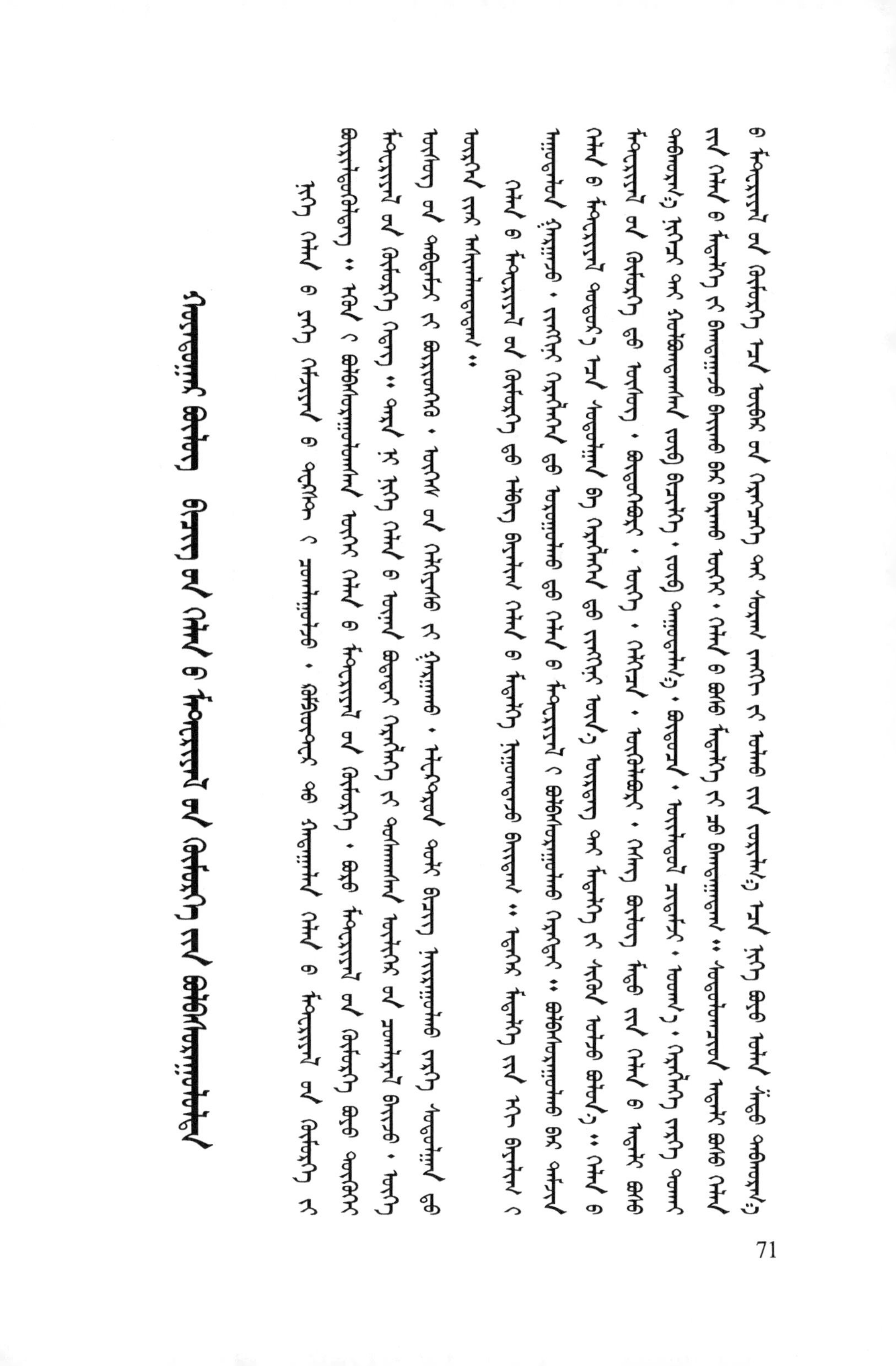

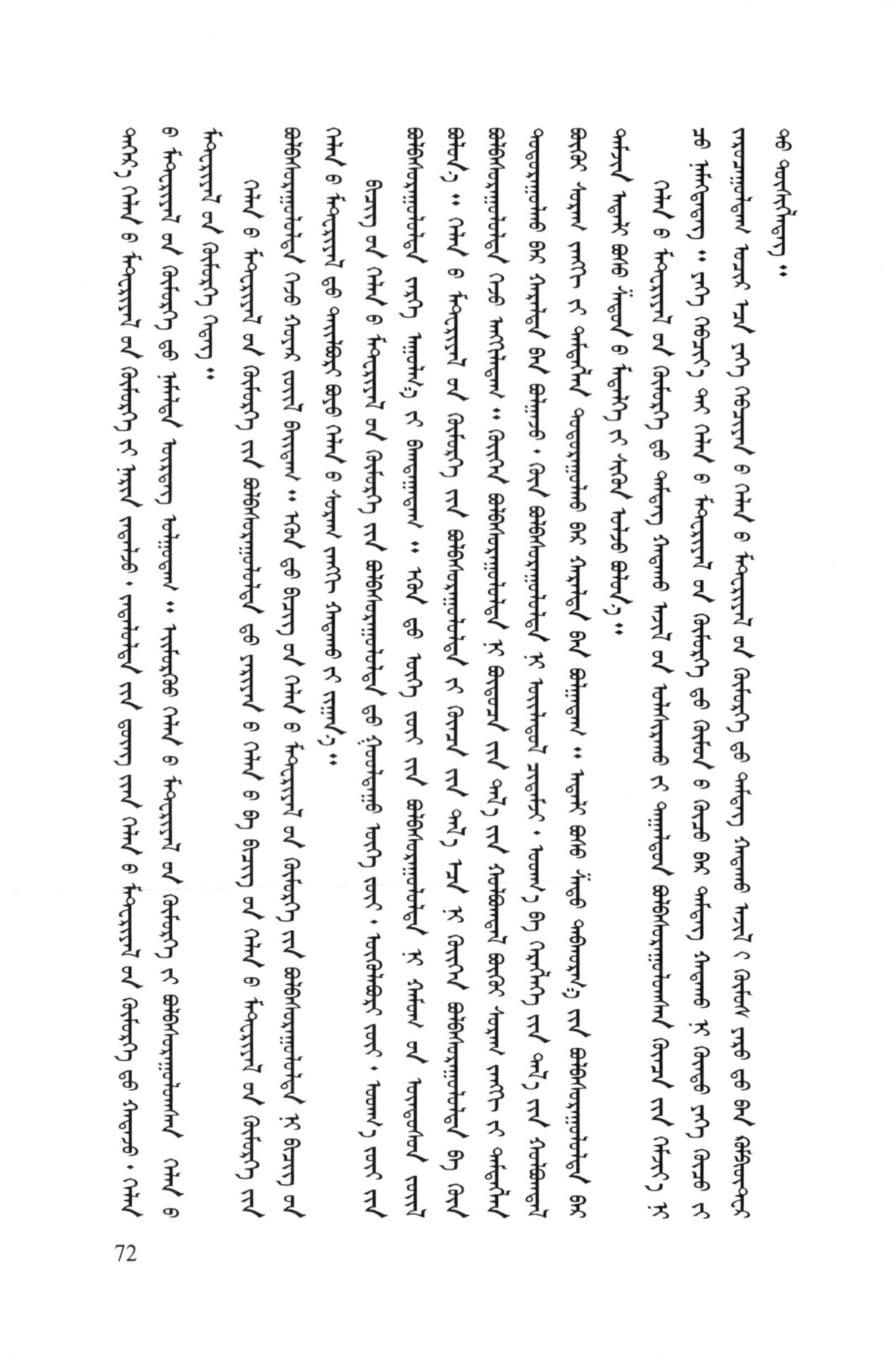

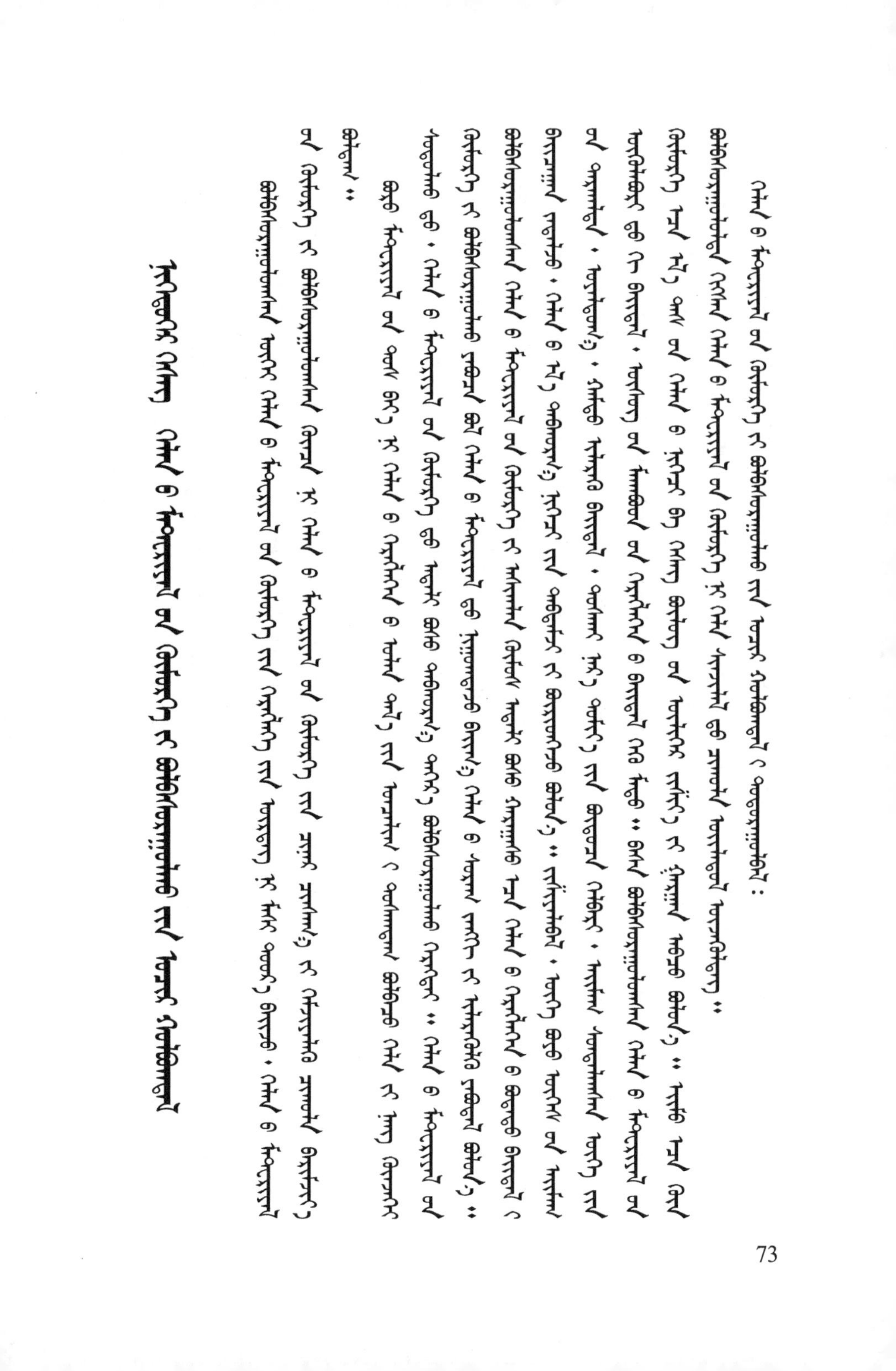

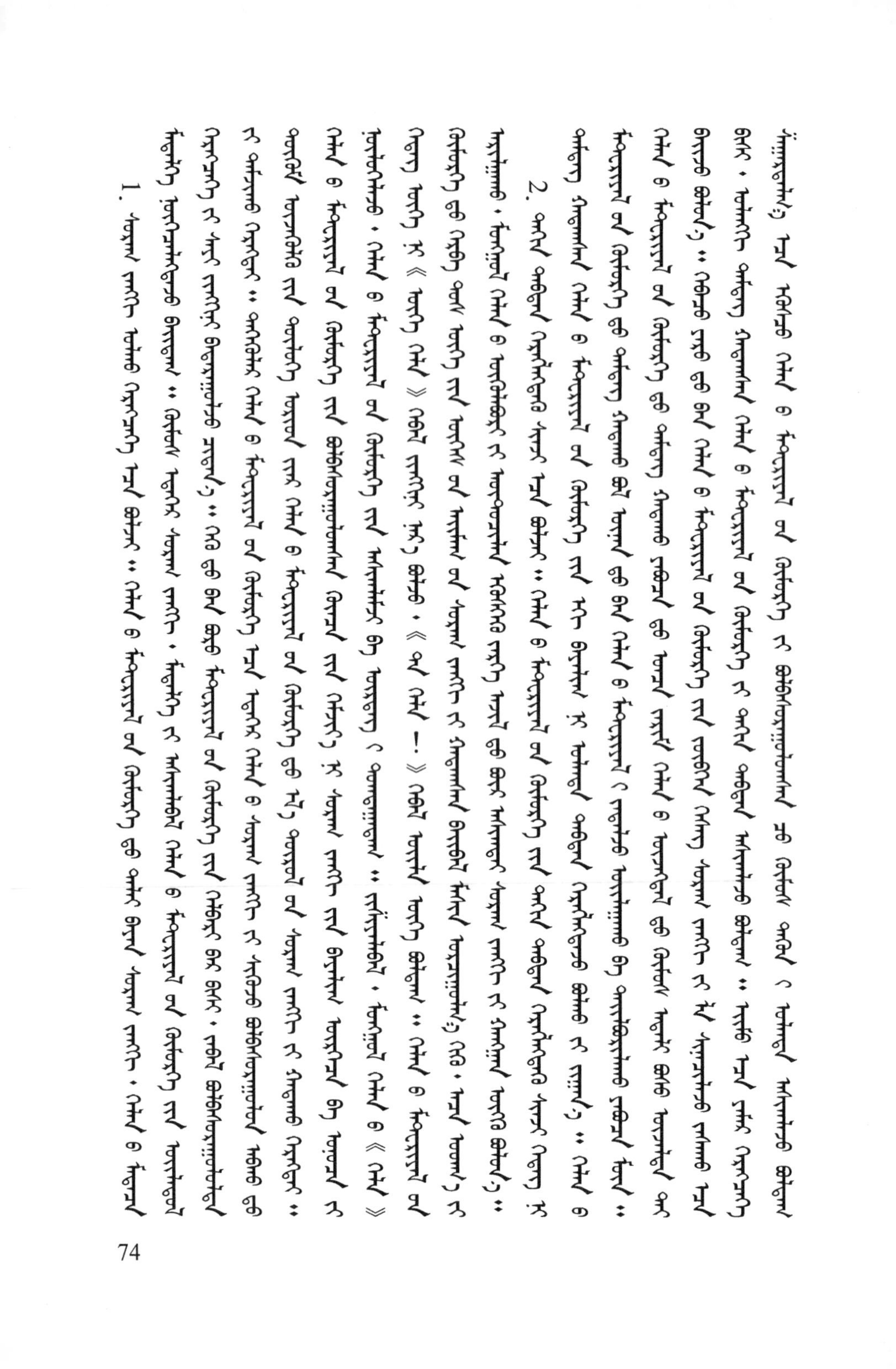

1. [illegible]

2. [illegible]

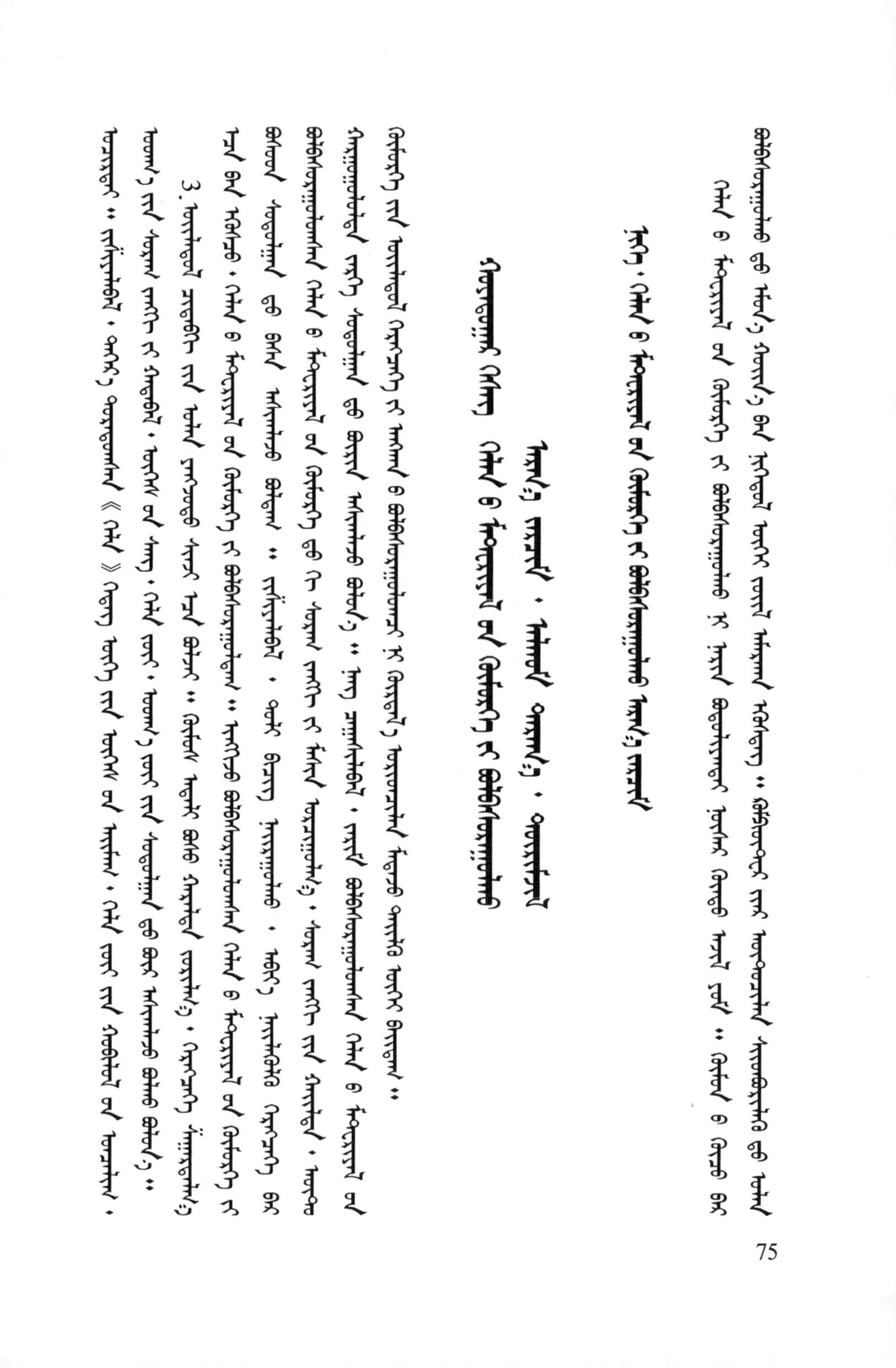

[illegible] :: [illegible] · [illegible] · [illegible] 《 [illegible] 》 [illegible] ·

[illegible] · [illegible] · [illegible] · [illegible] ::

3. [illegible] :: [illegible] · [illegible]

[illegible] · [illegible] :: [illegible]

[illegible] :: [illegible] · [illegible] · [illegible] · [illegible]

[illegible] · [illegible] · [illegible] · [illegible]

[illegible] :: [illegible] · [illegible]

[illegible] ::

[illegible]

[illegible] · [illegible] · [illegible]

[illegible] · [illegible]

[illegible] :: [illegible] :: [illegible]

[illegible] :: [illegible]

[illegible]

[illegible]

(ᠨᠢᠭᠡ) ᠪᠣᠯᠪᠠᠰᠤᠷᠠᠯ ᠤᠨ ᠨᠡᠶᠢᠭᠡᠮ ᠦᠨ ᠬᠥᠭᠵᠢᠯᠲᠡ ᠶᠢᠨ ᠰᠢᠨᠵᠢ

[illegible]

[illegible]

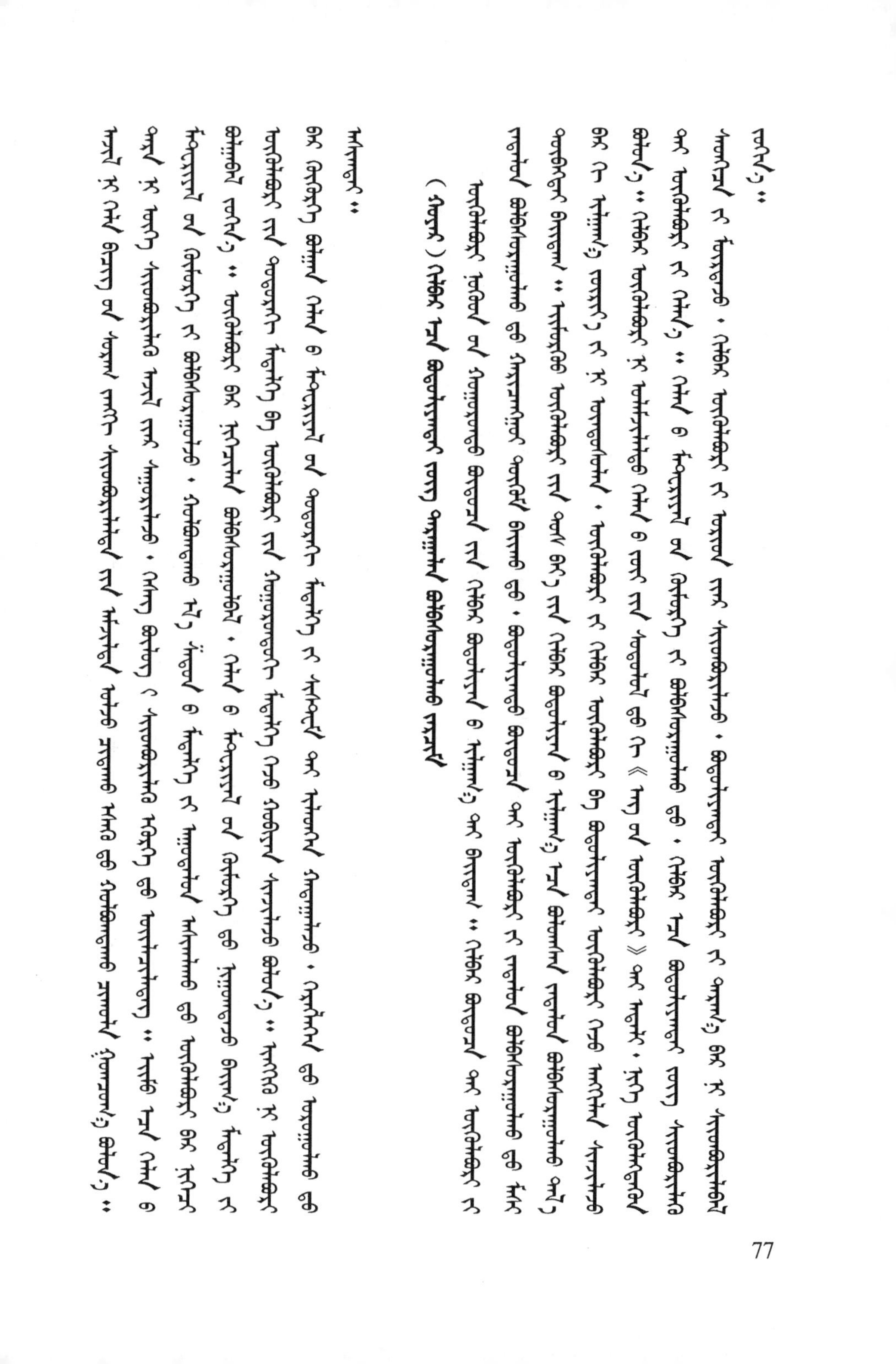

ᠬᠥᠭᠵᠢᠭᠦᠯᠬᠦ ᠠᠷᠭ᠎ᠠ ᠶᠢᠨ ᠪᠠᠶᠢᠭᠤᠯᠤᠯᠲᠠ (ᠭᠤᠷᠪᠠ)

ᠮᠣᠩᠭᠣᠯ ᠬᠡᠯᠡᠨ ᠦ ᠨᠡᠶᠢᠭᠡᠮ ᠦᠨ ᠬᠡᠷᠡᠭᠯᠡᠭᠡᠨ ᠳᠦ · ᠮᠣᠩᠭᠣᠯ ᠬᠡᠯᠡ ᠪᠢᠴᠢᠭ ᠦᠨ ᠬᠡᠷᠡᠭᠯᠡᠭᠡᠨ ᠤ ᠪᠠᠶᠢᠳᠠᠯ ᠢ ᠰᠢᠨᠵᠢᠯᠡᠨ [illegible]
ᠬᠡᠯᠡᠨ ᠪᠢᠴᠢᠭ ᠦᠨ ᠪᠣᠳᠣᠯᠭ᠎ᠠ ᠬᠡᠷᠡᠭᠲᠡᠢ ::

(ᠳᠥᠷᠪᠡ) ᠮᠣᠩᠭᠣᠯ ᠬᠡᠯᠡᠨ ᠪᠢᠴᠢᠭ ᠦᠨ ᠠᠵᠢᠯ

ᠬᠡᠯᠡ ᠶᠢᠨ ᠨᠡᠶᠢᠭᠡᠮᠴᠢᠯᠡᠯ ᠳᠦ ᠪᠣᠯᠤᠨ ᠶᠢᠨ ᠬᠡᠷᠡᠭᠯᠡᠭᠡᠨ ᠳᠦ · ᠮᠣᠩᠭᠣᠯ ᠬᠡᠯᠡᠨ ᠪᠢᠴᠢᠭ ᠦᠨ ᠠᠵᠢᠯ ᠤᠨ ᠬᠦᠷᠢᠶᠡᠯᠡᠩ ᠳᠦ ᠪᠠᠭᠲᠠᠨ᠎ᠠ ::
[illegible]

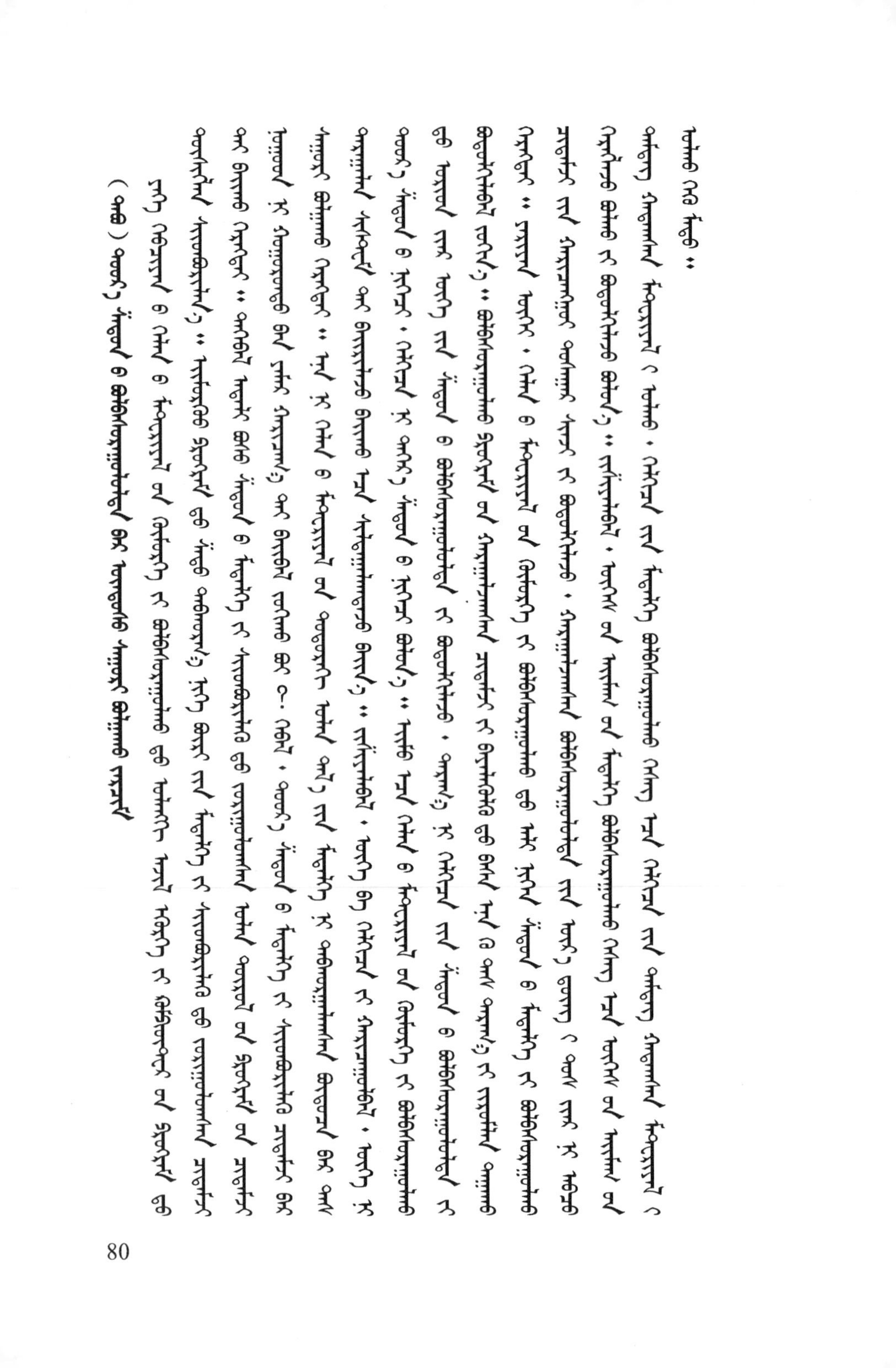

[illegible]

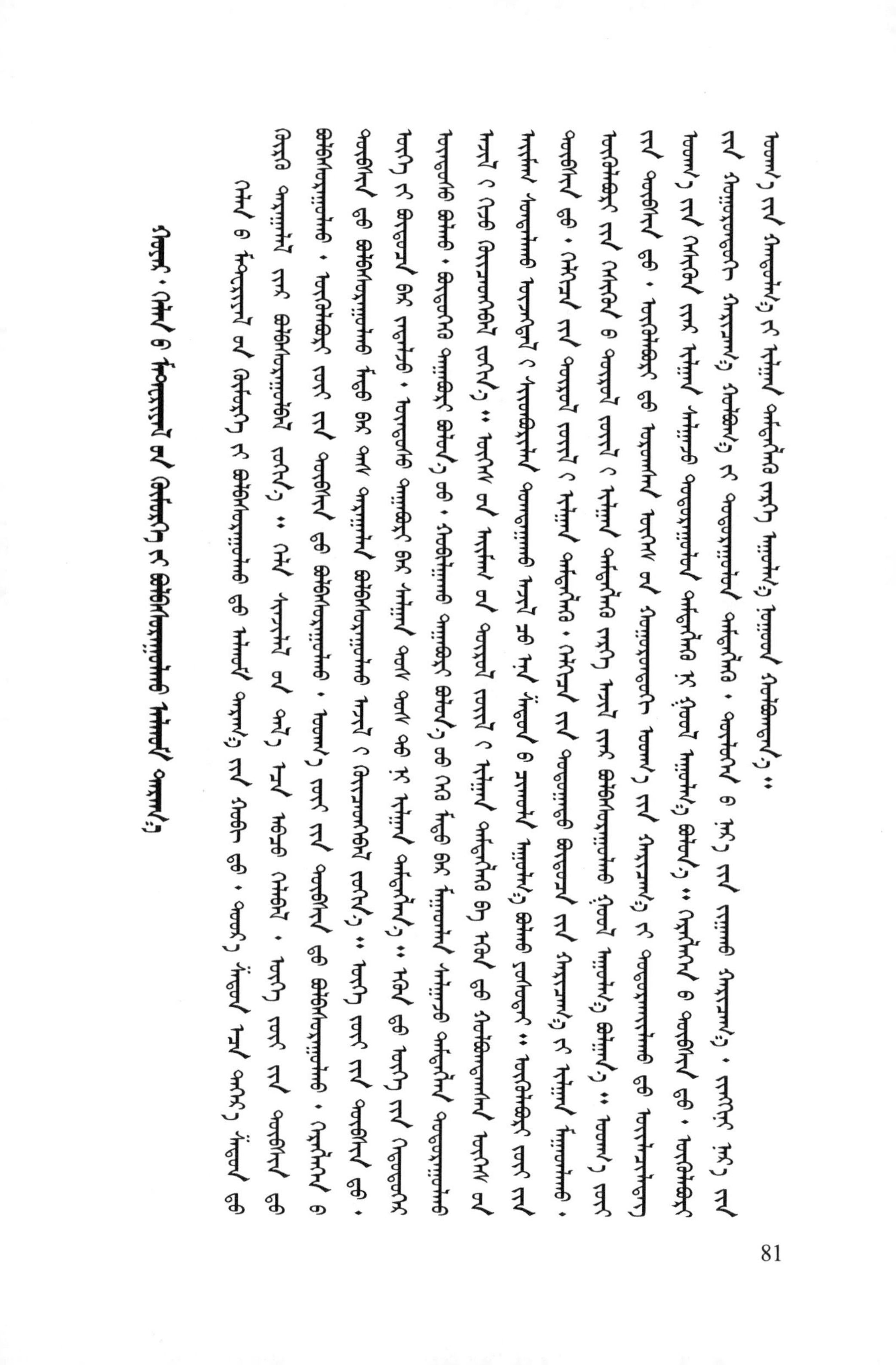

[illegible]

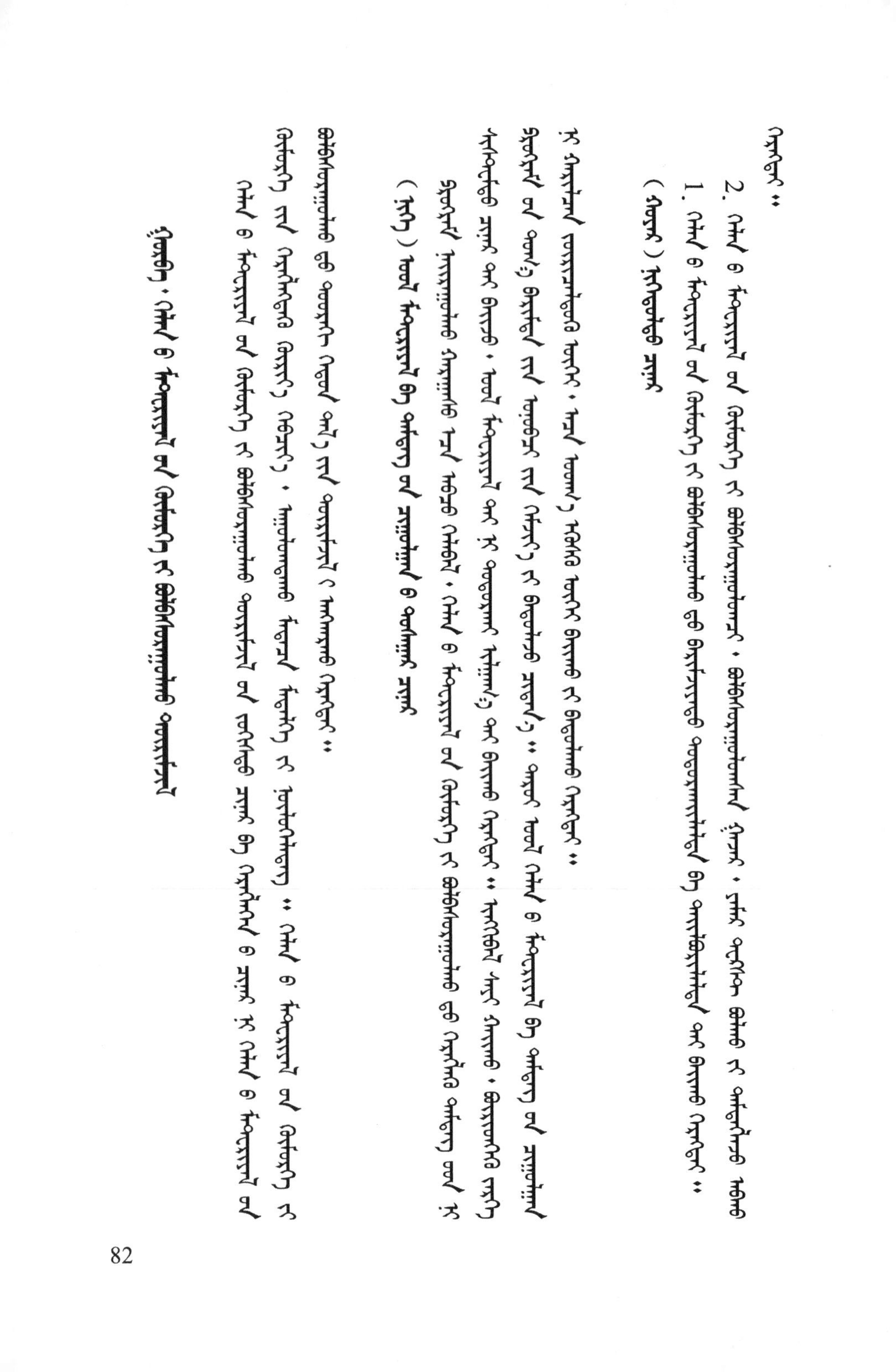

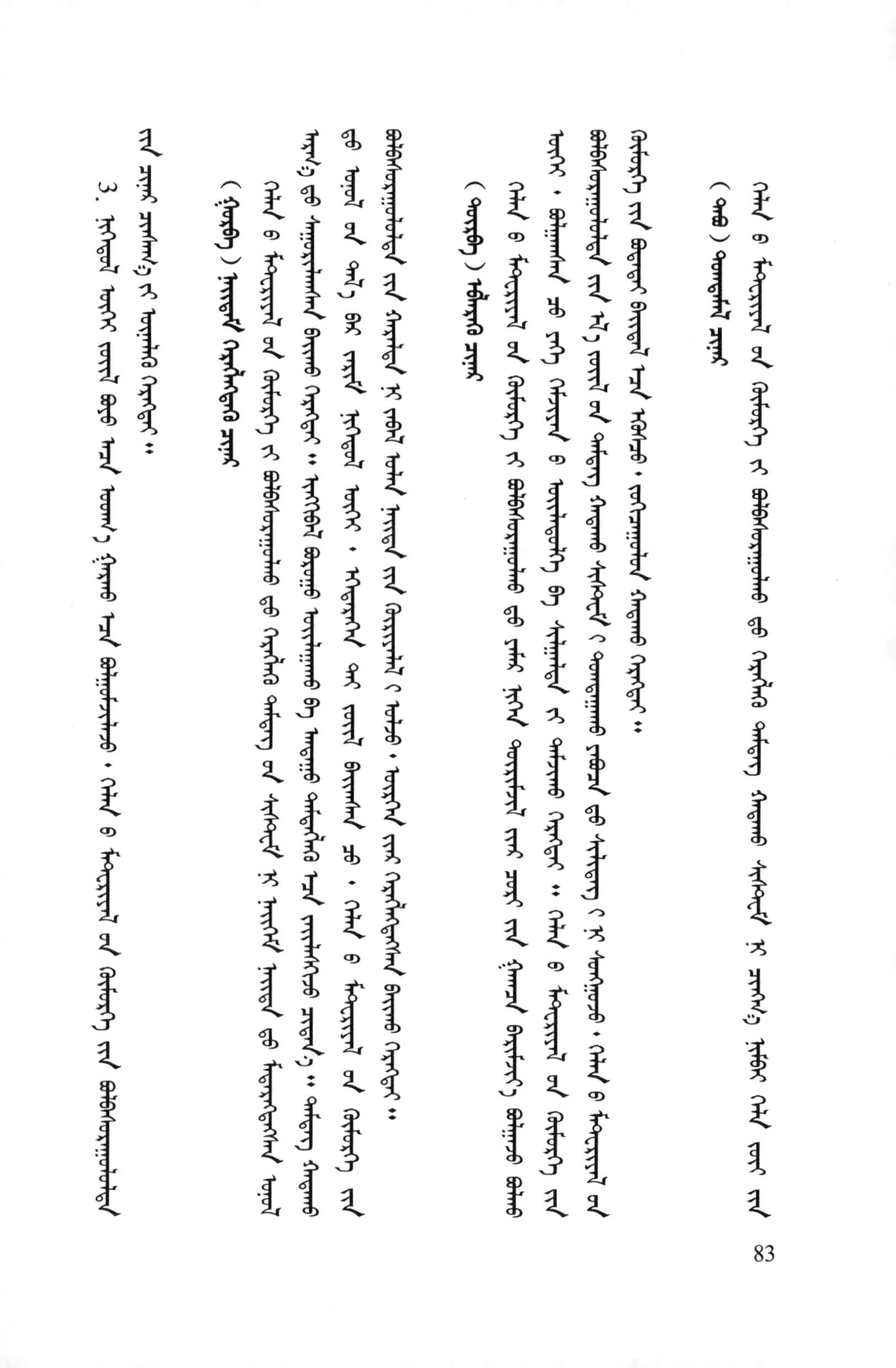

[illegible] 20 [illegible]

[illegible]

[illegible] 《 [illegible] 》(GB / T26235 – 2010) [illegible]

[illegible] 2010 [illegible] 《 [illegible] —— [illegible]

[illegible] 》(GB / T20532 – 2006) [illegible]

《 [illegible] 》 [illegible] 2006 [illegible]

[illegible] 1999 [illegible]

[illegible]

1982 [illegible] (Sampson) [illegible] 1987 [illegible]

[illegible]

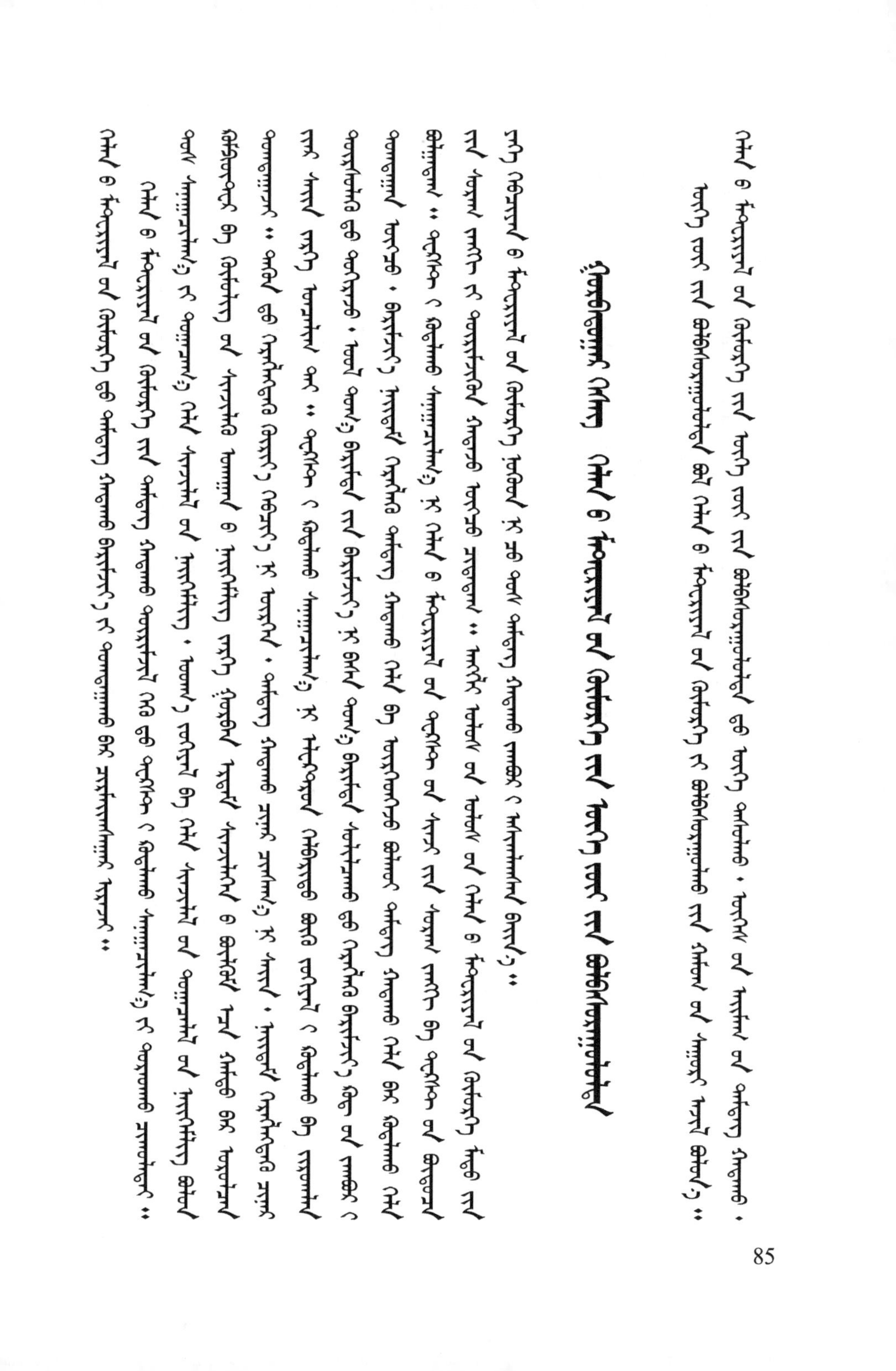

[illegible]

[illegible]

[illegible]

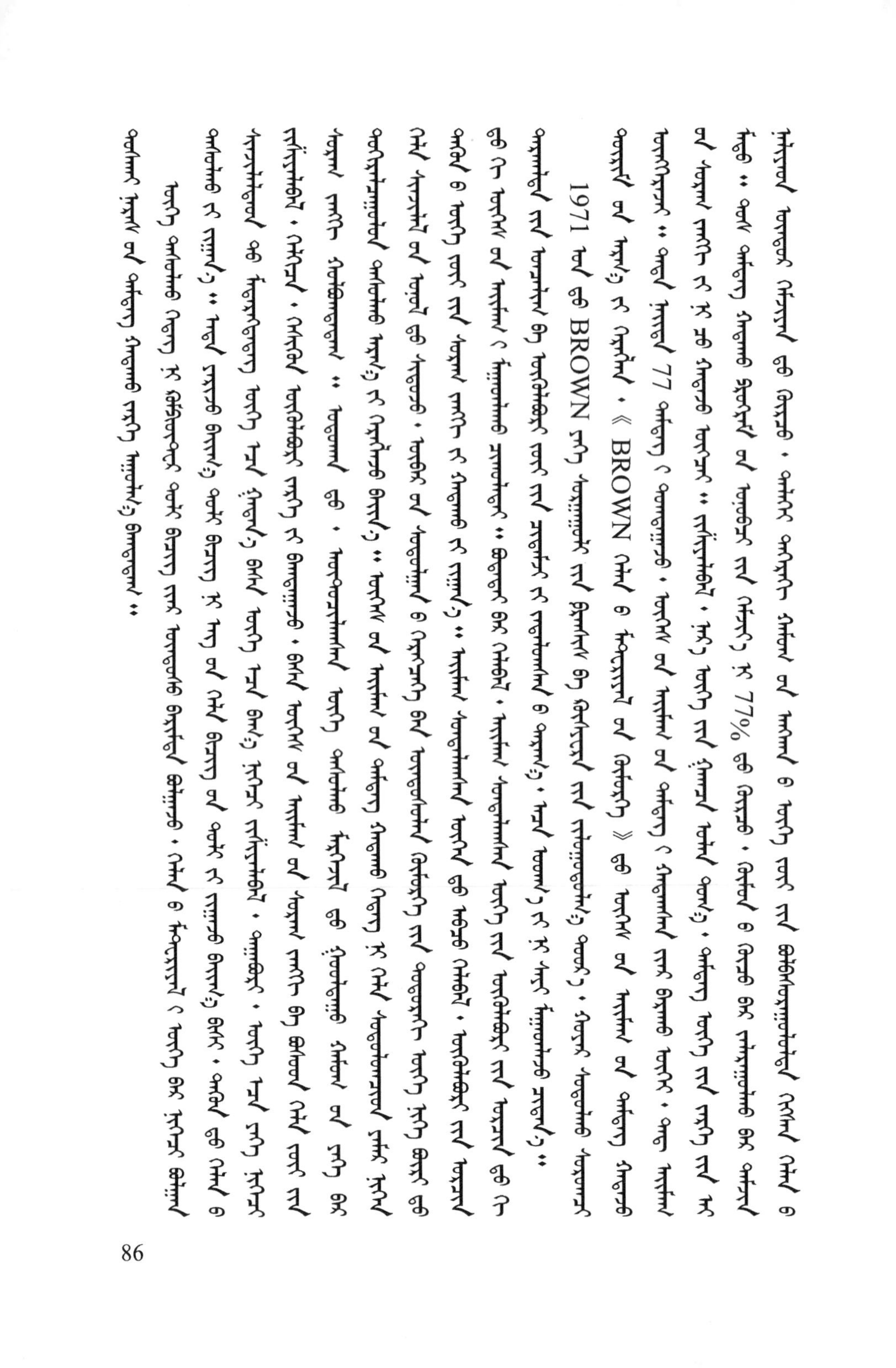

[illegible] ::

[illegible] 77% [illegible] 77 [illegible] ::

1971 [illegible] BROWN [illegible] 《BROWN [illegible]》 [illegible] ::

[illegible]

[illegible] 1999 [illegible]

《[illegible]》[illegible]

[illegible] 39 [illegible]

[illegible]:

大家＼r 虽然＼c 累＼a ，＼w 可＼c 都＼d 很＼d 愉快＼a 。＼w

尽管＼c 天＼n 下＼v 着＼u 雨＼n ，＼w 他＼r 还是＼d 出发＼v 了＼y 。＼w

[illegible]

[illegible]

([illegible]) [illegible]

[illegible]

ᠲᠣᠭ᠎ᠠ ᠲᠠᠢ ᠬᠠᠷᠢᠴᠠᠭᠤᠯᠤᠯᠲᠠ ᠬᠢᠭᠰᠡᠨ ᠰᠤᠳᠤᠯᠭᠠᠨ ᠤ ᠬᠦᠷᠢᠶᠡᠯᠡᠩ ᠳᠦ ᠪᠠ《BROWN ᠬᠡᠯᠡᠨ ᠦ ᠮᠠᠲ᠋ᠧᠷᠢᠶᠠᠯ ᠤᠨ ᠰᠠᠩ》ᠲᠠᠢ TAGGIT ᠨᠡᠮᠡᠯᠲᠡ ᠪᠣᠯᠪᠠ :: ᠨᠢᠭᠡ ᠨᠡᠮᠡᠯᠲᠡ ᠶᠢ 3300 ᠣᠷᠴᠢᠮ ᠦᠭᠡᠰ ᠪᠣᠯ 86 ᠬᠤᠪᠢ ᠶᠢᠨ ᠲᠣᠭ᠎ᠠ ᠶᠢᠨ ᠵᠢᠷᠤᠭ ᠶᠢᠨ ᠦᠭᠡᠰ ᠦᠨ ᠬᠠᠮᠢᠶᠠᠷᠤᠯᠲᠠ· ᠲᠣᠭᠠᠴᠠᠭ᠎ᠠ ᠲᠠᠢ ᠬᠠᠷᠢᠴᠠᠭᠤᠯᠪᠠᠯ ᠨᠢ 77% ᠲᠤ ᠬᠦᠷᠴᠡᠢ :: ᠲᠣᠭᠲᠠᠭᠰᠠᠨ ᠬᠡᠯᠡᠨ ᠦ ᠮᠠᠲ᠋ᠧᠷᠢᠶᠠᠯ ᠤᠨ ᠰᠠᠩ ᠲᠤ ᠲᠣᠭᠠᠨ ᠤ ᠲᠡᠭᠦᠨ ᠤ ᠬᠣᠶᠠᠷ ᠬᠡᠰᠡᠭ ᠬᠡᠰᠡᠭ ᠤᠨ AYIMAG ᠪᠣᠯ DARHAN ᠨᠡᠮᠡᠯᠲᠡ ᠶᠢ ᠲᠤᠰ ᠦᠭᠡᠰ ᠪᠣᠯ ᠦᠭᠡ ᠶᠢᠨ ᠳᠠᠪᠲᠠᠮᠵᠢ ᠶᠢᠨ ᠬᠠᠮᠢᠶᠠᠷᠤᠯᠲᠠ ᠪᠠᠷ ᠬᠠᠮᠢᠶᠠᠷᠤᠯᠲᠠ· ᠲᠣᠭᠠᠴᠠᠭ᠎ᠠ ᠲᠠᠢ ᠬᠠᠷᠢᠴᠠᠭᠤᠯᠪᠠᠯ ᠨᠢ ᠨᠢᠭᠡ ᠨᠢᠭᠡ 82% ᠪᠣᠯ 77.2% ᠬᠦᠷᠴᠡᠢ ::

ᠦᠭᠡᠰ ᠦᠨ ᠳᠠᠪᠲᠠᠮᠵᠢᠯᠠᠯ ᠬᠤᠪᠢ ᠶᠢᠨ ᠲᠠᠢ ᠬᠠᠮᠢᠶᠠᠷᠤᠯᠲᠠ ᠪᠠᠢᠨ᠎ᠠ :

1. ᠲᠣᠭ᠎ᠠ ᠳᠠᠪᠲᠠᠮᠵᠢ ᠶᠢᠨ ᠢ ᠲᠣᠭᠠᠴᠠᠭᠤᠯᠤᠯᠲᠠ ᠶᠢᠨ ᠬᠡᠮᠵᠢᠭᠳᠡᠬᠦ ᠪᠣᠯᠤᠨ᠎ᠠ· ᠭᠠᠭᠴᠠ ᠲᠣᠭ᠎ᠠ ᠳᠠᠪᠲᠠᠮᠵᠢ ᠶᠢᠨ ᠢ ᠲᠣᠭᠠᠴᠠᠭᠤᠯᠬᠤ ᠪᠣᠯᠤᠨ᠎ᠠ ::

2. ᠪᠢᠴᠢᠭᠳᠡᠬᠦ ᠲᠠᠢ ᠬᠡᠯᠡᠨ ᠦ ᠮᠠᠲ᠋ᠧᠷᠢᠶᠠᠯ ᠬᠡᠯᠡᠨ ᠦ ᠪᠦᠲᠦᠭᠡᠯ ᠡᠴᠡ ᠬᠠᠮᠠᠷᠤᠨ᠎ᠠ :: ᠦᠭᠡᠰ ᠨᠢ ᠦᠷᠬᠦᠯᠵᠢᠯᠲᠡ· ᠦᠭᠡᠰ ᠦᠨ ᠬᠠᠮᠢᠶᠠᠷᠤᠯᠲᠠ ᠶᠢ ᠲᠣᠮᠣᠭ ᠨᠢ ᠲᠦᠷᠦᠯ ᠦᠨ ᠪᠠᠷᠠᠭᠤᠨ ::

3. ᠵᠢᠷᠤᠭ ᠬᠡᠯᠡᠯᠲᠡ ᠶᠢᠨ ᠦᠭᠡᠰ ᠦᠨ ᠦᠭᠡᠯᠡᠬᠦ ᠵᠢᠷᠤᠮ ᠲᠣᠭ᠎ᠠ ᠶᠢ ᠦᠭᠡᠰ ᠦᠨ ᠲᠦᠷᠦᠯ ᠤᠨ ᠬᠡᠯᠡᠯᠲᠡ ᠶᠢᠨ ᠦᠭᠡᠯᠡᠬᠦ ᠵᠡᠷᠭᠡ ᠲᠣᠭ᠎ᠠ :: ᠲᠡᠷᠡ ᠨᠢ ᠦᠭᠡᠰ ᠦᠨ ᠪᠦᠲᠦᠭᠡᠯ ᠲᠣᠭ᠎ᠠ ᠶᠢᠨ ᠵᠢᠷᠤᠭ ᠬᠡᠯᠡᠯᠲᠡ ᠶᠢᠨ ᠦᠭᠡᠯᠡᠬᠦ ᠶᠢ ᠲᠣᠭᠲᠠᠭᠠᠬᠤ ᠪᠣᠯᠤᠨ᠎ᠠ ::

ᠦᠭᠡᠰ ᠦᠨ ᠳᠠᠪᠲᠠᠮᠵᠢᠯᠠᠯ ᠬᠤᠪᠢ ᠶᠢᠨ ᠲᠠᠢ ᠪᠠᠢᠴᠠᠭᠠᠬᠤ ᠲᠣᠭ᠎ᠠ ᠪᠠᠢᠨ᠎ᠠ :

1. ᠬᠡᠷᠡᠭᠯᠡᠬᠦ ᠳᠠᠪᠲᠠᠮᠵᠢ ᠲᠠᠢ ᠪᠠᠢᠭᠤᠯᠤᠯ ᠨᠢ ᠲᠣᠭᠠᠨ :: ᠪᠢᠴᠢᠭᠳᠡᠬᠦ ᠶᠢᠨ ᠲᠣᠭᠠᠴᠠᠭᠤᠯᠤᠯᠲᠠ ᠶᠢᠨ ᠬᠡᠮᠵᠢᠭ᠎ᠡ ᠶᠢᠨ ᠲᠣᠭ᠎ᠠ ᠲᠠᠢ ᠦᠭᠡᠰ ᠦᠨ ᠬᠦᠷᠢᠶᠡ ᠪᠡᠨ ᠦ·
ᠬᠡᠯᠡᠨ ᠪᠢᠴᠢᠭᠳᠡᠬᠦ ᠦᠭᠡ ᠪᠠᠢᠳᠠᠯ ᠳᠤ ᠲᠡᠭᠦᠨ ᠤ ᠬᠡᠯᠡᠯᠲᠡ ᠶᠢᠨ ᠦᠭᠡᠰ ᠦᠨ ᠲᠣᠭᠠᠴᠠᠭᠤᠯᠤᠯᠲᠠ· ᠲᠣᠭᠠᠨ ᠲᠣᠭᠠᠴᠠᠭ᠎ᠠ ᠲᠠᠢ ᠲᠣᠭᠠᠴᠠᠭᠤᠯᠪᠠᠯ ᠪᠠᠢᠨ᠎ᠠ·
ᠬᠡᠯᠡᠨ ᠦ ᠪᠦᠲᠦᠭᠡᠯ ᠢ ᠬᠡᠷᠡᠭᠯᠡᠬᠦ ::

2. ᠦᠭᠡᠰ ᠦᠨ ᠦᠷᠬᠦᠯᠵᠢᠯᠲᠡ ᠶᠢᠨ ᠲᠣᠭ᠎ᠠ ᠨᠢ ᠬᠡᠯᠡᠨ ᠦ ᠮᠠᠲ᠋ᠧᠷᠢᠶᠠᠯ ᠲᠠᠢ ᠦᠭᠡᠰ ᠦᠨ ᠳᠠᠪᠲᠠᠮᠵᠢ ᠲᠠᠢ ᠲᠣᠭᠠᠨ :: ᠨᠢᠭᠡ ᠦᠭᠡᠰ ᠦᠨ ᠳᠠᠪᠲᠠᠮᠵᠢ ᠶᠢᠨ ᠲᠣᠭ᠎ᠠ ᠲᠠᠢ ᠦᠭᠡᠰ ᠦᠨ ᠰᠤᠳᠤᠯᠭᠠᠨ ᠤ ᠦᠭᠡᠰ
ᠦᠨ ᠦᠭᠡᠰ ᠨᠢ ᠲᠣᠭᠠᠴᠠᠭᠤᠯᠤᠯᠲᠠ ᠶᠢᠨ ᠲᠣᠭ᠎ᠠ ᠪᠠᠢᠨ᠎ᠠ ::

ᠬᠠᠮᠢᠶᠠᠷᠤᠯᠲᠠᠢ ᠦᠭᠡᠰ ᠨᠢ ᠨᠡᠢᠲᠡ ᠲᠣᠭ᠎ᠠ ᠶᠢᠨ ᠦᠰᠦᠭ ᠦᠰᠦᠭᠡᠴᠡ ᠲᠣᠭᠠᠨ ᠣᠯᠠᠨ :: ᠨᠡᠢᠲᠡ ᠦᠭᠡᠰ ᠦᠨ ᠳᠠᠪᠲᠠᠮᠵᠢ ᠲᠤ ᠲᠣᠭ᠎ᠠ ᠶᠢᠨ ᠦᠭᠡᠰ ᠦᠨ

ᠪᠣᠯᠤᠭᠰᠠᠨ ᠪᠠᠷ ᠬᠡᠷᠡᠭᠵᠢᠭᠦᠯᠦᠯ ᠲᠡᠰ ᠦᠭᠡᠰ ᠦᠨ ᠬᠡᠯᠪᠡᠷᠢ ᠶᠢᠨ ᠰᠢᠨᠵᠢᠯᠡᠯ ᠲᠣᠭᠠᠴᠠᠭᠠᠨ ᠲᠠᠢ ᠬᠠᠷᠢᠴᠠᠭ᠎ᠠ ᠨᠢ 96.7% ᠳᠦ ᠬᠦᠷᠦᠭᠰᠡᠨ ᠃ ᠬᠣᠶᠠᠷ ᠲᠠᠢ ᠰᠣᠩᠭᠣᠬᠤ ᠬᠡᠯᠪᠡᠷᠢ ᠶᠢᠨ 《 LOB ᠬᠡᠯᠡ ᠪᠡ ᠮᠡᠳᠡᠭᠡᠯᠡᠯ ᠦᠨ ᠪᠠᠭᠠᠵᠢ 》 ᠳᠦ ᠬᠠᠮᠤᠷᠤᠭᠳᠠᠭᠰᠠᠨ ᠲᠠᠢ ᠬᠠᠷᠢᠴᠠᠯ ᠤᠨ ᠬᠠᠷᠢᠴᠠᠭ᠎ᠠ ᠲᠣᠭᠠᠨ ᠳᠤ ᠰᠢᠨᠵᠢᠯᠡᠬᠦ ᠶᠢ ᠪᠣᠳᠣᠯᠭᠣᠭᠳᠠᠭᠰᠠᠨ ᠬᠡᠯᠡᠨ 《 BROWN ᠬᠡᠯᠡ ᠪᠡ ᠮᠡᠳᠡᠭᠡᠯᠡᠯ ᠦᠨ ᠪᠠᠭᠠᠵᠢ 》 ᠪᠠᠷ ᠪᠢᠴᠢᠭᠯᠡᠯ ᠦᠨ ᠨᠢᠭᠤᠷ ᠪᠣᠯᠭᠠᠬᠤ ᠂ ᠲᠡᠰ ᠦᠭᠡᠰ ᠦᠨ ᠬᠡᠯᠪᠡᠷᠢ ᠶᠢᠨ ᠢ ᠬᠠᠮᠤᠷᠤᠭᠤᠯᠬᠤ ᠂ 《 LOB ᠬᠡᠯᠡ ᠪᠡ ᠮᠡᠳᠡᠭᠡᠯᠡᠯ ᠦᠨ ᠪᠠᠭᠠᠵᠢ 》 ᠳᠦ ᠲᠡᠰ ᠦᠭᠡᠰ ᠦᠨ ᠬᠡᠯᠪᠡᠷᠢ ᠶᠢᠨ ᠰᠢᠨᠵᠢᠯᠡᠯ ᠲᠣᠭᠠᠴᠠᠭᠠᠨ ᠃ ᠬᠣᠶᠠᠷ ᠲᠠᠯ᠎ᠠ ᠲᠠᠢ ᠲᠠᠢ ᠵᠢᠷᠤᠮ ᠳᠦ CLAWS ᠂ VOLSUNGA ᠂ Veterbi ᠵᠡᠷᠭᠡ ᠪᠠᠷ ᠃ 1982 ᠣᠨ ᠳᠦ ᠬᠥᠭᠵᠢᠭᠦᠯᠦᠭᠰᠡᠨ ᠬᠠᠷᠢᠴᠠᠯ ᠤᠨ ᠪᠢᠴᠢᠭᠯᠡᠯ ᠦᠨ ᠵᠢᠷᠤᠮ ᠬᠡᠷᠡᠭᠯᠡᠭᠳᠡᠭᠰᠡᠨ ᠪᠢᠴᠢᠭᠯᠡᠯ ᠦᠨ ᠱᠣᠰᠢᠭᠠᠯᠠᠯ ᠤᠨ ᠵᠢᠷᠤᠮ ᠳᠦ N ᠲᠤᠬᠠᠢᠳᠤ ᠵᠠᠭᠪᠤᠷ ᠤᠨ ᠵᠢᠷᠤᠮ ᠢ ᠬᠣᠶᠠᠷ ᠲᠣᠭᠠᠳᠤ ᠵᠠᠭᠪᠤᠷ ᠬᠡᠷᠡᠭᠯᠡᠬᠦ ᠪᠠᠷ ᠃ ᠪᠣᠯᠤᠮᠵᠢ ᠲᠠᠢ ᠤᠨ ᠲᠣᠭᠠᠴᠠᠭᠠᠨ ᠢ ᠬᠣᠷᠢᠶᠠᠩᠭᠤᠢ ᠂ ᠬᠣᠶᠠᠷ ᠪᠠᠭ᠎ᠠ ᠳᠦ ᠨᠢ ᠰᠣᠩᠭᠣᠨ ᠲᠣᠭᠠᠴᠠᠬᠤ ᠂ ᠰᠣᠩᠭᠣᠯᠲᠠ ᠶᠢᠨ ᠲᠣᠭᠠᠴᠠᠭ᠎ᠠ ᠰᠣᠩᠭᠣᠨ ᠲᠣᠭᠠᠴᠠᠭᠰᠠᠨ ᠢ ᠨᠢ ᠬᠡᠷᠡᠭᠯᠡᠨ᠎ᠡ ᠃ ᠲᠣᠭᠠᠴᠠᠭᠰᠠᠨ ᠪᠣᠯᠤᠨ᠎ᠠ ᠃ ᠲᠣᠭᠠᠴᠠᠭᠤᠯᠬᠤ ᠲᠡᠰ ᠦᠭᠡᠰ ᠦᠨ ᠪᠠᠶᠢᠷᠢ ᠳᠦ ᠪᠢᠴᠢᠭᠯᠡᠯ ᠦᠨ ᠵᠢᠷᠤᠮ ᠢ ᠬᠡᠷᠡᠭᠯᠡᠨ ᠂ ᠲᠣᠬᠢᠷᠠᠭᠤᠯᠬᠤ ᠪᠠᠷ ᠲᠡᠰ ᠦᠭᠡᠰ ᠦᠨ ᠬᠡᠯᠪᠡᠷᠢ ᠶᠢᠨ ᠰᠢᠨᠵᠢᠯᠡᠯ

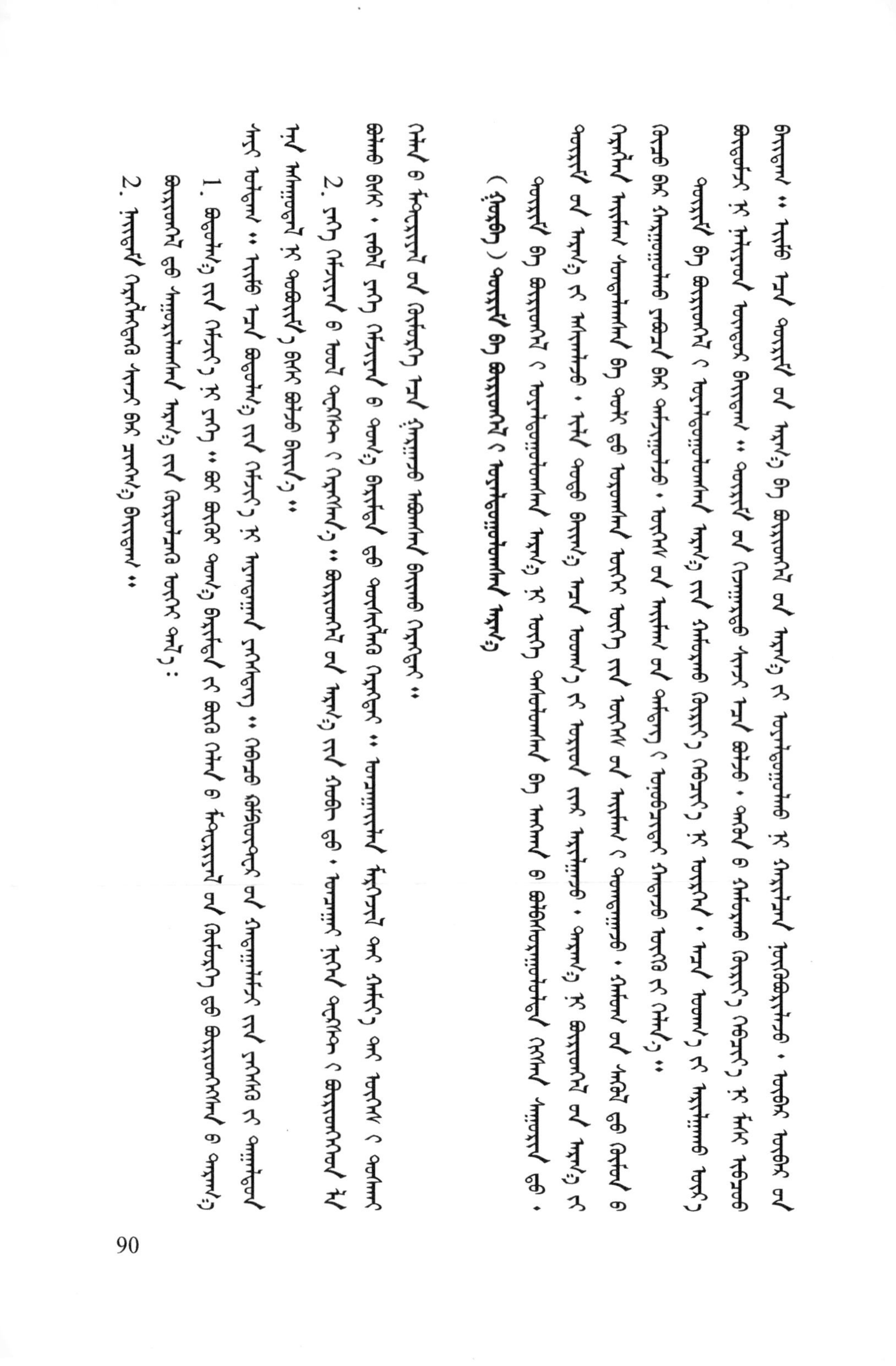

ᠣᠳᠣᠬᠠᠨ ᠤ ᠪᠠᠶᠢᠳᠠᠯ ᠢ ᠲᠣᠳᠣᠷᠬᠠᠢᠯᠠᠨ ᠲᠤᠰᠬᠠᠭᠰᠠᠨ ᠪᠠᠶᠢᠨ᠎ᠠ ᠄

ᠰᠢᠨᠵᠢ᠂ ᠬᠠᠷᠢᠴᠠᠭ᠎ᠠ ᠶᠢᠨ ᠤ ᠮᠣᠩᠭᠣᠯᠴᠤᠳ ᠳᠤ ᠨᠥᠯᠦᠭᠡᠯᠡᠭᠰᠡᠨ ᠶᠢᠨ ᠮᠣᠩᠭᠣᠯ ᠬᠡᠯᠡ ᠶᠢᠨ ᠪᠦᠲᠦᠭᠡᠯᠴᠡᠭᠦᠯᠦᠯ ᠦᠨ ᠶᠢᠨ ᠪᠠᠶᠢᠳᠠᠯ

ᠮᠡᠳᠡᠭᠳᠡᠬᠦ ᠳᠦ ᠨᠢᠭᠡᠳᠦᠭᠡᠷ ᠲᠦ ᠮᠣᠩᠭᠣᠯ ᠬᠡᠯᠡ ᠶᠢᠨ ᠪᠢᠴᠢᠭ ᠦᠨ ᠬᠡᠯᠡ ᠶᠢ ᠲᠡᠷᠡ ᠦᠶ᠎ᠡ ᠳᠦ ᠰᠢᠨᠵᠢᠯᠡᠨ ᠮᠡᠳᠡᠭᠳᠡᠬᠦ ᠳᠦ ᠨᠢᠭᠡᠳᠦᠭᠡᠷ ᠲᠦ ᠮᠣᠩᠭᠣᠯ ᠬᠡᠯᠡ ᠶᠢᠨ ᠡᠷᠲᠡᠨ ᠦ ᠶᠢᠨ ᠬᠡᠯᠡ ᠶᠢ ᠳᠡᠭᠡᠷ᠎ᠡ ᠪᠢᠴᠢᠭᠰᠡᠨ ᠪᠠᠶᠢᠨ᠎ᠠ᠂ ᠬᠡᠯᠡ ᠶᠢᠨ ᠮᠣᠩᠭᠣᠯ ᠬᠡᠯᠡ ᠶᠢᠨ ᠡᠷᠲᠡᠨ ᠦ ᠬᠡᠯᠡ ᠶᠢ ᠰᠢᠨᠵᠢᠯᠡᠵᠦ ᠪᠣᠯᠬᠤ ᠶᠢᠨ ᠪᠦᠷᠢᠯᠳᠦᠯ ᠶᠢ ᠲᠣᠳᠣᠷᠬᠠᠶᠢᠯᠠᠨ᠎ᠠ ᠄ ᠄ 《 ᠮᠣᠩᠭᠣᠯ ᠤᠨ ᠨᠢᠭᠤᠴᠠ ᠲᠣᠪᠴᠢᠶᠠᠨ 》 ᠢ ᠬᠡᠯᠡ ᠶᠢᠨ ᠬᠤᠪᠢ ᠳᠤ ᠰᠢᠨᠵᠢᠯᠡᠨ ᠮᠡᠳᠡᠭᠳᠡᠬᠦ ᠳᠦ ᠨᠢᠭᠡᠳᠦᠭᠡᠷ ᠲᠦ ᠬᠡᠯᠡ ᠶᠢ ᠨᠢ ᠮᠣᠩᠭᠣᠯ ᠬᠡᠯᠡ ᠶᠢᠨ ᠡᠷᠲᠡᠨ ᠦ ᠪᠠᠶᠢᠳᠠᠯ ᠢ ᠲᠣᠳᠣᠷᠬᠠᠢᠯᠠᠨ᠎ᠠ ᠄ ᠄ ᠮᠣᠩᠭᠣᠯ ᠬᠡᠯᠡ ᠶᠢᠨ ᠬᠡᠯᠡᠯᠭᠡ ᠨᠢ ᠮᠣᠩᠭᠣᠯ ᠪᠢᠴᠢᠭ ᠦᠨ ᠬᠡᠯᠡ ᠶᠢᠨ ᠪᠦᠷᠢᠯᠳᠦᠯ ᠳᠦ ᠨᠥᠯᠦᠭᠡᠯᠡᠭᠰᠡᠨ ᠪᠠᠶᠢᠳᠠᠯ ᠲᠠᠢ᠂ ᠮᠣᠩᠭᠣᠯ ᠬᠡᠯᠡ ᠶᠢᠨ ᠡᠷᠲᠡᠨ ᠦ ᠬᠡᠯᠡ ᠶᠢ ᠨᠢ ᠪᠣᠯ ᠲᠡᠭᠦᠨ ᠦ ᠰᠢᠨᠵᠢ ᠶᠢ ᠲᠣᠳᠣᠷᠬᠠᠢᠯᠠᠨ᠎ᠠ ᠄ ᠄

(ᠨᠢᠭᠡ) ᠮᠣᠩᠭᠣᠯ ᠬᠡᠯᠡ ᠶᠢᠨ ᠡᠷᠲᠡᠨ ᠦ᠂ ᠮᠡᠳᠡᠭᠳᠡᠬᠦ ᠶᠢᠨ ᠰᠢᠨᠵᠢ ᠪᠠᠶᠢᠳᠠᠯ

《 ᠮᠣᠩᠭᠣᠯ ᠬᠡᠯᠡ ᠶᠢᠨ ᠮᠣᠩᠭᠣᠯᠴᠤᠳ ᠤᠨ ᠤ ᠮᠣᠩᠭᠣᠯᠴᠤᠳ ᠳᠤ ᠬᠠᠷᠢᠴᠠᠭᠤᠯᠤᠯ 》 ᠳᠤ ᠪᠢᠴᠢᠭᠰᠡᠨ ᠪᠣᠯᠬᠤ ᠶᠢᠨ ᠪᠦᠷᠢᠯᠳᠦᠯ ᠦᠨ ᠤ ᠮᠡᠳᠡᠭᠳᠡᠬᠦ᠂ ᠮᠣᠩᠭᠣᠯᠴᠤᠳ ᠤᠨ ᠤ ᠬᠡᠮᠵᠢᠶ᠎ᠡ 2 ᠵᠦᠢᠯ ᠬᠦᠮᠦᠨ ᠪᠢᠴᠢᠭᠰᠡᠨ ᠮᠣᠩᠭᠣᠯ ᠬᠡᠯᠡ ᠶᠢᠨ ᠪᠦᠲᠦᠭᠡᠯᠴᠡᠭᠦᠯᠦᠯ ᠦᠨ ᠪᠠᠶᠢᠳᠠᠯ᠂ ᠲᠡᠭᠦᠨ ᠦ ᠬᠦᠮᠦᠨ ᠦ ᠪᠦᠲᠦᠭᠡᠯᠴᠡᠭᠦᠯᠦᠯ ᠦᠨ ᠰᠣᠳᠣᠯᠤᠯ ᠤᠨ ᠬᠡᠯᠡ ᠶᠢᠨ ᠮᠣᠩᠭᠣᠯ ᠪᠢᠴᠢᠭ ᠦᠨ ᠬᠡᠯᠡ ᠶᠢᠨ ᠮᠣᠩᠭᠣᠯ 《 100 ᠵᠦᠢᠯ ᠬᠡᠯᠡ ᠶᠢᠨ ᠮᠣᠩᠭᠣᠯ ᠬᠡᠯᠡ 》 ᠪᠠ 《 ᠮᠣᠩᠭᠣᠯ ᠬᠡᠯᠡ ᠶᠢᠨ ᠤ ᠬᠡᠯᠡᠯᠭᠡ 》 ᠢ ᠮᠣᠩᠭᠣᠯ ᠬᠡᠯᠡ ᠶᠢᠨ ᠬᠡᠯᠡᠯᠭᠡ ᠳᠦ ᠲᠡᠭᠦᠨ ᠦ ᠤ ᠬᠡᠯᠡᠯᠭᠡ ᠶᠢᠨ ᠤ ᠤᠷᠤᠭᠰᠢᠯᠠᠭᠤᠯᠤᠯ ᠄ ᠄ ᠮᠣᠩᠭᠣᠯ ᠬᠡᠯᠡ ᠶᠢᠨ ᠬᠡᠯᠡ ᠶᠢᠨ ᠮᠣᠩᠭᠣᠯ ᠬᠡᠯᠡ ᠶᠢᠨ ᠪᠦᠲᠦᠭᠡᠯᠴᠡᠭᠦᠯᠦᠯ᠂ ᠮᠣᠩᠭᠣᠯ ᠬᠡᠯᠡ ᠶᠢᠨ ᠤ ᠬᠡᠮᠵᠢᠶ᠎ᠡ ᠶᠢᠨ ᠰᠢᠨᠵᠢ᠂ ᠮᠣᠩᠭᠣᠯᠴᠤᠳ ᠤᠨ ᠤ ᠬᠡᠮᠵᠢᠶ᠎ᠡ ᠶᠢᠨ ᠰᠢᠨᠵᠢᠯᠡᠭᠰᠡᠨ ᠄ ᠄

1. [illegible]
AYIMAG [illegible] :
[illegible] — AYIMAG [illegible] ::
[illegible]《[illegible]》[illegible]
[illegible]
([illegible]) [illegible]

([illegible] ::)

N SVRVLCA / N_A .

[illegible] · CAGAN T0L0GAI — YI SAYIN CEGEJILE / GED CINAGSI BASA CIRMAYI / [illegible] ::

《 / 》[illegible] :: [illegible] 《 — 》 [illegible] :: [illegible] 《[illegible]》 [illegible]

ᠲᠠᠢ ᠮᠣᠩᠭᠣᠯ ᠬᠡᠯᠡ ᠪᠢᠴᠢᠭ [illegible] ᠬᠦᠷᠢᠶᠡᠨ ᠤ [illegible] 《 ᠮᠣᠩᠭᠣᠯ ᠬᠡᠯᠡᠨ ᠦ [illegible] 》 ᠳᠦ ᠲᠤᠬᠠᠢ [illegible] ᠤᠨ [illegible] ᠤᠨ [illegible] ᠂
ᠬᠡᠷᠡᠭᠯᠡᠨ᠎ᠡ ᠃

ᠪᠣᠯ [illegible] ᠤᠨ ᠲᠡᠮᠳᠡᠭ ᠤᠨ [illegible] ᠳᠦ JIN ([illegible] ᠨᠡᠷ᠎ᠡ) · C0N (ᠴᠠᠭ ᠣᠷᠣᠨ ᠤ ᠨᠡᠷ᠎ᠡ) · T0N (ᠲᠣᠭᠠᠨ ᠤ ᠨᠡᠷ᠎ᠡ) · TON (ᠲᠥᠯᠦᠭᠡᠨ ᠤ ᠨᠡᠷ᠎ᠡ) · TEN (ᠲᠡᠮᠳᠡᠭ ᠨᠡᠷ᠎ᠡ) · HEN ([illegible] ᠨᠡᠷ᠎ᠡ) · UIL (ᠦᠢᠯᠡ ᠦᠭᠡ) · SVL (ᠰᠤᠯ ᠦᠭᠡ) · DAY (ᠳᠠᠭᠠᠪᠤᠷ ᠦᠭᠡ) · AYA (ᠠᠶᠠᠯᠭᠤ ᠦᠭᠡ) · H0L (ᠬᠣᠯᠪᠣᠭᠠᠰᠤ ᠦᠭᠡ) · DAU ([illegible] ᠦᠭᠡ) · HND ([illegible] ᠦᠭᠡ) · DUR ([illegible] ᠦᠭᠡ) · TOU ([illegible] ᠦᠢᠯᠡ ᠦᠭᠡ) · H0U (ᠬᠣᠯᠪᠣᠭᠠᠰᠤ ᠦᠢᠯᠡ ᠦᠭᠡ) ᠵᠡᠷᠭᠡ
16 ᠲᠡᠮᠳᠡᠭ ᠪᠠᠢ ᠃

2. [illegible] ᠤᠨ [illegible] ᠤᠨ [illegible] ᠳᠦ · [illegible] ᠮᠣᠩᠭᠣᠯ [illegible] ᠤ [illegible] ᠤᠨ [illegible] ᠤ [illegible] · [illegible] [illegible] [illegible] ᠤᠨ [illegible] · [illegible] [illegible] ᠤᠨ [illegible] ᠤᠨ [illegible] [illegible] [illegible] [illegible] ᠃

3. [illegible] [illegible] ᠤ [illegible] ᠳᠦ · ᠪᠣᠯ [illegible] ᠶᠢ DOS [illegible] ᠤᠨ [illegible] [illegible] ᠃ [illegible] ᠤ [illegible] ᠤᠨ [illegible] · [illegible] ᠤᠨ [illegible] ᠤᠨ [illegible] ᠳᠦ [illegible] [illegible] ᠪᠣᠯ [illegible] ᠪᠠᠨ [illegible] ᠤᠨ [illegible] [illegible] [illegible] ᠶᠢ [illegible] ᠤᠨ [illegible] ᠤᠨ [illegible] [illegible] [illegible] [illegible] ᠳᠦ [illegible] · [illegible] ᠳᠦ [illegible] [illegible] ᠤᠨ [illegible] ᠃

4. [illegible] ᠤᠨ [illegible] ᠳᠦ · ᠮᠣᠩᠭᠣᠯ [illegible] ᠤ [illegible] ᠤᠨ [illegible] ᠳᠦ [illegible] ᠤᠨ [illegible] ᠤᠨ [illegible] [illegible] ᠳᠦ [illegible] [illegible] ᠃

5. [illegible] [illegible] ᠤᠨ [illegible] ᠳᠦ · [illegible] [illegible] [illegible] [illegible] [illegible] [illegible] ᠪᠠᠨ [illegible] [illegible] [illegible] ᠳᠦ [illegible] [illegible] ᠤᠨ [illegible] ᠪᠠᠨ [illegible] ᠤᠨ [illegible] [illegible] [illegible] [illegible] ᠃
᠂ [illegible] ᠪᠠᠨ [illegible] [illegible] [illegible] [illegible] [illegible] [illegible] ᠤᠨ [illegible] ᠤᠨ [illegible] [illegible] ᠃ [illegible] [illegible] ᠳᠦ [illegible]

[illegible] 82% [illegible]

[illegible] ::

6. AYIMAG [illegible] :

(1) [illegible] ::

(2) [illegible] ::

(3) [illegible] ::

AYIMAG [illegible] :

NIGEDUGER T0N

HICIYEL JIN

HOMON—U JIN

JOB TEN

UJEL JIN

SANAG_A JIN

HAMIG_A—ACA TON

BVI Ve +

IRE / DEG Ve

HAMIG_A–ACA Ra

SANAG_A Ne

UJEL Ne

JOB Ac

HOMON–U Nt +

HICIYEL Nt +

NIGEDUGER Mu

ᠰᠢᠯᠭᠠᠯᠲᠠᠨ ᠵᠢᠱᠢᠶ᠎ᠡ:

AYIMAG2 ᠪᠦᠯᠦᠭ ᠲᠡᠮᠳᠡᠭᠯᠡᠨ᠎ᠡ ᠄ AYIMAG2 ᠢ ᠬᠡᠷᠡᠭᠯᠡᠭᠰᠡᠨ ᠦᠭᠡ ᠶᠢᠨ ᠬᠣᠯᠪᠣᠭᠳᠠᠯ ᠤᠨ ᠪᠠᠷᠢᠮᠲᠠ ᠪᠠᠷ ᠬᠠᠷᠢᠴᠠᠭ᠎ᠠ ᠳᠤ ᠬᠤᠪᠢᠶᠠᠨ ᠳᠤ ᠪᠠᠶᠢᠷᠢ ᠲᠣᠭᠲᠠᠭᠠᠭᠳᠠᠮᠠᠯ ᠬᠣᠯᠪᠣᠭᠳᠠᠯ ᠦᠭᠡ ᠶᠢᠨ ᠬᠡᠯᠪᠡᠷᠢ ᠳᠤ ᠬᠠᠮᠢᠶᠠᠷᠤᠯᠤᠭᠰᠠᠨ ᠳᠤ ᠨᠠᠶᠢᠷᠠᠭᠤᠯᠤᠯ 》ᠢ ᠬᠡᠷᠡᠭᠯᠡᠭᠰᠡᠨ ᠪᠣᠯ ᠵᠢᠱᠢᠶᠡᠯᠡᠪᠡᠯ ᠢ ᠲᠣᠭᠲᠠᠭᠠᠭᠠᠳᠠᠭᠰᠠᠨ᠂ ᠮᠡᠳᠡᠭᠦ ᠪᠡ᠂ ᠳᠡᠭᠡᠷᠡ ᠮᠡᠳᠡᠭᠡᠯᠡᠭᠰᠡᠨ《ᠬᠣᠯᠪᠣᠭᠳᠠᠯ ᠦᠭᠡ ᠳᠦᠷᠢ ᠳᠦ ᠮᠡᠳᠡᠬᠦ ᠰᠡᠳᠬᠢᠯ ᠳᠦ ᠪᠣᠯᠬᠤ》ᠪᠣᠯ《ᠮᠡᠳᠡᠬᠦ ᠰᠡᠳᠬᠢᠯ ᠮᠡᠳᠡᠭᠡᠯᠡᠭᠰᠡᠨ ᠪᠣᠯ

(ᠵᠢᠱᠢᠶᠡᠯᠡᠪᠡᠯ ᠬᠠᠷᠢᠴᠠᠭ᠎ᠠ ᠪᠠᠶᠢᠳᠠᠯ ᠤᠨ ᠳᠤᠭᠠᠷ ᠲᠠᠯᠠᠭᠠ ᠮᠡᠳᠡᠨ᠎ᠡ᠄ ᠰᠢᠯᠭᠠᠨ᠎ᠡ᠄ ᠲᠡᠷᠡ ᠲᠡᠭᠦᠨ ᠪᠡᠷ ᠡ᠃)

?

BVI UIL

IRE / DEG UIL

N ᠲᠠᠮᠠᠭ᠎ᠠ ᠲᠠᠢ

ᠬᠣᠲᠠ ᠶᠢᠨ ᠬᠤᠳᠠᠯᠳᠤᠭᠠᠴᠢᠨ ᠤ ᠬᠠᠷᠢᠶᠠᠯᠠᠯ ᠤᠨ ᠬᠠᠷᠢᠶ᠎ᠠ ᠶᠢᠨ ᠬᠡᠷᠡᠭᠯᠡᠭᠴᠢ ᠲᠡᠮᠳᠡᠭᠲᠦ ᠮᠠᠷᠺ᠎ᠠ — DARHAN ᠮᠠᠷᠺ᠎ᠠ ᠶᠢ ᠨᠡᠷᠡᠯᠡᠭᠰᠡᠨ ᠪᠠᠢᠭᠤᠯᠤᠯᠭ᠎ᠠ :: ᠡᠨᠡ ᠪᠡ ᠨᠢ 《ᠬᠠᠷᠢᠶᠠᠯᠠᠯ ᠪᠡ ᠬᠠᠷᠢᠶ᠎ᠠ ᠶᠢᠨ ᠣᠷᠣᠭᠤᠯ ᠤᠨ ᠲᠡᠮᠳᠡᠭ ᠡᠴᠡ ᠪᠠ ᠶᠢᠨ ᠬᠣᠲᠠᠯᠠᠭᠰᠠᠨ ᠤ ᠬᠤᠳᠠᠯᠳᠤᠭᠠᠴᠢᠨ ᠤ ᠰᠣᠶᠣᠯ ᠲᠠᠢ ᠪᠠᠷᠠᠭ᠎ᠠ ᠢ ᠬᠠᠮᠢᠶᠠᠷᠤᠯᠲᠠ》 ᠪᠡ ᠬᠣᠲᠠᠯᠠᠯ ᠮᠠᠷᠺ᠎ᠠ ᠶᠢᠨ ᠣᠷᠣᠭᠤᠯ ᠤᠨ ᠵᠢᠭᠦᠯᠡᠰᠦᠨ 》 ᠤ ᠣᠷᠣᠭᠤᠯᠤᠭᠰᠠᠨ᠂《100 ᠨᠡᠷᠡᠲᠦ ᠬᠣᠲᠠ ᠪᠣᠯ ᠬᠣᠲᠠ ᠬᠣᠲᠠ ᠲᠠᠢ ᠬᠠᠮᠢᠶᠠᠷᠤᠯ ᠤᠨ ᠤ ᠬᠦᠮᠦᠨ ᠲᠡᠮᠳᠡᠭ ᠲᠡᠮᠳᠡᠭᠯᠡᠯ ᠮᠠᠷᠺ᠎ᠠ ᠶᠢᠨ ᠣᠷᠣᠭᠤᠯ ᠤᠨ ᠪᠣᠯᠤᠭᠰᠠᠨ》 ᠮᠠᠷᠺ᠎ᠠ ᠲᠠᠢ ᠬᠣᠲᠠᠯᠠᠭᠰᠠᠨ ᠪᠠᠢᠨ᠎ᠠ ::

? W ?

4. [illegible] ::
[illegible] ::
+ [illegible] :: [illegible]
3. [illegible] · ADO [illegible] · Windows [illegible] · C+
[illegible] ::
[illegible] 25865 [illegible] · [illegible] 297
[illegible] 》[illegible] :: [illegible] · [illegible]
2. [illegible] · [illegible] 《 [illegible] 》[illegible] 《 [illegible]
[illegible] ::

Nt4 [illegible] : [illegible] · [illegible]

Nt3 [illegible] : [illegible]

Nt2 [illegible] : [illegible] · [illegible]

Nt1 [illegible] : [illegible] · [illegible]

Nt [illegible]

Ne2 [illegible] : [illegible] · [illegible]

Ne1 [illegible] : [illegible] · [illegible]

Ne [illegible]

ᠶᠢᠨ ᠪᠠᠶᠢᠭᠤᠯᠬᠤ ᠰᠤᠷᠪᠤᠯᠵᠢ ᠵᠠᠭᠪᠤᠷ — Mglex ᠢ ᠨᠡᠷᠡᠢᠳᠦᠯᠡᠨ᠎ᠡ ᠬᠡᠷᠡᠭᠯᠡᠨ᠎ᠡ ᠃ ᠲᠤᠰ ᠵᠠᠭᠪᠤᠷ ᠢᠶᠠᠷ ᠮᠣᠩᠭᠣᠯ ᠬᠡᠯᠡ ᠪᠡᠷ ᠤ ᠮᠣᠷᠹᠧᠮ ᠦᠨ ᠰᠢᠨᠵᠢᠯᠡᠯ ᠦᠨ ᠰᠢᠨᠵᠢᠯᠡᠬᠦ ᠮᠡᠳᠡᠭᠡ ᠶᠢᠨ ᠪᠠᠶᠢᠭᠤᠯᠤᠯᠲᠠ ᠶᠢᠨ ᠬᠡᠮᠵᠢᠶ᠎ᠡ ᠶᠢᠨ ᠰᠢᠭᠤᠳ ᠰᠤᠷᠪᠤᠯᠵᠢ ᠪᠣᠯᠭᠠᠨ ᠭᠠᠷᠭᠠᠭᠰᠠᠨ ᠮᠠᠲ᠋ᠧᠷᠢᠶᠠᠯ ᠮᠣᠷᠹᠧᠮ ᠦᠨ ᠰᠢᠨᠵᠢᠯᠡᠯ ᠦᠨ ᠵᠢᠱᠢᠶ᠎ᠡ ᠪᠣᠯ

2010 ᠣᠨ ᠳᠤ ᠮᠣᠩᠭᠣᠯ ᠬᠡᠯᠡ ᠶᠢᠨ ᠲᠣᠯᠢ ᠮᠣᠷᠹᠧᠮ ᠦᠨ ᠰᠢᠨᠵᠢᠯᠡᠯ ᠶᠢᠨ ᠪᠣᠯᠪᠠᠰᠤᠷᠠᠭᠤᠯᠤᠭᠰᠠᠨ ᠬᠤᠪᠢ ᠶᠢᠨ

? ? / Wp1

BVI BVI / Sb

IRE / DEG IRE / Ve2+ DEG / Ft21

HAMIG_A–ACA HAMIG_A / Ra – ACA / Fc41

SANAG_A SANAG_A / Ne2

UJEL UJEL / Ne2

JOB JOB / Ac

HOMON–U HOMON / Ne1 – U / Fc12

HICIYEL / Ne1

NIGEDUGER NIGE / Mu + DUGER / Fm21

DARHAN ᠮᠣᠷᠹᠧᠮ ᠦᠨ ᠲᠡᠮᠳᠡᠭ ᠢ ᠰᠢᠨᠵᠢᠯᠡᠯ ᠦᠨ ᠪᠠᠶᠢᠭᠤᠯᠬᠤ ᠪᠠᠷ ᠬᠤᠪᠢ ᠶᠢᠨ ᠵᠢᠱᠢᠶ᠎ᠡ ᠶᠢᠨ ᠲᠣᠯᠢ ᠮᠣᠷᠹᠧᠮ ᠦᠨ ᠰᠢᠨᠵᠢᠯᠡᠯ ᠪᠣᠯᠤᠨ᠎ᠠ᠄

ᠵᠢᠱᠢᠯᠡᠭᠰᠡᠨ ᠃

ᠲᠣᠯᠢ ᠮᠣᠷᠹᠧᠮ ᠦᠨ ᠰᠢᠨᠵᠢᠯᠡᠯ ᠦᠨ ᠲᠡᠮᠳᠡᠭ ᠢ 86% ᠬᠦᠷᠲᠡᠯ᠎ᠡ ᠪᠣᠯᠤᠭᠰᠠᠨ ᠂ ᠮᠣᠷᠹᠧᠮ ᠦᠨ ᠪᠣᠯᠪᠠᠰᠤᠷᠠᠭᠤᠯᠤᠯ ᠳᠤᠮᠳᠠ ᠲᠡᠭᠦᠨ ᠢ ᠰᠠᠶᠢᠨ ᠪᠠᠶᠢᠨ ᠲᠡᠭᠦᠨ

《 100 ᠰᠠᠶᠠ ᠦᠭᠡ ᠪᠠᠷ ᠬᠤᠪᠢ ᠬᠦᠷᠲᠡᠯ᠎ᠡ ᠲᠣᠯᠢ ᠮᠣᠷᠹᠧᠮ ᠦᠨ ᠲᠡᠮᠳᠡᠭ ᠢ ᠰᠢᠨᠵᠢᠯᠡᠯ 》 ᠲᠡᠭᠦᠨ ᠮᠣᠷᠹᠧᠮ ᠦᠨ ᠲᠡᠮᠳᠡᠭ ᠪᠠᠷ ᠬᠤᠪᠢ ᠶᠢᠨ ᠵᠢᠱᠢᠶ᠎ᠡ ᠶᠢᠨ

[illegible]
[illegible]
2010) [illegible] 110
[illegible] 》(GB / T26235 —
2010 [illegible] 《[illegible] — [illegible]
([illegible])

Fs21 BIJE / St ? / Wp1

Oa YABV / Ve2+ DAG / Ft21 HOMON / Ne1—I / Fc31 TA / Rb MEDE / Ve1+N_E / NASV / Ne1—BAR / Fc51—IYAN / Fx11 NARA / Ne1+ N /Zx—V / Fc21 D00R_A /

Mglex [illegible] :
[illegible] 97.7% [illegible] ::

[illegible] 95.8% · 93.5% [illegible] · 20 [illegible]

ᠪᠣᠯᠪᠠᠰᠤᠷᠠᠭᠤᠯᠤᠭᠰᠠᠨ ᠳᠤᠷ ᠨᠢᠭᠤᠷᠴᠢᠭᠯᠠᠭᠰᠠᠨ ᠵᠢᠩᠬᠢᠨ᠂ ᠬᠠᠮᠢᠶᠠᠷᠤᠯᠬᠤ ᠵᠢᠩᠬᠢᠨ ᠤ ᠪᠣᠯᠪᠠᠰᠤᠷᠠᠯ ᠳᠤ ᠬᠦᠷᠭᠡᠬᠦ ᠪᠠᠶᠢᠳᠠᠯ ᠢ ᠳᠡᠯᠭᠡᠷᠡᠭᠦᠯᠬᠦ ᠬᠡᠷᠡᠭᠲᠡᠢ ::

(ᠳᠦᠷᠰᠦ) ᠣᠷᠴᠢᠨ ᠲᠣᠭᠣᠷᠢᠨ ᠤ ᠣᠶᠢᠯᠭᠠᠴᠠ ᠶᠢᠨ ᠰᠢᠨᠵᠢ

ᠣᠷᠴᠢᠨ ᠲᠣᠭᠣᠷᠢᠨ ᠪᠣᠯ ᠬᠦᠮᠦᠨ ᠦ ᠠᠮᠢᠳᠤᠷᠠᠯ ᠤᠨ ᠰᠠᠭᠤᠷᠢ ᠪᠣᠯᠬᠤ ᠪᠠᠶᠢᠭᠠᠯᠢ ᠶᠢᠨ ᠪᠠᠶᠢᠳᠠᠯ ᠢ ᠵᠢᠭᠠᠵᠤ᠂ ᠣᠷᠴᠢᠨ ᠲᠣᠭᠣᠷᠢᠨ ᠤ ᠪᠣᠯᠪᠠᠰᠤᠷᠠᠯ ᠳᠤ ᠬᠦᠮᠦᠨ ᠦ ᠣᠶᠢᠯᠭᠠᠯᠲᠠ ᠶᠢ ᠰᠠᠶᠢᠵᠢᠷᠠᠭᠤᠯᠬᠤ ᠪᠣᠯᠤᠨ᠎ᠠ :: ᠬᠦᠮᠦᠵᠢᠯ ᠰᠤᠷᠭᠠᠯᠢ ᠳᠤᠷ ᠣᠷᠴᠢᠨ ᠲᠣᠭᠣᠷᠢᠨ ᠤ ᠪᠣᠯᠪᠠᠰᠤᠷᠠᠯ᠂ ᠣᠷᠴᠢᠨ ᠲᠣᠭᠣᠷᠢᠨ ᠢ ᠬᠠᠮᠠᠭᠠᠯᠠᠬᠤ᠂ ᠦᠨᠳᠦᠰᠦᠯᠡᠯ᠂ ᠵᠠᠷᠴᠢᠮ ᠪᠣᠯᠭᠣᠯᠳᠠᠯ᠂ ᠬᠦᠮᠦᠨ ᠵᠠᠩ ᠦᠢᠯᠡ ᠶᠢᠨ ᠬᠦᠮᠦᠵᠢᠯ ᠢ ᠰᠠᠶᠢᠵᠢᠷᠠᠭᠤᠯᠬᠤ ᠬᠡᠷᠡᠭᠲᠡᠢ :: ᠣᠷᠴᠢᠨ ᠲᠣᠭᠣᠷᠢᠨ ᠢ ᠬᠠᠮᠠᠭᠠᠯᠠᠬᠤ ᠶᠢᠨ ᠰᠤᠷᠭᠠᠯᠢ ᠶᠢ ᠣᠯᠠᠨ ᠨᠡᠶᠢᠲᠡ ᠳᠦ ᠳᠡᠯᠭᠡᠷᠡᠭᠦᠯᠵᠦ᠂ ᠣᠷᠴᠢᠨ ᠲᠣᠭᠣᠷᠢᠨ ᠤ ᠠᠰᠠᠭᠤᠳᠠᠯ ᠢ ᠰᠢᠢᠳᠪᠦᠷᠢᠯᠡᠬᠦ ᠪᠣᠯᠤᠨ᠎ᠠ ::

ᠣᠷᠴᠢᠨ ᠲᠣᠭᠣᠷᠢᠨ ᠤ ᠬᠠᠮᠠᠭᠠᠯᠠᠯᠲᠠ ᠶᠢᠨ ᠬᠠᠤᠯᠢ ᠴᠠᠭᠠᠵᠠ ᠶᠢ ᠴᠢᠩᠭᠠᠳᠭᠠᠨ ᠮᠦᠷᠳᠡᠭᠦᠯᠬᠦ᠂ ᠬᠦᠮᠦᠨ ᠪᠠ ᠪᠠᠶᠢᠭᠠᠯᠢ ᠶᠢᠨ ᠬᠠᠷᠢᠯᠴᠠᠭ᠎ᠠ ᠶᠢ ᠵᠣᠬᠢᠴᠠᠭᠤᠯᠬᠤ ᠳᠤ ᠣᠷᠴᠢᠨ ᠲᠣᠭᠣᠷᠢᠨ ᠤ ᠣᠶᠢᠯᠭᠠᠯᠲᠠ ᠶᠢ ᠳᠡᠭᠡᠭᠰᠢᠯᠡᠭᠦᠯᠬᠦ ᠬᠡᠷᠡᠭᠲᠡᠢ :: ᠣᠷᠴᠢᠨ ᠲᠣᠭᠣᠷᠢᠨ ᠤ ᠣᠶᠢᠯᠭᠠᠯᠲᠠ ᠪᠣᠯ ᠬᠦᠮᠦᠨ ᠪᠠ ᠣᠷᠴᠢᠨ ᠲᠣᠭᠣᠷᠢᠨ ᠤ ᠬᠠᠷᠢᠯᠴᠠᠭ᠎ᠠ ᠶᠢᠨ ᠲᠤᠬᠠᠢ ᠮᠡᠳᠡᠯᠭᠡ ᠪᠣᠯᠬᠤ ᠪᠥᠭᠡᠳ᠂ ᠬᠦᠮᠦᠨ ᠦ ᠠᠵᠢᠯ ᠬᠥᠳᠡᠯᠮᠦᠷᠢ ᠳᠦ ᠴᠢᠬᠤᠯᠠ ᠨᠥᠯᠦᠭᠡ ᠦᠵᠡᠭᠦᠯᠳᠡᠭ ::

ᠣᠷᠴᠢᠨ ᠲᠣᠭᠣᠷᠢᠨ ᠤ ᠣᠶᠢᠯᠭᠠᠯᠲᠠ ᠶᠢᠨ ᠰᠠᠨᠠᠭ᠎ᠠ ᠪᠣᠯ ᠬᠦᠮᠦᠨ ᠪᠠ ᠪᠠᠶᠢᠭᠠᠯᠢ ᠶᠢᠨ ᠬᠠᠷᠢᠯᠴᠠᠭ᠎ᠠ ᠶᠢᠨ ᠲᠤᠬᠠᠢ ᠦᠵᠡᠯ ᠰᠠᠨᠠᠭ᠎ᠠ ᠪᠣᠯᠬᠤ ᠪᠥᠭᠡᠳ᠂ ᠣᠷᠴᠢᠨ ᠲᠣᠭᠣᠷᠢᠨ ᠢ ᠬᠠᠮᠠᠭᠠᠯᠠᠬᠤ ᠳᠤ ᠴᠢᠬᠤᠯᠠ ᠠᠴᠢ ᠬᠣᠯᠪᠣᠭᠳᠠᠯ ᠲᠠᠢ ::

[illegible]
[illegible] 95% [illegible] 5% [illegible]
[illegible]
[illegible]
[illegible])
([illegible]
M0D0 / Ne1 B0LG_A / Ve1 + JAI / Fs11 . /Wp1
Ne1—YI / Fc31 NIMBAI / Ac ARACILA / Ve1+GAD / Fn2 HEREGCEGETU / Ai SIRGAGV / Ac HODELMURILE / Ve2+JU / Fn1 JVLJAG_A / Ne1+N / Fc8 M0D0 / Ve1+N / Fn3 AB / Vz1+V / Zv1+GAD / Fn2 , / Wp1 HEDUN / Ra JIL / Ne1 Fc11 0I / Ne2 SIGVI / Ne2—YIN / Fc11 TALABAI / Ne1—YI / Fc31 DAGAGACILA / GUWe =cAI / Nt1 KAYILU=SIYAN / Nt2—V / Fc11 he=PING=SIYANG / Nt2—VN /

/ Wp1 EB / Ne2 HAMTV / Od NAM / Ne1— VN / Fc11 GESIGUN / Ne1 []HAN=

[illegible] :
[illegible] 73.75% [illegible]
[illegible] 92.54% [illegible] 94.68% [illegible]
[illegible]

ᠬᠡᠯᠡᠨ ᠦ ᠮᠠᠲ᠋ᠧᠷᠢᠶᠠᠯ ᠤᠨ ᠬᠥᠮᠦᠷᠭᠡ ᠪᠣᠯ ᠪᠦᠲᠦᠨ ᠬᠡᠯᠡᠨ ᠦ ᠰᠢᠨᠵᠢᠯᠡᠭᠡᠨ ᠦ ᠰᠠᠭᠤᠷᠢ ᠪᠣᠯᠤᠨ᠎ᠠ :: ᠳᠡᠯᠡᠬᠡᠢ ᠶᠢᠨ ᠣᠯᠠᠨ ᠤᠯᠤᠰ ᠤᠨ ᠬᠡᠯᠡᠨ ᠦ ᠮᠠᠲ᠋ᠧᠷᠢᠶᠠᠯ ᠤᠨ ᠬᠥᠮᠦᠷᠭᠡ ᠶᠢ ᠪᠣᠯᠪᠠᠰᠤᠷᠠᠩᠭᠤᠢᠯᠠᠬᠤ᠂ ᠦᠭᠡᠰ ᠦᠨ ᠲᠦᠷᠦᠯ ᠦᠨ ᠲᠡᠮᠳᠡᠭᠯᠡᠯ ᠬᠢᠬᠦ ᠠᠵᠢᠯ ᠨᠢ 20 ᠵᠠᠭᠤᠨ ᠤ ᠳᠠᠯᠠᠭᠠᠳ ᠣᠨ ᠤ ᠡᠬᠢᠨ ᠡᠴᠡ ᠡᠬᠢᠯᠡᠭᠰᠡᠨ ᠪᠣᠯᠤᠨ᠎ᠠ :: ᠵᠢᠱᠢᠶᠡᠯᠡᠪᠡᠯ 1978 ᠣᠨ ᠳᠤ BROWN ᠬᠥᠮᠦᠷᠭᠡ ᠶᠢᠨ ᠬᠡᠰᠡᠭ ᠮᠠᠲ᠋ᠧᠷᠢᠶᠠᠯ ᠢ ᠦᠭᠡᠰ ᠦᠨ ᠲᠦᠷᠦᠯ ᠦᠨ ᠲᠡᠮᠳᠡᠭᠯᠡᠯ ᠬᠢᠵᠦ᠂

ᠬᠡᠯᠡᠨ ᠦ ᠮᠠᠲ᠋ᠧᠷᠢᠶᠠᠯ ᠤᠨ ᠬᠥᠮᠦᠷᠭᠡ ᠳᠦ ᠦᠭᠡᠰ ᠦᠨ ᠲᠦᠷᠦᠯ ᠦᠨ ᠲᠡᠮᠳᠡᠭᠯᠡᠯ ᠢ ᠬᠡᠷᠡᠭᠯᠡᠭᠰᠡᠨ (Elegard) ᠰᠢᠨᠵᠢᠯᠡᠭᠡ ᠪᠠᠷ ᠡᠬᠢᠯᠡᠭᠰᠡᠨ᠂ ᠦᠭᠡᠰ ᠦᠨ ᠲᠦᠷᠦᠯ ᠦᠨ ᠲᠡᠮᠳᠡᠭᠯᠡᠯ ᠢ ᠬᠥᠮᠦᠷᠭᠡ ᠳᠦ ᠨᠡᠮᠡᠭᠰᠡᠨ ᠪᠠᠶᠢᠨ᠎ᠠ ::
ᠬᠡᠯᠡᠨ ᠦ ᠮᠠᠲ᠋ᠧᠷᠢᠶᠠᠯ ᠤᠨ ᠬᠥᠮᠦᠷᠭᠡ ᠶᠢᠨ ᠦᠭᠡᠰ ᠦᠨ ᠲᠦᠷᠦᠯ ᠦᠨ ᠲᠡᠮᠳᠡᠭᠯᠡᠯ ᠢᠶᠡᠨ ᠬᠡᠯᠡᠨ ᠦ ᠮᠠᠲ᠋ᠧᠷᠢᠶᠠᠯ ᠤᠨ ᠬᠥᠮᠦᠷᠭᠡ ᠳᠦ ᠦᠭᠡᠰ ᠦᠨ ᠲᠦᠷᠦᠯ ᠦᠨ ᠲᠡᠮᠳᠡᠭ ᠢ ᠨᠡᠮᠡᠬᠦ ᠪᠣᠯᠤᠨ᠎ᠠ ::

ᠬᠣᠶᠠᠳᠤᠭᠠᠷ ᠬᠡᠰᠡᠭ ᠬᠡᠯᠡᠨ ᠦ ᠮᠠᠲ᠋ᠧᠷᠢᠶᠠᠯ ᠤᠨ ᠬᠥᠮᠦᠷᠭᠡ ᠶᠢᠨ ᠦᠭᠡᠰ ᠦᠨ ᠲᠦᠷᠦᠯ ᠦᠨ ᠲᠡᠮᠳᠡᠭᠯᠡᠯ

ᠥᠭᠡᠷ᠎ᠡ ᠬᠡᠷᠡᠭᠯᠡᠭᠡᠨ ᠳᠦ ᠲᠣᠬᠢᠷᠠᠬᠤ ᠶᠢ ᠬᠡᠯᠡᠨ ᠦ ᠮᠠᠲ᠋ᠧᠷᠢᠶᠠᠯ ᠤᠨ ᠬᠥᠮᠦᠷᠭᠡ ᠳᠦ ᠦᠭᠡᠰ ᠦᠨ ᠲᠦᠷᠦᠯ ᠦᠨ ᠲᠡᠮᠳᠡᠭ ᠨᠡᠮᠡᠬᠦ ᠬᠡᠷᠡᠭᠲᠡᠢ ᠪᠠᠶᠢᠳᠠᠭ ::
ᠲᠣᠭ᠎ᠠ ᠬᠡᠷᠡᠭᠯᠡᠭᠡᠨ ᠦ ᠬᠡᠮᠵᠢᠶ᠎ᠡ ᠶᠢᠨ ᠬᠡᠰᠡᠭ ᠲᠦ ᠬᠦᠷᠦᠭᠰᠡᠨ ᠦᠶ᠎ᠡ :: ᠦᠭᠡᠰ ᠦᠨ ᠲᠦᠷᠦᠯ ᠦᠨ ᠲᠡᠮᠳᠡᠭᠯᠡᠯ ᠦᠨ ᠵᠥᠪ ᠪᠠᠶᠢᠳᠠᠯ ᠢ ᠬᠡᠮᠵᠢᠬᠦ ᠳᠦ
100 ᠬᠤᠪᠢ ᠶᠢᠨ ᠦᠭᠡᠰ ᠦᠨ ᠲᠦᠷᠦᠯ ᠦᠨ ᠲᠡᠮᠳᠡᠭᠯᠡᠯ ᠦᠨ ᠵᠥᠪ ᠪᠠᠶᠢᠳᠠᠯ ᠢ ᠬᠦᠷᠬᠦ ᠪᠣᠯᠤᠮᠵᠢ ᠦᠭᠡᠢ :: ᠡᠨᠡ ᠨᠢ ᠵᠥᠪ ᠪᠠᠶᠢᠳᠠᠯ ᠤᠨ ᠬᠠᠷᠢᠴᠠᠭ᠎ᠠ ᠶᠢᠨ ᠬᠡᠮᠵᠢᠶ᠎ᠡ ᠶᠢ
ᠮᠠᠲ᠋ᠧᠷᠢᠶᠠᠯ ᠤᠨ ᠬᠥᠮᠦᠷᠭᠡ᠂ ᠰᠢᠨᠵᠢᠯᠡᠭᠡᠨ ᠦ ᠵᠣᠷᠢᠯᠭ᠎ᠠ ᠪᠠᠷ ᠲᠣᠭᠲᠠᠭᠠᠨ᠎ᠠ᠂ ᠬᠡᠯᠡᠨ ᠦ ᠮᠠᠲ᠋ᠧᠷᠢᠶᠠᠯ ᠤᠨ ᠬᠥᠮᠦᠷᠭᠡ ᠳᠦ ᠲᠠᠷᠬᠠᠭᠰᠠᠨ᠂ 1% ᠦᠨ ᠪᠤᠷᠤᠭᠤ ᠶᠢ
ᠵᠠᠰᠠᠬᠤ ᠳᠤ ᠦᠭᠡᠰ ᠦᠨ ᠲᠦᠷᠦᠯ ᠦᠨ ᠲᠡᠮᠳᠡᠭᠯᠡᠯ ᠦᠨ ᠠᠵᠢᠯ ᠤᠨ ᠬᠡᠮᠵᠢᠶ᠎ᠡ ᠨᠢ 100% ᠢᠶᠠᠷ ᠨᠡᠮᠡᠭᠳᠡᠨ᠎ᠡ :: ᠡᠨᠡ ᠨᠢ ᠬᠡᠯᠡᠨ ᠦ ᠮᠠᠲ᠋ᠧᠷᠢᠶᠠᠯ ᠤᠨ

ᠬᠡᠯᠡᠯᠴᠡᠬᠦ ᠬᠡᠷᠡᠭᠰᠡᠯ ᠢ ᠬᠠᠩᠭᠠᠬᠤ ᠪᠣᠯᠤᠨ᠂ ᠬᠡᠯᠡᠨ ᠦ ᠪᠦᠲᠦᠴᠡ ᠴᠢᠮᠡᠭ ᠲᠦ ᠬᠠᠮᠢᠶᠠᠷᠤᠯᠲᠠᠢ ᠪᠠᠢᠨ᠎ᠠ ᠃

ᠬᠡᠯᠡᠨ ᠦ ᠪᠦᠲᠦᠴᠡ ᠴᠢᠮᠡᠭ ᠦᠨ ᠬᠡᠯᠡᠯᠴᠡᠬᠦ ᠬᠡᠷᠡᠭᠰᠡᠯ ᠢ ᠬᠠᠩᠭᠠᠬᠤ ᠳᠤ ᠬᠡᠷᠡᠭᠯᠡᠭᠳᠡᠬᠦ ᠪᠣᠯᠤᠨ᠂ ᠬᠡᠯᠡᠨ ᠦ ᠪᠦᠲᠦᠴᠡ ᠴᠢᠮᠡᠭ ᠪᠣᠯ ᠬᠡᠯᠡᠯᠴᠡᠬᠦ ᠬᠡᠷᠡᠭᠰᠡᠯ ᠦᠨ ᠦᠨᠳᠦᠰᠦ ᠪᠣᠯᠤᠨ᠎ᠠ ᠃

ᠬᠡᠯᠡᠨ ᠦ ᠪᠦᠲᠦᠴᠡ ᠴᠢᠮᠡᠭ ᠦᠨ ᠬᠡᠯᠡᠯᠴᠡᠬᠦ ᠬᠡᠷᠡᠭᠰᠡᠯ ᠢ ᠬᠠᠩᠭᠠᠬᠤ ᠳᠤ ᠬᠡᠯᠡᠨ ᠦ ᠪᠦᠲᠦᠴᠡ ᠴᠢᠮᠡᠭ ᠢ ᠰᠤᠳᠤᠯᠬᠤ ᠬᠡᠷᠡᠭᠲᠡᠢ᠃

ᠳᠥᠷᠪᠡ᠂ ᠬᠡᠯᠡᠨ ᠦ ᠪᠦᠲᠦᠴᠡ ᠴᠢᠮᠡᠭ

ᠬᠡᠯᠡᠨ ᠦ ᠪᠦᠲᠦᠴᠡ ᠴᠢᠮᠡᠭ ᠪᠣᠯ ᠬᠡᠯᠡᠨ ᠦ ᠪᠦᠷᠢᠯᠳᠦᠬᠦᠨ ᠦ ᠬᠠᠷᠢᠯᠴᠠᠭ᠎ᠠ ᠪᠠᠢᠨ᠎ᠠ ᠃

1. ᠰᠢᠯᠵᠢᠭᠰᠡᠨ ᠤᠳᠬ᠎ᠠ ᠪᠣᠯ ᠤᠳᠬ᠎ᠠᠰ ᠤᠨ ᠲᠥᠪ — ᠬᠡᠷᠡᠭᠯᠡᠭᠡᠨ ᠦ ᠶᠢᠨ ᠨᠢᠭᠡᠨ ᠲᠥᠷᠥᠯ ᠃ ᠰᠢᠯᠵᠢᠭᠰᠡᠨ ᠤᠳᠬ᠎ᠠ ᠨᠢ ᠬᠡᠷᠡᠭᠯᠡᠭᠡᠨ ᠳᠦ

ᠰᠢᠯᠵᠢᠭᠰᠡᠨ ᠦᠭᠡ ᠰᠢᠯᠵᠢᠭᠰᠡᠨ ᠲᠠᠢ ᠠᠳᠠᠯᠢᠪᠲᠤᠷ ᠳᠠᠭᠤᠨ ᠤ ᠪᠦᠲᠦᠭᠡ ᠤᠳᠬ᠎ᠠ ᠶᠢᠨ ᠬᠡᠷᠡᠭᠯᠡᠭᠡᠨ ᠲᠠᠢ ᠪᠠᠷᠢᠮᠲᠠᠯᠠᠭᠳᠠᠬᠤ ᠪᠣᠯᠪᠠᠴᠤ ᠂ ᠪᠠᠷᠢᠮᠲᠠ ᠪᠣᠯᠤᠨ ᠤᠯᠠᠮᠵᠢᠯᠠᠯ ᠢ ᠡᠷᠬᠢᠮᠯᠡᠬᠦ

ᠤᠳᠬ᠎ᠠ ᠠᠴᠠ ᠰᠢᠯᠵᠢᠭᠰᠡᠨ ᠤᠳᠬ᠎ᠠ ᠶᠢᠨ ᠪᠠᠢᠳᠠᠯ ᠢᠶᠡᠷ ᠰᠢᠯᠵᠢᠭᠡᠭᠰᠡᠨ ᠪᠠᠢᠨ᠎ᠠ ᠲᠤᠰ ᠲᠠᠢ ᠰᠢᠯᠵᠢᠭᠡᠯᠲᠡ ᠪᠡᠷ ᠰᠢᠯᠵᠢᠭᠡᠬᠦ ᠦᠭᠡ ᠃

2. ᠬᠡᠯᠡᠯᠴᠡᠬᠦ ᠪᠣᠯ ᠨᠢᠭᠡ ᠲᠥᠷᠥᠯ ᠤᠨ ᠤᠳᠬ᠎ᠠ ᠶᠢᠨ ᠲᠠᠢ ᠪᠦᠲᠦᠭᠡᠯ (ᠬᠡᠯᠡ ᠲᠠᠢ ᠲᠠᠢ ᠪᠦᠲᠦᠭᠡᠯ) ᠮᠥᠨ ᠃ ᠦᠭᠡ ᠨᠢ ᠨᠡᠢᠲᠡ ᠲᠠᠢ ᠪᠣᠯ

ᠨᠡᠷ᠎ᠡ ᠤᠳᠬ᠎ᠠ ᠶᠢᠨ ᠪᠦᠲᠦᠭᠡᠭᠰᠡᠨ ᠪᠣᠯ ᠪᠡᠶ᠎ᠡ ᠃ ᠤᠳᠬ᠎ᠠ ᠨᠢ ᠤᠳᠬ᠎ᠠᠯᠠᠬᠤ — ᠤᠳᠬ᠎ᠠᠯᠠᠬᠤ ᠲᠠᠢ ᠪᠦᠲᠦᠭᠡᠯ ᠶᠢᠨ ᠪᠣᠯ ᠪᠠᠢᠳᠠᠯ ᠃ ᠤᠳᠬ᠎ᠠ ᠲᠠᠢ ᠬᠡᠯᠡ ᠲᠠᠢ ᠲᠠᠢ

ᠤᠳᠬ᠎ᠠ ᠳᠤ ᠂ ᠰᠢᠯᠵᠢᠭᠰᠡᠨ ᠤᠳᠬ᠎ᠠ ᠶᠢᠨ ᠪᠠᠢᠳᠠᠯ ᠰᠢᠯᠵᠢᠭᠰᠡᠨ ᠤᠨ ᠪᠠᠢᠨ᠎ᠠ ᠬᠡᠯᠡᠯᠴᠡᠬᠦ ᠪᠣᠯ ᠤᠳᠬ᠎ᠠᠯᠠᠭᠳᠠᠬᠤ ᠃

3. ᠬᠡᠯᠡᠯᠴᠡᠬᠦ ᠪᠣᠯ ᠰᠢᠯᠵᠢᠭᠰᠡᠨ ᠪᠣᠯᠤᠨ ᠰᠢᠯᠵᠢᠭᠰᠡᠨ ᠤᠳᠬ᠎ᠠ ᠦᠨᠳᠦᠰᠦᠨ ᠦᠭᠡᠨ ᠦ ᠤᠳᠬ᠎ᠠ ᠲᠤᠰᠬᠠᠢ ᠤᠳᠬ᠎ᠠ ᠲᠠᠢ ᠲᠡᠷᠡ ᠤᠳᠬ᠎ᠠᠯᠠᠭᠰᠠᠨ ᠪᠦᠲᠦᠭᠡᠯ ᠬᠡᠯᠡ ᠶᠢᠨ ᠨᠢᠭᠡ

ᠳᠠᠭᠤᠨ ᠃ ᠤᠳᠬ᠎ᠠ ᠶᠢᠨ ᠲᠥᠷᠥᠯ ᠤᠨ ᠬᠡᠯᠡᠯᠴᠡᠬᠦ ᠪᠣᠯᠤᠨ ᠲᠠᠢ ᠬᠡᠯᠡ ᠲᠠᠢ ᠲᠠᠢ ᠤᠳᠬ᠎ᠠᠯᠠᠬᠤ ᠬᠡᠷᠡᠭᠯᠡᠭᠡᠨ ᠲᠠᠢ ᠤᠳᠬ᠎ᠠᠯᠠᠭᠳᠠᠬᠤ ᠪᠣᠯ ᠃

ᠬᠡᠯᠡᠯᠴᠡᠬᠦ ᠨᠢ ᠤᠳᠬ᠎ᠠ ᠶᠢᠨ ᠲᠠᠢ ᠪᠦᠲᠦᠭᠡᠯ ᠤᠳᠬ᠎ᠠᠯᠠᠬᠤ ᠪᠣᠯᠤᠨ ᠲᠥᠷᠥᠯ ᠤᠳᠬ᠎ᠠ ᠃

ᠤᠳᠬ᠎ᠠᠯᠠᠭᠳᠠᠬᠤ ᠤᠨ ᠤᠳᠬ᠎ᠠᠯᠠᠭᠰᠠᠨ ᠢ ᠰᠢᠯᠵᠢᠭᠰᠡᠨ ᠤᠳᠬ᠎ᠠᠯᠠᠭᠳᠠᠬᠤ ᠂ ᠬᠡᠯᠡᠯᠴᠡᠬᠦ ᠪᠣᠯ ᠰᠢᠯᠵᠢᠭᠰᠡᠨ ᠪᠣᠯᠤᠨ ᠰᠢᠯᠵᠢᠭᠰᠡᠨ ᠤᠳᠬ᠎ᠠ ᠦᠨᠳᠦᠰᠦᠨ ᠦᠭᠡᠨ ᠦ ᠤᠳᠬ᠎ᠠ ᠲᠠᠢ ᠪᠦᠲᠦᠭᠡᠭᠳᠡᠬᠦᠨ

ᠤᠳᠬ᠎ᠠᠯᠠᠬᠤ ᠤᠨ ᠰᠢᠯᠵᠢᠭᠰᠡᠨ ᠮᠥᠨ ᠃ ᠬᠡᠯᠡᠯᠴᠡᠬᠦ ᠨᠢ ᠪᠣᠳᠣᠭᠳᠠ ᠤᠳᠬ᠎ᠠ ᠶᠢᠨ ᠰᠢᠯᠵᠢᠭᠰᠡᠨ ᠂ ᠪᠣᠳᠣᠭᠳᠠ ᠤᠳᠬ᠎ᠠ — ᠬᠡᠷᠡᠭᠯᠡᠭᠡ ᠤᠳᠬ᠎ᠠ ᠶᠢᠨ ᠰᠢᠯᠵᠢᠭᠰᠡᠨ ᠂ ᠬᠡᠷᠡᠭᠯᠡᠭᠡ

ᠤᠳᠬ᠎ᠠ ᠲᠠᠢ ᠰᠢᠯᠵᠢᠭᠰᠡᠨ ᠤᠨ ᠵᠠᠭᠤᠨ ᠰᠢᠯᠵᠢᠬᠦ ᠶᠠᠭᠤᠮᠠ ᠃ ᠬᠡᠯᠡ ᠨᠢ ᠬᠡᠯᠡ ᠲᠠᠢ ᠲᠡᠷᠡ ᠲᠠᠢ ᠤᠳᠬ᠎ᠠ ᠶᠢᠨ ᠤᠳᠬ᠎ᠠᠯᠠᠭᠰᠠᠨ ᠦᠭᠡ ᠶᠢᠨ ᠬᠡᠯᠡᠯᠴᠡᠬᠦ ᠦᠭᠡᠨ « ᠰᠢᠯᠵᠢᠭᠰᠡᠨ

ᠤᠳᠬ᠎ᠠ » ᠪᠠ « ᠦᠭᠡ ᠰᠢᠯᠵᠢᠭᠰᠡᠨ ᠤᠳᠬ᠎ᠠ » ᠶᠢ ᠵᠠᠭᠤᠨ ᠪᠣᠯᠭᠠᠨ᠎ᠠ ᠃ ᠵᠢᠱᠢᠶ᠎ᠡ ᠲᠤ ᠤᠳᠬ᠎ᠠ ᠪᠠ ᠤᠳᠬ᠎ᠠᠯᠠᠭᠳᠠᠬᠤ ᠶᠢᠨ ᠦᠭᠡᠨ ᠦ ᠤᠳᠬ᠎ᠠᠯᠠᠭᠳᠠᠬᠤ ᠤᠳᠬ᠎ᠠ ᠦᠭᠡ

ᠲᠠᠢ ᠤᠳᠬ᠎ᠠᠯᠠᠭᠰᠠᠨ ᠦᠭᠡ ᠪᠠᠢᠳᠠᠯ ᠃ ᠪᠠᠢᠳᠠᠯ ᠬᠡᠯᠡ ᠤ ᠤᠳᠬ᠎ᠠᠯᠠᠭᠳᠠᠬᠤ ᠲᠠᠢ ᠬᠡᠯᠡ ᠲᠠᠢ ᠤᠳᠬ᠎ᠠᠯᠠᠬᠤ ᠲᠠᠢ ᠤᠳᠬ᠎ᠠ ᠲᠠᠢ ᠦᠭᠡᠨ ᠦ ᠶᠢ ᠵᠠᠭᠤᠨ ᠳᠤ ᠬᠡᠯᠡᠯᠴᠡᠬᠦ

ᠤᠳᠬ᠎ᠠᠯᠠᠬᠤ ᠃ ᠤᠳᠬ᠎ᠠᠯᠠᠬᠤ ᠲᠠᠢ ᠪᠣᠳᠣᠭᠳᠠ ᠲᠠᠢ ᠦᠭᠡ ᠤᠳᠬ᠎ᠠᠯᠠᠭᠳᠠᠬᠤ ᠨᠢ ᠤᠳᠬ᠎ᠠ ᠨᠢ ᠤᠳᠬ᠎ᠠᠯᠠᠬᠤ ᠬᠡᠯᠡᠯᠴᠡᠬᠦ ᠶᠢ ᠪᠣᠳᠣᠭᠳᠠᠬᠤ ᠪᠣᠯᠤᠨ ᠬᠡᠯᠡ ᠲᠠᠢ ᠤᠳᠬ᠎ᠠᠯᠠᠭᠰᠠᠨ ᠃ ᠬᠡᠯᠡ ᠤ

ᠬᠡᠷᠡᠭᠯᠡᠭᠡᠨ ᠤᠨ ᠪᠣᠳᠣᠭᠳᠠᠬᠤ ᠳᠤ ᠬᠡᠯᠡᠯᠴᠡᠬᠦ ᠲᠠᠢ ᠦᠭᠡᠯᠡᠬᠦ ᠰᠢᠯᠵᠢᠭᠰᠡᠨ ᠨᠢ ᠬᠡᠯᠡᠯᠴᠡᠬᠦ ᠲᠠᠢ ᠬᠡᠷᠡᠭᠯᠡᠬᠦ ᠂ ᠬᠡᠯᠡᠯᠴᠡᠬᠦ ᠲᠠᠢ ᠦᠭᠡᠯᠡᠬᠦ ᠪᠠ ᠤᠳᠬ᠎ᠠᠯᠠᠬᠤ

ᠤᠨ ᠵᠠᠭᠤᠨ ᠲᠤ ᠪᠣᠳᠣᠭᠳᠠᠭᠰᠠᠨ ᠂ ᠪᠣᠯᠣᠯᠴᠠᠭᠠᠨ ᠲᠠᠢ ᠤᠳᠬ᠎ᠠᠯᠠᠬᠤ ᠤᠳᠬ᠎ᠠᠯᠠᠭᠰᠠᠨ ᠦᠭᠡᠯᠡᠭᠳᠡᠭᠰᠡᠨ ᠤᠳᠬ᠎ᠠ ᠤᠨ ᠪᠣᠳᠣᠭᠳᠠᠬᠤ ᠃ ᠬᠡᠯᠡ ᠤ ᠬᠡᠷᠡᠭᠯᠡᠭᠡᠨ ᠤᠨ ᠪᠣᠳᠣᠭᠳᠠᠬᠤ ᠪᠠ ᠬᠡᠯᠡᠯᠴᠡᠬᠦ

ᠬᠡᠯᠡᠨ ᠦ ᠪᠠᠶᠢᠭᠤᠯᠤᠮᠵᠢ ᠶᠢᠨ ᠲᠦᠯᠬᠢᠭᠦᠷ ᠦᠭᠡ ᠶᠢᠨ ᠨᠡᠷ᠎ᠡ ᠦᠭᠡ ᠶᠢᠨ ᠬᠡᠰᠡᠭ ᠢ ᠲᠠᠨᠢᠨ ᠮᠡᠳᠡᠬᠦ ᠳ᠋ᠤ ᠲᠦᠷᠦᠭᠦᠦ ᠪᠣᠯᠤᠨ᠎ᠠ᠄ ᠲᠡᠷᠡ ᠪᠡᠷ ᠬᠠᠮᠤᠭ ᠦᠨ ᠡᠮᠦᠨ᠎ᠡ ᠤᠯᠠᠮᠵᠢᠯᠠᠯ ᠳᠦᠷᠢᠮ (ᠳᠦᠷᠢᠮ ᠦᠨ ᠠᠷᠭ᠎ᠠ) ᠪᠠᠷ ᠪᠠᠶᠢᠭᠤᠯᠤᠭᠳᠠᠭᠰᠠᠨ

ᠤᠨ baseNP ᠶᠢᠨ ᠳᠦᠷᠢᠮ (ᠵᠢᠱᠢᠶᠡ ᠨᠢ ᠶᠢᠨ ᠳᠦᠷᠢᠮ᠂ ᠪᠦᠲᠦᠴᠡ ᠶᠢᠨ ᠳᠦᠷᠢᠮ) ᠪᠠᠷ baseNP ᠶᠢᠨ ᠬᠡᠯᠪᠡᠷᠢ ᠳᠦᠷᠢᠮ ᠢ ᠲᠣᠭᠲᠠᠭᠠᠨ᠂ ᠲᠡᠭᠦᠨ ᠦ ᠬᠡᠯᠪᠡᠷᠢ ᠳᠦᠷᠢᠮ ᠢ ᠠᠰᠢᠭᠯᠠᠨ ᠨᠡᠷ᠎ᠡ ᠦᠭᠡ ᠶᠢᠨ ᠬᠡᠰᠡᠭ ᠢ ᠲᠠᠨᠢᠨ ᠮᠡᠳᠡᠬᠦ ᠠᠷᠭ᠎ᠠ ᠪᠣᠯᠤᠨ᠎ᠠ᠃ ᠴᠢᠶᠠᠷᠴᠢ (Church) ᠤᠨ ᠰᠤᠳᠤᠯᠭᠠᠨ ᠳ᠋ᠤ ᠪᠣᠯ ᠨᠡᠷ᠎ᠡ ᠦᠭᠡ ᠶᠢᠨ ᠬᠡᠰᠡᠭ ᠢ ᠲᠠᠨᠢᠨ ᠮᠡᠳᠡᠬᠦ ᠮᠠᠭᠠᠳ ᠪᠣᠯᠤᠮᠵᠢ ᠶᠢᠨ ᠵᠠᠭᠪᠤᠷ ᠢ ᠬᠡᠷᠡᠭᠯᠡᠵᠦ ᠂ ᠬᠢᠯᠢ ᠶᠢ ᠲᠠᠨᠢᠨ ᠮᠡᠳᠡᠬᠦ ᠳ᠋ᠤ ᠬᠦᠷᠴᠦ ᠪᠣᠯᠤᠨ᠎ᠠ᠃

2. ᠳᠦᠷᠢᠮ ᠦᠨ ᠠᠷᠭ᠎ᠠ ᠶᠢᠨ ᠳᠦᠷᠢᠮ

ᠡᠨᠡ ᠠᠷᠭ᠎ᠠ ᠪᠠᠷ ᠨᠡᠷ᠎ᠡ ᠦᠭᠡ ᠶᠢᠨ ᠬᠡᠰᠡᠭ ᠢ ᠲᠠᠨᠢᠨ ᠮᠡᠳᠡᠬᠦ ᠶᠢᠨ ᠨᠣᠳᠠᠯᠭ᠎ᠠ ᠨᠢ 98%᠂ ᠪᠦᠷᠢᠨ ᠲᠠᠨᠢᠯᠲᠠ ᠨᠢ 95% ᠳ᠋ᠤ ᠬᠦᠷᠦᠨ᠎ᠡ᠃ ᠪᠠᠶᠢᠭᠤᠯᠤᠮᠵᠢ ᠶᠢᠨ ᠳᠦᠷᠢᠮ ᠢ ᠬᠡᠷᠡᠭᠯᠡᠵᠦ ᠨᠡᠷ᠎ᠡ ᠦᠭᠡ ᠶᠢᠨ ᠬᠡᠰᠡᠭ ᠢ ᠲᠠᠨᠢᠬᠤ ᠠᠷᠭ᠎ᠠ ᠪᠠᠶᠢᠨ᠎ᠠ᠃ ᠹᠠᠦᠲ᠋ᠢᠯᠠᠢᠨᠧᠨ (Vautilainen) ᠤ NPtool ᠰᠢᠰᠲ᠋ᠧᠮ ᠨᠢ ᠳᠦᠷᠢᠮ ᠦᠨ ᠠᠷᠭ᠎ᠠ ᠶᠢᠨ ᠲᠦᠯᠦᠭᠡᠯᠡᠯ ᠪᠣᠯᠤᠨ᠎ᠠ᠃ ᠲᠡᠷᠡ ᠨᠢ ᠨᠡᠷ᠎ᠡ ᠦᠭᠡ ᠶᠢᠨ ᠬᠡᠰᠡᠭ ᠢ ᠲᠠᠨᠢᠬᠤ ᠨᠣᠳᠠᠯᠭ᠎ᠠ ᠨᠢ 95% ᠳ᠋ᠤ ᠬᠦᠷᠦᠨ᠎ᠡ᠃ ᠡᠬᠢᠯᠡᠭᠡᠳ ᠬᠡᠯᠪᠡᠷᠢ ᠶᠢᠨ ᠳᠦᠷᠢᠮ ᠢ ᠬᠡᠷᠡᠭᠯᠡᠨ ᠨᠡᠷ᠎ᠡ ᠦᠭᠡ ᠶᠢᠨ ᠬᠡᠰᠡᠭ ᠢ ᠲᠣᠭᠲᠠᠭᠠᠨ ᠂ ᠲᠡᠭᠦᠨ ᠦ ᠬᠢᠯᠢ ᠶᠢ ᠲᠠᠨᠢᠨ᠎ᠠ᠃ LEXTER ᠰᠢᠰᠲ᠋ᠧᠮ ᠨᠢ ᠡᠨᠡ ᠲᠦᠷᠦᠯ ᠦᠨ ᠳᠦᠷᠢᠮ ᠦᠨ ᠠᠷᠭ᠎ᠠ ᠶᠢᠨ ᠲᠦᠯᠦᠭᠡᠯᠡᠯ᠂ ᠲᠡᠭᠦᠨ ᠦ ᠨᠡᠷ᠎ᠡ ᠦᠭᠡ ᠶᠢᠨ ᠬᠡᠰᠡᠭ ᠢ ᠲᠠᠨᠢᠬᠤ ᠠᠷᠭ᠎ᠠ ᠨᠢ ᠪᠣᠷᠢᠭᠣ (Bourigault) ᠤᠨ

ᠰᠢᠨᠵᠢᠯᠡᠯ ᠢ ᠦᠨᠳᠦᠰᠦᠯᠡᠨ ᠨᠡᠷ᠎ᠡ ᠦᠭᠡ ᠶᠢᠨ ᠬᠡᠰᠡᠭ ᠢ ᠲᠠᠨᠢᠬᠤ ᠶᠢᠨ ᠬᠡᠯᠪᠡᠷᠢ ᠶᠢ ᠲᠣᠭᠲᠠᠭᠠᠨ᠎ᠠ᠃

1. ᠲᠠᠪᠢᠯᠲᠠ ᠶᠢᠨ ᠳᠦᠷᠢᠮ

(ᠨᠢᠭᠡ) ᠨᠡᠷ᠎ᠡ ᠦᠭᠡ ᠶᠢᠨ ᠬᠡᠰᠡᠭ ᠦᠨ ᠲᠠᠪᠢᠯᠲᠠ ᠶᠢᠨ ᠳᠦᠷᠢᠮ

ᠡᠨᠡ ᠳᠦᠷᠢᠮ ᠨᠢ ᠬᠡᠯᠡᠨ ᠦ ᠪᠠᠶᠢᠭᠤᠯᠤᠮᠵᠢ ᠶᠢᠨ ᠰᠤᠳᠤᠯᠭᠠᠨ ᠤ ᠦᠨᠳᠦᠰᠦ ᠪᠣᠯᠤᠨ᠎ᠠ᠃

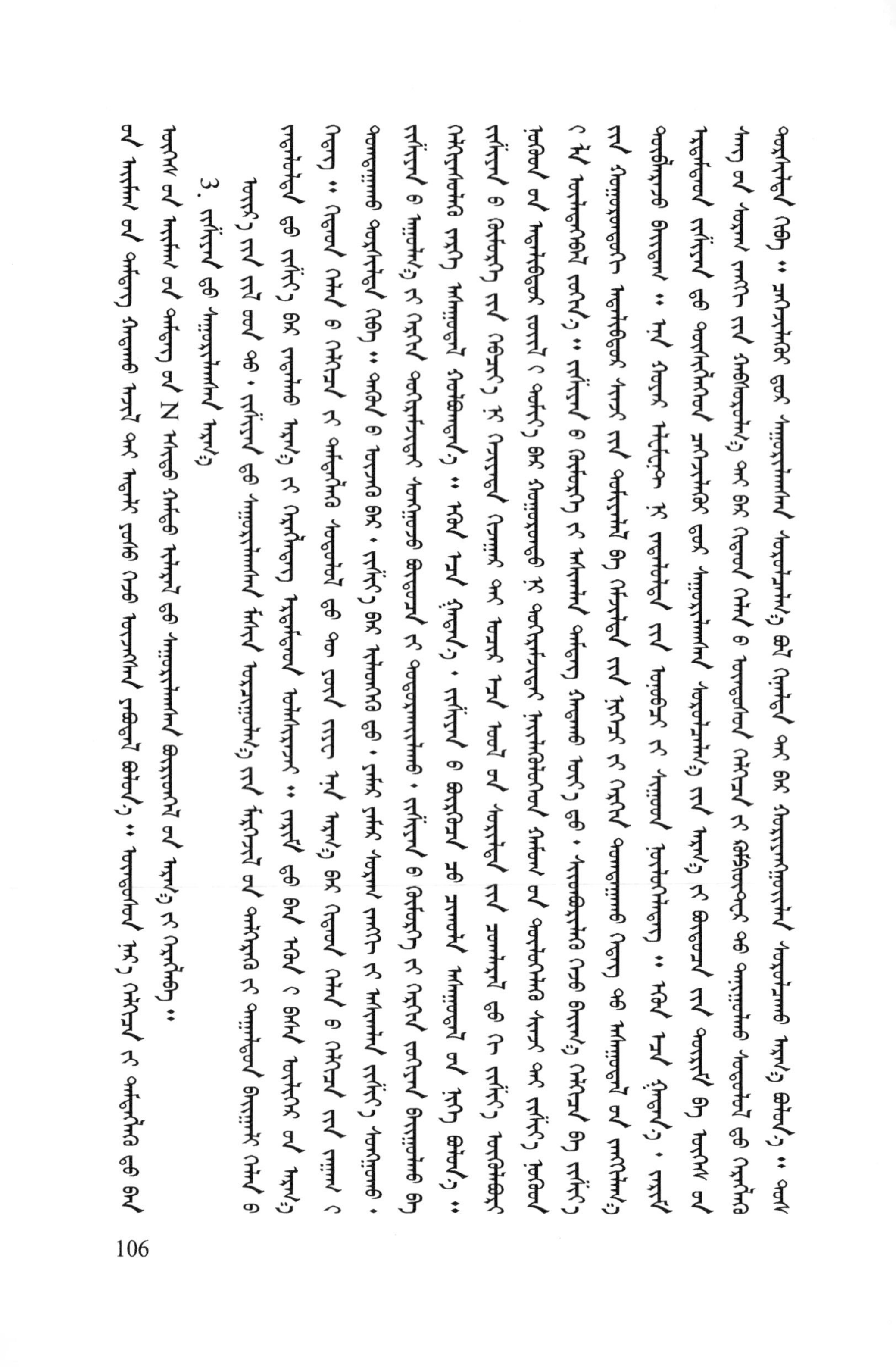

[illegible]

[illegible] N [illegible]

3. [illegible]

[illegible]

ᠬᠡᠮᠵᠢᠶ᠎ᠡ ᠶᠢ ᠬᠤᠪᠢᠶᠠᠷᠢᠯᠠᠯ ᠤᠨ ᠪᠣᠳᠤᠯᠭ᠎ᠠ ᠪᠣᠳᠤᠯᠭ᠎ᠠ ᠳᠤ ᠬᠤᠪᠢᠶᠠᠷᠢᠯᠠᠯ ᠤᠨ ᠪᠣᠳᠤᠯᠭ᠎ᠠ ᠳᠤ ᠬᠡᠷᠡᠭᠯᠡᠵᠦ ᠪᠣᠯᠬᠤ ᠭᠠᠷᠭᠠᠵᠤ ᠢ ᠪᠣᠳᠤᠯ ᠬᠦᠰᠦᠨᠦᠭᠲᠦ᠂ ᠬᠤᠪᠢᠶᠠᠷᠢᠯᠠᠯ ᠤᠨ ᠪᠣᠳᠤᠯᠭ᠎ᠠ ᠶᠢ ᠬᠡᠷᠡᠭᠯᠡᠵᠦ ᠬᠤᠪᠢᠶᠠᠷᠢᠯᠠᠯ ᠤᠨ ᠪᠣᠳᠤᠯᠭ᠎ᠠ ᠶᠢ ᠭᠠᠷᠭᠠᠨ᠎ᠠ᠃ ᠬᠤᠪᠢᠶᠠᠷᠢᠯᠠᠯ ᠤᠨ ᠪᠣᠳᠤᠯ ᠪᠣᠯ ᠭ᠋·ᠪ᠋·ᠸᠧᠨᠱ (G.B.wensch) ᠨᠢ ᠬᠡᠮᠡᠨ ᠳᠦ ᠭᠠᠷᠭᠠᠭᠰᠠᠨ ᠪᠣᠳᠤᠯᠭ᠎ᠠ ᠶᠢᠨ ᠬᠡᠮᠵᠢᠶ᠎ᠡ ᠶᠢ ᠬᠡᠷᠡᠭᠯᠡᠵᠡᠢ ::

ᠪᠣᠷᠣᠭᠠᠨ ᠤ ᠬᠤᠷᠠᠮᠳᠤᠯ ᠤᠨ ᠬᠡᠮᠵᠢᠶ᠎ᠡ ᠶᠢ ᠪᠣᠳᠤᠬᠤ ᠳᠤ ᠂ ᠬᠤᠷᠠᠮᠳᠤᠯ ᠤᠨ ᠬᠡᠮᠵᠢᠭᠳᠡᠬᠦᠨ ᠢ N ᠬᠡᠮᠵᠢᠶ᠎ᠡ ᠪᠠᠷ ᠲᠡᠮᠳᠡᠭᠯᠡᠨ᠎ᠡ ::

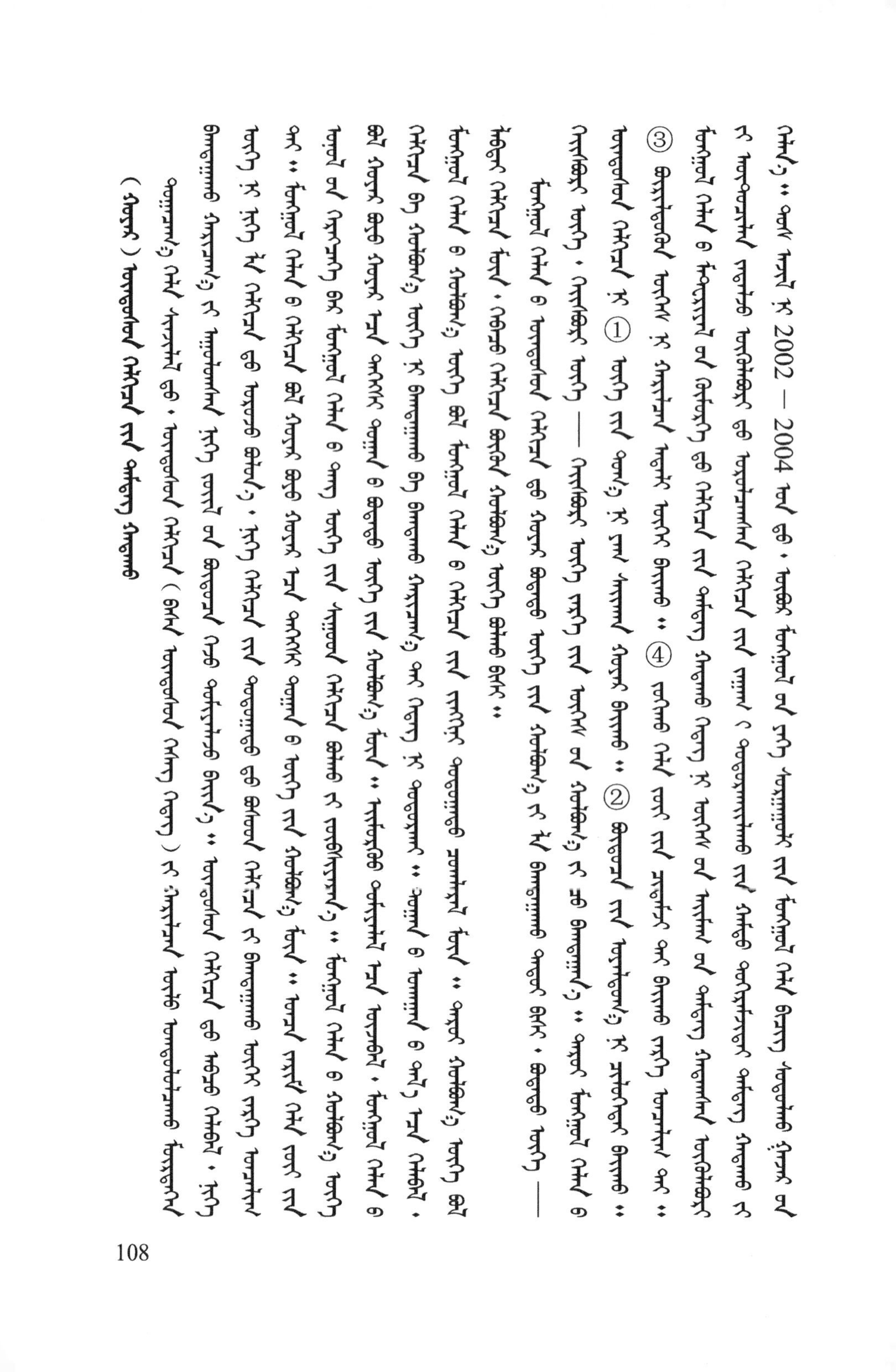

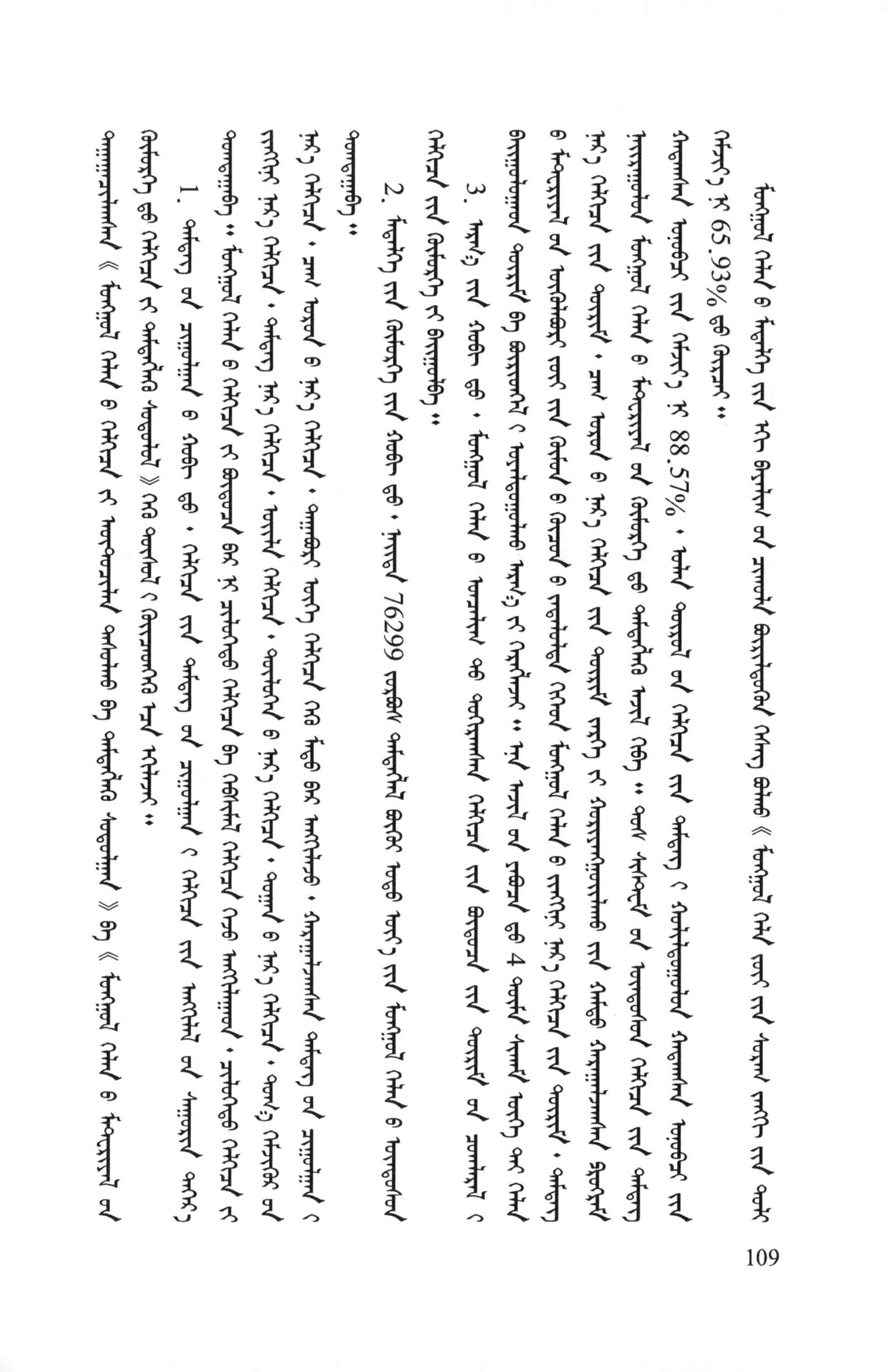

[illegible]
[illegible] 65.93% [illegible] ᠃

[illegible] 88.57% ᠂ [illegible] ᠃ [illegible] 4 [illegible]

3. [illegible] ᠃

2. [illegible] 76299 [illegible] ᠃

[illegible] ᠃

1. [illegible] 《[illegible]》 [illegible] ᠃

[illegible] 《[illegible]》 [illegible] 《[illegible]

ᠲᠠᠢ ᠬᠠᠷᠢᠴᠠᠭᠤᠯᠤᠯ ᠰᠢᠨᠵᠢᠯᠡᠬᠦ 》 ᠳᠦ ᠮᠣᠩᠭᠣᠯ ᠬᠡᠯᠡᠨ ᠦ ᠬᠡᠯᠬᠢᠴ ᠢ ᠨᠡᠷ᠎ᠡ ᠲᠥᠪᠲᠡᠢ ᠬᠡᠯᠬᠢᠴ (NP) ᠂ ᠲᠡᠮᠳᠡᠭ ᠲᠥᠪᠲᠡᠢ ᠬᠡᠯᠬᠢᠴ (AP) ᠂ ᠦᠢᠯᠡ
ᠬᠡᠯᠬᠢᠴ (VP) ᠂ ᠪᠠᠢᠷᠢᠯᠠᠯ ᠤᠨ ᠲᠥᠪᠲᠡᠢ ᠬᠡᠯᠬᠢᠴ (RP) ᠂ ᠪᠣᠳᠠᠰ ᠤᠨ ᠲᠥᠪᠲᠡᠢ ᠬᠡᠯᠬᠢᠴ (MCP) ᠂ ᠪᠣᠳᠠᠰ᠄ ᠬᠡᠮᠵᠢᠶ᠎ᠡ ᠶᠢᠨ ᠲᠥᠪᠲᠡᠢ ᠬᠡᠯᠬᠢᠴ
(MP) ᠂ ᠣᠷᠤᠨ ᠤ ᠲᠥᠪᠲᠡᠢ ᠬᠡᠯᠬᠢᠴ (OP) ᠂ ᠴᠠᠭ ᠤᠨ ᠲᠥᠪᠲᠡᠢ ᠬᠡᠯᠬᠢᠴ (TP) ᠂ ᠪᠠᠢᠳᠠᠯ ᠲᠥᠷᠥᠯ ᠬᠡᠯᠬᠢᠴ (DP) ᠂ ᠪᠠᠶᠢᠳᠠᠯ ᠲᠥᠷᠥᠯ
ᠬᠡᠯᠬᠢᠴ (GP) ᠵᠡᠷᠭᠡ 10 ᠲᠥᠷᠥᠯ ᠬᠡᠯᠬᠢᠴ ᠦᠨ ᠳᠡᠭᠡᠷ᠎ᠡ ᠬᠠᠷᠢᠴᠠᠭᠤᠯᠤᠯ ᠲᠥᠷᠥᠯ ᠢ ᠪᠣᠯᠭᠠᠪᠠ ᠃

《 ᠮᠣᠩᠭᠣᠯ ᠬᠡᠯᠡ ᠮᠡᠳᠡᠭᠡᠯᠡᠯ ᠦᠨ ᠰᠢᠨᠵᠢᠯᠡᠭᠡᠨ ᠦ ᠬᠡᠯᠡᠨ ᠦ ᠬᠡᠯᠬᠢᠴ ᠢᠨ ᠳᠦᠷᠢᠮ ᠦᠨ ᠪᠣᠯᠤᠨ ᠬᠣᠯᠪᠣᠭᠳᠠᠯ 》 ᠳᠤ ᠲᠡᠮᠳᠡᠭᠯᠡᠯ ᠦᠨ ᠨᠡᠷᠡᠢᠳᠦᠯ
ᠦᠨ ᠬᠠᠷᠢᠴᠠᠭᠤᠯᠤᠯ ᠲᠥᠷᠥᠯ ᠢ ᠪᠠᠢᠷᠢᠯᠠᠯ ᠦᠨ ᠪᠠᠢᠳᠠᠯ ᠢ ᠮᠡᠳᠡᠭᠡᠯᠡᠬᠦ ᠬᠡᠯᠬᠢᠴ ᠦᠨ ᠪᠦᠲᠦᠴ ᠬᠡᠯᠪᠡᠷᠢ ᠪᠡᠷ ᠬᠡᠯᠬᠢᠴ ᠦᠨ ᠪᠦᠷᠢᠯᠳᠦᠭᠦᠨ ᠰᠢᠨᠵᠢᠯᠡᠭᠡᠨ ᠦ
ᠪᠠᠢᠳᠠᠯ ᠢ ᠲᠣᠳᠣᠷᠬᠠᠢᠯᠠᠨ ᠪᠡᠯᠡᠳᠬᠡᠬᠦ ᠬᠡᠯᠪᠡᠷᠢ ᠬᠠᠷᠢᠴᠠᠭᠤᠯᠤᠯ ᠬᠡᠯᠬᠢᠴ ᠦᠨ ᠪᠦᠲᠦᠴ ᠢ ᠰᠢᠨᠵᠢᠯᠡᠬᠦ ᠃ ᠬᠡᠯᠬᠢᠴ ᠦᠨ ᠲᠥᠷᠥᠯ ᠢ ᠨᠢ ᠬᠠᠭᠠᠯᠳᠠᠭ ({ })
ᠪᠣᠯᠤᠨ ᠰᠢᠨᠵᠢᠯᠡᠭᠡᠨ ᠦ ᠪᠦᠲᠦᠴ ᠦᠨ ᠬᠠᠷᠢᠴᠠᠭᠤᠯᠤᠯ ᠬᠡᠯᠬᠢᠴ ᠦᠨ ᠲᠥᠷᠥᠯ ᠢ ᠲᠡᠮᠳᠡᠭᠯᠡᠪᠡ ᠃ ᠰᠢᠨᠵᠢᠯᠡᠬᠦ ᠦᠭᠡᠰ ᠦᠨ ᠬᠡᠯᠬᠢᠴ ᠦᠨ ᠪᠦᠲᠦᠴ ᠢ ᠨᠢ ᠬᠡᠯᠬᠢᠴ ᠦᠨ ᠲᠥᠷᠥᠯ ᠦᠨ ᠲᠡᠮᠳᠡᠭᠯᠡᠯ ᠢ ᠪᠠᠢᠳᠠᠯ ᠃

ᠬᠦᠰᠨᠢᠭᠲᠦ 2 — 1 ᠮᠣᠩᠭᠣᠯ ᠬᠡᠯᠡ ᠮᠡᠳᠡᠭᠡᠯᠡᠯ ᠦᠨ ᠰᠢᠨᠵᠢᠯᠡᠭᠡᠨ ᠦ ᠬᠡᠯᠡᠨ ᠦ ᠬᠡᠯᠬᠢᠴ ᠦᠨ ᠪᠦᠲᠦᠴ ᠦᠨ ᠬᠡᠯᠬᠢᠴ ᠦᠨ ᠲᠡᠮᠳᠡᠭ ᠦᠨ
ᠬᠠᠷᠢᠴᠠᠭᠤᠯᠤᠯ ᠦᠨ ᠬᠦᠰᠨᠢᠭᠲᠦ ᠪᠣᠯᠤᠨ᠎ᠠ

ᠨᠡᠷ᠎ᠡ ᠲᠥᠪᠲᠡᠢ ᠬᠡᠯᠬᠢᠴ	NP	ᠲᠡᠮᠳᠡᠭ ᠬᠡᠯᠬᠢᠴ	VP	ᠦᠢᠯᠡ ᠲᠥᠪᠲᠡᠢ ᠬᠡᠯᠬᠢᠴ	AP	ᠪᠠᠢᠷᠢᠯᠠᠯ ᠤᠨ ᠲᠥᠪᠲᠡᠢ ᠬᠡᠯᠬᠢᠴ	RP
ᠪᠣᠳᠠᠰ ᠤᠨ ᠲᠥᠪᠲᠡᠢ ᠬᠡᠯᠬᠢᠴ	MP	ᠬᠡᠮᠵᠢᠶ᠎ᠡ ᠶᠢᠨ ᠲᠥᠪᠲᠡᠢ ᠬᠡᠯᠬᠢᠴ	QP	ᠴᠠᠭ ᠤᠨ ᠲᠥᠪᠲᠡᠢ ᠬᠡᠯᠬᠢᠴ	TP	ᠣᠷᠤᠨ ᠤ ᠲᠥᠪᠲᠡᠢ ᠬᠡᠯᠬᠢᠴ	OP
ᠪᠠᠢᠳᠠᠯ ᠲᠥᠷᠥᠯ ᠬᠡᠯᠬᠢᠴ	DP	ᠪᠠᠶᠢᠳᠠᠯ ᠲᠥᠷᠥᠯ ᠬᠡᠯᠬᠢᠴ	GP	ᠬᠤᠪᠢ ᠲᠥᠷᠥᠯ ᠬᠡᠯᠬᠢᠴ	SP	ᠬᠠᠷᠢᠴᠠᠭᠤᠯᠤᠯ ᠲᠥᠷᠥᠯ ᠬᠡᠯᠬᠢᠴ	HP

e6 {{TEDE/Rb {JABI/Ne1-BAN/Fx11(Nbbu211) {{BILHAMAL/Ax TESI/Rj}RP2d JALA/V e1+L_A/Fs31(VAJHAEJ)}VP3b}VP4t}VP5u ./Wp1}S6

e6 {{NARA/Ne2(Nbbu11) {{BARAGVN/Oa {AGVLA/Ne1-YIN/Fc11(Nob1) 0R0I/Ne2-DV/Fc21(Nbbu223)}NP2d}NP3d TASI/Ve1+BA/Fs14(VSIBAHE)}VP4b}NP5u ./Wp1}S6

e6 {{{VHAGDAHVN/Ne1(Nbhv02) B0L/Sd}NP2s {{BVSVDCI/Ac HEREG=B0DAS/Ne1-I/Fc31(Nhy)}NP2d TVSH_A/Ve1+DAG/Ft21(VSIBASA)}VP3t}VP5u ./Wp1}S6

e6 {{0D0/Ne2(Nch2) {{BASA/Sc LA/Sx}SP2h {HARA/Ve1+GSAGAR/FnC(VHOSEHA) BAI/Vz2+N_A/Fs21}VP2s}VP4s}VP5b ./Wp1}S6

e7 {{ONGGERE/Ve1+GSEN/Ft11-DU/Fc21(ONGGEREGE) {BIDE/Rb {{NOHOCELTU/Ne1(Nbhv01) MAGADLAL/Ne1-I/Fc31(Nbhv01)}NP2d {SVR/Ve1+V/Zv1+GSAN/Ft11(VAJAJSO) BILE/Ss}VP2s}VP4t}VP5u}VP6b ./Wp1}S7

e7 {{TERE/Rj {{HARILCAGVR/Ne1-IYAN/Fx11(Nbbu212) TALBI/Ve1+GAD/Fn2(VAJSINE)}VP2t {VDA/Ve2+TAL_A/Fn9(VSIBAJI) {MELERE/Ve2+N/Fn3(VSIH0VY) J0GS0/Ve2+L_A/Fs31(VHOUISA)}VP2h}VP3b}VP5h}VP6u ./Wp1}S7

e7 {{BIDE/Rb {{{NELIYED/Dx ARBIN/Ac}AP2b {T0G0RIV/Ac JAM/Ne1(Nob22)}NP2d}NP4d YABV/Ve2+JAI/Fs11(VHOSIYA)}VP5t}VP6u ./Wp1}S7

e7 {{BASA/Sc {{{NIGE/Mu {SAYIN/Ac NOHOR/Ne1-IYEN/Fx11(Nbba1127)}NP2d}NP3d URE/Ve1+GDE/Fe21+GUL/Fe11+CIHE/Fi21+L_E/Fs31(VHOUITO)}VP4t SIU/Sb}VP5s}VP6s !/Wp1}S7

e8 {{{JUICILEL/Ne2(Nbhv01) B0L/Vz2}NP2s {{{{VRIDAL/Ne1(Nbhv01) ,/Wp1}NP2s dUNGNELTE/Ne1(Nbhv01)}NP3h H0YAR/Mu-ACA/Fc41}NP4x BORILDO/Ve2+N_E/Fs21(VAJH0H0BU)}VP5t}VP7u ./Wp1}S8

e8 {{{MAN/Rb-V/Fc12 NAM/Ne1-VN/Fc11(Nhv6)}NP2d D0T0R_A/Oa}OP {{EYIMU/Rj HOMON/Ne1(Nbba1111)}NP2d {BAI/Vz2+G_A/Ft22 YVM/Sb}VP2s}VP4u}VP7b ./Wp1}S8

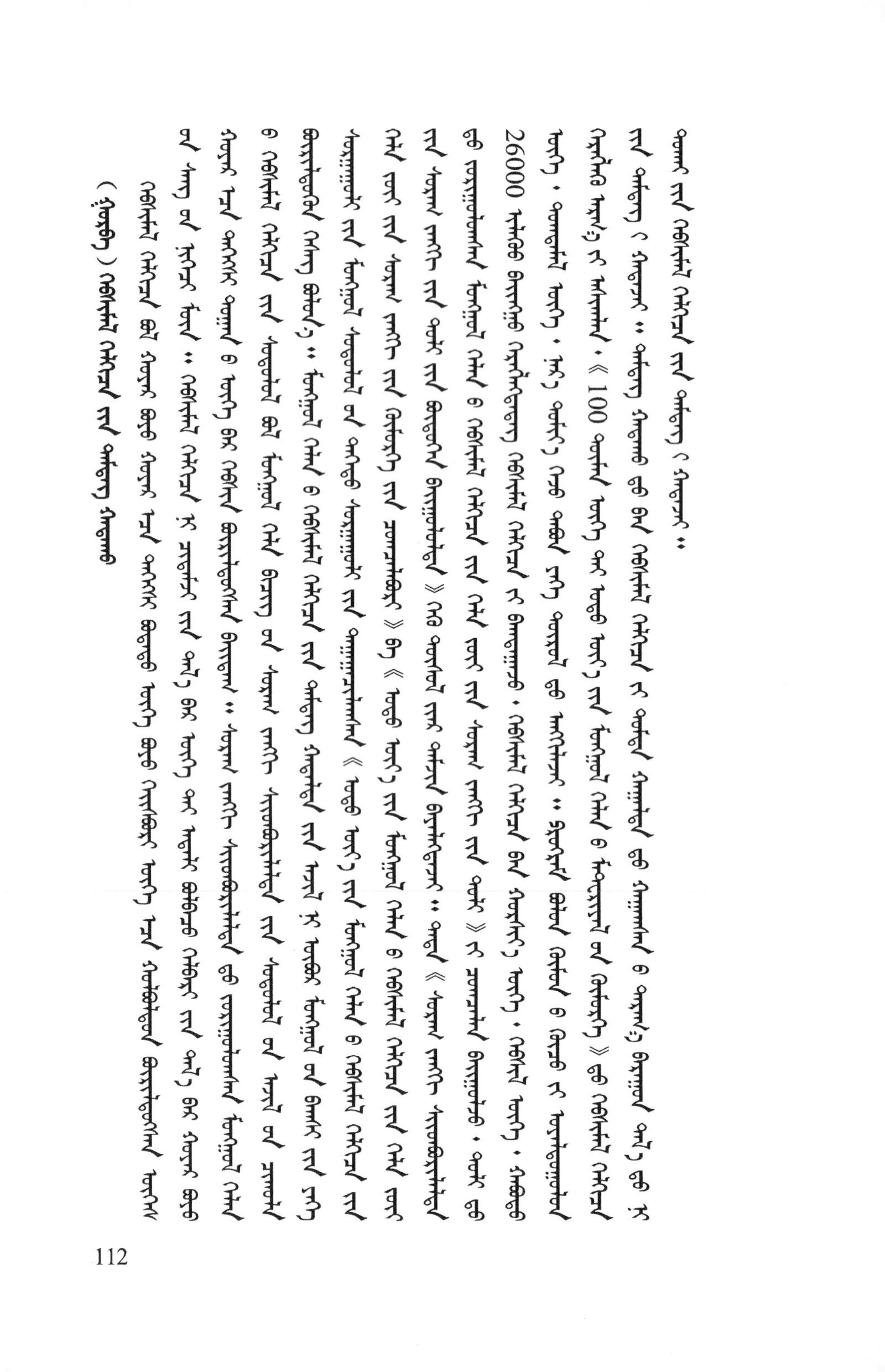

([illegible]) [illegible]

[illegible]

[illegible]

[illegible]

[illegible]

[illegible]

[illegible]

[illegible]

[illegible]

26000 [illegible]

[illegible]

[illegible] 《100 [illegible]》 [illegible]

[illegible]

[illegible] ::

[illegible] ∶∶)

([illegible] ·[illegible]
TAWAR / Ne1 — VN [JAH_A / Ne2 DELGEGUR / Ne1]Yn TEI / Sb YVM / Sb . /Wp1
Ac AGVDAM / Ac]Ya UILEDBURILEL / Ne2—UN / Fcll GAJAR / Ne1 BA / Cj
BAYIGALI / Ne2—YIN / Fc11 EHI / Ne2 S0RB0LJI / Ne1 TAI / Sb , / Wp1 [ORGEN /
MAN / Rb —V / Fc11 0R0N / Ne1— DV / Fc21 [ELBEG / Ac DELBEG / Ac]Ya
[illegible] :

[illegible]	Yn	Ya	Yo	Yr	Yv	Yd	Xa	Xv	Kn	Kv	J	NT
[illegible]	[illegible]	[illegible]	[illegible]	[illegible]	[illegible]	[illegible]	[illegible]	[illegible]	[illegible]	[illegible]	[illegible]	[illegible]

[illegible] 》[illegible]

[illegible] 2 — 3 《 [illegible]

(ᠡᠨᠡ ᠪᠣᠯ ᠲᠡᠷᠡ ᠪᠡᠷ ᠰᠢᠭᠠᠷᠢᠭᠤᠯᠤᠯᠲᠠ ᠳᠤ ᠮᠠᠰᠢ ᠰᠢᠭᠠᠷᠢᠭᠤᠨ ᠪᠠᠶᠢᠨ᠎ᠠ ᠃)

AP2d BAYI / Vz2 + L_A / Fs31}VP3s}AP4t}AP5b}AP6u . / Wp1}S7

{HARIYACAI / Ne1—DV / Fc21 (Nbba222) {{YEHE / Ac HAYIRATAI / Ax / prd1}

ᠲᠠᠶᠢᠯᠪᠤᠷᠢ : e7 {{BI / Rb / sbj {BAG_A / Ac—ACA / Fc41—BAN / Fx11

ᠴᠢᠪᠴᠢᠷ ᠤᠨ ᠲᠡᠮᠳᠡᠭᠯᠡᠯ ᠃

ᠡ ᠬᠡᠯᠡᠬᠦ ᠰᠢᠨᠵᠢ ᠳᠤ · ᠬᠡᠰᠡᠭ ᠦᠭᠡᠰ ᠪᠣᠯ ᠴᠢᠭᠤᠯᠭᠠᠨ ᠤ ᠦᠭᠡ ᠳᠤ 《 ᠲᠡᠮᠳᠡᠭ ᠲᠡᠮᠳᠡᠭᠯᠡᠯ (/) + ᠬᠡᠯᠡᠪᠦᠷᠢᠵᠢᠬᠦ ᠶᠢᠨ ᠴᠢᠳᠠᠮᠵᠢ ᠶᠢᠨ ᠬᠡᠯᠡᠬᠦ 》 ᠴᠢᠬᠤ

ᠲᠣᠭᠠᠴᠠᠭᠠ ᠴᠢᠨᠢ ᠶᠢᠨ ᠬᠡᠯᠡᠪᠦᠷᠢᠵᠢᠬᠦ ᠶᠢᠨ ᠴᠢᠳᠠᠮᠵᠢ ᠬᠡᠰᠡᠭ ᠦᠭᠡᠰ ᠪᠠᠷ ᠢᠯᠡᠷᠡᠭᠰᠡᠨ ᠴᠢᠭᠤ ᠴᠢᠭᠤᠯ ᠦᠭᠡᠰ ᠪᠠᠷ ᠪᠦᠲᠦᠭᠡᠬᠦ ᠪᠠᠶᠢᠳᠠᠯ ᠃ ᠬᠡᠯᠡᠪᠦᠷᠢᠵᠢᠬᠦ ᠶᠢᠨ ᠴᠢᠳᠠᠮᠵᠢ

sbj	prd	obj1	obj1	spc	adb
ᠬᠡᠯᠡᠭᠳᠡᠬᠦᠨ	ᠬᠡᠯᠡᠬᠦᠨ	ᠰᠢᠭᠤᠳ ᠨᠡᠮᠡᠯᠲᠡ	ᠰᠢᠭᠤᠳ ᠪᠤᠰᠤ ᠨᠡᠮᠡᠯᠲᠡ	ᠨᠥᠬᠥᠪᠥᠷᠢ	ᠪᠠᠶᠢᠳᠠᠯ

ᠬᠦᠰᠦᠨᠦᠭᠲᠦ 2 — 4 ᠲᠣᠭᠠᠴᠠᠭᠠ ᠴᠢᠨᠢ ᠶᠢᠨ ᠬᠡᠯᠡᠪᠦᠷᠢᠵᠢᠬᠦ ᠶᠢᠨ ᠴᠢᠳᠠᠮᠵᠢ ᠶᠢᠨ ᠬᠠᠷᠢᠴᠠᠭ᠎ᠠ ᠬᠠᠷᠢᠴᠠᠯ ᠰᠢᠯᠭᠠᠨ ᠲᠣᠭᠠᠴᠠᠬᠤ ᠰᠢᠨᠵᠢ ᠪᠣᠯ

ᠬᠡᠯᠡᠪᠦᠷᠢᠵᠢᠬᠦ ᠶᠢᠨ ᠴᠢᠳᠠᠮᠵᠢ ᠳᠤ ᠨᠢᠭᠡᠨ ᠬᠠᠷᠢᠴᠠᠭ᠎ᠠ ᠴᠢᠬᠤ · ᠰᠢᠯᠭᠠᠨ ᠲᠣᠭᠠᠴᠠᠬᠤ ᠰᠢᠨᠵᠢ ᠶᠢ ᠬᠡ ᠪᠡᠶᠡᠯᠡᠭᠦᠯᠦᠨ᠎ᠡ ᠬᠡᠷᠡᠭ ᠴᠢᠬᠤᠯᠠ ᠃

ᠬᠡᠯᠡᠪᠦᠷᠢᠵᠢᠬᠦ ᠪᠣᠯᠤᠨ ᠳᠤ ᠬᠡᠯᠡᠪᠦᠷᠢᠵᠢᠬᠦ ᠶᠢᠨ ᠴᠢᠳᠠᠮᠵᠢ ᠶᠢᠨ ᠬᠡᠯᠡᠬᠦ ᠰᠢᠨᠵᠢ ᠶᠢ ᠴᠢᠨᠢ ᠃ ᠬᠡᠯᠡᠪᠦᠷᠢᠵᠢᠬᠦ ᠶᠢᠨ ᠴᠢᠳᠠᠮᠵᠢ ᠶᠢᠨ ᠬᠡᠯᠡᠬᠦ ᠰᠢᠨᠵᠢ ᠳᠤ ᠬᠡᠯᠡᠪᠡᠯ ᠲᠡᠭᠡᠷ

ᠬᠡᠯᠡᠪᠦᠷᠢᠵᠢᠬᠦ ᠶᠢᠨ ᠴᠢᠳᠠᠮᠵᠢ ᠶᠢᠨ ᠬᠡᠯᠡᠬᠦ ᠰᠢᠨᠵᠢ ᠴᠢᠬᠤ ᠶᠢ ᠬᠡᠰᠡᠭ ᠦᠭᠡᠰ ᠪᠡᠷ ᠴᠢᠭᠤᠯᠭᠠᠨ ᠤ ᠬᠡᠯᠡᠬᠦ ᠰᠢᠨᠵᠢᠯᠡᠯ ᠴᠢᠨᠢ ᠶᠢᠨ ᠲᠣᠳᠣᠷᠬᠠᠶ ᠪᠠᠷ

ᠭᠤᠷᠪᠠ · ᠬᠡᠯᠡᠪᠦᠷᠢᠵᠢᠬᠦ ᠶᠢᠨ ᠴᠢᠳᠠᠮᠵᠢ ᠶᠢᠨ ᠬᠡᠯᠡᠬᠦ ᠰᠢᠨᠵᠢ

ᠪᠦᠲᠦᠴ ᠢ ᠳᠦᠷᠰᠦᠯᠡᠪᠡᠯ ᠂ ᠡᠨᠡᠬᠦ ᠦᠭᠦᠯᠡᠪᠦᠷᠢ ᠮᠣᠳᠣᠨ ᠪᠦᠲᠦᠴ ᠦᠭᠦᠯᠡᠪᠦᠷᠢ ᠳᠦ ᠪᠡᠨ ᠮᠣᠳᠣᠨ ᠪᠦᠲᠦᠴ ᠦᠨ ᠪᠦᠲᠦᠴ ᠢ ᠳᠦᠷᠰᠦᠯᠡᠪᠡ ᠄ ᠡᠨᠡᠬᠦ ᠨᠢ
ᠡᠨᠡᠬᠦ ᠨᠢ ᠮᠣᠳᠣᠨ ᠪᠦᠲᠦᠴ ᠲᠦ ᠪᠠᠢᠬᠤ ᠮᠣᠳᠣᠨ ᠮᠣᠳᠣ ᠵᠢᠷᠤᠮᠯᠠᠯ ᠤᠨ ᠮᠣᠳᠣᠨ ᠪᠦᠲᠦᠴ ᠦᠨ ᠪᠦᠲᠦᠴ ᠪᠠᠢ ᠮᠣᠳᠣᠨ ᠮᠣᠳᠣᠨ ᠳᠦ ᠮᠣᠳᠣᠨ ᠤ
(ᠵᠢᠱᠢᠶ᠎ᠡ) ᠮᠣᠳᠣᠨ ᠪᠦᠲᠦᠴ ᠤ ᠪᠦᠲᠦᠴ ᠳᠦᠷᠰᠦ

(ᠡᠨᠡ ᠪᠡᠷ ᠬᠡᠯᠡᠬᠦ ᠳᠦ ᠪᠣᠯᠪᠠᠰᠤᠷᠠᠯ ᠂ ᠰᠤᠷᠭᠠᠯ ᠪᠠᠢᠨ᠎ᠠ ᠄)

_A / Fs21 (VHA0R) / prd}VP4u}VP6t. /Wp1}S7
(Nbbu21706) , /Wp1}NP2s SINAG_A / Ne1 (Nbbu21706)}NP3h / sbj BAI/Ve2+N (Nbbu21)}NP2d / obj {{{T0G0G_A / Ne1
ᠵᠢᠱᠢᠶ᠎ᠡ : e7{{{ GER / Ne1—UN / Fc11 (Nbbu215) HEREGSEL / Ne1—DU / Fc21 ᠮᠣᠳᠣᠨ ᠪᠦᠲᠦᠴ ᠤ ᠪᠦᠲᠦᠴ ᠳᠦᠷᠰᠦᠯᠡᠯ ᠄

ᠵᠢᠱᠢᠶᠡᠯᠡᠯ ᠬᠡᠯᠡᠯᠭᠡ ᠪᠠᠷ ᠪᠦᠷᠢᠯᠳᠦᠭᠦᠯ ᠪᠣᠯᠤᠨ᠎ᠠ ᠂ ᠬᠡᠯᠡᠯᠭᠡ ᠶᠢᠨ ᠬᠣᠯᠪᠤᠭᠳᠠᠬᠤ ᠰᠢᠯᠭᠠᠭᠤᠯ ᠢ ᠵᠢᠱᠢᠶᠡᠯᠡᠯ ᠰᠢᠯᠭᠠᠭᠤᠯ (h) ᠪᠣᠯᠤᠨ ᠬᠡᠯᠡᠯᠭᠡ ᠳᠦ ᠮᠣᠳᠣᠨᠪᠦᠲᠦᠴ ᠦᠨ ᠮᠣᠳᠣ ᠶᠢᠨ ᠪᠦᠲᠦᠴ ᠤ ᠳᠦᠷᠰᠦ 《 ᠲᠣᠮᠣ ᠮᠣᠳᠣᠨ ᠪᠦᠲᠦᠴ ᠪᠦᠷᠢᠯᠳᠦᠭᠦᠯ ᠬᠡᠯᠡᠯᠭᠡ ᠪᠣᠯᠤᠨ ᠳᠦ ᠪᠦᠲᠦᠴ ᠳᠦᠷᠰᠦᠯᠡᠯ ᠄ ᠡᠨᠡᠬᠦ ᠮᠣᠳᠣᠨ ᠪᠦᠲᠦᠴ ᠪᠦᠲᠦᠴ ᠢ
ᠮᠣᠳᠣᠨᠪᠦᠲᠦᠴ ᠦᠨ ᠮᠣᠳᠣ ᠶᠢᠨ ᠪᠦᠲᠦᠴ ᠤ ᠳᠦᠷᠰᠦ 》 ᠲᠣᠮᠣ ᠰᠢᠨᠵᠢᠯᠡᠭᠳᠡᠨ᠎ᠡ ᠄ ᠬᠡᠯᠡᠯᠭᠡ ᠮᠣᠳᠣᠨ ᠪᠦᠲᠦᠴ ᠪᠣᠯᠤᠨ ᠪᠠᠢᠳᠠᠯ ᠳᠦ 《 ᠬᠡᠯᠡᠯᠭᠡ ᠶᠢᠨ ᠪᠦᠲᠦᠴ +
ᠪᠠᠢᠬᠤ ᠮᠣᠳᠣᠨ ᠮᠣᠳᠣᠨ ᠪᠦᠲᠦᠴ ᠪᠣᠯᠤᠨ ᠪᠠᠢᠳᠠᠯ ᠳᠦ 《 ᠪᠠᠢᠬᠤ ᠮᠣᠳᠣᠨ + ᠮᠣᠳᠣᠨ ᠨᠡᠷ᠎ᠡ ᠶᠢᠨ ᠪᠦᠲᠦᠴ + ᠮᠣᠩᠭᠣᠯ ᠶᠢᠨ ᠮᠣᠷᠹᠧᠮ ᠤᠨ ᠪᠦᠲᠦᠴ +
(ᠵᠢᠱᠢᠶ᠎ᠡ) ᠮᠣᠳᠣᠨᠪᠦᠲᠦᠴ ᠤᠨ ᠪᠦᠲᠦᠴ ᠤ ᠪᠦᠲᠦᠴ ᠳᠦᠷᠰᠦ

ᠮᠣᠳᠣᠨ ᠪᠦᠲᠦᠴ ᠦᠨ ᠪᠦᠲᠦᠴ ᠤ ᠪᠦᠲᠦᠴ ᠳᠦᠷᠰᠦ ᠮᠣᠳᠣ ᠶᠢᠨ ᠲᠣᠭᠠ ᠪᠠᠷᠢᠮᠲᠠᠯᠠᠬᠤ :

([illegible] ::)

j\ 0rs BAYI / Ve2 + JAI / Fs11(VHA0R) / prd}VP7u}VP10b ./ Wp1}S11

JAGAN / Ne1(Nbba221)}NP5d /sbj}NP6d /sb

(Nvj) YEHETU/ Ai}AP2d /spc {SURLIG / Ac T0M0 / Ac}AP2h / spc}AP4h / spc

NP3d / adb \ cag {{NIGE / Mu {{{0M0G / Ne2

[illegible] : e11 {{{{ERTE /T VRIDV / T}TP2h / spc CAG / Ne1—TV / Fc21 (Ncg2)}

[illegible] ::

[illegible] ::

[illegible]

([illegible]) [illegible]

([illegible] ::)

VP2u . /Wp1}S3

[illegible] : e3 {{BI / Rb / sbj \ uid MEDE / Ve1+L_E / Fs31 (VHOSEME) / prd }

[illegible] ::

([illegible]) [illegible]

1. [illegible]

[illegible] : e7 {{{{ARBIN / Ac J0HIYAL / Ne1 (Nbbu2201)}NP2d / obj BICI /Ve1+
GED / Fn2 (VAJH0BO) / prd}VP3t {BI /Rb /sbj {ARAD=TUMEN /Yn—DEGEN /
Fx31 (Nbba122) UILECILE / Ve2+N_E / Fs21 (VAJHATV) / prd}VP2t}VP3u}VP6h ./
Wp1}S7

([illegible])

2. [illegible]

[illegible] : e9{{BI / Rb /sbj {{{{H0TA / Ne1+N / Zx—V / Fc12—BAN / Fx11
(Nbbu215) CASV / Ne2—YI / Fc31 (Nbbu14)}NP2d /obj ARILG_A /Ve1+JV / Fn1
(VAJH0H0) / prd}VP3t , /Wp1}VP4s {{MAL / Ne1—VN / Fc11 (Nbba21) HEBTESI /
Ne2—BEN / Fx11 (Noh)}NP2d / obj HAGVRAYILA / Ve1+N_A / Fs21 (VAJH0H0SI) /
prd}VP3t}VP7h}VP8u . /Wp1}S9

([illegible])

3. [illegible]

[illegible] : e7{{{{AJA=JIRGALTV / Yn (Nv) 0R0N / Ne1—DAGAN / Fx31(Noh)}NP2d
/adb\ 0r0 {{DVR_A/Ne2—BAR /Fc51—IYAN / Fx11 (Nvv) HOMOJI / Ve2+HU /

Ft12 (VSIH0VY)}VP2b/spc \ yan H0BITAI /Ac (Nbhv08) / prd1}AP3d / prd}AP5b /
prd TA / Rb/sbj \ uid}RP6u . \ Wp1}S7

(ᠲᠠ ᠰᠠᠭᠤᠷᠢᠰᠢᠭᠤᠯᠪᠠ ᠲᠡᠭᠡᠨ ᠦ ᠡᠪ ᠦᠭᠡ ᠲᠠᠢ ᠪᠣᠯᠪᠠᠰᠤ ᠦᠨᠡᠳᠡᠢ ᠡᠨ᠎ᠡ ᠃)

ᠭᠤᠷᠪᠠ ᠂ ᠲᠡᠮᠳᠡᠭᠯᠡᠭᠡ ᠶᠢᠨ ᠮᠣᠳᠣᠨ ᠤ ᠰᠠᠩ ᠤᠨ ᠪᠦᠲᠦᠴᠡ

ᠲᠡᠮᠳᠡᠭᠯᠡᠭᠡ ᠶᠢᠨ ᠮᠣᠳᠣᠨ ᠤ ᠰᠠᠩ ᠢ ᠪᠠᠢᠭᠤᠯᠬᠤ ᠨᠢ ᠭᠠᠳᠠᠭᠠᠳᠤ ᠤᠨ 《 ᠮᠣᠳᠣᠨ ᠤ ᠰᠠᠩ 》 ᠭᠡᠨ᠎ᠡ ᠃ ᠡᠨᠡ ᠨᠢ ᠭᠠᠵᠠᠷ ᠤᠨ ᠪᠦᠲᠦᠴᠡ ᠂ ᠪᠣᠯᠪᠠᠰᠤᠷᠠᠩᠭᠤᠢ ᠪᠣᠯᠤᠨ᠎ᠠ ᠂ ᠮᠣᠳᠣᠨ ᠤ ᠪᠦᠲᠦᠴᠡ ᠲᠠᠢ ᠲᠡᠮᠳᠡᠭᠯᠡᠭᠡ ᠶᠢᠨ ᠬᠡᠯᠡᠨ ᠦ ᠰᠠᠩ ᠪᠣᠯᠤᠨ᠎ᠠ ᠃ ᠡᠳᠡᠭᠡᠷ ᠦᠨ ᠲᠥᠯᠦᠭᠡᠯᠡᠯ ᠨᠢ
Lancaster — Leeds ᠮᠣᠳᠣᠨ ᠤ ᠰᠠᠩ ᠂ U — penn ᠮᠣᠳᠣᠨ ᠤ ᠰᠠᠩ ᠂ ᠭᠡᠷᠮᠠᠨ ᠤ NEGRA ᠮᠣᠳᠣᠨ ᠤ ᠰᠠᠩ ᠂ TIGER ᠮᠣᠳᠣᠨ ᠤ ᠰᠠᠩ ᠂ ᠬᠢᠲᠠᠳ ᠤᠨ ᠮᠣᠳᠣᠨ ᠤ ᠰᠠᠩ ᠪᠠ ᠬᠢᠲᠠᠳ ᠦᠨ ᠲᠡᠮᠳᠡᠭᠯᠡᠭᠡ ᠶᠢᠨ ᠦᠭᠡᠰ ᠦᠨ ᠰᠠᠩ ᠪᠠ ᠪᠣᠯᠪᠠᠰᠤᠷᠠᠩᠭᠤᠢ Sinica ᠮᠣᠳᠣᠨ ᠤ ᠰᠠᠩ U — penn ᠮᠣᠳᠣᠨ ᠤ ᠰᠠᠩ ᠂ ᠬᠡᠯᠡ ᠶᠢᠨ ᠪᠦᠲᠦᠴᠡ ᠶᠢᠨ ᠮᠣᠳᠣᠨ ᠤ ᠰᠠᠩ ᠪᠠ ᠪᠡᠶ᠎ᠡ ᠳᠠᠭᠠᠨ ᠲᠡᠮᠳᠡᠭᠯᠡᠬᠦ ᠮᠣᠳᠣᠨ ᠤ ᠰᠠᠩ ᠪᠠᠢᠨ᠎ᠠ ᠃ ᠮᠣᠳᠣᠨ ᠤ ᠰᠠᠩ ᠢ ᠪᠠᠢᠭᠤᠯᠬᠤ ᠨᠢ ᠬᠡᠯᠡᠨ ᠦ ᠰᠠᠩ ᠤᠨ ᠲᠡᠮᠳᠡᠭᠯᠡᠭᠡ ᠶᠢᠨ ᠬᠡᠮᠵᠢᠶ᠎ᠡ ᠶᠢ ᠪᠠᠷᠢᠮᠲᠠᠵᠢᠭᠤᠯᠬᠤ ᠳᠤ ᠴᠢᠬᠤᠯᠠ ᠠᠴᠠ ᠲᠠᠢ ᠂ ᠬᠡᠯᠡᠨ ᠦ ᠮᠡᠳᠡᠭᠡᠯᠡᠯ ᠦᠨ ᠬᠡᠯᠡᠯᠡᠭᠦᠯᠬᠦ ᠶᠢᠨ ᠰᠣᠳᠤᠯᠭ᠎ᠠ ᠂ ᠬᠡᠯᠡᠨ ᠦ ᠮᠡᠳᠡᠭᠡᠯᠡᠯ ᠦᠨ ᠰᠢᠨᠵᠢᠯᠡᠭᠡ ᠶᠢᠨ ᠬᠡᠪ ᠤᠨ ᠰᠤᠷᠪᠤᠯᠵᠢ ᠪᠣᠯᠤᠨ᠎ᠠ ᠂ ᠮᠡᠳᠡᠭᠡᠯᠡᠯ ᠦᠨ ᠦᠢᠯᠡᠳᠦᠯ ᠦᠨ ᠬᠡᠷᠡᠭᠯᠡᠭᠡᠨ ᠳᠦ ᠴᠢᠬᠤᠯᠠ ᠬᠡᠷᠡᠭᠴᠡᠭᠡ ᠲᠠᠢ ᠪᠣᠯᠤᠨ᠎ᠠ ᠃

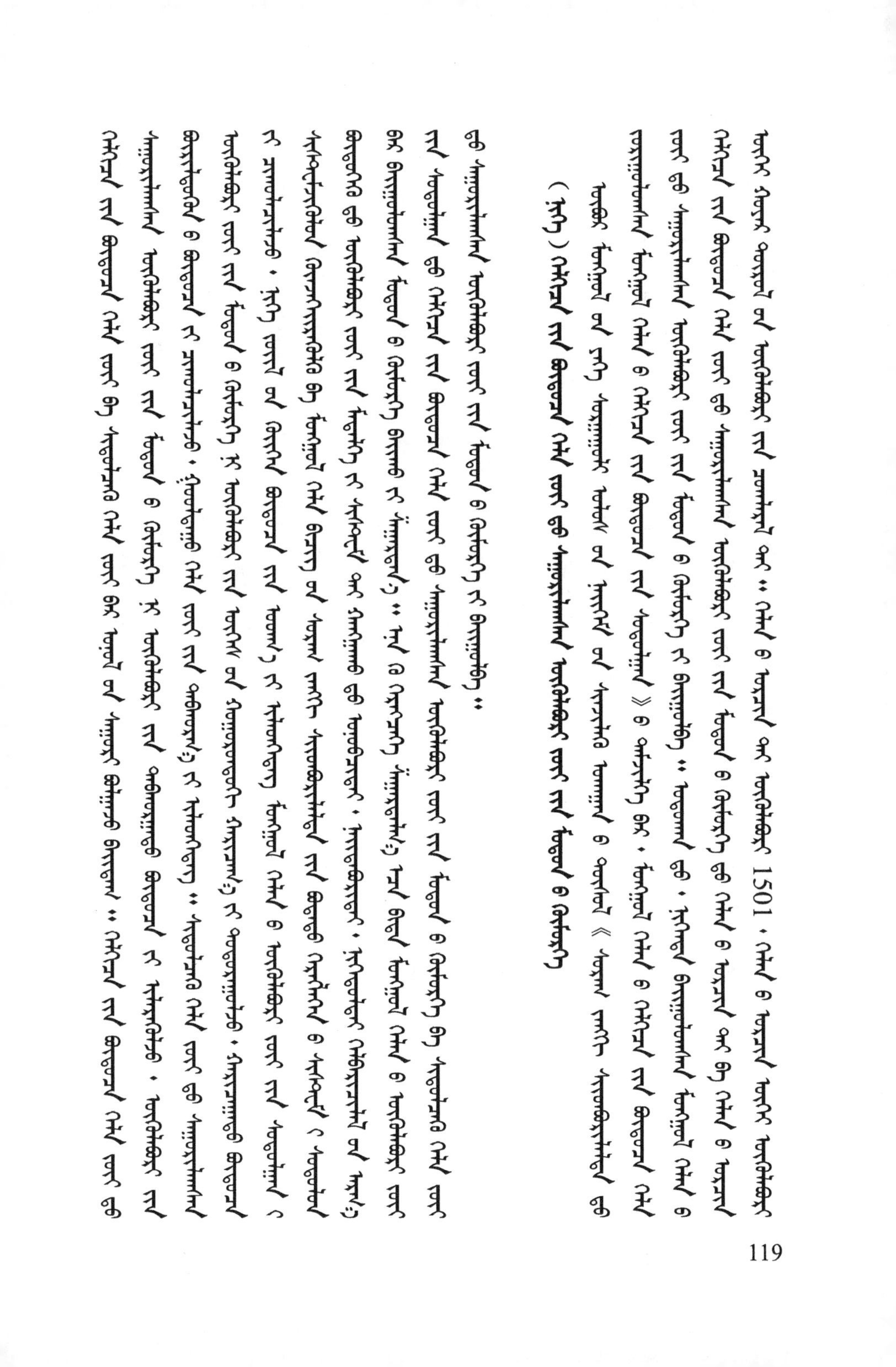

[illegible]

[illegible]

[illegible]

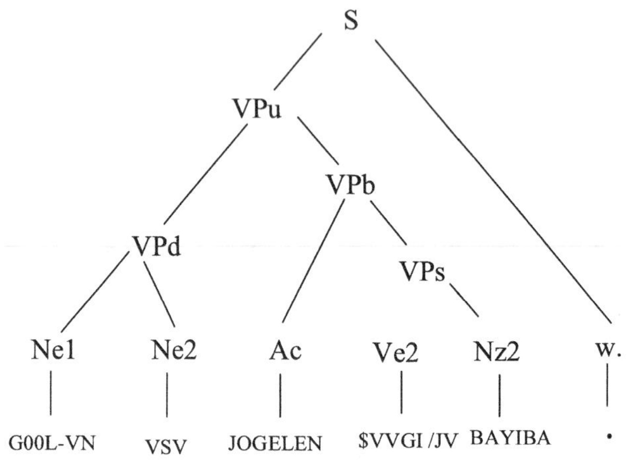

S
VPu
VPb
VPd
VPs
Ne1 Ne2 Ac Ve2 Nz2 w.
G00L-VN VSV JOGELEN $VVGI /JV BAYIBA .

2—1

11209 · 12710 · 100

[illegible]

[illegible]

([illegible])

[illegible] 2—1 [illegible]

([illegible])

Vz2 }VPs }VPb }VPu.W. }S

{{{G00L—VN Nel VSV Ne2 }NPd {JOGELEN Ac {$VVGI / JV Ve2 BAYI / BA

[illegible] :

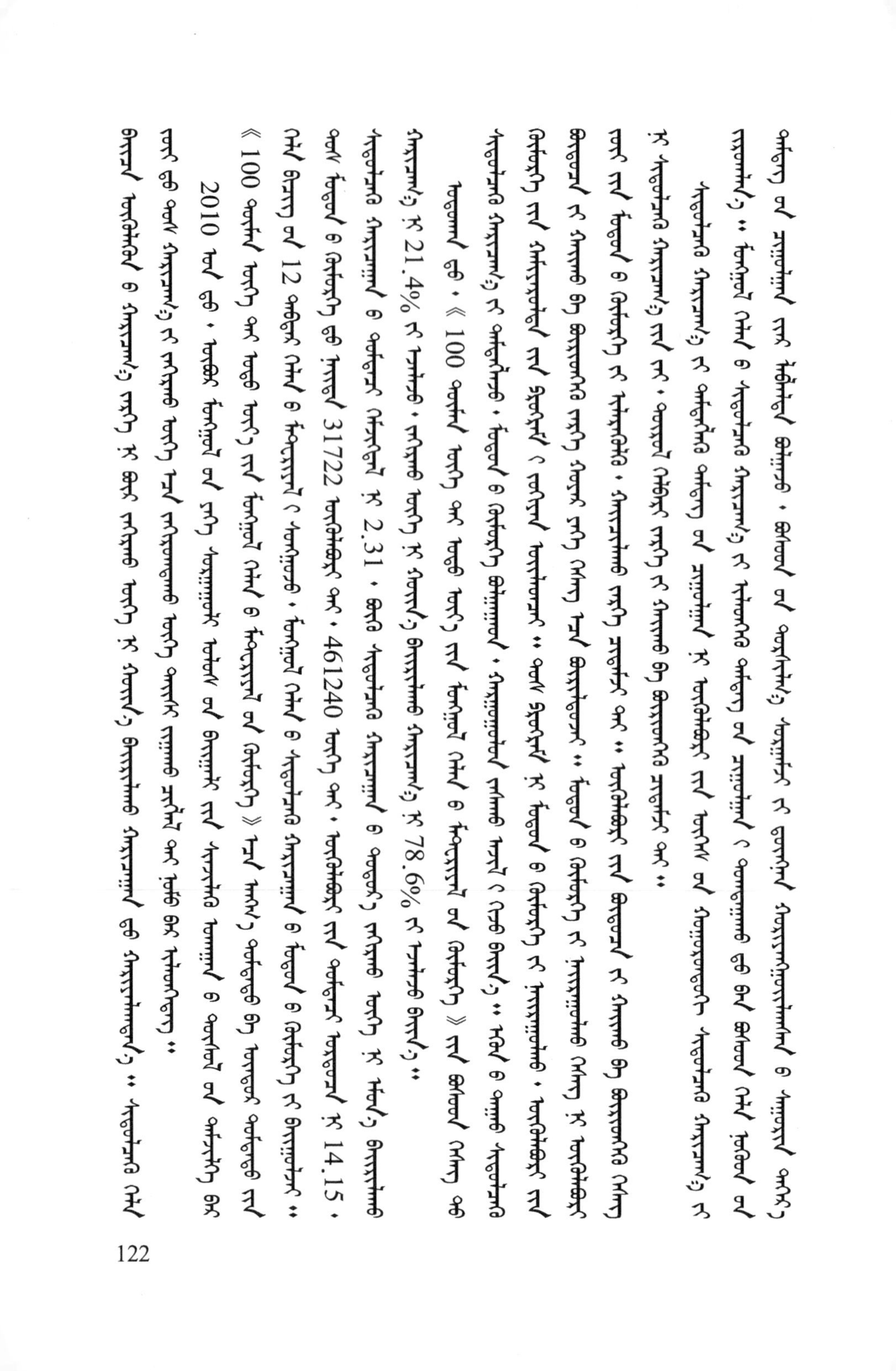

15. ᠬᠣᠯᠪᠣᠭᠠᠰᠤ ᠥᠭᠦᠯᠡᠬᠦᠨ ᠦ ᠬᠠᠷᠢᠯᠴᠠᠭᠠᠨ ᠲᠡᠮᠳᠡᠭᠯᠡᠬᠦ ᠲᠡᠮᠳᠡᠭ ᠳᠦ : CJ — AUX

14. ᠬᠡᠯᠡᠬᠦ ᠥᠭᠦᠯᠡᠬᠦᠨ ᠦ ᠬᠠᠷᠢᠯᠴᠠᠭᠠᠨ ᠲᠡᠮᠳᠡᠭᠯᠡᠬᠦ ᠲᠡᠮᠳᠡᠭ ᠳᠦ : MP — AUX

13. ᠬᠣᠯᠪᠣᠭᠠᠰᠤ ᠥᠭᠦᠯᠡᠬᠦ ᠥᠭᠦᠯᠡᠬᠦᠨ ᠦ ᠬᠠᠷᠢᠯᠴᠠᠭᠠᠨ ᠲᠡᠮᠳᠡᠭᠯᠡᠬᠦ ᠲᠡᠮᠳᠡᠭ ᠳᠦ : CV — AUX

12. ᠲᠤᠰᠠᠯᠠᠬᠤ ᠥᠭᠦᠯᠡᠬᠦ ᠥᠭᠦᠯᠡᠬᠦᠨ ᠦ ᠬᠠᠷᠢᠯᠴᠠᠭᠠᠨ ᠲᠡᠮᠳᠡᠭᠯᠡᠬᠦ ᠲᠡᠮᠳᠡᠭ ᠳᠦ : AV — AUX

11. ᠬᠡᠪ ᠦᠨ ᠥᠭᠦᠯᠡᠬᠦᠨ ᠦ ᠬᠠᠷᠢᠯᠴᠠᠭᠠᠨ ᠲᠡᠮᠳᠡᠭᠯᠡᠬᠦ ᠲᠡᠮᠳᠡᠭ ᠳᠦ : M — AUX

10. ᠲᠤᠩᠬᠠᠭ ᠥᠭᠦᠯᠡᠬᠦᠨ ᠦ ᠬᠠᠷᠢᠯᠴᠠᠭᠠᠨ ᠲᠡᠮᠳᠡᠭᠯᠡᠬᠦ ᠲᠡᠮᠳᠡᠭ ᠳᠦ : PP — AUX

9. ᠴᠠᠭ ᠤᠭᠤᠯ ᠤᠨ ᠥᠭᠦᠯᠡᠬᠦᠨ ᠦ ᠬᠠᠷᠢᠯᠴᠠᠭᠠᠨ ᠲᠡᠮᠳᠡᠭᠯᠡᠬᠦ ᠲᠡᠮᠳᠡᠭ ᠳᠦ : TL— AUX

8. ᠲᠠᠢᠯᠪᠤᠷᠢ ᠵᠢᠷᠤᠮ ᠥᠭᠦᠯᠡᠬᠦᠨ ᠦ ᠬᠠᠷᠢᠯᠴᠠᠭᠠᠨ ᠲᠡᠮᠳᠡᠭᠯᠡᠬᠦ ᠲᠡᠮᠳᠡᠭ ᠳᠦ : APP

7. ᠵᠡᠷᠭᠡᠴᠡᠭᠦᠯᠦᠯ ᠥᠭᠦᠯᠡᠬᠦᠨ ᠦ ᠬᠠᠷᠢᠯᠴᠠᠭᠠᠨ ᠲᠡᠮᠳᠡᠭᠯᠡᠬᠦ ᠲᠡᠮᠳᠡᠭ ᠳᠦ : COO

6. ᠬᠤᠷᠢᠶᠠᠩᠭᠤᠢᠯᠠᠯ ᠥᠭᠦᠯᠡᠬᠦᠨ ᠦ ᠬᠠᠷᠢᠯᠴᠠᠭᠠᠨ ᠲᠡᠮᠳᠡᠭᠯᠡᠬᠦ ᠲᠡᠮᠳᠡᠭ ᠳᠦ : SUM

5. ᠪᠠᠶᠢᠳᠠᠯ ᠥᠭᠦᠯᠡᠭᠴᠢ ᠶᠢᠨ ᠬᠠᠷᠢᠯᠴᠠᠭᠠᠨ ᠲᠡᠮᠳᠡᠭᠯᠡᠬᠦ ᠲᠡᠮᠳᠡᠭ ᠳᠦ : ADV

4. ᠲᠣᠳᠣᠷᠬᠠᠶᠢᠯᠠᠯ ᠥᠭᠦᠯᠡᠭᠳᠡᠬᠦᠨ ᠦ ᠬᠠᠷᠢᠯᠴᠠᠭᠠᠨ ᠲᠡᠮᠳᠡᠭᠯᠡᠬᠦ ᠲᠡᠮᠳᠡᠭ ᠳᠦ : ATT

3. ᠰᠢᠭᠤᠳ ᠪᠤᠰᠤ ᠲᠤᠯᠬᠠᠭᠳᠠᠬᠤᠨ ᠥᠭᠦᠯᠡᠭᠴᠢ ᠶᠢᠨ ᠬᠠᠷᠢᠯᠴᠠᠭᠠᠨ ᠲᠡᠮᠳᠡᠭᠯᠡᠬᠦ ᠲᠡᠮᠳᠡᠭ ᠳᠦ : IOBJ

2. ᠰᠢᠭᠤᠳ ᠲᠤᠯᠬᠠᠭᠳᠠᠬᠤᠨ ᠥᠭᠦᠯᠡᠭᠴᠢ ᠶᠢᠨ ᠬᠠᠷᠢᠯᠴᠠᠭᠠᠨ ᠲᠡᠮᠳᠡᠭᠯᠡᠬᠦ ᠲᠡᠮᠳᠡᠭ ᠳᠦ : DOBJ

1. ᠥᠭᠦᠯᠡᠭᠳᠡᠬᠦᠨ ᠥᠭᠦᠯᠡᠭᠴᠢ ᠶᠢᠨ ᠬᠠᠷᠢᠯᠴᠠᠭᠠᠨ ᠲᠡᠮᠳᠡᠭᠯᠡᠬᠦ ᠲᠡᠮᠳᠡᠭ ᠳᠦ : SUBJ

(ᠥᠭᠦᠯᠡᠭᠴᠢ) ᠪᠠᠷ ᠲᠥᠪ ᠪᠣᠯᠭᠠᠭᠰᠠᠨ 17 ᠵᠦᠢᠯᠴᠡ ᠪᠠᠷ ᠪᠠᠢᠭᠤᠯᠤᠭᠳᠠᠭᠰᠠᠨ ᠵᠦᠢᠯ ᠦᠨ ᠲᠣᠭᠲᠠᠭᠠᠯ ᠢ ᠬᠠᠷᠠᠭᠤᠯᠵᠤ ᠪᠠᠶᠢᠨ᠎ᠠ ::

ᠲᠡᠭᠦᠨ ᠴᠢᠬᠤᠯ ᠤ ᠥᠭᠦᠯᠡᠬᠦᠨ ᠪᠠ ᠬᠠᠮᠢᠶᠠᠷᠤᠯᠲᠠᠢ ᠪᠠᠶᠢᠳᠠᠯ ᠤ ᠪᠠᠶᠢᠴᠠ ᠪᠠᠷ ᠵᠦᠢᠯᠴᠡ ᠬᠣᠯᠪᠣᠭ᠎ᠠ ᠪᠠᠨ ᠥᠭᠦᠯᠡᠭᠳᠡᠬᠦᠨ ᠨᠡᠭᠡᠳᠦᠭᠡᠨ ᠳᠤ ᠵᠢᠷᠤᠮᠯᠠᠭᠰᠠᠨ ᠂ ᠥᠭᠦᠯᠡᠭᠴᠢ ᠥᠭᠦᠯᠡᠬᠦᠨ

YIN{11 — > 12: ATT}{11— > 12: har}JUG {10 — > 14: COO}[]TANGSVG=LAMA—DOBJ}{9 — > 10: hur}T0H0YILAJV, ATT}{8 — > 9: t0h}MANTAV{9 — > 10: 8: ATT}{7 — > 8: t0h}SAGSV{8 — > 9: {6 — > 9: ATT}{6 — > 9: 0ns}NIGE{7 — > {5 — > 6: SUBJ}{5 — > 6: uij}BAGAGIGSAN {4 — > 5 : ATT}{4 — > 5: 0ns}AGVR hur}EMUSCU,{3 — > 14: COO}HALAGVN s}HVBCASV{2 — > 3: DOBJ}{2 — > 3: HVWAR—TAI{1 — > 2: ATT}{1 — > 2: 0n

TERE{0 — > 14: SUBJ} {0 — > 14: uid}

ᠬᠠᠮᠠᠭᠠᠯᠠᠭᠳᠠᠬᠤ ᠦᠭᠡ ᠶᠢᠨ ᠬᠡᠯᠪᠡᠷᠢ ᠪᠠ ᠪᠦᠲᠦᠴᠡ ᠶᠢᠨ ᠲᠡᠮᠳᠡᠭ:

ᠬᠡᠯᠡᠯᠭᠡ ᠳᠤᠨ᠎ᠠ ᠪᠠ ᠬᠠᠮᠠᠭᠠᠯᠠᠭᠴᠢ ᠳᠤᠨ᠎ᠠ ᠦᠭᠡ ᠪᠡᠷ ᠬᠠᠮᠠᠭᠠᠯᠠᠭᠳᠠᠭᠰᠠᠨ INDE

17. ᠨᠡᠢᠲᠡ ᠶᠢᠨ ᠬᠠᠮᠠᠭᠠᠯᠠᠭᠴᠢ ᠬᠠᠷᠢᠴᠠᠭ᠎ᠠ ᠬᠡᠯᠡᠬᠦ ᠶᠢ ᠲᠡᠮᠳᠡᠭᠯᠡᠨ᠎ᠡ:

16. ᠬᠠᠮᠠᠭᠠᠯᠠᠭᠳᠠᠬᠤ ᠶᠢᠨ ᠭᠣᠣᠯ ᠬᠡᠯᠡᠬᠦ ᠶᠢ ᠲᠡᠮᠳᠡᠭᠯᠡᠨ᠎ᠡ: HEAD

ᠵᠢᠷᠤᠭ 2—2

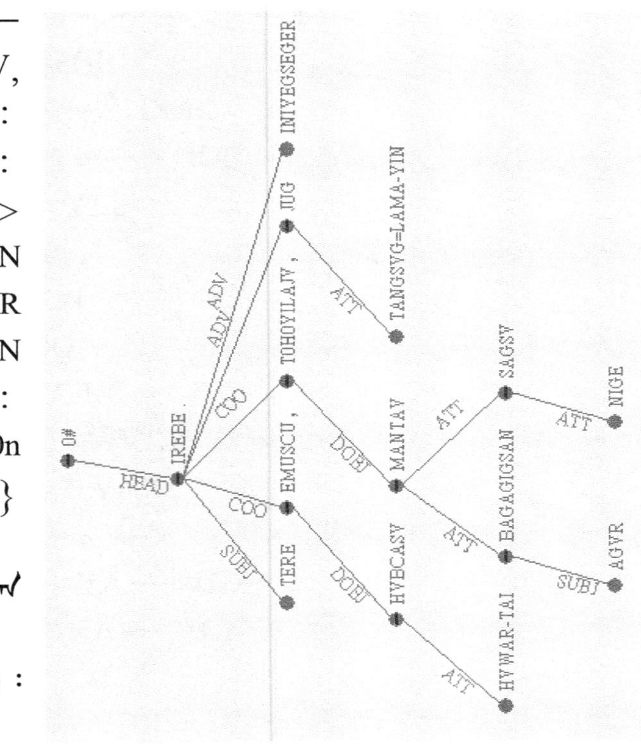

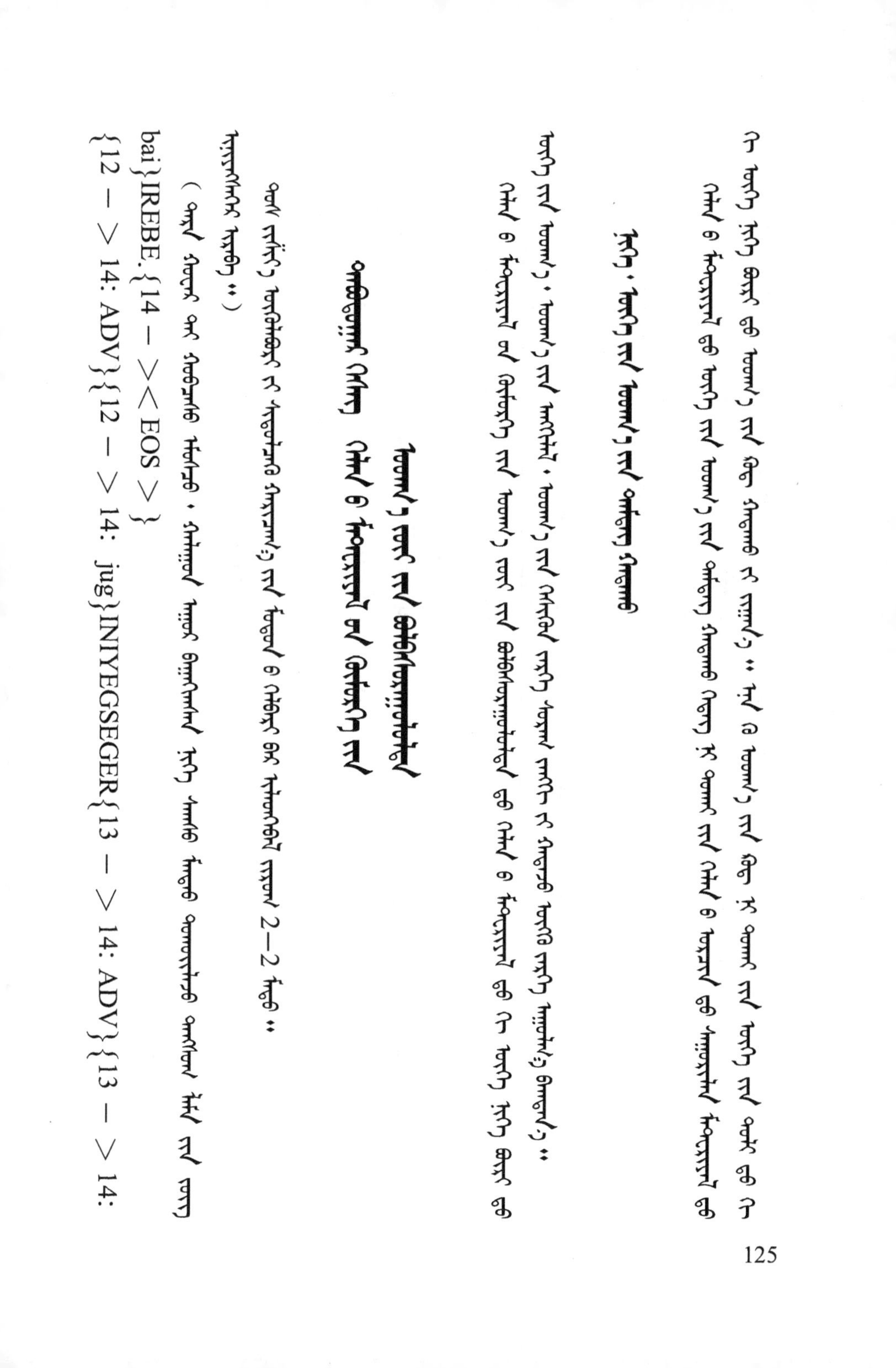

bai}IREBE.{14 — >< EOS >}
{12 — > 14: ADV}{12 — > 14: jug}INIYEGSEGER{13 — > 14: ADV}{13 — > 14:

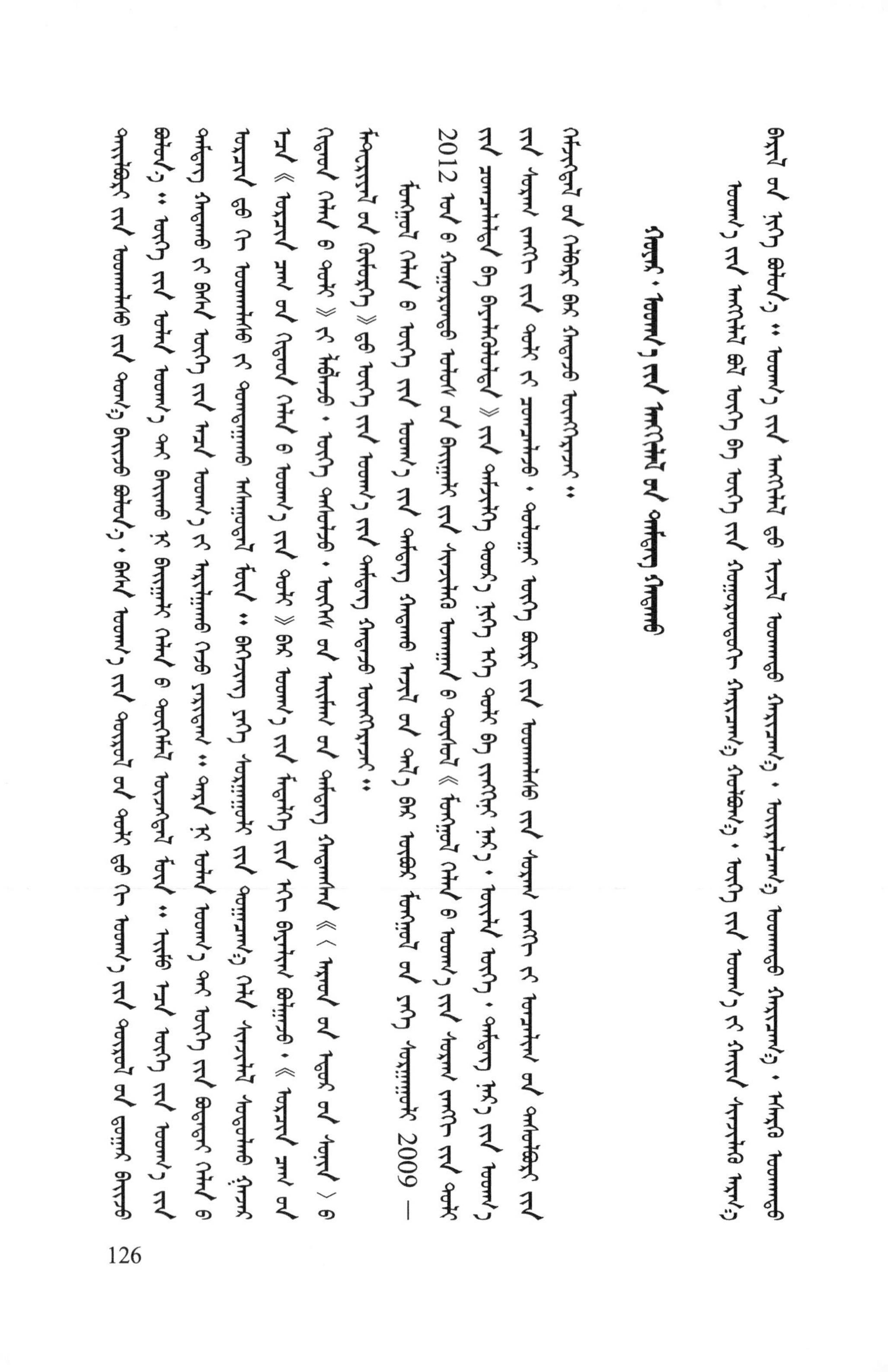

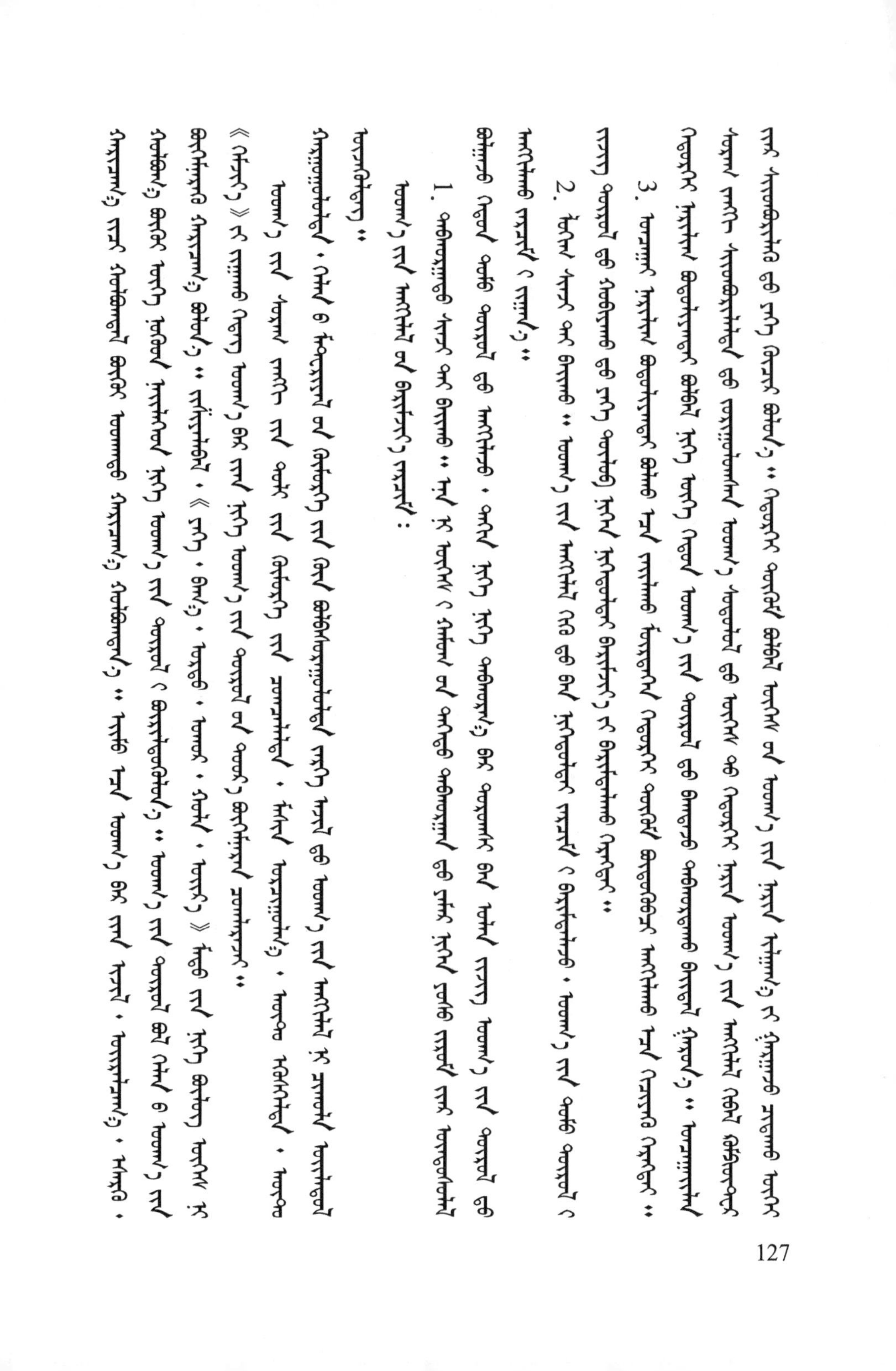

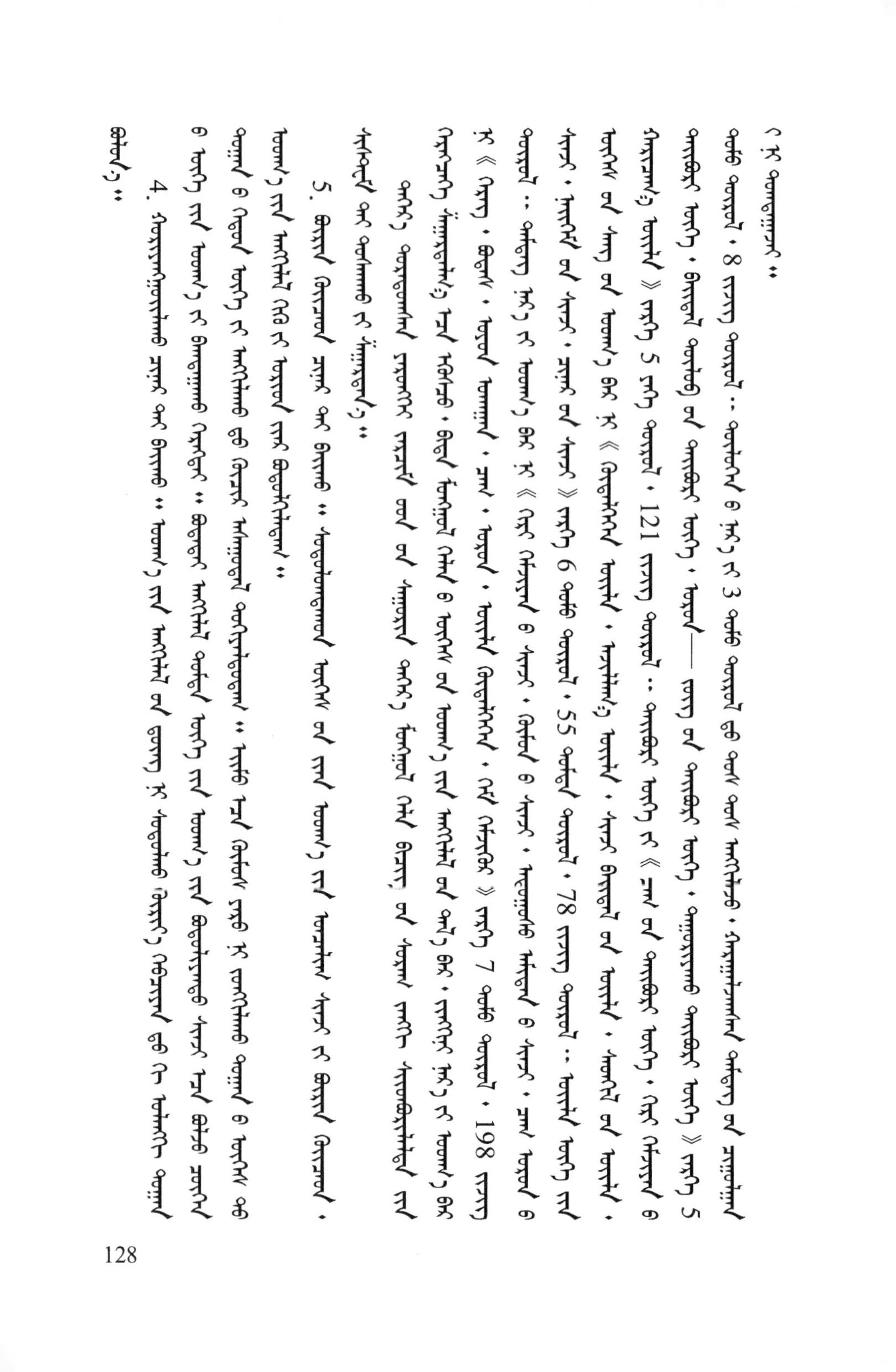

(Nob21)@ BARAGVN / O JAH_A / Ne2—YIN / Fc11(Noh) @ GER / Ne1—ECE / @ AYIL / Ne1—VD / Fp2—VN / Fc11

JERGECE / Ve2 + N / Fn3 (VSIBAJI) @ BAGV / Ve2 + GSAN / Ft11 (VHOSINI)

[illegible] :

[illegible]

6. [illegible]

5. [illegible]

4. [illegible] 《 [illegible] 》 [illegible]

3. [illegible]

2. [illegible]

1. [illegible]

[illegible]

[illegible]

[illegible] (BAYAR= CENGGEL) [illegible]

([illegible])

EHILE / Ve1+L_E / Fs31 (VSIBAEH)} VP3u. / WP}

[illegible] : e4{ {BAYAR= CENGGEL / Yn—UN / Fc11(Nv) HABVR / T}TP2d [illegible]

[illegible])

[illegible]

([illegible]
IYAR / Fc51 (Nbb1111)@ SIGURE / Ve1+N / Fn3 (VAJSINE) @ , /Wp1
N / Fc8 (Nbb321) VRG_A / Ne1—YI / Fc31 (Nbbu21709) JEGUN / O GAR / Ne1—
Ax , /Wp1 GVRBA / M + N / Zx VGSARAG_A /Ac JALGAGVRTAI /Ax HVSV / Ne1+
Fe11+U / Zv1+ GSEN / Ft11 (VAJNOC0) @ G0YIBAR / Ac BEHI / Ac B0G0LTATAI /
GED / Fn2 (VHOSIYA) @ ,/ Wp1 HAN_A / Ne1 (Nbbu223)@ TUSI / Ve1+GUL /
HUU / Ne1 (Nob22) (Nbb1127)@ GAR / Ve2 + CV / Fn1(VHOSIYA) @ IR_E / Ve2+
Fx31 SIMALA / Ve1+ GSAN / Ft11 (VAJH0H0HE) HOROSOLIG / Ac HAR_A / Ac
Fc41 (Nbbu215) @ HANCVI / Ne1—BAN / Fx11 (Nbbu222) T0H0I / Ne1—DAGAN /

ᠰᠤᠳᠤᠯᠤᠭᠰᠠᠨ ᠂ ᠪᠠᠶᠢᠳᠠᠯ ᠬᠡᠯᠪᠡᠷᠢ ᠲᠣᠭᠲᠠᠭᠰᠠᠨ ᠶᠢᠨ ᠲᠣᠭᠠᠨ ᠲᠣᠭᠲᠠᠭᠴᠢ ᠪᠠᠷ ᠰᠠᠶᠢᠵᠢᠷᠠᠭᠤᠯᠬᠤ ᠪᠤᠯᠤᠮᠵᠢᠲᠠᠢ ᠲᠣᠭᠠᠴᠠᠭᠤ ᠪᠤᠶᠤ ᠲᠣᠭᠠᠨ ᠶᠢᠨ ᠬᠡᠪ ᠪᠠᠷ ᠬᠠᠮᠢᠶᠠᠯ
ᠦᠢᠯ᠎ᠡ ᠶᠢᠨ ᠬᠠᠮᠢᠶᠠᠯ ᠭᠠᠳᠠᠨ᠎ᠠ ᠶᠢ ᠲᠣᠭᠲᠠᠭᠴᠢ ᠪᠡᠷ ᠡᠨᠡ ᠲᠣᠭᠠᠨ ᠲᠣᠭᠠᠨ ᠲᠣᠭᠲᠠᠭᠰᠠᠨ ᠤ ᠬᠠᠷᠢᠴᠠᠭ᠎ᠠ ᠲᠣᠭᠠᠨ ᠪᠠᠶᠢᠳᠠᠯ ᠂ ᠲᠣᠭᠠᠨ ᠬᠠᠷᠢᠴᠠᠭᠠᠨ ᠤ ᠂
ᠬᠡᠯᠡᠨ ᠦ ᠪᠦᠲᠦᠭᠡᠯᠢᠨ ᠪᠠᠶᠢᠳᠠᠯ ᠪᠣᠯ ᠪᠯᠧᠺ (Blake) ᠪᠣᠯᠤᠨ᠎ᠠ ᠄
《题元角色》·《论旨角色》·《语义角色》ᠭᠡᠵᠦ ᠨᠡᠷᠡᠯᠡᠬᠦ ᠪᠠᠭᠠ ᠪᠢᠰᠢ ᠶᠠᠷᠢᠭᠳᠠᠭ ᠪᠠᠶᠢᠨ᠎ᠠ ᠄ ᠪᠠᠰᠠ ᠶᠠᠭᠤ ᠪᠡᠷ ᠪᠣᠯᠪᠠᠯ ᠬᠡᠯᠡ ᠰᠤᠳᠤᠯᠤᠯ ᠤᠨ
ᠦᠢᠯ᠎ᠡ ᠶᠢᠨ ᠮᠠᠲᠠᠮ ᠤ ᠬᠠᠮᠢᠶᠠᠯ ᠭᠠᠳᠠᠨ ᠪᠣᠯ《Thematic Role》ᠪᠤᠶᠤ《Theta Role》ᠭᠡᠵᠦ ᠶᠠᠷᠢᠳᠠᠭ ᠄ ᠡᠳᠡᠭᠡᠷ ᠭᠠᠳᠠᠨ ᠪᠣ

1. ᠦᠢᠯ᠎ᠡ ᠶᠢᠨ ᠮᠠᠲᠠᠮ ᠤ ᠨᠡᠷᠡᠶᠢᠳᠦᠯ ᠵᠢᠴᠢ ᠲᠣᠳᠤᠷᠬᠠᠢᠯᠠᠯᠲᠠ ᠶᠢᠨ ᠪᠠᠶᠢᠳᠠᠯ

(ᠨᠢᠭᠡ) ᠦᠢᠯ᠎ᠡ ᠶᠢᠨ ᠮᠠᠲᠠᠮ ᠤ ᠦᠢᠯ᠎ᠡ ᠶᠢᠨ ᠲᠥᠷᠥᠯ

ᠭᠤᠷᠪᠠᠳᠤᠭᠠᠷ ᠂ ᠦᠢᠯ᠎ᠡ ᠶᠢᠨ ᠮᠠᠲᠠᠮ ᠤ ᠬᠠᠮᠢᠶᠠᠷᠤᠯ ᠰᠢᠨᠵᠢᠯᠡᠬᠦ

ᠪᠠᠶᠢᠳᠠᠯ ᠢ ᠬᠣᠪᠤᠷ ᠄ ᠪᠠᠭᠠᠰ HOMON=TOROLHITEN / Yn（Nbba）ᠭᠡᠵᠦ ᠲᠡᠮᠳᠡᠭᠯᠡᠨ᠎ᠡ ᠄
ᠲᠣᠭᠠᠨ ᠪᠣ ᠲᠠᠯ᠎ᠠ ᠶᠢᠨ ᠬᠠᠷᠢᠴᠠᠭᠠᠨ ᠤ ᠦᠢᠯ᠎ᠡ ᠶᠢᠨ ᠬᠥᠮᠥᠰ ᠦᠨ ᠲᠣᠭᠠᠴᠠᠭᠤᠯᠤᠭᠰᠠᠨ ᠪᠣ ᠡᠨᠡ《ᠬᠥᠮᠥᠨ —— ᠬᠥᠮᠥᠰ ᠬᠥᠮᠥᠨ —— ᠬᠥᠮᠥᠰ ᠬᠥᠮᠥᠨ》ᠦᠨ ᠲᠥᠷᠥᠯ
TOROLHITEN（Nbba）ᠪᠣᠯᠤᠨ᠎ᠠ ᠄ ᠡᠨᠡ ᠨᠢ ᠪᠠᠶᠢᠳᠠᠯ ᠪᠣ ᠵᠢᠱᠢᠶᠡᠯᠡᠬᠦ ᠪᠣᠯ《ᠪᠠᠶᠢᠳᠠᠯ ᠲᠣᠭᠠᠴᠠᠭᠤᠯᠤᠯ》ᠭᠡᠳᠡᠭ ᠰᠤᠳᠤᠯᠤᠯ ᠤᠨ ᠬᠠᠷᠢᠴᠠᠭᠠᠨ ᠤ
ᠲᠣᠭᠠᠴᠠᠭᠤᠯᠤᠯ》ᠭᠡᠳᠡᠭ ᠰᠤᠳᠤᠯᠤᠯ ᠲᠣᠭᠠᠨ ᠳᠤ ᠦᠢᠯ᠎ᠡ ᠶᠢᠨ ᠬᠥᠮᠥᠰ ᠦᠨ ᠪᠦᠬᠦᠯ ᠪᠠᠶᠢᠭᠤᠯᠤ ᠨᠢᠭᠡ ᠰᠤᠳᠤᠯᠤᠭ HOMON（Nbba111）ᠪᠣᠯ
ᠦᠢᠯ᠎ᠡ ᠶᠢᠨ ᠬᠥᠮᠥᠰ ᠦᠨ ᠬᠠᠷᠢᠴᠠᠭ᠎ᠠ ᠰᠢᠨᠵᠢᠯᠡᠬᠦ ᠪᠣ ᠪᠠᠨ ᠬᠠᠮᠤᠭ ᠦᠭᠡᠨ ᠤ ᠦᠭᠡ ᠬᠠᠷᠢᠴᠠᠭ᠎ᠠ ᠶᠢ ᠲᠣᠭᠲᠠᠭᠠᠨ ᠬᠠᠷᠠᠭᠤᠯᠤᠨ᠎ᠠ ᠄ ᠲᠣᠭᠠᠴᠠᠭᠤᠯᠤᠭᠰᠠᠨ ᠂《ᠪᠠᠶᠢᠳᠠᠯ
ᠰᠢᠨᠵᠢᠯᠡᠬᠦ ᠲᠣᠭᠲᠠᠭᠠᠬᠤ ᠲᠣᠭᠠᠴᠠᠭᠤᠯᠤᠭᠰᠠᠨ ᠦᠢᠯ᠎ᠡ ᠶᠢᠨ ᠡᠨᠡ ᠲᠣᠭᠠᠴᠠᠭᠤᠯᠤᠭᠰᠠᠨ ᠪᠠᠶᠢᠳᠠᠯ ᠤᠨ ᠪᠦᠲᠦᠭᠡᠬᠦ ᠪᠠᠷ ᠰᠢᠨᠵᠢᠯᠡᠨ᠎ᠡ ᠄ ᠲᠣᠭᠠᠨ ᠰᠤᠳᠤᠯᠤᠯ ᠤᠨ ᠬᠠᠷᠢᠴᠠᠭᠠᠨ ᠤ ᠲᠣᠭᠠᠨ ᠪᠣ
ᠪᠣ ᠦᠢᠯ᠎ᠡ ᠶᠢᠨ ᠬᠥᠮᠥᠰ ᠦᠨ ᠬᠠᠷᠢᠴᠠᠭ᠎ᠠ ᠰᠢᠨᠵᠢᠯᠡᠬᠦ ᠪᠣ ᠪᠠᠨ ᠰᠤᠳᠤᠯᠤᠭ ᠲᠣᠭᠠᠨ ᠪᠣ ᠪᠠᠰᠠ ᠪᠠᠰᠠ ᠪᠣᠯ ᠡᠨᠡ ᠰᠢᠨᠵᠢᠯᠡᠭᠰᠡᠨ ᠪᠠᠶᠢᠬᠤ ᠂ ᠰᠢᠨᠵᠢ ᠰᠤᠳᠤᠯᠤᠭ ᠲᠣᠭᠠᠨ ᠶᠢᠨ

ᠬᠠᠷᠢᠴᠠᠭᠤᠯᠤᠭᠳᠠᠪᠠ ᠃ ᠡᠨᠡ ᠨᠢ 49000 ᠬᠡᠯᠡᠭᠦᠯᠬᠦᠢ ᠶᠢᠨ ᠲᠡᠮᠳᠡᠭᠯᠡᠭᠡ ᠂ ᠬᠡᠯᠡᠭᠦᠯᠬᠦᠢ ᠪᠦᠷᠢ ᠳᠡᠭᠡᠷᠡᠬᠢ ᠬᠡᠯᠡᠭᠦᠯᠬᠦᠨ ᠂ ᠬᠡᠯᠡᠨ ᠦ ᠤᠳᠬ᠎ᠠ ᠶᠢᠨ ᠳᠦᠷ ᠤᠨ ᠳᠠᠩᠰᠠ ᠶᠢ ᠪᠠᠭᠤᠯᠭᠠᠭᠰᠠᠨ ᠪᠠᠢᠨ᠎ᠠ ᠃ ᠡᠨᠡ ᠨᠢ ᠬᠡᠯᠡᠨ ᠦ ᠰᠠᠩ ᠪᠣᠯᠣᠨ ᠪᠢᠴᠢᠭ᠌ᠦᠨ ᠨᠣᠮ ᠢ ᠬᠠᠮᠤᠷᠤᠭᠰᠠᠨ ᠪᠠᠢᠨ᠎ᠠ ᠃ ᠬᠡᠯᠡᠭᠦᠯᠬᠦᠢ ᠶᠢᠨ ᠪᠦᠷᠢᠯᠳᠦᠭᠦᠨ ᠦ ᠲᠠᠯ᠎ᠠ ᠪᠠᠷ ᠲᠠᠢᠯᠪᠤᠷᠢᠯᠠᠯᠲᠠ ᠶᠢ ᠬᠢᠭᠰᠡᠨ ᠪᠠᠢᠨ᠎ᠠ ᠃ ᠡᠨᠡ ᠨᠢ ᠬᠡᠯᠡᠨ ᠦ ᠤᠳᠬ᠎ᠠ ᠶᠢᠨ ᠳᠦᠷ ᠦᠨ ᠲᠡᠮᠳᠡᠭᠯᠡᠯᠲᠡ ᠶᠢᠨ ᠰᠠᠩ ᠪᠠᠷ ᠨᠢ ᠂ ᠪᠠᠰᠠ ᠨᠡᠷᠡ ᠦᠭᠡ ᠶᠢᠨ ᠨᠡᠷᠡ ᠦᠭᠡ ᠶᠢᠨ ᠬᠡᠯᠡ ᠶᠢᠨ ᠬᠡᠯᠡᠭᠦᠯᠬᠦᠢ ᠶᠢᠨ ᠲᠠᠯ᠎ᠠ ᠪᠠᠷ ᠶᠠᠭᠠᠷᠠᠯᠲᠠᠢ ᠶᠢᠨ ᠤᠳᠬ᠎ᠠ NomBank ᠭᠡᠳᠡᠭ ᠢ ᠪᠦᠲᠦᠭᠡᠭᠰᠡᠨ ᠪᠠᠢᠨ᠎ᠠ ᠃ ᠡᠳᠡᠭᠡ ᠶᠢᠨ ᠬᠠ ᠂ ᠵᠢ ᠂ ᠪᠧᠷᠺᠯᠢ (U.C.Berkely) ᠶᠢᠨ ᠪᠦᠲᠦᠭᠡᠭᠰᠡᠨ FrameNet ᠶᠢᠨ ᠤᠳᠬ᠎ᠠ ᠶᠢᠨ ᠳᠦᠷ ᠦᠨ ᠣᠨᠴᠠᠯᠢᠭ ᠰᠠᠩ ᠬᠡᠯᠡ ᠶᠢᠨ ᠮᠡᠳᠡᠯᠭᠡ ᠶᠢᠨ ᠵᠠᠭᠪᠤᠷ ᠪᠤᠶᠤ FrameNet ᠂ PropBank ᠂ ᠳᠡᠮᠵᠢᠯᠭᠡ ᠰᠤᠷᠠᠭᠰᠠᠨ ᠤ ᠲᠤᠰᠬᠠᠢᠯᠠᠭᠰᠠᠨ ᠠᠷᠭ᠎ᠠ ᠶᠢ ᠬᠡᠷᠡᠭᠯᠡᠨ ᠂ ᠡᠳᠡᠭᠡᠷ ᠬᠡᠯᠡ ᠶᠢᠨ ᠤᠳᠬ᠎ᠠ ᠶᠢᠨ ᠳᠦᠷ ᠦᠨ ᠣᠨᠴᠠᠯᠢᠭ ᠰᠤᠳᠤᠯᠤᠭᠰᠠᠨ ᠃ ᠡᠳᠡᠭᠡᠷ ᠬᠡᠯᠡ ᠠᠷᠭ᠎ᠠ ᠶᠢᠨ ᠲᠤᠰᠬᠠᠢᠯᠠᠭᠰᠠᠨ ᠤᠳᠬ᠎ᠠ ᠶᠢᠨ ᠳᠦᠷ ᠦᠨ ᠣᠨᠴᠠᠯᠢᠭ ᠰᠤᠳᠤᠯᠬᠤ ᠳᠤ 2004 ᠣᠨ ᠤ ᠰᠢᠵᠢᠭᠯᠡᠯᠲᠡ (Hacioglu) ᠪᠠ ᠠᠷᠭ᠎ᠠ ᠠᠷᠭ᠎ᠠ ᠣᠨᠴᠠᠯᠢᠭ ᠰᠤᠳᠤᠯᠬᠤ ᠳᠡᠪᠰᠢᠯᠲᠡ ᠳᠡᠪᠰᠢᠭᠦᠯᠪᠡ ᠃ ᠡᠳᠡᠭᠡ ᠶᠢᠨ 2004 ᠣᠨ ᠤ ᠰᠧᠷᠳᠢᠶᠠᠨᠤ (Serdeanu) ᠪᠠ ᠪᠠᠷ ᠬᠡᠯᠡᠭᠦᠯᠬᠦᠢ ᠲᠤᠰ ᠶᠢᠨ ᠲᠣᠭᠠᠴᠠᠭᠰᠠᠨ ᠤᠳᠬ᠎ᠠ ᠶᠢᠨ ᠳᠦᠷ ᠦᠨ ᠣᠨᠴᠠᠯᠢᠭ ᠰᠤᠳᠤᠯᠬᠤ ᠳᠤ ᠪᠣᠳᠤᠯᠭᠠᠳᠠᠢ ᠠᠷᠭ᠎ᠠ ᠬᠡᠮᠵᠢᠶ᠎ᠡ ᠂ ᠠᠷᠭᠠᠴᠢ ᠪᠣᠯᠤ ᠠᠷᠭ᠎ᠠ ᠶᠢᠨ ᠲᠤᠰᠬᠠᠢᠯᠠᠭᠰᠠᠨ ᠤᠳᠬ᠎ᠠ ᠶᠢᠨ ᠳᠦᠷ ᠦᠨ ᠣᠨᠴᠠᠯᠢᠭ ᠳᠤ ᠶᠠᠭᠤᠷᠰᠠᠭᠰᠠᠨ (Dan jurafskg) ᠪᠠᠢᠨ᠎ᠠ ᠃ 2002 ᠣᠨ ᠤ ᠳᠡᠨ ᠪᠠ ᠬᠡᠯᠡᠭᠦᠯᠬᠦᠨ ᠦ ᠲᠡᠭᠦᠨ ᠡᠳᠡᠷ ᠤᠨ ᠲᠤᠰᠬᠠᠢᠯᠠᠭᠰᠠᠨ

ᠡᠳᠡᠭᠡᠷ ᠬᠡᠯᠡ ᠶᠢᠨ ᠤᠳᠬ᠎ᠠ ᠶᠢᠨ ᠳᠦᠷ ᠦᠨ ᠣᠨᠴᠠᠯᠢᠭ ᠰᠤᠳᠤᠯᠬᠤ ᠡᠷᠳᠡᠮ ᠰᠢᠨᠵᠢᠯᠡᠬᠦ ᠲᠤᠰᠬᠠᠢᠯᠠᠭᠰᠠᠨ ᠵᠠᠮ ᠢ ᠨᠡᠭᠡᠭᠡᠭᠰᠡᠨ ᠳᠡᠨ ᠭᠢᠯᠳᠢᠶᠠ (Dan Gildea) ᠬᠡᠯᠡ ᠵᠦᠢ ᠶᠢᠨ ᠰᠤᠳᠤᠯᠤᠭᠴᠢ ᠪᠣᠯᠤᠨ᠎ᠠ ᠃

ᠪᠢ ᠲᠠᠭᠠᠭᠤᠯᠬᠤ ᠰᠤᠷᠤᠯᠴᠠᠭᠠᠨ ᠤ ᠬᠡᠮᠵᠢᠶ᠎ᠡ ᠪᠠᠷ ᠰᠤᠷᠤᠭᠰᠠᠨ ᠤ ᠳᠠ ᠡᠳᠡᠭᠡᠷ ᠂ ᠵᠠᠭᠪᠤᠷ ᠤᠨ ᠬᠡᠮᠵᠢᠶ᠎ᠡ ᠪᠢ ᠨᠢᠭᠡᠨ ᠲᠠᠯ᠎ᠠ ᠶᠢᠨ ᠪᠣᠳᠤᠯ ᠤᠨ ᠪᠠᠢ ᠵᠠᠭᠪᠤᠷ ᠤᠨ ᠤᠳᠬ᠎ᠠ ᠶᠢᠨ ᠶᠢᠨ ᠬᠡᠯᠡ ᠶᠢ ᠬᠡᠯᠡᠭᠦᠯᠬᠦᠢ ᠶᠢᠨ ᠨᠢ ᠬᠡᠯᠡᠭᠦᠯᠬᠦᠨ ᠬᠡᠯᠡ ᠡᠴᠡ ᠵᠠᠭᠪᠤᠷ ᠪᠠᠢᠨ ᠤᠳᠬ᠎ᠠ ᠶᠢᠨ ᠰᠤᠷᠠᠭᠰᠠᠨ ᠡᠳᠡᠭᠡᠷ ᠬᠡᠯᠡ ᠢ ᠲᠠᠭᠠᠭᠤᠯᠤᠨ ᠪᠣᠯᠭᠠᠨ ᠡᠨᠡ ᠬᠡᠯᠡᠭᠦᠯᠬᠦᠢ ᠶᠢᠨ ᠬᠡᠯᠡ ᠰᠤᠷᠤᠯᠴᠠᠬᠤ ᠪᠣᠯᠤᠨ ᠪᠣᠯᠭᠠᠬᠤ ᠡᠨᠡ ᠦ ᠪᠦᠷ ᠪᠠᠶᠢᠭᠤᠯ ᠶᠢᠨ ᠤᠳᠬ᠎ᠠ ᠶᠢᠨ ᠬᠡᠯᠡ ᠢ ᠰᠤᠷᠤᠯᠴᠠᠭᠠᠨ ᠪᠠᠢᠳᠠᠯ ᠲᠠᠢ ᠃ ᠤᠳᠬ᠎ᠠ ᠪᠢᠴᠢᠬᠦ ᠂ ᠬᠡᠯᠡᠭᠦᠯᠬᠦᠢ ᠶᠢ ᠪᠠᠷᠢᠮᠲᠠᠯᠠᠭᠤᠯᠬᠤ ᠬᠡᠯᠡᠭᠦᠯᠬᠦᠢ ᠶᠢᠨ ᠬᠡᠯᠡ ᠡᠴᠡ ᠠᠷᠭ᠎ᠠ ᠪᠠᠢᠨ ᠬᠡᠮᠵᠢᠭᠡᠯᠡᠭᠳᠡᠨ ᠲᠠᠢ ᠃ ᠬᠡᠯᠡᠭᠦᠯᠬᠦᠢ ᠶᠢᠨ ᠰᠤᠷᠤᠯᠴᠠᠯ ᠤᠨ ᠪᠠᠷ ᠰᠢᠨᠵᠢᠯᠡᠭᠰᠡᠨ ᠤᠳᠬ᠎ᠠ ᠶᠢᠨ ᠰᠤᠷᠠᠭᠰᠠᠨ ᠢ ᠲᠠᠷᠠᠭᠰᠠᠨ ᠃ ᠤᠳᠬ᠎ᠠ ᠶᠢᠨ ᠬᠡᠯᠡ ᠪᠠ ᠬᠡᠯᠡᠭᠦᠯᠬᠦᠢ ᠶᠢ ᠪᠠᠷᠢᠮᠲᠠᠯᠠᠭᠤᠯᠬᠤ ᠤᠳᠬ᠎ᠠ ᠶᠢᠨ ᠡᠭᠦᠷᠭᠡ

ᠪᠠᠢᠨ᠎ᠠ ᠄ ᠲᠤᠬᠠᠢ ᠳᠤ ᠮᠡᠳᠡᠭᠳᠡᠭᠦᠯᠦᠭᠰᠡᠨ ᠳᠤ ᠰᠢᠨᠵᠢᠯᠡᠬᠦ ᠲᠤᠰᠬᠠᠢ ᠪᠠᠶᠢᠭᠤᠯᠤᠭᠰᠠᠨ ᠬᠡᠯᠡᠨ ᠦ ᠮᠠᠲ᠋ᠧᠷᠢᠶᠠᠯ ᠤᠨ ᠰᠠᠩ ᠤᠨ ᠤᠳᠬ᠎ᠠ ᠶᠢᠨ ᠲᠡᠮᠳᠡᠭᠯᠡᠯ ᠰᠢᠨᠵᠢᠯᠡᠬᠦ ᠰᠤᠷᠪᠤᠯᠵᠢ ᠰᠤᠷᠪᠤᠯᠵᠢ
ᠶᠢᠨ ᠪᠣᠯᠤᠨ ᠬᠡᠯᠡᠨ ᠦ ᠮᠠᠲ᠋ᠧᠷᠢᠶᠠᠯ ᠤᠨ ᠰᠠᠩ ᠤᠨ ᠤᠳᠬ᠎ᠠ ᠶᠢᠨ ᠲᠡᠮᠳᠡᠭᠯᠡᠯ ᠤᠨ ᠰᠠᠩ ᠤᠨ ᠤᠳᠬ᠎ᠠ ᠶᠢᠨ ᠲᠡᠮᠳᠡᠭᠯᠡᠯ ᠪᠣᠯᠪᠠ ᠄ ᠲᠡᠷᠡ ᠨᠢ 2007 · 2009 · 2010 ᠣᠨ ᠤ ᠲᠤᠰᠬᠠᠢ ᠬᠡᠪᠯᠡᠯ
ᠶᠢᠨ ᠲᠡᠮᠳᠡᠭᠯᠡᠯ ᠢ ᠲᠡᠮᠳᠡᠭᠯᠡᠭᠰᠡᠨ ᠤ ᠰᠠᠩ ᠤᠨ ᠤᠳᠬ᠎ᠠ ᠶᠢᠨ ᠲᠡᠮᠳᠡᠭᠯᠡᠯ ᠤᠨ ᠪᠠᠶᠢᠭᠤᠯᠤᠯᠲᠠ ᠂ ᠪᠠᠷᠤᠭ ᠠᠳᠠᠯᠢ ᠂ ᠡᠨᠡ ᠬᠦᠯᠢᠶᠡᠨ ᠬᠦᠯᠢᠶᠡᠨ
ᠣᠨ ᠤ 2004 ᠣᠨ ᠤ Chinese PropBank ᠪᠠ NomBank ᠢ ᠵᠢᠱᠢᠶ᠎ᠡ ᠪᠣᠯᠭᠠᠨ᠎ᠠ ᠂ ᠬᠡᠯᠡᠨ ᠦ ᠮᠠᠲ᠋ᠧᠷᠢᠶᠠᠯ ᠤᠨ ᠰᠠᠩ ᠤᠨ ᠲᠡᠮᠳᠡᠭᠯᠡᠯ ᠤᠨ ᠪᠠᠶᠢᠭᠤᠯᠤᠯᠲᠠ ᠶᠢ ᠬᠦᠯᠢᠶᠡᠨ ᠲᠤᠰᠬᠠᠢ ᠪᠣᠯᠪᠠ ᠄
ᠬᠡᠯᠡᠨ ᠦ ᠮᠠᠲ᠋ᠧᠷᠢᠶᠠᠯ ᠤᠨ ᠰᠠᠩ ᠤᠨ ᠤᠳᠬ᠎ᠠ ᠶᠢᠨ ᠲᠡᠮᠳᠡᠭᠯᠡᠯ ᠤᠨ ᠲᠤᠰᠬᠠᠢ ᠲᠡᠮᠳᠡᠭᠯᠡᠯ ᠤᠨ ᠪᠠᠶᠢᠭᠤᠯᠤᠯᠲᠠ ᠶᠢᠨ ᠬᠡᠪ ᠬᠡᠯᠪᠡᠷᠢ ᠶᠢ ᠲᠣᠭᠲᠠᠭᠠᠨ᠎ᠠ ᠄ ᠬᠡᠯᠡᠨ ᠦ ᠮᠠᠲ᠋ᠧᠷᠢᠶᠠᠯ ᠤᠨ ᠰᠠᠩ ᠤᠨ ᠤᠳᠬ᠎ᠠ ᠶᠢᠨ
ᠪᠣᠯᠤᠨ᠎ᠠ ᠄ ᠡᠨᠡ ᠪᠣᠯ ᠪᠦᠯᠦᠭ ᠪᠦᠯᠦᠭ ᠦᠨ ᠲᠡᠮᠳᠡᠭᠯᠡᠯ ᠤᠨ ᠬᠡᠪ ᠬᠡᠯᠪᠡᠷᠢ ᠶᠢᠨ ᠲᠡᠮᠳᠡᠭᠯᠡᠯ ᠤᠨ ᠪᠠᠶᠢᠭᠤᠯᠤᠯᠲᠠ ᠶᠢ ᠲᠣᠭᠲᠠᠭᠠᠬᠤ ᠶᠢᠨ ᠲᠤᠯᠠ ᠬᠡᠯᠡᠨ ᠦ ᠮᠠᠲ᠋ᠧᠷᠢᠶᠠᠯ ᠤᠨ ᠰᠠᠩ ᠤᠨ ᠤᠳᠬ᠎ᠠ ᠶᠢᠨ
ᠣᠨ ᠤ 2002 ᠣᠨ ᠤ ᠬᠡᠯᠡᠨ ᠦ ᠮᠠᠲ᠋ᠧᠷᠢᠶᠠᠯ ᠤᠨ ᠲᠤᠰᠬᠠᠢ ᠲᠡᠮᠳᠡᠭᠯᠡᠯ ᠢ ᠪᠠᠶᠢᠭᠤᠯᠤᠯᠲᠠ ᠶᠢᠨ ᠬᠡᠪ ᠬᠡᠯᠪᠡᠷᠢ ᠶᠢ ᠲᠣᠭᠲᠠᠭᠠᠭᠰᠠᠨ ᠰᠢᠨᠵᠢᠯᠡᠬᠦ ᠲᠡᠮᠳᠡᠭᠯᠡᠯ ᠲᠡᠢ ᠪᠣᠯᠪᠠ ᠄ ᠬᠡᠯᠡᠨ ᠦ ᠮᠠᠲ᠋ᠧᠷᠢᠶᠠᠯ ᠤᠨ ᠰᠠᠩ ᠤᠨ ᠤᠳᠬ᠎ᠠ ᠶᠢᠨ

ᠬᠡᠯᠡᠨ ᠦ ᠮᠠᠲ᠋ᠧᠷᠢᠶᠠᠯ ᠤᠨ ᠰᠠᠩ ᠤᠨ ᠤᠳᠬ᠎ᠠ ᠶᠢᠨ ᠲᠡᠮᠳᠡᠭᠯᠡᠯ ᠤᠨ ᠲᠤᠰᠬᠠᠢ ᠰᠢᠨᠵᠢᠯᠡᠬᠦ ᠲᠤᠯᠠ ᠬᠡᠯᠡᠨ ᠦ ᠲᠡᠮᠳᠡᠭᠯᠡᠯ ᠢ ᠪᠣᠯᠪᠠ ᠬᠡᠯᠡᠨ ᠦ ᠮᠠᠲ᠋ᠧᠷᠢᠶᠠᠯ ᠤᠨ ᠰᠠᠩ ᠤᠨ ᠲᠡᠮᠳᠡᠭᠯᠡᠯ ᠶᠢᠨ ᠪᠣᠯᠤᠨ ᠬᠡᠷᠡᠭᠯᠡᠭᠳᠡᠨ᠎ᠡ ᠄
ᠰᠢᠨᠵᠢᠯᠡᠬᠦ ᠶᠢᠨ ᠲᠤᠰᠬᠠᠢ ᠬᠡᠷᠡᠭᠯᠡᠭᠡᠨ ᠢ NomBank ᠢ ᠪᠠᠶᠢᠭᠤᠯᠤᠯᠲᠠ ᠄ NomBank ᠢ PropBank ᠤᠨ ᠰᠠᠭᠤᠷᠢ ᠳᠡᠭᠡᠷ᠎ᠡ ᠂ Penn TreeBank ᠳᠤ ᠲᠡᠮᠳᠡᠭᠯᠡᠭᠰᠡᠨ ᠪᠠᠷ ᠶᠢᠨ
ᠲᠡᠮᠳᠡᠭᠯᠡᠭᠰᠡᠨ ᠲᠡᠮᠳᠡᠭᠯᠡᠯ ᠤᠨ ᠬᠡᠪ ᠬᠡᠯᠪᠡᠷᠢ ᠶᠢᠨ ᠰᠢᠨᠵᠢᠯᠡᠬᠦ ᠢ ᠲᠡᠮᠳᠡᠭᠯᠡᠭᠰᠡᠨ ᠶᠢᠨ ᠪᠣᠯᠤᠨ ᠬᠡᠯᠡᠨ ᠦ ᠲᠡᠮᠳᠡᠭᠯᠡᠯ ᠶᠢᠨ ᠰᠢᠨᠵᠢᠯᠡᠭᠡ ᠶᠢᠨ ᠲᠡᠮᠳᠡᠭᠯᠡᠯ ᠲᠡᠢ
ᠪᠣᠯᠤᠭᠰᠠᠨ ᠬᠡᠯᠡᠨ ᠦ ᠮᠠᠲ᠋ᠧᠷᠢᠶᠠᠯ ᠤᠨ ᠰᠠᠩ ᠤᠨ ᠤᠳᠬ᠎ᠠ ᠶᠢᠨ ᠲᠡᠮᠳᠡᠭᠯᠡᠯ ᠲᠡᠢ ᠬᠡᠯᠡᠨ ᠦ ᠮᠠᠲ᠋ᠧᠷᠢᠶᠠᠯ ᠤᠨ ᠰᠠᠩ ᠢ ᠪᠠᠶᠢᠭᠤᠯᠤᠭᠰᠠᠨ ᠪᠠᠢᠨ᠎ᠠ ᠄ PropBank ᠳᠤ ᠰᠢᠨᠵᠢᠯᠡᠬᠦ ᠲᠤᠰᠬᠠᠢ
ᠪᠣᠯᠵᠤ ᠂ Penn TreeBank ᠳᠤ ᠰᠠᠭᠤᠷᠢᠯᠠᠭᠰᠠᠨ ᠪᠠ ᠲᠡᠮᠳᠡᠭᠯᠡᠭᠡᠨ ᠦ ᠬᠡᠯᠡᠨ ᠦ ᠲᠡᠮᠳᠡᠭᠯᠡᠯ ᠤᠨ ᠬᠡᠪ ᠬᠡᠯᠪᠡᠷᠢ ᠶᠢᠨ ᠲᠡᠮᠳᠡᠭᠯᠡᠯ ᠤᠨ ᠪᠠᠶᠢᠭᠤᠯᠤᠯᠲᠠ
ᠬᠡᠯᠡᠨ ᠦ ᠮᠠᠲ᠋ᠧᠷᠢᠶᠠᠯ ᠢ ᠪᠠᠶᠢᠭᠤᠯᠬᠤ ᠄ PropBank ᠢ FrameNet ᠤᠨ ᠪᠠᠶᠢᠭᠤᠯᠤᠯᠲᠠ ᠂ ᠲᠡᠷᠡ ᠨᠢ ᠰᠢᠨᠵᠢᠯᠡᠬᠦ ᠲᠤᠰᠬᠠᠢ ᠲᠡᠮᠳᠡᠭᠯᠡᠯ ᠤᠨ ᠰᠢᠨᠵᠢᠯᠡᠭᠡ ᠶᠢᠨ
ᠲᠤᠰᠬᠠᠢ ᠬᠡᠯᠡᠨ ᠦ ᠪᠣᠯᠤᠭᠰᠠᠨ ᠬᠡᠯᠡᠨ ᠦ ᠪᠠᠶᠢᠭᠤᠯᠤᠯᠲᠠ ᠪᠣᠯᠪᠠ ᠄ PropBank ᠨᠢ ᠲᠤᠰᠬᠠᠢ ᠲᠡᠮᠳᠡᠭᠯᠡᠯ ᠤᠨ ᠬᠡᠷᠡᠭᠯᠡᠭᠡ ᠂ 20 ᠵᠠᠭᠤᠨ ᠤ ᠡᠴᠦᠰ ᠲᠤ
ᠪᠠᠶᠢᠭᠤᠯᠤᠭᠰᠠᠨ Penn TreeBank ᠤᠨ ᠲᠡᠮᠳᠡᠭᠯᠡᠭᠡᠨ ᠦ ᠬᠡᠯᠡᠨ ᠦ ᠲᠡᠮᠳᠡᠭᠯᠡᠯ ᠦᠨ ᠬᠡᠯᠡᠨ ᠦ ᠪᠣᠯᠤᠭᠰᠠᠨ ᠶᠡᠬᠡ ᠬᠡᠮᠵᠢᠶ᠎ᠡ ᠶᠢᠨ ᠲᠤᠰᠬᠠᠢ ᠶᠢᠨ
ᠪᠣᠯᠭᠠᠭᠰᠠᠨ ᠶᠢᠨ ᠰᠢᠨᠵᠢᠯᠡᠭᠡ ᠨᠢ ᠲᠡᠮᠳᠡᠭᠯᠡᠭᠡᠨ ᠦ ᠬᠡᠯᠡᠨ ᠦ ᠰᠢᠨᠵᠢᠯᠡᠭᠡ ᠶᠢᠨ ᠲᠡᠮᠳᠡᠭᠯᠡᠯ ᠪᠣᠯᠤᠨ᠎ᠠ ᠄ PropBank ᠪᠣᠯ ᠪᠠᠶᠢᠭᠤᠯᠤᠭᠳᠠᠭᠰᠠᠨ ᠬᠡᠯᠡᠨ ᠦ ᠪᠠᠶᠢᠭᠤᠯᠤᠯᠲᠠ ᠶᠢᠨ

2. ᠮᠣᠩᠭᠣᠯ ᠬᠡᠯᠡᠨ ᠦ ᠮᠠᠲ᠋ᠧᠷᠢᠶᠠᠯ ᠤᠨ ᠬᠥᠮᠥᠷᠭᠡ ᠶᠢᠨ ᠲᠥᠷᠥᠯ

(1) ᠲᠡᠩᠴᠡᠭᠦᠦ ᠪᠠᠷ ᠰᠣᠩᠭᠣᠭᠳᠠᠯ ᠳᠤ ᠲᠥᠯᠦᠭᠡᠯᠡᠯ ᠲᠡᠢ ᠪᠠᠶᠢᠬᠤ ᠬᠡᠷᠡᠭᠲᠡᠢ ::

(2) ᠬᠡᠯᠡ ᠵᠦᠢ ᠶᠢᠨ ... ᠪᠠᠶᠢᠬᠤ ᠬᠡᠷᠡᠭᠲᠡᠢ ::

3. ᠮᠣᠩᠭᠣᠯ ᠬᠡᠯᠡᠨ ᠦ ᠮᠠᠲ᠋ᠧᠷᠢᠶᠠᠯ ᠤᠨ ᠬᠥᠮᠥᠷᠭᠡ ᠶᠢᠨ ᠬᠡᠷᠡᠭᠯᠡᠭᠡ

(0R)᠂ ᠲᠠᠯᠠᠬᠢᠨ (TA) ᠵᠡᠷᠭᠡ᠃

ᠮᠣᠩᠭᠣᠯ ᠤᠨ ᠳᠤᠮᠳᠠᠳᠤ ᠪᠦᠰᠡ: ᠬᠣᠲᠣᠭᠣᠶᠢᠳ (HT)᠂ ᠣᠷᠳᠣᠰ (OT)᠂ ᠳᠠᠷᠬᠠᠳ (DG)᠂ ᠡᠯᠵᠢᠭᠡᠳ (EG)᠂ ᠤᠷᠢᠶᠠᠩᠬᠠᠢ

ᠮᠣᠩᠭᠣᠯ ᠤᠨ ᠪᠠᠷᠠᠭᠤᠨ ᠪᠦᠰᠡ: ᠬᠠᠮᠨᠢᠭᠠᠨ (HM)᠂ ᠥᠯᠥᠳ (EL)᠂ ᠤᠷᠢᠶᠠᠩᠬᠠᠢ (UG)

ᠮᠣᠩᠭᠣᠯ ᠤᠨ ᠵᠡᠭᠦᠨ ᠪᠦᠰᠡ: ᠤᠵᠤᠮᠤᠴᠢᠨ (UD)᠂ ᠦᠵᠦᠮᠦᠴᠢᠨ (UJ)᠂ ᠬᠠᠯᠬ᠎ᠠ (HA)᠂ ᠡᠵᠡᠨ (EH)

ᠬᠡᠯᠡᠨ ᠦ ᠰᠤᠳᠤᠯᠤᠯ》 ᠳᠤ ᠪᠠᠨ ᠮᠣᠩᠭᠣᠯ ᠬᠡᠯᠡ ᠶᠢᠨ ᠬᠡᠯᠡᠨ ᠦ ᠬᠦᠮᠦᠰ ᠦ 3 ᠰᠠᠷ᠎ᠠ ᠶᠢᠨ 13 ᠡᠳᠦᠷ ᠳᠦ ᠬᠢᠭᠰᠡᠨ᠃

(2) 2009 ᠣᠨ ᠳᠤ᠂ ᠰᠢᠯᠢᠨᠭᠣᠣᠯ ᠳᠤ 《ᠰᠢᠨ᠎ᠡ ᠵᠢᠯ ᠦᠨ ᠰᠢᠨᠵᠢᠯᠡᠭᠡ ᠳᠦ ᠵᠣᠷᠢᠭᠤᠯᠤᠭᠰᠠᠨ ᠮᠣᠩᠭᠣᠯ ᠬᠡᠯᠡ ᠶᠢᠨ ᠮᠣᠩᠭᠣᠯ ᠮᠣᠩᠭᠣᠯ ᠤᠨ

ᠴᠢᠮᠡᠭ (cim): ᠴᠢᠨ ᠪᠠᠭᠤᠷᠢ (cin)᠂ ᠲᠣᠮᠣ ᠬᠦᠷᠦ (t0h)᠂ ᠶᠠᠩ ᠰᠠᠯᠪᠤᠷᠢ (yan)᠂ ᠳᠠᠬᠤᠷ (dah) ᠵᠡᠷᠭᠡ᠃

ᠰᠢᠯᠢᠨᠭᠣᠣᠯ (sil)᠂ ᠵᠣᠣᠳᠠ (j0r)᠂ ᠤᠨᠳᠤᠷ (und)᠂ ᠬᠡᠪᠡᠢ (heb)᠂ ᠲᠣᠭᠣᠭᠠᠨ (t0g)᠂ ᠶᠠᠪᠤᠨ (yab)

ᠨᠣᠬᠠᠢᠨ (noh): ᠴᠠᠭᠠᠨ (cag)᠂ ᠣᠷᠣᠨ (0r0)᠂ ᠵᠢᠭ ᠵᠢᠭ (jug)᠂ ᠵᠠᠮ (jam)᠂ ᠪᠠᠭ᠎ᠠ ᠮᠣᠩᠭᠣᠯᠵᠢᠨ (bag)᠂

(hul)᠂ ᠣᠯᠣᠨ (0l0)᠂ ᠬᠤᠯᠤᠨᠪᠦᠢᠷ (hul)᠂ ᠪᠤᠲᠤᠬᠠ (but)᠂ ᠠᠴᠢᠨᠠᠢ (aci)᠂ ᠬᠤᠪᠴᠢᠨ (hvb)

ᠲᠦᠮᠡᠳ (tvs): ᠬᠣᠲᠣᠭᠣᠶᠢᠳ (hur)᠂ ᠣᠷᠳᠣᠰ (ort)᠂ ᠬᠢᠭᠠᠨ (hig)᠂ ᠬᠠᠮᠨᠢᠭᠠᠨ (ham)᠂ ᠪᠠᠷᠭᠤᠳ

ᠣᠭᠣᠯᠴᠢᠨ (ogo): ᠤᠵᠤᠮᠤᠴᠢᠨ (uid)᠂ ᠦᠵᠦᠮᠦᠴᠢᠨ (uij)᠂ ᠰᠡᠳᠦᠪ (sed)

ᠠᠶᠢᠯ ᠰᠤᠮᠤ ᠶᠢ 4 ᠰᠠᠷ᠎ᠠ ᠶᠢᠨ 28 ᠡᠳᠦᠷ ᠲᠦ ᠬᠢᠭᠰᠡᠨ᠃

(1) 2006 ᠣᠨ ᠳᠤ᠂ ᠰᠢᠨᠵᠢᠶᠠᠩ ᠳᠤ 《ᠮᠣᠩᠭᠣᠯ ᠬᠡᠯᠡᠨ ᠦ ᠠᠶᠠᠯᠭᠤ ᠰᠤᠮᠤ ᠶᠢᠨ ᠪᠠᠶᠢᠷᠢ ᠶᠢᠨ ᠰᠤᠳᠤᠯᠤᠯ》 ᠳᠤ ᠪᠠᠨ ᠮᠣᠩᠭᠣᠯ ᠬᠡᠯᠡᠨ ᠦ

ᠪᠦᠲᠦᠭᠡᠯ ᠮᠣᠩᠭᠣᠯ ᠤᠨ ᠬᠡᠯᠡᠨ ᠦ ᠮᠡᠷᠭᠡᠵᠢᠯ᠂ ᠰᠤᠷᠭᠠᠯ ᠬᠢᠭᠰᠡᠨ ᠢ ᠰᠤᠳᠤᠯᠬᠤ ᠳᠤ ᠮᠡᠷᠭᠡᠳ ᠮᠣᠩᠭᠣᠯ ᠪᠣᠯᠭᠠᠭᠰᠠᠨ᠃

ᠶᠢ ᠰᠤᠳᠤᠯᠤᠯᠭ᠎ᠠ ᠶᠢᠨ ᠬᠡᠮᠵᠢᠶ᠎ᠡ ᠶᠢ ᠠᠭᠤᠯᠤ᠂ ᠮᠡᠳᠡᠭᠡᠯᠡᠯ ᠰᠢᠨᠵᠢ ᠴᠢᠭᠯᠠᠯᠲᠠ ᠪᠠᠶᠢᠳᠠᠯ ᠪᠦᠲᠦᠭᠡ ᠰᠤᠳᠤᠯᠤᠯ ᠤᠨ ᠬᠡᠷᠡᠭᠯᠡᠭᠡ ᠶᠢᠨ ᠬᠡᠯᠡ ᠪᠦᠷᠢ ᠳᠤ ᠶᠢ

ᠮᠣᠩᠭᠣᠯ ᠬᠡᠯᠡ ᠪᠢᠴᠢᠭ ᠦᠨ ᠰᠢᠨ᠎ᠡ ᠵᠢᠯ ᠦᠨ ᠰᠢᠨᠵᠢᠯᠡᠭᠡ ᠶᠢᠨ ᠳᠡᠭᠡᠷᠡ ᠶᠢᠨ ᠪᠠᠶᠢᠭᠤᠯᠤᠯᠲᠠ ᠶᠢ ᠠᠯᠳᠠᠷᠰᠢᠭᠤᠯ ᠮᠣᠩᠭᠣᠯ ᠬᠡᠯᠡᠨ ᠦ ᠰᠤᠳᠤᠯᠤᠯ

（3）2011 ᠣᠨ ᠳᠤ · ᠪᠤ ᠪᠠᠲᠤ ᠨᠠᠷ 《ᠣᠷᠴᠢᠨ ᠴᠠᠭ ᠤᠨ ᠮᠣᠩᠭᠣᠯ ᠬᠡᠯᠡᠨ ᠦ ᠪᠦᠲᠦᠴᠡ ᠳᠦ ᠲᠤᠰᠬᠠᠢᠯᠠᠭᠰᠠᠨ ᠦᠭᠡ ᠶᠢᠨ ᠤᠳᠬ᠎ᠠ ᠶᠢᠨ ᠬᠠᠷᠢᠴᠠᠭ᠎ᠠ ᠪᠠ ᠨᠢ ᠬᠠᠷᠢᠴᠠᠭᠤᠯᠤᠯ ᠤᠨ ᠮᠠᠭᠠᠳ ᠨᠢ ᠰᠤᠳᠤᠯᠤᠯ》 ᠳᠤ ᠪᠡᠷ ᠲᠣᠭᠲᠠᠭᠤ ᠬᠡᠯᠡ ᠶᠢᠨ ᠦᠭᠡ ᠶᠢᠨ ᠤᠳᠬ᠎ᠠ ᠶᠢᠨ（3 ᠪᠣᠯᠪᠠ ᠪᠦᠯᠦᠭ 30 ᠲᠦᠷᠦᠯ ᠪᠦᠯᠦᠭ ᠳᠦ ᠬᠤᠪᠢᠶᠠᠷᠠᠢ ᠄

ᠦᠢᠯᠡ ᠶᠢᠨ ᠡᠵᠡᠨ ᠪᠡᠶ᠎ᠡ: ᠦᠢᠯᠡᠳᠦᠭᠴᠢ（agent）· ᠦᠢᠯᠡᠳᠦᠭᠳᠡᠭᠴᠢ（involuntary）· ᠮᠡᠳᠡᠭᠴᠢ（experiencer）· ᠡᠵᠡᠮᠰᠢᠭᠴᠢ（source）

ᠪᠣᠯᠤᠭᠰᠠᠨ ᠬᠤᠪᠢ: ᠡᠭᠦᠰᠬᠡᠭᠴᠢ（object）· ᠬᠦᠷᠲᠡᠭᠴᠢ（benefactor）· ᠦᠷ᠎ᠡ ᠳᠦᠩ（result）· ᠡᠬᠢ ᠰᠤᠷᠪᠤᠯᠵᠢ（recipient）· ᠡᠭᠦᠰᠬᠡᠭᠳᠡᠭᠴᠢ（factitive）· ᠬᠦᠯᠢᠶᠡᠨ ᠠᠪᠤᠭᠴᠢ（dative）· ᠬᠠᠮᠢᠶᠠᠷᠤᠭᠴᠢ（concerned）· ᠬᠠᠷᠢᠴᠠᠭᠤᠯᠤᠯᠲᠠ（comparison）· ᠪᠠᠶᠢᠷᠢᠯᠠᠭᠴᠢ（goal）· ᠲᠠᠶᠢᠯᠪᠤᠷᠢᠯᠠᠭᠴᠢ（explanation）

ᠬᠠᠮᠰᠢᠯᠭ᠎ᠠ ᠬᠤᠪᠢ: ᠣᠷᠣᠨ ᠪᠠᠶᠢᠷᠢ（location）· ᠡᠬᠢ（start）· ᠴᠢᠭᠯᠡᠯ（direction）· ᠵᠠᠮ（path）· ᠴᠠᠭ（time）· ᠬᠡᠮᠵᠢᠶ᠎ᠡ（ownership）· ᠪᠣᠯᠪᠠ（role）· ᠬᠦᠷᠢᠶ᠎ᠡ（range）· ᠰᠢᠯᠳᠠᠭᠠᠨ（reason）· ᠵᠣᠷᠢᠯᠭ᠎ᠠ（aim）· ᠡᠷᠭᠢᠨ ᠲᠣᠭᠣᠷᠢᠨ（around）· ᠪᠠᠭᠠᠵᠢ ᠵᠡᠪᠰᠡᠭ（insrument）· ᠮᠠᠲᠧᠷᠢᠶᠠᠯ（material）· ᠵᠠᠷᠴᠠᠭᠤᠯ（expenditure）· ᠰᠠᠭᠤᠷᠢ（benchmark）· ᠬᠠᠷᠢᠴᠠᠭᠤᠯᠤᠯ（according）ᠪᠠᠶᠢᠨ᠎ᠠ ᠄

（4）2013 ᠣᠨ ᠳᠤ · ᠪᠤ ᠰᠤᠪᠤᠳ ᠨᠠᠷ 《ᠮᠣᠩᠭᠣᠯ ᠬᠡᠯᠡᠨ ᠦ ᠬᠠᠷᠢᠴᠠᠭᠤᠯᠤᠯ ᠤᠨ ᠰᠤᠳᠤᠯᠤᠯ》 ᠳᠤ ᠪᠡᠷ 《ᠰᠤᠳᠤᠯᠤᠯ ᠰᠤᠳᠤᠯᠤᠯ》 ᠦᠭᠡᠨ ᠦ ᠲᠤᠰᠬᠠᠢ ᠶᠢᠨ ᠬᠠᠷᠢᠴᠠᠭ᠎ᠠ ᠪᠠ ᠦᠢᠯᠡᠳᠦᠭᠴᠢ ᠶᠢᠨ ᠦᠢᠯᠡᠳᠦᠭᠳᠡᠭᠴᠢ ᠬᠤᠪᠢ ᠶᠢᠨ ᠬᠠᠮᠢᠶᠠᠷᠤᠭᠰᠠᠨ ᠲᠤᠬᠠᠶ ᠶᠢᠨ ᠬᠠᠷᠢᠴᠠᠭ᠎ᠠ ᠪᠠ ᠦᠢᠯᠡ ᠶᠢᠨ ᠬᠤᠪᠢ ᠶᠢᠨ（4 ᠪᠣᠯᠪᠠ ᠪᠦᠯᠦᠭ 24 ᠲᠦᠷᠦᠯ ᠪᠦᠯᠦᠭ ᠳᠦ ᠬᠤᠪᠢᠶᠠᠷᠠᠢ ᠄

ᠬᠠᠮᠢᠶᠠᠷᠤᠯᠲᠠ（ogo）: ᠦᠢᠯᠡᠳᠦᠭᠴᠢ（uid）· ᠦᠢᠯᠡᠳᠦᠭᠳᠡᠭᠴᠢ（uij）· ᠥᠮᠴᠢᠯᠡᠭᠴᠢ（0rs）· ᠰᠡᠳᠦᠪ（sed）

ᠳᠠᠭᠠᠭᠠᠳ ᠪᠤᠷᠤᠭᠤ ᠪᠡᠷ ᠮᠡᠳᠡᠭᠰᠡᠨ ᠃

ᠳᠡᠭᠡᠷ᠎ᠡ ᠪᠠᠢᠴᠠᠭᠠᠯᠲᠠ ᠶᠢᠨ ᠪᠦᠷᠢᠳᠬᠡᠯ ᠦᠨ ᠵᠢᠷᠤᠮᠯᠠᠯ 》 ᠢ ᠪᠠᠲᠤᠯᠠᠭᠰᠠᠨ ᠃ ᠪᠠᠰᠠ ᠪᠠᠶᠠᠷᠯᠠᠭᠰᠠᠨ ᠳᠤ ᠲᠣᠭᠲᠠᠭᠠᠯ ᠬᠠᠤᠯᠢ ᠶᠢᠨ ᠵᠢᠷᠤᠮ ᠢ 5 ᠪᠦᠯᠦᠭ ᠪᠦᠬᠦ 35 ᠵᠦᠢᠯᠲᠡᠢ ᠪᠡᠷ ᠬᠡᠷᠡᠭᠵᠢᠭᠦᠯᠦᠨ᠎ᠡ · 《 ᠳᠡᠭᠡᠳᠦ ᠠᠷᠠᠳ ᠤᠨ ᠱᠦᠭᠦᠬᠦ ᠬᠦᠷᠢᠶ᠎ᠡ — ᠵᠠᠰᠠᠭ ᠤᠨ ᠲᠣᠭᠲᠠᠭᠠᠯ ᠪᠦᠷᠢᠳᠬᠡᠯ ᠦᠨ ᠬᠠᠤᠯᠢ ᠶᠢᠨ ᠵᠢᠷᠤᠮ ᠤᠨ ᠮᠡᠳᠡᠭᠳᠡᠯ ᠤᠨ ᠪᠦᠲᠦᠭᠡᠯ 2016 ᠣᠨ ᠪᠡᠷ ᠬᠡᠷᠡᠭᠵᠢᠭᠦᠯᠦᠯ ᠲᠣᠭᠲᠠᠭᠠᠯ ᠤᠨ ᠲᠤᠬᠠᠢ ᠰᠢᠢᠳᠪᠦᠷᠢ ᠶᠢᠨ ᠲᠣᠭᠲᠠᠭᠠᠯ ᠰᠠᠨᠠᠯ ᠤᠨ ᠪᠠᠢᠳᠠᠯ ᠰᠢᠢᠳᠪᠦᠷᠢ ᠶᠢᠨ ᠬᠢᠷᠢ

ᠲᠣᠭᠲᠠᠭᠠᠯ ᠭᠠᠵᠠᠷ ᠤᠨ ᠬᠠᠤᠯᠢ ᠶᠢᠨ ᠵᠢᠷᠤᠮ ᠤᠨ ᠪᠦᠷᠢᠳᠬᠡᠯ ᠮᠡᠳᠡᠭᠳᠡᠯ ᠪᠡᠨ ᠰᠢᠯᠭᠠᠨ ᠪᠠᠲᠤᠯᠠᠬᠤ ᠪᠦᠲᠦᠭᠡᠯ ᠦᠨ ᠵᠢᠷᠤᠮᠯᠠᠯ ᠢ ᠪᠠᠷᠢᠮᠲᠠᠯᠠᠭᠰᠠᠨ ᠬᠡᠷᠡᠭᠵᠢᠭᠦᠯᠬᠦ ᠶᠢᠨ ᠵᠢᠷᠤᠮᠯᠠᠯ 》

(5) 《 ᠳᠡᠭᠡᠳᠦ ᠠᠷᠠᠳ ᠤᠨ ᠱᠦᠭᠦᠬᠦ ᠬᠦᠷᠢᠶ᠎ᠡ — ᠵᠠᠰᠠᠭ ᠤᠨ ᠲᠣᠭᠲᠠᠭᠠᠯ ᠪᠦᠷᠢᠳᠬᠡᠯ ᠦᠨ ᠬᠠᠤᠯᠢ ᠶᠢᠨ ᠵᠢᠷᠤᠮ ᠤᠨ ᠮᠡᠳᠡᠭᠳᠡᠯ ᠳᠡᠭᠡᠷ᠎ᠡ ᠪᠠᠢᠴᠠᠭᠠᠯᠲᠠ ᠶᠢᠨ ᠪᠦᠲᠦᠭᠡᠯ ᠬᠡᠰᠡᠭ (t0h) ᠵᠡᠷᠭᠡ ᠃

ᠵᠢᠮᠡᠭᠡ (cim) : ᠢᠯᠡᠭᠡᠭᠦᠯᠬᠦ (ilg) · ᠬᠠᠷᠢᠭᠤᠴᠠᠯᠠᠬᠤ (har) · ᠠᠳᠠᠯᠢᠳᠬᠠᠬᠤ (adl) · ᠣᠨᠴᠠᠯᠠᠨ ᠰᠢᠨᠵᠢ (0ns) · ᠵᠦᠢᠯ (j0r) · ᠦᠨᠳᠦᠰᠦᠯᠡᠯ (und) · ᠬᠡᠪᠰᠢᠯ (heb) · ᠪᠠᠢᠳᠠᠯ (bai)

ᠨᠣᠬᠢᠴᠠᠬᠤ (noh) : ᠴᠠᠭ (cag) · ᠣᠷᠣᠨ (0r0) · ᠵᠠᠭᠠᠭ ᠵᠠᠭᠠᠭ (jur) · ᠬᠡᠷᠡᠭ (her) · ᠰᠢᠯᠭᠠᠨ (sil) · ᠤᠯᠠᠭᠠᠷᠢᠯ (uld) · ᠲᠠᠯᠠᠪᠤᠷᠢᠯᠠᠬᠤ (tal)

ᠲᠥᠪᠯᠡᠬᠦ (tvs) : ᠬᠦᠷᠲᠡᠭᠡᠬᠦ (hur) · ᠣᠷᠤᠭᠤᠯᠬᠤ (ort) · ᠡᠳᠯᠡᠬᠦ (edl) · ᠬᠠᠮᠲᠤᠷᠠᠬᠤ (ham) · ᠣᠯᠠᠨᠲᠤᠪᠴᠢᠯᠠᠬᠤ (

yan	dah	ilg	har	jui	0ns									
[illegible]	[illegible]	[illegible]	[illegible]	[illegible]	[illegible]									
[illegible] CIM		[illegible] T0D												
adl	dag	egu	cag	0r0	jug	bag	sil	j0r	und	heb	0rc	hay	cin	t0h
[illegible]	[illegible]	[illegible]	[illegible]	[illegible]	[illegible]	[illegible]	[illegible]	[illegible]	[illegible]	[illegible]	[illegible]	[illegible]	[illegible]	[illegible]

[illegible] TVS			[illegible] NOH									[illegible] CIM	
uid	uij	sed	0rs	ser	hrg	ham	uld	hur	ort	edl	but	hvb	tal
[illegible]	[illegible]	[illegible]	[illegible]	[illegible]	[illegible]	[illegible]	[illegible]	[illegible]	[illegible]	[illegible]	[illegible]	[illegible]	[illegible]
[illegible] OGO								[illegible] TVS					

[illegible] 2 — 5 《[illegible] — [illegible]》

(ᠨᠡᠮᠡᠯᠲᠡ) ᠤᠳᠬ᠎ᠠ ᠶᠢᠨ ᠬᠠᠷᠢᠯᠴᠠᠭ᠎ᠠ ᠪᠠ ᠦᠭᠡ ᠶᠢᠨ ᠪᠦᠲᠦᠴᠡ

ᠤᠳᠬ᠎ᠠ ᠶᠢᠨ ᠬᠠᠷᠢᠯᠴᠠᠭ᠎ᠠ ᠪᠠ ᠦᠭᠡ ᠶᠢᠨ ᠬᠡᠯᠪᠡᠷᠢ ᠶᠢᠨ ᠬᠤᠪᠢᠷᠠᠯ ᠤᠨ ᠬᠤᠪᠢᠷᠠᠯ ᠢ ᠰᠣᠳᠤᠯᠬᠤ ᠳᠤ ᠤᠳᠬ᠎ᠠ ᠶᠢᠨ ᠬᠠᠷᠢᠯᠴᠠᠭ᠎ᠠ ᠨᠢ ᠦᠭᠡ ᠶᠢᠨ ᠪᠦᠲᠦᠴᠡ ᠶᠢᠨ ᠬᠠᠷᠢᠯᠴᠠᠭ᠎ᠠ ᠪᠣᠯᠤᠨ᠎ᠠ ᠃ ᠲᠡᠷᠡ ᠨᠢ ᠦᠭᠡ ᠶᠢᠨ ᠤᠳᠬ᠎ᠠ ᠶᠢᠨ ᠪᠦᠲᠦᠴᠡ ᠶᠢᠨ ᠬᠤᠪᠢᠷᠠᠯ ᠢ ᠰᠣᠳᠤᠯᠬᠤ ᠳᠤ ᠲᠤᠰᠠᠯᠠᠨ᠎ᠠ ᠃ ᠥᠨᠳᠦᠷ ᠳᠡᠭᠡᠳᠦ ᠬᠡᠯᠡᠨ ᠦ ᠤᠳᠬ᠎ᠠ ᠶᠢᠨ ᠬᠠᠷᠢᠯᠴᠠᠭ᠎ᠠ ᠪᠠ ᠦᠭᠡ ᠶᠢᠨ ᠪᠦᠲᠦᠴᠡ ᠶᠢᠨ ᠬᠤᠪᠢᠷᠠᠯ ᠢ ᠰᠣᠳᠤᠯᠬᠤ ᠳᠤ ᠠᠮᠧᠷᠢᠻᠠ ᠶᠢᠨ ᠹᠢᠯᠮᠣᠷ (C.J.Fillmore) ᠤᠨ ᠲᠣᠬᠢᠶᠠᠯᠳᠤᠯ ᠤᠨ ᠣᠨᠣᠯ ᠤᠨ ᠨᠥᠯᠦᠭᠡ ᠶᠡᠬᠡ ᠃

ᠤᠳᠬ᠎ᠠ ᠶᠢᠨ ᠬᠠᠷᠢᠯᠴᠠᠭ᠎ᠠ ᠪᠠ ᠦᠭᠡ ᠶᠢᠨ ᠪᠦᠲᠦᠴᠡ ᠶᠢᠨ ᠬᠣᠭᠣᠷᠣᠨᠳᠤᠬᠢ ᠬᠠᠷᠢᠴᠠᠭ᠎ᠠ ᠪᠣᠯ ᠬᠡᠯᠡᠨ ᠦ ᠰᠢᠨᠵᠢᠯᠡᠬᠦ ᠤᠬᠠᠭᠠᠨ ᠤ ᠨᠢᠭᠡ ᠴᠢᠬᠤᠯᠠ ᠠᠰᠠᠭᠤᠳᠠᠯ ᠪᠣᠯᠤᠨ᠎ᠠ ᠃ ᠤᠳᠬ᠎ᠠ ᠶᠢᠨ ᠬᠠᠷᠢᠯᠴᠠᠭ᠎ᠠ ᠨᠢ ᠦᠭᠡ ᠶᠢᠨ ᠪᠦᠲᠦᠴᠡ ᠳᠦ ᠨᠥᠯᠦᠭᠡᠯᠡᠨ᠎ᠡ ᠃ ᠦᠭᠡ ᠶᠢᠨ ᠪᠦᠲᠦᠴᠡ ᠨᠢ ᠴᠦ ᠮᠥᠨ ᠤᠳᠬ᠎ᠠ ᠶᠢᠨ ᠬᠠᠷᠢᠯᠴᠠᠭ᠎ᠠ ᠳᠤ ᠨᠥᠯᠦᠭᠡᠯᠡᠨ᠎ᠡ ᠃ ᠤᠳᠬ᠎ᠠ ᠶᠢᠨ ᠬᠠᠷᠢᠯᠴᠠᠭ᠎ᠠ ᠪᠠ ᠦᠭᠡ ᠶᠢᠨ ᠪᠦᠲᠦᠴᠡ ᠶᠢᠨ ᠬᠠᠷᠢᠯᠴᠠᠭ᠎ᠠ ᠶᠢ ᠰᠣᠳᠤᠯᠬᠤ ᠨᠢ ᠬᠡᠯᠡᠨ ᠦ ᠤᠳᠬ᠎ᠠ ᠶᠢᠨ ᠰᠤᠳᠤᠯᠭ᠎ᠠ ᠳᠤ ᠴᠢᠬᠤᠯᠠ ᠠᠴᠢ ᠬᠣᠯᠪᠣᠭᠳᠠᠯ ᠲᠠᠢ ᠃

ᠤᠳᠬ᠎ᠠ ᠶᠢᠨ ᠬᠠᠷᠢᠯᠴᠠᠭ᠎ᠠ ᠪᠠ ᠦᠭᠡ ᠶᠢᠨ ᠪᠦᠲᠦᠴᠡ ᠶᠢᠨ ᠬᠠᠷᠢᠯᠴᠠᠭ᠎ᠠ ᠪᠣᠯ ᠦᠭᠡ ᠶᠢᠨ ᠤᠳᠬ᠎ᠠ ᠶᠢᠨ ᠪᠦᠲᠦᠴᠡ ᠶᠢᠨ ᠬᠠᠷᠢᠴᠠᠭ᠎ᠠ ᠪᠣᠯᠬᠤ ᠪᠥᠭᠡᠳ ᠂ ᠲᠡᠭᠦᠨ ᠦ ᠨᠢᠭᠡ ᠵᠦᠢᠯ ᠪᠣᠯᠤᠨ᠎ᠠ ᠃

cag	0r0	jug	jam	bag	sil	j0r	und	heb	t0g	yab	cin	t0h	yan	dah
[illegible]	[illegible]	[illegible]	[illegible]	[illegible]	[illegible]	[illegible]	[illegible]	[illegible]	[illegible]	[illegible]	[illegible]	[illegible]	[illegible]	[illegible]
[illegible]											[illegible]			
uid	uij	sed	0rs	hur	ort	hig	hul	010	ham	aci	huc	hvb	but	
[illegible]	[illegible]	[illegible]	[illegible]	[illegible]	[illegible]	[illegible]	[illegible]	[illegible]	[illegible]	[illegible]	[illegible]	[illegible]	[illegible]	
[illegible]				[illegible]										

[illegible]

[illegible] 2—6 [illegible] 29 [illegible] ::

[illegible] 4 [illegible] :: [illegible] 2006 [illegible] 《 [illegible] 》 [illegible] ::

[illegible] CYK [illegible] ::

[illegible] ::

[illegible]

([illegible])

BER{6−>7: ADV}{6−>7: j0r}JEGEL_E .{7−><EOS>}
{3−>4: jug}GOLIILCEN{4−>5: ADV}{4−>5: bai}J0GS0JV{5−>6: COO}MORGOLDUHU—
t0h}IMAG_A{2−>7: SUBJ}{2−>7: uij}OGEDE=OGEDE—ECE—BEN{3−>4: ADV}
DAYISVNGNAGCI{0−>2: ATT}{0−>2: 0ns}H0YAR{1−>2: ATT}{1−>2:

[illegible] :

[illegible] 《 [illegible] 》 [illegible]

[illegible] 《 [illegible] — [illegible]

([illegible])

VP4t}VP6u ./ WP1}S7
Ne1−YI / Fc31 (Nbba22621) \ hu1 HVCI / Ve1+L_A / Fs31 (VAJNOH0) / prd }VP2t}
_E / Ne1−BER / Fc51−IYEN / Fx11 (Nbbu21702)} NP2d / obj2 \ bag {HVRAG_A /
e7{{{EJI / Ne1 (Nbba1127) MINI / Sf }NP2s / sbj \ uid{{ MAGV / Ac HURUM

[illegible] :

[illegible] (\ )

ᠮᠣᠩᠭᠣᠯᠴᠤᠳ ᠤᠨ ᠂ ᠮᠣᠩᠭᠣᠯ ᠤᠨ ᠠᠷᠠᠳ ᠮᠠᠯ ᠬᠠᠮᠢᠶᠠᠷᠤᠯᠲᠠ ᠪᠠᠢᠭᠤᠯᠤᠯᠭ᠎ᠠ ᠶᠢᠨ ᠪᠠᠷᠢᠮᠲᠠᠯᠠᠭ᠎ᠠ ᠂ ᠲᠥᠷᠥ ᠶᠠᠰᠤ ᠮᠠᠯ ᠶᠢ ᠮᠣᠩᠭᠣᠯᠴᠤᠳ ᠪᠣᠯᠤᠭᠰᠠᠨ ᠶᠢᠨ ᠪᠠᠢᠳᠠᠯ ᠳᠤ ᠪᠠᠢᠭᠤᠯᠬᠤ ᠳᠤ ᠪᠠᠢᠭᠤᠯᠤᠯᠴᠠᠭᠠᠨ ᠤ ᠬᠠᠮᠢᠶᠠᠷᠤᠯᠲᠠ ᠪᠡᠷ ᠰᠠᠢᠵᠢᠷᠠᠭᠰᠠᠨ ᠪᠣᠯᠪᠠ ᠃ ᠪᠡᠶᠡᠯᠡᠭᠦᠯᠬᠦ ᠳᠦ ᠬᠦᠷᠭᠡᠬᠦ ᠂ ᠮᠣᠩᠭᠣᠯᠴᠤᠳ ᠤᠨ ᠰᠣᠶᠣᠯ ᠤᠨ ᠬᠥᠭᠵᠢᠯ ᠳᠦ ᠬᠣᠯᠪᠣᠭᠳᠠᠬᠤ ᠶᠢᠨ ᠲᠤᠯᠠᠳ ᠤᠯᠤᠰ ᠤᠨ ᠠᠷᠭ᠎ᠠ ᠲᠡᠭᠦᠨ ᠤ ᠦᠨᠳᠦᠰᠦ ᠶᠢ ᠮᠡᠳᠡᠬᠦ ᠴᠢᠬᠤᠯᠠ ᠠᠷᠭ᠎ᠠ ᠃

ᠭᠤᠷᠪᠠᠳᠤᠭᠠᠷ ᠪᠦᠯᠦᠭ [illegible]

ᠨᠢᠭᠡᠳᠦᠭᠡᠷ ᠬᠡᠰᠡᠭ [illegible]

[illegible] 20 [illegible]

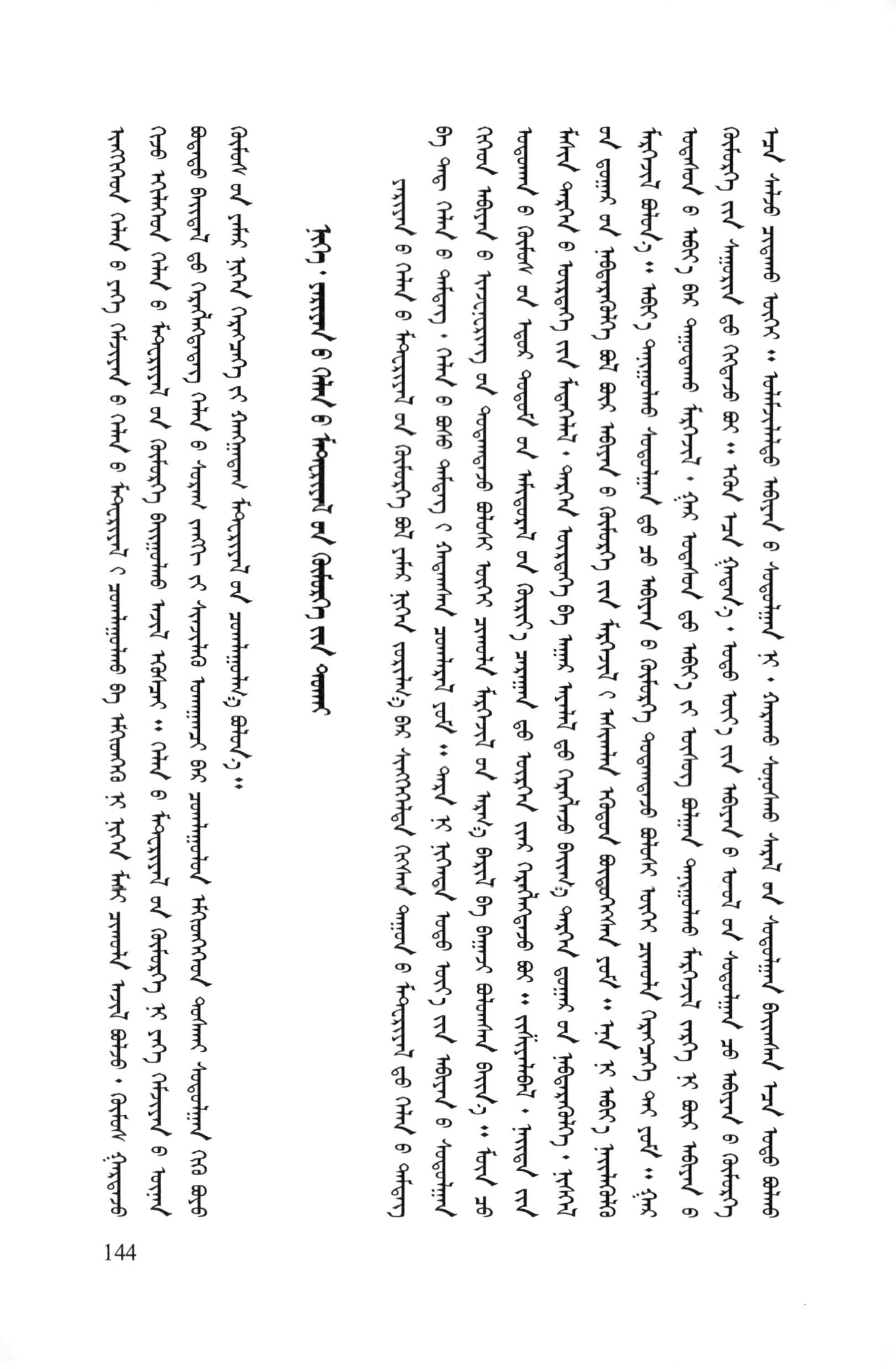

[illegible]

[illegible]

[illegible]

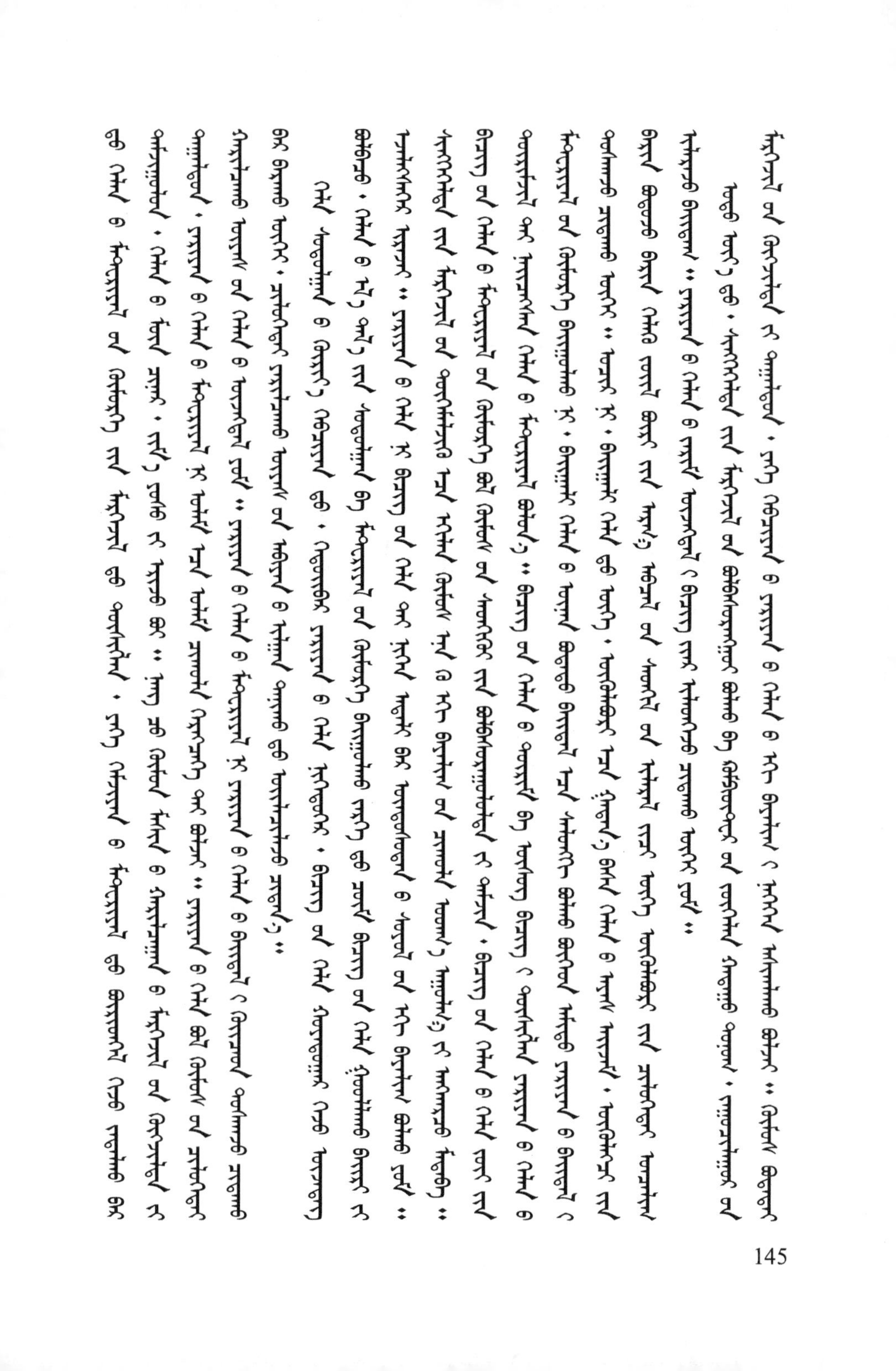

ᠬᠤᠪᠢᠶᠠᠷᠢᠯᠠᠭᠰᠠᠨ ᠪᠣᠯᠤᠨ᠎ᠠ᠃ ᠬᠡᠯᠡᠨ ᠦ ᠵᠠᠭᠤᠷᠠᠳᠤ ᠢ ᠰᠠᠩ ᠪᠣᠯ ᠰᠤᠷᠤᠯᠴᠠᠭᠴᠢᠳ ᠤᠨ ᠵᠠᠭᠤᠷᠠᠨ ᠤ ᠬᠡᠯᠡᠨ ᠦ ᠪᠠᠷᠢᠮᠲᠠ ᠶᠢ ᠴᠤᠭᠯᠠᠭᠤᠯᠵᠤ ᠪᠠᠢᠭᠤᠯᠤᠭᠰᠠᠨ ᠰᠠᠩ ᠪᠣᠯᠬᠤ ᠪᠥᠭᠡᠳ ᠰᠤᠷᠤᠯᠴᠠᠭᠴᠢᠳ ᠤᠨ ᠬᠡᠯᠡᠨ ᠦ ᠬᠡᠷᠡᠭᠯᠡᠭᠡᠨ ᠢ ᠰᠢᠨᠵᠢᠯᠡᠬᠦ ᠳᠤ ᠴᠢᠬᠤᠯᠠ ᠠᠴᠢ ᠬᠣᠯᠪᠣᠭᠳᠠᠯ ᠲᠠᠢ᠃ ᠣᠳᠣ ᠪᠡᠷ ᠬᠢᠲᠠᠳ ᠬᠡᠯᠡᠨ ᠦ ᠵᠠᠭᠤᠷᠠᠨ ᠤ ᠪᠠᠷᠢᠮᠲᠠ ᠶᠢᠨ ᠰᠠᠩ ᠳᠤ ᠨᠡᠯᠢᠶᠡᠳ ᠪᠠᠢᠭᠤᠯᠤᠭᠳᠠᠭᠰᠠᠨ ᠪᠠᠢᠨ᠎ᠠ᠂ ᠵᠢᠱᠢᠶᠡᠯᠡᠪᠡᠯ ᠪᠡᠭᠡᠵᠢᠩ ᠤᠨ ᠬᠡᠯᠡ ᠰᠤᠶᠤᠯ ᠤᠨ ᠶᠡᠬᠡ ᠰᠤᠷᠭᠠᠭᠤᠯᠢ ᠶᠢᠨ ᠪᠠᠢᠭᠤᠯᠤᠭᠰᠠᠨ ᠬᠢᠲᠠᠳ ᠬᠡᠯᠡᠨ ᠦ ᠵᠠᠭᠤᠷᠠᠨ ᠤ ᠪᠠᠷᠢᠮᠲᠠ ᠶᠢᠨ ᠰᠠᠩ ᠪᠠᠢᠨ᠎ᠠ᠃

ᠲᠡᠭᠦᠨ ᠡᠴᠡ ᠭᠠᠳᠠᠨ᠎ᠠ᠂ ᠪᠦᠰᠡ ᠨᠢ ᠬᠡᠯᠡᠨ ᠦ ᠪᠠᠷᠢᠮᠲᠠ ᠶᠢᠨ ᠰᠠᠩ ᠢ ᠪᠠᠢᠭᠤᠯᠤᠭᠰᠠᠨ ᠵᠠᠭᠤᠷᠠᠨ ᠤ ᠬᠡᠯᠡᠨ ᠦ ᠪᠠᠷᠢᠮᠲᠠ ᠶᠢᠨ ᠰᠠᠩ ᠳᠤ ᠡᠩ ᠦᠨ ᠵᠡᠷᠭᠡ ᠪᠡᠷ ᠬᠡᠷᠡᠭᠯᠡᠭᠳᠡᠭᠰᠡᠨ ᠪᠠᠢᠨ᠎ᠠ᠃ ᠵᠢᠱᠢᠶᠡᠯᠡᠪᠡᠯ ᠬᠢᠲᠠᠳ ᠬᠡᠯᠡᠨ ᠦ ᠰᠠᠩ᠂ ᠬᠣᠶᠠᠳᠤᠭᠠᠷ ᠬᠡᠯᠡ ᠪᠣᠯᠭᠠᠨ ᠰᠤᠷᠤᠯᠴᠠᠭᠰᠠᠳ ᠤᠨ ᠬᠡᠯᠡᠨ ᠦ ᠵᠠᠭᠤᠷᠠᠨ ᠤ ᠪᠠᠷᠢᠮᠲᠠ ᠶᠢᠨ ᠰᠠᠩ (SCCSD)᠂ ᠲᠤᠰ ᠰᠠᠩ ᠳᠤ 500 ᠮᠢᠩᠭ᠎ᠠ ᠭᠠᠷᠤᠢ ᠦᠰᠦᠭ ᠦᠨ ᠪᠠᠷᠢᠮᠲᠠ ᠪᠠᠭᠳᠠᠭᠰᠠᠨ ᠪᠠᠢᠨ᠎ᠠ᠃ ᠭᠠᠳᠠᠭᠠᠳᠤ ᠬᠦᠮᠦᠰ ᠦᠨ ᠬᠢᠲᠠᠳ ᠬᠡᠯᠡ ᠰᠤᠷᠬᠤ ᠳᠤ ᠵᠣᠷᠢᠭᠤᠯᠤᠭᠰᠠᠨ ᠶᠡᠬᠡ ᠬᠡᠮᠵᠢᠶᠡᠨ ᠦ ᠵᠠᠭᠤᠷᠠᠨ ᠤ ᠬᠡᠯᠡᠨ ᠦ ᠪᠠᠷᠢᠮᠲᠠ ᠶᠢᠨ ᠰᠠᠩ (LLSCC) ᠬᠡᠮᠡᠨ᠂ ᠰᠢᠯᠭᠠᠯᠲᠠ ᠶᠢᠨ — ᠲᠤᠰ ᠰᠠᠩ ᠳᠤ ᠬᠢᠲᠠᠳ ᠬᠡᠯᠡᠨ ᠦ ᠪᠠᠷᠢᠮᠲᠠ ᠶᠢᠨ ᠭᠠᠷᠤᠢ ᠦᠰᠦᠭ 100 ᠲᠦᠮᠡᠨ ᠬᠦᠷᠦᠭᠰᠡᠨ ᠪᠠᠢᠨ᠎ᠠ᠃ ᠡᠨᠡ ᠨᠢ ᠪᠡᠭᠡᠵᠢᠩ ᠤᠨ ᠬᠡᠯᠡ ᠰᠤᠶᠤᠯ ᠤᠨ ᠶᠡᠬᠡ ᠰᠤᠷᠭᠠᠭᠤᠯᠢ ᠶᠢᠨ ᠪᠠᠢᠭᠤᠯᠤᠭᠰᠠᠨ ᠬᠢᠲᠠᠳ ᠬᠡᠯᠡᠨ ᠦ ᠰᠠᠩ ᠪᠣᠯ᠃ ᠡᠭᠦᠨ ᠳᠦ ᠬᠢᠲᠠᠳ ᠬᠡᠯᠡᠨ ᠦ ᠭᠠᠳᠠᠭᠠᠳᠤ ᠬᠦᠮᠦᠰ ᠦᠨ ᠵᠣᠬᠢᠶᠠᠯ ᠤᠨ ᠪᠠᠷᠢᠮᠲᠠ ᠪᠠᠭᠳᠠᠭᠰᠠᠨ ᠪᠠᠢᠨ᠎ᠠ᠃ ᠲᠤᠰ ᠰᠠᠩ ᠪᠣᠯ HSK ᠬᠥᠳᠡᠯᠦᠩᠭᠦᠢ ᠵᠣᠬᠢᠶᠠᠯ ᠤᠨ ᠪᠠᠷᠢᠮᠲᠠ ᠶᠢᠨ ᠰᠠᠩ ᠪᠣᠯᠤᠨ᠎ᠠ᠃

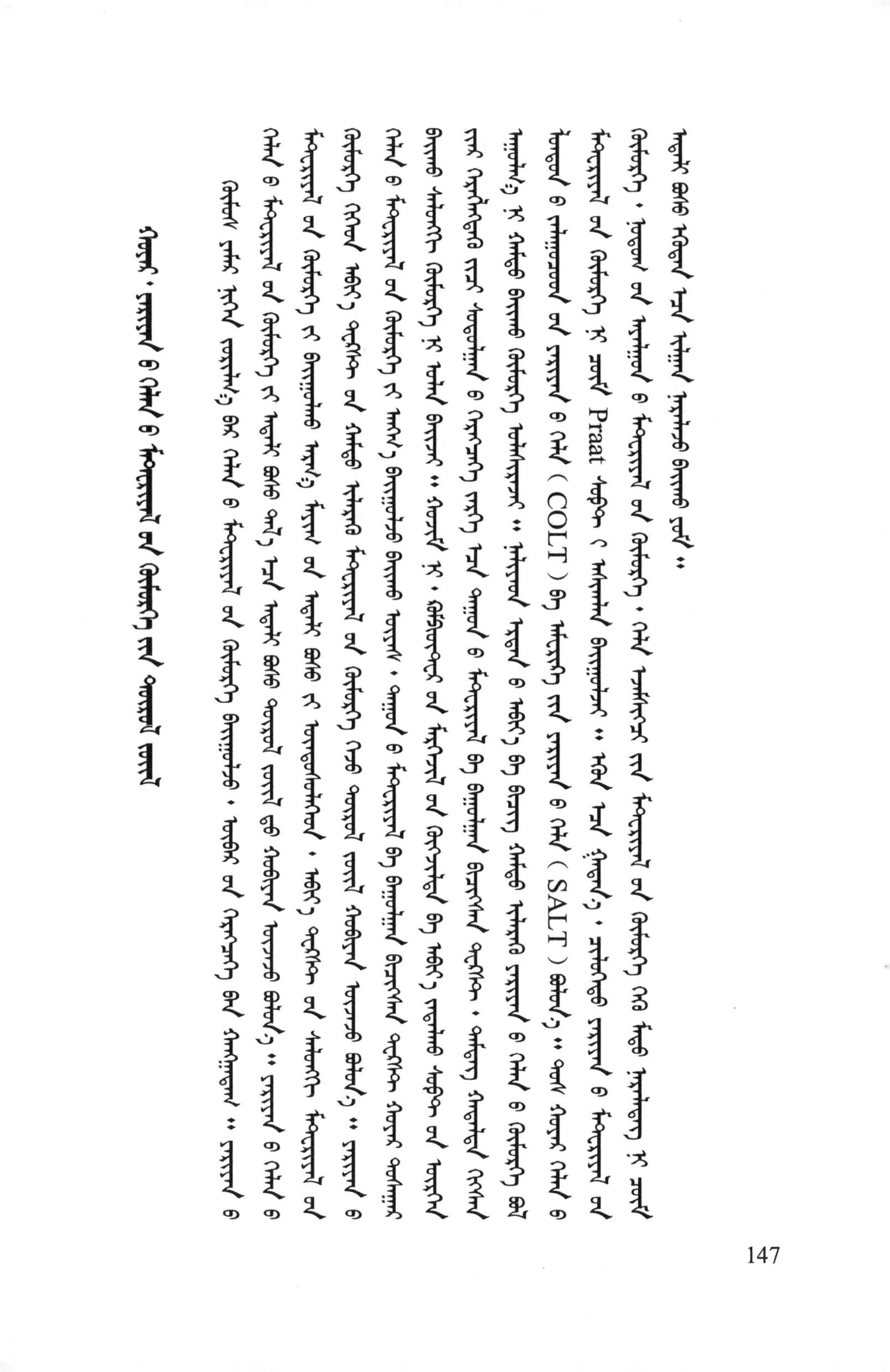

[illegible]

[illegible] Praat [illegible] (COLT) [illegible] (SALT) [illegible]

[illegible]

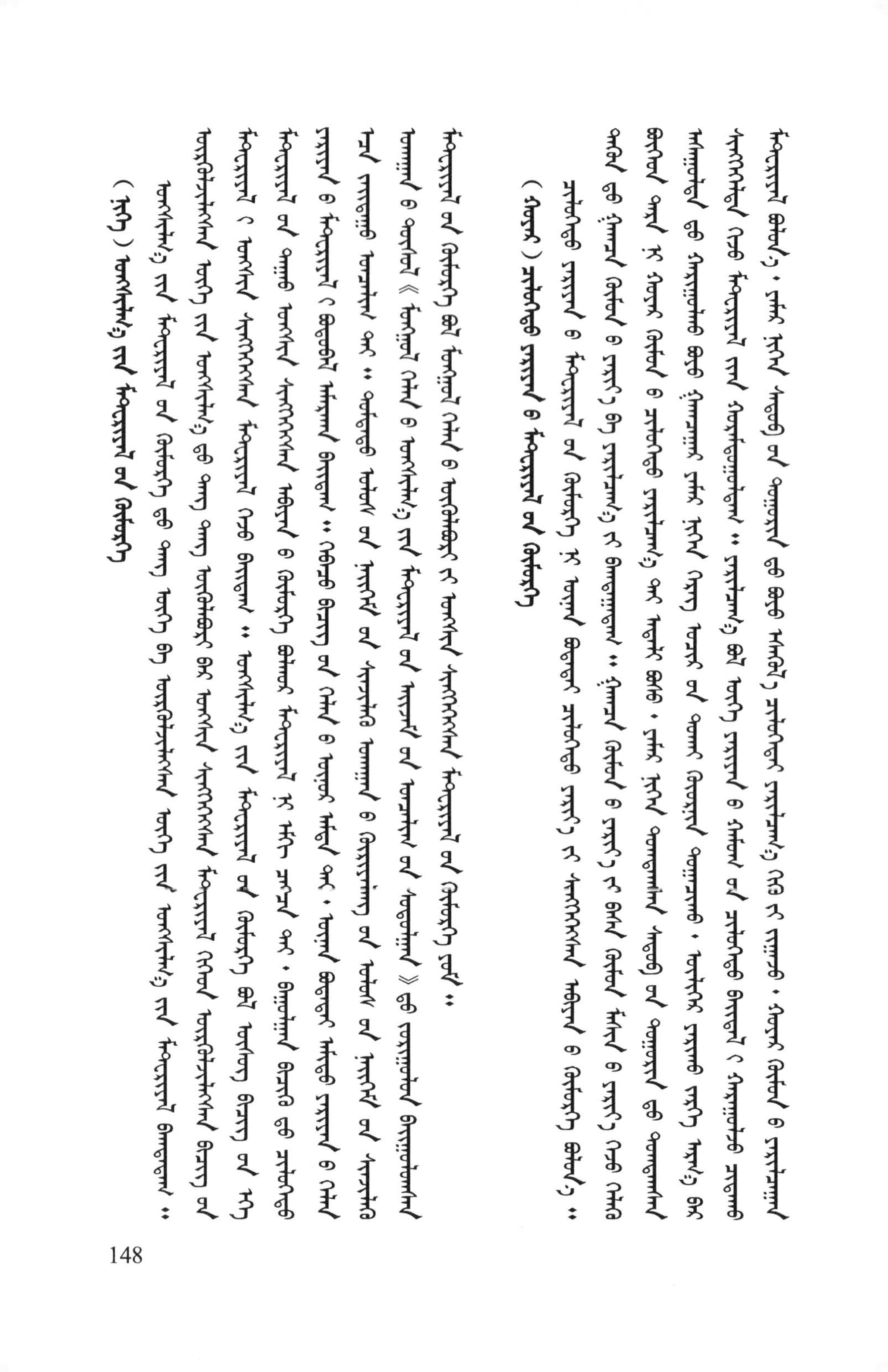

(ᠨᠢᠭᠡ) [illegible]

[illegible] ::

(ᠬᠣᠶᠠᠷ) [illegible]

[illegible] ::

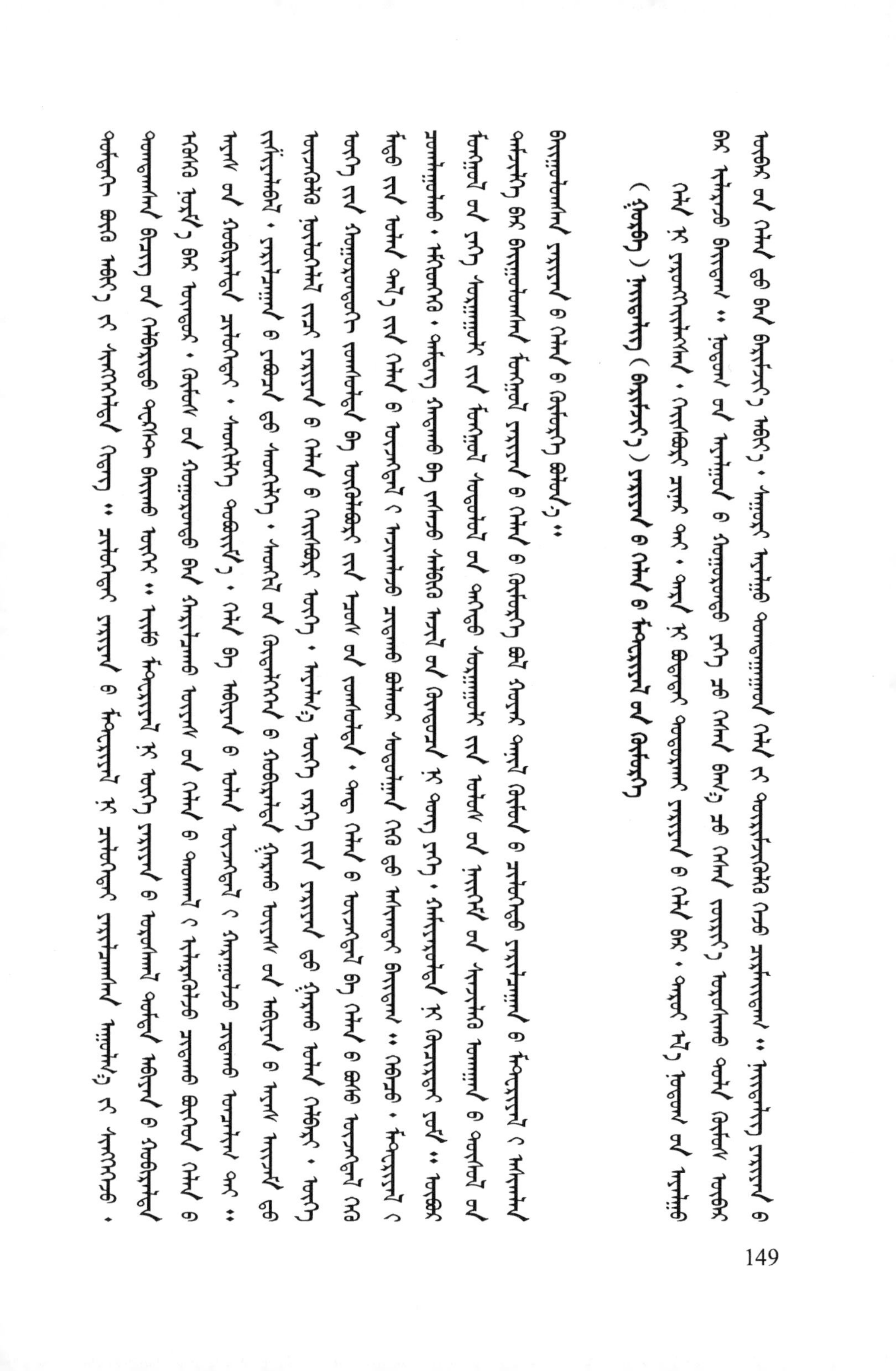

ᠪᠠᠶᠢᠭᠤᠯᠬᠤ ᠪᠠᠶᠢᠨ᠎ᠠ ᠄ ᠲᠦᠷᠦᠬᠦ ᠬᠡᠯᠡᠨ ᠦ ᠮᠡᠳᠡᠭᠡᠯᠡᠯ ᠦᠨ ᠰᠠᠩ ᠤᠨ ᠳᠠᠭᠤᠨ ᠤ ᠲᠣᠭ᠎ᠠ ᠶᠢᠨ ᠬᠥᠮᠦᠷᠭᠡ (CADCC) ᠪᠠ ᠰᠣᠨᠣᠰᠤᠭᠳᠠᠬᠤ
ᠳᠤ ᠬᠠᠷᠢᠭᠤᠴᠠᠭᠤᠯᠬᠤ ᠪᠠᠶᠢᠨ᠎ᠠ ᠄ ᠪᠢᠳᠡ ᠲᠤᠷᠰᠢᠯᠲᠠ ᠬᠢᠭᠰᠡᠨ ᠬᠡᠯᠡᠨ ᠦ ᠪᠠᠶᠢᠴᠠᠭᠠᠯᠲᠠ ST—CMDS · AISHELL · MAGICDATA ᠵᠡᠷᠭᠡ ᠪᠡᠷ

ᠪᠠᠶᠢᠭᠤᠯᠬᠤ ᠰᠣᠩᠭᠤᠯᠲᠠ ᠶᠢᠨ ᠬᠥᠮᠦᠷᠭᠡ ᠳᠦ ᠨᠡᠶ᠋ᠢᠲᠡ ᠶᠢᠨ ᠲᠤᠰᠬᠠᠢ ᠬᠡᠯᠡᠨ ᠦ ᠲᠠᠨᠢᠯᠲᠠ (BJKY) ᠪᠠ ᠪᠠᠶᠢᠭᠤᠯᠬᠤ ᠳᠤ ᠬᠡᠯᠡᠨ ᠦ ᠳᠠᠭᠤᠨ ᠬᠣᠯᠪᠣᠭᠳᠠᠯ ᠲᠠᠢ ᠬᠡᠯᠡᠨ ᠦ ᠪᠠᠶᠢᠴᠠᠭᠠᠯᠲᠠ ᠶᠢᠨ ᠳᠤ
ᠬᠡᠯᠡᠨ ᠦ ᠲᠠᠨᠢᠯᠲᠠ ᠶᠢᠨ ᠲᠤᠷᠰᠢᠯᠲᠠ ᠶᠢᠨ ᠬᠡᠯᠡᠨ ᠦ ᠳᠠᠭᠤᠨ ᠤ ᠪᠠᠷᠢᠮᠲᠠ (RASC863) ᠪᠠ ᠴᠢᠩᠬᠠᠢ ᠂ ᠳᠤᠷᠰᠠᠯ ᠤᠨ ᠂ ᠬᠠᠩᠵᠤᠤ ᠂ ᠱᠠᠩᠬᠠᠢ ᠵᠡᠷᠭᠡ

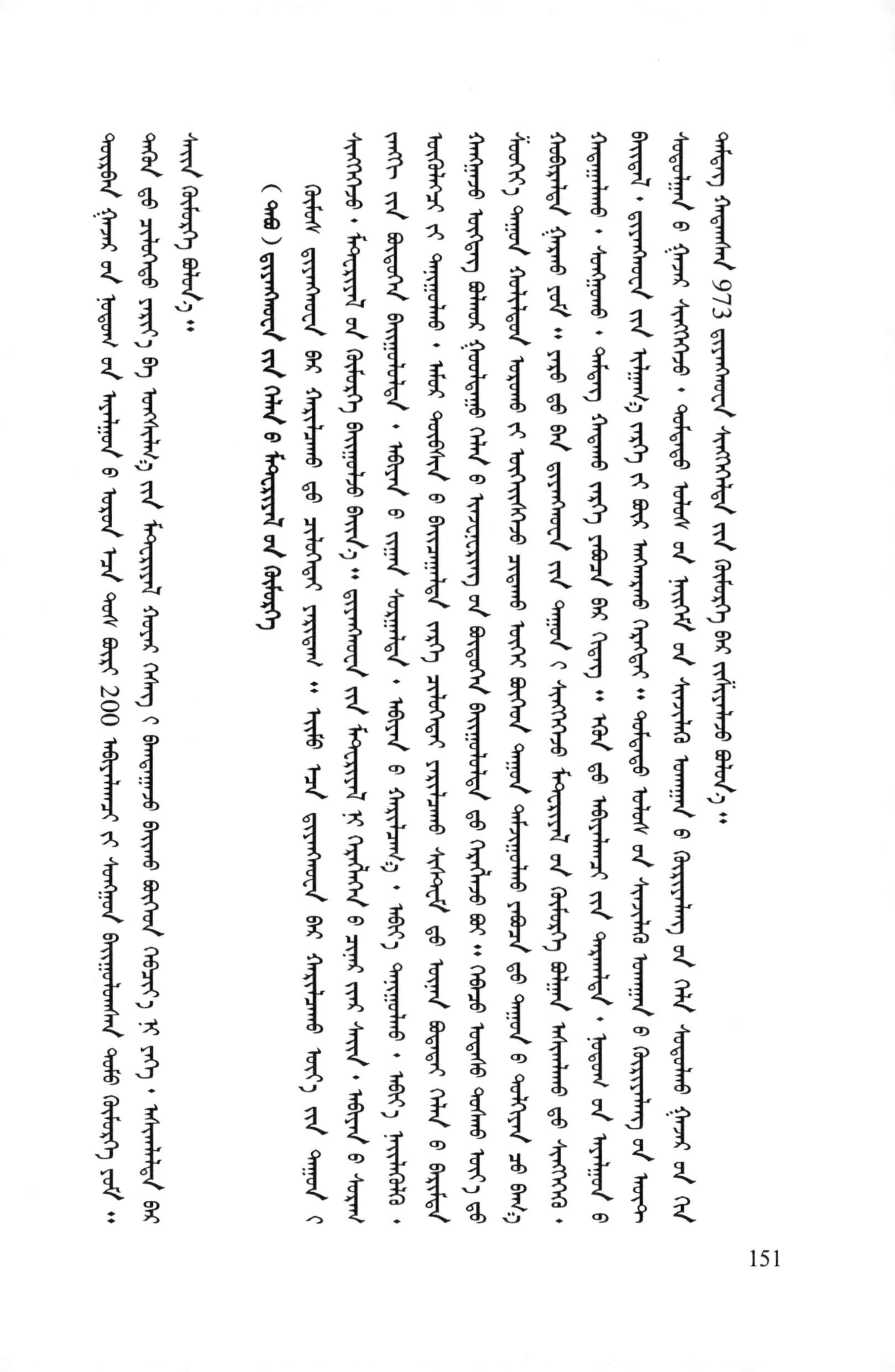

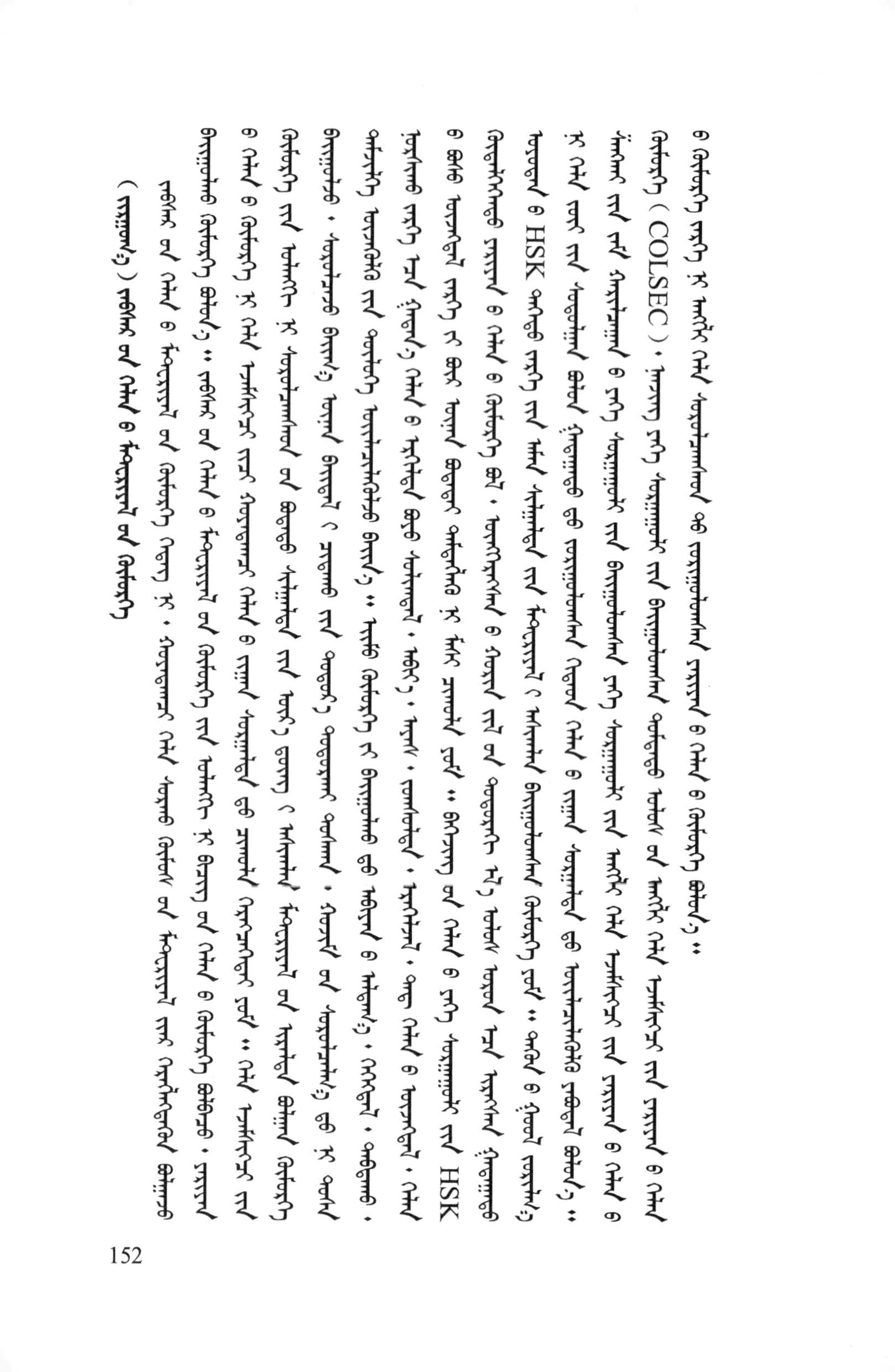

[illegible] (COLSEC) [illegible] HSK [illegible] HSK [illegible]

ᠪᠦᠷᠢᠯᠳᠦᠬᠦᠨ ᠬᠡᠰᠡᠭ ᠢ ᠨᠢ ᠣᠶᠢᠯᠭᠠᠨ ᠰᠤᠳᠤᠯᠪᠤᠷᠢ ᠪᠦᠷᠢᠯᠳᠦᠬᠦᠨ ᠳᠦ ᠪᠠᠭᠤᠯᠭᠠᠨ᠎ᠠ᠃

ᠪᠠᠶᠢᠨ ᠮᠣᠩᠭᠣᠯ ᠬᠡᠯᠡᠨ ᠦ ᠮᠡᠳᠡᠭᠡᠯᠡᠯ ᠦᠨ ᠰᠠᠩ ᠤᠨ ᠦᠭᠡ ᠶᠢᠨ ᠪᠦᠷᠢᠯᠳᠦᠬᠦᠨ (BASE)᠂ ᠲᠡᠭᠦᠨ ᠬᠡᠯᠡᠨ ᠦ ᠮᠡᠳᠡᠭᠡᠯᠡᠯ ᠦᠨ ᠰᠠᠩ ᠤᠨ ᠦᠭᠡ ᠶᠢᠨ ᠨᠡᠷᠡᠲᠦ᠂ ᠲᠣᠭᠠᠴᠠᠭᠠᠨ ᠬᠡᠯᠡᠨ ᠦ ᠪᠢᠴᠢᠭ ᠦᠨ ᠰᠠᠩ ᠤᠨ ᠡᠮᠬᠢᠳᠬᠡᠯ ᠲᠡᠢ ᠢ ᠨᠢ ᠲᠣᠭᠲᠠᠭᠠᠭᠰᠠᠨ ᠪᠠᠶᠢᠨ᠎ᠠ᠃ ᠡᠨᠡ ᠨᠢ ᠠᠷᠪᠠᠨ ᠵᠢᠯ ᠦᠨ ᠣᠶᠢᠯᠭᠠᠨ ᠰᠤᠳᠤᠯᠪᠤᠷᠢ ᠪᠦᠷᠢᠯᠳᠦᠬᠦᠨ ᠦ ᠬᠥᠷᠥᠩᠭᠡ ᠣᠷᠤᠯᠴᠠᠭᠤᠯᠬᠤ ᠰᠠᠩ᠂ ᠲᠡᠭᠦᠨ ᠦ ᠨᠢ ᠲᠡᠷᠢᠭᠦᠨ ᠳᠦ ᠪᠠᠶᠢᠭᠰᠠᠨ ᠮᠣᠩᠭᠣᠯ 200 ᠮᠢᠩᠭ᠎ᠠ ᠦᠭᠡ ᠲᠡᠢ ᠣᠶᠢᠯᠭᠠᠨ ᠰᠤᠳᠤᠯᠪᠤᠷᠢ ᠶᠢᠨ ᠪᠢᠴᠢᠭ ᠮᠠᠲ᠋ᠧᠷᠢᠶᠠᠯ᠂ ᠪᠦᠷᠢᠯᠳᠦᠬᠦᠨ ᠦ ᠬᠡᠯᠡᠨ ᠦ ᠮᠡᠳᠡᠭᠡᠯᠡᠯ ᠦᠨ ᠪᠦᠷᠢᠯᠳᠦᠬᠦᠨ ᠢ ᠪᠠᠭᠤᠯᠭᠠᠭᠰᠠᠨ ᠪᠠᠶᠢᠨ᠎ᠠ᠃ ᠡᠨᠡ ᠪᠦᠷᠢᠯᠳᠦᠬᠦᠨ ᠢ ᠮᠠᠰᠢ ᠶᠡᠬᠡ ᠬᠡᠮᠵᠢᠶ᠎ᠡ ᠲᠡᠢ ᠮᠣᠩᠭᠣᠯ ᠬᠡᠯᠡᠨ ᠦ ᠰᠠᠩ ᠤᠨ ᠦᠭᠡ ᠶᠢᠨ ᠪᠦᠷᠢᠯᠳᠦᠬᠦᠨ ᠪᠢᠯᠡ᠃ ᠮᠣᠩᠭᠣᠯ ᠬᠡᠯᠡᠨ ᠦ ᠮᠡᠳᠡᠭᠡᠯᠡᠯ ᠦᠨ ᠰᠠᠩ᠂ ᠮᠣᠩᠭᠣᠯ ᠬᠡᠯᠡᠨ ᠦ ᠦᠭᠡ ᠶᠢᠨ ᠰᠠᠩ ᠢ ᠪᠠᠭᠤᠯᠭᠠᠬᠤ ᠳᠦ ᠮᠠᠰᠢ ᠴᠢᠬᠤᠯᠠ ᠦᠨᠡ ᠴᠡᠨ ᠲᠡᠢ᠃ ᠲᠡᠭᠦᠨ ᠢ ᠮᠣᠩᠭᠣᠯ ᠬᠡᠯᠡᠨ ᠦ ᠮᠡᠳᠡᠭᠡᠯᠡᠯ ᠦᠨ ᠰᠠᠩ ᠤᠨ ᠪᠦᠷᠢᠯᠳᠦᠬᠦᠨ ᠳᠦ ᠬᠡᠷᠡᠭᠯᠡᠭᠰᠡᠨ ᠪᠠᠶᠢᠨ᠎ᠠ᠃

(ᠳᠥᠷᠪᠡ) ᠣᠶᠢᠯᠭᠠᠨ ᠰᠤᠳᠤᠯᠪᠤᠷᠢ ᠬᠥᠭᠵᠢᠯᠲᠡ ᠶᠢᠨ ᠪᠦᠷᠢᠯᠳᠦᠬᠦᠨ

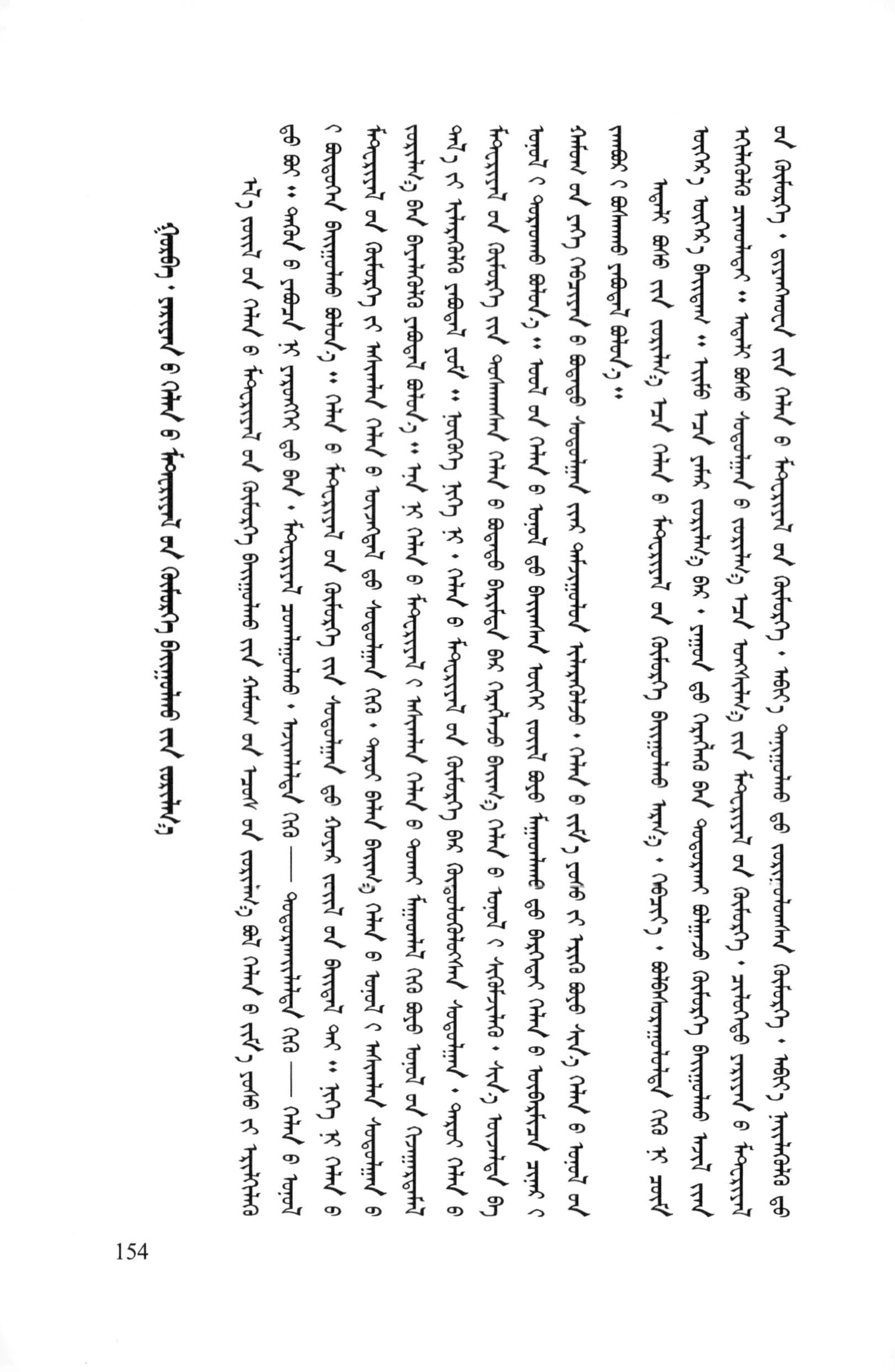

[illegible]

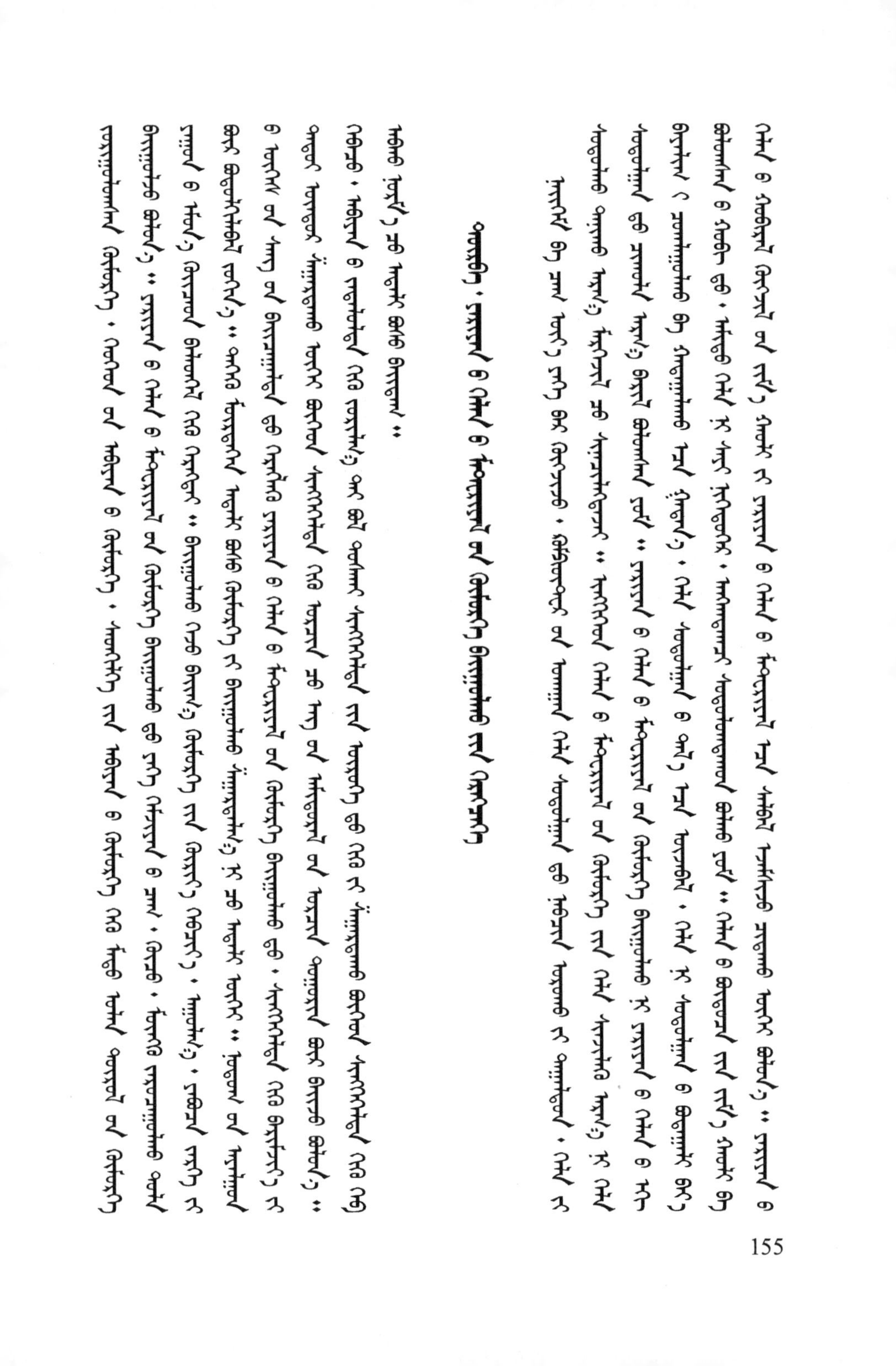

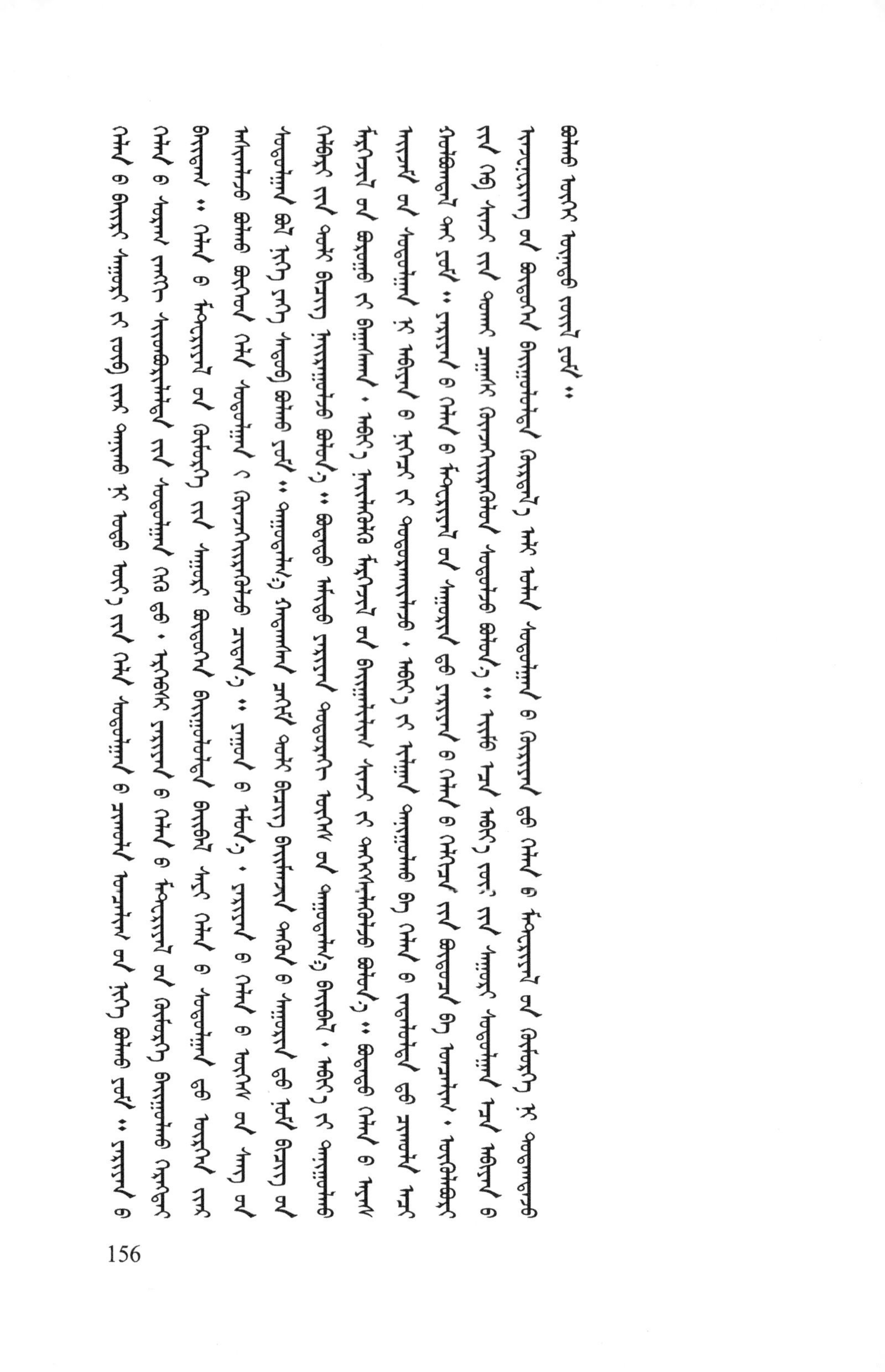

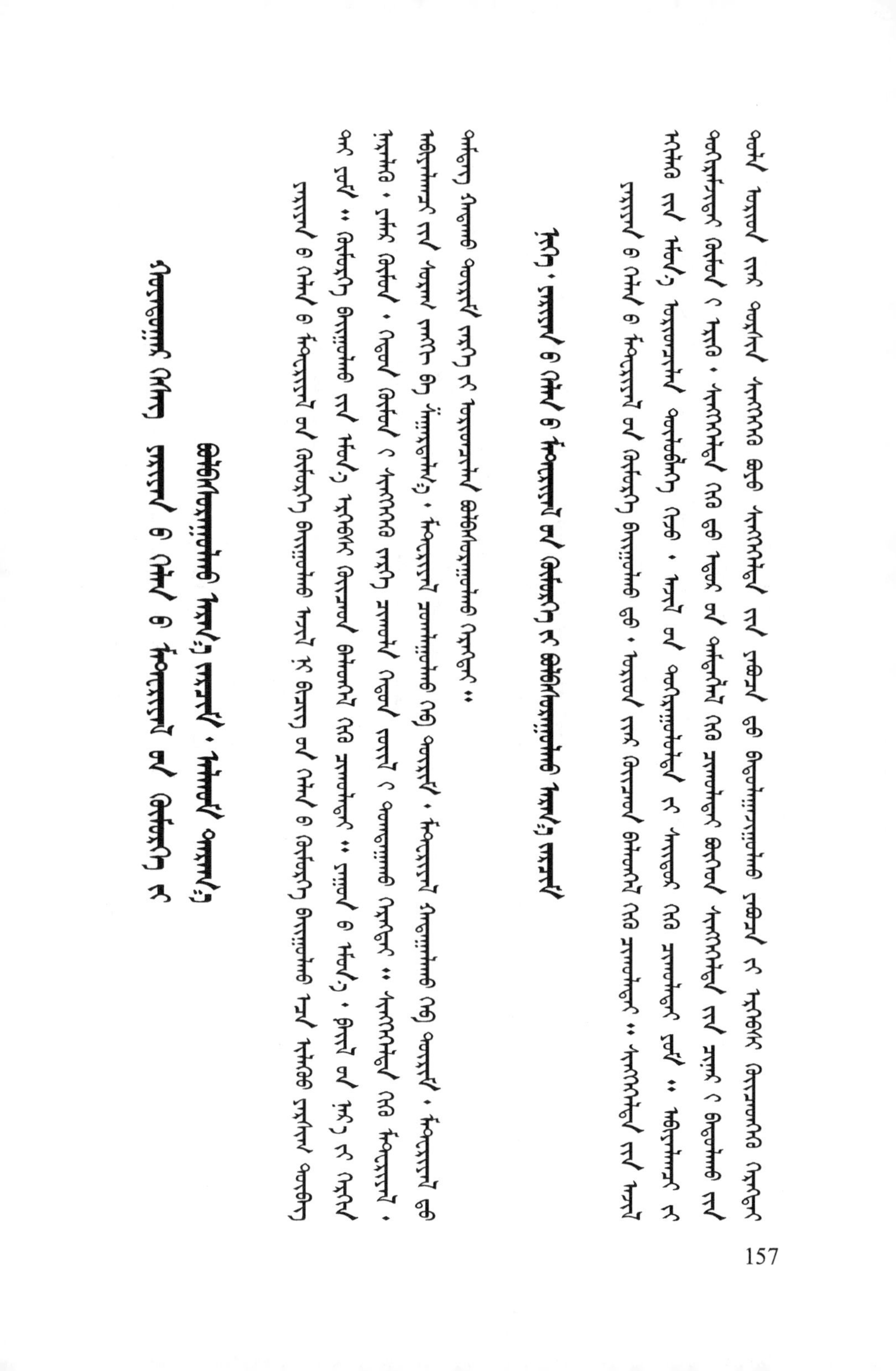

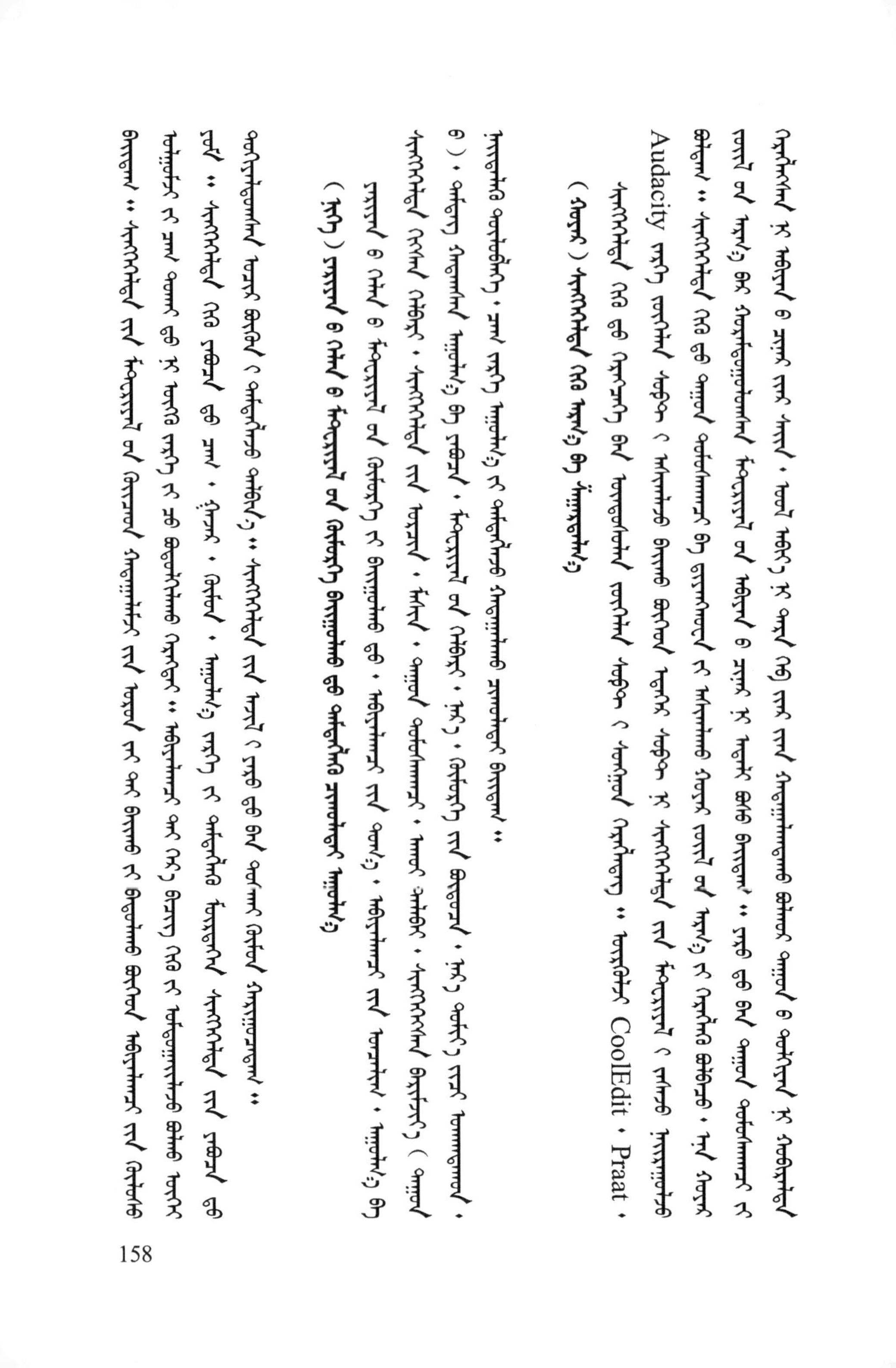

[illegible] CoolEdit · Praat · Audacity [illegible]

[illegible]

ᠬᠤᠷᠢᠶᠠᠯᠲᠠ ᠳᠤ ᠂ ᠳᠠᠭᠤᠨ ᠤ ᠮᠡᠳᠡᠭᠡᠯᠡᠯ ᠢ ᠳᠠᠭᠤᠳᠠᠭᠤᠯᠬᠤ ᠲᠣᠬᠢᠷᠠᠭᠤᠯᠤᠯᠲᠠ ᠶᠢᠨ ᠬᠠᠮᠤᠭ ᠰᠠᠢᠨ ᠪᠠᠢᠯᠭᠠ ᠪᠠ ᠬᠡᠷᠡᠭᠵᠢᠭᠦᠯᠬᠦ ᠠᠷᠭ᠎ᠠ ᠶᠢ ᠮᠡᠳᠡᠬᠦ ᠬᠡᠷᠡᠭᠲᠡᠢ ᠃ ᠬᠤᠷᠢᠶᠠᠯᠲᠠ ᠳᠤ ᠬᠡᠷᠡᠭᠯᠡᠬᠦ ᠳᠠᠭᠤᠨ ᠤ ᠹᠠᠢᠯ ᠢ Wav ᠹᠣᠷᠮᠠᠲ ᠢᠶᠠᠷ ᠬᠠᠳᠠᠭᠠᠯᠠᠨ᠎ᠠ ᠃ ᠲᠠᠲᠠᠯᠲᠠ ᠶᠢᠨ ᠳᠠᠪᠲᠠᠮᠵᠢ ᠪᠠ ᠲᠠᠲᠠᠯᠲᠠ ᠶᠢᠨ ᠣᠷᠣᠨ ᠤ ᠲᠣᠭ᠎ᠠ ᠶᠢ ᠲᠣᠭᠲᠠᠭᠠᠬᠤ ᠂ ᠬᠡᠷᠡᠭᠵᠢᠭᠦᠯᠦᠯᠲᠡ ᠶᠢᠨ ᠬᠡᠯᠪᠡᠷᠢ ᠪᠠᠷ ᠰᠣᠩᠭᠣᠨ᠎ᠠ ᠃ ᠳᠠᠭᠤᠨ ᠤ ᠳᠠᠪᠲᠠᠮᠵᠢ ᠶᠢᠨ ᠬᠡᠪᠴᠢᠶ᠎ᠡ ᠨᠢ ᠶᠡᠬᠡ ᠳᠡᠭᠡᠨ᠎ᠡ 8KHz ᠡᠴᠡ ᠪᠠᠭ᠎ᠠ ᠪᠢᠰᠢ ᠪᠠᠢᠬᠤ ᠶᠢᠨ ᠬᠠᠮᠲᠤ ᠨᠢ 16KHz ᠡᠴᠡ ᠳᠡᠭᠡᠭᠰᠢ ᠪᠠᠢᠬᠤ ᠶᠢ ᠰᠠᠨᠠᠭᠤᠯᠤᠨ᠎ᠠ ᠃ ᠬᠤᠷᠢᠶᠠᠯᠲᠠ ᠶᠢᠨ ᠦᠶ᠎ᠡ ᠳᠦ ᠲᠠᠲᠠᠯᠲᠠ ᠶᠢᠨ ᠣᠷᠣᠨ ᠤ ᠲᠣᠭ᠎ᠠ ᠨᠢ 16 ᠪᠢᠲ ᠡᠴᠡ ᠳᠡᠭᠡᠭᠰᠢ ᠪᠠᠢᠬᠤ ᠶᠢ ᠰᠠᠨᠠᠭᠤᠯᠤᠨ᠎ᠠ ᠃

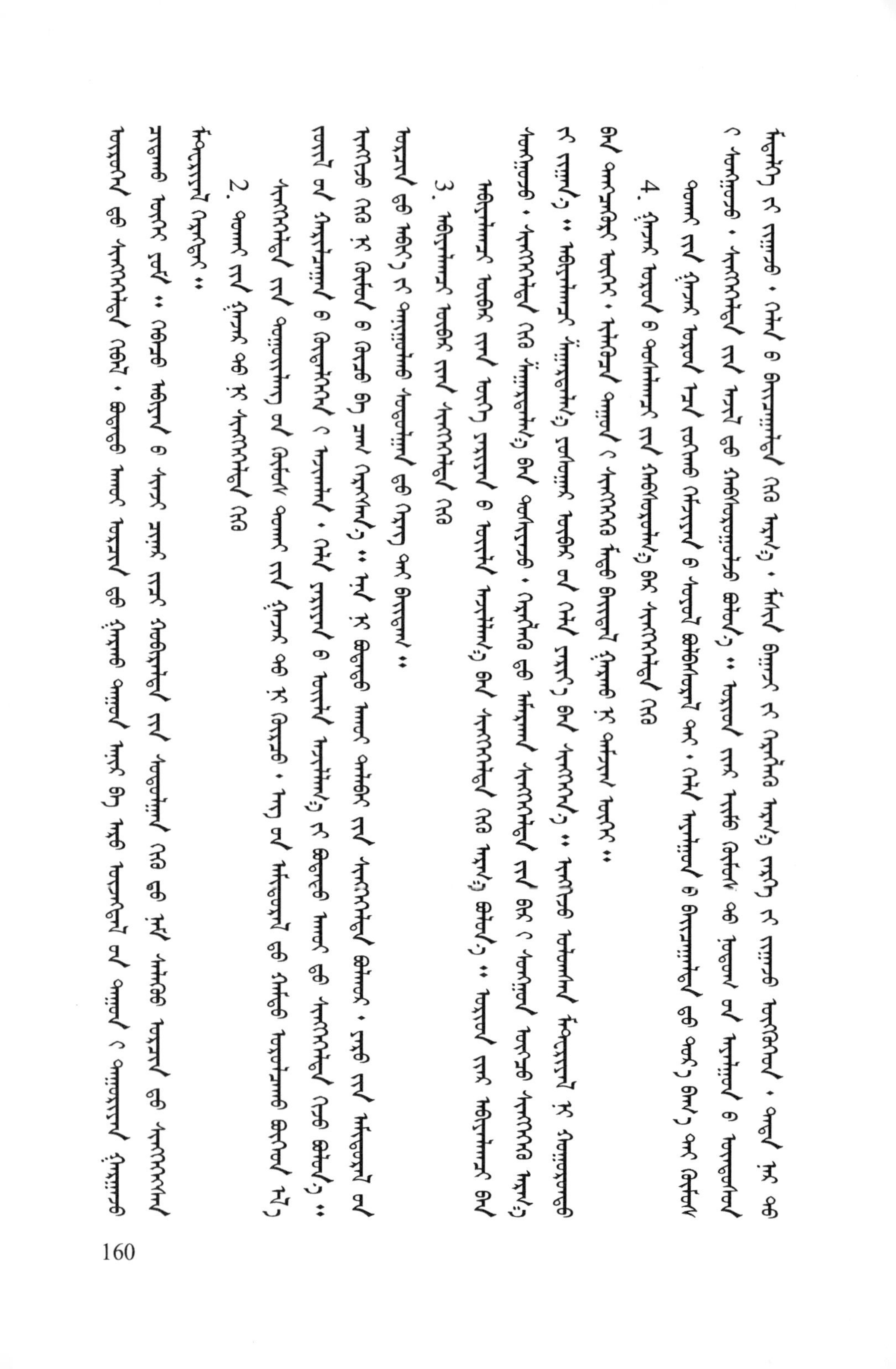

[illegible]

2. [illegible]

[illegible]

3. [illegible]

[illegible]

4. [illegible]

[illegible]

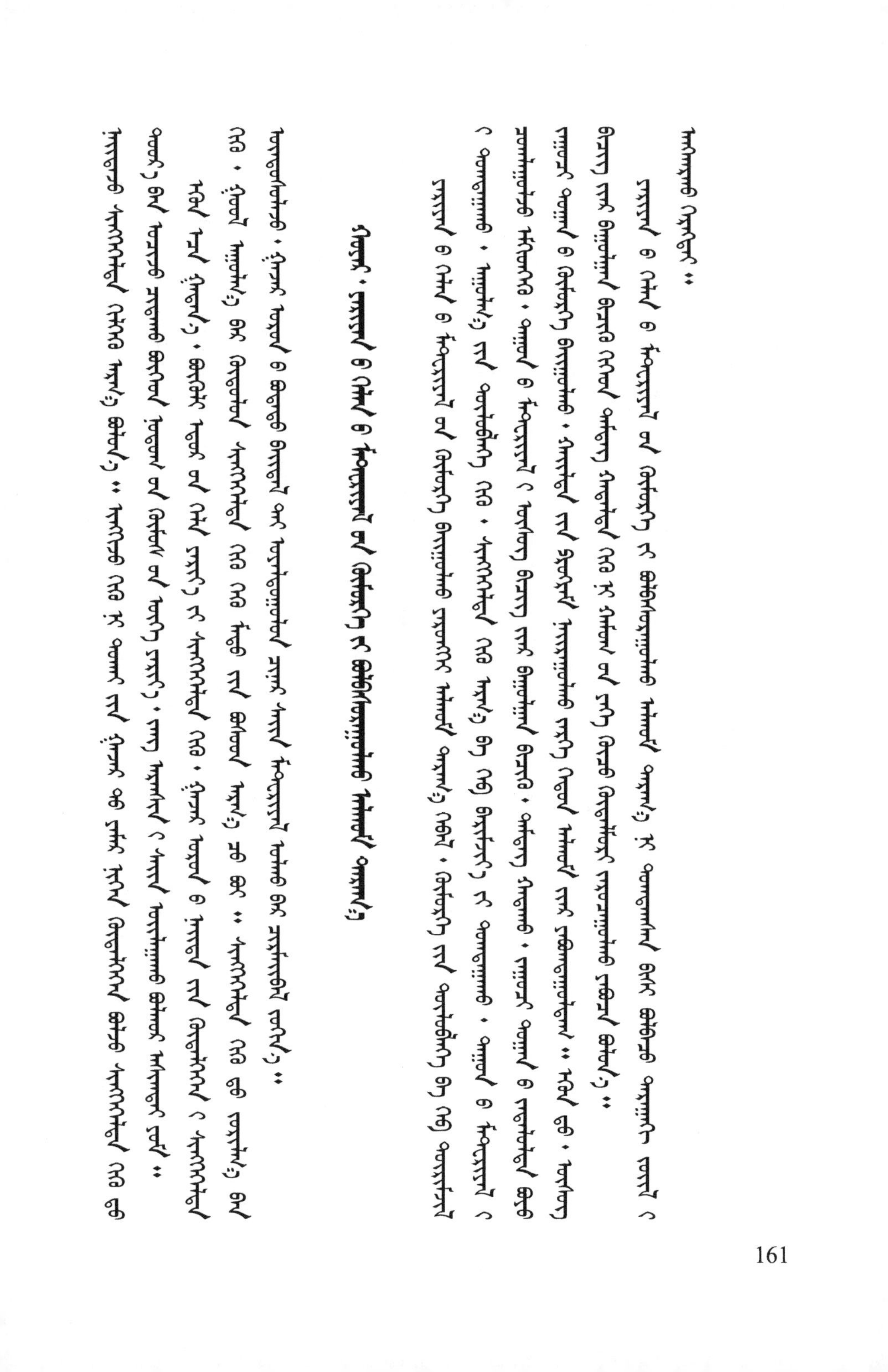

[illegible]

[illegible]

[illegible]

[illegible]

[illegible]

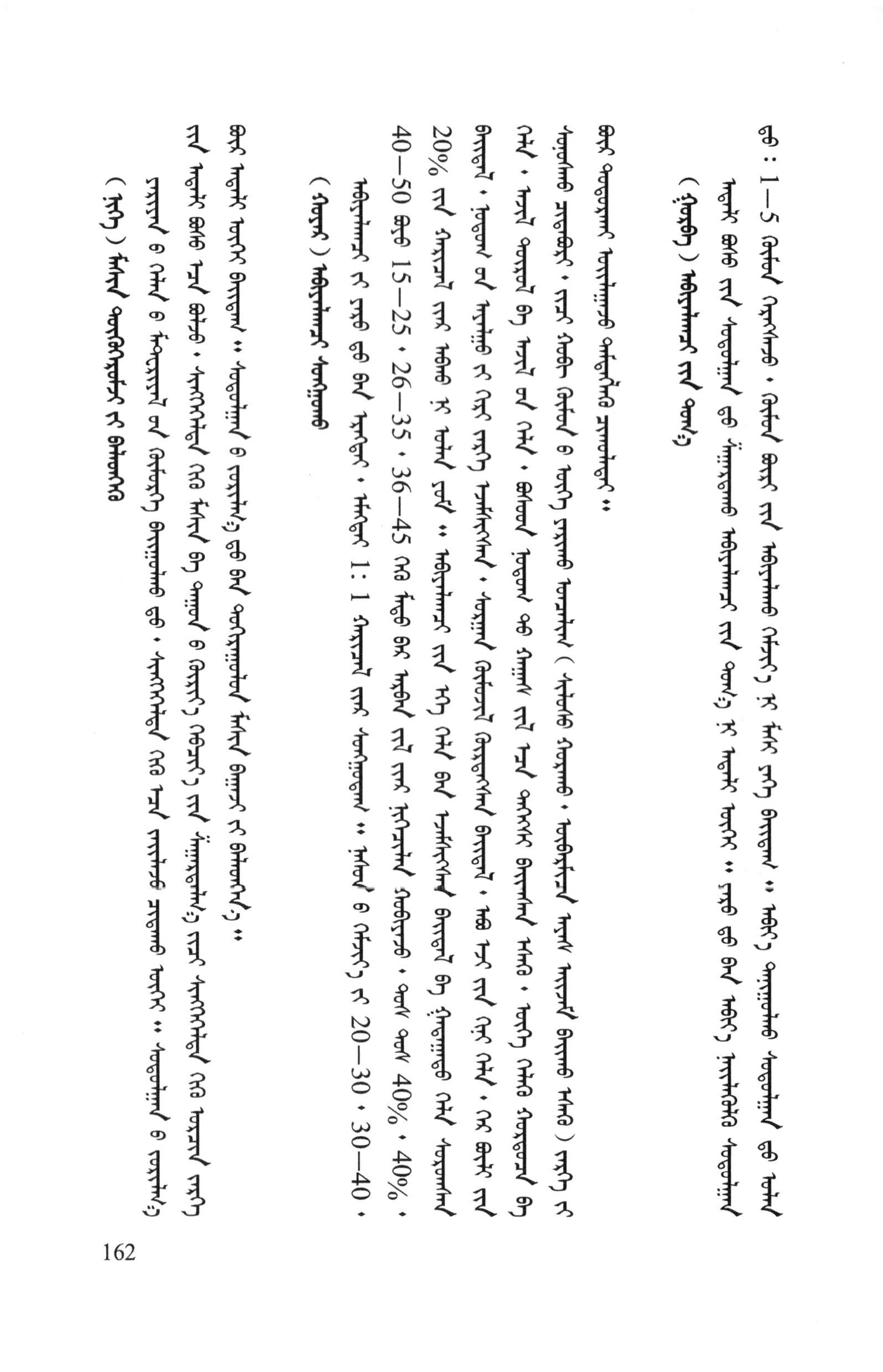

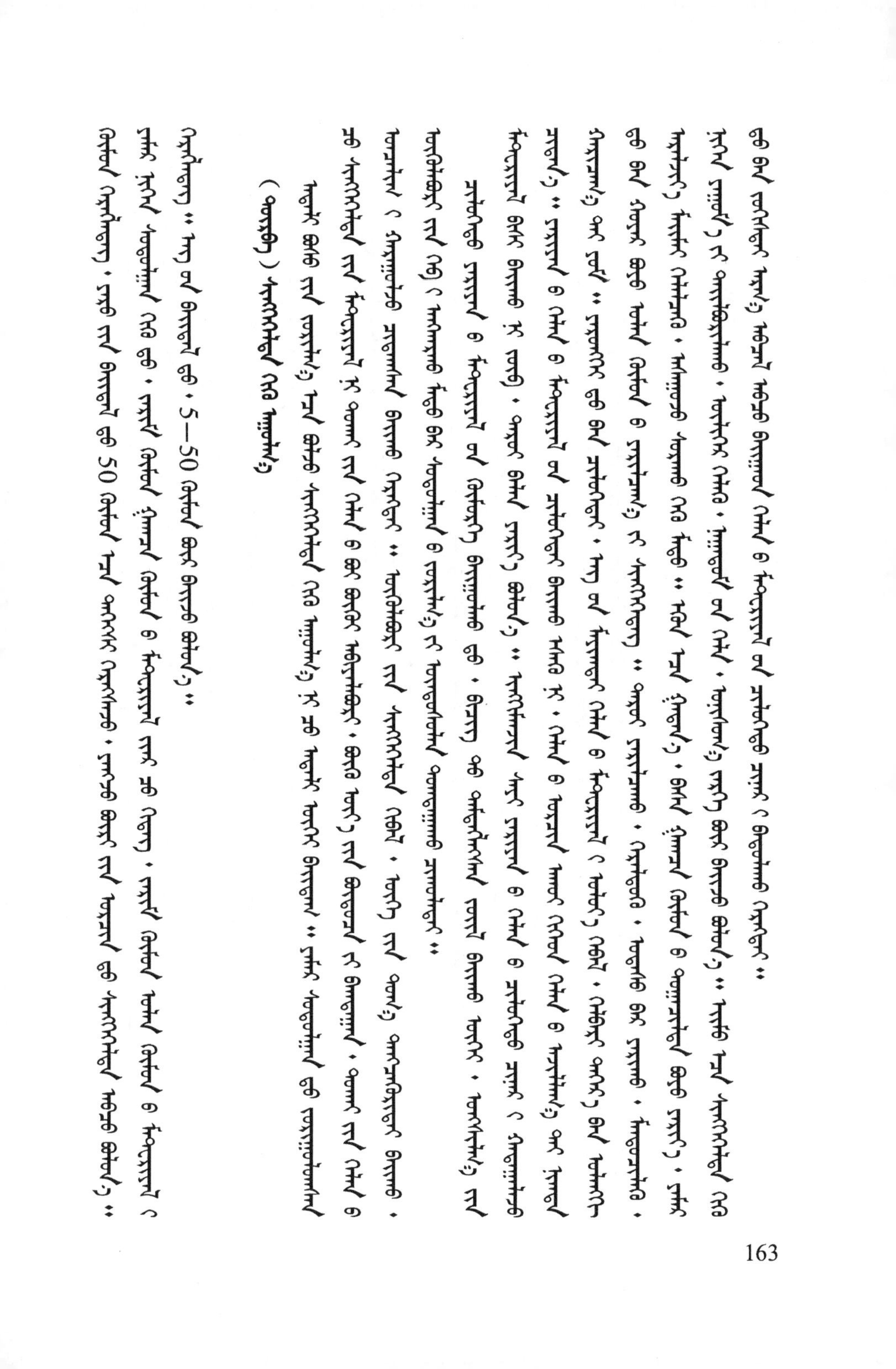

[illegible] ::

([illegible]) [illegible]

[illegible] :: [illegible] 5—50 [illegible] ::
[illegible]
[illegible] 50 [illegible] ::

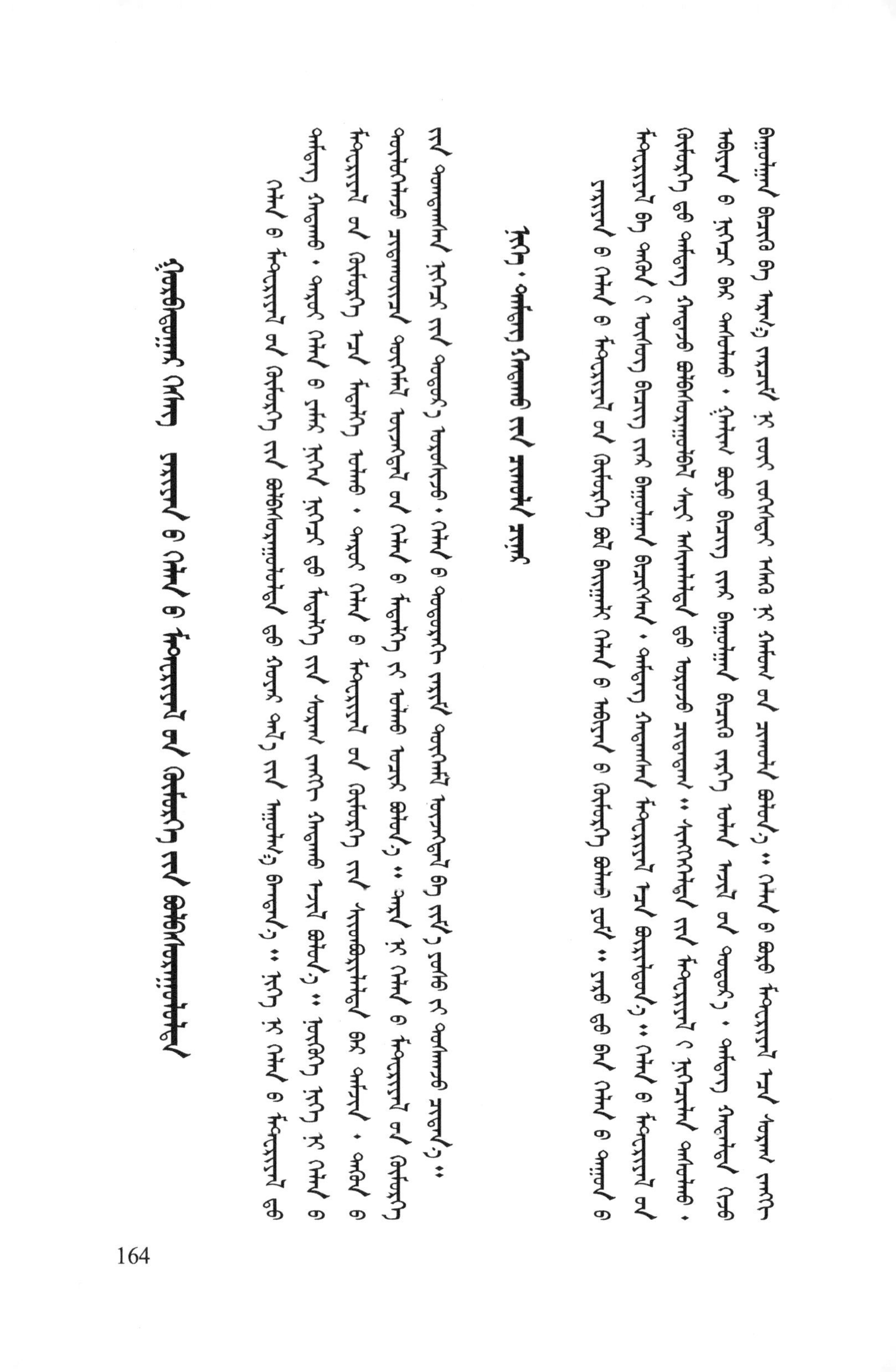

[illegible] ᠪᠣᠯᠤᠨ᠎ᠠ ::

ᠬᠡᠯᠡ᠂ ᠦᠰᠦᠭ ᠪᠢᠴᠢᠭ᠌ ᠪᠣᠯᠪᠠᠰᠤᠷᠠᠯ

[illegible] 44 [illegible] ([illegible] 50 [illegible]) [illegible] 661 [illegible] ([illegible] 752 [illegible]) [illegible] 99% [illegible] :: [illegible]

ᠳᠠᠭᠤᠳᠠᠯᠭ᠎ᠠ ᠶᠠᠰᠤᠨ · ᠬᠡᠯᠡᠯᠭᠡᠨ ᠠᠭᠤᠯᠭ᠎ᠠ ᠶᠢ ᠳᠦᠷᠰᠦᠯᠡᠨ ᠲᠤᠷᠰᠢᠨ ᠶᠠᠪᠤᠴᠠ ᠪᠢᠴᠢᠯᠲᠡ ᠪᠣᠯᠤᠨ᠎ᠠ :: ᠬᠡᠯᠡᠨ ᠦ ᠡᠭᠡᠰᠢᠭ ᠦᠨ ᠠᠪᠢᠶᠠᠨ ᠤ ᠰᠢᠨᠵᠢ ᠪᠠᠶᠢᠳᠠᠯ ᠪᠠᠶᠢᠨ᠎ᠠ · ᠰᠢᠨᠵᠢᠯᠡᠭᠡᠨ ᠦ ᠪᠠᠶᠢᠳᠠᠯ ᠤᠨ ᠵᠢᠷᠤᠭ ᠢ Praat ᠪᠣᠯᠤᠨ᠎ᠠ :: ᠡᠨᠡ ᠨᠢ ᠲᠤᠷᠰᠢᠯᠲᠠ ᠶᠢᠨ ᠪᠠᠷᠢᠮᠲᠠ ᠵᠢᠷᠤᠭ ᠤᠨ ᠬᠡᠯᠡᠨ ᠦ ᠭᠡᠭᠡᠨ ᠦ ᠰᠢᠨᠵᠢ ᠶᠢ ᠰᠢᠨᠵᠢᠯᠡᠭᠡᠨ ᠦ

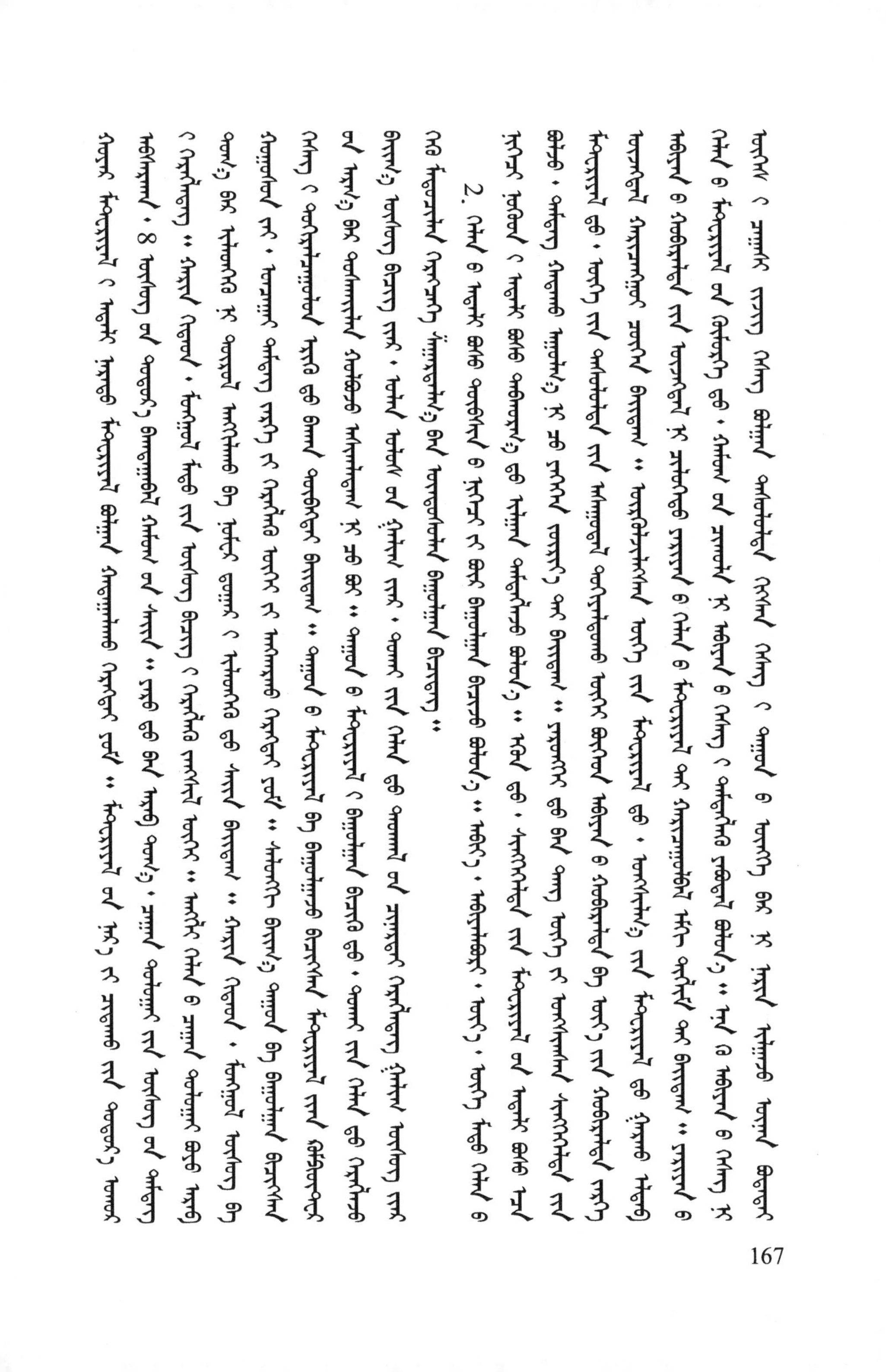

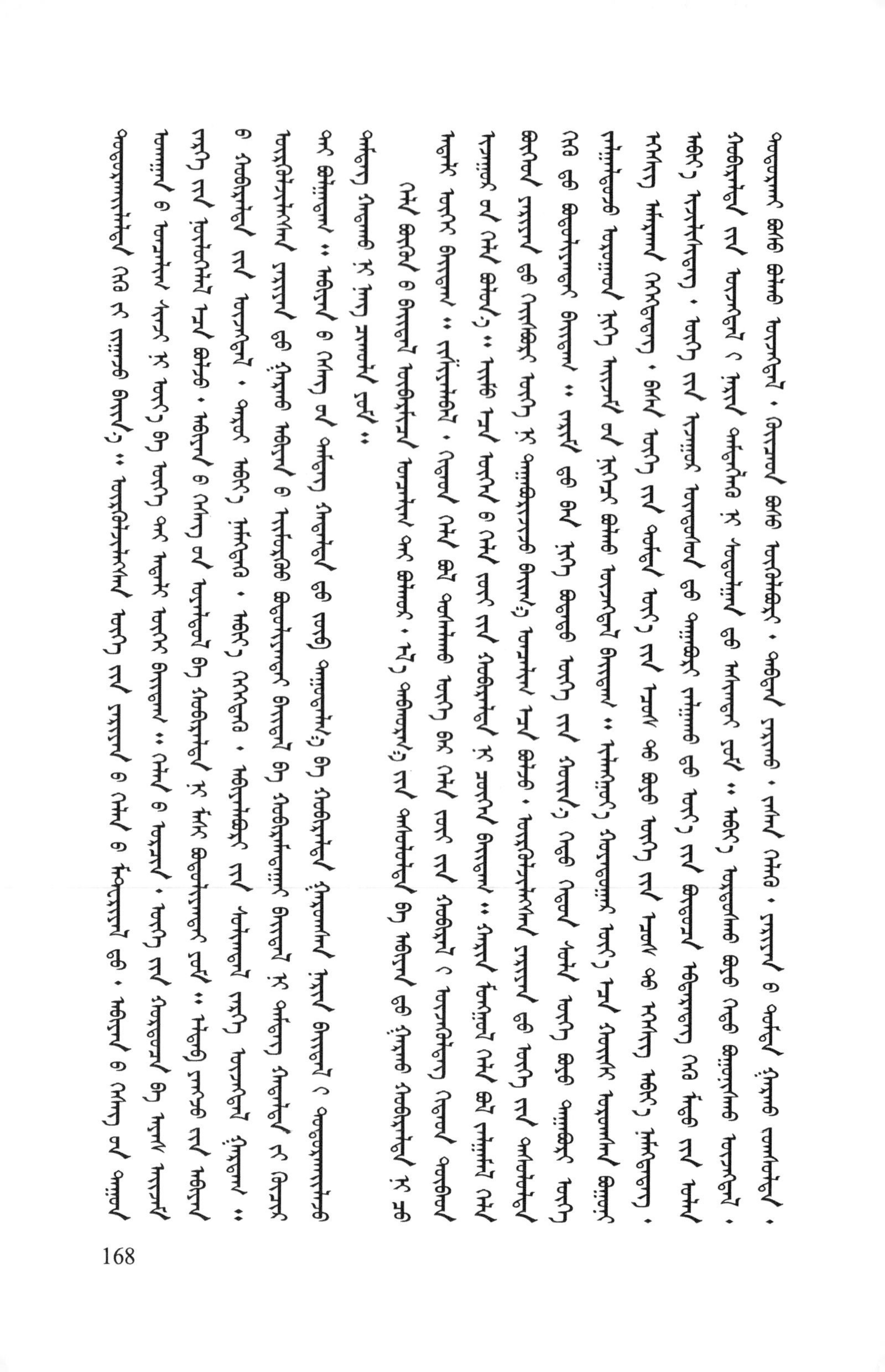

ᠲᠡᠮᠳᠡᠭᠯᠡᠯ ᠦᠨ ᠪᠠᠷᠢᠮᠵᠢᠶ᠎ᠠ ᠪᠣᠯ SAMPA ᠶᠢᠨ ᠲᠡᠮᠳᠡᠭᠯᠡᠯ ᠢ ᠬᠡᠷᠡᠭᠯᠡᠵᠦ᠂ ᠶᠠᠷᠢᠶᠠᠨ ᠤ ᠬᠡᠯᠡᠨ ᠦ ᠲᠡᠮᠳᠡᠭᠯᠡᠯ ᠦᠨ CASS ᠬᠡᠮᠡᠬᠦ ᠪᠠᠷᠢᠮᠵᠢᠶ᠎ᠠ ᠶᠢ ᠳᠠᠭᠠᠵᠤ ᠲᠡᠮᠳᠡᠭᠯᠡᠭᠰᠡᠨ ᠪᠠᠢᠨ᠎ᠠ :: ᠡᠨᠡ ᠬᠡᠯᠡᠨ ᠦ ᠲᠡᠮᠳᠡᠭᠯᠡᠯ ᠦᠨ ᠪᠠᠷᠢᠮᠵᠢᠶ᠎ᠠ ᠪᠣᠯ ᠬᠡᠯᠡᠨ ᠦ ᠰᠢᠨᠵᠢᠯᠡᠯᠭᠡ ᠳᠦ ᠣᠯᠠᠨ ᠲᠤᠰᠠ ᠲᠠᠢ ᠪᠠᠢᠨ᠎ᠠ ::

ᠲᠡᠮᠳᠡᠭᠯᠡᠯ ᠦᠨ ᠰᠢᠰᠲ᠋ᠧᠮ ᠳᠦ ᠠᠶᠠᠯᠭᠤ ᠳᠤ ᠨᠥᠯᠦᠭᠡᠯᠡᠭᠰᠡᠨ ᠪᠠᠢᠳᠠᠯ ᠢ ᠠᠶᠠᠯᠭᠤ ᠶᠢᠨ ᠠᠶᠠᠯᠭᠤ ᠳᠤ ᠲᠦᠰᠢᠭᠯᠡᠨ ᠲᠡᠮᠳᠡᠭᠯᠡᠭᠰᠡᠨ ᠪᠠᠢᠳᠠᠯ ᠤᠨ ᠬᠡᠪ ᠢ ᠲᠡᠮᠳᠡᠭᠯᠡᠨ ᠡᠭᠰᠢᠭ ᠦᠨ ᠥᠨᠳᠦᠷ ᠨᠠᠮ ᠢ
ᠳᠤ᠂ ᠥᠨᠳᠦᠷ ᠡᠭᠰᠢᠭ (H) ᠪᠠ ᠳᠡᠭᠡᠭᠰᠢᠯᠡᠯ ᠦᠨ ᠬᠡᠪ ᠪᠠᠭᠤᠷ ᠡᠭᠰᠢᠭ (L) ᠪᠠ ᠳᠡᠭᠡᠭᠰᠢᠯᠡᠯ ᠢ ᠵᠢᠷᠤᠮᠯᠠᠨ ᠡᠭᠰᠢᠭ ᠦᠨ ᠬᠡᠪ ᠢ ᠲᠡᠮᠳᠡᠭᠯᠡᠨ᠎ᠡ᠂ ᠰᠢᠨᠵᠢᠯᠡᠯ ᠦᠨ
ᠲᠡᠮᠳᠡᠭᠯᠡᠳᠡᠭ ᠦᠨ ᠡᠭᠰᠢᠭ ᠦᠨ ᠬᠡᠪ ᠢ ᠲᠡᠮᠳᠡᠭᠯᠡᠳᠡᠭ ᠪᠠ ᠳᠡᠭᠡᠭᠰᠢᠯᠡᠯ ᠢ ᠵᠢᠷᠤᠮᠯᠠᠬᠤ ᠪᠣᠯᠤᠨ᠎ᠠ᠃ ① ᠡᠭᠰᠢᠭ ᠦᠨ ᠳᠡᠭᠡᠭᠰᠢᠯᠡᠯ ᠦᠨ ᠲᠡᠮᠳᠡᠭᠯᠡᠯ ᠦᠨ
ᠲᠡᠮᠳᠡᠭᠯᠡᠯ ᠢ᠂ ᠡᠭᠰᠢᠭ ᠦᠨ ᠬᠢᠯᠢ ᠶᠢᠨ ᠲᠡᠮᠳᠡᠭᠯᠡᠯ᠂ ᠪᠦᠯᠦᠭᠯᠡᠯ ᠦᠨ ᠬᠢᠯᠢ ᠶᠢᠨ ᠲᠡᠮᠳᠡᠭᠯᠡᠯ ᠦᠨ ᠡᠷᠬᠡᠮ ᠪᠣᠯᠤᠨ᠎ᠠ᠃ ᠡᠭᠰᠢᠭ ᠦᠨ ᠳᠡᠭᠡᠭᠰᠢᠯᠡᠯ ᠦᠨ
ᠤᠨ ᠨᠢᠭᠤᠷᠴᠢᠯᠠᠯ ᠡᠭᠰᠢᠭ ᠦᠨ ᠳᠡᠭᠡᠭᠰᠢᠯᠡᠯ ᠦᠨ ᠬᠡᠯᠡᠨ ᠦ ᠤᠯᠤᠰ ᠤᠨ ToBI ᠲᠡᠮᠳᠡᠭᠯᠡᠯ ᠦᠨ ᠰᠢᠰᠲ᠋ᠧᠮ ᠢ ᠦᠵᠡᠭᠦᠯᠦᠯ ᠦᠨ ᠲᠡᠮᠳᠡᠭᠯᠡᠯ ᠦᠨ ᠵᠢᠱᠢᠶ᠎ᠡ ᠬᠡᠯᠡᠨ ᠦ ᠤᠨ

ᠡᠭᠰᠢᠭ ᠦᠨ ᠳᠡᠭᠡᠭᠰᠢᠯᠡᠯ ᠦᠨ ᠬᠡᠯᠡᠨ ᠦ ᠤᠯᠤᠰ ᠤᠨ ᠪᠦᠲᠦᠭᠡᠭᠳᠡᠬᠦᠨ ᠰᠢᠯᠸᠧᠷᠮᠠᠨ (Silverman) ᠪᠠ
J—ToBI ᠪᠣᠯᠤᠨ X—JToBI᠂ ᠬᠢᠲᠠᠳ ᠬᠡᠯᠡᠨ ᠦ C—ToBI᠂ ᠰᠣᠯᠣᠩᠭᠣᠰ ᠬᠡᠯᠡᠨ ᠦ K—ToBI ᠵᠡᠷᠭᠡ ᠪᠣᠯᠤᠨ᠎ᠠ᠃
ᠦᠨᠳᠦᠰᠦᠲᠡᠨ ᠦ ᠬᠡᠯᠡᠨ ᠦ ToBI ᠲᠡᠮᠳᠡᠭᠯᠡᠯ ᠦᠨ ᠪᠦᠲᠦᠭᠡᠯᠲᠡ ᠶᠢ ᠰᠢᠨᠵᠢᠯᠡᠵᠦ ᠪᠣᠯᠤᠨ᠎ᠠ᠃ ᠭᠡᠷᠮᠠᠨ ᠬᠡᠯᠡᠨ ᠦ G—ToBI᠂ ᠭᠤᠰᠠᠨ ᠬᠡᠯᠡᠨ ᠦ
ᠮᠣᠩᠭᠣᠯ ᠬᠡᠯᠡ ᠪᠢᠴᠢᠭ ᠤᠨ ᠦᠭᠡ ᠶᠢ ᠪᠠᠰᠠ ᠬᠡᠯᠡᠨ ᠦ ᠦᠨᠳᠦᠰᠦᠲᠡᠨ ᠦ ᠬᠡᠯᠡᠨ ᠦ ᠰᠢᠨᠵᠢᠯᠡᠯ ᠳᠦ᠂ ᠮᠣᠩᠭᠣᠯ ᠬᠡᠯᠡ ᠶᠢᠨ ᠪᠡᠶ᠎ᠡ ᠶᠢᠨ ᠰᠢᠨᠵᠢᠯᠡᠯ
ᠳᠦ᠂ ᠡᠭᠰᠢᠭ ᠦᠨ ᠳᠡᠭᠡᠭᠰᠢᠯᠡᠯ ᠦᠨ ᠬᠡᠯᠡᠨ ᠦ ᠤᠯᠤᠰ ᠤᠨ ᠰᠢᠨᠵᠢᠯᠡᠯ᠂ ᠮᠣᠩᠭᠣᠯ ᠬᠡᠯᠡᠨ ᠦ ToBI ᠲᠡᠮᠳᠡᠭᠯᠡᠯ ᠦᠨ ᠪᠦᠲᠦᠭᠡᠯᠲᠡ ᠳᠦ

4. ᠠᠶᠠᠯᠭᠤ ᠬᠡᠯᠡᠨ ᠦ ᠰᠢᠨᠵᠢᠯᠡᠬᠦ ᠪᠠ ᠬᠡᠯᠡᠨ ᠦ ᠳᠦ ᠦᠨᠳᠦᠰᠦᠯᠡᠭᠰᠡᠨ ᠥᠷᠭᠡᠳᠬᠡᠯ ᠦᠨ ᠪᠢᠴᠢᠭ ToBI ᠲᠡᠮᠳᠡᠭᠯᠡᠯ ᠪᠣᠯᠤᠨ᠎ᠠ᠃ 1991 ᠣᠨ
ᠭᠠᠷᠭᠠᠭᠰᠠᠨ ᠳᠤ ᠪᠠᠢᠭᠤᠯᠬᠤ ᠠᠷᠭ᠎ᠠ ᠶᠢᠨ ᠲᠠᠯ᠎ᠠ ᠠᠷᠭ᠎ᠠ ᠳᠠᠭᠤ ᠪᠠ ᠰᠢᠨᠵᠢᠯᠡᠭᠰᠡᠨ᠃ [1]
ᠬᠡᠯᠡᠨ ᠦ ᠲᠡᠮᠳᠡᠭᠯᠡᠯ ᠦᠨ ᠬᠡᠯᠡᠨ ᠦ ᠪᠦᠬᠦ ᠲᠡᠮᠳᠡᠭᠯᠡᠯ ᠢ ᠰᠢᠨᠵᠢᠯᠡᠳᠡᠭ᠂ ᠰᠢᠨᠵᠢᠯᠡᠨ ᠪᠢᠴᠢᠬᠦ᠂ ᠲᠡᠮᠳᠡᠭᠯᠡᠬᠦ᠂ ᠰᠢᠨᠵᠢᠯᠡᠬᠦ ᠦᠨ ᠪᠦᠯᠦᠭ ᠤᠯᠠᠨ ᠬᠡᠷᠡᠭ
ᠪᠡᠯᠡᠳᠬᠡᠬᠦ᠃ ᠰᠢᠨᠵᠢᠯᠡᠬᠦ ᠳᠦ ᠲᠡᠮᠳᠡᠭᠯᠡᠯ ᠦᠨ ᠲᠡᠮᠳᠡᠭᠯᠡᠬᠦ ᠶᠢ ᠬᠠᠮᠲᠤ ᠠᠰᠢᠭᠯᠠᠵᠤ ᠰᠢᠨᠵᠢᠯᠡᠭᠰᠡᠨ ᠪᠣᠯᠤᠨ᠎ᠠ᠃ ᠪᠠᠷᠢᠮᠲᠠᠯᠠᠬᠤ ᠬᠡᠷᠡᠭᠯᠡᠯ ᠦᠨ ᠬᠡᠪ
ᠰᠤᠷᠠᠯ ᠤᠯᠠᠨ ᠳᠡᠭᠡᠭᠰᠢᠯᠡᠯ᠂ ᠤᠯᠠᠨ ᠲᠡᠮᠳᠡᠭᠯᠡᠯ᠂ ᠬᠡᠮᠵᠢᠭᠳᠡᠬᠦᠨ ᠦ ᠰᠢᠨᠵᠢᠯᠡᠯ ᠦᠨ ᠰᠢᠨᠵᠢᠯᠡᠯ ᠦᠨ ᠪᠠ ᠪᠤᠶᠤ ᠲᠡᠮᠳᠡᠭᠯᠡᠯ ᠦᠨ ᠬᠡᠪ ᠢ ᠰᠤᠷᠠᠯ
ᠰᠢᠨᠵᠢᠯᠡᠬᠦ ᠶᠢ ᠰᠢᠨᠵᠢᠯᠡᠭᠰᠡᠨ᠃ ᠲᠡᠭᠦᠨ ᠳᠦ ᠪᠠᠨ ᠠᠶᠠᠯᠭᠤ ᠶᠢᠨ ᠬᠡᠯᠪᠡᠷᠢ ᠶᠢᠨ ᠳᠠᠭᠤ ᠲᠠᠢ ᠪᠣᠯᠵᠤ ᠪᠤᠢ ᠶᠢ ᠲᠡᠮᠳᠡᠭᠯᠡᠬᠦ ᠳᠦ ᠲᠤᠰᠠᠯᠠᠨ᠎ᠠ᠃
ᠬᠡᠯᠡᠯᠴᠡᠭᠡᠨ ᠤᠯᠠᠨ ᠢ ᠰᠢᠨᠵᠢᠯᠡᠬᠦ ᠲᠡᠮᠳᠡᠭᠯᠡᠬᠦ ᠪᠣᠯᠤᠨ᠎ᠠ᠃ SAMPA—C ᠰᠢᠨᠵᠢᠯᠡᠯ ᠦᠨ ᠲᠡᠮᠳᠡᠭᠯᠡᠯ ᠤᠯᠠᠨ ᠳᠤ ᠬᠡᠯᠡᠯᠴᠡᠭᠡᠨ ᠤᠯᠠᠨ ᠦᠨ ᠰᠠᠩ

ᠶᠠᠷᠢᠭ᠎ᠠ ᠂ ᠪᠢᠴᠢᠭ᠌ᠳᠡᠯ ᠬᠡᠯᠡᠨ ᠶᠠᠷᠢᠶᠠᠨ ᠤ ᠰᠢᠨᠵᠢᠯᠡᠯ ᠢᠶᠡᠷ ᠲᠡᠮᠳᠡᠭᠯᠡᠭᠰᠡᠨ ᠬᠡᠮᠨᠡᠯᠲᠡ ᠪᠣᠯᠤᠨ᠎ᠠ ᠄ ᠭᠠᠳᠠᠭᠠᠳᠤ ᠤᠯᠤᠰ ᠤᠨ ᠠᠶᠠᠯᠭᠤ ᠳᠤ ᠰᠢᠨᠵᠢᠯᠡᠯ ᠦᠨ ᠶᠠᠷᠢᠭ᠎ᠠ ᠂ ᠲᠡᠳᠡ ᠂ ᠬᠡᠯᠡ ᠶᠢᠨ ᠠᠶᠠᠯᠭᠤ ᠳᠤ ᠰᠢᠨᠵᠢᠯᠡᠯ ᠦᠨ ᠲᠡᠮᠳᠡᠭᠯᠡᠯ ᠲᠠᠢ ᠲᠡᠮᠳᠡᠭᠯᠡᠯ ᠦᠨ ᠰᠢᠰᠲᠸᠮ ᠳᠠᠭᠤᠨ ᠤ ᠬᠡᠮᠨᠡᠯᠲᠡ ᠶᠢᠨ ᠪᠣᠯᠤᠨ ᠲᠡᠮᠳᠡᠭᠯᠡᠯ ᠳᠠᠭᠤᠨ ᠠᠶᠠᠯᠭᠤ ᠶᠢᠨ ᠲᠡᠮᠳᠡᠭᠯᠡᠯ ᠦᠨ ᠰᠢᠨᠵᠢᠯᠡᠬᠦ ᠲᠤ ᠬᠡᠯᠡ ᠶᠢᠨ ᠠᠶᠠᠯᠭᠤ ᠶᠢᠨ ᠪᠦᠲᠦᠴᠡ ᠶᠢ ᠳᠠᠭᠤᠨ ᠤ ᠰᠢᠨᠵᠢᠯᠡᠯ ᠲᠦ ᠬᠡᠷᠡᠭᠯᠡᠭᠳᠡᠨ᠎ᠡ ᠄ ᠬᠡᠯᠡ ᠶᠢᠨ ᠠᠶᠠᠯᠭᠤ ᠶᠢᠨ ᠲᠡᠮᠳᠡᠭᠯᠡᠯ ᠦᠨ ᠪᠦᠲᠦᠴᠡ ᠶᠢᠨ ᠬᠠᠮᠤᠭ ᠤᠨ ᠰᠢᠨᠵᠢᠯᠡᠬᠦ ᠶᠢᠨ ᠠᠷᠭ᠎ᠠ ᠪᠠᠷ ᠬᠡᠯᠡ ᠶᠢᠨ ᠠᠶᠠᠯᠭᠤ ᠶᠢᠨ ᠪᠦᠲᠦᠴᠡ ᠂ ᠬᠡᠯᠡᠯᠴᠡᠭᠡ ᠶᠢᠨ ᠳᠠᠭᠤᠨ ᠤ ᠬᠡᠯᠡ ᠶᠢᠨ ᠠᠶᠠᠯᠭᠤ ᠶᠢᠨ ᠪᠦᠲᠦᠴᠡ ᠲᠡᠢ ᠬᠣᠯᠪᠣᠭᠳᠠᠯ ᠲᠠᠢ ᠪᠣᠯᠤᠨ᠎ᠠ ᠄ ᠲᠡᠷᠡ ᠨᠢ ᠰᠢᠨᠵᠢᠯᠡᠯ ᠦᠨ ᠠᠷᠭ᠎ᠠ ᠂ ᠳᠠᠭᠤᠨ ᠤ ᠬᠡᠯᠡᠯᠴᠡᠭᠡ ᠶᠢᠨ ᠳᠠᠭᠤᠨ ᠤ ᠬᠡᠮᠨᠡᠯᠲᠡ ᠪᠠᠨ ᠨᠡᠶᠢᠲᠡ ᠳᠤ ᠨᠡᠶᠢᠴᠡᠭᠦᠯᠦᠨ ᠰᠢᠨᠵᠢᠯᠡᠬᠦ ᠳᠦ ᠬᠦᠷᠲᠡᠭᠡᠰᠡᠨ ᠪᠠᠶᠢᠨ᠎ᠠ ᠄ ᠲᠡᠷᠡ ᠪᠣᠯ 863 ᠲᠥᠰᠥᠯ ᠦᠨ ᠬᠡᠯᠡ ᠶᠢᠨ ᠠᠶᠠᠯᠭᠤ ᠶᠢᠨ ᠲᠡᠮᠳᠡᠭᠯᠡᠯ ᠦᠨ ᠳᠦᠷᠢᠮ ᠪᠣᠯᠤᠨ᠎ᠠ ᠄

C—ToBI ᠶᠢᠨ 1996 ᠣᠨ ᠳᠤ ᠂ ᠬᠡᠯᠡ ᠶᠢᠨ ᠠᠶᠠᠯᠭᠤ ᠶᠢᠨ ᠲᠡᠮᠳᠡᠭᠯᠡᠯ ᠦᠨ ᠰᠢᠰᠲᠸᠮ ᠦᠨ ᠬᠡᠯᠡᠨ ᠦ ᠵᠦᠢ ᠶᠢᠨ ᠲᠦᠪ ᠦᠨ ᠬᠡᠯᠡ ᠶᠢᠨ ᠠᠶᠠᠯᠭᠤ ᠶᠢᠨ ᠲᠡᠮᠳᠡᠭᠯᠡᠯ (ᠬᠢᠲᠠᠳ ᠬᠡᠯᠡᠨ ᠦ ᠂ ᠠᠶᠠᠯᠭᠤ ᠶᠢᠨ ᠲᠡᠮᠳᠡᠭ ᠪᠢᠴᠢᠭ᠌) ᠬᠡᠮᠡᠨ ᠨᠡᠷᠡᠶᠢᠳᠦᠭᠰᠡᠨ ᠄ 〔2〕

ᠲᠡᠮᠳᠡᠭᠯᠡᠬᠦ ᠶᠢᠨ ᠬᠡᠯᠡ ᠶᠢᠨ ᠠᠶᠠᠯᠭᠤ ᠶᠢᠨ ᠳᠠᠭᠤᠨ ᠤ ᠪᠦᠲᠦᠴᠡ ᠶᠢ ᠲᠡᠮᠳᠡᠭᠯᠡᠬᠦ ᠳᠦ ᠵᠢᠱᠢᠶᠡᠯᠡᠪᠡᠯ (ᠲᠡᠮᠳᠡᠭ ᠬᠡᠯᠡᠨ ᠦ ᠂ ᠳᠡᠭᠡᠷᠡ ᠶᠢᠨ ᠲᠡᠮᠳᠡᠭ) ⑧ ᠪᠠᠶᠢᠭᠤᠯᠤᠯᠲᠠ ᠪᠠᠷ ᠲᠡᠮᠳᠡᠭᠯᠡᠨ᠎ᠡ ᠂ ᠬᠡᠯᠡᠯᠴᠡᠭᠡ ᠶᠢᠨ ᠠᠶᠠᠯᠭᠤ ᠶᠢᠨ ᠬᠡᠯᠪᠡᠷᠢ ᠶᠢ ᠲᠡᠮᠳᠡᠭᠯᠡᠨ᠎ᠡ ᠄ ④ ᠰᠠᠯᠠᠯᠲᠠ ᠲᠡᠮᠳᠡᠭᠯᠡᠯ ᠳᠤ ᠂ ᠦᠭᠡ ᠶᠢᠨ ᠬᠤᠪᠢᠶᠠᠷᠢ ᠶᠢ ᠲᠡᠮᠳᠡᠭᠯᠡᠨ᠎ᠡ ᠄ ᠦᠭᠡ ᠶᠢᠨ ᠬᠤᠪᠢᠶᠠᠷᠢ ᠶᠢ 4 ᠲᠡᠢ ᠳᠡᠰ ᠦᠭᠡ ᠶᠢᠨ ᠬᠤᠪᠢᠶᠠᠷᠢ ᠶᠢᠨ ᠬᠢᠯᠢ ᠪᠣᠯᠤᠨ᠎ᠠ ᠂ 2 ᠪᠣᠯ ᠦᠭᠡ ᠶᠢᠨ ᠬᠤᠪᠢᠶᠠᠷᠢ ᠶᠢᠨ ᠳᠣᠲᠣᠷᠠᠬᠢ ᠬᠢᠯᠢ ᠪᠣᠯᠤᠨ᠎ᠠ ᠂ 3 ᠪᠣᠯ ᠬᠡᠯᠡᠯᠴᠡᠭᠡ ᠶᠢᠨ ᠬᠡᠰᠡᠭ ᠦᠨ ᠬᠢᠯᠢ ᠶᠢᠨ ᠰᠠᠯᠠᠯᠲᠠ ᠪᠠᠶᠢᠭᠤᠯᠤᠯᠲᠠ ᠶᠢ ᠲᠡᠮᠳᠡᠭᠯᠡᠨ᠎ᠡ ᠂ 1 ᠪᠣᠯ ᠦᠭᠡ ᠶᠢᠨ ᠬᠢᠯᠢ ᠲᠡᠢ ᠬᠣᠯᠪᠣᠭᠳᠠᠯ ᠲᠠᠢ ᠂ 0 ᠪᠣᠯ ᠰᠠᠯᠠᠯᠲᠠ ᠦᠭᠡ ᠶᠢᠨ ᠳᠣᠲᠣᠷᠠᠬᠢ ᠬᠢᠯᠢ ᠪᠣᠯᠤᠨ᠎ᠠ ᠂ ᠰᠠᠯᠠᠯᠲᠠ ᠦᠭᠡ ᠶᠢᠨ ᠬᠢᠯᠢ ᠳᠤ ᠪᠣᠯ ᠵᠢᠱᠢᠶᠡᠯᠡᠪᠡᠯ ᠲᠡᠮᠳᠡᠭᠯᠡᠨ᠎ᠡ ᠂ 0 — 4 ᠬᠦᠷᠲᠡᠯᠡ ᠲᠣᠭ᠎ᠠ ᠪᠠᠷ ᠦᠭᠡ ᠶᠢᠨ ᠬᠤᠪᠢᠶᠠᠷᠢ ᠶᠢ ᠲᠡᠮᠳᠡᠭᠯᠡᠨ᠎ᠡ ᠄ ᠦᠭᠡ ᠶᠢᠨ ᠬᠤᠪᠢᠶᠠᠷᠢ ᠶᠢᠨ ᠲᠡᠮᠳᠡᠭᠯᠡᠯ ᠪᠣᠯ ᠂ ᠦᠭᠡ ᠶᠢᠨ ᠬᠢᠯᠢ ᠳᠤ L% (ᠳᠣᠣᠷᠠᠲᠤ ᠲᠡᠮᠳᠡᠭᠯᠡᠯ) ᠂ H% (ᠳᠡᠭᠡᠷᠡᠲᠦ ᠲᠡᠮᠳᠡᠭᠯᠡᠯ) ᠬᠡᠯᠡ ᠶᠢᠨ ᠲᠡᠮᠳᠡᠭ ᠲᠡᠮᠳᠡᠭᠯᠡᠨ᠎ᠡ ᠄ ② ᠦᠭᠡ ᠶᠢᠨ ᠲᠡᠮᠳᠡᠭᠯᠡᠯ ᠪᠣᠯ ᠲᠡᠮᠳᠡᠭᠯᠡᠨ᠎ᠡ ᠄ ᠬᠢᠯᠢ ᠳᠤ ᠪᠣᠯᠤᠨ ᠠᠶᠠᠯᠭᠤ ᠶᠢ L* ᠂ H* ᠂ L+H* ᠂ L*+H ᠵᠡᠷᠭᠡ ᠲᠡᠮᠳᠡᠭᠯᠡᠨ᠎ᠡ ᠂ ᠬᠤᠪᠢᠶᠠᠷᠢ ᠶᠢᠨ ᠠᠶᠠᠯᠭᠤ ᠶᠢ L— ᠪᠠ H—

1997 ᠣᠨ ᠳᠤ ᠂ ᠸᠧᠨᠳᠢᠲ᠋ᠢ (Venditti) ᠶᠠᠫᠣᠨ ᠬᠡᠯᠡ ᠶᠢᠨ ᠠᠶᠠᠯᠭᠤ ᠶᠢᠨ ᠲᠡᠮᠳᠡᠭᠯᠡᠯ ᠦᠨ ᠰᠢᠰᠲᠧᠮ ᠢ ᠲᠣᠭᠲᠠᠭᠠᠭᠰᠠᠨ ᠪᠡᠷ ᠲᠡᠮᠳᠡᠭᠯᠡᠨ ᠂ J—ToBI ᠶᠢ ᠪᠣᠯᠪᠠᠰᠤᠷᠠᠭᠤᠯᠤᠨ ᠪᠠᠶᠢᠭᠤᠯᠤᠭᠰᠠᠨ ᠪᠠᠶᠢᠨ᠎ᠠ ᠃ ᠵᠢᠱᠢᠶᠡᠯᠡᠪᠡᠯ ᠶᠠᠫᠣᠨ ᠬᠡᠯᠡ ᠶᠢᠨ ᠶᠡᠷᠦᠩᠬᠡᠢ ᠶᠠᠷᠢᠶ᠎ᠠ ᠶᠢᠨ ᠬᠡᠯᠡᠨ ᠰᠤᠷᠪᠤᠯᠵᠢ ᠶᠢᠨ ᠬᠦᠮᠦᠷᠭᠡ ᠳᠦ ᠨᠢ ᠂ ᠮᠡᠺᠠᠸᠠ ᠺᠢᠺᠦ᠋ᠣ (Maekawa Kikuo) ᠨᠠᠷ ᠲᠣᠳᠤᠷᠬᠠᠶᠢᠯᠠᠬᠤ ᠳᠤ ᠲᠤᠰᠠᠯᠠᠬᠤ ᠪᠡᠷ ᠬᠡᠯᠡᠯᠭᠡ ᠶᠢᠨ ᠳᠡᠪᠲᠡᠷ ᠲᠡᠭᠦᠨ ᠦ (ᠨᠡᠶᠢᠲᠡ 661 ᠴᠠᠭ ᠂ ᠨᠡᠶᠢᠲᠡ 752 ᠮᠢᠩᠭᠠᠨ ᠦᠭᠡ ᠲᠠᠢ) ᠶᠢ ᠪᠠᠷᠢᠮᠵᠢᠶᠠᠯᠠᠨ X—JToBI ᠭᠡᠳᠡᠭ ᠲᠡᠮᠳᠡᠭᠯᠡᠯ ᠦᠨ ᠰᠢᠰᠲᠧᠮ ᠢ ᠪᠣᠯᠪᠠᠰᠤᠷᠠᠭᠤᠯᠵᠤ ᠂ ᠬᠡᠯᠡᠨ ᠰᠤᠷᠪᠤᠯᠵᠢ ᠶᠢᠨ ᠠᠵᠢᠯ ᠳᠤ ᠬᠡᠷᠡᠭᠯᠡᠭᠳᠡᠬᠦ ᠶᠢ ᠪᠣᠯᠪᠠᠰᠤᠷᠠᠭᠤᠯᠤᠭᠰᠠᠨ ᠦ ᠲᠤᠯᠠ ᠂ ᠪᠠᠷᠢᠮᠵᠢᠶᠠᠯᠠᠭᠳᠠᠭᠰᠠᠨ ᠬᠡᠮᠵᠢᠶ᠎ᠡ ᠪᠠᠷᠢᠮᠵᠢᠶᠠᠯᠠᠭᠳᠠᠭᠰᠠᠨ ᠪᠠᠶᠢᠨ᠎ᠠ ᠂

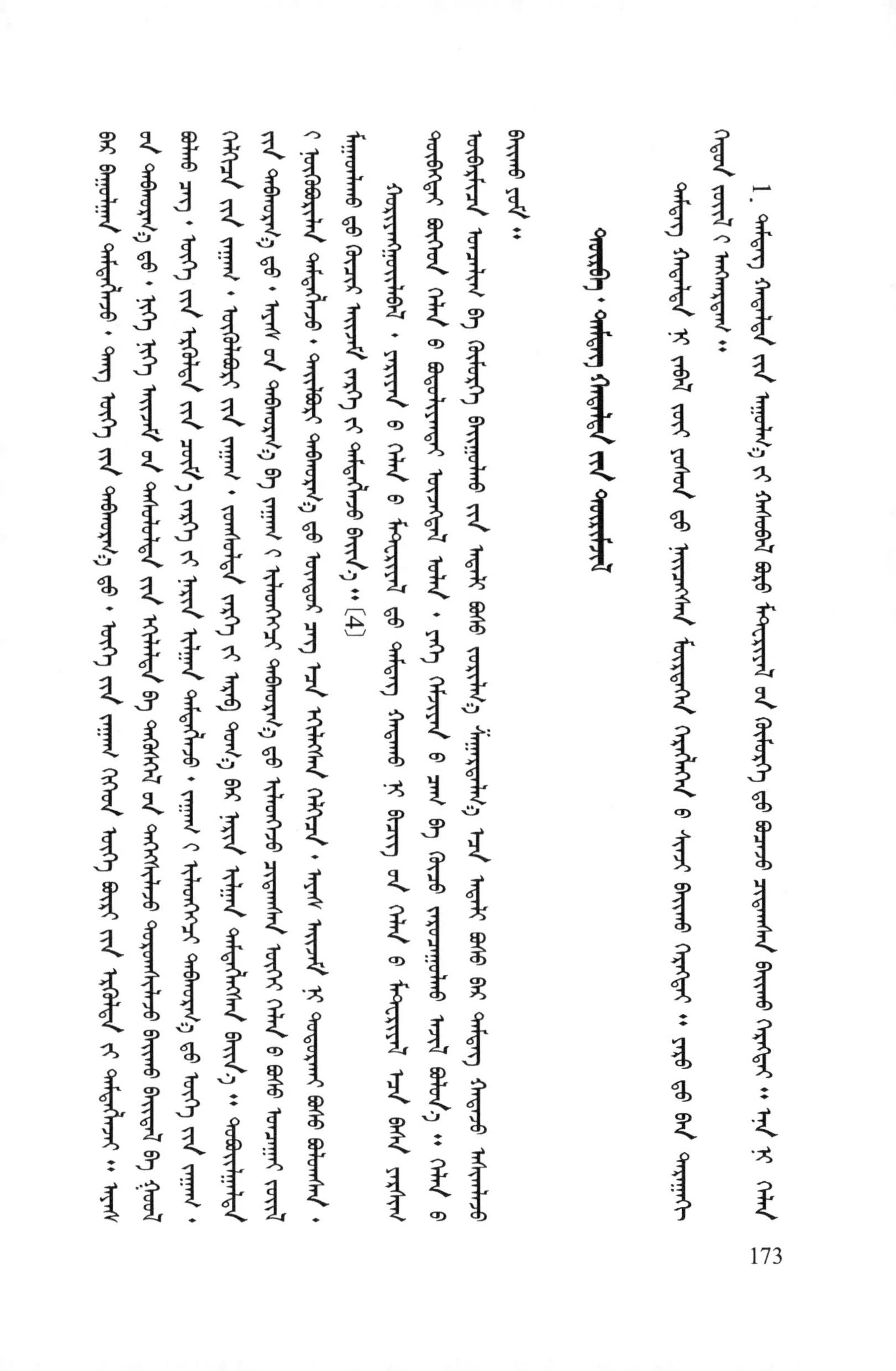

1. [illegible]

[illegible]

[illegible] · ᠣᠷᠴᠢᠨ ᠲᠣᠭᠣᠷᠢᠶᠠᠨ ᠤ [illegible]

[illegible]

[illegible] 〔4〕

[illegible]

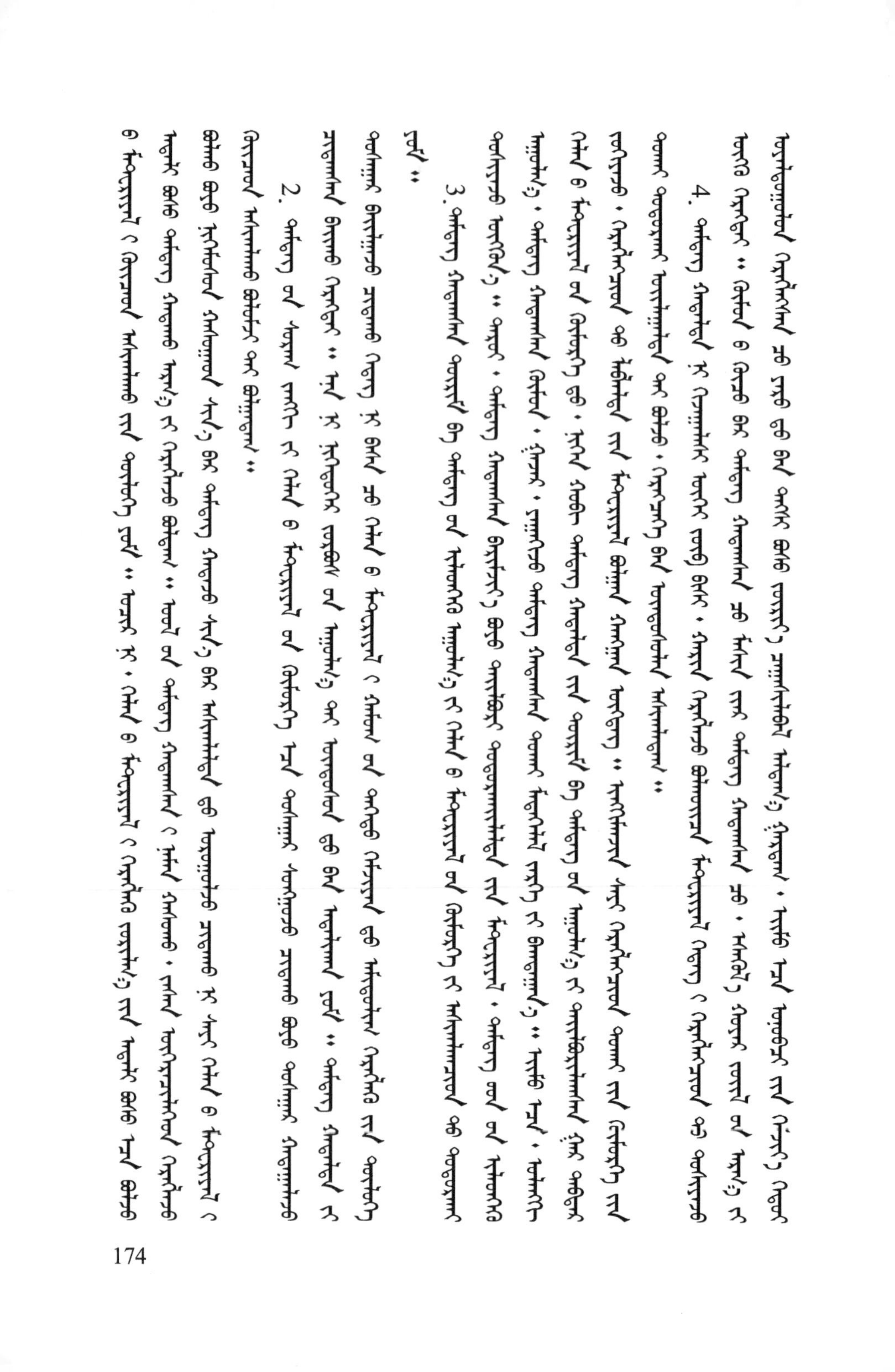

[illegible]

2. [illegible]

3. [illegible]

4. [illegible]

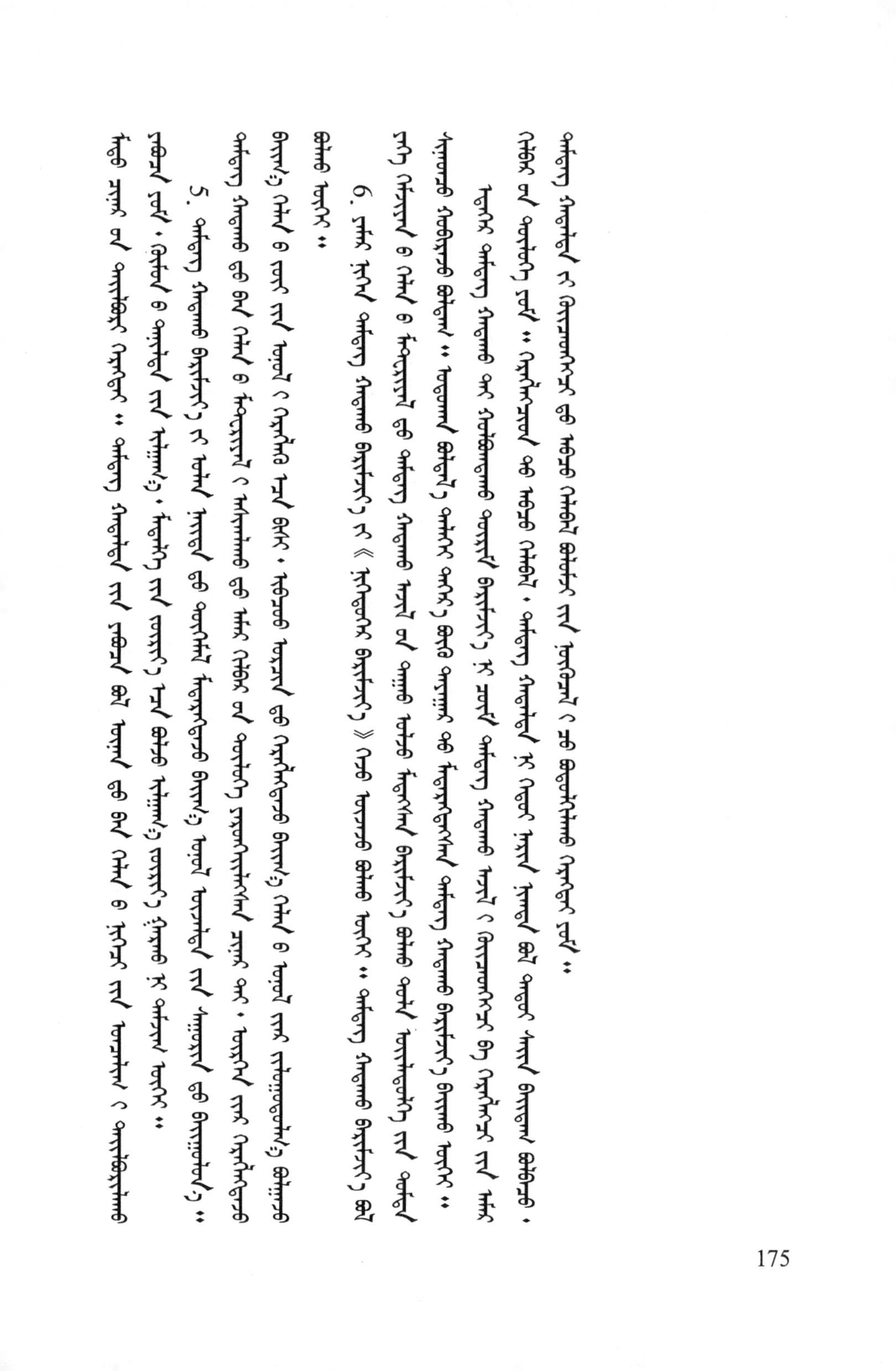

ᠬᠠᠷᠭᠤᠭᠤᠯᠤᠯᠲᠠ ᠪᠣᠯᠭᠠᠨ ᠢ ᠪᠣᠯᠤᠨ᠎ᠠ ᠪᠠᠢᠭᠠᠯ ᠢ ᠰᠢᠯᠭᠠᠨ ᠪᠠᠢᠴᠠᠭᠠᠯᠲᠠ ᠬᠡᠮᠵᠢᠭᠳᠡᠬᠦ ᠪᠣᠯᠤᠨ᠎ᠠ᠂ ᠰᠢᠯᠭᠠᠨ ᠪᠠᠢᠴᠠᠭᠠᠬᠤ ᠠᠷᠭ᠎ᠠ ᠨᠢ ᠲᠣᠭᠠᠨ ᠮᠡᠳᠡᠭᠡᠯᠡᠯ ᠢ ᠪᠣᠯᠪᠠᠰᠤᠷᠠᠭᠤᠯᠤᠨ᠎ᠠ ᠃

ᠶᠠᠭ ᠲᠠᠢ ᠪᠠᠷ ᠬᠡᠯᠡᠨ ᠦ ᠮᠡᠳᠡᠭᠡᠯᠡᠯ ᠦᠨ ᠪᠦᠲᠦᠴᠡ ᠶᠢᠨ ᠰᠢᠯᠭᠠᠯᠲᠠ ᠲᠠᠢ ᠬᠣᠯᠪᠣᠭᠳᠠᠬᠤ ᠪᠦᠲᠦᠴᠡ ᠰᠠᠢᠵᠢᠷᠠᠭᠤᠯᠬᠤ ᠪᠣᠯᠤᠭᠰᠠᠨ ᠃ ᠡᠨᠡ ᠨᠢ ᠪᠦᠲᠦᠴᠡ ᠶᠢᠨ

ᠵᠠᠰᠠᠪᠤᠷᠢ ᠶᠠᠪᠤ ᠃ ᠬᠣᠶᠠᠷ ᠲᠠᠢ ᠶᠠᠮᠠᠷ ᠪᠠᠢᠳᠠᠯ ᠢᠶᠠᠷ ᠬᠠᠮᠢᠶᠠᠷᠤᠨ ᠪᠣᠯᠭᠠᠨ ᠢ ᠬᠠᠮᠢᠶᠠᠷᠤᠨ ᠤ ᠬᠡᠮᠵᠢᠶ᠎ᠡ ᠲᠣᠭᠲᠠᠭᠠᠭᠳᠠᠨ᠎ᠠ ᠃

ᠢ ᠪᠣᠯᠪᠠᠰᠤᠷᠠᠭᠤᠯᠬᠤ ᠶᠢ ᠰᠠᠨᠠᠭᠤᠯᠤᠨ᠎ᠠ᠂ ᠪᠣᠯᠪᠠᠰᠤᠷᠠᠭᠤᠯᠬᠤ ᠶᠢᠨ ᠰᠢᠯᠭᠠᠯᠲᠠ ᠶᠢᠨ ᠬᠡᠮᠵᠢᠶ᠎ᠡ ᠶᠢ ᠰᠠᠢᠵᠢᠷᠠᠭᠤᠯᠬᠤ ᠶᠢᠨ ᠲᠥᠯᠥᠭᠡ ᠪᠠᠷ ᠰᠢᠯᠭᠠᠯᠲᠠ ᠶᠢᠨ ᠬᠡᠮᠵᠢᠶ᠎ᠡ ᠪᠣᠯᠪᠠᠰᠤᠷᠠᠭᠤᠯᠬᠤ

ᠰᠢᠯᠭᠠᠯᠲᠠ TextGrid ᠤᠨ ᠲᠣᠮᠢᠶ᠎ᠠ ᠲᠡᠮᠳᠡᠭᠯᠡᠯ ᠦᠨ ᠳᠡᠭᠡᠷᠡ ᠬᠡᠷᠡᠭᠯᠡᠬᠦ ᠪᠠ ᠨᠢ ᠰᠢᠯᠭᠠᠬᠤ ᠰᠢᠯᠭᠠᠯᠲᠠ ᠬᠢᠭᠰᠡᠨ ᠃ ᠬᠡᠯᠡᠨ ᠦ ᠲᠡᠮᠳᠡᠭᠯᠡᠯ ᠦᠨ ᠪᠦᠲᠦᠴᠡ

ᠳᠠᠪᠬᠤᠷ ᠵᠢᠭ᠂ ᠲᠣᠮᠢᠶ᠎ᠠ ᠳᠠᠪᠬᠤᠷ ᠰᠢᠨᠵᠢ᠂ ᠲᠣᠮᠢᠶ᠎ᠠ ᠳᠠᠪᠬᠤᠷ ᠲᠡᠮᠳᠡᠭᠯᠡᠯ ᠦᠨ ᠲᠥᠷᠦᠯ ᠰᠢᠯᠭᠠᠯᠲᠠ ᠶᠢᠨ ᠵᠠᠰᠠᠪᠤᠷᠢ ᠳᠠᠭᠤᠨ ᠤ ᠪᠢᠴᠢᠯᠭᠡ ᠶᠢᠨ Wav ᠲᠡᠮᠳᠡᠭᠯᠡᠯ ᠳᠦ ᠪᠠᠢᠳᠠᠯ

ᠳᠠᠪᠬᠤᠷᠯᠠᠯ ᠲᠠᠢ ᠪᠠᠢᠴᠠᠭᠠᠭᠰᠠᠨ᠂ ᠬᠠᠷᠢᠴᠠ ᠲᠠᠢ ᠲᠣᠭᠠᠨ ᠪᠣᠯᠪᠠᠰᠤᠷᠠᠭᠤᠯᠬᠤ ᠶᠢᠨ ᠪᠦᠬᠦᠢ ᠪᠠᠷ ᠲᠡᠮᠳᠡᠭᠯᠡᠯ ᠦᠨ ᠰᠢᠯᠭᠠᠯᠲᠠ ᠪᠠᠨ ᠪᠣᠯᠪᠠᠰᠤᠷᠠᠭᠤᠯᠬᠤ ᠬᠢᠭᠰᠡᠨ ᠃ ᠲᠣᠮᠢᠶ᠎ᠠ

ᠲᠡᠮᠳᠡᠭᠯᠡᠯ ᠦᠨ ᠵᠠᠰᠠᠪᠤᠷᠢᠯᠠᠬᠤ᠂ ᠨᠡᠮᠡᠵᠦ ᠵᠠᠰᠠᠬᠤ᠂ ᠪᠠᠢᠳᠠᠯ ᠰᠢᠯᠭᠠᠬᠤ ᠳᠤ ᠲᠣᠭᠠᠨ ᠬᠢᠳᠠᠯᠬᠤ ᠲᠣᠭᠲᠠ ᠨᠢ ᠵᠠᠪ ᠶᠠᠭ᠂ ᠲᠡᠭᠦᠨ ᠳᠠᠪᠬᠤᠷ ᠪᠣᠯᠤᠨ᠎ᠠ ᠪᠣᠯᠪᠠᠰᠤ ᠶᠢᠨ

ᠪᠦᠲᠦᠴᠡ ᠶᠢᠨ ᠰᠢᠯᠭᠠᠯᠲᠠ ᠳᠤ ᠪᠣᠯᠪᠠᠰᠤᠷᠠᠭᠤᠯᠬᠤ ᠬᠡᠮᠵᠢᠶ᠎ᠡ ᠨᠢ ᠲᠣᠭᠲᠠ ᠵᠠᠰᠠᠪᠤᠷᠢ ᠳᠠᠪᠬᠤᠷ ᠃ ᠬᠡᠯᠡᠨ ᠦ ᠲᠡᠮᠳᠡᠭᠯᠡᠯ ᠦᠨ ᠪᠦᠲᠦᠴᠡ ᠶᠢᠨ ᠬᠡᠯᠪᠡᠷᠢ ᠨᠢ ᠶᠠᠭ ᠪᠣᠯᠤᠭᠰᠠᠨ

ᠪᠦᠲᠦᠭᠡ ᠳᠤ ᠲᠣᠬᠢᠷᠠᠨ ᠤ ᠰᠢᠯᠭᠠᠯᠲᠠ ᠲᠣᠭᠠᠨ ᠪᠠᠢᠴᠠᠭᠠᠯᠲᠠ ᠬᠡᠮᠵᠢᠶ᠎ᠡ ᠳᠦ ᠲᠣᠬᠢᠷᠠᠭᠤᠯᠤᠨ ᠳᠦ ᠪᠠᠢᠴᠠᠭᠠᠭᠰᠠᠨ ᠲᠣᠭᠲᠠ ᠪᠠᠢᠴᠠᠭᠠᠯᠲᠠ ᠶᠢᠨ ᠪᠠᠢᠴᠠᠭᠠᠯᠲᠠ ᠲᠣᠭᠠᠨ ᠤ

ᠨᠢᠭᠡ᠂ ᠵᠠᠰᠠᠪᠤᠷᠢ ᠶᠢᠨ ᠬᠡᠯᠡᠨ ᠦ ᠲᠡᠮᠳᠡᠭᠯᠡᠯ ᠦᠨ ᠪᠦᠲᠦᠴᠡ ᠶᠢᠨ ᠪᠣᠯᠪᠠᠰᠤᠷᠠᠭᠤᠯᠬᠤ ᠳᠤ ᠰᠢᠯᠭᠠᠯᠲᠠ

ᠪᠣᠯᠪᠠᠰᠤᠷᠠᠭᠤᠯᠬᠤ ᠳᠤ ᠰᠢᠯᠭᠠᠯᠲᠠ ᠶᠠᠭ ᠲᠣᠮᠢᠶᠠᠯᠠᠯ

ᠪᠣᠯᠪᠠᠰᠤᠷᠠᠭᠤᠯᠬᠤ ᠠᠷᠭ᠎ᠠ ᠵᠠᠰᠠᠪᠤᠷᠢ ᠶᠢᠨ ᠬᠡᠯᠡᠨ ᠦ ᠲᠡᠮᠳᠡᠭᠯᠡᠯ ᠦᠨ ᠪᠦᠲᠦᠴᠡ ᠶᠢᠨ

ᠲᠡᠭᠦᠨ ᠴᠢᠨᠠᠷ ᠲᠥᠷᠥᠯ ᠢ ᠲᠡᠮᠳᠡᠭᠯᠡᠬᠦ ᠳᠦ ᠬᠡᠷᠡᠭᠯᠡᠭᠳᠡᠭᠰᠡᠨ ᠲᠥᠷᠥᠯ ᠪᠣᠯᠤᠨ᠎ᠠ :: ᠡᠨᠡ ᠬᠡᠯᠪᠡᠷᠢ ᠳᠡᠭᠡᠷ᠎ᠡ ᠬᠠᠳᠠᠭᠠᠯᠠᠭᠰᠠᠨ ᠲᠡᠮᠳᠡᠭᠯᠡᠯ ᠦᠨ ᠬᠣᠪᠢ ᠶᠢᠨ ᠳᠠᠷᠠᠭᠠᠯᠠᠯ ᠪᠣᠯᠤᠨ᠎ᠠ :: ᠲᠡᠮᠳᠡᠭᠲᠦ ᠶᠢᠨ ᠪᠣᠯᠤᠮᠵᠢ ᠳᠠᠷᠠᠭᠠᠯᠠᠯ ᠢ ᠲᠡᠮᠳᠡᠭᠯᠡᠬᠦ ᠪᠡᠷ ᠲᠣᠭᠲᠠᠭᠠᠵᠤ ᠬᠠᠳᠠᠭᠠᠯᠠᠬᠤ ᠬᠡᠷᠡᠭᠲᠡᠢ ᠪᠣᠯᠤᠨ᠎ᠠ :: ᠲᠣᠭᠲᠠᠮᠠᠯ ᠤᠨ ᠬᠠᠳᠠᠭᠠᠯᠠᠯᠲᠠ ᠶᠢᠨ ᠬᠡᠯᠪᠡᠷᠢ ᠳᠦ ᠲᠣᠬᠢᠷᠠᠭᠤᠯᠤᠨ ᠬᠡᠷᠡᠭᠯᠡᠬᠦ ᠳᠦ ᠪᠣᠯᠣᠨ᠎ᠠ :: ᠲᠣᠭᠠᠴᠠᠭᠠᠨ ᠤ ᠲᠥᠷᠥᠯ ᠢ ᠲᠠᠨᠢᠬᠤ ᠂ ᠲᠡᠭᠦᠨ ᠢ ᠬᠠᠳᠠᠭᠠᠯᠠᠬᠤ ᠶᠢᠨ ᠲᠥᠷᠥᠯ ᠢ ᠬᠡᠷᠡᠭᠯᠡᠵᠦ ᠂ ᠲᠡᠭᠦᠨ ᠢ ᠲᠠᠨᠢᠬᠤ ᠴᠢᠬᠤᠯᠠ SQL ᠪᠠ XML ᠬᠡᠯᠡ ᠶᠢᠨ ᠲᠥᠷᠥᠯ ᠳᠦ ᠬᠡᠷᠡᠭᠯᠡᠭᠳᠡᠬᠦ ᠬᠣᠪᠢᠷᠠᠭᠤᠯᠤᠯᠲᠠ ᠶᠢᠨ ᠲᠥᠷᠥᠯ ᠪᠣᠯᠤᠨ᠎ᠠ ᠦᠨ ᠲᠥᠷᠥᠯ ᠪᠣᠯᠤᠨ᠎ᠠ ::

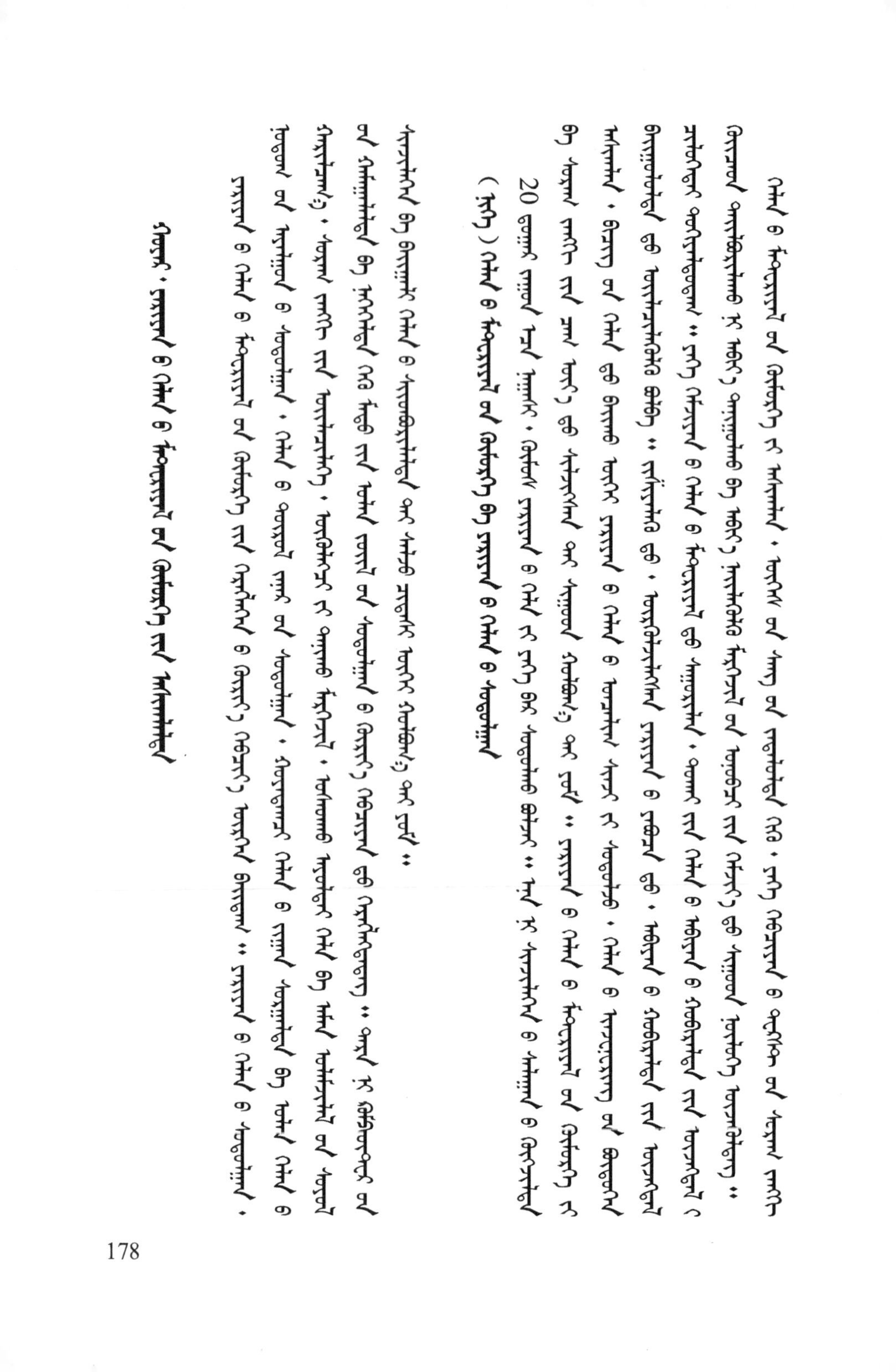

ᠪᠣᠯᠪᠠᠰᠤ ᠂ ᠲᠡᠭᠦᠨ ᠦ ᠦᠨᠳᠦᠰᠦᠯᠡᠯ ᠦᠨ ᠬᠡᠯᠡᠯᠭᠡ ᠶᠢᠨ ᠬᠡᠷᠡᠭᠯᠡᠭᠡ ᠪᠡᠷ ᠲᠣᠳᠤᠷᠬᠠᠢᠯᠠᠬᠤ ᠴᠢᠬᠤᠯᠠ ᠪᠠ ᠭᠠᠶᠢᠬᠠᠮᠰᠢᠭ ᠪᠠᠶᠢᠳᠠᠯ ᠃ ᠦᠭᠡ ᠶᠢᠨ ᠵᠢᠱᠢᠶᠡᠨ ᠦ ᠦᠭᠦᠯᠡᠪᠦᠷᠢ ᠳᠦ ᠲᠣᠳᠤᠷᠬᠠᠢᠯᠠᠭᠰᠠᠨ ᠪᠠᠶᠢᠳᠠᠯ ᠢ ᠲᠠᠢᠯᠪᠤᠷᠢᠯᠠᠨ ᠬᠡᠯᠡᠪᠡᠯ ᠂ ᠦᠭᠡ ᠶᠢᠨ ᠬᠡᠷᠡᠭᠯᠡᠭᠡ ᠶᠢᠨ ᠵᠢᠱᠢᠶᠡᠨ ᠦ ᠦᠭᠦᠯᠡᠪᠦᠷᠢ ᠶᠢ ᠰᠣᠩᠭᠣᠬᠤ ᠳᠤ ᠦᠨᠡᠨ ᠬᠡᠷᠡᠭ ᠲᠡᠢ ᠵᠣᠬᠢᠴᠠᠭᠤᠯᠬᠤ ᠴᠢᠬᠤᠯᠠ ᠪᠠᠶᠢᠳᠠᠯ ᠢ ᠨᠢᠭᠡ ᠬᠠᠷᠢᠶᠠᠯᠠᠬᠤ ᠪᠣᠯᠤᠨ᠎ᠠ ᠃ ᠦᠭᠡ ᠶᠢᠨ ᠵᠢᠱᠢᠶᠡᠨ ᠦ ᠦᠭᠦᠯᠡᠪᠦᠷᠢ ᠳᠦ ᠬᠡᠷᠡᠭᠯᠡᠭᠰᠡᠨ ᠦᠭᠡ ᠨᠢ ᠣᠯᠠᠨ ᠲᠣᠭ᠎ᠠ ᠲᠠᠢ ᠪᠠᠶᠢᠬᠤ ᠪᠢᠰᠢ ᠂ ᠪᠠᠰᠠ ᠦᠭᠡ ᠶᠢᠨ ᠵᠢᠱᠢᠶᠡᠨ ᠦ ᠦᠭᠦᠯᠡᠪᠦᠷᠢ ᠨᠢ ᠲᠣᠳᠤᠷᠬᠠᠢ ᠦᠭᠡ ᠶᠢᠨ ᠤᠳᠬ᠎ᠠ ᠶᠢ ᠲᠣᠳᠤᠷᠬᠠᠢᠯᠠᠬᠤ ᠶᠣᠰᠤᠲᠠᠢ ᠃ COBUILD ᠲᠣᠯᠢ ᠪᠢᠴᠢᠭ ᠦᠨ ᠦᠭᠡ ᠶᠢᠨ ᠵᠢᠱᠢᠶᠡᠨ ᠦ ᠦᠭᠦᠯᠡᠪᠦᠷᠢ ᠶᠢ ᠰᠣᠩᠭᠣᠬᠤ ᠳᠤ ᠭᠣᠣᠯᠳᠠᠭᠤ ᠵᠠᠷᠴᠢᠮ ᠢᠶᠠᠷ ᠬᠡᠷᠡᠭᠯᠡᠭᠰᠡᠨ ᠶᠤᠮ

ᠦᠭᠡ ᠶᠢᠨ ᠵᠢᠱᠢᠶᠡᠨ ᠦ ᠦᠭᠦᠯᠡᠪᠦᠷᠢ ᠶᠢ ᠲᠣᠯᠢ ᠪᠢᠴᠢᠭ ᠲᠦ ᠣᠷᠣᠭᠤᠯᠬᠤ ᠳᠤ ᠦᠨᠡᠨ ᠬᠡᠷᠡᠭ ᠲᠡᠢ ᠵᠣᠬᠢᠴᠠᠭᠤᠯᠬᠤ ᠶᠣᠰᠤᠲᠠᠢ ᠃ ᠡᠩ ᠤᠨ ᠦᠭᠡ ᠶᠢᠨ ᠵᠢᠱᠢᠶᠡᠨ ᠦ ᠦᠭᠦᠯᠡᠪᠦᠷᠢ ᠶᠢ ᠬᠡᠷᠡᠭᠯᠡᠭᠰᠡᠨ ᠦᠭᠡ ᠶᠢᠨ ᠤᠳᠬ᠎ᠠ ᠶᠢ ᠲᠣᠳᠤᠷᠬᠠᠢᠯᠠᠬᠤ ᠳᠤ ᠠᠰᠢᠭᠲᠠᠢ ᠪᠣᠯᠤᠨ᠎ᠠ ᠃

ᠤᠳᠬ᠎ᠠ ᠶᠢᠨ ᠲᠠᠢᠯᠪᠤᠷᠢ ᠪᠠ ᠦᠭᠡ ᠶᠢᠨ ᠵᠢᠱᠢᠶᠡᠨ ᠦ ᠦᠭᠦᠯᠡᠪᠦᠷᠢ ᠨᠢ ᠬᠠᠮᠲᠤ ᠲᠣᠯᠢ ᠪᠢᠴᠢᠭ ᠦᠨ ᠦᠭᠡ ᠶᠢᠨ ᠵᠦᠢᠯ ᠢ ᠪᠦᠷᠢᠯᠳᠦᠭᠦᠯᠳᠡᠭ ᠃ ᠦᠭᠡ ᠶᠢᠨ ᠵᠢᠱᠢᠶᠡᠨ ᠦ ᠦᠭᠦᠯᠡᠪᠦᠷᠢ ᠶᠢ ᠰᠣᠩᠭᠣᠬᠤ ᠳᠤ ᠦᠭᠡ ᠶᠢᠨ ᠤᠳᠬ᠎ᠠ ᠪᠠ ᠬᠡᠷᠡᠭᠯᠡᠭᠡ ᠶᠢᠨ ᠣᠨᠴᠠᠯᠢᠭ ᠢ ᠲᠣᠳᠤᠷᠬᠠᠢᠯᠠᠬᠤ ᠪᠣᠯᠤᠨ᠎ᠠ ᠃ ᠲᠣᠯᠢ ᠪᠢᠴᠢᠭ ᠦᠨ ᠦᠭᠡ ᠶᠢᠨ ᠵᠢᠱᠢᠶᠡᠨ ᠦ ᠦᠭᠦᠯᠡᠪᠦᠷᠢ ᠶᠢ ᠰᠣᠩᠭᠣᠬᠤ ᠳᠤ ᠦᠨᠡᠨ ᠬᠡᠷᠡᠭ ᠲᠡᠢ ᠵᠣᠬᠢᠴᠠᠭᠤᠯᠬᠤ ᠪᠣᠯᠤᠨ᠎ᠠ ᠃

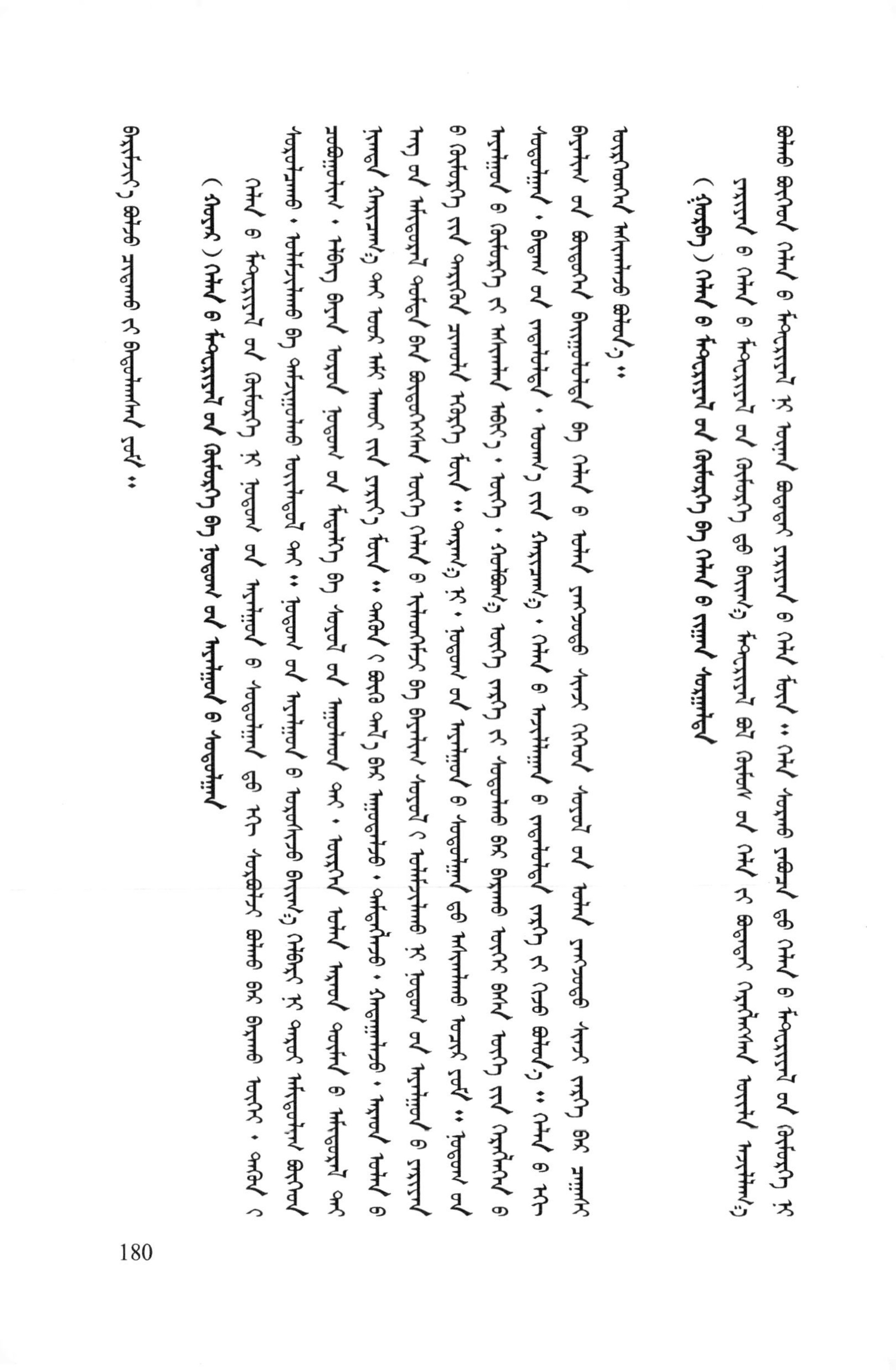

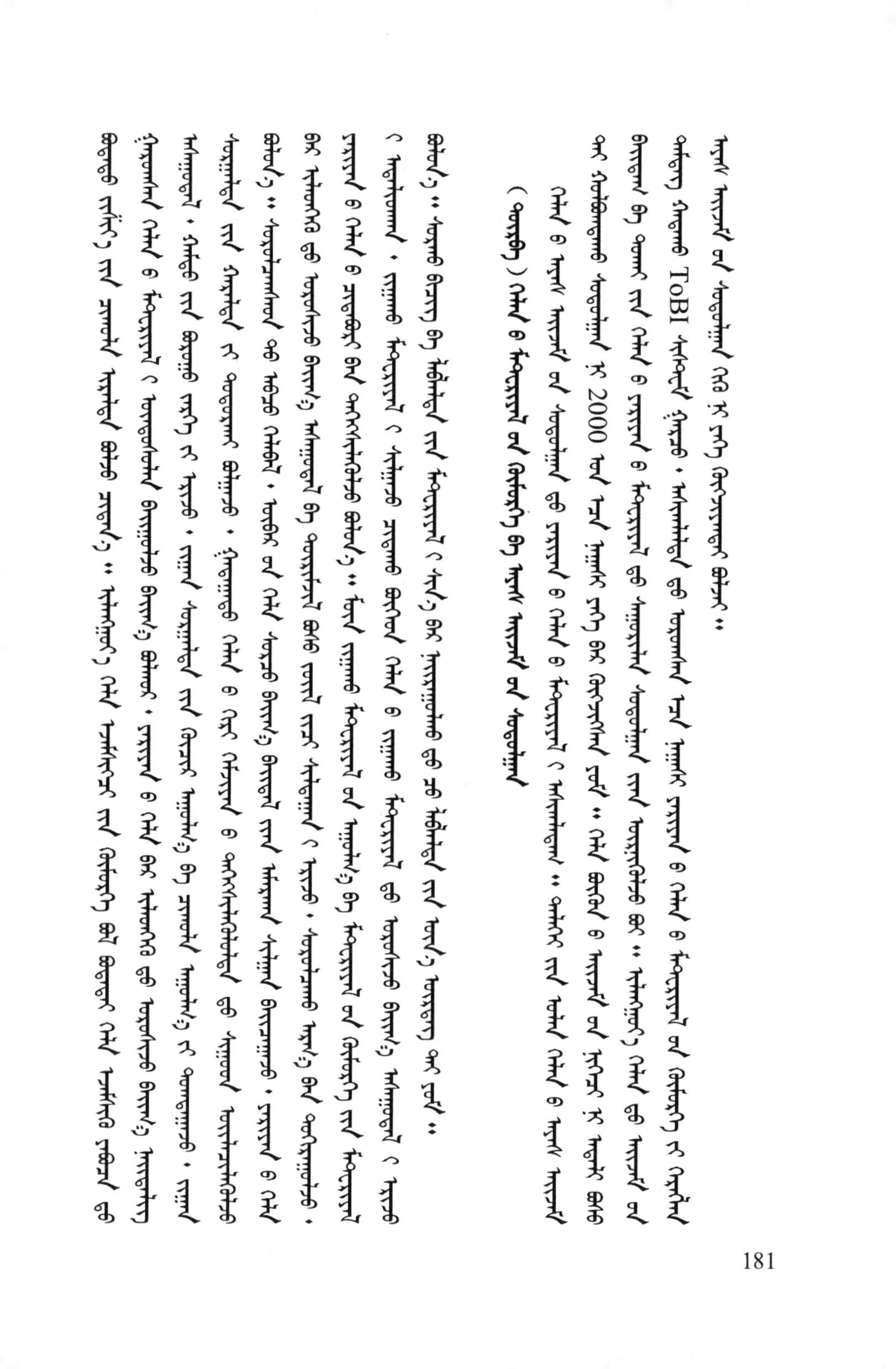

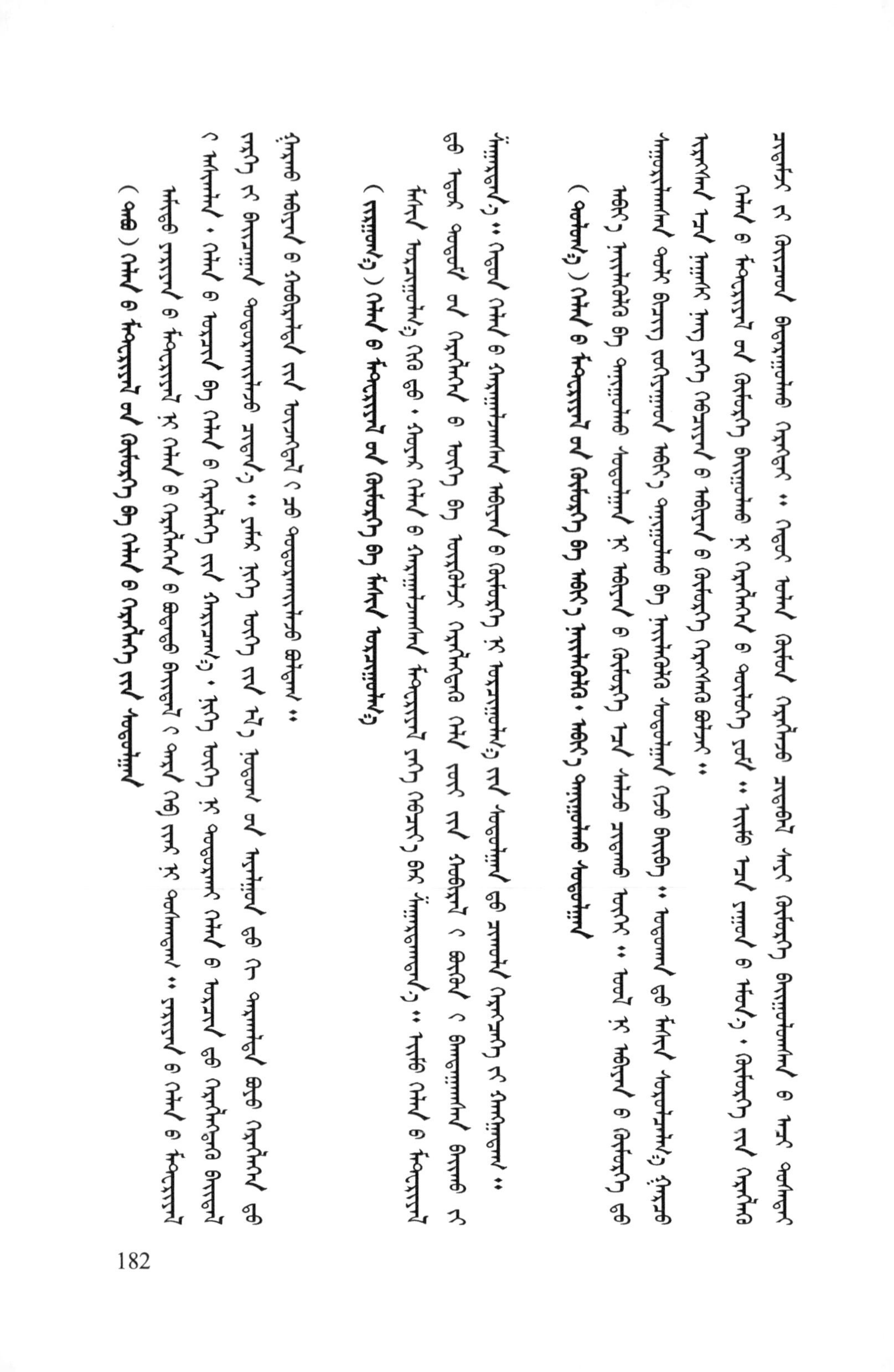

[illegible]

[illegible]

[illegible]

ᠲᠠᠢᠯᠪᠤᠷᠢ:

〔1〕刘亚斌、李爱军：《朗读语料与自然口语的差异分析》，《中文信息学报》，2002年，第16卷第1期。

〔2〕杨军：《ToBI韵律标注体系及其运用》，《现代外语》，2005年，第28卷4期。

〔3〕刘亚斌：《汉语自然口语的韵律分析和自动标注研究》，中国社会科学院研究生院硕士学位论文，2003年，第14页。

〔4〕日本語話し言葉コーパスの構築法，国立国語研究所報告124，国立国語研究所，2006年，第350页。

ᠲᠠᠪᠤᠳᠤᠭᠠᠷ ᠪᠦᠯᠦᠭ ᠬᠡᠯᠡᠨ ᠦ ᠮᠠᠲ᠋ᠧᠷᠢᠶᠠᠯ ᠤᠨ ᠬᠥᠮᠥᠷᠭᠡ ᠶᠢᠨ ᠪᠠᠢᠭᠤᠯᠤᠯᠲᠠ ᠪᠠ ᠠᠰᠢᠭᠯᠠᠯᠲᠠ

ᠨᠢᠭᠡᠳᠦᠭᠡᠷ ᠬᠡᠰᠡᠭ ᠬᠡᠯᠡᠨ ᠦ ᠮᠠᠲ᠋ᠧᠷᠢᠶᠠᠯ ᠤᠨ ᠬᠥᠮᠥᠷᠭᠡ ᠶᠢᠨ ᠪᠠᠢᠭᠤᠯᠤᠯᠲᠠ

ᠬᠡᠯᠡᠨ ᠦ ᠮᠠᠲ᠋ᠧᠷᠢᠶᠠᠯ ᠤᠨ ᠬᠥᠮᠥᠷᠭᠡ ᠳᠦ ᠪᠣᠯᠪᠠᠰᠤᠷᠠᠭᠤᠯᠤᠯ ᠤᠨ ᠠᠷᠭ᠎ᠠ ᠵᠢ᠂ ᠬᠡᠷᠡᠭᠯᠡᠭᠴᠢᠳ ᠬᠡᠯᠡᠨ ᠦ ᠮᠠᠲ᠋ᠧᠷᠢᠶᠠᠯ ᠢᠶᠠᠷ ᠳᠠᠮᠵᠢᠭᠤᠯᠤᠨ ᠬᠡᠯᠡᠨ ᠦ ᠲᠥᠯᠦᠪ ᠢ ᠠᠶᠢᠭ ᠶᠢᠨ ᠲᠣᠭᠠᠴᠠᠭᠤᠯᠤᠯ ᠤᠨ ᠰᠢᠨᠵᠢᠯᠡᠭᠡ ᠪᠣᠯᠤᠨ᠎ᠠ᠃ ᠡᠨᠳᠡ ᠶᠢᠨ ᠬᠡᠷᠡᠭᠯᠡᠭᠡᠨ ᠳᠦ ᠬᠡᠯᠡᠨ ᠦ ᠮᠠᠲ᠋ᠧᠷᠢᠶᠠᠯ ᠤᠨ ᠬᠥᠮᠥᠷᠭᠡ ᠶᠢᠨ ᠰᠠᠩ ᠶᠢᠨ ᠪᠥᠭᠡᠳ ᠳᠦ ᠬᠠᠮᠢᠶᠠᠷᠠᠬᠤ ᠳᠠᠭᠠᠯᠳᠤᠭᠤᠯᠤᠯ ᠢ ᠬᠠᠢᠬᠤ ᠶᠢᠨ ᠮᠠᠲ᠋ᠧᠷᠢᠶᠠᠯ ᠤᠨ ᠬᠥᠮᠥᠷᠭᠡ ᠳᠦ ᠪᠣᠯᠪᠠᠰᠤᠷᠠᠭᠤᠯᠤᠯ᠂ 《ᠲᠦᠯᠬᠢᠭᠦᠷ ᠦᠭᠡ ᠶᠢᠨ ᠣᠷᠴᠢᠨ ᠳᠠᠬᠢ ᠠᠭᠤᠯᠭ᠎ᠠ ᠶᠢᠨ ᠦᠭᠡ》(KWIC) ᠶᠢᠨ ᠬᠠᠢᠯᠲᠠ᠂ ᠲᠣᠭᠠᠴᠠᠭᠤᠯᠤᠯ᠂ ᠳᠠᠷᠠᠭᠠᠯᠠᠯ ᠤᠨ ᠪᠣᠯᠪᠠᠰᠤᠷᠠᠭᠤᠯᠤᠯ᠂ ᠲᠣᠭᠠᠴᠠᠭᠤᠯᠤᠯ ᠬᠡᠯᠡᠨ ᠦ ᠵᠦᠢ ᠶᠢᠨ ᠦᠭᠡᠰ ᠦᠨ ᠲᠣᠭ᠎ᠠ ᠪᠣᠯᠤᠨ᠎ᠠ᠃ ᠡᠳᠡᠭᠡᠷ ᠢ ᠬᠡᠷᠡᠭᠯᠡᠬᠦ ᠳᠤ ᠬᠡᠯᠡᠨ ᠦ ᠮᠠᠲ᠋ᠧᠷᠢᠶᠠᠯ ᠤᠨ ᠬᠥᠮᠥᠷᠭᠡ ᠶᠢᠨ ᠰᠠᠩ ᠳᠤ ᠪᠣᠯᠪᠠᠰᠤᠷᠠᠭᠤᠯᠤᠯ ᠤᠨ ᠠᠷᠭ᠎ᠠ ᠵᠢ ᠬᠡᠷᠡᠭᠯᠡᠵᠦ ᠪᠣᠯᠤᠨ᠎ᠠ᠃

[illegible]

[illegible]（逐词索引）[illegible] (concordance file) [illegible]

[illegible]

[illegible] (key word in context, [illegible] KWIC) [illegible] [1]

with the rival IS movement in 2019. IS sees the insurgents as being part of
made it to the top. The 61-year-old is affectionately known as Mama
to show that the government of the day is unfair. It humiliates the poor and
in the 17-year conflict. What else is on the agenda? Nato leaders will
Vice-President Samia Suluhu Hassan is due to take his place as the
are due to end on Friday morning. It is the first high-level meeting between
in all three shootings. Authorities say it is too early in the investigation to know
energy Russian energy, claiming it is "totally controlled" by Moscow. EU
in Somalia for more than a decade. It is affiliated to al-Qaeda, unlike the
in the previous government, little is known about Ms Samia's private life
where this places her in terms of policy is not yet clear. Most significantly she
of state - the Ethiopian presidency is a largely ceremonial role - and join
group which allied itself with the rival IS movement in 2019. IS sees the
by Moscow. EU figures suggest Russia is responsible for between 50% and
decision-making and temperament. She is a very capable leader," he said. But
culture that reflects the respect she is held in, rather than reducing her to a
cuff and let his feelings be known, she is more thoughtful and considered. She
is more thoughtful and considered. She is also said to be a good listener who
pledged allegiance to the Islamic State (IS) group. In its report, Save the
not expected to make progress. That is because Russia has engaged in
for a two-day working visit. Trump is the 12th sitting US president to
against his visit across the UK. Trump is due to hold his first summit with

ᠵᠢᠷᠤᠭ 4—1 《is》 ᠦᠨ ᠬᠠᠮᠲᠤ ᠡᠭᠦᠰᠬᠡᠯ ᠦᠭᠡ ᠶᠢᠨ ᠬᠡᠯᠡᠨ ᠵᠠᠭᠠᠪᠤᠷ ᠬᠡᠯᠡ ᠶᠢᠨ ᠵᠢᠷᠤᠭ

ᠵᠢᠷᠤᠭ 4—1 ᠳᠦ᠂ ᠬᠠᠮᠲᠤ ᠡᠭᠦᠰᠬᠡᠯ ᠦᠭᠡ 《is》 ᠦᠨ ᠵᠡᠬᠦᠨ ᠪᠠ ᠪᠠᠷᠠᠭᠤᠨ ᠲᠠᠯ᠎ᠠ ᠶᠢᠨ ᠬᠠᠮᠲᠤ ᠡᠭᠦᠰᠬᠡᠯ ᠦᠭᠡᠰ ᠢ ᠬᠠᠷᠠᠭᠤᠯᠵᠤ ᠪᠠᠢᠨ᠎ᠠ :

ᠠᠩᠭ᠌ᠯᠢ ᠬᠡᠯᠡᠨ ᠦ ᠪᠦᠲᠦᠭᠡᠯ ᠂ ᠬᠡᠯᠪᠡᠷᠢ ᠦᠭᠡ ᠶᠢᠨ ᠦᠨᠳᠦᠰᠦ ᠳᠤ ᠦᠭᠡ ᠨᠢ ᠬᠡᠷᠡᠭᠯᠡᠬᠦ ᠨᠢ ᠪᠣᠯᠪᠠᠰᠤ ᠪᠣᠯᠤᠨ ᠠᠩᠭ᠌ᠯᠢ ᠪᠠ ᠲᠡᠮᠳᠡᠭᠯᠡᠭᠰᠡᠨ ᠠᠩᠭ᠌ᠯᠢ ᠬᠡᠯᠡᠨ ᠦ ᠬᠡᠯᠡᠪᠡᠯ ᠂ ᠬᠡᠯᠪᠡᠷᠢ ᠶᠢᠨ ᠵᠢᠱᠢᠶ᠎ᠡ ᠂ ᠲᠡᠮᠳᠡᠭ ᠲᠠᠢ ᠠᠩᠭ᠌ᠯᠢ ᠶᠢᠨ ᠬᠡᠯᠪᠡᠷᠢ ᠶᠢ ᠬᠡᠷᠡᠭᠯᠡᠬᠦ ᠪᠣᠯᠤᠨ᠎ᠠ :: ᠬᠡᠷᠪᠡ ᠠᠩᠭ᠌ᠯᠢ ᠳᠤ 《 with/n 》 ᠲᠡᠮᠳᠡᠭᠯᠡᠪᠡᠯ ᠦᠭᠡ ᠶᠢᠨ ᠲᠡᠮᠳᠡᠭ ᠪᠣᠯᠤᠨ ᠦᠭᠡ ᠳᠤ ᠬᠡᠯᠪᠡᠷᠢ ᠪᠣᠯᠤᠨ᠎ᠠ :: ᠵᠢᠱᠢᠶᠡᠯᠡᠪᠡᠯ ᠂ 《 * ing 》 ᠭᠡᠬᠦ ᠬᠡᠯᠪᠡᠷᠢ 《 ing 》 ᠵᠠᠯᠭᠠᠪᠤᠷᠢ ᠲᠠᠢ ᠦᠭᠡ ᠶᠢ ᠲᠡᠮᠳᠡᠭᠯᠡᠨ᠎ᠡ ᠂ 《 * ᠥ· 》 ᠲᠡᠮᠳᠡᠭᠯᠡᠭᠰᠡᠨ ᠦᠭᠡ ᠶᠢᠨ ᠦᠨᠳᠦᠰᠦ ᠨᠢ ᠶᠠᠮᠠᠷ ᠴᠤ ᠦᠭᠡ ᠪᠠᠢᠵᠤ ᠪᠣᠯᠬᠤ ᠶᠢ ᠲᠡᠮᠳᠡᠭᠯᠡᠨ᠎ᠡ :: ᠵᠢᠱᠢᠶᠡᠯᠡᠪᠡᠯ ᠤᠳᠬ᠎ᠠ ᠶᠢᠨ (*) ᠤᠨ ᠣᠷᠤᠨ ᠳᠤ photography ᠭᠡᠬᠦ ᠦᠭᠡ ᠶᠢᠨ ᠦᠨᠳᠦᠰᠦ ᠳᠤ ᠬᠡᠷᠡᠭᠯᠡᠬᠦ ᠪᠣᠯᠤᠨ ᠠᠩᠭ᠌ᠯᠢ ᠶᠢᠨ ᠬᠡᠯᠪᠡᠷᠢ ᠶᠢᠨ ᠵᠢᠱᠢᠶ᠎ᠡ ᠪᠣᠯᠤᠨ᠎ᠠ :: ᠵᠢᠱᠢᠶᠡᠯᠡᠪᠡᠯ ᠂ 《 photo* 》 ᠭᠡᠬᠦ ᠬᠡᠯᠪᠡᠷᠢ photo ᠂ photograph ᠂ photographer ᠂

ᠬᠣᠶᠠᠷ᠂ wordsmith ᠫᠷᠣᠭ᠌ᠷᠠᠮ ᠤᠨ ᠬᠡᠷᠡᠭᠯᠡᠭᠡ

wordsmith6.0 ᠪᠣᠯ ᠠᠩᠭ᠌ᠯᠢ ᠶᠢᠨ ᠡᠷᠳᠡᠮᠲᠡᠨ ᠦ ᠬᠥᠭᠵᠢᠭᠦᠯᠦᠭᠰᠡᠨ ᠶᠢᠨ Mike Scott ᠬᠥᠭᠵᠢᠭᠦᠯᠪᠡ᠂ ᠡᠨᠡᠬᠦ ᠫᠷᠣᠭ᠌ᠷᠠᠮ ᠨᠢ ᠪᠣᠯᠪᠠᠰᠤᠷᠠᠩᠭᠤᠢ ᠬᠡᠯᠡ ᠶᠢᠨ ᠮᠠᠲ᠋ᠧᠷᠢᠶᠠᠯ ᠢ ᠰᠢᠨᠵᠢᠯᠡᠬᠦ ᠳᠤ ᠬᠡᠷᠡᠭᠯᠡᠳᠡᠭ ᠪᠠᠶᠢᠨ᠎ᠠ :: ᠭᠤᠤᠯ ᠭᠤᠷᠪᠠᠨ ᠪᠠᠭᠠᠵᠢ ᠲᠠᠢ : wordlist (ᠦᠭᠡᠰ ᠦᠨ ᠬᠦᠰᠦᠨᠦᠭ ᠢ ᠬᠠᠢᠬᠤ)᠂ concord (ᠬᠡᠯᠡᠨ ᠦ ᠣᠷᠴᠢᠨ ᠢ ᠬᠠᠢᠬᠤ)᠂ keywords (ᠵᠠᠩᠭᠢᠯᠭ᠎ᠠ ᠶᠢᠨ ᠦᠭᠡ ᠶᠢ ᠬᠠᠢᠬᠤ)᠂ Text Converter (ᠲᠧᠺᠰᠲ ᠰᠢᠯᠵᠢᠭᠦᠯᠬᠦ)᠂ splitter (ᠲᠧᠺᠰᠲ ᠬᠤᠪᠢᠶᠠᠬᠤ)᠂ Viewer (ᠲᠧᠺᠰᠲ ᠬᠠᠷᠠᠬᠤ) ᠵᠡᠷᠭᠡ ᠬᠡᠷᠡᠭᠰᠡᠯ ᠪᠠᠭᠠᠵᠢ ᠪᠠᠶᠢᠨ᠎ᠠ :: ᠡᠳᠡᠭᠡᠷ ᠪᠠᠭᠠᠵᠢ ᠪᠣᠯ ᠲᠤᠰ ᠲᠤᠰ ᠢᠶᠡᠨ ᠬᠡᠷᠡᠭᠯᠡᠵᠦ ᠪᠣᠯᠬᠤ ᠪᠠᠶᠢᠨ᠎ᠠ᠂ ᠪᠠᠰᠠ ᠬᠠᠮᠲᠤ ᠬᠡᠷᠡᠭᠯᠡᠵᠦ ᠪᠣᠯᠤᠨ᠎ᠠ

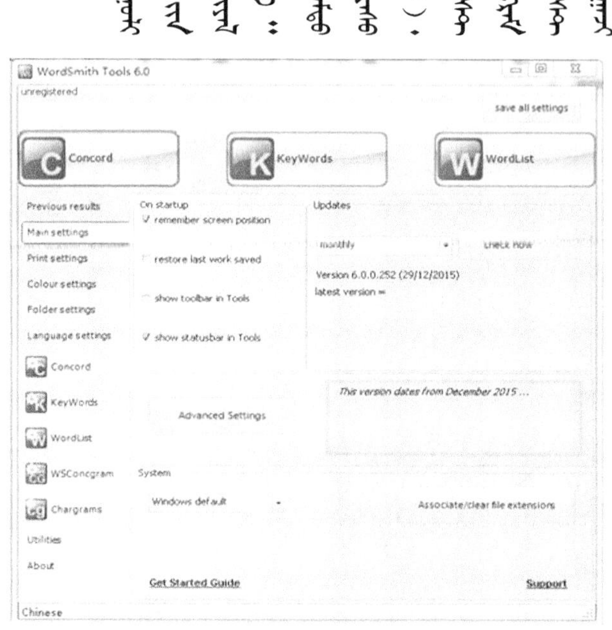

ᠵᠢᠷᠤᠭ 4—2 wordsmith 6.0 ᠤᠨ ᠡᠬᠢᠯᠡᠯ ᠦᠨ ᠨᠢᠭᠤᠷ

ᠪᠣᠯᠤᠨ᠎ᠠ ᠃ 〔2〕 txt ᠂ html ᠂ xml ᠭᠡᠳᠡᠭ ᠮᠡᠲᠦ ᠹᠠᠢᠯ ᠤᠨ ᠬᠡᠯᠪᠡᠷᠢ ᠪᠡᠷ ᠬᠠᠳᠠᠭᠠᠯᠠᠵᠤ ᠪᠣᠯᠤᠨ᠎ᠠ ᠃ wordsmith 6.0 ᠳᠤ ᠰᠢᠨ᠎ᠡ ᠨᠡᠮᠡᠯᠲᠡ ᠶᠢ

ᠵᠢᠷᠤᠭ 4—2 ᠳᠤ ᠦᠵᠡᠭᠦᠯᠦᠭᠰᠡᠨ ᠶᠣᠰᠣᠭᠠᠷ ᠪᠣᠯᠤᠨ᠎ᠠ ᠃

(ᠵᠢᠷᠤᠭ) wordlist ᠴᠣᠩᠬᠣ

wordlist ᠪᠣᠯ ᠦᠭᠡ ᠶᠢᠨ ᠵᠢᠭᠰᠠᠭᠠᠯᠲᠠ ᠳᠤ ᠬᠡᠷᠡᠭᠯᠡᠳᠡᠭ ᠪᠠᠭᠠᠵᠢ ᠪᠣᠯᠬᠤ ᠪᠡᠷ ᠵᠢᠭᠰᠠᠭᠠᠭᠠᠳ ᠂ ᠦᠰᠦᠭ ᠦᠨ ᠳᠠᠷᠠᠭᠠᠯᠠᠯ ᠦᠨ ᠳᠠᠪᠲᠠᠮᠵᠢ ᠪᠤᠶᠤ

ᠳᠠᠪᠲᠠᠮᠵᠢ ᠶᠢᠨ ᠬᠡᠮᠵᠢᠶ᠎ᠡ ᠂ ᠪᠠᠢᠷᠢ ᠂ ᠬᠤᠪᠢ ᠳᠠᠪᠲᠠᠮᠵᠢ ᠶᠢᠨ ᠬᠡᠮᠵᠢᠶ᠎ᠡ ᠵᠡᠷᠭᠡ ᠶᠢ ᠪᠣᠳᠣᠨ ᠭᠠᠷᠭᠠᠨ᠎ᠠ ᠃

ᠬᠡᠷᠡᠭᠯᠡᠬᠦ ᠠᠷᠭ᠎ᠠ ᠵᠠᠮ ᠨᠢ ᠄

1. wordsmith tools controller ᠴᠣᠩᠬᠣᠨ ᠳᠡᠭᠡᠷᠡᠬᠢ Tools ᠢ ᠳᠠᠷᠤᠭᠠᠳ ᠂ ᠳᠠᠷᠠᠭ᠎ᠠ ᠨᠢ Wordlist ᠴᠣᠩᠬᠣ ᠶᠢ ᠨᠡᠭᠡᠭᠡᠨ᠎ᠡ ᠃

2. 《 ᠹᠠᠢᠯ 》 ᠳᠡᠭᠡᠷᠡᠬᠢ 《 ᠰᠢᠨ᠎ᠡ ᠪᠡᠨ ᠪᠠᠢᠭᠤᠯᠬᠤ 》 ᠳᠤᠪᠴᠢ ᠶᠢ ᠳᠠᠷᠤᠭᠠᠳ ᠵᠢᠭᠰᠠᠭᠠᠯᠲᠠ ᠶᠢᠨ ᠮᠠᠲ᠋ᠧᠷᠢᠶᠠᠯ ᠢ ᠰᠣᠩᠭᠣᠨ ᠬᠠᠳᠠᠭᠠᠯᠠᠭᠠᠳ ᠂ ᠳᠠᠷᠠᠭ᠎ᠠ ᠨᠢ ᠳᠣᠣᠷ᠎ᠠ ᠬᠡᠰᠡᠭ ᠲᠦ ᠪᠠᠢᠬᠤ

ᠭᠠᠷᠭᠠᠨ᠎ᠠ ᠃

3. Make a word list now ᠳᠤᠪᠴᠢ ᠶᠢ ᠳᠠᠷᠤᠭᠠᠳ ᠂ ᠳᠠᠪᠲᠠᠮᠵᠢ ᠶᠢ ᠪᠣᠳᠣᠬᠤ ᠪᠣᠯᠤᠨ᠎ᠠ ᠃ ᠳᠠᠪᠲᠠᠮᠵᠢ ᠪᠣᠳᠣᠭᠰᠠᠨ ᠤ ᠳᠠᠷᠠᠭ᠎ᠠ ᠂ Wordlist ᠳᠤ

ᠦᠰᠦᠭ ᠦᠨ ᠳᠠᠷᠠᠭᠠᠯᠠᠯ ᠢᠶᠠᠷ ᠵᠢᠭᠰᠠᠭᠠᠭᠰᠠᠨ ᠳᠠᠪᠲᠠᠮᠵᠢ ᠶᠢᠨ ᠬᠦᠰᠦᠨᠦᠭ ᠢ ᠭᠠᠷᠭᠠᠨ᠎ᠠ ᠃ ᠡᠨᠡ ᠬᠦᠰᠦᠨᠦᠭ ᠲᠦ ᠦᠰᠦᠭ ᠦᠨ ᠳᠠᠷᠠᠭᠠᠯᠠᠯ ᠂ ᠪᠠᠢᠷᠢ ᠂ ᠳᠠᠪᠲᠠᠮᠵᠢ ᠶᠢᠨ ᠬᠡᠮᠵᠢᠶ᠎ᠡ ᠪᠠ ᠳᠠᠪᠲᠠᠮᠵᠢ ᠶᠢᠨ ᠬᠤᠪᠢ ᠵᠡᠷᠭᠡ ᠮᠡᠳᠡᠭᠡ ᠪᠠᠭᠲᠠᠵᠤ

ᠳᠤ ᠳᠠᠬᠢᠨ ᠳᠠᠪᠲᠠᠮᠵᠢ ᠪᠣᠯᠤᠨ᠎ᠠ ᠃

4. ᠬᠡᠷᠪᠡ ᠳᠠᠪᠲᠠᠮᠵᠢ ᠶᠢᠨ ᠬᠦᠰᠦᠨᠦᠭ ᠢ ᠬᠠᠳᠠᠭᠠᠯᠠᠬᠤ ᠭᠡᠪᠡᠯ ᠂ 《 ᠬᠠᠳᠠᠭᠠᠯᠠᠬᠤ 》 ᠳᠤᠪᠴᠢ ᠶᠢ ᠳᠠᠷᠤᠨ᠎ᠠ ᠃

SANAG_A HAMIG_A—ACA IREDEG BVI? 》 ᠭᠡᠬᠦ ᠳᠠᠪᠲᠠᠮᠵᠢ ᠶᠢᠨ ᠵᠢᠭᠰᠠᠭᠠᠯᠲᠠ ᠪᠣᠯᠤᠨ᠎ᠠ ᠂ Wordlist ᠴᠣᠩᠬᠣᠨ

ᠳᠡᠭᠡᠷᠡ ᠪᠠᠢᠬᠤ ᠳᠠᠪᠲᠠᠮᠵᠢ ᠳᠠᠭᠤᠰᠤᠯᠲᠠ ᠶᠢᠨ ᠪᠠᠢᠷᠢ ᠳᠤ ᠳᠠᠪᠲᠠᠮᠵᠢ ᠪᠠᠢᠷᠢ ᠳᠤ ᠨᠡᠢᠲᠡ ᠭᠠᠷᠴᠠᠭ 《 HOMON—U JOB UJEL

ᠪᠣᠯ ᠲᠡᠷᠡ ᠦᠭᠡᠰ ᠦᠨ ᠬᠡᠷᠡᠭᠯᠡᠭᠡᠨ ᠦ ᠪᠠᠢᠳᠠᠯ ᠢ ᠲᠣᠭᠠᠴᠠᠭᠰᠠᠨ ᠤ ᠦᠷ᠎ᠡ ᠳᠦᠩ ᠢ ᠵᠢᠷᠤᠭ 4—1、4—2、4—3 ᠡᠴᠡ ᠬᠠᠷᠠᠭᠳᠠᠵᠤ ᠪᠣᠯᠤᠨ᠎ᠠ ::

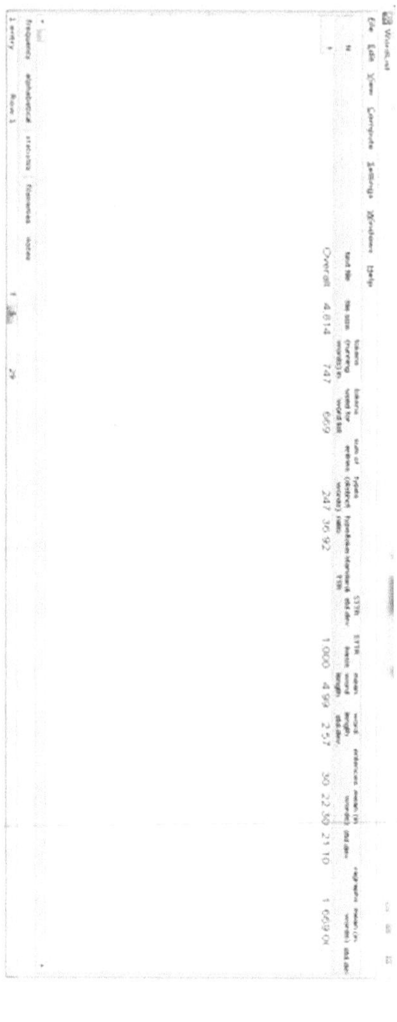

ᠵᠢᠷᠤᠭ 4—1　ᠪᠢᠴᠢᠭ ᠦᠨ ᠬᠡᠷᠡᠭᠯᠡᠭᠡᠨ ᠦ ᠪᠠᠢᠳᠠᠯ ᠤᠨ ᠲᠣᠭᠠᠨ Wordlist ᠫᠷᠣᠭ᠌ᠷᠠᠮ ᠤᠨ ᠲᠣᠭᠠᠴᠠᠯ ᠤᠨ ᠦᠷ᠎ᠡ ᠳᠦᠩ

ᠲᠡᠷᠡ ᠪᠢᠴᠢᠭ ᠲᠦ 747 ᠦᠭᠡ ᠶᠢᠨ ᠲᠣᠭ᠎ᠠ（行符）、ᠲᠡᠭᠦᠨ 747 ᠲᠣᠭ᠎ᠠ ᠦᠭᠡ、247 ᠲᠥᠷᠥᠯ ᠦᠨ ᠲᠣᠭ᠎ᠠ（类符）、ᠲᠡᠭᠦᠨ 247 ᠲᠥᠷᠥᠯ ᠦᠭᠡ ᠪᠠᠢᠨ᠎ᠠ :: ᠲᠥᠷᠥᠯ ᠦᠨ ᠲᠣᠭ᠎ᠠ ᠨᠢ ᠦᠭᠡ ᠶᠢᠨ ᠲᠣᠭ᠎ᠠ ᠳᠤ ᠡᠵᠡᠯᠡᠬᠦ ᠬᠤᠪᠢ ᠨᠢ 36% :: ᠲᠡᠷᠡ ᠪᠢᠴᠢᠭ ᠲᠦ ᠨᠡᠢᠲᠡ 30 ᠥᠭᠦᠯᠡᠪᠦᠷᠢ ᠪᠣᠯᠤᠭᠰᠠᠨ、ᠲᠣᠭᠣᠴᠠᠭ᠎ᠠ ᠪᠠᠷ ᠥᠭᠦᠯᠡᠪᠦᠷᠢ ᠪᠦᠷᠢ ᠳᠦ 22 ᠦᠭᠡ ᠪᠠᠢᠨ᠎ᠠ :: ᠦᠭᠡ ᠶᠢᠨ ᠤᠷᠲᠤ ᠶᠢᠨ ᠲᠠᠯ᠎ᠠ ᠪᠠᠷ、ᠲᠡᠷᠡ ᠪᠢᠴᠢᠭ ᠦᠨ ᠲᠣᠭ᠎ᠠ ᠳᠤ ᠣᠷᠣᠯᠴᠠᠭᠰᠠᠨ ᠦᠭᠡ 29、ᠬᠣᠶᠠᠷ ᠣᠷᠣᠯᠴᠠᠭᠰᠠᠨ ᠦᠭᠡ 95、ᠭᠤᠷᠪᠠ ᠣᠷᠣᠯᠴᠠᠭᠰᠠᠨ ᠦᠭᠡ 129、ᠳᠥᠷᠪᠡ ᠣᠷᠣᠯᠴᠠᠭᠰᠠᠨ ᠦᠭᠡ 116、ᠲᠠᠪᠤ ᠣᠷᠣᠯᠴᠠᠭᠰᠠᠨ ᠦᠭᠡ 99、ᠵᠢᠷᠭᠤᠭ᠎ᠠ ᠣᠷᠣᠯᠴᠠᠭᠰᠠᠨ ᠦᠭᠡ 52、ᠳᠣᠯᠣᠭ᠎ᠠ ᠪᠠ ᠲᠡᠭᠦᠨ ᠡᠴᠡ ᠳᠡᠭᠡᠭᠰᠢ 117 ᠪᠣᠯᠤᠨ᠎ᠠ、ᠡᠩ ᠤᠨ ᠣᠷᠣᠯᠴᠠᠭᠰᠠᠨ

ᠳ᠋ᠤᠭᠠᠷ	ᠦᠭᠡ ᠬᠡᠯᠪᠡᠷᠢ	ᠳᠠᠪᠲᠠᠮᠵᠢ
1	UJEL	17
2	TANILTA	16
3	ENE	11
4	JOB	11
5	SANAG_A	11
6	HURHU	8
7	NEYIGEM	8
8	VHAGAN	8
9	VYVN	8
11	USURULTE	7
12	BAYIDAG	6
13	BVI	6
14	HOMON	6
15	TEMECEL	6
16	YVM	6
17	ARG_A	5
18	BASA	5
19	EGUN	5
20	HUCUN	5

ᠬᠦᠰᠦᠨᠦᠭᠲᠦ 4—2 ᠳᠡᠭᠡᠳᠦ ᠳᠠᠪᠲᠠᠮᠵᠢ ᠲᠠᠢ 20 ᠦᠭᠡ ᠶᠢᠨ ᠵᠢᠭᠰᠠᠭᠠᠯᠲᠠ

ᠳᠠᠷᠠᠭᠠᠯᠠᠭᠰᠠᠨ ᠦᠭᠡᠰ ᠦᠨ ᠬᠦᠰᠦᠨᠦᠭᠲᠦ ᠪᠣᠯᠤᠨ᠎ᠠ᠃ ᠳᠡᠭᠡᠳᠦ 20 ᠦᠭᠡ ᠶᠢ ᠳᠠᠷᠠᠭᠠᠯᠠᠭᠰᠠᠨ ᠪᠠᠢᠨ᠎ᠠ᠃ ᠬᠦᠰᠦᠨᠦᠭᠲᠦ 4—4 ᠳᠦ ᠲᠣᠭᠠᠴᠠᠭᠰᠠᠨ ᠶᠢᠨ ᠳᠡᠭᠡᠷᠡ ᠰᠤᠷᠠᠯᠴᠠᠬᠤ ᠶᠢᠨ ᠲᠡᠮᠳᠡᠭ ᠲᠠᠢ ᠲᠣᠭᠠᠴᠠᠭᠰᠠᠨ ᠪᠣᠯᠤᠨ᠎ᠠ ᠶᠢᠨ ᠦᠭᠡᠰ ᠦᠨ ᠬᠦᠰᠦᠨᠦᠭᠲᠦ ᠪᠣᠯᠤᠨ᠎ᠠ (wordlist)᠃ ᠡᠨᠡ ᠬᠦᠰᠦᠨᠦᠭ ᠲᠦ ᠪᠠᠢᠭ᠎ᠠ ᠪᠦᠬᠦ ᠦᠭᠡᠰ ᠦᠨ ᠳᠠᠪᠲᠠᠮᠵᠢ ᠶᠢ ᠲᠣᠭᠠᠴᠠᠭᠰᠠᠨ ᠦᠭᠡ ᠶᠢᠨ ᠳᠠᠪᠲᠠᠮᠵᠢ ᠲᠠᠢ ᠪᠦᠭᠦᠳᠡ ᠨᠢ ᠬᠠᠷᠢᠴᠠᠭᠤᠯᠤᠭᠰᠠᠨ

ᠬᠦᠰᠦᠨᠦᠭᠲᠦ 4—2 · 4—3 ᠳᠦ ᠬᠠᠷᠤᠭᠤᠯᠤᠭᠰᠠᠨ ᠦᠭᠡᠰ ᠦᠨ ᠬᠠᠷᠢᠴᠠᠭ᠎ᠠ ᠨᠢ ᠪᠦᠬᠦ ᠬᠣᠯᠪᠣᠭᠳᠠᠯ ᠤᠨ 95% ᠢ ᠡᠵᠡᠯᠡᠨ᠎ᠡ᠃

ᠪᠠᠢᠭᠠᠳ · ᠪᠤᠰᠤᠳ ᠳᠠᠭᠠᠭ᠎ᠠ ᠬᠠᠷᠤᠭᠤᠯᠤᠭᠰᠠᠨ ᠦᠭᠡ 44 · ᠨᠡᠢᠲᠡ ᠬᠡᠷᠡᠭᠯᠡᠭᠳᠡᠭᠰᠡᠨ ᠦᠭᠡ 33 ᠪᠠᠢᠨ᠎ᠠ᠃ ᠡᠳᠡᠭᠡᠷ ᠬᠠᠷᠤᠭᠤᠯᠤᠭᠰᠠᠨ ᠦᠭᠡᠰ ᠦᠨ ᠳᠤᠮᠳᠠ ᠨᠡᠢᠲᠡ ᠬᠡᠷᠡᠭᠯᠡᠭᠳᠡᠭᠰᠡᠨ ᠦᠭᠡ ᠨᠢ ᠳᠤᠮᠳᠠ ᠨᠡᠢᠲᠡ ᠬᠡᠷᠡᠭᠯᠡᠭᠳᠡᠭᠰᠡᠨ ᠦᠭᠡ ᠨᠢᠭᠡᠨ 714

ᠵᠢᠷᠤᠭ 4—3 ᠳᠠᠪᠲᠠᠮᠵᠢ ᠶᠢᠨ ᠡᠮᠦᠨᠡᠬᠢ 20 ᠦᠭᠡ ᠶᠢᠨ ᠵᠢᠭᠰᠠᠭᠠᠯᠲᠠ

WordList

File Edit View Compute Settings Windows Help

N	Word	Freq.	%	Texts	% Lemmas	Set
1	#	78	10.44	1	100.0(	
2	YIN	29	3.88	1	100.0(	
3	UN	20	2.68	1	100.0(	
4	UJEL	17	2.28	1	100.0(	
5	TANILTA	16	2.14	1	100.0(	
6	YI	16	2.14	1	100.0(	
7	DV	13	1.74	1	100.0(	
8	ACA	12	1.61	1	100.0(	
9	NI	12	1.61	1	100.0(	
10	U	12	1.61	1	100.0(	
11	V	12	1.61	1	100.0(	
12	ENE	11	1.47	1	100.0(	
13	JOB	11	1.47	1	100.0(	
14	SANAG_A	11	1.47	1	100.0(	
15	ECE	10	1.34	1	100.0(	
16	DU	8	1.07	1	100.0(	
17	HURHU	8	1.07	1	100.0(	
18	NEYIGEM	8	1.07	1	100.0(	
19	VHAGAN	8	1.07	1	100.0(	
20	VYVN	8	1.07	1	100.0(	
21	UILEDULGE	7	0.94	1	100.0(	
22	USURULTE	7	0.94	1	100.0(	

frequency alphabetical statistics filenames notes

1 entry Row 1 T S 29

ᠵᠢᠷᠤᠭ 4—4 ᠴᠠᠭᠠᠨ ᠲᠣᠯᠣᠭᠠᠢ ᠶᠢᠨ ᠳᠠᠷᠠᠭᠠᠯᠠᠯ ᠤᠨ ᠦᠭᠡ ᠶᠢᠨ ᠵᠢᠷᠤᠭ

WordList

File Edit View Compute Settings Windows Help

N	Word	Freq.	%	Texts	% Lemmas	Set
1	#	78	10.44	1	100.0(	
2	ABACIJV	1	0.13	1	100.0(	
3	ACA	12	1.61	1	100.0(	
4	ACI	1	0.13	1	100.0(	
5	AGVV	3	0.40	1	100.0(	
6	AHVI	3	0.40	1	100.0(	
7	AJIL	1	0.13	1	100.0(	
8	ALDAG_A	1	0.13	1	100.0(	
9	ALI	1	0.13	1	100.0(	
10	AMIDVRAL	1	0.13	1	100.0(	
11	AMJILTA	3	0.40	1	100.0(	
12	ANGGI	4	0.54	1	100.0(	
13	ANGHADVGAR	3	0.40	1	100.0(	
14	ARAD	1	0.13	1	100.0(	
15	ARG_A	5	0.67	1	100.0(	
16	ASAGVBAL	1	0.13	1	100.0(	
17	ASAGVLTA	1	0.13	1	100.0(	
18	ATV	6	0.80	1	100.0(	
19	ATVN	1	0.13	1	100.0(	
20	BA	1	0.13	1	100.0(	
21	BAGTAN_A	1	0.13	1	100.0(	
22	BAGVRAI	1	0.13	1	100.0(	

frequency alphabetical statistics filenames notes

1 entry Row 1 T S 29

ᠶᠢᠨ ᠪᠠᠶᠢᠷᠢᠰᠢᠯ ᠳᠤ ᠪᠠᠨ ᠰᠣᠩᠭᠣᠭᠰᠠᠨ ᠬᠤᠪᠢᠶᠠᠷᠢᠯᠠᠨ ᠲᠣᠭ᠎ᠠ ᠶᠢ ᠰᠣᠩᠭᠣᠨ᠎ᠠ ᠃ ᠲᠣᠭ᠎ᠠ ᠭᠠᠷᠴᠠᠭ ᠤᠨ ᠪᠠᠶᠢᠷᠢᠰᠢᠯ ᠳᠤ 4—6 ᠳᠤ ᠲᠣᠭᠲᠠᠭᠠᠭᠰᠠᠨ ᠮᠡᠲᠦ ᠂ ᠵᠢᠱᠢᠶᠡᠯᠡᠪᠡᠯ 8 ᠳᠠᠬᠢ ᠬᠤᠪᠢᠶᠠᠷᠢᠯ ᠬᠡᠯᠡᠨ ᠦ ᠵᠢᠭᠠᠭᠤᠷ ᠪᠢᠴᠢᠭ ᠂ 《 SANAG_A 》 ᠪᠠ ᠰᠣᠩᠭᠣᠯᠲᠠ ᠶᠢᠨ ᠲᠣᠭ᠎ᠠ ᠪᠢᠴᠢᠭ ᠂ ᠬᠣᠶᠠᠷ ᠲᠣᠭ᠎ᠠ ᠶᠢᠨ ᠬᠡᠯᠡᠨ ᠦ ᠵᠢᠭᠠᠭᠤᠷ

ᠲᠡᠯᠡᠭ ᠮᠡᠲᠦ 《 HOMON—U JOB UJEL SANAG_A HAMIG_A—ACA IREDEG BVI ？》 ᠭᠡᠳᠡᠭ

6. ᠭᠤᠷᠪᠠ ᠰᠣᠩᠭᠣᠯᠲᠠ ᠶᠢᠨ ᠲᠣᠭ᠎ᠠ ᠪᠠᠶᠢᠷᠢ ᠶᠢ ᠰᠣᠩᠭᠣᠭᠰᠠᠨ ᠬᠣᠢᠢᠨ᠎ᠠ ᠂ 《 ᠰᠣᠩᠭᠣᠭᠰᠠᠨ 》 ᠳᠠᠷᠤᠭᠤᠯ ᠢ ᠳᠠᠷᠤᠨ᠎ᠠ ᠃

Concord ᠫᠷᠣᠭᠷᠠᠮ ᠡᠬᠢᠯᠡᠨ ᠠᠵᠢᠯᠯᠠᠨ᠎ᠠ ᠃

5. Start Concordance ᠳᠠᠷᠤᠭᠤᠯ ᠢ ᠳᠠᠷᠤᠭᠰᠠᠨ ᠂ ᠰᠣᠩᠭᠣᠯᠲᠠ ᠪᠠᠨ ᠪᠠᠲᠤᠯᠠᠭᠠᠨ᠎ᠠ ᠃ ᠰᠣᠩᠭᠣᠯᠲᠠ ᠳᠠᠭᠤᠰᠬᠤ ᠂ ᠲᠣᠭ᠎ᠠ ᠪᠠᠶᠢᠷᠢ ᠶᠢ ᠳᠠᠮᠵᠢᠭᠤᠯᠤᠯᠲᠠ ᠶᠢᠨ ᠬᠦᠰᠦᠨᠦᠭ ᠲᠦ ᠣᠷᠣᠭᠤᠯᠤᠨ᠎ᠠ ᠃

4. ᠭᠤᠷᠪᠠ ᠲᠣᠪᠴᠢᠨ ᠳᠠᠮᠵᠢᠭᠤᠯᠤᠯᠲᠠ ᠪᠠᠨ ᠬᠠᠷᠠᠭᠤᠯ ᠬᠣᠢᠢᠨ᠎ᠠ ᠂ Horizons etc ᠳᠠᠷᠤᠭᠤᠯ ᠢ ᠳᠠᠷᠤᠭᠰᠠᠨ ᠂ ᠳᠠᠭᠤᠰᠬᠤ ᠪᠠ ᠳᠠᠷᠤᠭᠤᠯᠤᠯᠲᠠ

3. ᠰᠣᠩᠭᠣᠯᠲᠠ ᠶᠢᠨ ᠲᠣᠭ᠎ᠠ ᠪᠠ ᠰᠣᠩᠭᠣᠬᠤ ᠲᠣᠭ᠎ᠠ ᠪᠠᠨ ᠳᠠᠭᠤᠰᠬᠠᠨ᠎ᠠ ᠃

ᠰᠣᠩᠭᠣᠬᠤ ᠬᠤᠪᠢᠶᠠᠷᠢ ᠰᠣᠩᠭᠣᠯᠲᠠ ᠶᠢᠨ ᠳᠡᠯᠭᠡᠴᠡ ᠶᠢᠨ ᠬᠠᠷᠠᠭᠤᠯᠤᠨ᠎ᠠ ᠃

2. 《 ᠹᠠᠶᠢᠯ 》 ᠳᠤ ᠪᠠᠨ 《 ᠰᠢᠨ᠎ᠡ ᠪᠠ ᠪᠠᠶᠢᠭᠤᠯᠬᠤ 》 ᠳᠠᠷᠤᠭᠤᠯ ᠢ ᠳᠠᠷᠤᠭᠰᠠᠨ ᠂ ᠵᠢᠭᠠᠭᠤᠯᠬᠤ ᠶᠢᠨ ᠰᠣᠩᠭᠣᠯᠲᠠ ᠢ ᠬᠦᠯᠢᠶᠡᠨ ᠂ ᠬᠡᠯᠡᠨ ᠦ ᠮᠡᠳᠡᠭᠡ ᠳᠤ ᠫᠷᠣᠭᠷᠠᠮ ᠢ ᠬᠦᠯᠢᠶᠡᠨ᠎ᠡ ᠃

1. wordsmith tools controller ᠫᠷᠣᠭᠷᠠᠮ ᠳᠤ Tools ᠬᠡᠷᠡᠭᠰᠡᠯ ᠦᠨ ᠬᠡᠷᠡᠭᠯᠡᠵᠦ ᠂ ᠳᠠᠷᠠᠭ᠎ᠠ ᠳᠠᠷᠤᠭᠰᠠᠨ ᠂ concord ᠲᠣᠭᠠᠴᠠᠯᠠᠯ ᠲᠣᠭᠲᠠᠭᠠᠯᠲᠠ ᠶᠢᠨ ᠵᠢᠷᠤᠭ :

ᠰᠣᠩᠭᠣᠬᠤ ᠬᠤᠪᠢᠶᠠᠷᠢ ᠪᠠᠶᠢᠭᠤᠯᠬᠤ ᠳᠠᠭᠠᠨ ᠰᠣᠩᠭᠣᠯᠲᠠ ᠶᠢᠨ ᠲᠣᠭ᠎ᠠ ᠶᠢᠨ ᠬᠡᠮᠵᠢᠶ᠎ᠡ ᠰᠢᠯᠭᠠᠭᠤᠷᠢ ᠲᠣᠭᠠᠴᠠᠬᠤ ᠲᠣᠭ᠎ᠠ ᠢ ᠬᠤᠪᠢᠶᠠᠷᠢᠯᠠᠬᠤ ᠫᠷᠣᠭᠷᠠᠮ ᠮᠥᠨ ᠃

concord ᠬᠡᠰᠡᠭ（共现词）ᠨᠢ DOS ᠂ ASCLL ᠂ TXT ᠪᠤᠶᠤ ANSI ᠬᠡᠯᠪᠡᠷᠢ ᠶᠢᠨ ᠹᠠᠶᠢᠯ ᠤᠨ ᠬᠡᠯᠡᠨ ᠦ ᠮᠡᠳᠡᠭᠡ ᠳᠤ ᠪᠠᠨ

（ᠰᠢᠯᠲᠡ）concord ᠬᠡᠰᠡᠭ

ᠬᠠᠢᠯᠲᠠ ᠶᠢᠨ ᠦᠷ᠎ᠡ ᠳ᠋ᠦᠩ ᠢ ᠵᠢᠷᠤᠭ 4—6 ᠳᠤ ᠦᠵᠡᠭᠦᠯᠪᠡ ᠃ ᠡᠨᠡ ᠵᠢᠷᠤᠭ ᠡᠴᠡ ᠪᠢᠳᠡ ᠬᠠᠷᠠᠪᠠᠯ ᠂ 《 SANAG
ᠵᠢᠷᠤᠮ ᠪᠠᠢᠳᠠᠯ ᠤᠨ ᠦᠭᠡ ᠶᠢᠨ ᠬᠠᠮᠰᠤᠭᠠ ᠦᠭᠡ ᠶᠢ ᠬᠠᠢᠵᠤ ᠣᠯᠵᠤ ᠪᠣᠯᠤᠨ᠎ᠠ ᠃ ᠵᠢᠱᠢᠶᠡᠯᠡᠪᠡᠯ ᠂ 《 SANAG_A 》 ᠶᠢᠨ ᠬᠠᠮᠰᠤᠭᠠ ᠦᠭᠡ ᠶᠢᠨ
ᠪᠦᠲᠦᠴᠡ ᠪᠣᠯᠤᠨ ᠪᠠ ᠠᠪᠲ᠋ᠣᠮᠠᠲ᠋ᠢᠭᠴᠢᠯᠠᠯ ᠤᠨ ᠲᠡᠮᠳᠡᠭ ᠲᠠᠢ ᠬᠡᠷᠡᠭᠯᠡᠭᠡᠨ ᠤ ᠪᠣᠯᠤᠮᠵᠢ ᠃ ᠡᠨᠡ concord ᠤᠨ collocates ᠬᠡᠷᠡᠭᠰᠡᠯ ᠢᠶᠡᠷ
ᠳᠠᠮᠵᠢᠭᠤᠯᠤᠨ ᠂ ᠲᠤᠰ ᠬᠠᠮᠰᠤᠭᠠ ᠦᠭᠡ ᠶᠢ ᠢᠯᠭᠠᠬᠤ ᠂ ᠬᠠᠮᠰᠢᠭᠤᠯᠬᠤ ᠳᠠᠷᠤᠢ ᠶᠢᠨ ᠪᠠᠷᠢᠮᠲᠠ ᠦᠭᠡ ᠶᠢᠨ ᠪᠣᠯᠤᠨ ᠪ ᠬᠡᠯᠪᠡᠷ ᠳᠠᠮᠵᠢᠭᠤᠯᠤᠨ ᠪᠠ
ᠦᠭᠡ ᠶᠢ ᠦᠭᠡ ᠪᠣᠯᠤᠨ ᠪ ᠬᠠᠷᠢᠴᠠᠭᠤᠯᠤᠯ ᠬᠠᠮᠰᠤᠭᠠ ᠬᠠᠮᠰᠢᠭᠤᠯᠤᠨ ᠠ ᠬᠠᠢᠬᠤ ᠪᠣᠯᠤᠨ᠎ᠠ ᠃ ᠬᠠᠮᠰᠤᠭᠠ ᠦᠭᠡ ᠶᠢ ᠬᠠᠷᠢᠴᠠᠭᠤᠯᠵᠤ ᠪᠣᠯᠤᠨ ᠪ ᠪᠦᠲᠦᠴᠡ

concord ᠤᠨ ᠪᠣᠯᠤᠨ ᠪᠠᠷ ᠬᠡᠷᠡᠭᠯᠡᠬᠦ ᠬᠡᠷᠡᠭᠰᠡᠯ ᠳᠦ ᠬᠠᠮᠰᠤᠭᠠ ᠦᠭᠡ (collocates) ᠶᠢ ᠰᠣᠩᠭᠤᠵᠤ ᠪᠣᠯᠤᠨ᠎ᠠ ᠃ ᠬᠠᠮᠰᠤᠭᠠ ᠦᠭᠡ

N	Concordance	Set	Tag	Word #	Sent	Sent Pos	Para	Para Pos	Head	Head Pos	Sect	Sect Pos	File	Date	%
1	ENE UY_E-YIN VYVIN VHAGAN , UJEL SANAG_A (EGUN-DU 0N0L ,			193	15	9%	0	30'			0	30'	测试语料.txt	2021/Mar/25	31%
2	TANILTA B0LDAG , ENE NI UJEL SANAG_A MON ENE B0L			156	12	94'	0	24'			0	24'	测试语料.txt	2021/Mar/25	26%
3	BAYIJV BAYIN_A TEDEN-ECE UJEL SANAG_A , SANAL , TORO-YIN			508	26	16'	0	79'			0	79'	测试语料.txt	2021/Mar/25	79%
4	YABVCA-DV 0L0GSAN UJEL SANAG_A , 0N0L , TORO-YIN			399	20	56'	0	62'			0	62'	测试语料.txt	2021/Mar/25	63%
5	MAV=Ze=dONG HOMON-U JOB UJEL SANAG_A HAMIG_A-ACA IREDEG			21	2	67'	0	3%			0	3%	测试语料.txt	2021/Mar/25	4%
6	HICIYEL HOMON-U JOB UJEL SANAG_A HAMIG_A-ACA IREDEG			6	0	63'	0	1%			0	1%	测试语料.txt	2021/Mar/25	1%
7	ANGGI-YI TOLOGELEGSEN JOB UJEL SANAG_A 0LAN TUMEN-DU			78	9	40'	0	12'			0	12'	测试语料.txt	2021/Mar/25	13%
8	VV ? BISI HOMON-U JOB UJEL SANAG_A B0L NEYIGEM-UN			40	7	18'	0	6%			0	6%	测试语料.txt	2021/Mar/25	7%

ᠵᠢᠷᠤᠭ 4—5 SANAG_A ᠶᠢᠨ ᠬᠠᠮᠰᠤᠭᠠ ᠦᠭᠡ ᠶᠢᠨ ᠪᠠᠶᠢᠳᠠᠯ

ᠬᠠᠮᠰᠤᠭᠠᠯᠤᠭ᠎ᠠ ᠶᠢ ᠬᠠᠢᠯᠲᠠᠪᠠᠷ ᠦᠷ᠎ᠡ ᠳ᠋ᠦᠩ ᠪᠣᠯᠤᠨ᠎ᠠ ᠃

ᠦᠷ᠎ᠡ ᠳ᠋ᠦᠩ ᠢ ᠃ ᠵᠢᠷᠤᠭ 4—5 ᠳᠦ 《 SANAG_A 》 ᠪᠠᠷ ᠲᠥᠪᠯᠡᠷᠡᠯ ᠤᠨ ᠦᠭᠡ ᠪᠣᠯᠬᠤ ᠂ ᠪᠦᠬᠦ ᠪ ᠬᠡᠯᠡᠭ ᠰᠤᠷᠠᠯ

wordlist

Keywords

( ) Keywords

《 SANAG_A 0N0L 》

《 UJEL SANAG_A 》

8 《 0N0L 》

_A 》 《 UJEL 》

4—6 SANAG_A

N	Word	Freq.	Relation	Set	Texts	Total	Total Left	Total Right	L5	L4	L3	L2	L1	Centre	R1	R2	R3	R4	R5
1	SANAG_A	sanag_a	0.000		1	8	0	0						8					
2	UJEL	sanag_a	0.000		1	6	0	0					6						
3	JOB	sanag_a	0.000		1	4	4	0				4							
4	IREDEG	sanag_a	0.000		1	3	0	3								2			1
5	TORO-YIN	sanag_a	0.000		1	3	0	3								2	1		
6	TOLOBLEGE	sanag_a	0.000		1	3	0	3										1	2
7	HOMON-U	sanag_a	0.000		1	3	3	0			3								
8	BODOLG_A	sanag_a	0.000		1	3	0	3									2	1	
9	ARG_A	sanag_a	0.000		1	2	0	2										1	1
10	0N0L	sanag_a	0.000		1	2	0	2							1	1			

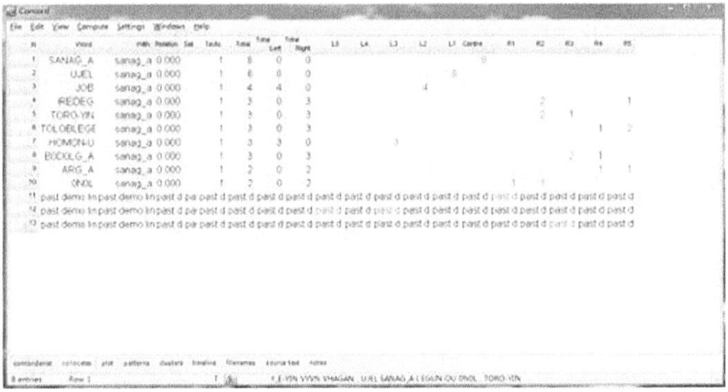

ᠮᠡᠳᠡᠭᠡ ᠲᠠᠯ᠎ᠠ ᠶᠢᠨ ᠰᠣᠨᠢᠨ ᠪᠢᠴᠢᠭ ᠪᠡᠷ ᠬᠡᠪᠯᠡᠯ ᠦᠨ ᠬᠡᠮᠵᠢᠶ᠎ᠡ ᠳᠦ 70 ᠤᠯᠠᠨ ᠬᠡᠯᠡ ᠪᠠᠷ ᠲᠠᠯ᠎ᠠ ᠶᠢᠨ ᠮᠡᠳᠡᠭᠳᠡᠯ ᠦᠨ ᠨᠢᠭᠲᠠᠯᠠᠭ᠎ᠠ ᠪᠠᠢᠢᠨ᠎ᠠ᠂ ᠬᠡᠷᠡᠭ ᠲᠤᠰ 7 ᠰᠠᠷ᠎ᠠ ᠶᠢᠨ 10 ᠤ ᠡᠳᠦᠷ ᠬᠡᠷᠡᠭ ᠦᠨ 20 ᠤᠯᠠᠨ ᠬᠡᠯᠡ ᠪᠠᠷ 《ᠬᠡᠪᠯᠡᠭᠳᠡᠭᠰᠡᠨ》 ᠰᠣᠨᠢᠨ ᠳᠤ ᠪᠠᠢᠭᠤᠯᠤᠭᠰᠠᠨ ᠨᠡᠢᠲᠡᠯᠡᠭᠰᠡᠨ᠂ 1988 ᠣᠨ ᠤ 7 ᠰᠠᠷ᠎ᠠ ᠶᠢᠨ 1 ᠦ ᠡᠳᠦᠷ ᠬᠦᠷᠲᠡᠯᠡ ᠬᠡᠪᠯᠡᠭᠳᠡᠭᠰᠡᠨ ᠪᠦᠬᠦ ᠰᠣᠨᠢᠨ ᠤ ᠲᠣᠭᠲᠠᠭᠰᠠᠨ ᠮᠡᠳᠡᠭᠡ ᠲᠠᠯ᠎ᠠ ᠶᠢᠨ ᠬᠡᠪᠯᠡᠯ ᠦᠨ ᠬᠡᠷᠡᠭᠯᠡᠭᠳᠡᠬᠦᠨ ᠢ ᠲᠤᠰᠬᠠᠢᠯᠠᠭᠰᠠᠨ ᠪᠠᠢᠨ᠎ᠠ ::

4. ᠡᠭᠦᠨ ᠳᠦ ᠰᠣᠩᠭᠣᠭᠰᠠᠨ ᠪᠢᠴᠢᠭᠯᠡᠯ ᠦᠨ ᠬᠠᠷᠢᠴᠠᠭᠤᠯᠬᠤ ᠲᠤ ᠬᠡᠷᠡᠭᠯᠡᠬᠦ ᠠᠷᠭ᠎ᠠ ᠶᠢᠨ ᠰᠣᠩᠭᠣᠯᠲᠠ ᠪᠣᠯ᠂ 《ᠰᠣᠩᠭᠣᠯᠲᠠ》 ᠳᠠᠷᠤᠭᠤᠯ ᠢ ᠳᠠᠷᠤᠪᠠᠯ ᠬᠠᠷᠢᠴᠠᠭᠤᠯᠤᠯ ᠤᠨ ᠬᠡᠷᠡᠭ ᠦᠨ ᠪᠠᠢᠳᠠᠯ ᠢ ᠦᠵᠡᠭᠦᠯᠦᠨ᠎ᠡ ::

3. OK ᠳᠠᠷᠤᠭᠤᠯ ᠢ ᠳᠠᠷᠤᠪᠠᠯ᠂ ᠰᠣᠩᠭᠣᠯᠲᠠ ᠪᠣᠯ ᠬᠠᠳᠠᠭᠠᠯᠠᠭᠳᠠᠨ᠎ᠠ :: ᠰᠣᠩᠭᠣᠯᠲᠠ ᠠᠷᠢᠯᠭᠠᠪᠠᠯ᠂ Keywords ᠳᠤ ᠣᠷᠣᠨ ᠴᠣᠩᠬᠣ ᠪᠣᠯᠤᠨ ᠬᠡᠷᠡᠭᠯᠡᠯ ᠦᠨ ᠪᠠᠢᠳᠠᠯ ᠢ ᠦᠵᠡᠭᠦᠯᠬᠦ ᠠᠷᠭ᠎ᠠ ᠪᠡᠷ ᠬᠡᠷᠡᠭᠯᠡᠯ ᠦᠨ ᠪᠠᠢᠳᠠᠯ ᠢ ᠬᠠᠷᠢᠴᠠᠭᠤᠯᠤᠨ᠎ᠠ ::

2. ᠪᠢᠴᠢᠭ ᠳᠦ ᠴᠢ ᠰᠠᠢᠢ ᠪᠣᠯ ᠪᠠᠢᠭᠤᠯᠤᠭᠰᠠᠨ ᠳᠠᠷᠤᠭᠤᠯ ᠢ ᠳᠠᠷᠤᠭᠳᠠᠬᠤ᠂ ᠵᠠᠭᠪᠤᠷᠴᠢᠯᠠᠯ ᠤᠨ ᠬᠡᠮᠵᠢᠶ᠎ᠡ ᠶᠢ ᠰᠣᠩᠭᠣᠵᠤ ᠬᠠᠷᠢᠴᠠᠭᠤᠯᠬᠤ ᠹᠠᠢᠯ ᠢ ᠪᠡᠯᠡᠳᠬᠡᠵᠦ ᠣᠷᠣᠨ ᠬᠡᠷᠡᠭᠯᠡᠯ ᠦᠨ ᠬᠡᠷᠡᠭᠯᠡᠭᠳᠡᠬᠦ ᠶᠢ ᠰᠣᠩᠭᠣᠨ᠎ᠠ᠂ keywords ᠴᠣᠩᠬᠣ ᠶᠢ ᠰᠣᠩᠭᠣᠨ᠎ᠠ ::

1. wordsmith tools controller ᠴᠣᠩᠬᠣᠨ ᠳᠤ Tools ᠰᠣᠩᠭᠣᠯᠲᠠ ᠶᠢᠨ ᠰᠣᠩᠭᠣᠯᠲᠠ᠂ keywords ᠤᠨ ᠳᠠᠷᠤᠭᠤᠯ ᠢ ᠰᠣᠩᠭᠣᠯᠲᠠ ᠶᠢᠨ ᠬᠡᠷᠡᠭᠯᠡᠭᠰᠡᠨ ᠠᠷᠭ᠎ᠠ ᠪᠣᠯ :

ᠰᠣᠩᠭᠣᠯᠲᠠ᠂ ᠠᠳᠠᠯᠢ ᠳᠤ ᠰᠣᠩᠭᠣᠯᠲᠠ ᠶᠢᠨ ᠬᠠᠷᠢᠴᠠᠭᠤᠯᠬᠤ ᠳᠤ ᠵᠣᠬᠢᠬᠤ ᠬᠡᠮᠵᠢᠶ᠎ᠡ᠂ ᠠᠳᠠᠯᠢ ᠳᠤ ᠰᠢᠯᠢᠭᠳᠡᠭᠰᠡᠨ ᠲᠠᠢ ᠰᠣᠩᠭᠣᠯᠲᠠ ᠶᠢᠨ ᠬᠡᠷᠡᠭᠯᠡᠭᠰᠡᠨ ᠪᠠᠢᠨ᠎ᠠ :: ᠣᠳᠣ ᠶᠢᠨ ᠳᠠᠷᠤᠭᠤᠯ ᠲᠠᠢ ᠬᠠᠷᠢᠴᠠᠭᠤᠯᠤᠯ ᠤᠨ ᠪᠢᠴᠢᠭ ᠤᠨ ᠰᠣᠩᠭᠣᠯᠲᠠ ᠶᠢᠨ ᠬᠡᠷᠡᠭᠯᠡᠭᠰᠡᠨ :: Keywords ᠤᠨ ᠴᠣᠩᠬᠣ ᠳᠤ ᠬᠡᠮᠵᠢᠶ᠎ᠡ ᠰᠣᠩᠭᠣᠭᠳᠠᠨ᠎ᠠ᠂ ᠣᠳᠣ ᠬᠡᠷᠡᠭ ᠲᠠᠢ ᠬᠡᠮᠵᠢᠭᠳᠡᠬᠦ ᠪᠠᠷ ᠬᠡᠮᠵᠢᠭᠡᠨ ᠦ ᠰᠣᠩᠭᠣᠯᠲᠠ ᠶᠢᠨ ᠲᠣᠭᠲᠠᠭᠠᠬᠤ ᠬᠡᠷᠡᠭ ᠦᠨ ᠪᠢᠴᠢᠭᠯᠡᠯ ᠦᠨ ᠬᠠᠷᠢᠴᠠᠭᠤᠯᠤᠯ ᠳᠤ ᠬᠠᠷᠢᠴᠠᠭᠤᠯᠬᠤ ᠡᠭᠦᠨ ᠳᠦ ᠰᠣᠩᠭᠣᠭᠳᠠᠯ ᠤᠨ ᠬᠡᠷᠡᠭᠯᠡᠭᠰᠡᠨ ᠬᠠᠷᠢᠴᠠᠭᠤᠯᠤᠯ (keywords) ᠭᠡᠳᠡᠭ ᠢ ᠰᠣᠩᠭᠣᠵᠤ ᠪᠢᠴᠢᠭ ᠤᠨ ᠬᠠᠷᠢᠴᠠᠭᠤᠯᠤᠯ ᠳᠤ ᠬᠠᠷᠢᠴᠠᠭᠤᠯᠬᠤ ᠪᠣᠯᠣᠨ᠎ᠠ

《ᠵᠠᠩᠭᠠᠷ》 ᠤᠯᠢᠭᠡᠷ ᠤᠨ ᠦᠭᠡᠰ ᠦᠨ ᠳᠠᠪᠲᠠᠮᠵᠢ · ᠣᠷᠴᠢᠨ ᠦᠶᠡ ᠶᠢᠨ ᠵᠣᠬᠢᠶᠠᠯ ᠤᠨ ᠦᠭᠡᠰ ᠦᠨ ᠳᠠᠪᠲᠠᠮᠵᠢ ᠶᠢ ᠬᠠᠷᠢᠴᠠᠭᠤᠯᠤᠭᠰᠠᠨ ᠰᠢᠨᠵᠢᠯᠡᠭᠡᠨ ᠦ ᠦᠷ᠎ᠡ ᠳᠦᠩ ᠢ ᠬᠦᠰᠦᠨᠦᠭ ᠳᠦ ᠲᠤᠰᠬᠠᠪᠠ :: 《ᠵᠠᠩᠭᠠᠷ》 ᠤᠯᠢᠭᠡᠷ ᠤᠨ ᠬᠡᠯᠡ ᠶᠢᠨ ᠬᠦᠰᠦᠨᠦᠭᠲᠦ · ᠣᠷᠴᠢᠨ ᠦᠶᠡ ᠶᠢᠨ ᠵᠣᠬᠢᠶᠠᠯ ᠤᠨ ᠬᠡᠯᠡ ᠶᠢᠨ ᠬᠦᠰᠦᠨᠦᠭᠲᠦ ᠳᠡᠭᠡᠷᠡ 《ᠵᠠᠩᠭᠠᠷ》 ᠤᠯᠢᠭᠡᠷ ᠤᠨ ᠦᠭᠡᠰ ᠦᠨ ᠳᠠᠪᠲᠠᠮᠵᠢ ᠶᠢ ᠬᠠᠷᠢᠴᠠᠭᠤᠯᠪᠠᠯ ᠪᠣᠯ ᠬᠦᠰᠦᠨᠦᠭ 4—7 · 4—8 · 4—9 ᠳᠦ :: ᠬᠦᠰᠦᠨᠦᠭ 4—9 ᠳᠤᠷ ᠪᠣᠯ 《ᠵᠠᠩᠭᠠᠷ》 ᠤᠯᠢᠭᠡᠷ ᠪᠠ · ᠣᠷᠴᠢᠨ ᠦᠶᠡ · ᠬᠡᠯᠡᠨ · ᠬᠡᠰᠡᠭ · ᠬᠡᠯᠡᠯᠴᠡᠭᠡᠯᠳᠡᠬᠦᠨ · ᠪᠦᠬᠦᠨ ᠲᠣᠭᠠᠨ ᠤ ᠬᠡᠮᠵᠢᠶᠡᠨ ᠪᠣᠯᠤᠨ᠎ᠠ ::

ᠬᠦᠰᠦᠨᠦᠭ 4—7 《ᠵᠠᠩᠭᠠᠷ》
ᠦᠭᠡᠰ ᠦᠨ ᠳᠠᠪᠲᠠᠮᠵᠢ ᠶᠢᠨ ᠬᠦᠰᠦᠨᠦᠭ

N	Word	Freq.	%	Texts	% Lemmas	Set
1	#	1,654	17.14	1	100.0(	
2	NI	117	1.21	1	100.0(	
3	VLVS-VN	86	0.89	1	100.0(	
4	HEREGTEI	77	0.80	1	100.0(	
5	NAM-VN	74	0.77	1	100.0(	
6	AJV	66	0.68	1	100.0(	
7	YEHE	58	0.60	1	100.0(	
8	BAYIN_A	56	0.58	1	100.0(	
9	BA	53	0.55	1	100.0(	
10	UGEI	53	0.55	1	100.0(	
11	ENE	47	0.49	1	100.0(	
12	YVM	46	0.48	1	100.0(	
13	DVMDADV	45	0.47	1	100.0(	
14	HOMON	42	0.44	1	100.0(	
15	BOHO	41	0.42	1	100.0(	
16	BAYIHV	36	0.37	1	100.0(	
17	ARAD-VN	35	0.36	1	100.0(	
18	NIGE	35	0.36	1	100.0(	
19	MAN-V	34	0.35	1	100.0(	
20	NVTVG	34	0.35	1	100.0(	
21	HVRAL-VN	32	0.33	1	100.0(	
22	SIN_E	29	0.30	1	100.0(	
23	TOLOGELEGCID-UN	29	0.30	1	100.0(	

ᠬᠦᠰᠦᠨᠦᠭ 4—8 ᠣᠷᠴᠢᠨ ᠦᠶᠡ ᠶᠢᠨ
ᠵᠣᠬᠢᠶᠠᠯ ᠤᠨ ᠳᠠᠪᠲᠠᠮᠵᠢ ᠶᠢᠨ ᠬᠦᠰᠦᠨᠦᠭ

N	Word	Freq.	%	Texts	% Lemmas	Set
1	#	35,38(	14.47	1	100.0(	
2	NI	4,538	1.86	1	100.0(	
3	UGEI	2,964	1.21	1	100.0(	
4	GEJU	1,650	0.67	1	100.0(	
5	YVM	1,518	0.62	1	100.0(	
6	BAYIN_A	1,342	0.55	1	100.0(	
7	ENE	1,266	0.52	1	100.0(	
8	NIGE	1,112	0.45	1	100.0(	
9	TERE	1,072	0.44	1	100.0(	
10	NAM-VN	966	0.40	1	100.0(	
11	BA	942	0.39	1	100.0(	
12	YEHE	912	0.37	1	100.0(	
13	HOMON	856	0.35	1	100.0(	
14	AJV	854	0.35	1	100.0(	
15	CV	796	0.33	1	100.0(	
16	VLVS-VN	786	0.32	1	100.0(	
17	HEREGTEI	744	0.30	1	100.0(	
18	BASA	742	0.30	1	100.0(	
19	BOHO	730	0.30	1	100.0(	
20	BI	674	0.28	1	100.0(	
21	MINI	672	0.27	1	100.0(	
22	BVI	670	0.27	1	100.0(	
23	CU	660	0.27	1	100.0(	
24	DEGER_E	598	0.24	1	100.0(	

ᠠᠩᠭ᠍ᠯᠢ ᠪᠣᠯᠪᠠᠰᠤᠷᠠᠯ ᠤᠨ ᠲᠥᠪ（日本早稻田大学科技工程英语教育中心）ᠤᠨ Laurence Anthony ᠪᠠᠭᠰᠢ ᠶᠢᠨ ᠵᠣᠬᠢᠶᠠᠨ ᠪᠦᠲᠦᠭᠡᠭᠰᠡᠨ ᠬᠡᠯᠡᠨ ᠦ ᠮᠠᠲ᠋ᠧᠷᠢᠶᠠᠯ ᠤᠨ ᠰᠠᠩ ᠢ ᠰᠢᠨᠵᠢᠯᠡᠬᠦ ᠪᠠᠭᠠᠵᠢ ᠪᠣᠯᠤᠨ᠎ᠠ᠃
AntConc ᠪᠣᠯ ᠬᠡᠯᠡ ᠪᠡᠷ ᠲᠡᠮᠳᠡᠭᠯᠡᠭᠰᠡᠨ ᠲᠣᠭ᠎ᠠ ᠶᠢᠨ ᠮᠡᠳᠡᠭᠡᠯᠡᠯ ᠢ ᠪᠣᠯᠪᠠᠰᠤᠷᠠᠭᠤᠯᠬᠤ ᠬᠡᠷᠡᠭᠯᠡᠭᠡᠨ ᠤ ᠬᠠᠷᠢᠴᠠᠩᠭᠤᠢ ᠪ

ᠬᠣᠶᠠᠷ᠂ AntConc ᠬᠡᠷᠡᠭᠯᠡᠭᠡ ᠶᠢᠨ ᠠᠷᠭ᠎ᠠ

N	Key word	Freq.	%	Texts	RC. Freq.	RC. %	Keyness	P	Lemmas	Set
1	AJV	1,664	1.56	1	854	0.35	1,368.	0.000(		
2	VHAGVLHV	361	0.34	1	14		751.4	0.000(		
3	BA	1,271	1.19	1	942	0.39	696.3	0.000(		
4	NEYIGEM-UN	482	0.45	1	166	0.07	532.1	0.000(		
5	AHVI-YIN	614	0.58	1	362	0.15	439.1	0.000(		
6	UILEDBURILEL-UN	476	0.45	1	222	0.09	422.6	0.000(		
7	NEYIGEM	417	0.39	1	184	0.08	387.0	0.000(		
8	BELE	334	0.31	1	116	0.05	366.5	0.000(		
9	HEREGTEI	829	0.78	1	744	0.30	339.5	0.000(		
10	MON	604	0.57	1	452	0.18	325.4	0.000(		
11	past demo limit past d past d past d past d past d past d past d pa:									
12	past demo limit past d past d past d past d past d past d past d pa:									
13	past demo limit past d past d past d past d past d past d past d pa:									
14	past demo limit past d past d past d past d past d past d past d pa:									

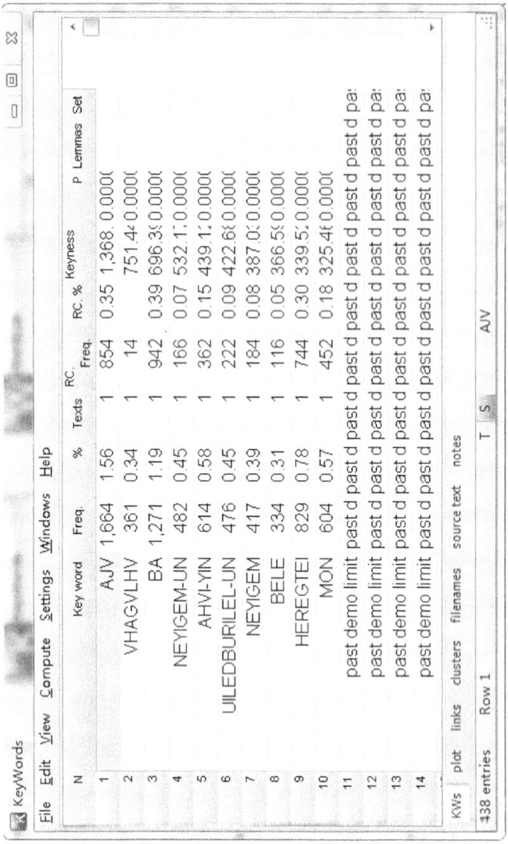

ᠵᠢᠷᠤᠭ 4—9 《ᠬᠡᠯᠡᠨ ᠵᠦᠢ》 ᠬᠡᠯᠡᠨ ᠦ ᠮᠠᠲ᠋ᠧᠷᠢᠶᠠᠯ ᠤᠨ ᠰᠠᠩ ᠤᠨ ᠵᠢᠷᠤᠭ

ᠲᠠᠷᠬᠠᠭᠰᠠᠨ᠂ ᠬᠡᠯᠡᠯᠴᠡᠭᠡᠨ ᠤ ᠬᠡᠷᠡᠭ ᠪᠠᠷᠢᠮᠲᠠ ᠬᠡᠷᠡᠭ ᠪᠣᠯ ᠬᠡᠯᠡᠯᠴᠡᠭᠡ᠂ ᠬᠦᠮᠦᠨ ᠪᠣᠯ ᠬᠡᠯᠡ ᠶᠢᠨ ᠰᠤᠳᠤᠯᠤᠯ ᠤᠨ ᠪᠦᠲᠦᠭᠡᠯ ᠦᠨ ᠬᠡᠷᠡᠭᠰᠡᠯ ᠪᠣᠯᠤᠨ᠎ᠠ᠃ Windows᠂Macintosh OSX ᠪᠠ Linux ᠰᠢᠰᠲ᠋ᠧᠮ ᠳᠦ ᠬᠡᠷᠡᠭᠯᠡᠭᠳᠡᠨ᠎ᠡ᠃ ᠲᠡᠷᠡ ᠪᠡᠷ ᠬᠡᠷᠡᠭᠯᠡᠭᠡᠨ ᠦ ᠰᠢᠨᠵᠢᠯᠡᠭᠡᠨ ᠦ ᠣᠯᠠᠨ ᠵᠦᠢᠯ᠂ ᠬᠠᠢᠬᠤ ᠪᠣᠯ ᠬᠡᠯᠡ ᠶᠢᠨ ᠬᠠᠢᠯᠲᠠ᠃ ᠬᠠᠢᠬᠤ ᠬᠠᠢᠯᠲᠠ（检索）᠂ ᠦᠭᠡ ᠶᠢᠨ ᠵᠢᠭᠰᠠᠭᠠᠯᠲᠠ ᠦᠢᠯᠡᠳᠬᠦ（词表生成）᠂ ᠲᠦᠯᠬᠢᠭᠦᠷ ᠭᠣᠤᠯ ᠰᠡᠳᠦᠪ ᠦᠨ ᠦᠭᠡ ᠶᠢ ᠪᠣᠳᠣᠬᠤ（主题词计算）᠂ ᠬᠠᠮᠰᠠᠯᠲᠠ ᠦᠭᠡ（搭配词）ᠪᠠ ᠦᠭᠡ ᠶᠢᠨ ᠪᠦᠯᠦᠭ ᠢ ᠭᠠᠷᠭᠠᠬᠤ（词簇提取）ᠵᠡᠷᠭᠡ ᠣᠯᠠᠨ ᠴᠢᠳᠠᠪᠬᠢ ᠲᠠᠢ ᠪᠠᠢᠨ᠎ᠠ᠃〔3〕AntConc ᠤᠨ ᠨᠢᠭᠤᠷ ᠤᠨ ᠭᠠᠷᠴᠠᠭ ᠢ ᠵᠢᠷᠤᠭ 4—3 ᠢ ᠦᠵ᠃

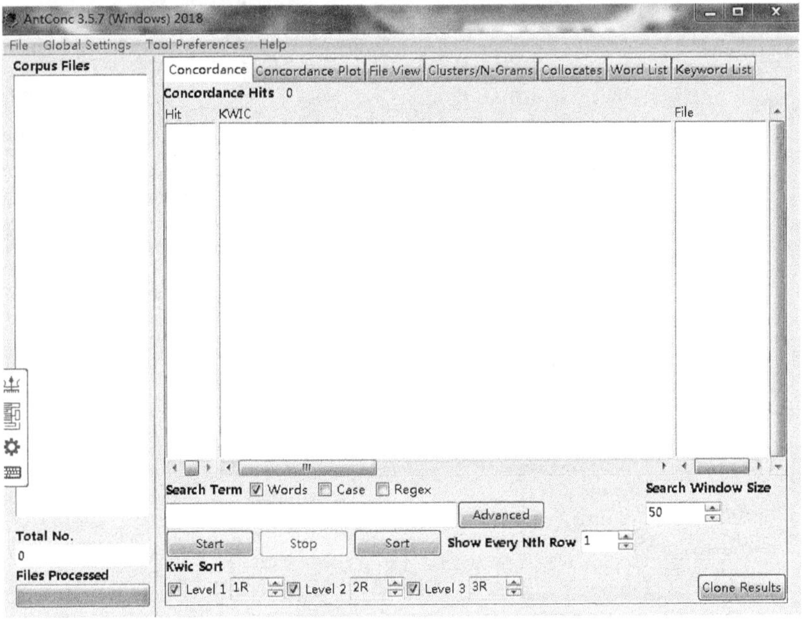

AntConc 3.5.7 (Windows) 2018

ᠵᠢᠷᠤᠭ 4—3 AntConc ᠤᠨ ᠨᠢᠭᠤᠷ ᠤᠨ ᠭᠠᠷᠴᠠᠭ

（ᠨᠢᠭᠡ）ᠬᠠᠢᠬᠤ ᠬᠠᠢᠯᠲᠠ（检索）

1.《file》ᠶᠢᠨ ᠲᠣᠪᠴᠢᠭᠤᠷ ᠤᠨ ᠬᠡᠷᠡᠭᠯᠡᠭᠡ

ᠶᠢᠨ《open files》ᠢ ᠳᠠᠷᠤᠭᠠᠳ᠂ ᠬᠠᠢᠬᠤ ᠹᠠᠢᠯ

ᠪᠣᠯᠤᠨ᠎ᠠ᠃ ᠭᠠᠷᠴᠠᠭ ᠤᠨ ᠪ ᠬᠡᠷᠡᠭᠯᠡᠭᠡᠨ ᠦ ᠬᠡᠯᠡᠨ ᠦ ᠮᠠᠲ᠋ᠸᠷᠢᠶᠠᠯ ᠢ ᠰᠣᠩᠭᠤᠨ᠎ᠠ::

2.《search term》ᠳᠤ ᠬᠠᠢᠬᠤ ᠦᠭᠡ ᠪᠡᠨ ᠣᠷᠤᠭᠤᠯᠤᠨ᠎ᠠ:: ᠵᠢᠱᠢᠶᠡᠯᠡᠪᠡᠯ: go ::

3.《search window size》ᠪᠠᠷ ᠬᠠᠢᠯᠲᠠ ᠶᠢᠨ ᠴᠣᠩᠬᠣ ᠶᠢᠨ ᠬᠡᠮᠵᠢᠶ᠎ᠡ ᠶᠢ ᠲᠣᠭᠲᠠᠭᠠᠨ᠎ᠠ::

4.《start》ᠢ ᠳᠠᠷᠤᠭᠰᠠᠨ ᠤ ᠳᠠᠷᠠᠭ᠎ᠠ ᠬᠠᠢᠯᠲᠠ ᠶᠢᠨ ᠦᠷ᠎ᠡ ᠳᠦᠩ ᠢ ᠭᠠᠷᠭᠠᠨ᠎ᠠ::

ᠡᠨᠡ ᠬᠡᠯᠡᠨ ᠦ ᠮᠠᠲ᠋ᠸᠷᠢᠶᠠᠯ ᠳᠤ ᠬᠠᠢᠯᠲᠠ ᠬᠢᠭᠰᠡᠨ ᠦᠷ᠎ᠡ ᠳᠦᠩ ᠢ ᠵᠢᠷᠤᠭ 4—10 ᠳᠤ: ᠡᠨᠡ ᠳᠦᠩ ᠦᠨ ᠳᠣᠲᠣᠷᠠᠬᠢ ᠬᠡᠯᠡᠨ ᠦ ᠮᠠᠲ᠋ᠸᠷᠢᠶᠠᠯ ᠳᠤ《SANAG_A》ᠶᠢᠨ ᠬᠠᠮᠲᠤ ᠢᠷᠡᠭᠰᠡᠨ《SANAG_A HAMIG_A—ACA IREDEG BVI ?》ᠭᠡᠳᠡᠭ ᠦᠭᠦᠯᠡᠪᠦᠷᠢ ᠶᠢᠨ ᠵᠢᠱᠢᠶ᠎ᠡ ᠪᠡᠨ《HOMON—U JOB UJEL SANAG_A HAMIG_A—ACA IREDEG BVI ?》ᠭᠡᠵᠦ ᠬᠠᠷᠠᠭᠤᠯᠤᠨ᠎ᠠ::

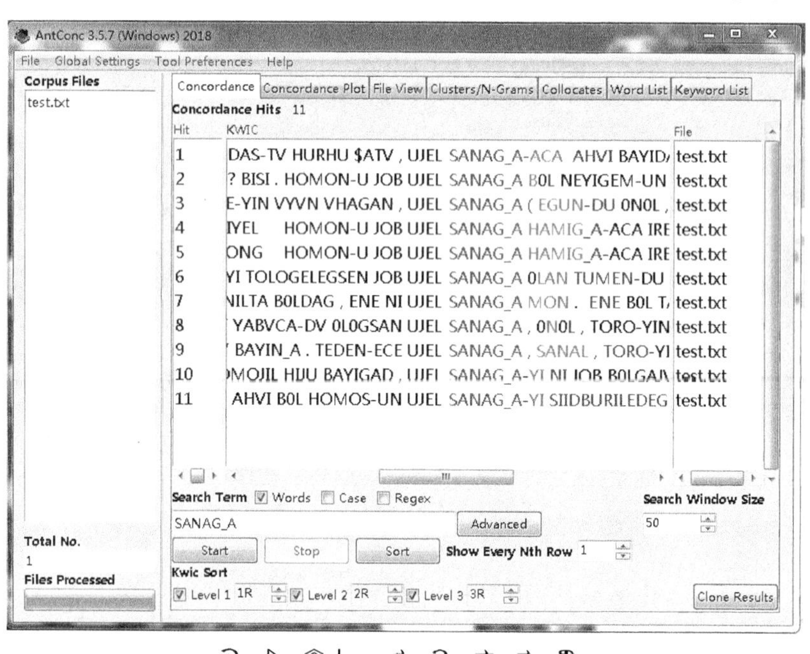

ᠵᠢᠷᠤᠭ 4—10 《SANAG_A》ᠶᠢᠨ ᠬᠠᠢᠯᠲᠠ ᠶᠢᠨ ᠦᠷ᠎ᠡ ᠳᠦᠩ ᠢ ᠬᠠᠷᠠᠭᠤᠯᠤᠭᠰᠠᠨ ᠪᠠᠢᠳᠠᠯ

《 concordance 》 ᠲᠣᠬᠢᠷᠠᠭᠤᠯᠭ᠎ᠠ ᠳᠤ 《 sort by characters instead of words 》 ᠢ ᠲᠣᠬᠢᠷᠠᠭᠤᠯᠤᠨ ᠲᠣᠬᠢᠷᠠᠭᠤᠯᠵᠤ ᠪᠣᠯᠤᠨ᠎ᠠ ᠃ ᠬᠡᠯᠡ ᠪᠢᠴᠢᠭ ᠂ ᠦᠰᠦᠭ ᠦᠨ ᠬᠡᠯᠡ ᠶᠢᠨ ᠢ ᠦᠩᠭᠡ ᠶᠢ ᠲᠣᠬᠢᠷᠠᠭᠤᠯᠬᠤ ᠪᠣᠯᠪᠠᠯ ᠬᠡᠯᠡᠨ ᠦ ᠂ 《 tool preferences 》 ᠳᠣᠷ᠎ᠠ ᠬᠢ ᠲᠣᠬᠢᠷᠠᠭᠤᠯᠭ᠎ᠠ ᠪᠠ ᠢ 《 color setting 》 ᠳᠡᠭᠡᠷ᠎ᠡ ᠰᠣᠩᠭᠣᠬᠤ ᠶᠢ ᠲᠣᠬᠢᠷᠠᠭᠤᠯᠵᠤ ᠪᠣᠯᠤᠨ᠎ᠠ ᠃ ᠲᠡᠭᠦᠨ ᠢ ᠳᠠᠷᠤᠭᠠᠳ ᠂ ᠲᠣᠬᠢᠷᠠᠭᠤᠯᠬᠤ ᠠᠷᠭ᠎ᠠ ᠶᠢ ᠰᠣᠩᠭᠣᠨ ᠳᠠᠭᠠᠭᠠᠷ᠎ᠠ ᠰᠣᠩᠭᠣᠯᠲᠠ ᠳᠤ ᠰᠣᠩᠭᠣᠬᠤ ᠶᠢᠨ ᠰᠣᠩᠭᠣᠯᠲᠠ ᠶᠢ ᠲᠣᠬᠢᠷᠠᠭᠤᠯᠵᠤ ᠪᠣᠯᠬᠤ ᠦᠭᠡ global setting ᠳᠤ ᠰᠣᠩᠭᠣᠯᠲᠠ ᠶᠢ ᠲᠣᠬᠢᠷᠠᠭᠤᠯᠤᠨ᠎ᠠ ᠃ 《 kwic sort 》 ᠳᠡᠭᠡᠷ᠎ᠡ ᠦᠭᠡ ᠶᠢᠨ ᠬᠠᠮᠢᠶ᠎ᠠ ᠶᠢ ᠰᠣᠩᠭᠣᠬᠤ ᠳᠤ ᠬᠡᠷᠡᠭᠯᠡᠭᠳᠡᠨ᠎ᠡ ᠂ ᠰᠣᠩᠭᠣᠯᠲᠠ ᠶᠢᠨ ᠳᠠᠷᠠᠭᠠᠯᠠᠯ ᠢ ᠰᠣᠩᠭᠣᠬᠤ ᠪᠣᠯᠤᠨ᠎ᠠ ᠃ R1 ᠪᠤᠶᠤ L1 ᠦᠨ ᠰᠣᠩᠭᠣᠭᠰᠠᠨ ᠦᠭᠡ ᠶᠢᠨ ᠵᠡᠭᠦᠨ ᠪᠠ ᠪᠠᠷᠠᠭᠤᠨ ᠲᠠᠯ᠎ᠠ ᠶᠢᠨ ᠳᠠᠷᠠᠭᠠᠯᠠᠯ ᠢ ᠰᠣᠩᠭᠣᠬᠤ ᠳᠤ ᠵᠢᠷᠤᠭ ᠲᠠᠢ ᠂ ᠲᠡᠭᠦᠨ ᠦ 《 kwic sort 》 ᠳᠡᠭᠡᠷ᠎ᠡ ᠦᠭᠡ ᠶᠢᠨ ᠳᠠᠷᠠᠭᠠᠯᠠᠯ ᠢ ᠰᠣᠩᠭᠣᠨ ᠬᠡᠯᠡᠪᠡᠷᠢ ᠶᠢᠨ ᠦᠭᠡ ᠶᠢᠨ ᠬᠠᠮᠢᠶ᠎ᠠ ᠪᠠ ᠦᠭᠡ ᠶᠢᠨ ᠳᠠᠷᠠᠭᠠᠯᠠᠯ : ᠳᠤᠨᠳᠠ ᠪᠠ ᠲᠡᠷᠭᠦᠨ ᠰᠣᠩᠭᠣᠭᠳᠠᠭᠰᠠᠨ ᠦᠭᠡ ᠂ ᠬᠣᠶᠠᠷ ᠳᠤ ᠪᠤᠶᠤ ᠭᠤᠷᠪᠠᠳᠤᠭᠠᠷ ᠦᠭᠡ ᠶᠢᠨ ᠳᠠᠷᠠᠭᠠᠯᠠᠯ ᠢᠶᠠᠷ ᠰᠣᠩᠭᠣᠭᠳᠠᠨ᠎ᠠ ᠃

2. concordance plot ᠢ ᠬᠠᠷᠢᠴᠠᠭᠤᠯᠤᠯ ᠂ ᠭᠠᠷᠴᠠᠭ ᠤᠨ ᠦᠭᠡ ᠶᠢᠨ ᠪᠠᠢᠷᠢ ᠪᠠ ᠲᠣᠬᠢᠶᠠᠯᠳᠤᠯ ᠤᠨ ᠳᠡᠭᠡᠷ᠎ᠡ ᠬᠠᠷᠠᠭᠤᠯᠤᠨ᠎ᠠ ᠃ ᠪᠤᠰᠤᠳ ᠨᠢ hits 》 ᠳᠤ ᠬᠠᠷᠠᠭᠤᠯᠤᠨ᠎ᠠ ᠃ ᠵᠢᠱᠢᠶᠡᠯᠡᠪᠡᠯ 《 SANAG_A 》 ᠳᠤ ᠦᠭᠡ 11 ᠤᠳᠠᠭ᠎ᠠ ᠭᠠᠷᠴᠠᠢ ᠃

1. ᠬᠠᠷᠢᠴᠠᠭᠤᠯᠬᠤ ᠪᠣᠯ ᠵᠢᠱᠢᠶᠡ ᠭᠠᠷᠴᠠᠭ ᠤᠨ ᠦᠭᠡ ᠶᠢᠨ ᠲᠣᠬᠢᠶᠠᠯᠳᠤᠯ ᠤᠨ ᠪᠠᠢᠷᠢ ᠶᠢ ᠬᠠᠷᠠᠭᠤᠯᠬᠤ ᠪᠣᠯᠤᠨ᠎ᠠ ᠃ 《 concordance ᠬᠠᠷᠢᠴᠠᠭᠤᠯᠤᠯ ᠂ ᠵᠢᠱᠢᠶᠡᠯᠡᠯ ᠢ ᠬᠠᠷᠠᠭᠤᠯᠤᠨ᠎ᠠ ᠃

ᠳᠣᠣᠷᠠᠬᠢ ᠬᠦᠰᠦᠨᠦᠭᠲᠦ 4—11 ᠳᠦ ᠪᠡᠨ ᠣᠷᠣᠯᠠᠭᠴᠢ ᠲᠡᠮᠳᠡᠭ（通配符）ᠤᠨ ᠬᠡᠷᠡᠭᠯᠡᠬᠦ ᠠᠷᠭ᠎ᠠ ᠵᠢᠭᠠᠪᠠ᠃

ᠬᠦᠰᠦᠨᠦᠭᠲᠦ 4—11　ᠣᠷᠣᠯᠠᠭᠴᠢ ᠲᠡᠮᠳᠡᠭ ᠦᠨ ᠬᠡᠷᠡᠭᠯᠡᠭᠡ

ᠲᠡᠮᠳᠡᠭ	ᠤᠴᠢᠷ	ᠵᠢᠱᠢᠶ᠎ᠡ ᠬᠡᠯᠪᠡᠷᠢ	ᠵᠢᠱᠢᠶᠡᠨ ᠦ ᠲᠠᠶᠢᠯᠪᠤᠷᠢ
*	ᠨᠢᠭᠡ ᠪᠤᠶᠤ ᠣᠯᠠᠨ ᠦᠰᠦᠭ ᠦᠨ ᠲᠡᠮᠳᠡᠭ	book*	book ᠤᠨ ᠠᠷᠤᠭᠤᠨ ᠳᠤ ᠦᠰᠦᠭ ᠲᠡᠢ ᠡᠳᠡᠭᠡᠷ ᠢ ᠣᠯᠵᠤ ᠪᠣᠯᠤᠨ᠎ᠠ᠂ ᠵᠢᠱᠢᠶᠡᠯᠡᠪᠡᠯ book、books、booking、bookshop ᠵᠡᠷᠭᠡ᠃
		* book	book ᠤᠨ ᠡᠮᠦᠨ᠎ᠡ ᠳᠦ ᠦᠰᠦᠭ ᠲᠡᠢ ᠡᠳᠡᠭᠡᠷ ᠢ ᠣᠯᠵᠤ ᠪᠣᠯᠤᠨ᠎ᠠ᠂ ᠵᠢᠱᠢᠶᠡᠯᠡᠪᠡᠯ : book、notebook ᠵᠡᠷᠭᠡ᠃
		book	ᠡᠮᠦᠨ᠎ᠡ ᠬᠣᠶᠢᠨ᠎ᠠ ᠬᠣᠶᠠᠷ ᠲᠠᠯ ᠠ ᠳᠤ ᠨᠢ ᠦᠰᠦᠭ ᠲᠡᠢ ᠡᠳᠡᠭᠡᠷ ᠢ ᠣᠯᠵᠤ ᠪᠣᠯᠤᠨ᠎ᠠ᠃
+	ᠨᠢᠭᠡ ᠪᠤᠶᠤ ᠣᠯᠠᠨ ᠦᠰᠦᠭ ᠦᠨ ᠲᠡᠮᠳᠡᠭ	book+	book ᠤᠨ ᠠᠷᠤᠭᠤᠨ ᠳᠤ᠂ ᠨᠢᠭᠡ ᠪᠤᠶᠤ ᠣᠯᠠᠨ ᠦᠰᠦᠭ ᠲᠡᠢ ᠡᠳᠡᠭᠡᠷ ᠢ ᠣᠯᠵᠤ ᠪᠣᠯᠤᠨ᠎ᠠ᠂ ᠵᠢᠱᠢᠶᠡᠯᠡᠪᠡᠯ : book、books ᠵᠡᠷᠭᠡ᠃
?	ᠨᠢᠭᠡᠨ ᠦᠰᠦᠭ ᠦᠨ ᠲᠡᠮᠳᠡᠭ	?ough	ᠪᠢᠳᠡ ᠪᠠᠰᠠ ough ᠤᠨ ᠡᠮᠦᠨ᠎ᠡ᠂ ᠨᠢᠭᠡ ᠦᠰᠦᠭ ᠲᠡᠢ ᠡᠳᠡᠭᠡᠷ ᠢ ᠣᠯᠵᠤ ᠪᠣᠯᠤᠨ᠎ᠠ᠂ ᠵᠢᠱᠢᠶᠡᠯᠡᠪᠡᠯ : cough、rough ᠵᠡᠷᠭᠡ᠃
@	ᠨᠢᠭᠡ ᠪᠤᠶᠤ ᠣᠯᠠᠨ ᠦᠭᠡ	think@of	ᠪᠢᠳᠡ ᠪᠠᠰᠠ Think@of ᠢᠶᠡᠷ ᠬᠠᠢᠯᠲᠠ ᠬᠢᠪᠡᠯ ᠡᠳᠡᠭᠡᠷ ᠢ ᠣᠯᠵᠤ ᠪᠣᠯᠤᠨ᠎ᠠ᠂ ᠵᠢᠱᠢᠶᠡᠯᠡᠪᠡᠯ : think of、think highly of ᠵᠡᠷᠭᠡ᠃

(提取搭配词表)

AntConc collocate

1. collocate

2. 《search term》《SANAG_A》

3.

AntConc 3.5.7 (Windows) 2018

File Global Settings Tool Preferences Help

Corpus Files: test.txt

Concordance | Concordance Plot | File View | Clusters/N-Grams | Collocates | Word List | Keyword List

Total No. of Collocate Types: 45 Total No. of Collocate Tokens: 80

Rank	Freq	Freq(L)	Freq(R)	Stat	Collocate
1	8	8	0	5.85031	ujel
2	7	2	5	3.47546	,
3	5	1	4	4.55075	l
4	5	3	2	4.17224	.
5	4	4	0	5.22882	job
6	3	3	0	6.13571	homon-u
7	3	0	3	2.92626	b
8	2	0	2	5.55075	toro-yin
9	2	0	2	4.74339	n
10	2	0	2	5.22882	iredeg
11	2	0	2	5.96578	hamig_a-aca
12	2	1	1	4.09132	ene
13	2	0	2	4.96578	bvi

Search Term ☑ Words ☐ Case ☐ Regex Window Span ☐ Same

sanag_a Advanced From... 5L To... 5R

Start Stop Sort Min. Collocate Frequency 1

Sort by ☐ Invert Order Sort by Freq Clone Results

Total No. 1 Files Processed

4—12

ᠳᠠᠪᠲᠠᠮᠵᠢ ᠶᠢᠨ ᠬᠦᠰᠦᠨᠦᠭᠯᠡᠯ᠃

1. file ᠤᠨ ᠳᠣᠲᠣᠷᠠᠬᠢ ᠳᠣᠪᠴᠢᠭᠤᠷ ᠳᠡᠭᠡᠷ᠎ᠡ ᠴᠣᠬᠢ open files ᠢ ᠳᠠᠷᠤᠭᠠᠳ᠂ ᠰᠣᠩᠭᠣᠭᠰᠠᠨ ᠬᠡᠯᠡ ᠶᠢᠨ ᠮᠠᠲ᠋ᠸᠷᠢᠶᠠᠯ ᠢ ᠣᠷᠣᠭᠤᠯᠤᠨ᠎ᠠ᠃ ᠪᠢᠴᠢᠭ ᠦᠨ ᠬᠡᠯᠡ ᠶᠢᠨ ᠮᠠᠲ᠋ᠸᠷᠢᠶᠠᠯ ᠤᠨ ᠳᠠᠪᠲᠠᠮᠵᠢ ᠶᠢᠨ ᠬᠦᠰᠦᠨᠦᠭᠯᠡᠯ ᠢ ᠪᠦᠲᠦᠭᠡᠬᠦ ᠳᠦ ᠬᠡᠷᠡᠭᠯᠡᠨ᠎ᠡ᠃ ᠰᠣᠩᠭᠣᠭᠰᠠᠨ ᠪᠢᠴᠢᠭ ᠦᠨ ᠳᠠᠪᠲᠠᠮᠵᠢ ᠶᠢᠨ ᠬᠦᠰᠦᠨᠦᠭᠯᠡᠯ ᠢ ᠪᠦᠲᠦᠭᠡᠬᠦ ᠳᠦ ᠬᠡᠷᠡᠭᠯᠡᠨ᠎ᠡ᠃ ᠪᠢᠴᠢᠭ ᠦᠨ ᠬᠡᠯᠡ ᠶᠢᠨ ᠮᠠᠲ᠋ᠸᠷᠢᠶᠠᠯ ᠤᠨ ᠳᠠᠪᠲᠠᠮᠵᠢ ᠶᠢᠨ ᠬᠦᠰᠦᠨᠦᠭᠯᠡᠯ ᠢ ᠭᠠᠷᠭᠠᠬᠤ ᠳᠤ ᠦᠭᠡ ᠶᠢᠨ ᠳᠠᠪᠲᠠᠮᠵᠢ ᠶᠢ ᠲᠣᠭᠠᠴᠠᠨ᠎ᠠ᠃ ᠦᠭᠡ ᠶᠢᠨ ᠳᠠᠪᠲᠠᠮᠵᠢ ᠶᠢᠨ ᠬᠦᠰᠦᠨᠦᠭᠯᠡᠯ ᠪᠣᠯ ᠲᠡᠬᠦ ᠬᠡᠯᠡ ᠶᠢᠨ ᠮᠠᠲ᠋ᠸᠷᠢᠶᠠᠯ ᠤᠨ ᠦᠭᠡ ᠶᠢᠨ ᠳᠠᠪᠲᠠᠮᠵᠢ ᠶᠢ ᠲᠣᠭᠠᠴᠠᠭᠰᠠᠨ ᠦᠷ᠎ᠡ ᠳᠦᠩ ᠪᠣᠯᠣᠨ᠎ᠠ᠂ ᠲᠡᠭᠦᠨ ᠦ ᠬᠡᠯᠡ ᠶᠢᠨ ᠮᠠᠲ᠋ᠸᠷᠢᠶᠠᠯ ᠤᠨ ᠳᠠᠪᠲᠠᠮᠵᠢ ᠶᠢᠨ ᠬᠦᠰᠦᠨᠦᠭᠯᠡᠯ ᠢ ᠭᠠᠷᠭᠠᠵᠤ᠂ ᠮᠠᠰᠢᠨ ᠦ ᠳᠠᠪᠲᠠᠮᠵᠢ ᠶᠢᠨ ᠬᠦᠰᠦᠨᠦᠭᠯᠡᠯ ᠢ ᠪᠦᠲᠦᠭᠡᠨ᠎ᠡ ᠃ ᠲᠣᠭᠠᠴᠠᠭᠰᠠᠨ ᠳᠠᠪᠲᠠᠮᠵᠢ ᠶᠢᠨ ᠬᠦᠰᠦᠨᠦᠭᠯᠡᠯ ᠢ ᠲᠦᠯᠬᠢᠭᠦᠷ ᠦᠭᠡ ᠶᠢᠨ ᠳᠠᠪᠲᠠᠮᠵᠢ ᠶᠢᠨ ᠬᠦᠰᠦᠨᠦᠭᠯᠡᠯ ᠢ ᠭᠠᠷᠭᠠᠬᠤ（提取关键词表）ᠳᠦ ᠬᠡᠷᠡᠭᠯᠡᠨ᠎ᠡ᠃

ᠲᠣᠭᠠᠴᠠᠭᠠᠨ ᠤ ᠳᠠᠷᠠᠭᠠᠯᠠᠯ ᠢ ᠪᠠᠢᠭᠤᠯᠬᠤ ᠨᠢ᠃

ᠡᠨᠡ ᠬᠡᠰᠡᠭ ᠲᠦ᠂ ᠪᠢᠳᠡ cluster ᠪᠠᠭᠠᠨ᠎ᠠ ᠳᠤ ᠬᠣᠯᠪᠣᠭᠳᠠᠬᠤ ᠦᠭᠡ ᠶᠢᠨ ᠲᠣᠭ᠎ᠠ ᠶᠢ ᠲᠣᠭᠠᠴᠠᠬᠤ ᠪᠠᠷ ᠰᠣᠩᠭᠣᠬᠤ ᠦᠭᠡ ᠶᠢᠨ ᠲᠣᠭ᠎ᠠ ᠶᠢᠨ ᠬᠡᠮᠵᠢᠶ᠎ᠡ ᠶᠢ ᠲᠣᠭᠲᠠᠭᠠᠵᠤ᠂ ᠡᠨᠡ ᠦᠭᠡ ᠶᠢᠨ ᠬᠡᠮᠵᠢᠶ᠎ᠡ ᠪᠣᠯᠤᠨ 4—12 ᠦᠭᠡ ᠲᠣᠭᠲᠠᠭᠠᠨ᠎ᠠ᠃

5. 《sort by freP》 ᠢ ᠳᠠᠷᠤᠭᠠᠳ᠂ ᠦᠭᠡ ᠪᠦᠷᠢ ᠶᠢᠨ ᠳᠠᠪᠲᠠᠮᠵᠢ ᠪᠠᠷ ᠲᠣᠭᠠᠴᠠᠭᠠᠳ᠂ ᠶᠡᠬᠡ ᠡᠴᠡ ᠪᠠᠭ᠎ᠠ ᠶᠢᠨ ᠳᠠᠷᠠᠭᠠᠯᠠᠯ ᠤᠨ ᠳᠠᠪᠲᠠᠮᠵᠢ ᠶᠢᠨ ᠬᠦᠰᠦᠨᠦᠭᠯᠡᠯ ᠢ ᠪᠦᠲᠦᠭᠡᠨ᠎ᠡ᠃

4. 《start》 ᠢ ᠳᠠᠷᠤᠭᠠᠳ ᠲᠣᠭᠠᠴᠠᠬᠤ ᠶᠢ ᠡᠬᠢᠯᠡᠭᠦᠯᠦᠨ᠎ᠡ᠃

2. ᠰᠢᠨ᠎ᠡ ᠲᠥᠰᠥᠯ ᠰᠢᠨᠡᠴᠢᠯᠡᠬᠦ ᠳᠦ ᠪᠠᠨ keywordlist ᠢ ᠣᠷᠣᠭᠤᠯᠤᠨ᠎ᠠ᠃

3. tool preference ᠢ ᠣᠷᠣᠭᠤᠯᠤᠭᠠᠳ keywordlist ᠢ ᠰᠣᠩᠭᠣᠨ᠎ᠠ᠃

4. 《 show negative keywords 》ᠢ ᠰᠣᠩᠭᠣᠭᠠᠳ ᠂ ᠰᠢᠨᠵᠢᠯᠡᠬᠦ ᠪᠡᠷ ᠪᠣᠯᠪᠠᠰᠤ ᠪᠢᠴᠢᠭ ᠳᠦ ᠬᠠᠮᠢᠶᠠᠷᠠᠬᠤ ᠬᠣᠣᠰ ᠦᠭᠡ ᠶᠢᠨ ᠵᠢᠭᠰᠠᠭᠠᠯᠲᠠ ᠶᠢᠨ

ᠪᠠᠢᠳᠠᠯ ᠢ ᠪᠣᠯᠪᠠᠰᠤ ᠶᠢ ᠰᠢᠯᠭᠠᠬᠤ ᠬᠣᠣᠰ ᠦᠭᠡ ᠶᠢᠨ ᠵᠢᠭᠰᠠᠭᠠᠯᠲᠠ ᠶᠢᠨ ᠪᠠᠢᠳᠠᠯ ᠢ ᠪᠣᠯᠪᠠᠰᠤ ᠲᠠᠢ ᠬᠠᠮᠲᠤ ᠭᠠᠷᠭᠠᠨ ᠤ ᠬᠠᠷᠠᠭᠤᠯᠬᠤ ᠰᠢᠯᠭᠠᠨ᠎ᠠ᠃

5. 《 choose files 》ᠢ ᠣᠷᠣᠭᠤᠯᠤᠭᠠᠳ ᠂ ᠬᠠᠮᠢᠶᠠᠷᠠᠬᠤ ᠪᠡᠷ ᠬᠣᠣᠰ ᠦᠭᠡ ᠶᠢᠨ ᠵᠢᠭᠰᠠᠭᠠᠯᠲᠠ ᠪᠠᠷ ᠰᠣᠩᠭᠣᠭᠠᠳ ᠂ ᠰᠢᠯᠢᠨ ᠲᠠᠯᠪᠢᠵᠤ apply ᠢ

ᠣᠷᠣᠭᠤᠯᠤᠨ᠎ᠠ᠃

6. 《 start 》ᠢ ᠣᠷᠣᠭᠤᠯᠤᠭᠠᠳ ᠰᠢᠨᠵᠢᠯᠡᠬᠦ ᠪᠡᠨ ᠡᠬᠢᠯᠡᠭᠦᠯᠦᠨ᠎ᠡ᠃

ᠳᠥᠷᠪᠡᠳᠦᠭᠡᠷ ᠠᠯᠬᠤᠮ ᠲᠦᠯᠬᠢᠭᠦᠷ ᠦᠭᠡ ᠶᠢᠨ ᠵᠢᠭᠰᠠᠭᠠᠯᠲᠠ ᠶᠢᠨ ᠪᠠᠢᠳᠠᠯ ᠢᠶᠠᠷ ᠬᠠᠷᠢᠴᠠᠭᠤᠯᠤᠨ ᠰᠢᠨᠵᠢᠯᠡᠬᠦ ᠬᠡᠷᠡᠭᠯᠡᠭᠡ

ᠲᠦᠯᠬᠢᠭᠦᠷ ᠦᠭᠡ ᠶᠢᠨ ᠵᠢᠭᠰᠠᠭᠠᠯᠲᠠ ᠶᠢᠨ ᠪᠠᠢᠳᠠᠯ ᠢ ᠬᠠᠷᠢᠴᠠᠭᠤᠯᠬᠤ ᠳᠤ ᠬᠡᠷᠡᠭᠯᠡᠭᠳᠡᠬᠦ ᠬᠣᠣᠰ ᠦᠭᠡ ᠶᠢᠨ ᠵᠢᠭᠰᠠᠭᠠᠯᠲᠠ ᠶᠢᠨ ᠪᠠᠢᠳᠠᠯ ᠳᠤ ᠡᠨᠡ ᠬᠡᠯᠡᠨ ᠦ ᠪᠠᠷᠢᠮᠵᠢᠶᠠᠯᠠᠭᠳᠠᠭᠰᠠᠨ ᠢᠶᠠᠷ ᠲᠤᠭᠠᠴᠠᠭᠤᠯᠤᠨ᠎ᠠ᠃ ᠡᠨᠡᠬᠦ ᠳᠦ ᠂ ᠪᠢᠳᠡ ᠲᠦᠯᠬᠢᠭᠦᠷ ᠦᠭᠡ ᠶᠢᠨ ᠵᠢᠭᠰᠠᠭᠠᠯᠲᠠ ᠶᠢᠨ ᠪᠠᠢᠳᠠᠯ ᠳᠤ ᠡᠭᠡᠷᠡ ᠶᠢᠨ ᠡᠷᠬᠢᠮ ᠶᠢᠨ ᠬᠠᠷᠢᠴᠠᠭ᠎ᠠ ᠰᠢᠨᠵᠢᠯᠡᠬᠦ ᠂ ᠡᠷᠬᠢᠮ ᠬᠠᠷᠠ ᠪᠠᠷ ᠬᠠᠷᠢᠴᠠᠭ᠎ᠠ ᠰᠢᠨᠵᠢᠯᠡᠬᠦ ᠂ ᠡᠭᠡᠷᠡᠭᠦᠯᠡᠭᠳᠡᠯ ᠬᠠᠷᠠ ᠪᠠᠷ ᠬᠠᠷᠢᠴᠠᠭ᠎ᠠ ᠰᠢᠨᠵᠢᠯᠡᠬᠦ ᠳᠡᠭᠡᠷᠡᠬᠢ ᠡᠷᠬᠢᠮ ᠲᠡᠭᠦᠪᠦᠷᠢ ᠶᠢᠨ ᠪᠠᠷᠢᠮᠲᠠᠵᠢᠭᠤᠯᠤᠭᠰᠠᠨ ᠪᠠᠷ ᠪᠠ ᠡᠬᠡ ᠪᠢᠴᠢᠭ ᠦᠨ ᠪᠠᠢᠳᠠᠯ ᠳᠤ ᠬᠠᠷᠢᠴᠠᠭ᠎ᠠ ᠰᠢᠨᠵᠢᠯᠡᠬᠦ ᠬᠡᠷᠡᠭ ᠢ ᠪᠠᠷᠢᠮᠲᠠᠵᠢᠭᠤᠯᠤᠭᠰᠠᠨ ᠰᠢᠨᠵᠢᠯᠡᠭᠡ᠃ ᠡᠨᠡ ᠠᠯᠬᠤᠮ ᠳᠤ ᠲᠦᠯᠬᠢᠭᠦᠷ ᠦᠭᠡ ᠶᠢᠨ ᠵᠢᠭᠰᠠᠭᠠᠯᠲᠠ ᠶᠢᠨ ᠪᠠᠢᠳᠠᠯ ᠳᠤ

AYIMAG ᠠᠶᠢᠮᠠᠭ ᠪᠣᠯ ᠮᠣᠩᠭᠣᠯ ᠤᠯᠤᠰ ᠤᠨ ᠬᠠᠮᠤᠭ ᠳᠡᠭᠡᠳᠦ ᠬᠤᠷᠠᠯ ᠤᠨ ᠮᠣᠩᠭᠣᠯ ᠤᠯᠤᠰ ᠤᠨ ᠵᠠᠰᠠᠭ ᠤᠨ ᠭᠠᠵᠠᠷ ᠤᠨ ᠮᠣᠩᠭᠣᠯ ᠤᠯᠤᠰ ᠤᠨ ᠬᠠᠮᠤᠭ ᠳᠡᠭᠡᠳᠦ

AYIMAG ᠠᠶᠢᠮᠠᠭ ᠤᠨ ᠪᠠᠶᠢᠭᠤᠯᠤᠯᠲᠠ ᠶᠢᠨ ᠪᠣᠯᠤᠨ᠎ᠠ ::

ᠳᠠᠷᠬᠠᠨ᠂ ᠮᠣᠩᠭᠣᠯ ᠤᠨ ᠬᠡᠯᠡᠨ ᠦ ᠥᠪᠥᠷ ᠮᠣᠩᠭᠣᠯ ᠠᠶᠢᠮᠠᠭ — AYIMAG ᠠᠶᠢᠮᠠᠭ

ᠥᠪᠥᠷ ᠮᠣᠩᠭᠣᠯ ᠠᠶᠢᠮᠠᠭ — DARHAN · Mglex ᠠᠶᠢᠮᠠᠭ ᠲᠠᠢ ᠬᠠᠷᠢᠴᠠᠭᠤᠯᠪᠠᠯ ᠲᠡᠷᠡ ᠨᠢ ᠥᠪᠥᠷ ᠮᠣᠩᠭᠣᠯ ᠠᠶᠢᠮᠠᠭ ᠤᠨ ᠨᠢᠭᠡ ᠪᠣᠯ

ᠬᠣᠪᠢᠷᠠᠭᠤᠯᠤᠭᠰᠠᠨ ᠥᠪᠥᠷ ᠮᠣᠩᠭᠣᠯ ᠠᠶᠢᠮᠠᠭ ᠮᠣᠩᠭᠣᠯ ᠤᠨ ᠥᠪᠥᠷ ᠮᠣᠩᠭᠣᠯ ᠠᠶᠢᠮᠠᠭ — AYIMAG ᠠᠶᠢᠮᠠᠭ᠂ ᠬᠣᠲᠠ ᠬᠦᠮᠦᠨ ᠳᠤ

CILOGELEGDE/HU [illegible]

[illegible]

H0YARHAN IMAG_A–TAI BAYIJAI .

HELE/BEL GAGCAHAN UNIY_E–TEI , GVRBAHAN VNV/HV M0RI–TAI ,

CILOGELEGDE/HU TERE UY_E–YIN []ARSLAN–V BOHO AMI/N TEJIGEL–I [illegible] :

[illegible] ⑥ [illegible] ⑦ [illegible]

[illegible] ① [illegible] ② [illegible] ③ [illegible] ④ [illegible] ⑤ [illegible]

[illegible]

[illegible]

([illegible]) [illegible]

[illegible]

ᠬᠡᠯᠡᠭᠳᠡᠭᠰᠡᠨ ᠦᠭᠡ᠂ ᠬᠡᠯᠡᠭᠦᠯᠦᠭᠰᠡᠨ ᠦᠭᠡ ᠬᠡᠯᠡᠬᠦ ᠬᠡᠯᠡᠭᠳᠡᠭᠰᠡᠨ ᠦᠭᠡ ᠶᠢ ᠲᠣᠳᠣᠷᠬᠠᠢᠯᠠᠬᠤ ᠪᠣᠯ ᠪᠠᠢᠨ᠎ᠠ ᠭᠡᠵᠦ ᠬᠡᠯᠡᠭᠳᠡᠭᠦᠯᠦᠭᠰᠡᠨ ᠦᠭᠡ ᠶᠢᠨ ᠪᠠᠢᠳᠠᠯ ᠢ ᠬᠡᠯᠡᠬᠦ ᠦᠭᠡ ᠳᠦ ᠨᠢ ᠬᠡᠯᠡᠭᠳᠡᠭᠦᠯᠦᠭᠰᠡᠨ ᠬᠡᠯᠡᠬᠦ ᠦᠭᠡ ᠪᠣᠯᠤᠨ᠎ᠠ ᠃ ᠵᠢᠱᠢᠶ᠎ᠡ ᠨᠢ ᠡᠨᠡ ᠨᠢ ᠬᠡᠯᠡᠭᠦᠯᠦᠭᠰᠡᠨ ᠬᠡᠯᠡᠬᠦ ᠦᠭᠡ ᠶᠢᠨ ᠬᠡᠯᠪᠡᠷᠢ ᠦᠭᠡ ᠪᠠᠷ ᠵᠢᠱᠢᠶᠡᠯᠡᠪᠡᠯ ᠬᠡᠯᠪᠡᠷᠢ ᠦᠭᠡ ᠨᠢ ᠡᠨᠡ ᠨᠢ ᠪᠤᠯᠤᠨ᠎ᠠ ᠦᠭᠡᠰ ᠪᠡᠷ ᠬᠡᠯᠡᠭᠦᠯᠦᠭᠰᠡᠨ ᠬᠡᠯᠪᠡᠷᠢ ᠬᠡᠯᠪᠡᠷᠢ ᠬᠡᠯᠡᠭᠳᠡᠭᠦᠯᠦᠭᠰᠡᠨ ᠦᠭᠡ ᠨᠢ ᠡᠨᠡ ᠪᠠᠷ ᠬᠡᠯᠪᠡᠷᠢ ᠬᠡᠯᠪᠡᠷᠢ

(ᠵᠢᠱᠢᠶ᠎ᠡ) ᠳᠠᠪᠬᠤᠷᠯᠠᠭᠤᠯᠬᠤ ᠬᠡᠯᠪᠡᠷᠢ

ᠲᠡᠭᠦᠨᠴᠢᠯᠡᠨ ᠪᠢᠴᠢᠬᠦ ᠦᠶ᠎ᠡ ᠳᠦ ᠡᠨᠡ ᠦᠭᠡ ᠪᠡᠷ ᠨᠢ ᠦᠭᠡ ᠪᠢᠰᠢ᠂ ᠵᠢᠭᠠᠬᠤ ᠬᠡᠯᠡᠭᠰᠡᠨ ᠦᠭᠡ ᠦᠭᠡ ᠵᠢᠭᠠᠬᠤ ᠦᠭᠡ ᠢ ᠲᠤᠰᠬᠠᠢᠯᠠᠨ ᠲᠡᠮᠳᠡᠭᠯᠡᠨ᠎ᠡ ᠃ JAI ᠲᠡᠮᠳᠡᠭᠯᠡᠨ᠎ᠡ ᠶᠢᠨ ᠬᠡᠯᠪᠡᠷᠢ ᠶᠢᠨ ᠳᠤ ᠬᠡᠯᠡᠭᠳᠡᠭᠦᠯᠦᠭᠰᠡᠨ ᠦᠭᠡ ᠶᠢᠨ ᠴᠢᠬᠤᠯᠠ᠂ ᠡᠨᠡ ᠦᠭᠡ ᠶᠢᠨ ᠵᠢᠱᠢᠶᠡᠯᠡᠨ᠎ᠡ ᠵᠢᠭᠠᠬᠤ ᠦᠭᠡ ᠶᠢᠨ ᠲᠤᠰᠬᠠᠢ ᠲᠡᠮᠳᠡᠭᠯᠡᠨ᠎ᠡ ᠃ JAI ᠲᠡᠮᠳᠡᠭᠯᠡᠭᠰᠡᠨ ᠦᠭᠡ ᠶᠢᠨ ᠲᠡᠮᠳᠡᠭᠯᠡᠭᠰᠡᠨ BAYI ᠪᠠ BAI ᠪᠣᠯᠤᠨ ᠬᠡᠯᠡᠭᠳᠡᠨ᠎ᠡ ᠃ BAI ᠪᠣᠯ ᠬᠡᠯᠡᠬᠦ ᠬᠡᠯᠡᠭᠳᠡᠭᠰᠡᠨ ᠦᠭᠡ᠂ ᠪᠠᠢᠬᠤ ᠦᠭᠡ ᠶᠢᠨ ᠵᠢᠱᠢᠶᠡᠯᠡᠬᠦ ᠶᠢᠨ ᠬᠡᠯᠪᠡᠷᠢ ᠢ ᠬᠡᠯᠡᠭᠳᠡᠭᠦᠯᠦᠨ᠎ᠡ ᠃ BAYIJAI ᠭᠡᠳᠡᠭ ᠦᠭᠡ ᠪᠠ ᠲᠤᠰᠬᠠᠢᠯᠠᠭᠰᠠᠨ ᠲᠤ ᠲᠡᠮᠳᠡᠭ ᠲᠠᠢ ᠦᠭᠡ ᠶᠢᠨ ᠲᠡᠮᠳᠡᠭᠯᠡᠬᠦ ᠶᠢᠨ ᠵᠢᠱᠢᠶᠡᠯᠡᠭᠰᠡᠨ ᠶᠢᠨ ᠬᠡᠯᠪᠡᠷᠢ ᠢ ᠶᠢᠨ ᠲᠡᠮᠳᠡᠭᠯᠡᠭᠰᠡᠨ ᠲᠤᠰᠬᠠᠢ ᠪᠠ ᠲᠡᠮᠳᠡᠭᠯᠡᠭᠰᠡᠨ ᠬᠡᠯᠪᠡᠷᠢ ᠦᠭᠡ ᠶᠢᠨ ᠬᠡᠯᠡᠭᠰᠡᠨ ᠬᠡᠯᠡᠬᠦ ᠪᠠ ᠡᠨᠡ ᠡᠨᠡ ᠪᠣᠯᠣᠨ ᠵᠢᠭᠠᠬᠤ ᠦᠭᠡ᠂ ᠡᠭᠦᠨ ᠦ ᠦᠭᠡ᠂ ᠡᠭᠦᠨ ᠦ ᠦᠭᠡ HOYARHAN ᠬᠣᠶᠠᠷᠬᠠᠨ ᠦᠭᠡ ᠪᠠ ᠪᠣᠯ ᠬᠡᠯᠡᠭᠳᠡᠭᠰᠡᠨ ᠵᠢᠭᠠᠬᠤ HAN ᠲᠠᠢ ᠲᠡᠮᠳᠡᠭᠯᠡᠭᠰᠡᠨ ᠪᠠᠢᠨ᠎ᠠ᠂ ᠦᠭᠡ ᠶᠢᠨ ᠲᠡᠮᠳᠡᠭᠯᠡᠬᠦ ᠶᠢᠨ ᠵᠢᠭᠠᠬᠤ ᠬᠡᠯᠡᠬᠦ ᠬᠡᠯᠪᠡᠷᠢ ᠲᠡᠮᠳᠡᠭᠯᠡᠭᠰᠡᠨ ᠦᠭᠡ ᠪᠠ ᠦᠭᠡ ᠶᠢᠨ ᠬᠡᠯᠪᠡᠷᠢ ᠪᠠ ᠬᠡᠯᠡᠬᠦ ᠢ ᠲᠤᠰᠬᠠᠢᠯᠠᠨ ᠲᠡᠮᠳᠡᠭᠯᠡᠨ᠎ᠡ ᠃ GAGCAHAN · GVRBAHAN · ᠦᠭᠡ ᠶᠢᠨ ᠬᠡᠯᠪᠡᠷᠢ ᠪᠠ ᠬᠡᠯᠡᠬᠦ ᠢ ᠲᠤᠰᠬᠠᠢᠯᠠᠨ ᠲᠡᠮᠳᠡᠭᠯᠡᠨ᠎ᠡ ᠃ ᠵᠢᠭᠠᠬᠤ ᠲᠡᠮᠳᠡᠭᠯᠡᠭᠰᠡᠨ ᠲᠠᠢ ᠦᠭᠡ ᠶᠢᠨ ᠲᠡᠮᠳᠡᠭᠯᠡᠭᠰᠡᠨ ᠶᠢᠨ ᠵᠢᠱᠢᠶᠡᠯᠡᠬᠦ ᠲᠡᠮᠳᠡᠭᠯᠡᠭᠰᠡᠨ ᠲᠠᠢ ᠦᠭᠡ ᠶᠢᠨ ᠲᠡᠮᠳᠡᠭᠯᠡᠭᠰᠡᠨ ᠵᠢᠭᠠᠬᠤ ᠲᠡᠮᠳᠡᠭᠯᠡᠭᠰᠡᠨ ᠲᠠᠢ ᠦᠭᠡ ᠶᠢᠨ ᠲᠡᠮᠳᠡᠭᠯᠡᠭᠰᠡᠨ

ᠦᠭᠡ ᠦᠭᠡ — ᠦᠭᠡ ᠶᠢᠨ ᠲᠡᠮᠳᠡᠭ᠂ ᠵᠢᠭᠠᠬᠤ — ᠦᠭᠡ ᠶᠢᠨ ᠲᠡᠮᠳᠡᠭ᠂ ᠵᠢᠭᠠᠬᠤ

ᠬᠡᠯᠡᠭᠰᠡᠨ ᠦᠭᠡ ᠪᠠ ᠲᠤᠰᠬᠠᠢᠯᠠᠨ ᠃ ᠬᠡᠯᠪᠡᠷᠢ ᠪᠠ ᠬᠡᠯᠡᠬᠦ ᠢ ᠲᠤᠰᠬᠠᠢᠯᠠᠨ ᠲᠡᠮᠳᠡᠭᠯᠡᠬᠦ ᠪᠠ ᠲᠡᠮᠳᠡᠭᠯᠡᠭᠰᠡᠨ ᠦᠭᠡ ᠶᠢᠨ ᠲᠡᠮᠳᠡᠭᠯᠡᠭᠰᠡᠨ ᠪᠠ ᠲᠡᠮᠳᠡᠭᠯᠡᠭᠰᠡᠨ :
CILOGELEGDE—CILOGELE—CILOGE ᠭᠡᠳᠡᠭ ᠵᠢᠭᠠᠬᠤ ᠬᠡᠯᠪᠡᠷᠢ ᠪᠠ ᠲᠡᠮᠳᠡᠭᠯᠡᠭᠰᠡᠨ ᠪᠠ ᠲᠡᠮᠳᠡᠭᠯᠡᠭᠰᠡᠨ ᠦᠭᠡ ᠦᠭᠡ ᠪᠣᠯ

IREDEG UIL HOMOS JIN

IREGSEN UIL HOMON JIN

[illegible] :

[illegible] 82.1% [illegible] •• AYIMAG [illegible] 7142 [illegible] • 5861 [illegible] • 1281 [illegible] •• [illegible] 10 [illegible] •• [illegible] •• [illegible] 41700 [illegible] • [illegible]

[illegible] 《 100 [illegible] 》 [illegible] 49991 [illegible] ••

[illegible] OLAN [illegible] • [illegible] •• [illegible] • [illegible] • [illegible] • [illegible] • [illegible] • [illegible] • [illegible] •• [illegible] • [illegible] 《 [illegible] 》 [illegible] BOGODEGER • DAYAGAR [illegible] •• [illegible] •• [illegible] OLAN • B0L [illegible] 10

ᠮᠣᠩᠭᠣᠯ ᠬᠡᠯᠡ : ᠲᠡᠷᠡ ᠠᠹᠷᠢᠺᠠ ᠳᠤ ᠣᠯᠠᠨ ᠵᠢᠯ ᠠᠮᠢᠳᠤᠷᠠᠪᠠ ::

ᠬᠢᠳᠠᠳ ᠬᠡᠯᠡ : 他在非洲生活了好几年。

ᠵᠢᠱᠢᠶ᠎ᠡ 1 : ᠠᠩᠭᠯᠢ ᠬᠡᠯᠡ : He lived in Africa for years.

ᠪᠢᠴᠢᠭ :: ᠵᠢᠱᠢᠶᠡᠯᠡᠪᠡᠯ :

ᠬᠡᠯᠡ ᠪᠡᠷ ᠬᠢᠳᠠᠳ ᠬᠡᠯᠡ ᠳᠦ ᠬᠡᠯᠡᠨ ᠪᠢᠴᠢᠭ ᠰᠠᠢ᠌ᠵᠢᠷᠠᠭᠤᠯᠬᠤ ᠬᠡᠯᠡᠨ ᠪᠣᠯ ᠬᠡᠯᠡᠯᠴᠡᠬᠦ ᠬᠡᠮᠵᠢᠶ᠎ᠡ ᠶᠢ ᠮᠣᠩᠭᠣᠯ ᠬᠡᠯᠡ ᠳᠦ ᠬᠡᠷᠡᠭᠯᠡᠪᠡᠯ ᠬᠡᠯᠡᠨ ᠦᠭᠡᠢ ᠪᠣᠯ ᠬᠡᠯᠡᠯᠴᠡᠬᠦ ᠬᠡᠮᠵᠢᠶ᠎ᠡ ᠪᠣᠯ ᠬᠡᠯᠡᠨ ᠪᠠᠶᠢᠭᠤᠯᠤᠯᠲᠠ ᠪᠦᠬᠦ ᠬᠡᠯᠡᠨ ᠰᠣᠩᠭᠣᠭᠳᠠᠨ᠎ᠠ᠂ ᠲᠡᠷᠡ ᠳᠦ ᠪᠣᠢ ᠦᠭᠡᠢ ᠶᠢᠨ ᠪᠠᠢ᠌ᠳᠠᠯ ᠢ ᠲᠣᠳᠣᠷᠬᠠᠢ ᠬᠠᠷᠢᠭᠤᠯᠬᠤ ᠪᠣᠯᠤᠨ᠎ᠠ :: ᠠᠩᠭᠯᠢ ᠮᠣᠩᠭᠣᠯ ᠬᠡᠯᠡ ᠪᠡᠷ ᠣᠷᠴᠢᠭᠤᠯᠪᠠᠯ ᠪᠣᠯᠤᠨ᠎ᠠ᠂ ᠮᠣᠩᠭᠣᠯ ᠬᠡᠯᠡ ᠶᠢᠨ ᠬᠡᠯᠡᠨ ᠦ ᠬᠦᠷᠲᠡᠭᠡ ᠦᠭᠡ ᠶᠢᠨ ᠬᠡᠯᠪᠡᠷᠢ ᠲᠡᠢ ᠪᠠᠢ᠌ᠳᠠᠯ ᠲᠠᠢ ᠬᠠᠷᠢᠴᠠᠬᠤ ᠬᠡᠯᠪᠡᠷᠢ

ᠰᠢᠨᠵᠢ᠂ ᠬᠡᠯᠡᠨ ᠦ ᠲᠥᠷᠥᠯ ᠦᠨ ᠲᠡᠮᠳᠡᠭᠯᠡᠯ ᠰᠢᠨᠵᠢᠯᠡᠬᠦ ᠠᠷᠭ᠎ᠠ — DARHAN ᠠᠷᠭ᠎ᠠ

ᠬᠡᠯᠡ (H0U) :: 〔4〕

ᠬᠡᠯᠡ (HND)᠂ ᠳᠠᠭᠤᠷᠢᠶᠠᠯ ᠬᠡᠯᠡ (DUR)᠂ ᠠᠶᠠᠯᠭᠤ ᠬᠡᠯᠡ (AYA)᠂ ᠲᠣᠭᠠᠯᠠᠯ ᠤᠨ ᠬᠡᠯᠡᠯ (TOU)᠂ ᠰᠣᠨᠢᠷᠬᠠᠯ ᠬᠡᠯᠡᠯ (C0N)᠂ ᠳᠠᠭᠠᠪᠤᠷᠢ ᠬᠡᠯᠡ (DAY)᠂ ᠳᠠᠭᠤᠪᠤᠷᠢ ᠬᠡᠯᠡ (DAU)᠂ ᠰᠣᠨᠢᠷᠬᠠᠯ ᠬᠡᠯᠡ (H0L)᠂ ᠰᠢᠯᠵᠢ ᠬᠡᠯᠡ (SVL)᠂ ᠰᠢᠭᠤᠳᠠᠮᠠᠯ ᠲᠡᠭᠦᠰ ᠦᠭᠡ (TEN)᠂ ᠲᠣᠭᠠᠯᠠᠯ ᠤᠨ ᠦᠭᠡ (TON)᠂ ᠲᠣᠭ᠎ᠠ ᠶᠢᠨ ᠦᠭᠡ (T0N)᠂ ᠬᠣᠯᠪᠣᠭᠠᠰᠤ ᠦᠭᠡ (HEN)᠂ ᠳᠠᠭᠤ ᠬᠡᠯᠡᠯ ᠦᠨ ᠦᠭᠡ ᠬᠡᠷᠡᠭᠯᠡᠭᠰᠡᠨ :: ᠡᠨᠡ ᠲᠥᠷᠥᠯ ᠢ ᠳᠠᠷᠤᠮᠠᠯᠠᠨ ᠵᠢ ᠬᠡᠯᠡᠨ 16 ᠲᠥᠷᠥᠯ ᠪᠣᠯ :: ᠡᠳᠡᠭᠡ ᠪᠠᠭᠠᠰᠬᠠ ᠵᠢᠱᠢᠶ᠎ᠡ ᠦᠭᠡ (JIN)᠂ ᠬᠡᠯᠡᠯ ᠬᠡᠯᠡ (UIL)᠂ ᠮᠣᠩᠭᠣᠯ ᠬᠡᠯᠡ ᠪᠢᠴᠢᠭ ᠰᠤᠷᠭᠠᠭᠤᠯᠢ ᠶᠢᠨ ᠨᠡᠢ᠌ᠲᠡᠯᠡᠭᠰᠡᠨ 《 ᠬᠢᠳᠠᠳ ᠮᠣᠩᠭᠣᠯ ᠲᠣᠯᠢ 》 ᠳᠤ ᠬᠡᠷᠡᠭᠯᠡᠭᠰᠡᠨ ᠬᠡᠯᠡᠨ ᠦ ᠠᠩᠭᠢᠯᠠᠯ ᠤᠨ ᠠᠩᠭᠢᠯᠠᠯ ᠢ ᠬᠡᠯᠡᠨ ᠦ ᠠᠩᠭᠢᠯᠠᠯ ᠤᠨ ᠠᠩᠭᠢᠯᠠᠯ ᠪᠣᠯ ᠲᠥᠷᠥᠯ ᠤᠨ ᠳᠠᠷᠤᠮᠠᠯᠠᠯ ᠤᠨ ᠰᠢᠨᠵᠢ ᠳᠤ᠂ ᠡᠨᠡ ᠠᠷᠭ᠎ᠠ ᠳᠤ ᠬᠡᠯᠡᠨ ᠮᠣᠩᠭᠣᠯ ᠤᠨ ᠬᠡᠯᠡ ᠬᠡᠷᠡᠭᠯᠡᠭᠡᠨ ᠦ

ᠪᠠᠢᠳᠠᠯ ᠤᠨ ᠵᠠᠭᠠᠭᠯᠠᠯ ᠤ ᠳᠦᠷᠢᠮ ᠪᠣᠯ᠂《ᠬᠣᠶᠠᠷ ᠬᠡᠯᠡᠨ ᠬᠠᠷᠢᠴᠠᠭᠤᠯᠤᠯ ᠤᠨ ᠨᠡᠢᠲᠡᠯᠢᠭ ᠦᠨ ᠮᠣᠩᠭᠣᠯ ᠪᠢᠴᠢᠭ ᠦᠨ ᠬᠡᠯᠡᠨ ᠦ ᠬᠡᠯᠡᠨ ᠵᠦᠢ ᠶᠢᠨ

IR_E/Ve2+DEG/Ft21 HOMON/Ne1+S/Fp7

IR_E/Ve2+GSEN/Ft11 HOMON/Ne1

ᠵᠢᠱᠢᠶ᠎ᠡ ᠄ ᠬᠡᠯᠡᠨ ᠵᠦᠢ ᠶᠢᠨ ᠪᠠᠢᠳᠠᠯ ᠰᠢᠨᠵᠢᠯᠡᠯ ᠬᠡᠰᠡᠭᠯᠡᠯ ᠢ ᠬᠠᠷᠠᠭᠤᠯᠪᠠᠯ :

ᠪᠠᠢᠳᠠᠯ ᠢ ᠰᠢᠨᠵᠢᠯᠡᠬᠦ ᠬᠡᠷᠡᠭᠲᠡᠢ ᠄ 《ᠬᠡᠯᠡᠨ ᠦ ᠬᠡᠯᠪᠡᠷᠢ / ᠬᠡᠯᠡᠨ ᠵᠦᠢ ᠶᠢᠨ ᠪᠠᠢᠳᠠᠯ + ᠲᠡᠮᠳᠡᠭ / ᠬᠡᠯᠡᠨ ᠵᠦᠢ ᠶᠢᠨ ᠪᠠᠢᠳᠠᠯ》 ᠵᠠᠭᠠᠭᠯᠠᠯ ᠂ ᠪᠠᠢᠳᠠᠯ ᠬᠡᠯᠡᠨ ᠦ ᠬᠡᠯᠪᠡᠷᠢ ᠪᠡᠷ ᠲᠡᠮᠳᠡᠭ ᠢ ᠬᠠᠷᠭᠤᠭᠤᠯᠵᠤ ᠂ ᠬᠣᠶᠠᠷ ᠬᠣᠶᠠᠷ ᠪᠠᠷ ᠨᠢ ᠬᠡᠯᠡᠨ ᠦ ᠬᠡᠷᠡᠭᠯᠡᠭᠡᠨ ᠲᠡᠮᠳᠡᠭ ᠦᠨ ᠵᠠᠭᠠᠭᠯᠠᠯ ᠪᠣᠯᠤᠨ ᠰᠢᠨᠵᠢᠯᠡᠭᠡ ᠪᠠᠢᠨ᠎ᠠ ᠄ ᠵᠢᠱᠢᠶ᠎ᠡ ᠳᠦ ᠪᠠᠢᠬᠤ ᠮᠣᠩᠭᠣᠯ ᠪᠢᠴᠢᠭ ᠦᠨ ᠰᠢᠨᠵᠢᠯᠡᠯ ᠳᠦ ᠬᠡᠯᠡᠨ ᠵᠦᠢ ᠶᠢᠨ ᠪᠠᠢᠳᠠᠯ ᠰᠢᠨᠵᠢᠯᠡᠭᠡ ᠬᠠᠷᠢᠴᠠᠭᠤᠯᠬᠤ ᠂ ᠬᠡᠯᠡᠨ ᠦ ᠬᠡᠷᠡᠭᠯᠡᠭᠡ ᠂ ᠪᠠᠢᠭᠤᠯᠤᠯᠲᠠ ᠂ ᠪᠠᠢᠳᠠᠯ ᠬᠠᠷᠢᠴᠠᠭᠤᠯᠤᠯᠲᠠ ᠶᠢᠨ ᠬᠡᠷᠡᠭᠯᠡᠭᠡ ᠪᠡᠷ ᠨᠢ ᠬᠣᠶᠠᠷ ᠬᠡᠯᠡᠨ ᠦ ᠬᠠᠷᠢᠴᠠᠭᠤᠯᠤᠯᠲᠠ ᠪᠡᠷ ᠳᠡᠮᠵᠢᠨ᠎ᠡ ᠂ ᠬᠣᠶᠠᠷ ᠬᠡᠯᠡᠨ ᠦ ᠮᠣᠩᠭᠣᠯ ᠪᠢᠴᠢᠭ ᠦᠨ ᠳᠡᠮᠵᠢᠯᠭᠡ ᠶᠢᠨ ᠬᠡᠯᠡᠨ ᠦ ᠬᠠᠷᠢᠴᠠᠭᠤᠯᠤᠯᠲᠠ ᠶᠢᠨ ᠪᠠᠢᠳᠠᠯ ᠪᠡᠷ ᠨᠢ ᠬᠣᠶᠠᠷ ᠬᠡᠯᠡᠨ ᠦ ᠪᠠᠢᠳᠠᠯ ᠰᠢᠨᠵᠢᠯᠡᠭᠡ ᠪᠠᠷ ᠰᠢᠨᠵᠢᠯᠡᠨ ᠬᠡᠷᠡᠭᠯᠡᠭᠡ ᠶᠢ ᠲᠣᠳᠣᠷᠬᠠᠢᠯᠠᠨ᠎ᠠ ᠄ ᠮᠣᠩᠭᠣᠯ ᠪᠢᠴᠢᠭ ᠦᠨ ᠰᠢᠨᠵᠢᠯᠡᠬᠦ ᠲᠡᠮᠳᠡᠭ ᠪᠡᠷ ᠬᠡᠯᠡᠨ ᠦ ᠬᠣᠶᠠᠷ ᠬᠡᠯᠡᠨ ᠦ ᠰᠢᠨᠵᠢᠯᠡᠭᠡ ᠪᠢᠳᠡᠨ ᠬᠡᠯᠡᠨ ᠳᠦ ᠲᠣᠳᠣᠷᠬᠠᠢᠯᠠᠨ᠎ᠠ ᠄ ᠪᠠᠢᠳᠠᠯ ᠮᠣᠩᠭᠣᠯ ᠪᠢᠴᠢᠭ ᠦᠨ ᠰᠢᠨᠵᠢᠯᠡᠬᠦ ᠲᠡᠮᠳᠡᠭ ᠪᠡᠷ ᠪᠢᠴᠢᠭ ᠪᠡᠷ ᠢ ᠬᠡᠯᠡᠨ ᠪᠡᠶ᠎ᠡ ᠰᠢᠨᠵᠢᠯᠡᠨ᠎ᠡ᠄ ᠬᠡᠯᠡᠨ ᠪᠡᠷ ᠲᠣᠳᠣᠷᠬᠠᠢᠯᠠᠨ ᠬᠡᠯᠡᠨ᠎ᠡ

ᠪᠡᠷ ᠂ ᠵᠢᠱᠢᠶ᠎ᠡ 2 ᠳᠤ ᠮᠣᠩᠭᠣᠯ ᠪᠢᠴᠢᠭ ᠦᠨ ᠬᠡᠯᠡᠭᠳᠡᠬᠦ ᠬᠡᠯᠡᠨ ᠦ ᠲᠡᠮᠳᠡᠭ《ᠬᠤ》ᠢ ᠠᠩᠭᠯᠢ ᠪᠢᠴᠢᠭ ᠦᠨ《to be》ᠪᠠ ᠬᠢᠲᠠᠳ ᠪᠢᠴᠢᠭ ᠦᠨ《要》ᠪᠡᠷ

ᠵᠢᠱᠢᠶ᠎ᠡ 1 ᠳᠦ ᠮᠣᠩᠭᠣᠯ ᠪᠢᠴᠢᠭ ᠦᠨ ᠪᠠᠢᠬᠤ ᠬᠤᠷᠠᠯ ᠤᠨ ᠲᠡᠮᠳᠡᠭ《ᠳᠤ》ᠢ ᠠᠩᠭᠯᠢ ᠪᠢᠴᠢᠭ ᠦᠨ《in》ᠪᠠ ᠬᠢᠲᠠᠳ ᠪᠢᠴᠢᠭ ᠦᠨ《在》ᠬᠡᠯᠡᠨ

ᠮᠣᠩᠭᠣᠯ ᠪᠢᠴᠢᠭ : ᠮᠠᠷᠭᠠᠰᠢ ᠬᠤᠷᠠᠯᠳᠠᠬᠤ ᠬᠤᠷᠠᠯ

ᠬᠢᠲᠠᠳ ᠪᠢᠴᠢᠭ : 明天要召开的会议

ᠵᠢᠱᠢᠶ᠎ᠡ 2 : ᠠᠩᠭᠯᠢ ᠪᠢᠴᠢᠭ : The meeting to be held tomorrow.

[illegible]

[illegible] C++ [illegible] ADO [illegible] Windows [illegible]

DARHAN [illegible]

[illegible] DARHAN [illegible] Mglex [illegible] Ne2 [illegible]

[illegible] Ne [illegible] Nt [illegible] Ne [illegible] Ne1 [illegible] N [illegible] 》(GB/T26235—2010) [illegible]

ᠮᠣᠩᠭᠣᠯ [illegible] ::
([illegible]) [illegible]

[illegible] ::

《 [illegible] TEMDEG 》 [illegible] 297 [illegible] :: [illegible] 《 [illegible] GALIG 》 [illegible] :: [illegible]
[illegible]
([illegible]) [illegible]

[illegible] ::

[illegible] UGSAIMAG 》 [illegible] 25865 [illegible] 《 [illegible] GALIG 》 [illegible] 《 [illegible] :: [illegible] : [illegible] (access) [illegible] :: [illegible]
([illegible]) [illegible]

JUILES——————JUIL/Ne1+E/Zv1+S/Fp7

HOMOS————HOMON/Ne1+S/Fp7

[illegible]

MINGGAGAD————————MINGG_A/M+GAD/Fm1

ASAGABA————————ASAG_A/Ve1+BA/Fs12

GA [illegible] G_A [illegible] :

[illegible] GA [illegible] —·: [illegible]

@@ : [illegible] * : [illegible] ASCLL [illegible] & : [illegible]

@@*GA&—————*G_A/—·+&/—·

[illegible] :

DARHAN [illegible] 4—4 [illegible]

[illegible] 〔5〕 [illegible]

DARHAN [illegible]

([illegible]) [illegible]

[illegible]

NOHAS———————NOHAI/Ne1+S/Fp7

Mglex

4—4 DARHAN

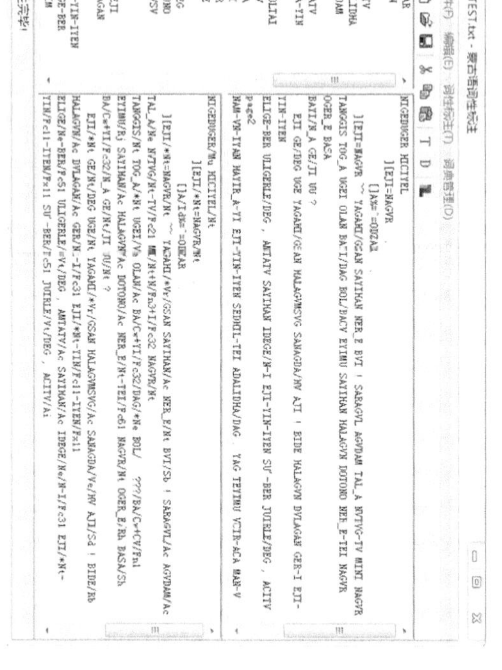

TEST.txt - 蒙古语词性标注

文件(F) 编辑(E) 词性标注(T) 词典管理(D)

ODZAR
OLAN
A
ACITV
ADALIDHA
AGVDAM
AJI
AMTATV
AMTA-YIN
BOL
BOLOLTAI
BACV
BASA
BAYI
-BER
BIDE
BVI
CIMEG
DOTONO
DABVSV
DAG
DEG
DEGEJI
DVLAGAN
EJI
EJI-YIN-IYEN
ELIGE-BER
ERHIM

NIGEDUGER HICIYEL
]\[EJI=NAGVR
\[\]A%=`=ODZAR
]\[EJI=NAGVR ~~ YAGAHI/GSAN SAYIHAN NER_E BVI ! SARAGVL AGVDAM TAL_A NVTVG-TV MINI NAGVR
TANGGIS TOG_A UGEI OLAN BA"I/DAG BOL/BACV EYIMU SAYIHAN HALAGVN DOTONO NER_E-TEI NAGVR
OGER_E BASA
BAYI/N_A GE/JI UU ?
EJI GE/DEG UGE YAGAHI/GSAN HALAGVMSVG SANAGDA/HV AJI ! BIDE HALAGVN DVLAGAN GER-I EJI-
YIN-IYEN
ELIGE-BER ULIGERLE/DEG , AMTATV SAYIHAN IDEGE/N-I EJI-YIN-IYEN SU'-BER JUIRLE/DEG , ACITV
page2
NAM-VN-IYAN HAYIR_A-YI EJI-YIN-IYEN SEDHIL-TEI ADALIDHA/DAG . YAG TEYIMU VCIR-ACA MAN-V

NIGEDUGER/Mu HICIYEL/Nt
]\[EJI/*Nt=NAGVR/Nt
\[\]A/Id%=`=ODZAR
]\[EJI/*Nt=NAGVR/Nt ~~ YAGAHI/*Vr/GSAN SAYIHAN/Ac NER_E/Nt BVI/Sb ! SARAGVL/Ac AGVDAM/Ac
TAL_A/Ne NVTVG/Nt-TV/Fc21 MI/Nt+N/Fn3+I/Fc32 NAGVR/Nt
TANGGIS/Nt TOG_A/*Nt UGEI/Vn OLAN/Ac BA/C*+YI/Fc32/DAG/*Ne BOL/ ???/BA/C*+CV/Fn1
EYIMU/Rj SAYIHAN/Ac HALAGVN/Ac DOTONO/Ac NER_E/Nt-TEI/Fc61 NAGVR/Nt OGER_E/Rh BASA/Sh
BA/C*+YI/Fc32/N_A GE/Nt/JI UU/Nt ?
EJI/*Nt GE/Nt/DEG UGE/Nt YAGAHI/*Vr/GSAN HALAGVMSVG/Ac SANAGDA/Ve/HV AJI/Sd ! BIDE/Rb
HALAGVN/Ac DVLAGAN/Ac GER/N.-I/Fc31 EJI/*Nt-YIN/Fc11-IYEN/Fx11
ELIGE/Ne-BER/Fc51 ULIGERLE/=Vt/DEG , AMTATV/Ac SAYIHAN/Ac IDEGE/Ne/N-I/Fc31 EJI/*Nt-
YIN/Fc11-IYEN/Fx11 SU'-BER/Fc51 JUIRLE/Vt/DEG , ACITV/Ai

标注完毕!

— Mglex

CRF [illegible] 93.5% [illegible] 93.5% [illegible]

20 [illegible] 4—5 [illegible]

[illegible] [6] [illegible]

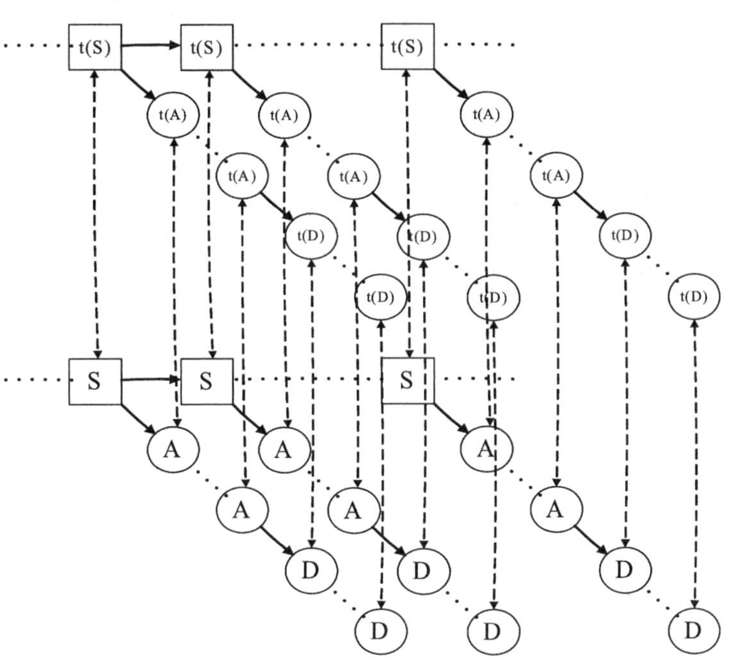

[illegible] 4—5 Mglex [illegible]

ᠲᠡᠭᠦᠨ ᠬᠤᠷᠠ ᠶᠢᠨ ᠰᠡᠭᠦᠯ ᠬᠡᠮᠵᠢᠭᠳᠡᠬᠦᠨ ᠲᠡᠭᠦᠵᠢ ᠦ ᠢᠲᠡᠭᠡᠮᠵᠢᠯᠡᠯ ᠤᠨ ᠪᠣᠯᠤᠮᠵᠢ ᠶᠢᠨ ᠳᠦᠷᠢᠮ ᠳᠦᠷᠢᠮ 5% · 5% ᠪᠡᠷ ᠲᠣᠭᠲᠠᠭᠠᠯ ᠶᠢᠨ ᠪᠣᠯᠤᠮᠵᠢ ᠪᠠᠷ ᠬᠢᠵᠠᠭᠠᠷᠯᠠᠯ ᠲᠣᠭᠲᠠᠭᠠᠯ ᠶᠢᠨ ᠪᠣᠯᠤᠮᠵᠢ ᠶᠢ ᠳᠠᠭᠠᠯᠳᠤᠭᠤᠯᠬᠤ ᠬᠡᠮᠵᠢᠶ᠎ᠡ ᠤᠨ ᠳᠦᠷᠢᠮ ᠤᠨ ᠬᠢᠵᠠᠭᠠᠷ ᠶᠢᠨ ᠡᠭᠦᠰᠭᠡᠬᠦ ᠳᠤ ᠬᠡᠷᠡᠭᠯᠡᠨ᠎ᠡ ᠃ ᠲᠡᠭᠦᠨ ᠳᠤ ᠪᠡᠨ ᠪᠣᠯᠤᠮᠵᠢ ᠶᠢ ᠰᠣᠩᠭ᠋ᠣᠬᠤ ᠬᠡᠮᠵᠢᠶ᠎ᠡ ᠤᠨ ᠲᠣᠭᠠᠨ ᠲᠡᠭᠦᠵᠢ ᠦ ᠬᠡᠮᠵᠢᠭᠳᠡᠬᠦᠨ ᠳᠣᠲᠣᠷᠠᠬᠢ ᠪᠠᠢᠳᠠᠯ ᠤᠨ ᠨᠢᠭᠡ ᠲᠠᠯ ᠢᠲᠡᠭᠡᠮᠵᠢᠯᠡᠯ ᠳᠤ ᠬᠡᠷᠡᠭᠯᠡᠨ᠎ᠡ ᠃ ᠲᠣᠭᠲᠠᠭᠠᠯ ᠶᠢᠨ ᠪᠣᠯᠤᠮᠵᠢ · ᠬᠢᠵᠠᠭᠠᠷᠯᠠᠯ ᠶᠢᠨ ᠪᠣᠯᠤᠮᠵᠢ ᠬᠣᠶᠠᠷ ᠬᠣᠷᠣᠨ ᠬᠠᠮᠢᠶ᠎ᠠ ᠰᠢᠭᠤᠳ ᠬᠠᠷᠢᠯᠴᠠᠨ᠎ᠠ ᠶᠢ ᠪᠠᠲᠤᠯᠠᠨ᠎ᠠ ᠃ ᠢᠲᠡᠭᠡᠮᠵᠢᠯᠡᠯ ᠶᠢᠨ

ᠳᠦᠷᠢᠮ ᠬᠠᠮᠢᠶ᠎ᠠ ᠳᠤ ᠬᠢᠵᠠᠭᠠᠷᠯᠠᠯ ᠲᠡᠭᠦᠨ ᠬᠤᠷᠠ ᠶᠢᠨ ᠰᠡᠭᠦᠯ ᠬᠡᠮᠵᠢᠭᠳᠡᠬᠦᠨ ᠲᠡᠭᠦᠵᠢ ᠦ ᠢᠲᠡᠭᠡᠮᠵᠢᠯᠡᠯ ᠤᠨ ᠪᠣᠯᠤᠮᠵᠢ ᠶᠢ ᠢᠲᠡᠭᠡᠮᠵᠢᠯᠡᠯ ᠶᠢᠨ ᠪᠣᠯᠤᠮᠵᠢ ·

(ᠭᠤᠷᠪᠠ) ᠲᠡᠭᠦᠵᠢ ᠦ ᠢᠲᠡᠭᠡᠮᠵᠢᠯᠡᠯ ᠤᠨ ᠪᠣᠯᠤᠮᠵᠢ ᠶᠢᠨ ᠲᠣᠭᠠᠴᠠᠭᠠᠯ

ᠢᠲᠡᠭᠡᠮᠵᠢᠯᠡᠯ ᠤᠨ ᠪᠣᠯᠤᠮᠵᠢ ᠶᠢᠨ ᠢᠲᠡᠭᠡᠮᠵᠢᠯᠡᠯ · ᠲᠡᠭᠦᠵᠢ ᠦ ᠢᠲᠡᠭᠡᠮᠵᠢᠯᠡᠯ ᠤᠨ ᠪᠣᠯᠤᠮᠵᠢ ᠶᠢᠨ ᠬᠡᠮᠵᠢᠭᠳᠡᠬᠦᠨ ᠰᠡᠭᠦᠯᠳᠦ ᠪᠡᠷ ᠲᠣᠭᠲᠠᠭᠠᠯ ᠪᠣᠯᠤᠨ᠎ᠠ ᠃

ᠳᠦᠷᠢᠮ ᠲᠣᠭᠲᠠᠭᠠᠯ ᠳᠤᠲᠠᠭᠤᠯ ᠲᠡᠭᠦᠵᠢ ᠶᠢᠨ ᠪᠠᠲᠤᠯᠠᠬᠤ · ᠳᠦᠷᠢᠮ ᠳᠦᠷᠢᠮ ᠲᠡᠭᠦᠵᠢ ᠦ ᠢᠲᠡᠭᠡᠮᠵᠢᠯᠡᠯ ᠤᠨ ᠪᠣᠯᠤᠮᠵᠢ ᠶᠢᠨ ᠲᠣᠭᠠᠴᠠᠭᠠᠯ · ᠲᠡᠭᠦᠵᠢ ᠦ ᠲᠣᠭᠲᠠᠭᠠᠬᠤ ᠶᠢᠨ ᠬᠡᠮᠵᠢᠶ᠎ᠡ ᠶᠢ ᠰᠢᠯᠭᠠᠬᠤ ᠦ ᠰᠤᠷᠠᠯ ᠪᠡᠷᠢᠯᠭᠡ ᠪᠡᠷ ᠵᠢᠱᠢᠶᠡᠯᠡᠨ ᠬᠠᠷᠠᠭᠤᠯᠪᠠ ᠃

ᠲᠣᠭᠠᠨ ᠬᠡᠮᠵᠢᠶ᠎ᠡ ᠰᠡᠭᠦᠯᠳᠦ ᠲᠡᠭᠦᠨ ᠢ ᠨᠢᠭᠡᠳᠦᠭᠡᠷ ᠲᠣᠭᠠᠴᠠᠭᠠᠯ ᠲᠡᠭᠦᠨ ᠪᠠᠷ ᠬᠡᠮᠵᠢᠶ᠎ᠡ ᠶᠢᠨ ᠬᠡᠪ ᠳᠤ ᠲᠡᠭᠦᠨ ᠬᠤᠷᠠ ᠶᠢᠨ ᠲᠣᠭᠲᠠᠭᠠᠯᠲᠠ ᠶᠢᠨ ᠰᠡᠭᠦᠯ ᠬᠡᠮᠵᠢᠶ᠎ᠡ ᠪᠣᠯᠪᠠᠰᠤᠷᠠᠯ ᠤᠨ ᠪᠣᠯᠤᠮᠵᠢ ᠳᠤ ᠲᠡᠭᠦᠨ ᠬᠤᠷᠠ ᠶᠢᠨ ᠰᠡᠭᠦᠯ ᠢ ᠲᠣᠭᠠᠨ ᠬᠡᠮᠵᠢᠭᠳᠡᠬᠦᠨ ᠦᠨᠳᠦᠰᠦ ᠶᠢ ᠪᠣᠯᠤᠨ ᠵᠢᠱᠢᠶᠡ ᠳᠤᠮᠳᠠ ᠶᠢᠨ ᠰᠡᠭᠦᠯ ᠢ ᠬᠡᠮᠵᠢᠭᠳᠡᠬᠦ · ᠲᠣᠭᠠᠨ ᠳᠤ ᠶᠢᠨ ᠬᠤᠷᠠ ᠶᠢᠨ ᠰᠡᠭᠦᠯ ᠬᠡᠮᠵᠢᠭᠳᠡᠬᠦᠨ ᠢᠲᠡᠭᠡᠮᠵᠢᠯᠡᠯ ᠪᠠ ᠪᠣᠯᠤᠨ ᠵᠢᠱᠢᠶᠡ ᠳᠤᠮᠳᠠ ᠶᠢᠨ ᠰᠡᠭᠦᠯ ᠬᠡᠮᠵᠢᠶ᠎ᠡ ᠲᠣᠭᠠᠨ ᠤᠨ ᠲᠣᠭᠲᠠᠭᠠᠨ ᠪᠣᠯᠤᠨ᠎ᠠ · ᠲᠡᠭᠦᠵᠢ ᠦ ᠢᠲᠡᠭᠡᠮᠵᠢᠯᠡᠯ ᠤᠨ ᠪᠣᠯᠤᠮᠵᠢ ᠪᠣᠯᠤᠨ᠎ᠠ · ᠪᠣᠯᠤᠨ ᠲᠡᠭᠦᠨ ᠳᠤᠮᠳᠠ ᠲᠣᠭᠠᠨ ᠲᠡᠭᠦᠨ · ᠲᠡᠭᠦᠨ ᠲᠡᠭᠦᠨ ᠳᠤ ᠬᠡᠮᠵᠢᠭᠳᠡᠬᠦᠨ ᠪᠣᠯᠪᠠᠰᠤ ᠵᠢᠱᠢᠶᠡᠯᠡᠪᠡᠯ ᠲᠣᠭᠠᠴᠠᠭᠠᠯ ᠳᠤ ᠪᠠᠷᠢᠮᠲᠠᠯᠠᠨ᠎ᠠ ᠃ ᠲᠣᠭᠠᠨ ᠶᠢᠨ ᠰᠡᠭᠦᠯ ᠬᠡᠮᠵᠢᠶ᠎ᠡ ᠳᠤᠮᠳᠠ ᠶᠢᠨ ᠦᠨᠳᠦᠰᠦ ᠳᠤ ᠲᠣᠭᠠᠴᠠᠭᠠᠯ ᠶᠢᠨ ᠰᠡᠭᠦᠯ ᠢ ᠪᠣᠯᠤᠨ ᠬᠡᠮᠵᠢᠭᠳᠡᠬᠦᠨ ᠲᠣᠭᠠᠴᠠᠭᠠᠬᠤ ᠳᠤ ᠵᠢᠱᠢᠶᠡᠯᠡᠪᠡᠯ ᠲᠣᠭᠠᠨ ᠲᠣᠭᠲᠠᠭᠠᠨ ᠶᠢᠨ ᠰᠡᠭᠦᠯ ᠢ ᠲᠣᠭᠠᠨ ᠬᠡᠮᠵᠢᠭᠳᠡᠬᠦᠨ ᠪᠣᠯᠤᠨ᠎ᠠ ᠃ ᠲᠣᠭᠠᠨ ᠳᠤ · ᠲᠡᠭᠦᠵᠢ ᠦ ᠢᠲᠡᠭᠡᠮᠵᠢᠯᠡᠯ ᠤᠨ ᠪᠣᠯᠤᠮᠵᠢ ᠳᠤ ᠲᠡᠭᠦᠨ ᠬᠤᠷᠠ ᠲᠣᠭ᠎ᠠ ᠶᠢ ᠲᠣᠭᠠᠨ ᠲᠣᠭᠠᠴᠠᠭᠠᠯ · ᠲᠣᠭᠠᠴᠠᠭᠠᠯ ᠪᠣᠯᠤᠨ ᠳᠦᠷᠢᠮ ᠢ ᠬᠡᠮᠵᠢᠭᠳᠡᠬᠦᠨ ᠲᠣᠭᠠᠴᠠᠭᠠᠬᠤ ᠪᠡᠷ ᠪᠣᠯᠤᠮᠵᠢᠲᠠᠢ ᠶᠢᠨ ᠲᠣᠭ᠎ᠠ ᠢ ᠲᠣᠭᠠᠨ ᠲᠣᠭᠠᠴᠠᠭᠠᠯ ᠳᠦᠷᠢᠮ ᠳᠤᠮᠳᠠ ᠶᠢᠨ

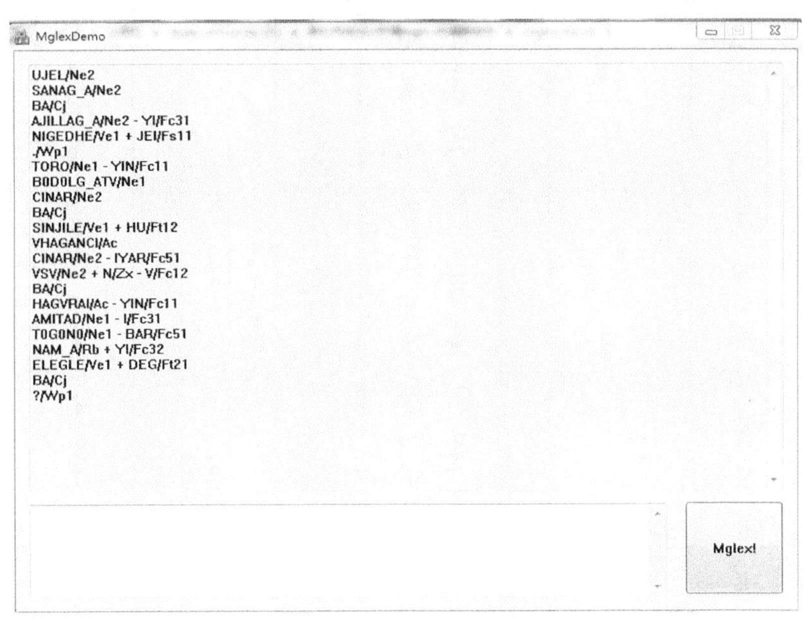

MglexDemo

UJEL/Ne2
SANAG_A/Ne2
BA/Cj
AJILLAG_A/Ne2 - YI/Fc31
NIGEDHE/Ve1 + JEI/Fs11
./Wp1
TORO/Ne1 - YIN/Fc11
B0D0LG_ATV/Ne1
CINAR/Ne2
BA/Cj
SINJILE/Ve1 + HU/Ft12
VHAGANCI/Ac
CINAR/Ne2 - IYAR/Fc51
VSV/Ne2 + N/Zx - V/Fc12
BA/Cj
HAGVRAI/Ac - YIN/Fc11
AMITAD/Ne1 - I/Fc31
T0G0N0/Ne1 - BAR/Fc51
NAM_A/Rb + YI/Fc32
ELEGLE/Ve1 + DEG/Ft21
BA/Cj
?/Wp1

Mglex!

Mglex
4—6

(ᠭᠤᠷᠪᠠ) ᠬᠡᠯᠡᠨ ᠦ ᠮᠣᠳᠧᠯ ᠤᠨ ᠰᠤᠷᠭᠠᠯᠲᠠ ᠶᠢᠨ ᠠᠷᠭ᠎ᠠ

ᠮᠣᠳᠧᠯ ᠤᠨ ᠪᠠ ᠳᠢᠨᠠᠮᠢᠺ ᠲᠥᠯᠥᠪᠯᠡᠯᠲᠡ ᠶᠢᠨ ᠬᠠᠢᠯᠲᠠ（动态规划搜索）ᠪᠠᠷ ᠮᠣᠳᠧᠯ ᠰᠤᠷᠭᠠᠯᠲᠠ ᠳᠤ ᠬᠡᠷᠡᠭᠯᠡᠬᠦ ᠬᠡᠯᠡᠨ ᠦ ᠮᠣᠳᠧᠯ ᠢ ᠰᠤᠷᠭᠠᠨ᠎ᠠ ∷ ᠬᠡᠯᠡᠨ ᠦ ᠮᠣᠳᠧᠯ ᠤᠨ ᠪᠦᠲᠦᠴᠡ ᠶᠢ ᠵᠢᠷᠤᠭ 4—6 ᠳᠤ ᠦᠵᠡᠭᠦᠯᠪᠡ ∷

(ᠳᠥᠷᠪᠡ) ᠬᠡᠯᠡᠨ ᠦ ᠮᠣᠳᠧᠯ ᠤᠨ ᠰᠤᠷᠭᠠᠯᠲᠠ ᠶᠢᠨ ᠲᠤᠷᠰᠢᠯᠲᠠ

ᠬᠡᠯᠡᠨ ᠦ ᠮᠣᠳᠧᠯ ᠢ ᠰᠤᠷᠭᠠᠭᠰᠠᠨ ᠤ ᠳᠠᠷᠠᠭ᠎ᠠ ᠰᠢᠰᠲ᠋ᠧᠮ ᠦᠨ ᠬᠡᠮᠵᠢᠭᠦᠷ ᠢ ᠲᠤᠷᠰᠢᠪᠠ ∷ ᠦᠭᠡ ᠶᠢᠨ ᠵᠠᠳᠠᠯᠤᠯᠲᠠ ᠶᠢᠨ ᠬᠡᠮᠵᠢᠭᠦᠷ ᠢ ᠪᠠᠷᠢᠮᠳᠠᠯᠠᠨ ᠦᠭᠡ ᠶᠢᠨ ᠵᠠᠳᠠᠯᠤᠯᠲᠠ ᠶᠢᠨ ᠨᠠᠷᠢᠯᠢᠭ ᠴᠢᠨᠠᠷ（precision）P_w，ᠦᠭᠡ ᠶᠢᠨ ᠵᠠᠳᠠᠯᠤᠯᠲᠠ ᠶᠢᠨ ᠬᠡᠮᠵᠢᠭᠦᠷ ᠦᠨ ᠨᠠᠷᠢᠯᠢᠭ ᠴᠢᠨᠠᠷ P_{sa}，ᠬᠠᠮᠤᠷᠤᠯᠲᠠ ᠶᠢᠨ ᠬᠡᠮᠵᠢᠭᠦᠷ（recalld）R_{sa} ᠪᠠ F ᠬᠡᠮᠵᠢᠭᠦᠷ ᠢ ᠬᠡᠷᠡᠭᠯᠡᠨ ᠦᠨᠡᠯᠡᠨ᠎ᠡ ∷ ᠪᠢᠳᠡ《 100 ᠮᠢᠩᠭ᠎ᠠ ᠦᠭᠡ ᠲᠡᠢ ᠰᠤᠷᠭᠠᠯᠲᠠ ᠶᠢᠨ ᠮᠠᠲ᠋ᠧᠷᠢᠶᠠᠯ ᠤᠨ ᠦᠭᠡ ᠶᠢᠨ ᠵᠠᠳᠠᠯᠤᠯᠲᠠ 》ᠪᠠᠷ ᠬᠡᠮᠵᠢᠭᠦᠷᠯᠡᠭᠰᠡᠨ ᠲᠤᠷᠰᠢᠯᠲᠠ ᠶᠢᠨ ᠦᠷ᠎ᠡ ᠳ᠋ᠦᠩ ᠢ ᠬᠦᠰᠦᠨᠦᠭᠲᠦ 4—13 ᠳᠤ ᠪᠠᠢᠨ᠎ᠠ ∷

ᠬᠦᠰᠦᠨᠦᠭᠲᠦ 4—13 Mglex ᠰᠢᠰᠲ᠋ᠧᠮ ᠦᠨ ᠬᠡᠮᠵᠢᠭᠦᠷ ᠦᠨ ᠲᠤᠷᠰᠢᠯᠲᠠ ᠶᠢᠨ ᠦᠷ᠎ᠡ ᠳ᠋ᠦᠩ

ᠦᠭᠡ ᠶᠢᠨ ᠵᠠᠳᠠᠯᠤᠯᠲᠠ（%）	ᠦᠭᠡ ᠶᠢᠨ ᠵᠠᠳᠠᠯᠤᠯᠲᠠ · ᠬᠠᠮᠤᠷᠤᠯᠲᠠ ᠶᠢᠨ ᠬᠡᠮᠵᠢᠭᠦᠷ（%）		
Pw	Psa	Rsa	Fsa
94.00	94.91	95.66	95.29

Mglex ᠰᠢᠰᠲ᠋ᠧᠮ ᠦᠨ ᠦᠭᠡ ᠶᠢᠨ ᠵᠠᠳᠠᠯᠤᠯᠲᠠ ᠶᠢᠨ ᠠᠷᠭ᠎ᠠ ᠪᠣᠯ ᠦᠭᠡ ᠶᠢᠨ ᠵᠠᠳᠠᠯᠤᠯᠲᠠ ᠳᠤ ᠬᠡᠷᠡᠭᠯᠡᠬᠦ ᠳᠦᠷᠢᠮ ᠦᠨ ᠪᠦᠯᠦᠭ ᠬᠡᠷᠡᠭᠯᠡᠭᠰᠡᠨ ᠦ ᠬᠠᠮᠲᠤ ᠂ ᠬᠡᠯᠡᠨ ᠰᠢᠨᠵᠢᠯᠡᠬᠦ ᠠᠷᠭ᠎ᠠ ᠶᠢ ᠬᠡᠷᠡᠭᠵᠢᠭᠦᠯᠦᠯ ᠪᠣᠯᠤᠨ᠎ᠠ ∷ ᠲᠤᠷᠰᠢᠯᠲᠠ ᠶᠢᠨ ᠦᠷ᠎ᠡ ᠳ᠋ᠦᠩ ᠡᠴᠡ ᠦᠵᠡᠬᠦ ᠳᠦ ᠦᠭᠡ ᠶᠢᠨ ᠵᠠᠳᠠᠯᠤᠯᠲᠠ ᠶᠢᠨ ᠬᠡᠮᠵᠢᠭᠦᠷ ᠨᠡᠯᠢᠶᠡᠳ ᠦᠨᠳᠦᠷ ᠪᠠᠢᠨ᠎ᠠ ∷

ᠬᠡᠷᠡᠭᠵᠢᠭᠦᠯᠦᠯᠲᠡ᠂ ᠪᠠᠢᠴᠠᠭᠠᠯᠲᠠ ᠳᠤ ᠬᠡᠷᠡᠭᠯᠡᠭᠰᠡᠨ ᠨᠢ ᠰᠤᠷᠭᠠᠯᠲᠠ ᠶᠢᠨ ᠦᠭᠡ ᠪᠠ ᠰᠤᠷᠭᠠᠭᠤᠯᠢ ᠶᠢᠨ ᠦᠭᠡ ᠶᠢᠨ ᠬᠡᠮᠵᠢᠭᠡᠨ ᠦ ᠬᠠᠷᠢᠴᠠᠭ᠎ᠠ ᠨᠢ ᠬᠡᠮᠵᠢᠭᠦᠯᠦᠭᠰᠡᠨ ᠵᠢᠷᠤᠮ᠂ ᠦᠭᠡ ᠶᠢᠨ ᠤᠲᠤ ᠶᠢᠨ ᠦᠭᠡ ᠶᠢᠨ ᠲᠠᠰᠤᠯᠠᠯ ᠤᠨ ᠰᠢᠯᠭᠠᠭᠠᠯᠲᠠ ᠶᠢᠨ ᠦᠷ᠎ᠡ ᠳ᠋ᠦᠩ ᠨᠢ ᠬᠠᠮᠤᠭ ᠰᠠᠢᠨ ᠦᠭᠡ ᠲᠡᠮᠳᠡᠭᠯᠡᠯ ᠦᠨ ᠦᠷ᠎ᠡ ᠳ᠋ᠦᠩ ᠢ ᠤᠯᠤᠭᠰᠠᠨ ᠪᠠᠢᠨ᠎ᠠ ᠃ ᠳᠦᠷᠢᠮ ᠦᠨ ᠦᠭᠡ ᠶᠢᠨ ᠲᠡᠮᠳᠡᠭᠯᠡᠯ ᠦᠨ ᠨᠠᠷᠢᠯᠢᠭ ᠴᠢᠨᠠᠷ ᠨᠢ 84.40% ᠪᠤᠯᠪᠠ᠂ F ᠬᠡᠮᠵᠢᠭᠳᠡᠬᠦᠨ ᠨᠢ 92.54% ᠪᠠ 89.24% ᠪᠤᠯᠤᠭᠰᠠᠨ ᠃ ᠰᠤᠷᠭᠠᠯᠲᠠ ᠶᠢᠨ ᠦᠭᠡ ᠶᠢᠨ ᠲᠡᠮᠳᠡᠭᠯᠡᠯ ᠦᠨ ᠦᠷ᠎ᠡ ᠳ᠋ᠦᠩ ᠨᠢ ᠲᠤᠰ ᠲᠤᠰ 94.56% ᠪᠠ 94.68% ᠪᠤᠯᠪᠠ᠂ ᠨᠡᠢᠲᠡ ᠶᠢᠨ ᠦᠷ᠎ᠡ ᠳ᠋ᠦᠩ ᠨᠢ 90.60% ᠪᠠ ᠪᠤᠯᠤᠭᠰᠠᠨ ᠪᠠᠢᠨ᠎ᠠ ᠃ ᠲᠤᠰ ᠠᠷᠭ᠎ᠠ ᠶᠢᠨ ᠳᠤᠲᠠᠭᠳᠠᠯ ᠨᠢ ᠮᠣᠩᠭᠤᠯ ᠪᠢᠴᠢᠭ ᠦᠨ ᠦᠭᠡ ᠶᠢᠨ ᠬᠡᠪ ᠤᠨ ᠲᠡᠮᠳᠡᠭᠯᠡᠯ ᠳᠦ ᠵᠦᠪᠬᠡᠨ ᠦᠭᠡ ᠶᠢᠨ ᠲᠠᠰᠤᠯᠠᠯ ᠤᠨ ᠮᠡᠳᠡᠭᠡᠯᠡᠯ ᠢ ᠬᠡᠷᠡᠭᠯᠡᠭᠰᠡᠨ ᠲᠤᠯᠠ ᠦᠭᠡ ᠶᠢᠨ ᠡᠬᠢ ᠪᠠ ᠰᠡᠭᠦᠯ ᠦᠨ ᠪᠠᠢᠷᠢ ᠶᠢᠨ 6 ᠦᠰᠦᠭ ᠪᠠ 5 ᠦᠰᠦᠭ ᠢ ᠲᠤᠰ ᠲᠤᠰ ᠤᠨ CRF ᠵᠠᠭᠪᠤᠷ ᠤᠨ ᠣᠨᠴᠠᠯᠢᠭ ᠪᠣᠯᠭᠠᠨ᠂ ᠬᠣᠯᠪᠣᠭᠠᠯ ᠤᠨ ᠬᠤᠪᠢᠷᠠᠯ ᠢ ᠲᠤᠰᠬᠠᠨ ᠰᠤᠷᠭᠠᠭᠰᠠᠨ ᠪᠠᠢᠨ᠎ᠠ ᠃ ᠦᠭᠡ ᠶᠢᠨ ᠡᠬᠢ ᠪᠠ ᠰᠡᠭᠦᠯ ᠦᠨ ᠦᠭᠡ ᠶᠢᠨ ᠲᠡᠮᠳᠡᠭᠯᠡᠯ ᠦᠨ ᠬᠡᠪ ᠢ ᠰᠢᠯᠭᠠᠭᠰᠠᠨ ᠦᠷ᠎ᠡ ᠳ᠋ᠦᠩ ᠪᠠᠷ ᠦᠭᠡ ᠶᠢᠨ ᠲᠡᠮᠳᠡᠭᠯᠡᠯ ᠢ ᠪᠠᠲᠤᠯᠠᠭᠰᠠᠨ ᠪᠠᠢᠨ᠎ᠠ ᠃

ᠪᠠᠶᠠᠷ ᠰᠤᠷᠪᠠᠯᠵᠢᠯᠠᠭᠰᠠᠨ ᠰᠠᠨᠠᠮᠰᠠᠷ ᠤᠨ ᠲᠠᠯᠠᠪᠠᠷ ᠤᠨ ᠵᠠᠭᠪᠤᠷ (conditional random fields, CRF) ᠪᠠ ᠲᠤᠰᠬᠠᠢ ᠶᠢᠨ ᠬᠡᠷᠡᠭᠯᠡᠭᠡᠨ ᠦ ᠬᠣᠯᠪᠣᠭᠠᠯ ᠤᠨ ᠦᠭᠡ᠂ ᠰᠤᠷᠭᠠᠯᠲᠠ ᠶᠢᠨ ᠦᠭᠡ ᠶᠢᠨ ᠲᠡᠮᠳᠡᠭᠯᠡᠯ ᠢ ᠰᠤᠳᠤᠯᠤᠭᠰᠠᠨ ᠪᠠᠢᠨ᠎ᠠ ᠃ Mglex ᠨᠡᠷ᠎ᠡ ᠲᠣᠯᠢ ᠶᠢᠨ ᠦᠭᠡ ᠬᠣᠯᠪᠣᠭᠠᠯ ᠤᠨ ᠪᠦᠲᠦᠴᠡ ᠶᠢᠨ ᠦᠭᠡ ᠶᠢᠨ ᠲᠡᠮᠳᠡᠭᠯᠡᠯ ᠦᠨ ᠬᠡᠷᠡᠭᠯᠡᠭᠡᠨ ᠤ ᠵᠢᠷᠤᠮ ᠢ ᠦᠭᠡ ᠶᠢᠨ ᠪᠦᠲᠦᠴᠡ ᠪᠠ ᠤᠳᠬ᠎ᠠ ᠶᠢᠨ ᠰᠢᠨᠵᠢ ᠴᠢᠨᠠᠷ ᠢ ᠬᠠᠮᠲᠤ ᠪᠠᠷ ᠪᠣᠳᠣᠯᠬᠤ ᠪᠠᠷ ᠬᠡᠷᠡᠭᠯᠡᠭᠡᠨ ᠦ ᠳᠦᠷᠢᠮ ᠦᠨ ᠬᠣᠯᠪᠣᠭᠠᠰᠤ ᠶᠢ ᠪᠣᠯᠪᠠᠰᠤᠷᠠᠭᠤᠯᠤᠭᠰᠠᠨ ᠪᠠᠢᠨ᠎ᠠ ᠃ ᠦᠭᠡ ᠶᠢᠨ ᠪᠦᠲᠦᠴᠡ ᠶᠢᠨ ᠳᠦᠷᠢᠮ ᠢ ᠲᠣᠭᠲᠠᠭᠠᠬᠤ ᠳᠤ ᠬᠡᠷᠡᠭᠯᠡᠭᠡᠨ ᠦ ᠵᠢᠷᠤᠮ ᠤᠨ ᠬᠦᠰᠦᠨᠦᠭ ᠢ ᠰᠢᠨᠵᠢᠯᠡᠨ ᠪᠣᠳᠣᠯᠬᠤ ᠶᠢᠨ ᠬᠠᠮᠲᠤ ᠭᠠᠷᠤᠯ ᠤᠨ ᠬᠡᠯᠪᠡᠷᠢ ᠶᠢ ᠲᠣᠭᠲᠠᠭᠠᠯᠠᠭ᠎ᠠ ᠪᠡᠷ ᠰᠢᠯᠭᠠᠨ ᠪᠠᠢᠨ᠎ᠠ ᠃ ᠬᠡᠷᠡᠭᠯᠡᠭᠡᠨ ᠦ ᠦᠭᠡ ᠶᠢᠨ ᠲᠡᠮᠳᠡᠭᠯᠡᠯ ᠤᠨ ᠵᠢᠷᠤᠮ ᠢ ᠵᠦᠪᠬᠡᠨ ᠨᠢ ᠬᠡᠯᠡᠯᠴᠡᠭᠡ ᠶᠢᠨ ᠬᠡᠯᠪᠡᠷᠢ ᠶᠢᠨ ᠬᠠᠮᠲᠤ ᠪᠠᠷ ᠰᠢᠨᠵᠢᠯᠡᠨ᠂ ᠪᠣᠳᠣᠯᠬᠤ ᠶᠢᠨ ᠬᠡᠯᠪᠡᠷᠢ ᠬᠡᠮᠵᠢᠶ᠎ᠡ᠂ ᠪᠦᠲᠦᠴᠡ ᠶᠢᠨ ᠰᠢᠨᠵᠢ ᠴᠢᠨᠠᠷ ᠢ ᠣᠯᠵᠤ ᠴᠢᠳᠠᠬᠤ ᠪᠠ ᠰᠢᠨᠵᠢᠯᠡᠯ ᠬᠡᠯᠪᠡᠷᠢᠵᠢᠭᠦᠯᠦᠯ ᠪᠤᠢ ᠪᠣᠯᠪᠠᠰᠤ ᠬᠠᠮᠲᠤ ᠪᠠᠷ ᠬᠣᠯᠪᠣᠭᠠᠨ ᠪᠠᠢᠭᠤᠯᠤᠯ ᠤᠨ ᠬᠡᠮᠵᠢᠶ᠎ᠡ ᠳᠦ ᠲᠣᠭᠲᠠᠭᠠᠵᠤ ᠪᠣᠯᠬᠤ ᠶᠢ ᠰᠢᠨᠵᠢᠯᠡᠨ ᠲᠣᠭᠲᠠᠭᠠᠭᠰᠠᠨ ᠪᠠᠢᠨ᠎ᠠ ᠃ ᠬᠡᠷᠡᠭᠯᠡᠭᠡᠨ ᠦ ᠦᠭᠡ ᠶᠢᠨ ᠲᠡᠮᠳᠡᠭᠯᠡᠯ ᠤᠨ ᠰᠤᠷᠭᠠᠯᠲᠠ ᠶᠢᠨ ᠦᠭᠡ᠂ ᠰᠤᠷᠭᠠᠭᠤᠯᠢ ᠶᠢᠨ ᠦᠭᠡ ᠶᠢᠨ ᠲᠠᠰᠤᠯᠠᠯ ᠤᠨ ᠦᠷ᠎ᠡ ᠳ᠋ᠦᠩ ᠢ ᠰᠠᠢᠵᠢᠷᠠᠭᠤᠯᠪᠠ ᠃ ᠬᠡᠷᠡᠭᠯᠡᠭᠡᠨ ᠦ ᠵᠢᠷᠤᠮ ᠤᠨ ᠲᠡᠮᠳᠡᠭᠯᠡᠯ ᠢ ᠬᠡᠮᠵᠢᠶ᠎ᠡ ᠲᠠᠢ ᠬᠣᠯᠪᠣᠭᠠᠨ ᠪᠣᠳᠣᠬᠤ ᠳᠤ

[illegible] (Mongolian Dependency Parsing [illegible] — MDPS [illegible]) [illegible]

[illegible]

[illegible] 73.75% [illegible] 67.38% [illegible] [7] [illegible] 243 (417 [illegible]) [illegible]

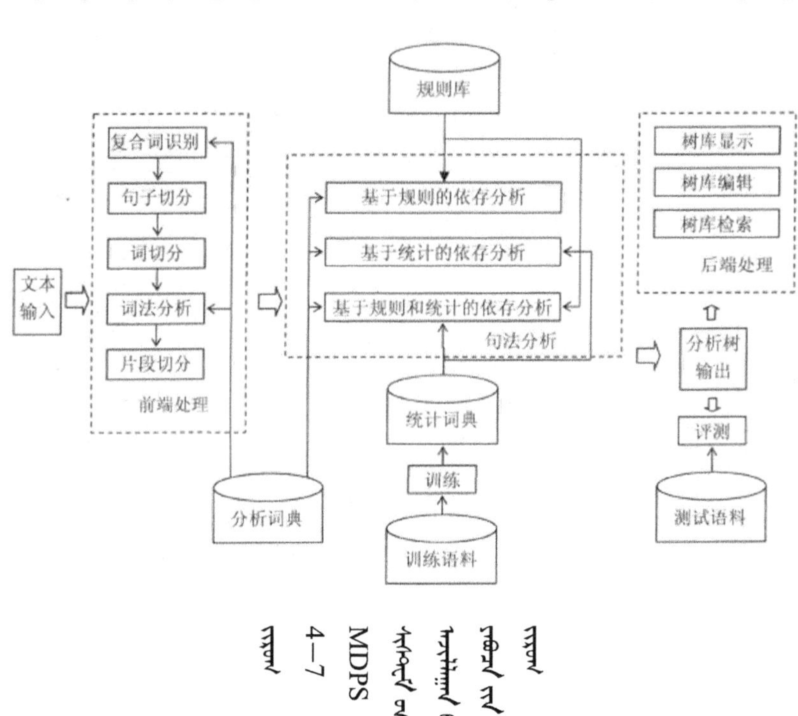

规则库
树库显示
树库编辑
树库检索
后端处理
复合词识别
句子切分
词切分
词法分析
片段切分
前端处理
文本输入
基于规则的依存分析
基于统计的依存分析
基于规则和统计的依存分析
句法分析
分析树输出
评测
测试语料
统计词典
训练
训练语料
分析词典

MDPS 4—7

[illegible]

[illegible]

[illegible]

[illegible]

[illegible]

[illegible]

[illegible]

[illegible]

[illegible]

[illegible]

[illegible]

[illegible]

[illegible]

```
test - ttttt
\uFEFF(Eg) NIGEDUGER(M) HICIYEL(Ne1) ELESU(Ne2) MANGHAN/-V(Ac,Fc11) EHE(Ne1) NVTVG(Ne1)
[]NAX=^=SAYINCOGTO(Nt1) ALTAN(Ne2) SIRGAL(Ac) ELESU(Ne2) MINI(Sf) ABV(Ne1) EJI/-YIN(Ne1,Fc11) NVTVG(Ne1)
ARAD(Ne2) TUMEN(Ne2) BIDEN/-U(Rb,Fc11) ASIDA/-YIN(Dc,Fc11) JAYAGA/GSAN(Ve1,Ft11) ORON(Ne1)
ERTE(Dc) DEGEDUS(Ne2) EBUGED/-UN(Ne2,Fc11) YASV/-BAN(Ne2,Fx11) OROSIGVL/VGSAN(Ve1,Ft11) SIROI(Ne2)
EHE(Ne1) ORONCI(Ve1) BAGATVR/-VD/-VN(Ne1,Fp2/Fc11) CISV/-BAN(Ne2,Fx11) SINGGEGE/GSEN(Ve1,Ft11) GAJAR(Ne1)
HABVR/-VN(T,Fc11) DVLAGAN(Ac) NARAN/-DV(Ne2,Fc21) ARGAL/-IYAN(Ne2,Fx11) TEGUDEG(Ne1) HONGHOR-VD(Id) MINI(Sf)
NAMVR/-VN(Ne1,Fc11) TVNGGALAG(Ac) SARAN/-DV(Ne2,Fc21) EBESU/-BEN(Ne2,Fx11) JOGEGE/DEG(Ve1,Ft21) JAM/-VD
(Ne1,Fp2) MINI(Sf)
HUITEN(Ac) EBUL/-UN(Ne1,Fc11) SIGVRGAN/-DV(Ne2,Fc21) NOMORI/-DU&NI(Ne2,Fh5) DVLAGACA/DAG(Ve2,Ft21) MANGH_A/-
NVGVD(Ne2,Fp3) MINI(Sf)
HOGJILTU(Ai) JVN/-V(T,Fc11) HALAGVN/-DV(Ac,Fc21) SEGUDER/-TU&NI(Ne1,Fh5) DAGVLA/DAG(Ve1,Ft21) MODO/-NVGVD
(Ne1,Fp3) MINI(Sf)
HATAN(Ac) JORIGTV(Ai) []UGDEN/-U(Nt1,Fc11) HALAGVN(Ac) CISV/-BAR/-IYAN(Ne2,Fc51/Fx11) HAMAGALA/GSAN(Ve1,Ft11)
NUM
```

[illegible] 4—8 MDPS [illegible]

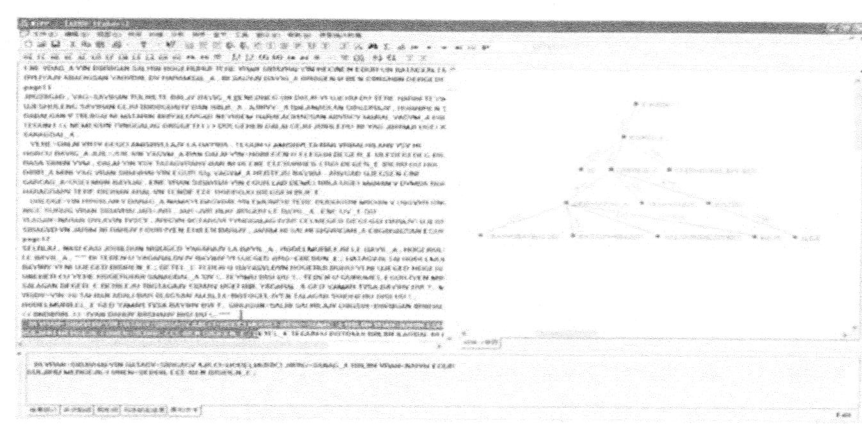

ᠵᠢᠷᠤᠭ 4—9　MDPS ᠰᠢᠰᠲ᠋ᠧᠮ ᠦᠨ ᠬᠠᠮᠢᠶᠠᠷᠤᠯᠴᠠᠭᠠ ᠲᠣᠭᠠ ᠶᠢᠨ ᠮᠡᠳᠡᠭᠡᠯᠡᠯ ᠦᠨ ᠰᠠᠩ ᠦᠨ ᠵᠢᠱᠢᠶ᠎ᠡ

ᠪᠣᠯᠤᠨ᠎ᠠ ᠃ ᠡᠨᠡ ᠲᠣᠬᠢᠶᠠᠯᠳᠤᠯ ᠳᠤᠮᠳᠠ ᠶᠢᠨ ᠫᠷᠣᠭ᠋ᠷᠠᠮ ᠢᠶᠠᠷ ᠮᠡᠳᠡᠭᠡᠯᠡᠯ ᠦᠨ ᠰᠠᠩ ᠪᠠᠶᠢᠭᠤᠯᠬᠤ ᠠᠵᠢᠯ ᠢ ᠬᠦᠰᠦᠭᠦᠯᠦᠨ ᠬᠡᠷᠡᠭᠵᠢᠭᠦᠯᠵᠦ ᠪᠣᠯᠤᠨ᠎ᠠ ᠃ ᠪᠢᠳᠡ ᠡᠨᠡ ᠫᠷᠣᠭ᠋ᠷᠠᠮ ᠢᠶᠠᠷ ᠰᠤᠷᠭᠠᠭᠤᠯᠢ ᠶᠢᠨ ᠲᠡᠮᠳᠡᠭ ᠦᠨ ᠬᠠᠮᠢᠶᠠᠷᠤᠯᠴᠠᠭᠠ ᠲᠣᠭᠠ ᠶᠢᠨ ᠮᠡᠳᠡᠭᠡᠯᠡᠯ ᠦᠨ ᠰᠠᠩ ᠦᠨ ᠰᠢᠰᠲ᠋ᠧᠮ MParser1 · MParser2 · MParser3 ᠢ ᠪᠠᠶᠢᠭᠤᠯᠵᠤ ᠠᠪᠤᠭᠠᠳ ᠲᠡᠳᠡᠨ ᠦ ᠰᠤᠷᠭᠠᠭᠤᠯᠢ ᠶᠢᠨ ᠬᠤᠷᠳᠤᠴᠠ ᠂ ᠨᠠᠷᠢᠯᠢᠭ ᠤᠨ ᠬᠤᠷᠳᠤᠴᠠ ᠂ ᠰᠤᠷᠭᠠᠭᠤᠯᠢ ᠶᠢᠨ ᠨᠠᠷᠢᠯᠢᠭ ᠢ ᠬᠠᠷᠢᠴᠠᠭᠤᠯᠤᠨ ᠰᠢᠨᠵᠢᠯᠡᠪᠡ（ᠬᠦᠰᠦᠨᠦᠭ ）ᠬᠠᠮᠢᠶᠠᠷᠤᠯᠴᠠᠭᠠ ᠲᠣᠭᠠ ᠶᠢᠨ ᠮᠡᠳᠡᠭᠡᠯᠡᠯ

ᠶᠠᠭ ᠡᠨᠡ ᠪᠣᠯ ᠂ RNN ᠰᠦᠯᠵᠢᠶᠡᠨ ᠳᠦ ᠨᠢᠭᠤᠴᠠ ᠳᠠᠪᠬᠤᠷᠭ᠎ᠠ ᠶᠢᠨ ᠲᠥᠯᠥᠪ ᠢ ᠳᠠᠷᠠᠭᠠᠯᠠᠯ ᠤᠨ ᠬᠤᠭᠤᠴᠠᠭ᠎ᠠ ᠶᠢᠨ ᠬᠤᠭᠤᠷᠤᠨᠳᠤ ᠳᠠᠮᠵᠢᠭᠤᠯᠬᠤ ᠪᠣᠯᠤᠮᠵᠢ ᠲᠠᠢ ᠪᠣᠯᠤᠨ᠎ᠠ ᠃ ᠡᠨᠡ ᠨᠢ FFNN ᠰᠦᠯᠵᠢᠶᠡᠨ ᠡᠴᠡ ᠢᠯᠭᠠᠭᠳᠠᠬᠤ ᠭᠣᠣᠯ ᠣᠨᠴᠠᠯᠢᠭ ᠮᠥᠨ ᠃ RNN ᠰᠦᠯᠵᠢᠶᠡᠨ ᠳᠦ ᠫᠠᠷᠠᠮᠧᠲ᠋ᠷ ᠢ ᠬᠤᠪᠢᠶᠠᠯᠴᠠᠬᠤ ᠪᠠᠷ ᠰᠤᠷᠭᠠᠭᠤᠯᠬᠤ ᠫᠠᠷᠠᠮᠧᠲ᠋ᠷ ᠦᠨ ᠲᠣᠭ᠎ᠠ ᠶᠢ ᠪᠠᠭᠤᠷᠠᠭᠤᠯᠤᠭᠰᠠᠨ ᠃

ᠮᠡᠳᠡᠨ᠎ᠡ ᠃ ᠡᠨᠡ ᠂ LSTM ᠰᠦᠯᠵᠢᠶᠡᠨ ᠳᠦ ᠰᠤᠷᠭᠠᠭᠤᠯᠤᠯᠲᠠ ᠶᠠᠪᠤᠭᠤᠯᠬᠤ ᠶᠠᠪᠤᠴᠠ ᠳᠤ ᠬᠡᠮᠵᠢᠭᠳᠡᠬᠦᠨ ᠦ ᠳᠠᠷᠠᠭᠠᠯᠠᠯ ᠤᠨ ᠪᠦᠲᠦᠴᠡ ᠶᠢᠨ ᠬᠤᠪᠢᠯᠤᠯᠲᠠ ᠶᠢ ᠬᠠᠳᠠᠭᠠᠯᠠᠨ᠎ᠠ ᠃ ᠡᠨᠡ ᠨᠢ ᠪᠣᠰᠤ RNN ᠰᠦᠯᠵᠢᠶᠡᠨ ᠳᠦ ᠰᠤᠷᠭᠠᠭᠤᠯᠤᠯᠲᠠ ᠶᠠᠪᠤᠭᠤᠯᠬᠤ ᠶᠠᠪᠤᠴᠠ ᠳᠤ ᠤᠷᠲᠤ ᠬᠤᠭᠤᠴᠠᠭᠠᠨ ᠤ ᠬᠠᠮᠢᠶᠠᠷᠤᠯ ᠢ ᠲᠣᠭᠲᠠᠭᠠᠬᠤ ᠡᠪ ᠦᠭᠡᠢ ᠂ RNN ᠰᠦᠯᠵᠢᠶᠡᠨ ᠦ ᠬᠡᠮᠵᠢᠭᠳᠡᠬᠦᠨ ᠢ ᠰᠠᠶᠢᠵᠢᠷᠠᠭᠤᠯᠬᠤ ᠪᠣᠯᠤᠨ᠎ᠠ ᠃ LSTM ᠰᠦᠯᠵᠢᠶᠡᠨ ᠦ ᠰᠠᠭᠤᠷᠢ ᠨᠢ 《 ᠬᠠᠭᠠᠯᠭ᠎ᠠ 》 ᠶᠢᠨ ᠪᠦᠲᠦᠴᠡ ᠶᠢ ᠨᠡᠮᠡᠵᠦ ᠂ ᠲᠠᠯᠠᠪᠠᠷ ᠤᠨ ᠳᠠᠷᠠᠭᠠᠯᠠᠯ ᠤᠨ ᠮᠡᠳᠡᠭᠡᠯᠡᠯ ᠢ ᠬᠠᠳᠠᠭᠠᠯᠠᠬᠤ ᠪᠠ ᠮᠠᠷᠲᠠᠬᠤ ᠶᠢ ᠲᠣᠭᠲᠠᠭᠠᠳᠠᠭ ᠃ ᠡᠨᠡ ᠰᠦᠯᠵᠢᠶ᠎ᠡ ᠶᠢᠨ ᠬᠠᠭᠠᠯᠭ᠎ᠠ ᠨᠢ ᠣᠷᠣᠯᠲᠠ ᠶᠢᠨ ᠬᠠᠭᠠᠯᠭ᠎ᠠ ᠂ ᠭᠠᠷᠤᠯᠲᠠ ᠶᠢᠨ ᠬᠠᠭᠠᠯᠭ᠎ᠠ ᠪᠠ ᠮᠠᠷᠲᠠᠬᠤ ᠬᠠᠭᠠᠯᠭ᠎ᠠ ᠡᠴᠡ ᠪᠦᠷᠢᠯᠳᠦᠨ᠎ᠡ ᠃

seq2seq ᠵᠠᠭᠪᠤᠷ ᠤᠨ ᠺᠣᠳ᠋ ᠴᠢᠯᠠᠯᠳᠤᠭᠤᠯᠤᠭᠴᠢ ᠶᠢᠨ ᠬᠡᠰᠡᠭ ᠲᠦ ᠡᠬᠢ ᠬᠡᠯᠡ ᠶᠢᠨ ᠦᠭᠦᠯᠡᠪᠦᠷᠢ ᠶᠢ ᠰᠦᠯᠵᠢᠶᠡᠨ ᠳᠦ ᠣᠷᠣᠭᠤᠯᠵᠤ ᠂ ᠲᠤᠰ ᠦᠭᠦᠯᠡᠪᠦᠷᠢ ᠶᠢᠨ ᠳᠠᠷᠠᠭᠠᠯᠠᠯ ᠤᠨ ᠮᠡᠳᠡᠭᠡᠯᠡᠯ ᠢ ᠬᠠᠳᠠᠭᠠᠯᠠᠵᠤ ᠂ ᠺᠣᠳ᠋ ᠲᠠᠶᠢᠯᠤᠭᠴᠢ ᠶᠢᠨ ᠬᠡᠰᠡᠭ ᠲᠦ ᠵᠣᠷᠢᠯᠭ᠎ᠠ ᠬᠡᠯᠡ ᠶᠢᠨ ᠦᠭᠦᠯᠡᠪᠦᠷᠢ ᠶᠢ ᠭᠠᠷᠭᠠᠨ ᠪᠣᠯᠪᠠᠰᠤᠷᠠᠭᠤᠯᠬᠤ ᠰᠢᠭᠤᠳ ᠬᠠᠷᠢᠯᠴᠠᠭ᠎ᠠ ᠲᠣᠭᠲᠠᠭᠠᠬᠤ ᠪᠣᠯᠤᠨ᠎ᠠ ᠃ [9]

[illegible] ᠬᠡᠯᠡᠨ ᠦ ᠰᠤᠷᠭᠠᠯᠲᠠ [illegible]

[illegible]

ᠨᠢᠭᠡ · ᠬᠡᠯᠡᠨ ᠦ ᠰᠤᠷᠭᠠᠯᠲᠠ [illegible] ᠬᠡᠯᠡᠨ ᠦ [illegible]

[illegible]

元音的秘密！

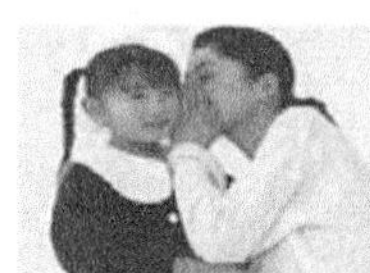

base	face	name
cake	game	gave
case	Jane	late
Date	Kate	made

Chant (3)

- a和e做游戏，
- e躲在后面不出气，
- a在前面干着急
- /ei/ /ei/ /ei/

joining a car club? 3 In
join a clean-up campaign.
join a club. International
Join a club or a sports tea
joined a group of friends a
join a sports or hobby club
joined a theatre company.
join an English language cl
join as many clubs as they
join at least one.jxbzbl-6w
joining CCTVs Around The Wo
joined Chinese Air Force an
join English sounds or even
join "environment clubs."

taking part in a project to help p
take part in after-school clubs. A
take part in Paralympics, and at t
take part in recycling programmes.
took part in the Games with a lar
took part in the Olympic Games?
take part in the Olympics. c) T
took part in the Piano Competition
take part in the sports meeting la
Take part in your class talk. Thin

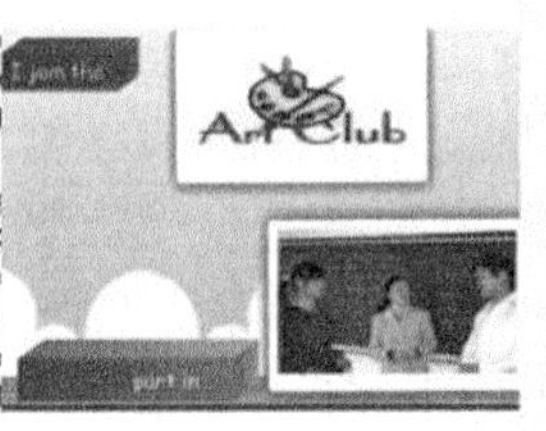

ᠡᠳᠦᠢ ᠬᠡᠮᠵᠢᠶ᠎ᠡ ᠪᠡᠷ ᠰᠡᠳᠬᠦᠯᠴᠢ ᠶᠢᠨ ᠬᠠᠷᠢᠭᠤ ᠳᠤ ᠬᠠᠮᠢᠶ᠎ᠠ ᠲᠠᠢ ᠴᠢᠰᠤᠨ ᠤ ᠲᠧᠰᠲ᠋ᠣᠰᠲ᠋ᠧᠷᠣᠨ ᠤ 25 ᠨᠠᠰᠤᠨ ᠳᠤ ᠬᠦᠷᠦᠭᠰᠡᠨ 《 New Scientists 》 ᠰᠡᠳᠬᠦᠯ ᠦᠨ ᠲᠧᠰᠲ᠋ᠣᠰᠲ᠋ᠧᠷᠣᠨ ᠤ 76 ᠨᠠᠰᠤᠨ ᠲᠠᠢ ᠡᠷᠡᠭᠲᠡᠢ ᠴᠦ ᠡᠮᠡᠭᠲᠡᠢ ᠴᠦ ᠢᠯᠠᠭᠠ ᠦᠭᠡᠢ 20 ᠬᠤᠪᠢ ᠶᠢᠨ ᠬᠡᠮᠵᠢᠶ᠎ᠡ ᠲᠠᠢ ᠲᠡᠭᠦᠨ ᠦ ᠴᠢᠰᠤᠨ ᠤ ᠲᠧᠰᠲ᠋ᠣᠰᠲ᠋ᠧᠷᠣᠨ ᠤ ᠬᠡᠮᠵᠢᠶ᠎ᠡ ᠲᠠᠯ ᠬᠡᠯᠡᠭᠳᠡᠭ ᠄ ᠴᠢᠰᠤᠨ ᠤ ᠲᠧᠰᠲ᠋ᠣᠰᠲ᠋ᠧᠷᠣᠨ ᠤ ᠬᠡᠮᠵᠢᠶ᠎ᠡ ᠨᠢ ᠡᠷᠡᠭᠲᠡᠢ ᠴᠦ ᠳᠤᠮᠳᠠ ᠪᠠᠢᠳᠠᠭ ᠄ ᠬᠡᠮᠵᠢᠶ᠎ᠡ ᠨᠢ 10 ᠬᠤᠪᠢ ᠪᠠ 1 ᠳᠤ ᠬᠦᠷᠦᠭᠰᠡᠨ 40 ᠬᠤᠪᠢ ᠬᠦᠷᠲᠡᠯ ᠨᠡᠮᠡᠭᠳᠡᠵᠦ ᠴᠢᠰᠤᠨ ᠤ ᠲᠧᠰᠲ᠋ᠣᠰᠲ᠋ᠧᠷᠣᠨ ᠤ ᠬᠡᠮᠵᠢᠶ᠎ᠡ ᠨᠢ ᠨᠡᠮᠡᠭᠳᠡᠵᠦ 40 ᠬᠤᠪᠢ ᠪᠠ 2 ᠳᠤ ᠬᠦᠷᠦᠭᠰᠡᠨ 4 ᠳᠠᠬᠢᠨ ᠨᠡᠮᠡᠭᠳᠡᠵᠦ ᠴᠢᠰᠤᠨ ᠤ ᠲᠧᠰᠲ᠋ᠣᠰᠲ᠋ᠧᠷᠣᠨ ᠤ ᠬᠡᠮᠵᠢᠶ᠎ᠡ ᠵᠢᠴᠢ ᠬᠡᠮᠵᠢᠶᠡᠰᠦᠯᠡᠭᠰᠡᠨ ᠪᠠᠢᠨ᠎ᠠ ᠄ ᠴᠢᠰᠤᠨ ᠤ ᠲᠧᠰᠲ᠋ᠣᠰᠲ᠋ᠧᠷᠣᠨ ᠤ ᠬᠡᠮᠵᠢᠶ᠎ᠡ ᠲᠠᠢ ᠬᠠᠷᠢᠴᠠᠭᠤᠯᠪᠠᠯ ᠄ ᠴᠢᠰᠤᠨ ᠤ ᠲᠧᠰᠲ᠋ᠣᠰᠲ᠋ᠧᠷᠣᠨ ᠤ ᠬᠡᠮᠵᠢᠶ᠎ᠡ ᠨᠢ ᠪᠠᠭᠤᠷᠠᠬᠤ ᠪᠣᠯᠤᠨ᠎ᠠ ᠂ ᠬᠡᠮᠵᠢᠶᠡᠰᠦᠯᠡᠭᠰᠡᠨ ᠦᠷ᠎ᠡ ᠳᠦᠩ ᠨᠢ ᠬᠡᠮᠵᠢᠶ᠎ᠡ ᠲᠠᠢ ᠬᠣᠯᠪᠣᠭᠳᠠᠨ᠎ᠠ ᠄ ᠲᠡᠭᠦᠨ ᠦ ᠴᠢᠰᠤᠨ ᠤ ᠲᠧᠰᠲ᠋ᠣᠰᠲ᠋ᠧᠷᠣᠨ ᠤ ᠬᠡᠮᠵᠢᠶ᠎ᠡ ᠨᠢ ᠪᠠᠭᠤᠷᠠᠬᠤ ᠪᠣᠯᠤᠨ᠎ᠠ ᠄

CONVINCE - PERSUADE

Look carefully at the following examples of the verbs 'convince' and 'persuade' (and words derived from the verbs such as 'convincing' and 'persuasion' / ' persuasive'). What similarities and what differences can you find between the two verbs ?

1) ays that universities urgently need to convince academics that popularizing rsearch

2) by professor ian fells ought to convince producers elsewhere that talking heads are

3) produce literature detailed enough to convince the prospective buyer. Ivanov' s

VARIETIES OF SHOULD

Many learners say that 'should' is one of the most difficult words to understand in the English language! Here are some authentic examples of 'should' taken from the magazine 'new scientist' and from publications on transportation and highway engineering . the main uses of 'should' have been arranged under six categories. Working with your partner . decide for each category.

1. What are the typical contexts for 'should'
2. What is the meaning of 'should'
3. What label you could give the category

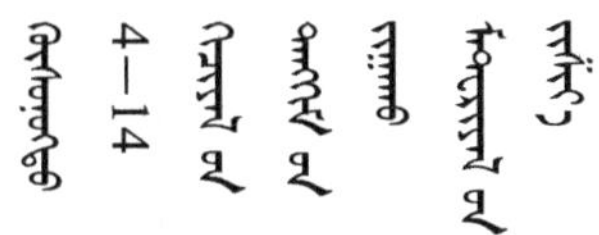

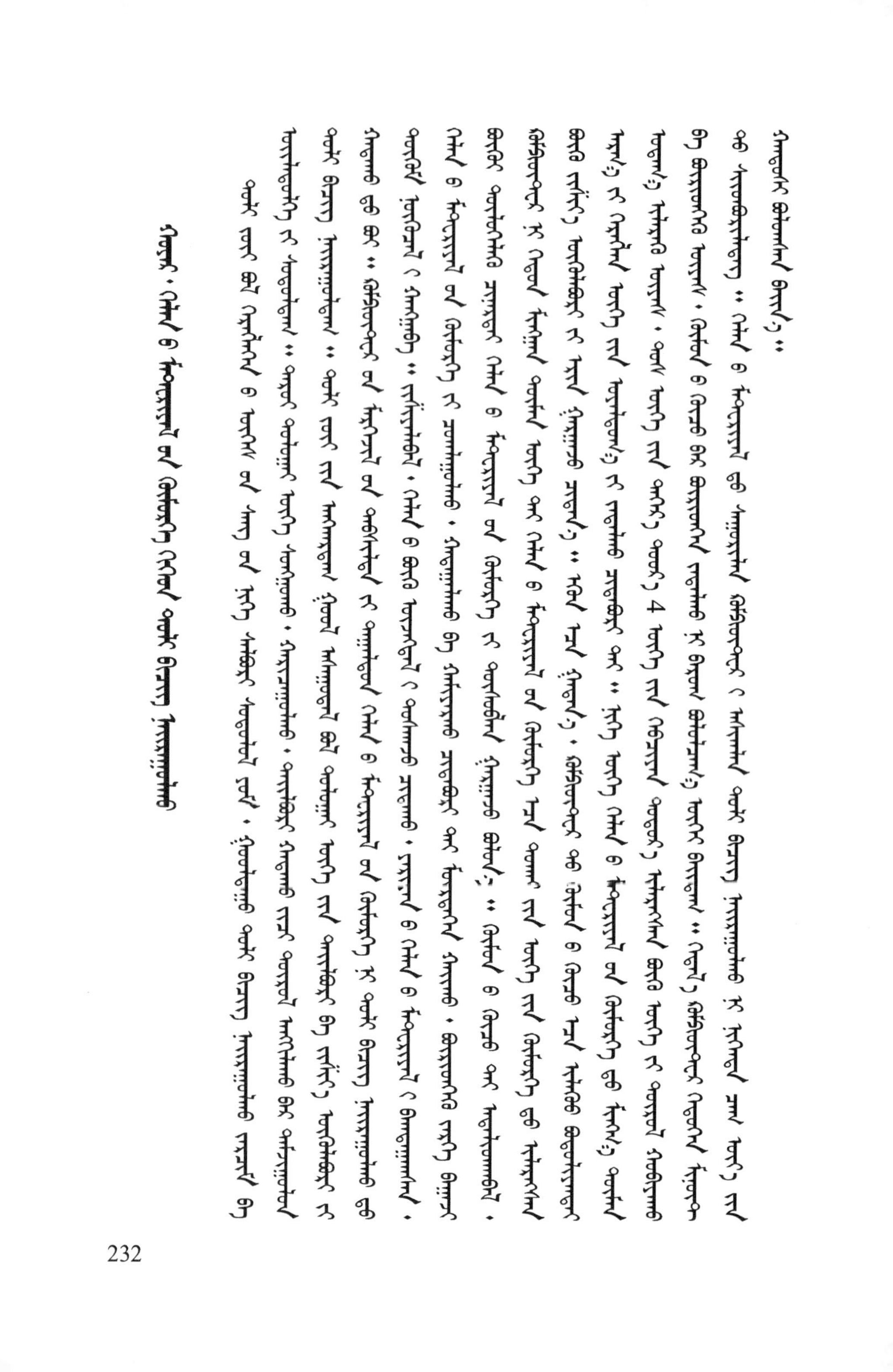

ᠬᠡᠷᠡᠭᠯᠡᠭᠳᠡᠬᠦ ᠦᠭᠡᠰ ᠢ ᠲᠣᠭᠠᠴᠠᠯ ᠤᠨ ᠠᠷᠭ᠎ᠠ ᠪᠠᠷ ᠰᠣᠩᠭᠣᠨ ᠲᠣᠭᠲᠠᠭᠠᠳᠠᠭ ᠪᠠᠶᠢᠨ᠎ᠠ ᠃ ᠡᠳᠡᠭᠡᠷ ᠦᠭᠡᠰ ᠦᠨ ᠵᠢᠱᠢᠶ᠎ᠡ ᠨᠢ ᠳᠣᠣᠷ᠎ᠠ ᠬᠡᠯᠪᠡᠯ :
ᠬᠡᠯᠡᠨ ᠦ ᠮᠠᠲ᠋ᠸᠷᠢᠶᠠᠯ ᠤᠨ ᠬᠥᠮᠥᠷᠭᠡ 》 ᠪᠣᠯ ᠮᠠᠲ᠋ᠸᠷᠢᠶᠠᠯ ᠰᠣᠩᠭᠣᠬᠤ ᠳᠤ ᠪᠠᠨ ᠪᠠᠶᠠᠨ ᠬᠡᠯᠡᠨ ᠦ ᠮᠠᠲ᠋ᠸᠷᠢᠶᠠᠯ ᠤᠨ ᠲᠥᠯᠦᠭᠡᠯᠡᠯ ᠴᠢᠨᠠᠷ ᠲᠠᠢ ᠲᠣᠯᠢ ᠪᠢᠴᠢᠭ
ᠵᠣᠬᠢᠶᠠᠨ ᠨᠠᠢᠷᠠᠭᠤᠯᠬᠤ ᠲᠣᠯᠢ ᠪᠢᠴᠢᠭ ᠬᠡᠷᠡᠭᠯᠡᠭᠳᠡᠬᠦ ᠪᠡᠷ ᠮᠠᠲ᠋ᠸᠷᠢᠶᠠᠯ ᠤᠨ ᠬᠥᠮᠥᠷᠭᠡ ᠶᠢ ᠲᠥᠯᠦᠭᠡᠯᠡᠯ ᠮᠠᠲ᠋ᠸᠷᠢᠶᠠᠯ ᠢ ᠠᠰᠢᠭᠯᠠᠭᠰᠠᠨ ᠪᠠᠶᠢᠨ᠎ᠠ ᠃ 《 COBUILD
ᠬᠡᠯᠡᠨ ᠦ ᠮᠠᠲ᠋ᠸᠷᠢᠶᠠᠯ ᠤᠨ ᠲᠣᠯᠢ ᠪᠢᠴᠢᠭ ᠪᠣᠯᠪᠠ ᠃ ᠪᠢᠴᠢᠭᠳᠡᠯ ᠬᠡᠯᠡᠨ ᠦ ᠮᠠᠲ᠋ᠸᠷᠢᠶᠠᠯ ᠪᠠ ᠠᠮᠠᠨ ᠬᠡᠯᠡᠨ ᠦ ᠮᠠᠲ᠋ᠸᠷᠢᠶᠠᠯ ᠂ ᠠᠩᠭ᠌ᠯᠢ ᠶᠢᠨ ᠪᠢᠴᠢᠭᠯᠡᠯ ᠤᠨ ᠦᠨᠳᠦᠰᠦᠨ ᠲᠠᠢ
ᠲᠣᠯᠢ 》 ᠪᠣᠯ 2000 ᠲᠣᠮᠢ ᠦᠭᠡ ᠲᠠᠢ 《 COBUILD ᠬᠡᠯᠡᠨ ᠦ ᠮᠠᠲ᠋ᠸᠷᠢᠶᠠᠯ ᠤᠨ ᠬᠥᠮᠥᠷᠭᠡ 》 ᠳᠦ ᠰᠠᠭᠤᠷᠢᠯᠠᠨ 1987 ᠣᠨ ᠳᠤ

ᠲᠣᠭᠲᠠᠭᠠᠭᠰᠠᠨ ᠠᠩᠭ᠌ᠯᠢ ᠬᠡᠯᠡᠨ ᠦ ᠬᠡᠷᠡᠭᠯᠡᠭᠡᠨ ᠲᠣᠯᠢ ᠪᠢᠴᠢᠭ —— 《 Collins COBUILD ᠠᠩᠭ᠌ᠯᠢ ᠬᠡᠯᠡᠨ ᠦ ᠲᠣᠯᠢ
ᠶᠢ ᠡᠮᠬᠢᠳᠬᠡᠯ ᠦᠨ ᠦᠨᠳᠦᠰᠦ ᠪᠣᠯᠭᠠᠨ ᠲᠣᠯᠢ 》 ᠢ ᠬᠡᠪᠯᠡᠭᠰᠡᠨ ᠃

ᠠᠮᠸᠷᠢᠺᠠ ᠶᠢᠨ ᠲᠣᠯᠢ ᠪᠢᠴᠢᠭ 》 ᠢ ᠬᠡᠪᠯᠡᠭᠰᠡᠨ ᠳᠠᠭᠠᠨ ᠪᠢᠷᠠᠢᠲ ᠡᠮᠬᠢᠳᠬᠡᠯ ᠂ 1971 ᠣᠨ ᠳᠤ ᠺᠠᠷᠣᠯ (Carol) ᠨᠠᠷ ᠪᠣᠯᠤᠨ 《 AHI ᠮᠠᠲ᠋ᠸᠷᠢᠶᠠᠯ
ᠮᠠᠲ᠋ᠸᠷᠢᠶᠠᠯ ᠤᠨ ᠬᠥᠮᠥᠷᠭᠡ 》 ᠢ ᠪᠠᠢᠭᠤᠯᠤᠭᠰᠠᠨ ᠠᠵᠢᠯ ᠲᠠᠢ ᠂ ᠠᠮᠸᠷᠢᠺᠠ ᠬᠡᠯᠡᠨ ᠦ ᠲᠥᠯᠦᠭᠡᠯᠡᠯ ᠪᠠ 《 ᠠᠮᠸᠷᠢᠺᠠ ᠰᠤᠷᠭᠠᠭᠤᠯᠢ ᠶᠢᠨ ᠬᠡᠷᠡᠭᠯᠡᠭᠡᠨ ᠦ
ᠬᠡᠯᠡᠨ ᠦ ᠮᠠᠲ᠋ᠸᠷᠢᠶᠠᠯ ᠢ 22 ᠲᠥᠷᠥᠯ ᠦᠨ ᠮᠠᠲ᠋ᠸᠷᠢᠶᠠᠯ ᠪᠣᠯᠭᠠᠨ ᠂ ᠬᠡᠯᠡᠨ ᠦ ᠮᠠᠲ᠋ᠸᠷᠢᠶᠠᠯ ᠤᠨ ᠬᠡᠪ ᠮᠠᠶᠢᠭ ᠢ ᠪᠣᠳᠣᠯᠢᠶᠠᠨ ᠪᠠᠶᠢᠨ᠎ᠠ ᠃ ᠬᠡᠯᠡᠨ ᠦ
ᠲᠣᠭᠠᠴᠠᠯ ᠠᠢᠮᠠᠭ ᠃ ᠳᠤᠮᠳᠠᠳᠠ ᠪᠠᠷ ᠳᠤ 500 ᠦᠭᠡ ᠲᠠᠢ ᠂ ᠨᠡᠢᠲᠡ 500 ᠲᠣᠮᠢ ᠦᠭᠡ ᠲᠠᠢ ᠮᠠᠲ᠋ᠸᠷᠢᠶᠠᠯ ᠤᠨ ᠬᠥᠮᠥᠷᠭᠡ ᠢ ᠪᠠᠢᠭᠤᠯᠤᠯ ᠃ ᠡᠭᠦᠨ
ᠦᠭᠡᠰ ᠢ ᠲᠣᠭᠠᠴᠠᠭᠠᠳ 1045 ᠬᠠᠭᠤᠳᠠᠰᠤ ᠨᠢ ᠵᠢᠱᠢᠶ᠎ᠡ ᠲᠡᠢ ᠦᠭᠡᠰ ᠦᠨ ᠪᠦᠲᠦᠴᠡ ᠶᠢ ᠲᠣᠭᠠᠴᠠᠭᠠᠳ ᠂ ᠪᠦᠬᠦ ᠳᠦ ᠲᠣᠮᠣ ᠶᠢᠨ 10000 ᠭᠠᠷᠤᠢ ᠶᠢ ᠲᠣᠭᠲᠠᠭᠠᠭᠠᠳ ᠪᠠᠷ
ᠨᠢᠭᠡ ᠬᠡᠯᠡᠨ ᠦ ᠨᠡᠢᠲᠡ ᠪᠢᠴᠢᠭᠯᠡᠭᠰᠡᠨ ᠪᠠᠷ ᠲᠣᠬᠢᠶᠠᠨ ᠂ ᠠᠮᠸᠷᠢᠺᠠ ᠶᠢᠨ ᠰᠤᠷᠭᠠᠭᠤᠯᠢ ᠶᠢᠨ ᠬᠡᠷᠡᠭᠯᠡᠭᠡᠨ ᠦ ᠰᠤᠷᠤᠬᠤ ᠦᠭᠡᠰ ᠦᠨ ᠪᠠᠷ ᠲᠣᠭᠠᠨ ᠤ
ᠵᠢᠱᠢᠶᠡᠯᠡᠯ ᠦᠨ ᠲᠣᠯᠢ ᠂ ᠮᠠᠲ᠋ᠸᠷᠢᠶᠠᠯ ᠤᠨ ᠲᠥᠯᠦᠭᠡᠯᠡᠯ ᠴᠢᠨᠠᠷ ᠢ ᠲᠣᠭᠠᠴᠠᠭᠤᠯᠬᠤ ᠠᠷᠭᠠᠴᠢᠯᠠᠯ ᠪᠠᠶᠢᠨ᠎ᠠ ᠃ ᠬᠡᠷᠡᠭᠯᠡᠭᠳᠡᠬᠦᠨ ᠬᠡᠷᠡᠭ ᠦᠨ ᠬᠡᠮᠵᠢᠶ᠎ᠡ
ᠲᠣᠭᠠᠴᠠᠭᠰᠠᠨ ᠪᠠᠢᠭᠤᠯᠤᠯ ᠃ ᠬᠡᠯᠡᠨ ᠦ ᠮᠠᠲ᠋ᠸᠷᠢᠶᠠᠯ ᠤᠨ ᠬᠥᠮᠥᠷᠭᠡ ᠢ ᠪᠠᠢᠭᠤᠯᠬᠤ ᠳᠠᠭᠠᠨ ᠳᠤ ᠠᠮᠸᠷᠢᠺᠠ ᠶᠢᠨ ᠡᠩ ᠦᠨ ᠬᠡᠪᠯᠡᠯ ᠦᠭᠡ ᠬᠡᠯᠡᠬᠦ ᠶᠢ
ᠠᠮᠸᠷᠢᠺᠠ ᠰᠤᠷᠭᠠᠭᠤᠯᠢ ᠶᠢᠨ ᠬᠡᠷᠡᠭᠯᠡᠭᠡᠨ ᠦ ᠠᠮᠸᠷᠢᠺᠠ ᠶᠢᠨ ᠲᠣᠯᠢ ᠪᠢᠴᠢᠭ 》 ᠢ ᠬᠡᠷᠡᠭᠯᠡᠭᠰᠡᠨ ᠳᠦ ᠂ ᠲᠣᠭᠠᠴᠠᠭᠰᠠᠨ AHI ᠮᠠᠲ᠋ᠸᠷᠢᠶᠠᠯ ᠤᠨ ᠬᠥᠮᠥᠷᠭᠡ ᠢ
ᠮᠠᠨ ᠵᠠᠭᠤᠨ 20 ᠳᠤᠭᠠᠷ ᠵᠠᠭᠤᠨ ᠤ ᠳᠤᠮᠳᠠᠳᠤ ᠣᠨ ᠤ ᠦᠶ᠎ᠡ ᠳᠦ ᠂ ᠠᠮᠸᠷᠢᠺᠠ ᠶᠢᠨ ᠡᠮᠸᠷᠢᠺᠠᠨ (heritage) ᠬᠡᠯᠡᠨ ᠦ ᠰᠤᠷᠭᠠᠯ 《

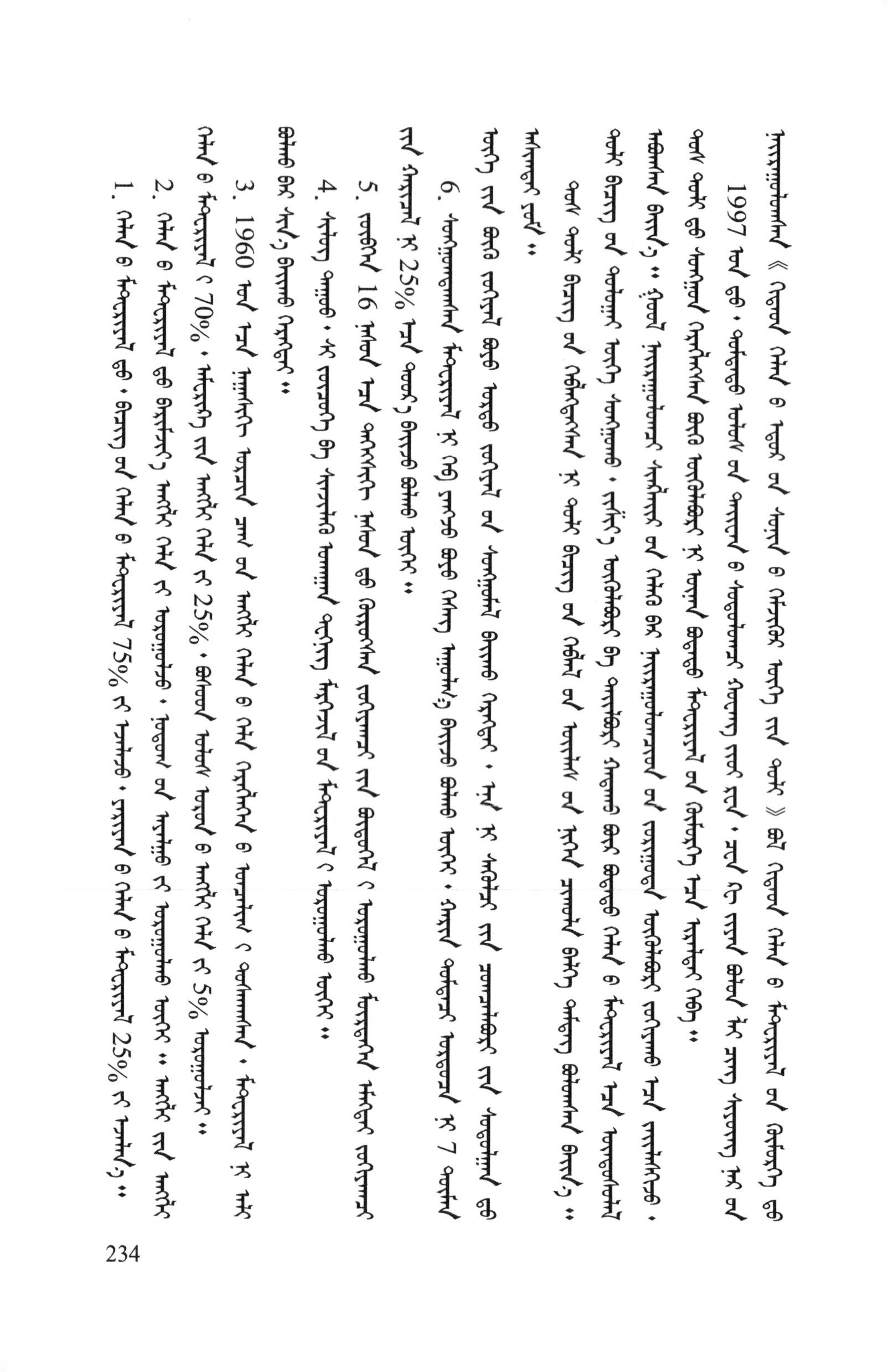

[illegible] 《[illegible]》 [illegible]

1997 [illegible] · [illegible] · [illegible] :: [illegible] :: [illegible] · [illegible]

[illegible] ::

[illegible] ::

[illegible] · [illegible]

6. [illegible] · [illegible] 7 [illegible] 25% [illegible] ::

5. [illegible] 16 [illegible] ::

4. [illegible] · [illegible] ::

[illegible] ::

3. 1960 [illegible] · [illegible] 70% · [illegible] 25% · [illegible] 5% [illegible] ::

2. [illegible] · [illegible] :: [illegible]

1. [illegible] · [illegible] 75% [illegible] · [illegible] 25% [illegible] ::

3. [illegible]

2. [illegible]

[illegible]

1. [illegible] — [illegible]

[illegible]

[illegible]

点讲法』。

【辨析】我们可以说『这一点看法、这一点说法、这一点想法』，但是不能说『这一

〔种类〕派、样、式。

看法、说法、想法、讲法⋯⋯。指意见。〔一般〕个、项、点。

〔一般〕个、项、套。〔种类〕样、式。

方法、办法、作法、手法、用法、写法、疗法、玩法、演算法⋯⋯。指方法或方式。

〔1〕方法。

[illegible]

[illegible] — [illegible]

[illegible] — [illegible]

[illegible]

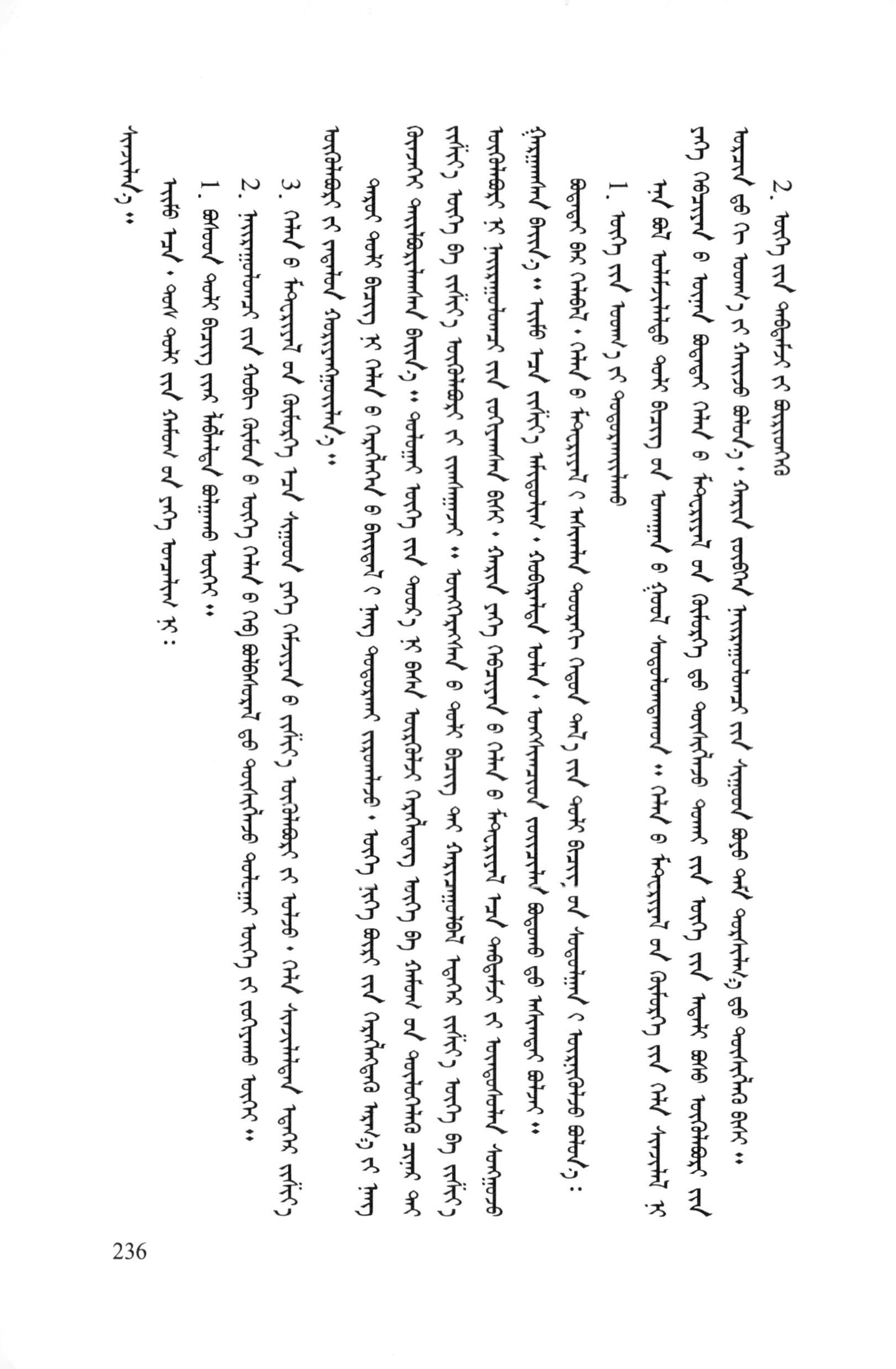

236

ᠬᠡᠯᠡᠯᠴᠡᠬᠦ ᠪᠠᠢᠳᠠᠯ ᠤᠨ ᠬᠦᠷᠢᠶ᠎ᠡ ᠳᠦ ᠬᠡᠷᠡᠭᠯᠡᠭᠳᠡᠭᠰᠡᠨ ᠦᠭᠡ ᠶᠢᠨ ᠤᠴᠢᠷ ᠢ ᠰᠤᠳᠤᠯᠬᠤ ᠳᠤ ᠬᠡᠯᠡᠨ ᠦ ᠣᠷᠴᠢᠨ ᠲᠣᠭᠣᠷᠢᠨ ᠢ ᠪᠠᠷᠢᠮᠲᠠ ᠪᠣᠯᠭᠠᠨ ᠠᠰᠢᠭᠯᠠᠬᠤ ᠶᠢ ᠰᠠᠨᠠᠭᠤᠯᠵᠤ ᠃ ᠦᠭᠡ ᠶᠢᠨ ᠤᠴᠢᠷ ᠢ ᠲᠣᠭᠲᠠᠭᠠᠭᠰᠠᠨ ᠪᠣᠯᠪᠠ ::

3. ᠰᠢᠨᠵᠢᠯᠡᠬᠦ ᠬᠡᠷᠡᠭᠯᠡᠭᠡᠨ ᠦ ᠣᠨᠣᠯ

ᠦᠭᠡ ᠶᠢᠨ ᠤᠴᠢᠷ ᠢ ᠬᠡᠯᠡᠨ ᠦ ᠬᠡᠷᠡᠭᠯᠡᠭᠡᠨ ᠳᠦ ᠤᠨ ᠰᠢᠨᠵᠢᠯᠡᠬᠦ ᠶᠢ ᠳᠡᠪᠰᠢᠭᠦᠯᠦᠭᠰᠡᠨ ᠨᠢ (Firth) ᠹᠢᠷᠲ ᠦᠨ 《 modes meaning 》 ᠬᠡᠮᠡᠬᠦ ᠵᠣᠬᠢᠶᠠᠯ ᠳᠤ ᠪᠠᠢᠨ᠎ᠠ ᠃ ᠲᠡᠷᠡ ᠦᠭᠡ ᠶᠢᠨ ᠤᠴᠢᠷ ᠢ ᠬᠡᠯᠡᠨ ᠦ ᠣᠷᠴᠢᠨ ᠲᠣᠭᠣᠷᠢᠨ ᠤ ᠬᠠᠷᠢᠯᠴᠠᠭ᠎ᠠ ᠶᠢᠨ ᠤᠴᠢᠷ ᠤᠨ ᠪᠦᠷᠢᠯᠳᠦᠬᠦᠨ ᠪᠣᠯᠭᠠᠨ ᠰᠢᠨᠵᠢᠯᠡᠵᠦ ᠃ ᠦᠭᠡ ᠶᠢᠨ ᠤᠴᠢᠷ ᠨᠢ ᠲᠡᠭᠦᠨ ᠦ ᠬᠡᠷᠡᠭᠯᠡᠭᠡ ᠳᠦ ᠣᠷᠣᠰᠢᠨ᠎ᠠ ᠭᠡᠵᠦ ᠦᠵᠡᠭᠰᠡᠨ ᠪᠠᠢᠨ᠎ᠠ :: 20 ᠳᠤᠭᠠᠷ ᠵᠠᠭᠤᠨ ᠤ ᠳᠤᠮᠳᠠᠳᠤ ᠦᠶ᠎ᠡ ᠡᠴᠡ ᠡᠬᠢᠯᠡᠨ ᠬᠡᠯᠡᠨ ᠦ ᠰᠢᠨᠵᠢᠯᠡᠬᠦ ᠤᠬᠠᠭᠠᠨ ᠤ ᠬᠥᠭᠵᠢᠯ ᠳᠦ ᠦᠭᠡ ᠶᠢᠨ ᠤᠴᠢᠷ ᠢ ᠬᠡᠷᠡᠭᠯᠡᠭᠡᠨ ᠡᠴᠡ ᠨᠢ ᠰᠤᠳᠤᠯᠬᠤ ᠴᠢᠭᠯᠡᠯ ᠳᠡᠯᠭᠡᠷᠡᠭᠰᠡᠨ ᠪᠥᠭᠡᠳ ᠃ ᠬᠡᠯᠡᠨ ᠦ ᠬᠡᠷᠡᠭᠯᠡᠭᠡᠨ ᠦ ᠤᠴᠢᠷ ᠢ ᠰᠤᠳᠤᠯᠬᠤ ᠨᠢ ᠴᠢᠬᠤᠯᠠ ᠰᠡᠳᠦᠪ ᠪᠣᠯᠵᠤ ᠡᠭᠦᠰᠦᠭᠰᠡᠨ ᠪᠠᠢᠨ᠎ᠠ ::

ᠦᠭᠡ ᠶᠢᠨ ᠤᠴᠢᠷ ᠤᠨ ᠰᠤᠳᠤᠯᠭᠠᠨ ᠤ ᠲᠤᠬᠠᠢ ᠳᠤ ᠬᠡᠯᠡᠨ ᠦ ᠰᠡᠳᠬᠢᠯᠭᠡ ᠬᠡᠮᠡᠬᠦ ᠨᠢ 《 ᠦᠭᠡ ᠶᠢᠨ ᠤᠴᠢᠷ ᠨᠢ ᠲᠡᠭᠦᠨ ᠦ ᠬᠡᠯᠡᠨ ᠦ ᠳᠤᠲᠤᠷ᠎ᠠ ᠬᠢ ᠬᠡᠷᠡᠭᠯᠡᠭᠡ ᠮᠥᠨ 》 ᠭᠡᠵᠦ ᠦᠵᠡᠭᠰᠡᠨ ᠪᠠᠢᠨ᠎ᠠ :: 《 ᠦᠭᠡ ᠶᠢᠨ ᠤᠴᠢᠷ ᠨᠢ ᠬᠡᠯᠡᠨ ᠦ ᠰᠢᠨᠵᠢ ᠴᠢᠨᠠᠷ ᠢ ᠬᠠᠷᠢᠭᠤᠯᠤᠨ ᠵᠢᠷᠤᠭᠯᠠᠬᠤ ᠮᠥᠨ 》 ᠭᠡᠬᠦ ᠪᠡᠷ ᠤᠴᠢᠷ ᠤᠨ ᠤᠬᠠᠭᠳᠠᠬᠤᠨ ᠢ ᠲᠣᠳᠣᠷᠬᠠᠢᠯᠠᠭᠰᠠᠨ ᠪᠠᠢᠨ᠎ᠠ :: ᠡᠨᠡ ᠨᠢ ᠰᠢᠨᠵᠢᠯᠡᠬᠦ ᠤᠬᠠᠭᠠᠨ ᠤ ᠦᠵᠡᠯ ᠢ ᠬᠡᠷᠡᠭᠯᠡᠭᠡᠨ ᠳᠦ ᠪᠠᠷᠢᠮᠲᠠᠯᠠᠭᠰᠠᠨ ᠬᠡᠷᠡᠭ ᠪᠥᠭᠡᠳ ᠃ ᠡᠨᠡ ᠲᠤᠬᠠᠢ ᠬᠡᠯᠡᠬᠦ ᠳᠦ ᠦᠭᠡ ᠶᠢᠨ ᠤᠴᠢᠷ ᠢ ᠠᠰᠢᠭᠯᠠᠬᠤ ᠵᠠᠭᠠᠪᠤᠷ ::

ᠨᠡᠢᠲᠡᠯᠡᠭᠳᠡᠭᠰᠡᠨ ᠦᠭᠡᠨ ᠦ ᠬᠡᠷᠡᠭᠯᠡᠭᠡ ᠦᠭᠡ ᠶᠢᠨ ᠤᠳᠬ᠎ᠠ ᠶᠢᠨ ᠢᠯᠭᠠᠷᠠᠯ ᠢ ᠲᠣᠳᠤᠷᠬᠠᠢᠯᠠᠬᠤ ᠳᠤ ᠬᠡᠷᠡᠭᠯᠡᠭᠳᠡᠨ᠎ᠡ᠃ ᠵᠢᠱᠢᠶᠡᠯᠡᠪᠡᠯ᠂ ᠦᠭᠡ ᠶᠢᠨ ᠤᠳᠬ᠎ᠠ ᠶᠢ ᠢᠯᠭᠠᠬᠤ （word sense disambiguation） ᠭᠡᠳᠡᠭ ᠨᠢ ᠣᠯᠠᠨ ᠤᠳᠬ᠎ᠠ ᠲᠠᠢ ᠦᠭᠡ ᠶᠢᠨ ᠤᠳᠬ᠎ᠠ ᠶᠢ ᠢᠯᠭᠠᠬᠤ

（ᠦᠭᠡ）ᠬᠡᠯᠡᠨ ᠦ ᠮᠡᠳᠡᠭᠡᠯᠡᠯ ᠦᠨ ᠪᠣᠯᠪᠠᠰᠤᠷᠠᠭᠤᠯᠬᠤ ᠦᠭᠡ ᠶᠢᠨ ᠤᠳᠬ᠎ᠠ ᠶᠢ ᠢᠯᠭᠠᠬᠤ

ᠪᠣᠯᠤᠨ᠎ᠠ᠃

ᠨᠢᠭᠡᠳᠦᠭᠡᠷ ᠪᠣᠯᠪᠠᠯ᠂ ᠦᠭᠡ ᠶᠢᠨ ᠤᠳᠬ᠎ᠠ ᠶᠢ ᠢᠯᠭᠠᠬᠤ ᠳᠤ ᠬᠡᠷᠡᠭᠯᠡᠭᠳᠡᠨ᠎ᠡ ᠂ ᠬᠡᠯᠡᠨ ᠦ ᠮᠡᠳᠡᠭᠡᠯᠡᠯ ᠦᠨ ᠪᠣᠯᠪᠠᠰᠤᠷᠠᠭᠤᠯᠬᠤ ᠶᠢᠨ ᠰᠤᠳᠤᠯᠭᠠᠨ ᠳᠤ ᠴᠢᠬᠤᠯᠠ ᠦᠦᠷᠭᠡ ᠲᠠᠢ᠂ ᠲᠤᠰ ᠰᠠᠯᠪᠤᠷᠢ ᠶᠢᠨ ᠴᠢᠬᠤᠯᠠ

20 ᠵᠠᠭᠤᠨ ᠵᠠᠭᠤᠨ ᠤ ᠰᠤᠳᠤᠯᠭᠠᠨ ᠤ ᠲᠦᠪ ᠰᠡᠳᠦᠪ ᠦᠨ ᠨᠢᠭᠡ ᠪᠣᠯᠤᠭᠰᠠᠨ ᠬᠡᠯᠡᠨ ᠦ ᠮᠡᠳᠡᠭᠡᠯᠡᠯ ᠦᠨ ᠰᠠᠯᠪᠤᠷᠢ ᠳᠤ ᠴᠢᠬᠤᠯᠠ

ᠲᠣᠭᠠᠴᠠᠭᠠ᠂ ᠬᠡᠯᠡᠨ ᠦ ᠮᠡᠳᠡᠭᠡᠯᠡᠯ ᠦᠨ ᠪᠣᠯᠪᠠᠰᠤᠷᠠᠭᠤᠯᠬᠤ ᠬᠡᠷᠡᠭᠯᠡᠭᠡ ᠬᠡᠯᠡᠨ ᠦ ᠰᠤᠷᠪᠤᠯᠵᠢ

ᠬᠡᠷᠡᠭᠯᠡᠭᠳᠡᠬᠦ ᠪᠣᠯᠪᠠᠰᠤᠷᠠᠭᠤᠯᠤᠯᠲᠠ ᠶᠢ ᠵᠢᠱᠢᠶᠡ ᠪᠣᠯᠭᠠᠨ ᠬᠡᠯᠡᠨ ᠦ ᠮᠡᠳᠡᠭᠡᠯᠡᠯ ᠪᠣᠯ ᠬᠡᠯᠡᠨ ᠦ ᠬᠡᠷᠡᠭᠯᠡᠭᠡᠨ ᠦ ᠲᠤᠬᠠᠢ ᠲᠠᠢ ᠪᠠᠢᠨ᠎ᠠ᠃

ᠣᠨᠴᠠᠯᠢᠭ ᠢ ᠲᠠᠨᠢᠨ ᠮᠡᠳᠡᠬᠦ ᠳᠤ ᠬᠡᠷᠡᠭᠯᠡᠭᠳᠡᠬᠦ ᠵᠤᠷᠪᠤᠰ ᠢ ᠲᠣᠳᠤᠷᠬᠠᠢᠯᠠᠬᠤ ᠳᠤ ᠬᠡᠷᠡᠭᠯᠡᠨ᠎ᠡ᠃

4. ᠬᠡᠯᠡᠨ ᠦ ᠬᠡᠪ ᠮᠠᠶᠢᠭ （register） ᠲᠠᠨᠢᠬᠤ

ᠶᠠᠮᠠᠷ ᠨᠢᠭᠡ ᠦᠭᠡ ᠶᠢᠨ ᠬᠡᠷᠡᠭᠯᠡᠭᠡᠨ ᠦ ᠪᠠᠢᠳᠠᠯ ᠢ ᠲᠣᠳᠤᠷᠬᠠᠢᠯᠠᠬᠤ ᠳᠤ ᠬᠡᠷᠡᠭᠯᠡᠨ᠎ᠡ᠃ ᠵᠢᠱᠢᠶᠡᠯᠡᠪᠡᠯ᠂ ᠦᠭᠡ ᠶᠢᠨ ᠬᠡᠷᠡᠭᠯᠡᠭᠡ ᠶᠢ ᠲᠣᠭᠠᠴᠠᠬᠤ ᠬᠡᠯᠡᠨ ᠦ ᠰᠤᠷᠪᠤᠯᠵᠢ ᠶᠢᠨ ᠪᠠᠷᠢᠮᠲᠠ ᠲᠠᠢ ᠪᠠᠢᠬᠤ ᠶᠢ

ᠪᠣᠯᠤᠨ ᠬᠡᠷᠡᠭᠯᠡᠭᠡᠨ᠂ ᠪᠢᠴᠢᠭ ᠦᠨ ᠬᠡᠯᠡᠨ ᠦ ᠬᠡᠯᠡᠯᠴᠡᠬᠦ ᠦᠭᠡ ᠶᠢᠨ ᠬᠡᠯᠡᠨ ᠦ ᠰᠤᠷᠪᠤᠯᠵᠢ ᠶᠢᠨ ᠬᠡᠯᠡᠨ ᠳᠦ ᠂ ᠳᠡᠭᠡᠷ

[illegible]

[illegible] ::

[illegible] ::

[illegible] 《健康》 [illegible] 《[illegible]》 [illegible] 《生理机能正常》 [illegible] 《情

况正常》 [illegible] :: [illegible] 《老王身体很健康》 [illegible]

[illegible]

[illegible] ::

[illegible] 14.8% [illegible] :: [illegible]

[illegible] 42% [illegible] :: [illegible]

[illegible]

[illegible]

[illegible]

[illegible]

[illegible] :: [illegible]

[illegible] bank [illegible]

[illegible] 《河

岸》 [illegible] 《银行》 [illegible]

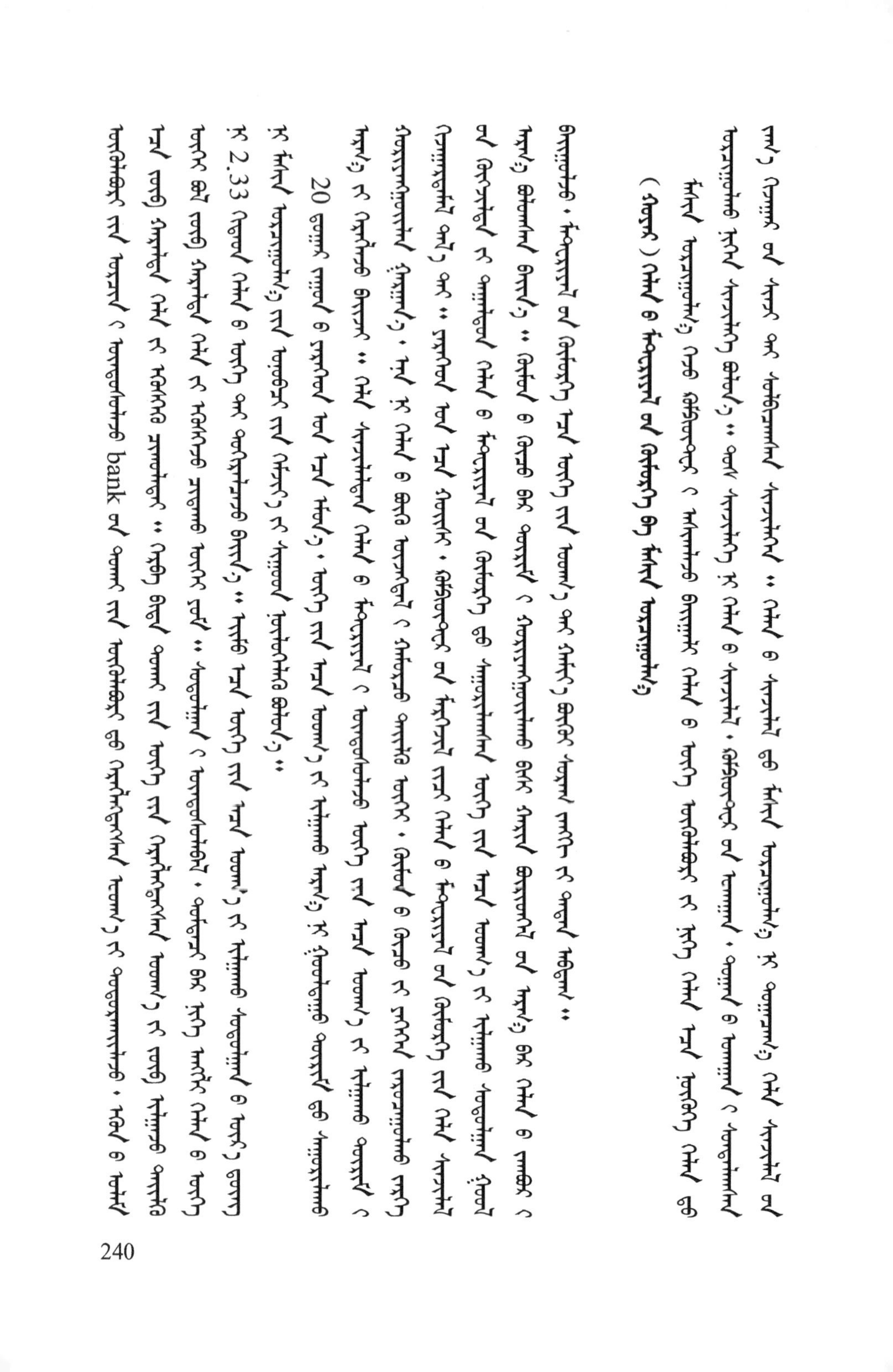

[illegible] bank [illegible]

[illegible] 2.33 [illegible]

[illegible]

20 [illegible]

[illegible]

([illegible]) [illegible]

[illegible]

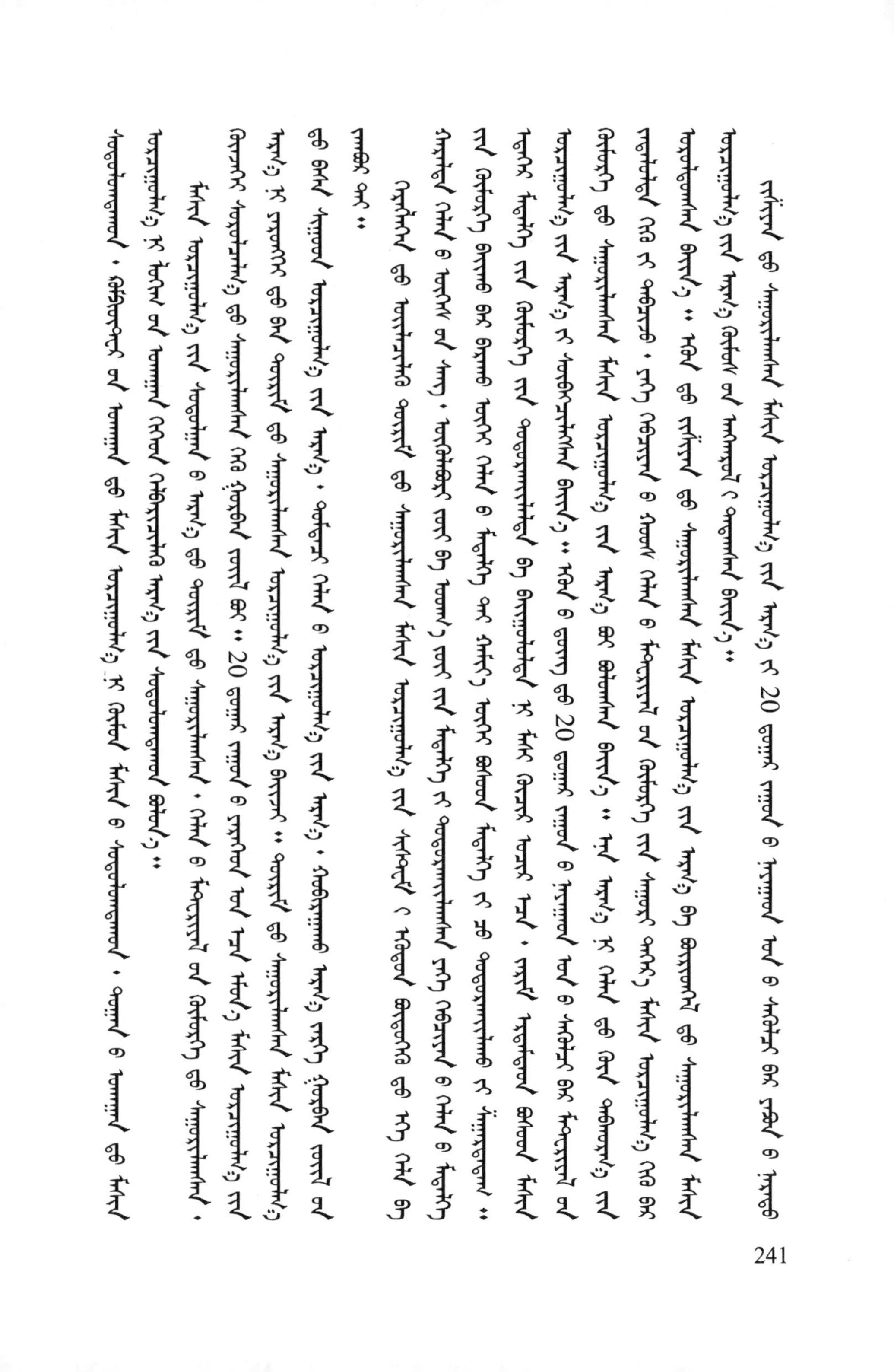

[illegible]

[illegible] •• [illegible]

[illegible] •• [illegible] 20 [illegible]

[illegible] 20 [illegible] ••

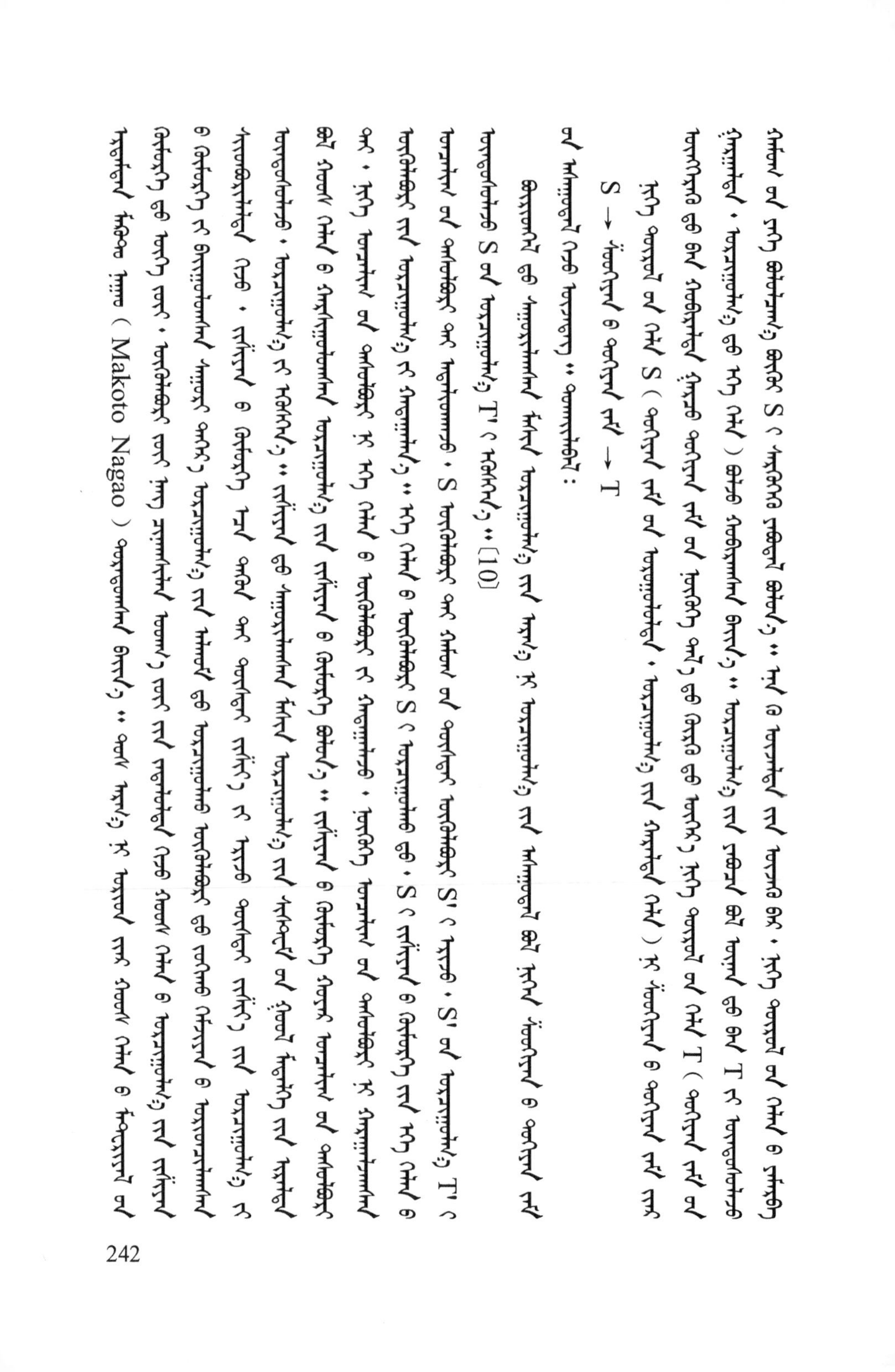

S → T

S

T′

S′

S′ T′

[10]

(Makoto Nagao)

ᠰᠤᠷᠭᠠᠭᠤᠯᠢ ᠶᠢᠨ ᠫᠷᠣᠹᠧᠰᠰᠣᠷ᠂ ᠮᠠᠰᠢᠨ ᠰᠤᠷᠤᠯᠴᠠᠯᠭ᠎ᠠ ᠶᠢᠨ ᠰᠤᠷᠪᠤᠯᠵᠢ ᠶᠢᠨ ᠨᠡᠷᠡᠲᠦ ᠡᠷᠳᠡᠮᠲᠡᠨ (Geoffrey Hinton) ᠰᠤᠷᠪᠤᠯᠵᠢ ᠭᠦᠨ ᠰᠤᠷᠤᠯᠴᠠᠯᠭ᠎ᠠ (Deep Learning) ᠰᠤᠷᠪᠤᠯᠵᠢ ᠶᠢ ᠨᠢ ᠰᠠᠶᠢᠬᠠᠨ 2006 ᠣᠨ ᠳᠤ ᠳᠡᠪᠰᠢᠭᠦᠯᠦᠨ ᠭᠠᠷᠭᠠᠭᠰᠠᠨ ᠨᠢ ᠬᠡᠯᠡ ᠵᠦᠢ ᠶᠢᠨ ᠮᠠᠰᠢᠨ ᠣᠷᠴᠢᠭᠤᠯᠭ᠎ᠠ ᠶᠢᠨ ᠭᠡᠷᠡᠯ ᠭᠢᠭᠰᠡᠨ ᠪᠠᠶᠢᠨ᠎ᠠ ᠃

ᠰᠤᠷᠪᠤᠯᠵᠢ ᠶᠢᠨ ᠵᠠᠭᠪᠤᠷ ᠪᠡᠷ ᠬᠡᠯᠡ ᠪᠤᠯᠤᠨ ᠬᠢᠪᠴᠠᠭᠠᠢ ᠬᠡᠯᠡ ᠶᠢᠨ ᠬᠣᠭᠣᠷᠤᠨᠳᠤᠬᠢ ᠬᠠᠷᠢᠴᠠᠭ᠎ᠠ ᠮᠠᠭᠠᠳᠯᠠᠯ ᠤᠨ ᠪᠣᠳᠤᠯᠭ᠎ᠠ ᠲᠣᠭᠠᠴᠠᠭᠠᠨ ᠲᠣᠭᠠᠴᠠᠭᠠᠨ ᠮᠠᠰᠢᠨ ᠣᠷᠴᠢᠭᠤᠯᠭ᠎ᠠ ᠶᠢᠨ ᠬᠡᠯᠡ ᠪᠤᠯᠤᠨ ᠵᠠᠭᠪᠤᠷ ᠬᠡᠯᠡ ᠳᠦ ᠮᠠᠭᠠᠳᠯᠠᠯ ᠤᠨ ᠵᠠᠭᠪᠤᠷ ᠤᠨ ᠬᠡᠷᠡᠭᠯᠡᠭᠡ ᠶᠢ ᠣᠷᠤᠭᠤᠯᠤᠭᠰᠠᠨ ᠪᠠᠶᠢᠨ᠎ᠠ ᠃ ᠬᠡᠯᠡ ᠶᠢᠨ ᠲᠣᠭᠠᠴᠠᠭᠠᠨ ᠤ ᠰᠤᠷᠪᠤᠯᠵᠢᠯᠠᠯ ᠬᠡᠯᠡ ᠶᠢᠨ ᠵᠠᠭᠪᠤᠷ ᠲᠣᠭᠠᠴᠠᠭᠠᠨ ᠤ ᠵᠠᠭᠪᠤᠷ ᠤᠨ ᠬᠡᠯᠡ ᠶᠢᠨ ᠵᠠᠭᠪᠤᠷ ᠢ ᠬᠡᠷᠡᠭᠯᠡᠵᠦ ᠪᠣᠯᠤᠨ᠎ᠠ ᠃ ᠡᠨᠡ ᠨᠢ ᠂ ᠬᠡᠯᠡ

ᠶᠢᠨ ᠪᠣᠯᠪᠠᠰᠤ ᠤᠳᠤ ᠲᠣᠭᠠᠴᠠᠭᠠᠨ ᠪᠤᠶᠤ ᠂ ᠪᠠᠶᠢᠭᠤᠯᠬᠤ ᠪᠠ ᠬᠡᠷᠡᠭᠵᠢᠭᠦᠯᠬᠦ ᠳᠦ ᠲᠣᠭᠠᠴᠠᠭᠠᠨ ᠤ ᠮᠠᠭᠠᠳᠯᠠᠯ ᠢ ᠡᠨᠡ ᠡᠭᠦᠨ ᠤ ᠬᠡᠯᠡ ᠶᠢᠨ ᠵᠠᠭᠪᠤᠷ ᠢ ᠬᠡᠷᠡᠭᠯᠡᠨ᠎ᠡ ᠃ 〔11〕

ᠡᠨᠳᠡ ᠪᠡᠷ P_r (S) ᠨᠢ ᠬᠡᠯᠡ ᠶᠢᠨ ᠵᠠᠭᠪᠤᠷ ᠢ ᠬᠡᠷᠡᠭᠯᠡᠵᠦ ᠂ P_r (T | S) ᠨᠢ S ᠪᠠ T ᠬᠤᠪᠢ ᠮᠠᠭᠠᠳᠯᠠᠯ ᠮᠠᠭᠠᠳᠯᠠᠯ ᠤᠨ

S =argmaxP_r (S) P_r (T | S)

P_r (T) ᠪᠡ S ᠡᠴᠡ ᠬᠠᠮᠢᠶᠠᠷᠤᠨ ᠦᠭᠡᠢ ᠲᠤᠯᠠ ᠲᠣᠭᠠᠴᠠᠭᠠᠨ ᠪᠠ ᠪᠣᠯᠪᠠᠰᠤ ᠶᠢ ᠬᠡᠯᠪᠡᠷᠢᠵᠢᠭᠦᠯᠪᠡᠯ ᠳᠠᠷᠠᠭᠠᠬᠢ ᠮᠡᠲᠦ :

$$Pr(S|T)=(P\_r(S)P\_r(T|S))/(P\_r(T))$$

贝叶斯 ᠪᠣᠯᠪᠠᠰᠤ ᠶᠢᠨ ᠳᠦᠷᠢᠮ (贝叶斯公式)

S =argmax pr (S | T)" "

ᠲᠣᠭᠠᠴᠠᠭᠠᠨ ᠪᠣᠯᠪᠠᠰᠤ ᠳᠤ P_r (S | T) ᠶᠢ ᠬᠠᠮᠤᠭ ᠤᠨ ᠶᠡᠬᠡ ᠪᠣᠯᠭᠠᠬᠤ ᠤ ᠲᠥᠯᠥᠭᠡ S ᠢ ᠣᠯᠵᠤ ᠮᠠᠭᠠᠳᠯᠠᠯ ᠪᠣᠯᠤᠨ᠎ᠠ ᠃ ᠡᠭᠦᠨ :

ᠪᠠ ᠪᠣᠯᠤᠨ ᠃ P_r (S | T) ᠪᠣᠯ ᠲᠣᠭᠠᠴᠠᠭᠠᠨ S ᠢ T ᠪᠤᠯᠭᠠᠨ ᠮᠠᠭᠠᠳᠯᠠᠯ ᠪᠣᠯᠪᠠᠰᠤ ᠢᠶᠠᠷ ᠬᠡᠷᠡᠭᠯᠡᠭᠦ ᠮᠠᠭᠠᠳᠯᠠᠯ ᠤᠨ ᠮᠠᠭᠠᠳᠯᠠᠯ ᠨᠢ ᠡᠭᠦᠨ T

ᠡᠨᠡ ᠲᠣᠭᠠᠴᠠᠭᠠᠨ ᠢ ᠪᠣᠯ ᠲᠣᠭᠠᠴᠠᠭ ᠬᠡᠷᠡᠭᠰᠡᠨ ᠳᠤ ᠬᠡᠯᠡ ᠶᠢᠨ ᠬᠡᠯᠡ ᠳᠠᠭᠤ ᠲᠣᠭᠠᠴᠠᠭᠠᠨ ᠤᠨ ᠮᠠᠭᠠᠳᠯᠠᠯ ᠪᠣᠯᠪᠠᠰᠤ ᠪᠣᠯᠤᠨ᠎ᠠ ᠂ ᠪᠣᠯᠪᠠᠰᠤ ᠢ ᠪᠤᠰᠤ ᠲᠣᠭᠠᠴᠠᠭ

ᠲᠠᠢ ᠬᠠᠮᠢᠶ᠎ᠠ ᠪᠠᠨ ᠣᠷᠴᠢᠭᠤᠯᠭ᠎ᠠ ᠶᠢᠨ ᠰᠢᠯᠭᠠᠭᠤᠷ ᠪᠣᠯᠤᠨ᠎ᠠ ::〔12〕

ᠮᠡᠳᠡᠭᠡᠯ ᠣᠷᠤᠭᠤᠯᠤᠭᠴᠢ — ᠭᠠᠷᠭᠠᠭᠴᠢ ᠶᠢᠨ ᠪᠦᠲᠦᠴᠡ ᠨᠢ ᠮᠡᠳᠡᠷᠡᠯ ᠤᠨ ᠰᠦᠯᠵᠢᠶ᠎ᠡ ᠶᠢᠨ ᠣᠷᠴᠢᠭᠤᠯᠭ᠎ᠠ ᠶᠢᠨ ᠭᠣᠣᠯ ᠬᠡᠯᠪᠡᠷᠢ ᠪᠣᠯᠤᠨ᠎ᠠ ᠂ ᠣᠷᠤᠭᠤᠯᠤᠭᠴᠢ ᠨᠢ ᠡᠬᠢ ᠬᠡᠯᠡ ᠶᠢᠨ ᠥᠭᠦᠯᠡᠪᠦᠷᠢ ᠶᠢ ᠨᠢᠭᠡ ᠬᠡᠮᠵᠢᠶ᠎ᠡ ᠲᠠᠢ ᠸᠧᠺᠲ᠋ᠣᠷ ᠪᠣᠯᠭᠠᠨ ᠬᠤᠪᠢᠷᠠᠭᠤᠯᠤᠭᠠᠳ ᠂ ᠭᠠᠷᠭᠠᠭᠴᠢ ᠨᠢ ᠲᠡᠷᠡ ᠸᠧᠺᠲ᠋ᠣᠷ ᠢ ᠵᠣᠷᠢᠯᠲᠠ ᠬᠡᠯᠡ ᠶᠢᠨ ᠥᠭᠦᠯᠡᠪᠦᠷᠢ ᠪᠣᠯᠭᠠᠨ ᠬᠤᠪᠢᠷᠠᠭᠤᠯᠳᠠᠭ ᠂ ᠡᠨᠡ ᠨᠢ ᠡᠬᠢ ᠬᠡᠯᠡ ᠡᠴᠡ ᠵᠣᠷᠢᠯᠲᠠ ᠬᠡᠯᠡ ᠳᠦ ᠰᠢᠭᠤᠳ ᠣᠷᠴᠢᠭᠤᠯᠬᠤ ᠮᠡᠳᠡᠷᠡᠯ ᠤᠨ ᠰᠦᠯᠵᠢᠶ᠎ᠡ ᠶᠢᠨ ᠮᠠᠰᠢᠨ ᠣᠷᠴᠢᠭᠤᠯᠭ᠎ᠠ ᠶᠢᠨ ᠰᠢᠨ᠎ᠡ ᠠᠷᠭ᠎ᠠ ᠪᠣᠯᠤᠨ᠎ᠠ（端到端的神经网络机器翻译） ᠪᠣᠯᠤᠨ᠎ᠠ :: ᠮᠡᠳᠡᠷᠡᠯ ᠤᠨ ᠰᠦᠯᠵᠢᠶ᠎ᠡ ᠶᠢᠨ ᠣᠷᠴᠢᠭᠤᠯᠭ᠎ᠠ ᠶᠢᠨ ᠪᠦᠲᠦᠴᠡ ᠳᠦ ᠮᠡᠳᠡᠭᠡᠯ ᠣᠷᠤᠭᠤᠯᠤᠭᠴᠢ — ᠭᠠᠷᠭᠠᠭᠴᠢ ᠶᠢᠨ ᠪᠦᠲᠦᠴᠡ（编码器 — 解码器框架）ᠢ ᠬᠡᠷᠡᠭᠯᠡᠬᠦ ᠪᠡᠷ ᠢᠯᠡᠷᠡᠳᠡᠭ ᠂ ᠡᠨᠡ ᠨᠢ ᠣᠷᠴᠢᠭᠤᠯᠭ᠎ᠠ ᠶᠢᠨ ᠴᠢᠨᠠᠷ ᠢ ᠳᠡᠭᠡᠭᠰᠢᠯᠡᠭᠦᠯᠬᠦ ᠳᠦ ᠴᠢᠬᠤᠯᠠ ᠠᠴᠠ ᠬᠣᠯᠪᠣᠭᠳᠠᠨ᠎ᠠ :: ᠬᠣᠶᠠᠷ ᠪᠣᠯ ᠭᠦᠨ ᠰᠤᠷᠤᠯᠴᠠᠯ ᠤᠨ ᠠᠷᠭ᠎ᠠ ᠶᠢᠨ ᠬᠥᠭᠵᠢᠯ ᠪᠣᠯᠤᠨ᠎ᠠ :: ᠪᠠᠷᠤᠭ ᠨᠢ ᠨᠡᠷᠡᠲᠦ ᠡᠷᠳᠡᠮᠲᠡᠨ ᠬᠢᠨᠲ᠋ᠣᠨ ᠪᠠ ᠲᠡᠭᠦᠨ ᠦ ᠰᠤᠷᠤᠭᠴᠢ ᠷᠦᠰᠯᠠᠨ ᠰᠠᠯᠠᠬᠤᠲ᠋ᠳᠢᠨᠣᠸ ᠨᠢ ᠬᠠᠮᠲᠤ ᠪᠡᠷ ᠭᠦᠨ ᠰᠤᠷᠤᠯᠴᠠᠯ ᠤᠨ ᠲᠤᠬᠠᠢ ᠵᠣᠬᠢᠶᠠᠯ ᠢ ᠨᠡᠢᠲᠡᠯᠡᠭᠰᠡᠨ ᠪᠠᠢᠨ᠎ᠠ :: ᠡᠨᠡ ᠨᠢ ᠭᠦᠨ ᠰᠤᠷᠤᠯᠴᠠᠯ ᠤᠨ ᠲᠡᠭᠦᠬᠡᠨ ᠦ ᠡᠬᠢᠯᠡᠯ ᠪᠣᠯᠤᠨ᠎ᠠ :: ᠪᠠᠷᠤᠭ ᠨᠢ ᠬᠢᠨᠲ᠋ᠣᠨ ᠪᠠ ᠲᠡᠭᠦᠨ ᠦ ᠰᠤᠷᠤᠭᠴᠢ (Ruslan Salakhutdinov) ᠨᠠᠷ ᠬᠠᠮᠲᠤ 《Nature》 ᠰᠡᠳᠬᠦᠯ ᠳᠦ ᠨᠡᠢᠲᠡᠯᠡᠭᠰᠡᠨ ᠵᠣᠬᠢᠶᠠᠯ ᠳᠠᠭᠠᠨ

ᠲᠠᠢᠯᠪᠤᠷᠢ:

〔1〕黄昌宁，李涓子：《语料库语言学》，商务印书馆，2002年，第120页。

〔2〕https：//lexically.net/wordsmith/.

〔3〕https：//www.pcsoft.com.cn/soft/178298.html.

〔4〕华沙宝：《对蒙古文语料库的词类标注系统——AYIMAG》，《内蒙古大学学报（蒙文版）》，2002年第1期。

〔5〕那顺乌日图，雪艳，叶嘉明：《现代蒙古语语料库加工技术的新进展——新一代蒙古语词语自动切分与标注系统》，《第十届全国少数民族语言文字信息处理学术研讨会论文集》，2005年。

〔6〕吴金星：《蒙古语词法标注语料库的构建及相关技术研究》，内蒙古大学硕士学位论文，2011年。

〔7〕吴金星：《蒙古语语料库加工集成平台的构建》，内蒙古大学博士学位论文，2015年。

〔8〕斯·劳格劳：《现代蒙古语依存句法自动分析研究》，内蒙古大学博士学位论文，2011年。

〔9〕乌优坛：《基于深度学习的蒙古语句法分析研究》，内蒙古大学硕士学位论文，2019年。

〔10〕王厚峰：《基于实例的机器翻译——方法和问题》，《术语标准化与信息技术》，2003年第2期。
〔11〕宗成庆：《统计自然语言处理》，清华大学出版社，2008年，第302期。
〔12〕章钧津：《神经机器翻译综述》，《计算机工程与应用》，2018年第3期。

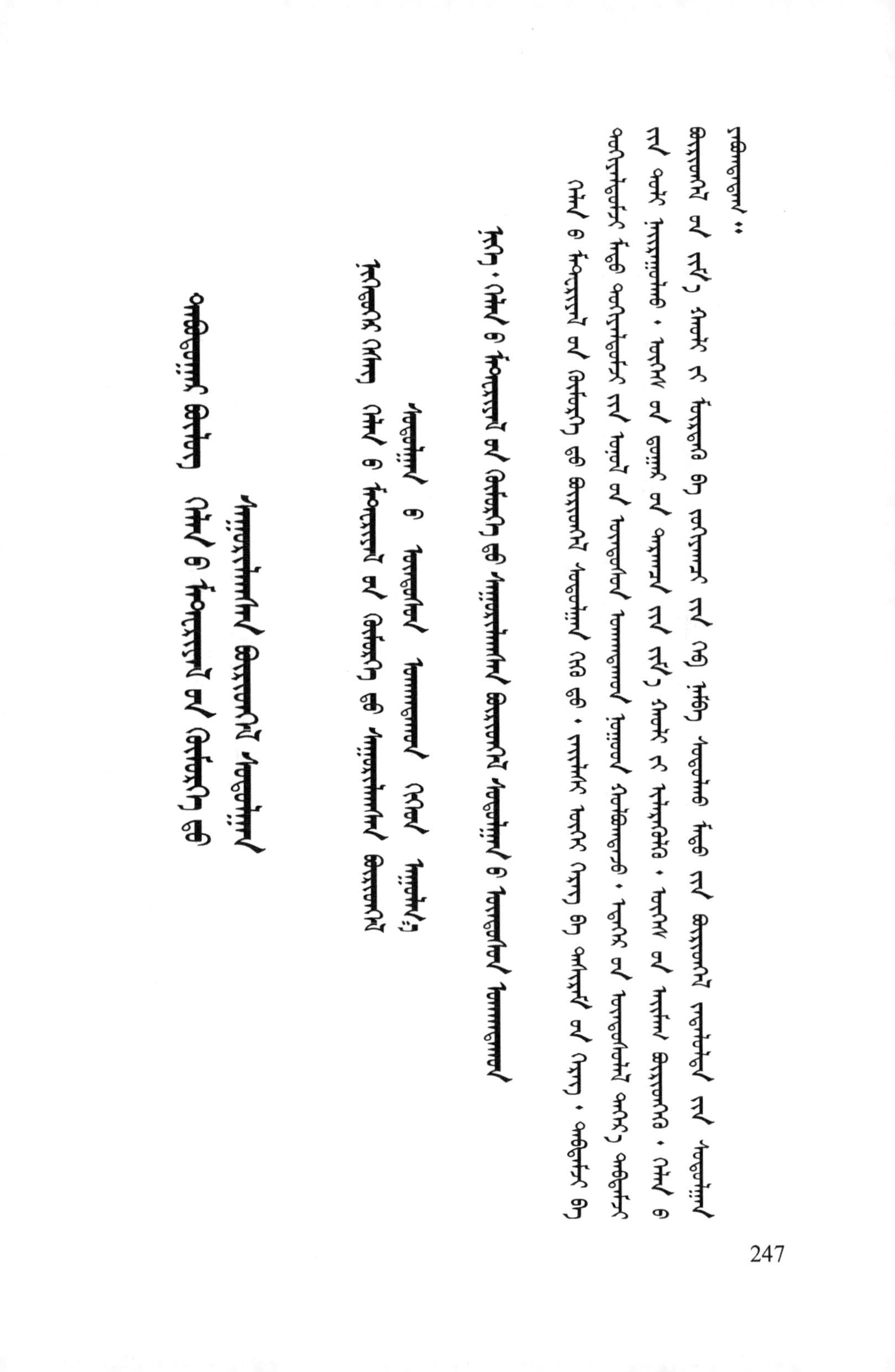

ᠬᠠᠪᠤᠷ · ᠢᠷᠡᠯᠡ 《In the spring》 ᠭᠡᠳᠡᠭ ᠥᠭᠦᠯᠡᠪᠦᠷᠢ ᠳᠣᠲᠣᠷ᠎ᠠ 《the》 ᠬᠡᠷᠡᠭᠯᠡᠭᠳᠡᠭᠰᠡᠨ ᠪᠠᠶᠢᠨ᠎ᠠ ᠃ 《ᠬᠠᠪᠤᠷ ᠴᠠᠭ ᠤ ᠨᠢᠭᠡ ᠳᠣᠲᠣᠷ᠎ᠠ ᠶᠢᠨ ᠬᠡᠯᠡᠨ᠎ᠡ ᠪᠣᠯ ᠲᠣᠭᠲᠠᠭᠰᠠᠨ ᠤ ᠨᠢᠭᠡ ᠴᠠᠭ》 ᠭᠡᠵᠦ ᠲᠣᠳᠣᠷᠬᠠᠢ ᠦᠭᠡ᠂ 《Spring has come》（ᠬᠠᠪᠤᠷ ᠢᠷᠡᠯᠡ）ᠭᠡᠳᠡᠭ ᠥᠭᠦᠯᠡᠪᠦᠷᠢ ᠳᠣᠲᠣᠷ᠎ᠠ ᠬᠡᠷᠡᠭᠯᠡᠭᠰᠡᠨ ᠬᠡᠷᠡᠭ ᠢ ᠪᠦᠯ ᠲᠣᠳᠣᠷᠬᠠᠢ ᠪᠤᠰᠤ ᠠᠮᠢᠯᠠᠯ ᠤᠨ ᠬᠡᠷᠡᠭ（Random Event）ᠭᠡᠨ᠎ᠡ ᠃ ᠲᠣᠢᠮᠣᠷᠯᠠᠪᠠᠯ · ᠬᠠᠪᠤᠷ ᠴᠠᠭ ᠲᠤ · S= 《ᠨᠢᠭᠡ ᠴᠠᠭ ᠲᠣᠭᠲᠠᠭᠰᠠᠨ ᠪᠣᠯ》 ᠲᠣᠳᠣᠷᠬᠠᠢ S ᠢ ᠪᠠᠷᠢᠮᠲᠠᠯᠠᠪᠠ · ᠡᠨᠡ ᠨᠢ ᠬᠡᠷᠡᠭ A ᠶᠢ ᠬᠠᠮᠢᠶᠠᠲᠠᠢ ᠪᠣᠯᠤᠨ᠎ᠠ · ᠬᠠᠮᠢᠶ᠎ᠠ ᠦᠭᠡᠢ ᠪᠣᠯᠪᠠᠯ ᠪᠣᠯᠤᠨ᠎ᠠ · ᠡᠨᠡ ᠪᠣᠯ ᠠᠮᠢᠯᠠᠯ ᠤᠨ

2. ᠠᠮᠢᠯᠠᠯ ᠤᠨ ᠬᠡᠷᠡᠭ

ᠪᠡᠶᠡᠯᠡᠭᠳᠡᠬᠦ ᠪᠣᠯᠣᠮᠵᠢ ᠬᠡᠷᠡᠭ A ᠲᠣᠬᠢᠶᠠᠯᠳᠤᠯ ᠬᠠᠮᠢᠶᠠᠲᠠᠢ · ᠬᠠᠮᠢᠶ᠎ᠠ ᠶᠢ 《ᠵᠠᠶᠠᠭᠠᠲᠤ ᠬᠠᠪᠤᠷ ᠬᠡᠷᠡᠭ》 ᠭᠡᠨ᠎ᠡ ᠃

ᠬᠠᠮᠢᠶ᠎ᠠ ᠶᠢ ᠲᠣᠳᠣᠷᠬᠠᠢᠯᠠᠬᠤ ᠰᠢᠯᠭᠠᠷᠠᠭᠤᠯᠤᠯᠲᠠ · ᠲᠣᠳᠣᠷᠬᠠᠢ ᠦᠭᠡ ᠨᠢᠭᠡ ᠠᠷᠭ᠎ᠠ ᠪᠣᠯᠣᠮᠵᠢ ᠲᠣᠳᠣᠷᠬᠠᠢ S ᠢ ᠪᠠᠷᠢᠮᠲᠠᠯᠠᠪᠠ · ᠡᠨᠡ ᠡᠴᠡ ᠰᠢᠯᠭᠠᠷᠠᠭᠤᠯᠤᠯ

лож（ᠬᠣᠭᠣᠯ）—〔loF〕V → F

завод（ᠦᠢᠯᠡᠳᠪᠦᠷᠢ）—〔zavot〕d → t

способ（ᠠᠷᠭ᠎ᠠ）—〔sposop〕b → p

ᠠᠷᠭᠠᠴᠢᠯᠠᠯ ᠲᠠᠶᠢᠯᠪᠤᠷᠢ ᠪᠣᠯᠤᠨ᠎ᠠ ᠃ ᠵᠢᠱᠢᠶ᠎ᠡ :

ᠲᠡᠷᠡ ᠠᠮᠢᠯᠠᠯᠲᠤ ᠬᠠᠪᠤᠷ ᠪᠣᠯᠤᠨ᠎ᠠ ᠃ ᠡᠨᠡ ᠪᠡ ᠠᠮᠢᠯᠠᠯ ᠤᠨ 《ᠠᠮᠢᠯᠠᠯᠲᠤ ᠡᠴᠡ ᠬᠠᠮᠢᠶ᠎ᠠ ᠠᠮᠢᠯᠠᠯᠲᠤ ᠬᠠᠪᠤᠷ ᠪᠣᠯᠪᠠ》 ᠪᠣᠯ ᠪᠡᠶᠡᠯᠡᠭᠳᠡᠬᠦ ᠪᠣᠯᠣᠮᠵᠢ（Inevitable Event）ᠭᠡᠨ᠎ᠡ ᠃ ᠲᠣᠢᠮᠣᠷᠯᠠᠪᠠᠯ · ᠬᠠᠭᠤᠷ ᠴᠠᠭ ᠲᠤ ᠠᠮᠢᠯᠠᠯᠲᠤ ᠡᠴᠡ ᠲᠣᠭᠲᠠᠭᠰᠠᠨ ᠬᠠᠪᠤᠷ ᠳᠤ ᠤᠷᠤᠭ ᠤᠨ ᠳᠠᠷᠤᠯᠲᠠ ᠳᠤ ᠬᠡᠯᠡᠨ᠎ᠡ ᠨᠢᠭᠡᠪᠡᠷ ᠡᠨᠡ ᠡᠴᠡ ᠰᠢᠯᠭᠠᠷᠠᠭᠤᠯᠤᠯᠲᠠ ᠪᠡᠶᠡᠯᠡᠭᠳᠡᠬᠦ ᠪᠣᠯᠣᠮᠵᠢ ᠬᠡᠷᠡᠭ ᠬᠠᠮᠢᠶᠠᠲᠠᠢ ᠪᠡ ᠪᠣᠯᠤᠨ · ᠡᠨᠡ ᠪᠡ ᠠᠮᠢᠯᠠᠯ ᠤᠨ ᠬᠡᠷᠡᠭ ᠢ ᠵᠠᠶᠠᠭᠠᠲᠤ ᠬᠠᠪᠤᠷ ᠬᠡᠷᠡᠭ

ᠴᠠᠭ ᠲᠤ ᠲᠡᠷᠡ ᠠᠮᠢᠯᠠᠯ ᠪᠣᠯ ᠪᠡᠶᠡᠯᠡᠭᠳᠡᠬᠦ ᠲᠣᠭᠣᠭᠠᠨ ᠠᠷᠭᠠᠴᠢᠯᠠᠨ · ᠲᠣᠳᠣᠷᠬᠠᠢ ᠦᠭᠡ ᠨᠢᠭᠡ ᠠᠷᠭᠠᠴᠢᠯᠠᠯ ᠪᠣᠯᠣᠮᠵᠢ ᠲᠣᠳᠣᠷᠬᠠᠢ ᠭᠡᠵᠦ ᠪᠠᠷᠢᠮᠲᠠᠯᠠᠪᠠ ᠭᠡᠵᠦ

1. ᠵᠠᠶᠠᠭᠠᠲᠤ ᠬᠠᠪᠤᠷ ᠬᠡᠷᠡᠭ

（ᠨᠢᠭᠡ）ᠵᠠᠶᠠᠭᠠᠲᠤ ᠬᠠᠪᠤᠷ ᠬᠡᠷᠡᠭ ᠪᠠ ᠠᠮᠢᠯᠠᠯ ᠤᠨ ᠬᠡᠷᠡᠭ

ᠬᠡᠮᠡᠨ ᠪᠣᠢ᠂ f ᠨᠢ ᠳᠠᠪᠲᠠᠮᠵᠢ᠂ n ᠨᠢ A ᠦᠵᠡᠭᠳᠡᠯ ᠦᠨ ᠪᠣᠯᠤᠭᠰᠠᠨ ᠤᠳᠠᠭᠠ ᠶᠢᠨ ᠲᠣᠭ᠎ᠠ᠂ N ᠨᠢ S ᠲᠤᠷᠰᠢᠯᠲᠠ ᠶᠢᠨ ᠭᠦᠢᠴᠡᠳᠬᠡᠭᠰᠡᠨ ᠬᠡᠮᠵᠢᠶ᠎ᠡ

f=n / N

ᠭᠦᠢᠴᠡᠳᠬᠡᠭᠰᠡᠨ ᠲᠣᠭ᠎ᠠ ᠶᠢᠨ ᠬᠠᠷᠢᠴᠠᠭ᠎ᠠ ᠪᠣᠯᠤᠨ᠎ᠠ 》᠂ ᠳᠠᠪᠲᠠᠮᠵᠢ ᠶᠢᠨ ᠲᠣᠳᠣᠷᠬᠠᠢᠯᠠᠯᠲᠠ ᠨᠢ :
(Frequency) ᠪᠣᠯᠤᠨ᠎ᠠ ᠄ ᠡᠨᠳᠡ ᠡᠴᠡ᠂ 《 ᠳᠠᠪᠲᠠᠮᠵᠢ ᠦᠵᠡᠭᠳᠡᠯ ᠪᠡᠷ A ᠦᠵᠡᠭᠳᠡᠯ ᠦᠨ ᠪᠣᠯᠤᠭᠰᠠᠨ ᠤᠳᠠᠭᠠ ᠶᠢᠨ ᠲᠣᠭ᠎ᠠ ᠶᠢ S ᠲᠤᠷᠰᠢᠯᠲᠠ ᠶᠢᠨ ᠨᠡᠢᠲᠡ ᠲᠣᠭ᠎ᠠ ᠳᠤ ᠬᠤᠪᠢᠶᠠᠭᠰᠠᠨ ᠬᠠᠷᠢᠴᠠᠭ᠎ᠠ ᠪᠠᠷ ᠪᠣᠳᠣᠬᠤ᠂ ᠡᠨᠡ ᠪᠡ ᠲᠣᠭ᠎ᠠ ᠶᠢ ᠬᠤᠪᠢᠶᠠᠭᠰᠠᠨ ᠬᠠᠷᠢᠴᠠᠭ᠎ᠠ ᠪᠠᠷ ᠢᠯᠡᠷᠡᠭᠦᠯᠪᠡᠯ ᠨᠢ A ᠦᠵᠡᠭᠳᠡᠯ ᠡᠭᠦᠰᠬᠦ ᠶᠢᠨ ᠳᠠᠪᠲᠠᠮᠵᠢ
A ᠦᠵᠡᠭᠳᠡᠯ ᠨᠢ ᠡᠭᠦᠰᠬᠦ ᠪᠣᠯᠤᠨ᠎ᠠ᠂ ᠡᠭᠦᠰᠬᠦ ᠲᠣᠭᠠᠨ ᠪᠠᠭ᠎ᠠ ᠪᠣᠯᠤᠨ᠎ᠠ᠂ ᠲᠤᠷᠰᠢᠯᠲᠠ S ᠨᠢ ᠨᠡᠢᠲᠡ ᠲᠣᠭ᠎ᠠ ᠭᠦᠢᠴᠡᠳᠬᠡᠭᠰᠡᠨ ᠲᠣᠬᠢᠶᠠᠯᠳᠤᠯ᠂ A ᠦᠵᠡᠭᠳᠡᠯ ᠦᠨ ᠡᠭᠦᠰᠬᠦ ᠨᠢ
ᠲᠣᠭᠲᠠᠮᠠᠯ ᠲᠣᠭᠠᠨ᠂ ᠡᠭᠦᠨ ᠳᠤ ᠳᠠᠭᠠᠵᠤ ᠦᠨ ᠰᠠᠨᠠᠮᠰᠠᠷᠠᠯ ᠪᠠᠶᠢᠳᠠᠯ ᠤᠨ ᠰᠢᠨᠵᠢᠯᠡᠬᠦ ᠶᠢ ᠪᠠᠭᠠᠰᠬᠠᠨ᠎ᠠ ᠄ ᠲᠤᠷᠰᠢᠯᠲᠠ S ᠨᠢ 1 ᠲᠣᠭ᠎ᠠ ᠭᠦᠢᠴᠡᠳᠬᠡᠭᠰᠡᠨ ᠲᠣᠭᠠᠨ
ᠳᠠᠷᠤᠢ ᠶᠢᠨ ᠦᠵᠡᠭᠳᠡᠯ ᠦᠨ ᠰᠤᠳᠤᠯᠭ᠎ᠠ ᠪᠣᠢ᠂ ᠳᠠᠷᠤᠢ ᠶᠢᠨ ᠦᠵᠡᠭᠳᠡᠯ A ᠪᠣᠯᠤᠨ ᠲᠤᠷᠰᠢᠯᠲᠠ S ᠦᠨ ᠰᠠᠨᠠᠮᠰᠠᠷᠠᠯ ᠪᠠᠶᠢᠳᠠᠯ ᠢ ᠭᠦᠢᠴᠡᠳᠬᠡᠨ ᠰᠢᠨᠵᠢᠯᠡᠬᠦ

1. ᠳᠠᠪᠲᠠᠮᠵᠢ

(ᠨᠢᠭᠡ) ᠳᠠᠪᠲᠠᠮᠵᠢ ᠶᠢᠨ ᠳᠣᠭᠤᠷᠠᠭᠰᠠᠨ

ᠦᠵᠡᠭᠳᠡᠯ 》 ᠪᠣᠯᠤᠨ᠎ᠠ ᠄

ᠭᠡᠵᠦ᠂ ᠲᠣᠭᠲᠠᠮᠠᠯ ᠭᠡᠷᠡᠯ ᠪᠡ ᠭᠡᠷᠡᠯ ᠪᠠᠢ᠂ ᠡᠨᠳᠡ ᠡᠴᠡ ᠳᠤᠷᠠᠳᠬᠠᠯ ᠰᠢᠨᠵᠢᠯᠡᠬᠦ ᠳᠤᠭᠠᠷ 《 ᠬᠡᠷᠡᠭ ᠦᠨ ᠪᠣᠯᠤᠯᠴᠠᠭ᠎ᠠ ᠶᠢᠨ ᠨᠡᠢᠲᠡ ᠨᠢ ᠳᠠᠷᠤᠢ ᠶᠢᠨ
ᠬᠡᠷᠡᠭ ᠦᠨ ᠰᠢᠨᠵᠢᠯᠡᠬᠦ ᠳᠤᠭᠠᠷ ᠲᠠᠢ ᠨᠢᠭᠡ ᠲᠤᠷᠰᠢᠯᠲᠠ ᠶᠢᠨ ᠭᠦᠢᠴᠡᠳᠬᠡᠯ ᠪᠡ᠂ ᠬᠡᠷᠡᠭ ᠦᠨ ᠪᠣᠯᠤᠯᠴᠠᠭ᠎ᠠ ᠶᠢᠨ ᠨᠡᠢᠲᠡ ᠨᠢ ᠪᠠᠰᠠ ᠲᠣᠭᠲᠠᠮᠠᠯ ᠭᠡᠷᠡᠯ ᠦᠨ
ᠨᠢ ᠡᠭᠦᠰᠬᠦ ᠪᠣᠯᠤᠨ᠎ᠠ᠂ ᠪᠠᠰᠠ ᠡᠭᠦᠰᠬᠦ ᠲᠣᠭᠠᠨ ᠪᠠᠭ᠎ᠠ ᠪᠣᠯᠤᠨ᠎ᠠ ᠄
ᠪᠢᠳᠡᠨ ᠦ ᠭᠡᠷᠡᠯ ᠰᠢᠨᠵᠢᠯᠡᠬᠦ ᠵᠠᠭᠤᠷ ᠲᠣᠭᠠᠨ ᠲᠣᠬᠠᠢ ᠪᠡ᠂ ᠭᠡᠳᠡᠭ ᠲᠠᠢ ᠨᠢᠭᠡ ᠲᠤᠷᠰᠢᠯᠲᠠ ᠶᠢᠨ ᠭᠦᠢᠴᠡᠳᠬᠡᠯ ᠪᠡ 《 ᠳᠠᠪᠲᠠᠮᠵᠢ ᠲᠣᠭᠲᠠᠮᠠᠯ ᠪᠣᠯᠤᠯᠴᠠᠭ᠎ᠠ 》 ᠦᠵᠡᠭᠳᠡᠯ
ᠳᠠᠪᠲᠠᠮᠵᠢ ᠲᠣᠭᠲᠠᠮᠠᠯ ᠪᠣᠯᠤᠯᠴᠠᠭ᠎ᠠ 》 ᠡᠨᠡ ᠪᠡ ᠦᠵᠡᠭᠳᠡᠯ ᠳᠤ ᠬᠠᠮᠢᠶ᠎ᠠ ᠦᠭᠡᠢ᠂ ᠵᠢᠷᠤᠮ ᠳᠠᠪᠲᠠᠮᠵᠢ ᠲᠣᠭᠲᠠᠮᠠᠯ ᠪᠠᠢᠨ᠎ᠠ ᠳᠠᠪᠲᠠᠮᠵᠢ ᠲᠣᠭᠲᠠᠮᠠᠯ ᠪᠣᠯᠤᠯᠴᠠᠭ᠎ᠠ ᠲᠤᠷᠰᠢᠯᠲᠠ S ᠦ

ᠶᠠᠭ ᠬᠡᠮᠵᠢᠯᠲᠡ ᠲᠤᠷᠰᠢᠯᠲᠠ ᠬᠢᠵᠦ ᠪᠣᠯᠬᠤ ᠶᠢ ᠬᠡᠯᠡᠪᠡᠯ᠂ ᠬᠡᠮᠵᠢᠭᠳᠡᠬᠦᠨ ᠦ ᠳᠡᠭᠡᠵᠢ ᠨᠢ ᠲᠣᠭ᠎ᠠ ᠲᠣᠭᠠᠴᠢᠬᠤ ᠲᠣᠭᠠᠴᠠᠭᠠᠳ᠂ быть ᠶᠢᠨ ᠲᠣᠬᠢᠶᠠᠯᠳᠤᠯ ᠭᠠᠷᠤᠭᠰᠠᠨ ᠨᠢ ᠲᠤᠬᠠᠢ 100 ᠲᠣᠭ᠎ᠠ ᠪᠣᠯᠣᠭᠠᠳ᠂ быть ᠨᠢ 3 ᠲᠣᠭᠠᠨ ᠳᠤ ᠲᠣᠬᠢᠶᠠᠯᠳᠤᠪᠠ᠂ ᠲᠣᠬᠢᠶᠠᠯᠳᠤᠬᠤ ᠭᠠᠷᠤᠭᠰᠠᠨ ᠨᠢ 0.030᠃ ᠲᠡᠷᠡ ᠴᠢᠭ ᠪᠠᠰᠠ᠂ ᠲᠣᠭᠠᠴᠠᠭᠠᠨ S ᠶᠢᠨ ᠪᠠᠭᠠᠳᠠᠭᠰᠠᠨ ᠲᠣᠭᠠᠨ ᠳᠤ ᠨᠢ 0᠂ ᠭᠠᠷᠤᠭᠰᠠᠨ ᠨᠢ ᠴᠤ 0᠂ ᠲᠣᠭᠠᠴᠠᠭᠠᠨ S ᠶᠢᠨ ᠪᠠᠭᠠᠳᠠᠭᠰᠠᠨ ᠲᠣᠭᠠᠨ ᠳᠤ ᠨᠢ ᠡᠩ ᠬᠢᠵᠦ ᠪᠣᠯᠬᠤ ᠶᠢ ᠬᠡᠯᠡᠪᠡᠯ᠂ ᠬᠡᠮᠵᠢᠭᠳᠡᠬᠦᠨ ᠦ ᠳᠡᠭᠡᠵᠢ ᠨᠢ ᠲᠣᠭᠠᠴᠠᠭ᠎ᠠ

ᠪᠠᠢᠨ ᠳᠠᠪᠲᠠᠮᠵᠢ ᠪᠣᠯ᠂ ᠲᠣᠭᠠᠴᠠᠭᠠᠨ S ᠬᠢᠭᠡᠳ ᠨᠡᠢᠲᠡ ᠲᠣᠭᠠᠨ ᠳᠤ ᠪᠠᠭᠠᠳᠠᠭᠰᠠᠨ ᠲᠣᠭ᠎ᠠ᠂ ᠬᠡᠮᠵᠢᠭᠳᠡᠬᠦᠨ ᠦ ᠳᠡᠭᠡᠵᠢ ᠨᠢ 10 ᠲᠣᠭ᠎ᠠ᠂ быть ᠶᠢᠨ ᠲᠣᠬᠢᠶᠠᠯᠳᠤᠬᠤ ᠪᠠᠷᠢᠮᠵᠢ》᠂ A ᠬᠡᠮᠵᠢᠶ᠎ᠡ =《 быть ᠲᠣᠬᠢᠶᠠᠯᠳᠤᠯ 》᠃ ᠵᠢᠱᠢᠶ᠎ᠡ ᠳᠦ ᠪᠣᠳᠣᠯᠭ᠎ᠠ 5—1 ᠢ ᠦᠵᠡᠭᠦᠯᠪᠡᠯ᠃

《 быть 》 ᠶᠢᠨ ᠲᠣᠬᠢᠶᠠᠯᠳᠤᠯ ᠪᠣᠯᠣᠭᠰᠠᠨ ᠳᠤ ᠪᠠᠷᠢᠮᠵᠢᠯᠠᠭᠰᠠᠨ᠂ ᠪᠠᠢᠨ ᠳᠠᠪᠲᠠᠮᠵᠢ ᠪᠠᠷ ᠲᠣᠭᠠᠴᠠᠭᠠᠨ S =《 ᠬᠡᠮᠵᠢᠯᠲᠡ᠂ ᠪᠠᠷᠢᠮᠵᠢᠯᠠᠯ᠂ ᠬᠡᠪ ᠦᠨ ᠳᠠᠪᠲᠠᠮᠵᠢ

f=n / N=400 / 500=0.8=80%

ᠰᠢᠨᠵᠢᠯᠡᠭᠡᠨ ᠦ ᠬᠡᠮᠵᠢᠶ᠎ᠡ A ᠲᠠᠢ ᠬᠠᠷᠢᠴᠠᠭᠤᠯᠬᠤ ᠰᠢᠯᠭᠠᠭᠤᠷ f ᠢ ᠬᠠᠮᠤᠭ ᠰᠠᠢᠨ ᠪᠣᠯᠭᠠᠬᠤ᠂ t → 8 ᠪᠣᠯᠬᠤ᠂ f ᠢ ᠬᠠᠮᠤᠭ ᠲᠣᠭᠲᠠᠮᠠᠯ ᠬᠠᠷᠢᠴᠠᠭ᠎ᠠ ᠳᠤ ᠰᠢᠯᠭᠠᠭᠤᠷ ᠤᠨ ᠪᠠᠢᠳᠠᠯ ᠢ ᠪᠠᠷᠢᠮᠲᠠᠯᠠᠬᠤ ᠪᠣᠯᠤᠮᠵᠢᠲᠠᠢ᠃ ᠡᠨᠡ ᠦᠶ᠎ᠡ᠂ ᠲᠣᠭᠠᠴᠠᠭ᠎ᠠ S ᠤᠨ ᠪᠠᠷᠢᠮᠵᠢᠶᠠᠯᠠᠬᠤ ᠬᠡᠮᠵᠢᠶ᠎ᠡ ᠨᠢ t ᠡᠴᠡ ᠬᠠᠮᠠᠭᠠᠯᠠᠬᠤ᠂ t ᠲᠠᠢ ᠬᠠᠮᠲᠤ ᠨᠢ ᠰᠢᠨᠡᠴᠢᠯᠡᠬᠦ᠂

ᠰᠢᠨᠵᠢ ᠴᠢᠨᠠᠷ ᠲᠠᠢ ᠪᠠᠢᠨ᠎ᠠ᠂ ᠲᠣᠭᠠᠴᠠᠭ᠎ᠠ S ᠢ ᠬᠠᠮᠤᠭ ᠬᠡᠮᠵᠢᠶ᠎ᠡ ᠪᠠᠷᠢᠮᠵᠢᠶᠠᠯᠠᠬᠤ ᠬᠡᠮᠵᠢᠶ᠎ᠡ᠂ ᠰᠢᠨᠵᠢᠯᠡᠭᠡᠨ ᠦ ᠬᠡᠮᠵᠢᠶ᠎ᠡ A ᠲᠠᠢ ᠪᠠᠢᠭᠤᠯᠤᠭᠰᠠᠨ ᠤ

2. ᠰᠢᠯᠭᠠᠯᠲᠠ

ᠪᠣᠳᠣᠯᠭ᠎ᠠ ᠪᠠᠷ ᠰᠢᠯᠭᠠᠨ ᠪᠠᠲᠤᠯᠠᠬᠤ ᠬᠡᠷᠡᠭᠲᠡᠢ ᠪᠠᠢᠨ᠎ᠠ᠃

ᠲᠠᠢ ᠬᠠᠮᠲᠤ ᠳᠠᠭᠠᠯᠳᠤᠭᠤᠯᠬᠤ᠂ ᠬᠦᠰᠦᠨᠦᠭ ᠦᠨ ᠳᠦᠩ ᠢ ᠰᠢᠨᠵᠢᠯᠡᠬᠦ ᠳᠤ ᠰᠢᠨᠵᠢᠯᠡᠭᠡᠨ ᠦ ᠬᠡᠮᠵᠢᠶ᠎ᠡ ᠶᠢ ᠲᠣᠭᠲᠠᠭᠠᠬᠤ ᠪᠣᠯ᠂ ᠪᠣᠳᠣᠭᠰᠠᠨ ᠬᠡᠮᠵᠢᠶᠡᠯᠡᠯ

ᠪᠠᠢᠳᠠᠯ ᠳᠤ ᠲᠠᠢ ᠬᠠᠮᠲᠤ ᠳᠠᠭᠠᠯᠳᠤᠭᠤᠯᠬᠤ ᠲᠠᠢ ᠬᠦᠷᠬᠦ ᠶᠢ ᠰᠢᠯᠭᠠᠨ ᠪᠠᠲᠤᠯᠠᠬᠤ ᠪᠣᠯᠤᠨ᠎ᠠ᠃ ᠳᠣᠣᠷᠠᠬᠢ ᠬᠦᠰᠦᠨᠦᠭ ᠦᠨ ᠳᠦᠩ ᠢ ᠰᠢᠨᠵᠢᠯᠡᠭᠡᠨ ᠦ ᠪᠠᠢᠳᠠᠯ ᠳᠤ

ᠡᠨᠡ ᠬᠦᠷ ᠬᠦᠷᠲᠡᠯ᠎ᠡ ᠪᠣᠯᠤᠨ ᠢ᠂ ᠲᠣᠭᠠᠴᠠᠭᠰᠠᠨ ᠬᠡᠮᠵᠢᠶ᠎ᠡ ᠪᠡᠷ ᠬᠦᠰᠦᠨᠦᠭ ᠦᠨ ᠪᠠᠢᠳᠠᠯ ᠢ ᠬᠠᠷᠢᠴᠠᠭᠤᠯᠤᠨ ᠢ ᠰᠢᠨᠵᠢᠯᠡᠭᠡᠨ ᠦ ᠬᠡᠮᠵᠢᠶ᠎ᠡ ᠪᠣᠯᠤᠨ᠎ᠠ᠃ ᠳᠣᠣᠷᠠᠬᠢ ᠪᠣᠯᠪᠠᠯ

5000	47	0.009	400000	4186	0.011
4000	33	0.008	15000	153	0.010
3000	31	0.010	10000	95	0.010
2000	17	0.008	9000	88	0.010
1000	15	0.015	8000	74	0.009
100	3	0.030	7000	71	0.010
10	0	0.000	6000	57	0.010
ᠲᠣᠷᠰᠢᠯᠲᠠ	ᠬᠠᠷᠢᠴᠠᠭᠤᠯᠬᠤ ᠲᠣᠭ᠎ᠠ	ᠰᠢᠯᠭᠠᠯᠲᠠ	ᠲᠣᠷᠰᠢᠯᠲᠠ	ᠬᠠᠷᠢᠴᠠᠭᠤᠯᠬᠤ ᠲᠣᠭ᠎ᠠ	ᠰᠢᠯᠭᠠᠯᠲᠠ

ᠬᠦᠰᠦᠨᠦᠭ 5—1 быть ᠤᠨ ᠰᠢᠯᠭᠠᠯᠲᠠ ᠶᠢᠨ ᠦᠷ᠎ᠡ ᠳᠦᠩ

ᠦᠭᠡᠰ ᠲᠡᠭᠦᠨ ᠦ ᠪᠦᠷᠢᠯᠳᠦᠭᠦᠯᠦᠨ · ᠲᠡᠭᠦᠨ ᠡᠴᠡ ᠶᠠᠨ 110 ᠦᠭᠡᠰ ᠲᠡᠭᠦᠨ ᠦ ᠲᠣᠭᠠᠯᠠᠭᠰᠠᠨ ᠳᠠᠪᠲᠠᠮᠵᠢ ᠳᠤ ᠶᠢ ᠰᠢᠨᠵᠢᠯᠡᠯᠲᠡ ᠬᠢᠭᠰᠡᠨ ᠢ ᠪᠠᠷᠢᠮᠲᠠᠯᠠᠯ ᠤᠨ ᠦᠭᠡ —— 《 ᠭᠧᠷᠮᠠᠨ ᠬᠡᠯᠡᠨ ᠦ ᠳᠠᠪᠲᠠᠮᠵᠢ ᠲᠠᠢ ᠦᠭᠡ 》 ᠢ ᠨᠡᠶᠢᠲᠡᠯᠡᠭᠦᠯᠦᠭᠰᠡᠨ ᠪᠣᠯᠠᠢ ᠃ ᠡᠨᠡ ᠪᠣᠯ ᠳᠠᠪᠲᠠᠮᠵᠢ ᠲᠠᠢ ᠦᠭᠡ ᠶᠢᠨ ᠲᠣᠭᠠᠯᠠᠭᠰᠠᠨ ᠳᠠᠪᠲᠠᠮᠵᠢ ᠶᠢ 110 ᠲᠤᠷᠰᠢᠯᠲᠠ · 1898 ᠣᠨ ᠳᠤ ᠭᠧᠷᠮᠠᠨ ᠤ ᠬᠦᠮᠦᠨ ᠰᠢᠨᠵᠢᠯᠡᠭᠴᠢ ᠹ · ᠸ · ᠺᠡᠳᠢᠩ (F.W.Kaeding) ᠡᠮᠬᠡᠳᠬᠡᠭᠰᠡᠨ ᠡᠨᠡᠬᠦ ᠲᠣᠭᠠᠯᠠᠯ ᠦᠨ ᠳᠠᠪᠲᠠᠮᠵᠢ ᠲᠠᠢ ᠦᠭᠡ ᠶᠢᠨ ᠲᠣᠯᠢ ᠶᠢ
ᠲᠡᠭᠦᠮᠯᠡᠨ ᠳᠦ · ᠲᠡᠦᠨ ᠦ ᠦᠯᠡᠮᠵᠢ ᠬᠡᠪ ᠦᠯᠦᠮᠵᠢᠭᠦᠯᠦᠭᠰᠡᠨ ᠳᠠᠪᠲᠠᠮᠵᠢ ᠲᠠᠢ ᠦᠭᠡ ᠶᠢᠨ ᠲᠣᠯᠢ ᠪᠤᠶᠤ ᠦᠭᠡᠰ ᠦᠨ ᠲᠠᠯᠠᠪᠤᠷᠢ ᠪᠣᠯᠤᠨ᠎ᠠ ᠃
(ᠶᠡᠷᠦ) ᠳᠠᠪᠲᠠᠮᠵᠢ ᠲᠠᠢ ᠦᠭᠡ ᠶᠢᠨ ᠰᠤᠳᠤᠯᠤᠯᠭ᠎ᠠ

ᠭᠤᠷᠪᠠ · ᠬᠡᠯᠡᠨ ᠦ ᠳᠠᠪᠲᠠᠮᠵᠢ ᠶᠢᠨ ᠪᠣᠳᠣᠯᠭ᠎ᠠ ᠳᠤ ᠬᠠᠮᠢᠶᠠᠷᠠᠭᠳᠠᠬᠤ ᠪᠣᠯᠤᠮᠵᠢ ᠶᠢᠨ ᠣᠨᠣᠯ ᠤᠨ ᠦᠨᠳᠦᠰᠦ

ᠮᠠᠭᠠᠳ ᠬᠡᠮᠡᠬᠦ ᠨᠢ ᠦᠢᠯᠡ ᠶᠢ ᠦᠵᠡᠳᠡᠯ ᠦᠨ ᠬᠡᠮᠵᠢᠶ᠎ᠡ ᠨᠢ P =1 ᠪᠣᠯᠬᠤ ᠶᠢᠨ ᠲᠣᠬᠢᠶᠠᠯᠳᠤᠯ ᠪᠣᠯᠤᠨ᠎ᠠ ᠃
ᠪᠣᠯᠤᠮᠵᠢᠲᠠᠢ ᠮᠠᠭᠠᠳ ᠪᠣᠯᠤᠮᠵᠢ ᠦᠭᠡᠢ · ᠪᠣᠯᠤᠮᠵᠢ ᠲᠣᠳᠣ ᠦᠭᠡᠢ ᠪᠠᠢᠬᠤ ᠦᠵᠡᠳᠡᠯ ᠦᠨ ᠬᠡᠮᠵᠢᠶ᠎ᠡ ᠶᠢᠨ ᠲᠣᠭᠠᠴᠠᠭ᠎ᠠ ᠪᠣᠯᠤᠨ᠎ᠠ ᠃ ᠬᠡᠷᠪᠡ ᠪᠣᠯᠤᠮᠵᠢᠲᠠᠢ
ᠪᠣᠯᠬᠤ ᠶᠢᠨ ᠲᠣᠬᠢᠶᠠᠯᠳᠤᠯ ᠪᠣᠯᠤᠨ᠎ᠠ ᠃ ᠵᠢᠱᠢᠶᠡᠯᠡᠪᠡᠯ · ᠬᠡᠯᠡᠨ ᠦ ᠰᠢᠨᠵᠢᠯᠡᠯᠲᠡ ᠳᠣᠲᠣᠷ᠎ᠠ · ᠬᠡᠯᠡᠨ ᠦ ᠪᠦᠲᠦᠴᠡ ᠶᠢᠨ ᠲᠣᠭᠠᠨ ᠢ
ᠪᠣᠯᠤᠨ᠎ᠠ · ᠡᠰᠡᠷᠭᠦᠴᠡᠭᠡᠨ ᠲᠣᠭᠠᠴᠠᠬᠤ ᠪᠣᠯᠤᠮᠵᠢ ᠦᠭᠡᠢ ᠪᠣᠯᠤᠨ᠎ᠠ ᠃ ᠵᠢᠱᠢᠶᠡᠯᠡᠪᠡᠯ ᠰᠠᠷ᠎ᠠ ᠲᠣᠭᠠᠴᠠᠬᠤ ᠪᠣᠯᠤᠮᠵᠢ ᠦᠭᠡᠢ ᠬᠡᠮᠡᠬᠦ ᠦᠵᠡᠳᠡᠯ ᠦᠨ ᠬᠡᠮᠵᠢᠶ᠎ᠡ ᠨᠢ P =1
ᠦᠵᠡᠳᠡᠯ ᠦᠨ ᠬᠡᠮᠵᠢᠶ᠎ᠡ ᠶᠢ ᠪᠣᠯᠬᠤ ᠪᠣᠯᠤᠮᠵᠢ ᠦᠭᠡᠢ ᠪᠣᠯᠤᠨ᠎ᠠ ᠃ ᠬᠡᠷᠪᠡ P =1 ᠬᠡᠮᠡᠬᠦ ᠦᠵᠡᠳᠡᠯ ᠦᠨ ᠬᠡᠮᠵᠢᠶ᠎ᠡ ᠶᠢ ᠪᠣᠯᠤᠮᠵᠢᠲᠠᠢ ᠮᠠᠭᠠᠳ ᠬᠡᠮᠡᠨ
ᠬᠡᠯᠡᠳᠡᠭ ᠪᠣᠯᠤᠮᠵᠢ ᠦᠭᠡ ᠪᠣᠯ · ᠦᠬᠦᠯ ᠲᠣᠭᠠᠴᠠᠯ ᠨᠢ 0 ᠪᠣᠯᠤᠨ 1 ᠦᠨ ᠬᠣᠭᠣᠷᠣᠨᠳᠣ · ᠡᠭᠦᠨ 0 $\le$ P $\le$ 1 ᠪᠣᠯᠤᠨ᠎ᠠ ᠃ ᠬᠡᠷᠪᠡ P =0 ᠬᠡᠮᠡᠪᠡᠯ
ᠡᠨᠡ ᠪᠣᠯ ᠦᠭᠡᠢ ᠰᠠᠨ ᠲᠣᠭ᠎ᠠ ᠶᠢ · n ᠶᠢ N ᠰᠠᠨ ᠳᠠᠭᠤ ᠬᠤᠪᠢ ᠲᠣᠬᠢᠶ᠎ᠠ ᠰᠠᠨ · ᠦᠵᠡᠳᠡᠯ ᠦᠨ ᠬᠡᠮᠵᠢᠶ᠎ᠡ ᠶᠢᠨ ᠳᠠᠪᠲᠠᠮᠵᠢᠯᠠᠯ ᠢ ᠲᠣᠭᠠᠴᠠᠭᠤᠯᠤᠨ ᠪᠣᠯᠠᠢ
ᠲᠠᠢ ᠦᠵᠡᠭᠦᠯᠦᠭᠳᠡᠨ᠎ᠡ ᠃

$$\lim_{t \to \infty} f = \lim_{t \to \infty} \frac{n}{N} = p$$

ᠦᠵᠡᠭᠦᠯᠦᠯ ᠪᠣᠯᠬᠤ ᠲᠣᠭᠲᠠᠭᠤᠯᠤᠨ᠎ᠠ · ᠡᠨᠡ ᠪᠣᠯ ᠬᠡᠮᠵᠢᠭᠳᠡᠬᠦ ᠦ ᠦᠵᠡᠳᠡᠯ ᠦᠨ ᠬᠡᠮᠵᠢᠶ᠎ᠡ A ᠶᠢᠨ ᠪᠣᠯᠤᠮᠵᠢ ᠶᠢᠨ (Probability) ᠬᠡᠮᠡᠨ · ᠡᠭᠦᠨ ᠢ P

A game of football (ᠬᠥᠯ ᠪᠥᠮᠪᠥᠭ ᠦᠨ ᠲᠣᠭᠯᠠᠭᠠᠮ)

② ᠲᠡᠮᠡᠴᠡᠭᠡᠨ · ᠬᠥᠯ ᠪᠥᠮᠪᠥᠭ ᠦᠨ ᠲᠣᠭᠯᠠᠭᠠᠮ ᠭᠡᠵᠦ ᠣᠷᠴᠢᠭᠤᠯᠪᠠᠯ · 38% ᠢ ᠡᠵᠡᠯᠡᠨ᠎ᠡ ::

ᠵᠢᠱᠢᠶ᠎ᠡ ᠨᠢ : It's not serious, it's just a game.

① ᠬᠣᠪᠤᠷ ᠭᠡᠵᠦ ᠣᠷᠴᠢᠭᠤᠯᠪᠠᠯ · 9% ᠢ ᠡᠵᠡᠯᠡᠨ᠎ᠡ ::

ᠠᠩᠭᠯᠢ ᠣᠷᠴᠢᠭᠤᠯᠪᠠᠯ ᠪᠠ ᠠᠩᠭᠯᠢ Game ᠤᠨ ᠣᠷᠴᠢᠭᠤᠯᠪᠠᠯ ᠤᠨ ᠵᠢᠱᠢᠶ᠎ᠡ ᠨᠢ :

ᠬᠠᠮᠲᠤᠷᠠᠨ 2000 ᠠᠩᠭᠯᠢ ᠶᠢ ᠰᠣᠩᠭᠣᠭᠰᠠᠨ · ᠠᠩᠭᠯᠢ ᠣᠷᠴᠢᠭᠤᠯᠪᠠᠯ ᠪᠠ ᠠᠩᠭᠯᠢ ᠪᠢᠴᠢᠭ ᠦᠨ ᠠᠷᠭᠠᠴᠢᠯᠠᠯ ᠪᠣᠯ ᠶᠢ ᠪᠠᠷᠢᠮᠲᠠᠯᠠᠨ :: ᠵᠢᠱᠢᠶᠡᠯᠡᠪᠡᠯ :

Service List English Words 》) ᠢ ᠠᠩᠭᠯᠢ ᠶᠢᠨ ᠬᠡᠯᠡᠨ ᠦ ᠬᠡᠷᠡᠭᠯᠡᠭᠡᠨ ᠳᠦ ᠲᠡᠭᠦᠵᠦ · ᠠᠩᠭᠯᠢ ᠬᠡᠯᠡᠨ ᠦ ᠰᠤᠳᠤᠯᠤᠨ ᠤ ᠪᠦᠲᠦᠭᠡᠯ

ᠰᠤᠷᠭᠠᠭᠤᠯ :: 1953 ᠣᠨ ᠳᠤ ᠸᠧᠰᠲ (West) ᠨᠢ 《 ᠠᠩᠭᠯᠢ ᠬᠡᠯᠡᠨ ᠦ ᠶᠡᠷᠦᠩᠬᠡᠢ ᠬᠡᠷᠡᠭᠯᠡᠭᠡᠨ ᠦ ᠪᠢᠴᠢᠭᠯᠡᠯ 》(《 A General

ᠠᠩᠭᠯᠢ ᠣᠷᠴᠢᠭᠤᠯᠪᠠᠯ ᠪᠠ ᠠᠩᠭᠯᠢ ᠶᠢᠨ ᠠᠷᠭᠠᠴᠢᠯᠠᠯ ᠣᠷᠴᠢᠭᠤᠯᠪᠠᠯ ᠪᠣᠯ ᠰᠣᠩᠭᠣᠨ ᠣᠷᠴᠢᠭᠤᠯᠪᠠᠯ ᠢ ᠬᠡᠷᠡᠭ ᠵᠢᠷᠤᠮᠯᠠᠵᠤ ᠳᠤ ᠲᠤᠰᠬᠠᠢ ᠶᠢᠨ ᠠᠷᠭᠠᠴᠢᠯᠠᠯ

ᠬᠡᠯᠡᠨ ᠦ ᠶᠡᠷᠦᠩᠬᠡᠢ ᠤᠨ ᠪᠠᠶᠢᠳᠠᠯ ᠳᠤ · ᠠᠩᠭᠯᠢ ᠣᠷᠴᠢᠭᠤᠯᠪᠠᠯ ᠪᠠ ᠠᠩᠭᠯᠢ ᠶᠢᠨ ᠪᠢᠴᠢᠭ ᠦᠨ ᠠᠷᠭᠠᠴᠢᠯᠠᠯ ᠰᠤᠷᠭᠠᠯᠲᠠ ᠶᠢ ᠪᠠᠷᠢᠮᠲᠠᠯᠠᠨ ·

1.1.1 ᠣᠷᠴᠢᠭᠤᠯᠪᠠᠯ ᠤᠨ ᠰᠤᠷᠭᠠᠯᠲᠠ ᠶᠢᠨ ᠠᠷᠭ᠎ᠠ

1.1 ᠦᠭᠡᠰ ᠦᠨ ᠦ ᠰᠤᠷᠭᠠᠯᠲᠠ ᠶᠢᠨ ᠠᠷᠭ᠎ᠠ

1. ᠬᠡᠯᠡ ᠶᠢᠨ ᠰᠤᠷᠭᠠᠯᠲᠠ ᠶᠢᠨ ᠠᠷᠭ᠎ᠠ

ᠰᠤᠷᠭᠠᠯᠲᠠ ᠶᠢᠨ ᠠᠷᠭ᠎ᠠ ᠭᠡᠳᠡᠭ ᠢ ᠲᠣᠳᠣᠷᠬᠠᠢᠯᠠᠪᠠᠯ :: ᠵᠢᠱᠢᠶᠡᠯᠡᠪᠡᠯ :

ᠰᠤᠷᠭᠠᠯᠲᠠ ᠳᠤ ᠲᠣᠳᠣᠷᠬᠠᠢᠯᠠᠪᠠᠯ · ᠵᠢᠱᠢᠶ᠎ᠡ ᠨᠢ ᠬᠡᠯᠡ ᠶᠢᠨ ᠰᠤᠷᠭᠠᠯᠲᠠ ᠶᠢᠨ ᠠᠷᠭ᠎ᠠ ᠶᠢ ᠬᠡᠷᠡᠭᠯᠡᠬᠦ ᠦᠭᠡᠰ ᠦᠨ ᠦ ᠰᠤᠷᠭᠠᠯᠲᠠ ᠶᠢᠨ ᠠᠷᠭ᠎ᠠ ᠪᠠᠷ ᠠᠩᠭᠯᠢ ᠬᠡᠯᠡᠨ ᠦ

ᠳᠤ ᠰᠤᠷᠭᠠᠭᠤᠯᠤᠨ ᠪᠣᠯᠤᠨ᠎ᠠ :: ᠡᠨᠡ ᠦ ᠬᠡᠯᠡ · ᠬᠡᠯᠡ ᠶᠢᠨ ᠰᠤᠷᠭᠠᠯᠲᠠ ᠶᠢᠨ ᠠᠷᠭ᠎ᠠ ᠪᠠᠷ ᠬᠡᠯᠡᠯᠴᠡᠯ ᠦᠨ ᠴᠢᠳᠠᠪᠤᠷᠢ ᠪᠠ ᠰᠤᠷᠭᠠᠯᠲᠠ ᠶᠢᠨ ᠠᠷᠭ᠎ᠠ ᠭᠡᠳᠡᠭ ᠰᠣᠨᠢᠨ ᠰᠤᠷᠤᠬᠤ

ᠶᠠᠭᠤ :: ᠠᠩᠭᠯᠢ ᠬᠡᠯᠡᠨ ᠦ ᠪᠦᠲᠦᠴᠡ ᠶᠢᠨ ᠰᠤᠷᠤᠯᠴᠠᠭᠴᠢ ᠶᠢᠨ ᠬᠡᠷᠡᠭ ᠳᠦ ᠲᠤᠰᠬᠠᠢᠯᠠᠵᠤ · ᠲᠡᠷᠡ ᠳᠦ ᠪᠠᠨ ᠰᠤᠷᠭᠠᠯᠲᠠ ᠶᠢᠨ ᠠᠷᠭ᠎ᠠ ᠶᠢ ᠵᠢᠷᠤᠮᠯᠠᠨ ᠬᠡᠷᠡᠭ ᠰᠤᠷᠭᠠᠯᠲᠠ ᠳᠠᠭᠠᠨ

ᠪᠣᠯᠤᠨ᠎ᠠ ᠃
ᠬᠡᠯᠡᠯᠭᠡ ᠪᠡᠷ ᠲᠣᠭᠠᠴᠠᠭᠤᠯᠪᠠ ᠂ ᠵᠢᠱᠢᠶᠡ ᠨᠢ ᠬᠡᠯᠡ ᠶᠢᠨ ᠰᠤᠷᠭᠠᠯᠲᠠ ᠳᠤ ᠪᠠᠢᠩᠭᠤ ᠬᠡᠷᠡᠭᠯᠡᠭᠳᠡᠬᠦ ᠳᠠᠪᠲᠠᠮᠵᠢᠲᠠᠢ ᠬᠡᠯᠡᠯᠭᠡ ᠶᠢ ᠨᠠᠢᠷᠠᠭᠤᠯᠤᠭᠰᠠᠨ 《ᠹᠷᠠᠨᠼᠢ ᠬᠡᠯᠡ ᠶᠢᠨ ᠬᠡᠯᠡᠯᠭᠡ ᠶᠢᠨ ᠬᠦᠰᠦᠨᠦᠭᠲᠦ》(《French Idiom List》) ᠪᠠᠢᠨ᠎ᠠ ᠃ ᠡᠨᠡᠬᠦ ᠬᠦᠰᠦᠨᠦᠭᠲᠦ 5—2 ᠮᠢᠩ ᠭᠠᠳᠠᠭᠠᠳᠤ ᠬᠡᠯᠡ ᠶᠢᠨ ᠪᠠᠢᠳᠠᠯ ᠰᠢᠭᠤᠳ ᠬᠡᠯᠡ ᠶᠢᠨ ᠬᠡᠯᠡᠯᠭᠡ ᠶᠢᠨ ᠮᠡᠳᠡᠯᠭᠡ ᠶᠢᠨ ᠮᠠᠲ᠋ᠧᠷᠢᠶᠠᠯ ᠢ ᠬᠠᠮᠤᠷᠤᠭᠰᠠᠨ ᠃ ᠲᠣᠭᠠᠴᠠᠭᠤᠯᠪᠠᠯ ᠂ ᠹ ᠂ ᠳ ᠂ ᠴᠧᠢᠳᠢᠶᠧᠷ (F.D.Cheydier) ᠤᠨ ᠪᠠᠢᠭᠤᠯᠤᠭᠰᠠᠨ ᠡᠨᠡ ᠬᠦᠰᠦᠨᠦᠭᠲᠦ ᠶᠢᠨ ᠠᠷᠭ᠎ᠠ ᠪᠡᠷ ᠂ ᠡ ᠂ ᠯ ᠂ ᠲᠤᠷᠨᠳᠠᠢᠺ (E.L.Thorndike) ᠤᠨ ᠲᠣᠭᠠᠴᠠᠭᠤᠯᠤᠭᠰᠠᠨ ᠲᠣᠭᠠᠨ ᠂ ᠠᠩᠭᠯᠢ ᠬᠡᠯᠡ ᠶᠢᠨ ᠦᠭᠡᠰ ᠦᠨ ᠳᠠᠪᠲᠠᠮᠵᠢ ᠶᠢᠨ ᠰᠤᠳᠤᠯᠭ᠎ᠠ ᠶᠢ ᠬᠢᠭᠰᠡᠨ ᠪᠣᠯᠤᠨ᠎ᠠ ᠃ 20 ᠵᠠᠭᠤᠨ ᠵᠢᠯ ᠦᠨ ᠰᠤᠳᠤᠯᠤᠯ ᠤᠨ ᠦᠶ᠎ᠡ ᠶᠢᠨ
Processing) ᠳᠤ ᠬᠠᠮᠢᠶᠠᠷᠠᠯᠲᠠᠢ ᠪᠣᠯᠤᠨ᠎ᠠ ᠃ ᠬᠡᠯᠡ ᠶᠢᠨ ᠮᠡᠳᠡᠯᠭᠡ ᠶᠢ ᠬᠡᠷᠡᠭᠯᠡᠭᠡᠨ ᠳᠦ ᠨᠡᠪᠲᠡᠷᠡᠭᠦᠯᠬᠦ ᠨᠢ ᠬᠡᠯᠡᠨ ᠦ ᠬᠡᠯᠡ ᠶᠢᠨ ᠰᠤᠳᠤᠯᠤᠯ ᠤᠨ
ᠰᠢᠨ᠎ᠡ ᠬᠡᠯᠡ ᠶᠢᠨ ᠬᠡᠷᠡᠭᠯᠡᠭᠡᠨ ᠦ ᠰᠠᠯᠪᠤᠷᠢ ᠂ ᠵᠠᠭᠠᠭᠠᠷᠯᠠᠯ ᠪᠠᠢᠳᠠᠯ ᠬᠡᠯᠡ ᠶᠢᠨ ᠳᠡᠪᠲᠡᠷ ᠦᠨ ᠬᠡᠯᠡᠨ ᠰᠢᠭᠤᠳ ᠳᠡᠪᠲᠡᠷ ᠦᠨ (Chapter ᠰᠠᠯᠪᠤᠷᠢ ᠭᠠᠵᠠᠷ ᠬᠡᠯᠡ ᠶᠢᠨ ᠰᠤᠷᠭᠠᠯᠲᠠ ᠶᠢᠨ ᠮᠡᠳᠡᠯᠭᠡ ᠶᠢ ᠰᠢᠭᠤᠳ ᠠᠰᠢᠭᠯᠠᠵᠤ ᠂ ᠮᠣᠩᠭᠤᠯ ᠵᠢᠱᠢᠶᠡ ᠨᠢ ᠳᠡᠭᠡᠷᠡᠮᠳᠡᠭᠦᠯᠬᠦ ᠠᠵᠢᠯ ᠳᠤ ᠬᠦᠷᠳᠡᠯ ᠲᠦᠷᠭᠡᠨ
ᠬᠡᠯᠡᠨ ᠦ ᠰᠤᠳᠤᠯᠤᠯ ᠤᠨ ᠪᠠᠢᠳᠠᠯ ᠳᠤ ᠬᠦ ᠲᠣᠨᠢᠳ ᠰᠠᠯᠪᠤᠷᠢ ᠂ ᠲᠦᠷᠦᠯ ᠰᠠᠯᠪᠤᠷᠢ ᠂ ᠳᠤᠮᠳᠠᠳᠤ ᠰᠠᠯᠪᠤᠷᠢ ᠂ ᠳᠡᠭᠡᠳᠦ ᠰᠠᠯᠪᠤᠷᠢ ᠂ ᠡᠷᠳᠡᠮ ᠰᠠᠯᠪᠤᠷᠢ ᠂ ᠲᠡᠭᠦᠨ

1.1.2 ᠬᠡᠯᠡ ᠶᠢᠨ ᠮᠡᠳᠡᠯᠭᠡ ᠶᠢᠨ ᠵᠦᠢᠯ

ᠲᠦᠷᠦᠯ ᠵᠦᠢᠯ ᠵᠢᠷᠤᠮᠯᠠᠯ ᠵᠢ ᠵᠢᠭᠠᠯ ᠃

ᠰᠠᠶᠢᠨ ᠤ ᠮᠡᠳᠡᠯᠭᠡ ᠶᠢᠨ ᠵᠦᠢᠯ ᠢ ᠰᠡᠳᠦᠪ ᠰᠠᠶᠢᠨ ᠵᠢᠨ ᠰᠠᠯᠪᠤᠷᠢ ᠶᠢᠨ ᠰᠠᠶᠢᠨ ᠤ ᠵᠠᠷᠴᠢᠮ ᠤᠨ ᠪᠠᠶᠢᠳᠠᠯ ᠢ ᠰᠠᠶᠢᠵᠢᠷᠠᠭᠤᠯᠬᠤ ᠂ ᠲᠦᠷᠦᠯᠵᠢᠭᠦᠯᠬᠦ ᠳᠤ

Olympic Game (ᠣᠯᠢᠮᠫᠢ ᠶᠢᠨ ᠲᠡᠮᠡᠴᠡᠭᠡᠨ)

③ ᠪᠠᠭᠤᠳᠤ ᠪᠠᠭᠤᠷᠢ ᠵᠢᠭᠠᠯ ᠤᠨ ᠲᠡᠮᠡᠴᠡᠭᠡᠨ ᠬᠡᠪ ᠰᠠᠶᠢᠨ ᠂ 8% ᠢ ᠡᠵᠡᠯᠡᠨ᠎ᠡ ᠃

outdoor games (ᠭᠠᠳᠠᠨᠠᠬᠢ ᠲᠣᠭᠯᠠᠭᠠᠮ)

ᠬᠡᠯᠡᠨ ᠪᠦᠲᠦᠭᠡ ᠰᠢᠨᠵᠢᠯᠡᠯ ᠳᠦ ᠳᠤᠯᠢᠶᠠᠩᠬᠤᠢᠢᠯᠠᠭᠤᠯᠤᠭᠰᠠᠨ᠂ ᠰᠤᠷᠭᠠᠭᠤᠯᠢ ᠶᠢᠨ ᠠᠷᠭ᠎ᠠ ᠶᠢ ᠳᠤᠷᠰᠢᠭᠤᠯᠤᠭᠰᠠᠨ ᠰᠢᠨ᠎ᠡ ᠦᠭᠡ ᠶᠢ ᠰᠤᠷᠬᠤ᠂ ᠰᠢᠨ᠎ᠡ ᠦᠭᠡ ᠪᠦᠲᠦᠭᠡᠬᠦ ᠳᠦ ᠬᠡᠷᠡᠭᠯᠡᠭᠳᠡᠬᠦ ᠵᠠᠭᠤᠰᠢ ᠶᠢ ᠬᠡᠷᠡᠭᠯᠡᠬᠦ ᠪᠣᠯᠤᠨ᠎ᠠ ᠃ ᠰᠢᠨ᠎ᠡ ᠬᠡᠯᠡ ᠪᠡᠷ ᠦᠭᠡ ᠲᠡᠭᠦᠨ ᠦ ᠰᠤᠷᠤᠯᠲᠠ ᠶᠢᠨ ᠪᠠᠢᠳᠠᠯ ᠪᠠᠢᠳᠠᠯ ᠲᠣᠭᠠᠴᠠᠬᠤ ᠰᠢᠭ᠋ ᠳᠦ ᠪᠠᠢᠭᠤᠯᠤᠮᠵᠢ ᠶᠢᠨ ᠦᠭᠡ ᠳᠦ ᠳᠠᠭᠠᠪᠤᠷ ᠪᠠ ᠪᠦᠲᠦᠭᠡᠯᠴᠡᠭᠡᠨ ᠦ ᠦᠭᠡ ᠶᠢᠨ ᠳᠠᠭᠤᠳ ᠢ ᠲᠡᠮᠳᠡᠭᠯᠡᠬᠦ ᠪᠡᠷ ᠰᠤᠷᠤᠯᠴᠠᠭᠠ᠂ ᠳᠠᠭᠠᠨ ᠤ ᠵᠠᠭᠤᠰᠢ ᠶᠢᠨ ᠠᠩᠭ᠍ᠯᠢ ᠬᠡᠯᠡ ᠪᠡᠷ ᠪᠢᠴᠢᠭᠰᠡᠨ《 ᠠᠩᠭ᠍ᠯᠢ ᠬᠡᠯᠡᠨ ᠦ ᠳᠠᠭᠠᠪᠤᠷ ᠤᠨ ᠰᠤᠷᠭᠠᠨ ᠬᠦᠮᠦᠵᠢᠯ 》(《The Teaching of English Suffixes》) ᠢ ᠳᠠᠭᠠᠪᠤᠷ ᠰᠤᠷᠤᠯᠴᠠᠭᠠ᠂ ᠰᠤᠷᠭᠠᠭᠤᠯᠢ ᠶᠢᠨ ᠰᠤᠷᠭᠠᠨ ᠢ ᠬᠡᠯᠡ ᠶᠢᠨ ᠦᠭᠡᠰ ᠦᠨ ᠰᠤᠷᠤᠯᠴᠠᠭᠠᠨ ᠤ ᠪᠠᠢᠳᠠᠯ ᠃ ᠡ᠂ ᠯ᠂ ᠲᠣᠷᠨᠳᠠᠶᠢᠭ ᠤᠨ 1949 ᠣᠨ ᠳᠤ ᠬᠡᠪᠯᠡᠯᠭᠡ ᠳᠤ ᠰᠢᠨᠵᠢᠯᠡᠬᠦ ᠵᠠᠭᠤᠰᠢ ᠳᠤ ᠵᠠᠭᠤᠰᠢ ᠶᠢᠨ ᠲᠡᠮᠳᠡᠭᠯᠡᠯ ᠤᠨ ᠲᠡᠮᠳᠡᠭᠯᠡᠯ ᠪᠣᠯᠤᠨ ᠳᠤᠷᠰᠢᠭᠤᠯ ᠦᠨ ᠲᠡᠮᠳᠡᠭᠯᠡᠯ ᠬᠡᠪ ᠪᠡᠶ᠎ᠡ ᠰᠢᠯᠢᠭᠳᠡᠬᠦᠨ ᠬᠡᠯᠡ ᠳᠦ ᠰᠤᠷᠤᠯᠴᠠᠭᠰᠠᠨ ᠰᠢᠨ᠎ᠡ ᠦᠭᠡ ᠶᠢᠨ

ᠬᠡᠯᠡᠨ ᠦ ᠰᠢᠨᠵᠢᠯᠡᠭᠡᠨ ᠳᠤ ᠪᠠᠢᠭᠤᠯᠤᠭᠰᠠᠨ ᠳᠦ᠂ ᠰᠢᠨ᠎ᠡ ᠦᠭᠡ ᠶᠢᠨ ᠪᠦᠲᠦᠭᠡᠯᠴᠡᠭᠡ ᠵᠠᠭᠤᠰᠢ ᠶᠢᠨ ᠬᠡᠷᠡᠭᠯᠡᠭᠡᠨ ᠳᠠᠭᠠᠪᠤᠷ ᠢ ᠪᠠᠷᠢᠮᠲᠠᠯᠠᠬᠤ ᠪᠠᠷ ᠳᠠᠭᠠᠨ ᠳᠣᠭᠤᠯᠠᠩ ᠤᠨ

1.1.3 ᠰᠢᠨ᠎ᠡ ᠦᠭᠡ ᠪᠦᠲᠦᠭᠡᠬᠦ ᠵᠠᠭᠤᠰᠢ ᠶᠢᠨ ᠲᠣᠭ᠎ᠠ

ᠨᠣᠮ	ᠪᠠᠢᠳᠠᠯ (《 ᠰᠢᠨ᠎ᠡ ᠦᠭᠡ ᠶᠢᠨ ᠪᠦᠲᠦᠭᠡᠯ 》 ᠦᠨ ᠰᠤᠷᠤᠯᠲᠠ ᠶᠢ ᠳᠠᠭᠠᠵᠤ ᠰᠤᠷᠭᠠᠭᠤᠯᠢ ᠪᠣᠯᠭᠠᠭᠰᠠᠨ……ᠰᠢᠨ᠎ᠡ ᠳᠠᠭᠠᠪᠤᠷ ᠪᠠᠢᠳᠠᠯ ᠦᠨ ᠳᠠᠭᠠᠷ ᠢ ᠳᠠᠭᠠᠨ ᠰᠢᠨᠵᠢᠯᠡᠭᠰᠡᠨ ᠳᠤ ～ ᠰᠢᠨ᠎ᠡ ᠬᠡᠯᠡ ᠰᠢᠨ᠎ᠡ ᠰᠢᠨᠵᠢᠯᠡᠯ ᠰᠤᠷᠤᠯᠴᠠᠭᠠ ᠳᠠᠭᠠᠪᠤᠷ)	ᠰᠢᠨᠵᠢᠯᠡᠭᠰᠡᠨ ᠳᠠᠭᠠᠪᠤᠷ ᠢ ～ ᠬᠡᠯᠡ ᠳᠠᠭᠠᠪᠤᠷ ᠰᠢᠨ᠎ᠡ ᠪᠡᠷ ᠢ ᠠᠷᠭ᠎ᠠ ᠶᠢ……ᠰᠢᠨ᠎ᠡ ᠰᠤᠷᠤᠯᠴᠠᠭᠠ ᠰᠤᠷᠭᠠᠯ ᠃	ᠪᠦᠲᠦᠭᠡ ᠨᠢ (ᠳᠠᠭᠠᠪᠤᠷᠢ《 ᠰᠢᠨ᠎ᠡ ᠦᠭᠡ ᠶᠢᠨ ～ ᠢ ᠰᠢᠨᠵᠢᠯᠡᠬᠦ ᠵᠠᠭᠤᠰᠢ ᠪᠠᠢᠳᠠᠯ ᠵᠠᠭᠤᠰᠢ ᠰᠤᠷᠭᠠᠯ 》)
ᠳᠠᠭᠠᠪᠤᠷ	140	38	73
ᠳᠦᠷᠢᠮ	48	26	87
ᠬᠡᠯᠡᠪᠷᠢ	ᠬᠡᠯᠡᠨ ᠢ ᠰᠢᠨᠵᠢᠯᠡᠭᠰᠡᠨ ᠪᠠ᠂ ᠰᠢᠨ᠎ᠡ ᠢ ᠳᠠᠭᠠᠪᠤᠷᠢ ᠪᠠ	ᠰᠢᠨ᠎ᠡ ᠶᠢ ᠰᠤᠷᠤᠯᠴᠠ ᠪᠠ ᠪᠠᠢᠳᠠᠯ ᠢ ᠰᠤᠷ	ᠰᠤᠷᠤᠯᠴᠠᠭᠰᠠᠨ ᠰᠤᠷᠤᠯᠴᠠᠭᠰᠠᠨ ᠰᠤᠷᠤᠯ ᠳᠤ

ᠬᠦᠰᠦᠨᠦᠭ 5—2 ᠬᠡᠯᠡᠪᠷᠢ ᠶᠢᠨ ᠳᠠᠭᠠᠪᠤᠷ ᠤᠨ ᠲᠣᠭ᠎ᠠ ᠶᠢᠨ ᠬᠠᠷᠢᠴᠠᠭ᠎ᠠ

[illegible]

2. [illegible]

[illegible] English, French, Germand Spanish) [illegible] 《[illegible]》(Sentimantic Frequency List of [illegible] (H.S.Eatan) [illegible] 1940 [illegible]

1.2 [illegible]

[illegible] 150 [illegible] 7000 [illegible] 《[illegible]》[1] [illegible]

[illegible]

ᠠᠰᠠᠭᠤᠳᠠᠯ ᠢ ᠪᠣᠳᠣᠯᠭ᠎ᠠ ᠠᠰᠠᠭᠤᠳᠠᠯ ᠪᠣᠯᠤᠨ᠎ᠠ ᠃ ᠡᠨᠡ ᠨᠢ ᠬᠡᠯᠡᠨ ᠦ ᠪᠠᠷ ᠬᠡᠯᠡᠬᠦ ᠰᠡᠳᠬᠢᠯ ᠦᠨ ᠬᠡᠯᠡ ᠶᠢᠨ ᠰᠢᠨᠵᠢᠯᠡᠬᠦ ᠶᠢᠨ ᠬᠡᠯᠡᠨ ᠦ ᠪᠦᠷᠢᠯᠳᠦᠨ ᠢ ᠰᠤᠳᠤᠯᠬᠤ ᠳᠤ ᠬᠡᠷᠡᠭᠯᠡᠬᠦ ᠳᠤ ᠨᠢ ᠬᠡᠯᠡᠨ ᠦ ᠮᠡᠳᠡᠭᠡᠯᠡᠯ ᠦᠨ ᠰᠢᠨᠵᠢᠯᠡᠬᠦ ᠶᠢᠨ ᠬᠡᠯᠡᠨ ᠦ ᠪᠦᠷᠢᠯᠳᠦᠨ ᠦ ᠲᠣᠭ᠎ᠠ ᠶᠢᠨ ᠬᠠᠷᠢᠴᠠᠭ᠎ᠠ ᠶᠢ ᠲᠣᠭᠠᠴᠠᠬᠤ ᠳᠤ ᠬᠡᠷᠡᠭᠯᠡᠳᠡᠭ ᠠᠷᠭ᠎ᠠ ᠪᠣᠯᠤᠨ᠎ᠠ ᠃ 1948 ᠣᠨ ᠳᠤ ᠂ ᠠᠮᠧᠷᠢᠺᠠ ᠶᠢᠨ ᠬᠡᠯᠡ ᠰᠢᠨᠵᠢᠯᠡᠬᠦᠢ ᠶᠢᠨ ᠡᠷᠳᠡᠮᠲᠡᠨ ᠵᠢ᠂ ᠺᠧ᠂ ᠽᠢᠫᠹ 20 ᠳᠤᠭᠠᠷ ᠵᠠᠭᠤᠨ ᠤ ᠡᠬᠢᠨ ᠦ ᠦᠶ᠎ᠡ ᠳᠦ ᠨᠡᠷᠡᠯᠡᠭᠰᠡᠨ ᠲᠣᠭ᠎ᠠ ᠶᠢᠨ ᠬᠠᠷᠢᠴᠠᠭ᠎ᠠ ᠶᠢ ᠣᠯᠵᠤ ᠲᠣᠭᠲᠠᠭᠠᠭᠰᠠᠨ ᠪᠣᠯᠤᠨ᠎ᠠ ᠃ ᠡᠨᠡ ᠨᠢ ᠽᠢᠫᠹ ᠦᠨ ᠬᠠᠤᠯᠢ (Zipf's Law) ᠪᠣᠯᠤᠨ᠎ᠠ ᠃ ᠽᠢᠫᠹ ᠦᠨ ᠬᠠᠤᠯᠢ ᠳᠤ ᠬᠡᠯᠡᠨ ᠦ ᠮᠡᠳᠡᠭᠡᠯᠡᠯ ᠦᠨ ᠰᠢᠨᠵᠢᠯᠡᠬᠦ ᠶᠢᠨ ᠬᠡᠯᠡᠨ ᠦ ᠪᠦᠷᠢᠯᠳᠦᠨ ᠦ ᠲᠣᠭ᠎ᠠ ᠪᠠ ᠲᠡᠭᠦᠨ ᠦ ᠳᠠᠷᠠᠭᠠᠯᠠᠯ ᠤᠨ ᠬᠣᠭᠣᠷᠣᠨᠳᠤᠬᠢ ᠬᠠᠷᠢᠴᠠᠭ᠎ᠠ ᠶᠢ ᠲᠣᠳᠣᠷᠬᠠᠢᠯᠠᠭᠰᠠᠨ ᠪᠣᠯᠤᠨ᠎ᠠ ᠃ ᠡᠨᠡ ᠨᠢ ᠬᠡᠯᠡᠨ ᠦ ᠪᠦᠷᠢᠯᠳᠦᠨ ᠦ ᠳᠠᠷᠠᠭᠠᠯᠠᠯ ᠪᠠ ᠳᠠᠪᠲᠠᠮᠵᠢ ᠶᠢᠨ ᠬᠣᠭᠣᠷᠣᠨᠳᠤᠬᠢ ᠬᠠᠷᠢᠴᠠᠭ᠎ᠠ ᠶᠢ ᠲᠣᠳᠣᠷᠬᠠᠢᠯᠠᠳᠠᠭ ᠬᠠᠤᠯᠢ ᠪᠣᠯᠤᠨ᠎ᠠ ᠃

(ᠭᠤᠷᠪᠠ) ᠬᠡᠯᠡᠨ ᠦ ᠮᠡᠳᠡᠭᠡ ᠶᠢᠨ ᠰᠠᠩ ᠤᠨ ᠬᠡᠯᠡᠨ ᠦ ᠲᠣᠭ᠎ᠠ ᠶᠢᠨ ᠠᠷᠭ᠎ᠠ

《 ᠮᠣᠩᠭᠣᠯ ᠬᠡᠯᠡᠨ ᠦ ᠬᠡᠯᠡᠨ ᠦ ᠮᠡᠳᠡᠭᠡ ᠶᠢᠨ ᠰᠠᠩ ᠤᠨ ᠪᠦᠲᠦᠭᠡᠯ ᠦᠨ ᠰᠤᠳᠤᠯᠤᠯ 》 ᠬᠡᠮᠡᠬᠦ ᠪᠦᠲᠦᠭᠡᠯ ᠳᠦ ᠂ ᠮᠣᠩᠭᠣᠯ ᠬᠡᠯᠡ ᠂ ᠮᠣᠩᠭᠣᠯ ᠪᠢᠴᠢᠭ ᠂ ᠮᠣᠩᠭᠣᠯ ᠬᠡᠯᠡᠨ ᠦ ᠮᠡᠳᠡᠭᠡ ᠶᠢᠨ ᠰᠠᠩ ᠤᠨ ᠪᠦᠲᠦᠭᠡᠯ ᠦᠨ ᠠᠷᠭ᠎ᠠ ᠶᠢ ᠲᠣᠳᠣᠷᠬᠠᠢᠯᠠᠭᠰᠠᠨ ᠪᠠᠢᠨ᠎ᠠ ᠃ ᠮᠣᠩᠭᠣᠯ ᠬᠡᠯᠡᠨ ᠦ ᠮᠡᠳᠡᠭᠡ ᠶᠢᠨ ᠰᠠᠩ ᠤᠨ Web ᠬᠠᠭᠤᠳᠠᠰᠤ ᠶᠢᠨ ᠲᠣᠭ᠎ᠠ ᠶᠢᠨ ᠪᠦᠲᠦᠭᠡᠯ ᠳᠦ ᠰᠠᠭᠤᠷᠢᠯᠠᠭᠰᠠᠨ ᠭᠡᠵᠦ ᠲᠣᠭᠠᠴᠠᠭᠠᠯᠠᠪᠠᠯ ᠂ ᠳᠡᠯᠡᠬᠡᠢ ᠶᠢᠨ ᠬᠦᠮᠦᠨ ᠦ ᠬᠡᠯᠡᠨ ᠦ ᠲᠣᠭ᠎ᠠ ᠶᠢᠨ ᠵᠠᠭᠤᠨ ᠬᠤᠪᠢ ᠶᠢᠨ 0.0006 ᠂ ᠳᠡᠯᠡᠬᠡᠢ ᠶᠢᠨ ᠬᠡᠯᠡᠨ ᠦ ᠲᠣᠭ᠎ᠠ ᠶᠢᠨ 9 ᠳᠤᠭᠠᠷ ᠪᠠᠢᠷᠢ ᠳᠤ ᠪᠠᠢᠨ᠎ᠠ ᠃ ᠬᠡᠯᠡ ᠶᠢᠨ ᠪᠠᠢᠳᠠᠯ ᠂ 2050 ᠣᠨ ᠳᠤ ᠬᠡᠯᠡᠨ ᠦ ᠬᠦᠷᠢᠶ᠎ᠡ ᠂ ᠳᠡᠯᠡᠬᠡᠢ ᠶᠢᠨ ᠬᠦᠮᠦᠨ ᠦ ᠲᠣᠭ᠎ᠠ ᠶᠢᠨ ᠬᠡᠯᠡᠨ ᠦ ᠪᠠᠢᠳᠠᠯ ᠤᠨ ᠲᠠᠯᠠᠭᠠᠷ ᠤᠨ 《 ᠮᠣᠩᠭᠣᠯ ᠬᠡᠯᠡᠨ ᠦ ᠬᠡᠯᠡᠨ ᠦ ᠮᠡᠳᠡᠭᠡ ᠶᠢᠨ ᠰᠠᠩ ᠤᠨ ᠲᠣᠭ᠎ᠠ 》 ᠶᠢᠨ ᠮᠣᠩᠭᠣᠯ ᠬᠡᠯᠡᠨ ᠦ ᠦᠭᠡ ᠶᠢᠨ 151000 ᠦᠭᠡ ᠪᠠᠢᠭᠤᠯᠤᠭᠰᠠᠨ Web ᠬᠠᠭᠤᠳᠠᠰᠤ ᠶᠢᠨ ᠮᠣᠩᠭᠣᠯ ᠬᠡᠯᠡᠨ ᠦ ᠦᠭᠡ ᠪᠦᠷᠢᠯᠳᠦᠨ ᠪᠠᠢᠨ᠎ᠠ ᠃ ᠰ᠂ ᠳ᠂ ᠪᠧᠷᠧᠰᠨᠧᠸ (С.Д.Береснев) ᠤᠨ 1968 ᠣᠨ ᠳᠤ ᠮᠣᠩᠭᠣᠯ

ᠬᠡᠷᠡᠭᠯᠡᠭᠰᠡᠨ ᠳᠠᠪᠲᠠᠮᠵᠢ ᠶᠢᠨ ᠪᠠᠢᠷᠢᠯᠠᠯ᠂ ᠬᠡᠮᠵᠢᠶ᠎ᠡ ᠳᠤ ᠬᠠᠮᠢᠶᠠᠷᠤᠯᠠᠨ ᠪᠣᠳᠤᠯᠭᠠᠨ ᠳᠤ ᠬᠡᠷᠡᠭᠯᠡᠭᠳᠡᠨ᠎ᠡ᠂ ᠳᠠᠪᠲᠠᠮᠵᠢ ᠶᠢᠨ ᠵᠢᠭᠰᠠᠭᠠᠯᠲᠠ ᠳᠤ ᠪᠠᠢᠷᠢᠯᠠᠭᠤᠯᠤᠨ ᠮᠡᠳᠡᠨ᠎ᠡ ᠦᠭᠡ ᠶᠢᠨ ᠲᠣᠭ᠎ᠠ ᠪᠣᠯᠤᠨ᠎ᠠ᠃ ᠳᠡᠭᠡᠷ᠎ᠡ ᠳᠠᠪᠲᠠᠮᠵᠢ ᠶᠢᠨ ᠪᠠᠢᠷᠢ ᠶᠢᠨ ᠵᠢᠭᠰᠠᠭᠠᠯᠲᠠ ᠶᠢᠨ ᠲᠣᠭ᠎ᠠ᠂ ᠳᠠᠪᠲᠠᠮᠵᠢ ᠶᠢᠨ ᠵᠢᠭᠰᠠᠭᠠᠯ ᠤᠨ ᠲᠣᠭᠠᠨ ᠣᠷᠤᠨ ᠢ 1᠂ ᠳᠠᠪᠲᠠᠮᠵᠢ ᠶᠢᠨ ᠵᠢᠭᠰᠠᠭᠠᠯᠲᠠ ᠶᠢᠨ ᠣᠷᠤᠨ ᠢ 2᠂…… ᠳᠠᠪᠲᠠᠮᠵᠢ ᠶᠢᠨ ᠵᠢᠭᠰᠠᠭᠠᠯ ᠤᠨ ᠰᠡᠭᠦᠯ ᠦᠨ ᠣᠷᠤᠨ ᠢ D ᠪᠣᠯᠤᠨ᠎ᠠ᠃ ᠬᠠᠷᠢᠨ f ᠨᠢ ᠳᠠᠪᠲᠠᠮᠵᠢ ᠶᠢᠨ ᠵᠢᠭᠰᠠᠭᠠᠯᠲᠠ ᠶᠢᠨ ᠲᠣᠭ᠎ᠠ᠂ r ᠨᠢ ᠳᠡᠰ ᠦᠨ ᠲᠣᠭ᠎ᠠ ᠶᠢ ᠲᠡᠮᠳᠡᠭᠯᠡᠨ᠎ᠡ᠂ Fr =C (C ᠢ ᠲᠣᠭᠲᠠᠮᠠᠯ ᠬᠡᠮᠵᠢᠭᠳᠡᠬᠦᠨ ᠭᠡᠳᠡᠭ) ᠂ ᠡᠨᠡ ᠨᠢ ᠮᠥᠨ ᠬᠠᠮᠢᠶ᠎ᠠ ᠶᠢᠨ ᠲᠣᠮᠢᠶ᠎ᠠ ᠪᠣᠯᠤᠨ᠎ᠠ᠃ ᠬᠠᠮᠢᠶ᠎ᠠ ᠶᠢᠨ ᠲᠣᠮᠢᠶ᠎ᠠ ᠳᠤ᠂ ᠬᠠᠷᠢᠨ n ᠲᠣᠭᠠᠨ ᠤ ᠳᠠᠪᠲᠠᠮᠵᠢ ᠲᠠᠢ ᠦᠭᠡ ᠶᠢᠨ ᠲᠣᠭ᠎ᠠ ᠶᠢ ᠲᠣᠭᠠᠴᠠᠬᠤ ᠳᠤ ᠬᠡᠷᠡᠭᠯᠡᠳᠡᠭ᠃ ᠣᠷᠴᠢᠭᠤᠯᠭ᠎ᠠ ᠶᠢᠨ ᠲᠡᠭᠡᠯ ᠰᠤᠳᠤᠯᠭ᠎ᠠ ᠳᠤ ᠡᠨᠡ ᠬᠠᠮᠢᠶ᠎ᠠ ᠶᠢᠨ ᠲᠣᠮᠢᠶ᠎ᠠ ᠪᠠᠷ ᠬᠡᠷᠡᠭᠯᠡᠵᠦ᠂ ᠮᠣ ᠶᠠᠨ ᠤ 《红高粱》 · 《蛙》 · 《透明的红萝卜》 ᠪᠠᠷ ᠰᠤᠳᠤᠯᠤᠯᠲᠠ ᠬᠢᠵᠦ᠂ ᠬᠡᠯᠡᠨ ᠦ ᠣᠨᠴᠠᠯᠢᠭ ᠢ ᠲᠣᠳᠤᠷᠬᠠᠢᠯᠠᠭᠰᠠᠨ ᠪᠠᠢᠨ᠎ᠠ᠃ 2016 ᠣᠨ ᠳᠤ᠂ ᠰᠢᠨᠵᠢᠯᠡᠭᠡᠨ ᠤ ᠤᠯᠤᠰ ᠤᠨ ᠣᠷᠴᠢᠭᠤᠯᠭ᠎ᠠ ᠶᠢᠨ ᠲᠤᠰᠬᠠᠢ ᠰᠤᠳᠤᠯᠭ᠎ᠠ ᠶᠢᠨ ᠦᠷ᠎ᠡ ᠳᠦᠩ ᠢ ᠬᠡᠷᠡᠭᠯᠡᠵᠦ᠂ ᠬᠡᠯᠡᠨ ᠦ ᠬᠡᠷᠡᠭᠯᠡᠭᠡ ᠶᠢᠨ ᠣᠨᠴᠠᠯᠢᠭ ᠢ ᠬᠠᠷᠢᠴᠠᠭᠤᠯᠤᠨ ᠰᠢᠨᠵᠢᠯᠡᠭᠰᠡᠨ ᠪᠣᠯᠤᠨ᠎ᠠ᠃

ᠰᠤᠷᠤᠭᠴᠢᠳ ᠤᠨ ᠪᠠᠶᠢᠳᠠᠯ		ᠬᠢᠲᠠᠳ ᠮᠣᠩᠭᠣᠯ	ᠮᠣᠩᠭᠣᠯ ᠬᠡᠯᠡᠪᠡᠷ	ᠬᠢᠲᠠᠳ ᠮᠣᠩᠭᠣᠯ	ᠮᠣᠩᠭᠣᠯ ᠬᠢᠲᠠᠳ	ᠬᠢᠲᠠᠳ ᠪ ᠮᠣᠩᠭᠣᠯ	ᠬᠢᠲᠠᠳ ᠪ ᠮᠣᠩᠭᠣᠯ	ᠮᠣᠩᠭᠣᠯ [illegible]	ᠮᠣᠩᠭᠣᠯ [illegible]	ᠮᠣᠩᠭᠣᠯ [illegible]	ᠮᠣᠩᠭᠣᠯ [illegible]
	ᠮᠣᠩᠭᠣᠯ ᠬᠡᠯᠡᠪᠡᠷ ᠬᠢᠴᠢᠶᠡᠯᠡᠳᠡᠭ ᠪ	43.1	17.1	8.7	5.5	1.5	6.7	6.2	1.5	0.0	1.5
	ᠮᠣᠩᠭᠣᠯ ᠬᠠᠮᠲᠤ ᠬᠢᠴᠢᠶᠡᠯᠡᠭᠰᠡᠨ ᠦ	28.1	23.1	5.4	10.0	1.2	14.6	5.1	4.6	0.6	0.0
	ᠬᠢᠲᠠᠳ ᠬᠡᠯᠡᠪᠡᠷ	43.8	17.4	7.1	6.4	1.7	8.5	5.2	1.9	0.0	1.0
	ᠮᠣᠩᠭᠣᠯ ᠨᠡᠮᠡᠯᠲᠡ ᠬᠢᠴᠢᠶᠡᠯᠡᠭᠰᠡᠨ ᠦ	46.4	17.6	8.7	4.7	1.3	5.7	7.0	1.1	0.0	1.0
ᠬᠡᠯᠡᠨ ᠦ ᠬᠡᠷᠡᠭᠯᠡᠭᠡ											

ᠬᠦᠰᠦᠨᠦᠭᠲᠦ 5—3 ᠡᠬᠡ ᠬᠡᠯᠡᠨ ᠦ ᠬᠡᠷᠡᠭᠯᠡᠭᠡᠨ ᠦ ᠮᠣᠩᠭᠣᠯ ᠪᠢᠴᠢᠭ ᠰᠤᠷᠤᠯᠴᠠᠭᠰᠠᠳ ᠤᠨ ᠰᠣᠩᠭᠣᠯᠲᠠ ᠶᠢᠨ ᠪᠠᠶᠢᠳᠠᠯ

ᠮᠣᠩᠭᠣᠯ ᠪᠢᠴᠢᠭ ᠰᠤᠷᠤᠯᠴᠠᠭᠰᠠᠳ ᠤᠨ ᠰᠣᠩᠭᠣᠯᠲᠠ ᠶᠢᠨ ᠪᠠᠶᠢᠳᠠᠯ ᠢ ᠬᠦᠰᠦᠨᠦᠭᠲᠦ 5—3 ᠳᠦ ᠬᠠᠷᠠᠭᠤᠯᠤᠭᠰᠠᠨ ᠮᠡᠲᠦ ᠪᠣᠯᠤᠨ᠎ᠠ ᠄ ᠬᠡᠯᠡᠨ ᠦ ᠬᠡᠷᠡᠭᠯᠡᠭᠡᠨ ᠦ ᠰᠣᠩᠭᠣᠯᠲᠠ ᠶᠢᠨ ᠭᠣᠣᠯ ᠤᠨ ᠰᠢᠯᠲᠠᠭᠠᠨ ᠤ ᠨᠢᠭᠡ ᠨᠢ ᠡᠬᠡ ᠬᠡᠯᠡᠨ ᠦ ᠬᠡᠷᠡᠭᠯᠡᠭᠡᠨ ᠦ ᠪᠠᠶᠢᠳᠠᠯ ᠪᠣᠯᠤᠨ᠎ᠠ ᠄ ᠡᠨᠡ ᠨᠢ ᠰᠤᠷᠤᠯᠴᠠᠭᠴᠢ ᠶᠢᠨ ᠬᠡᠯᠡᠨ ᠦ ᠬᠡᠷᠡᠭᠯᠡᠭᠡ ᠳᠦ ᠰᠢᠭᠤᠳ ᠨᠥᠯᠦᠭᠡᠯᠡᠬᠦ ᠪᠥᠭᠡᠳ ᠬᠡᠯᠡᠨ ᠦ ᠬᠡᠷᠡᠭᠯᠡᠭᠡ ᠶᠢᠨ ᠣᠷᠴᠢᠨ ᠳᠣᠭᠣᠷᠢᠨ ᠤ ᠪᠦᠷᠢᠯᠳᠦᠬᠦᠨ ᠳᠦ ᠴᠢᠬᠤᠯᠠ ᠬᠠᠮᠢᠶ᠎ᠠ ᠲᠠᠢ ᠪᠠᠶᠢᠳᠠᠭ ᠄ ᠡᠬᠡ ᠬᠡᠯᠡ ᠨᠢ ᠬᠦᠮᠦᠨ ᠦ ᠬᠡᠯᠡᠨ ᠦ ᠬᠡᠷᠡᠭᠯᠡᠭᠡᠨ ᠦ ᠰᠠᠭᠤᠷᠢ᠂ ᠰᠣᠩᠭᠣᠯᠲᠠ ᠶᠢᠨ ᠡᠬᠢ ᠪᠣᠯᠬᠤ ᠶᠢᠨ ᠬᠠᠮᠲᠤ ᠪᠣᠯᠤᠨ᠎ᠠ ᠄ ᠮᠥᠨ ᠡᠨᠡ ᠨᠢ ᠬᠥᠮᠦᠨ ᠦ ᠰᠡᠳᠬᠢᠯᠭᠡ ᠶᠢᠨ ᠰᠠᠭᠤᠷᠢ ᠪᠤᠶᠤ ᠰᠡᠳᠬᠢᠯ ᠤᠨ ᠪᠦᠲᠦᠴᠡ ᠶᠢᠨ ᠬᠦᠷᠢᠶᠡᠨ ᠦ ᠪᠠᠶᠢᠭᠤᠯᠤᠯᠲᠠ ᠶᠢᠨ ᠨᠢᠭᠡ ᠬᠡᠰᠡᠭ ᠪᠣᠯᠬᠤ ᠶᠢᠨ ᠬᠠᠮᠲᠤ ᠂ ᠡᠨᠡ ᠨᠢ ᠬᠦᠮᠦᠨ ᠦ ᠰᠡᠳᠬᠢᠯ ᠤᠨ ᠭᠦᠨ ᠦ ᠬᠦᠮᠦᠵᠢᠯ ᠤᠨ ᠪᠦᠲᠦᠴᠡ ᠶᠢᠨ ᠬᠡᠯᠡᠨ ᠦ ᠬᠡᠷᠡᠭᠯᠡᠭᠡᠨ ᠦ ᠬᠡᠯᠪᠡᠷᠢ ᠪᠣᠯᠤᠨ᠎ᠠ

(ᠳᠥᠷᠪᠡ) ᠬᠡᠯᠡᠨ ᠦ ᠬᠡᠷᠡᠭᠯᠡᠭᠡᠨ ᠦ ᠪᠠᠶᠢᠳᠠᠯ

2413 · [illegible] :
[illegible] :: [illegible] · 《[illegible]》 [illegible] 107360 · [illegible]
[illegible]
[illegible] 100% [illegible] :: [illegible]
[illegible] :: [illegible]
[illegible] (Cumulative Frequencies) [illegible] :: [illegible]
[illegible]

[illegible]
([illegible]) [illegible]

[illegible] ::

[illegible]
[illegible] :: [illegible]
[illegible]
[illegible]
[illegible] ::
[illegible]

50% ᠡᠴᠡ ᠳᠡᠭᠡᠭᠰᠢ ᠬᠦᠷᠪᠡᠯ ᠡᠭᠦᠨ ᠦ ᠲᠣᠭ᠎ᠠ ᠡᠴᠡ ᠬᠡᠯᠪᠡᠯᠵᠡᠯ ᠶᠡᠬᠡᠳᠡᠭᠰᠡᠨ ᠪᠠᠶᠢᠨ᠎ᠠ ::
ᠵᠢᠱᠢᠶᠡᠯᠡᠪᠡᠯ ᠨᠢ ᠵᠢᠱᠢᠶ᠎ᠡ 《ᠬᠠᠯᠢᠮᠠᠭ ᠰᠤᠷᠭᠠᠯ》 ᠤᠨ 90% ᠡᠴᠡ ᠳᠡᠭᠡᠭᠰᠢ ᠬᠦᠷᠬᠦ · 67 ᠦᠰᠦᠭ ᠦᠨ ᠬᠡᠷᠡᠭᠯᠡᠭᠡᠨ ᠵᠢᠱᠢᠶ᠎ᠡ ᠪᠠᠷ ᠮᠥᠷ ᠤᠨ
ᠬᠡᠯᠪᠡᠯᠵᠡᠯ ᠨᠢ ᠶᠡᠬᠡᠳᠡᠭᠰᠡᠨ ᠪᠠᠶᠢᠨ᠎ᠠ ᠪᠡᠷ · ᠳ᠋ᠤᠭᠠᠷ ᠤᠨ ᠨᠡᠶᠢᠲᠡ ᠬᠤᠪᠢ ᠨᠢ ᠰᠠᠭᠤᠷᠢᠯᠠᠨ᠎ᠠ ᠪᠠ · 621 ᠦᠰᠦᠭ ᠦᠨ ᠬᠡᠷᠡᠭᠯᠡᠭᠡᠨ ᠪᠣᠯᠤᠨ᠎ᠠ

ᠨᠡᠶᠢᠲᠡ ᠬᠤᠪᠢ	11%	20%	30%	40%	50%	60%	70%	80%	90%	98%	99 %	100 %
ᠳ᠋ᠤᠭᠠᠷ	4	11	23	41	67	112	187	317	621	1394	1608	2413

ᠬᠦᠰᠦᠨᠦᠭᠲᠦ 5—4 《ᠬᠠᠯᠢᠮᠠᠭ ᠰᠤᠷᠭᠠᠯ》 ᠤᠨ ᠦᠰᠦᠭ ᠦᠨ ᠨᠡᠶᠢᠲᠡ ᠬᠤᠪᠢ ᠪᠣᠯᠤᠨ ᠳ᠋ᠤᠭᠠᠷ ᠤᠨ ᠰᠠᠭᠤᠷᠢᠯᠠᠯ ᠢ ᠬᠦᠰᠦᠨᠦᠭᠲᠦ 5—4
ᠪᠡᠷ ᠦᠵᠡᠭᠦᠯᠪᠡ ᠡ ::

《ᠬᠠᠯᠢᠮᠠᠭ ᠰᠤᠷᠭᠠᠯ》 ᠤᠨ ᠦᠰᠦᠭ ᠦᠨ ᠨᠡᠶᠢᠲᠡ ᠬᠤᠪᠢ	4.1198%	6.514%	8.7677%	11.060%	12.975%	14.856%
ᠬᠤᠪᠢ	4.1198%	2.3966%	2.2513%	2.2383%	1.9691%	1.8405%
ᠳᠠᠪᠲᠠᠮᠵᠢ ᠲᠣᠭ᠎ᠠ	4423	2573	2417	2403	2114	1976
ᠦᠰᠦᠭ	的	他	不	了	一	是
ᠳ᠋ᠤᠭᠠᠷ	1	2	3	4	5	6

ᠬᠡᠯᠡ ᠪᠡ ᠮᠡᠳᠡᠭᠡᠯ ᠢ ᠮᠡᠳᠡᠬᠦ ᠪᠣᠯᠣᠨ ᠮᠡᠳᠡᠭᠡᠯᠡᠯ ᠵᠡᠷᠭᠡ ᠨᠢᠭᠡ ᠮᠡᠳᠡᠭᠡ ᠮᠡᠳᠡᠭᠡᠯᠡᠯ ᠮᠡᠳᠡᠭᠰᠡᠨ ᠮᠡᠳᠡᠨ ᠂ ᠰᠣᠨᠢᠰᠬᠤ ᠮᠡᠳᠡᠨ ᠂ ᠰᠣᠨᠢᠰᠬᠤ ᠮᠡᠳᠡᠨ ᠳᠤ ᠬᠡᠯᠡ ᠪᠡ
ᠲᠣᠭᠠᠨ ᠬᠡᠯᠬᠢᠶᠡᠰ ᠢ ᠮᠡᠳᠡᠭᠡᠯᠡᠯᠡᠭᠡ ᠂ ᠮᠡᠳᠡ ᠨᠢᠭᠡ ᠮᠡᠳᠡ ᠵᠡᠷᠭᠡ ᠨᠢᠭᠡ ᠮᠡᠳᠡᠭᠡ ᠢ ᠮᠡᠳᠡᠭᠡᠯᠡᠯ ᠪᠠ ᠪᠠᠢᠯᠭ᠎ᠠ ᠮᠡᠳᠡᠭᠡ ᠰᠣᠨᠢᠰᠬᠤ ᠮᠡᠳᠡᠭᠡᠯᠡᠯ ᠳᠤ

1 P207H24: 1 P210H21: 1

1 P99H8: 1 P129H1: 1 P136H23: 1 P147H2: 1 P171H19: 1 P182H17: 1 P188H14: 1 P203H5: P26H23: 1 P27H3: 1 P27H11: 1 P76H12: 1 P77H17: 1 P78H17: 1 P89H15: 1 P91H16:

ᠨᠢᠭᠤᠷ ᠤᠨ ᠲᠣᠭ᠎ᠠ 17

ᠮᠥᠷ ᠤᠨ ᠲᠣᠭ᠎ᠠ 18

阿 P26H23: 1

ᠲᠣᠭᠠᠴᠢᠭᠠᠯᠲᠠ ᠪᠣᠯᠤᠨ᠎ᠠ ᠄ ᠲᠠᠢᠯᠪᠤᠷᠢ :

H ᠨᠢ ᠮᠥᠷ ᠤᠨ ᠳ᠋ᠤᠭᠠᠷ) ᠢ ᠢᠯᠡᠳᠬᠡᠪᠡ ᠂ ᠮᠥᠷ ᠤᠨ ᠳ᠋ᠤᠭᠠᠷ ᠤᠨ ᠲᠣᠭ᠎ᠠ ᠨᠢ ᠲᠤᠰ ᠦᠭᠡ ᠶᠢᠨ ᠭᠠᠷᠤᠭᠰᠠᠨ ᠮᠥᠷ ᠦᠨ ᠳᠤ ᠮᠥᠷ ᠲᠦ ᠬᠡᠷᠡᠭᠯᠡᠭᠰᠡᠨ ᠮᠥᠷᠲᠣᠭ᠎ᠠ ᠢ
ᠳᠤ ᠬᠡᠷᠡᠭᠯᠡᠭᠰᠡᠨ ᠨᠢᠭᠤᠷ ᠮᠥᠷᠲᠣᠭ᠎ᠠ ᠂ ᠨᠢᠭᠤᠷ ᠨᠢᠭᠤᠷ ᠤᠨ ᠲᠣᠭ᠎ᠠ ᠂ ᠬᠡᠷᠡᠭᠯᠡᠭᠰᠡᠨ ᠨᠢᠭᠤᠷ ᠤᠨ ᠳ᠋ᠤᠭᠠᠷ ᠪᠠ ᠮᠥᠷ ᠤᠨ ᠳ᠋ᠤᠭᠠᠷ (P ᠨᠢ ᠨᠢᠭᠤᠷ ᠤᠨ ᠳ᠋ᠤᠭᠠᠷ ᠂
ᠨᠢᠭᠤᠷᠯᠠᠭᠤᠯᠤᠨ᠎ᠠ ᠂ ᠬᠡᠪᠡᠯ ᠬᠡᠯᠡ ᠪᠡ ᠲᠡᠮᠳᠡᠭᠯᠡᠭᠡ ᠳᠤ ᠵᠢᠱᠢᠶ᠎ᠡ ᠶᠢᠨ ᠲᠡᠮᠳᠡᠭᠯᠡᠯ ᠪᠠᠷ ᠮᠡᠳᠡᠭᠡ ᠢ ᠬᠠᠷᠠᠭᠤᠯᠪᠠ ᠂ ᠮᠡᠳᠡᠭᠡ ᠪᠠᠶᠢᠷ ᠳᠤ ᠲᠣᠭ᠎ᠠ ᠨᠢ ᠪᠦᠬᠦ ᠨᠢᠭᠡ
ᠰᠣᠳᠤᠯᠤᠯᠲᠠ ᠳᠤ ᠬᠡᠯᠡ ᠪᠡ ᠮᠡᠳᠡᠭ ᠰᠤᠷᠤᠯᠴᠠᠭ᠎ᠠ ᠤᠨ ᠰᠤᠳᠤᠯᠭ᠎ᠠ ᠪᠡ ᠪᠢᠴᠢᠭᠰᠡᠨ 《 ᠲᠤᠯᠢ ᠪᠢᠴᠢᠭ 》 ᠳᠦ ᠮᠡᠳᠡᠭᠡ ᠲᠣᠭᠠᠴᠠᠭᠠᠯᠠᠨ ᠬᠡᠯᠬᠢᠶᠡᠰ
ᠪᠣᠯᠤᠨ ᠰᠢᠯᠢᠭᠰᠡᠨ ᠮᠡᠳᠡᠭᠡ ᠰᠤᠳᠤᠯᠭ᠎ᠠ ᠳᠦ ᠲᠣᠭᠠᠯᠠᠭᠰᠠᠨ ᠪᠠᠶᠢᠭ᠎ᠠ ᠮᠡᠳᠡ ᠪᠦᠲᠦᠭᠡ ᠪᠣᠯᠤᠭᠰᠠᠨ ᠪᠣᠯᠤᠨ᠎ᠠ ᠄ ᠳᠠᠢᠯᠪᠤᠷᠢ ᠂ 1978 ᠣᠨ ᠳᠤ ᠮᠡᠳᠡᠭᠡ ᠳᠦᠷᠢ
ᠪᠠᠶᠢᠭ᠎ᠠ ᠢ ᠲᠣᠭᠠᠴᠠᠭᠠᠯᠠᠯᠲᠠ ᠮᠡᠳᠡᠭᠰᠡᠨ ᠲᠠᠢ ᠄ ᠲᠤᠰ ᠪᠣᠯ ᠮᠡᠳᠡᠨ ᠬᠡᠯᠡ ᠂ ᠮᠡᠳᠡᠭᠡ ᠪᠦᠲᠦᠭᠡ ᠰᠤᠳᠤᠯᠤᠯ ᠂ ᠵᠠᠷᠢᠮᠳᠠᠭ ᠮᠥᠷᠲᠣᠭ᠎ᠠ ᠦᠭᠦᠯᠡᠯ ᠰᠤᠳᠤᠯᠤᠯ ᠳᠦᠷᠢ
ᠬᠡᠯᠬᠢᠶᠡᠰ (Index) ᠨᠢ ᠰᠣᠪᠣᠷᠢᠭ ᠪᠣᠯᠤᠨ ᠂ ᠮᠡᠳᠡᠭᠡ ᠦᠭᠦᠯᠡᠯ ᠂ ᠬᠡᠯᠡ ᠪᠡ ᠬᠤᠲᠠᠭᠠᠯᠠᠯ ᠵᠠᠷᠢᠮᠳᠠᠭ ᠮᠡᠳᠡᠨ ᠮᠡᠳᠡᠭᠡ ᠤᠨ ᠬᠡᠯᠡᠯ ᠤᠨ ᠮᠡᠳᠡᠯ

(ᠲᠠᠪᠣ) ᠦᠭᠦᠯᠡᠯ ᠤᠨ ᠬᠡᠯᠬᠢᠶᠡᠰ ᠬᠡᠪ

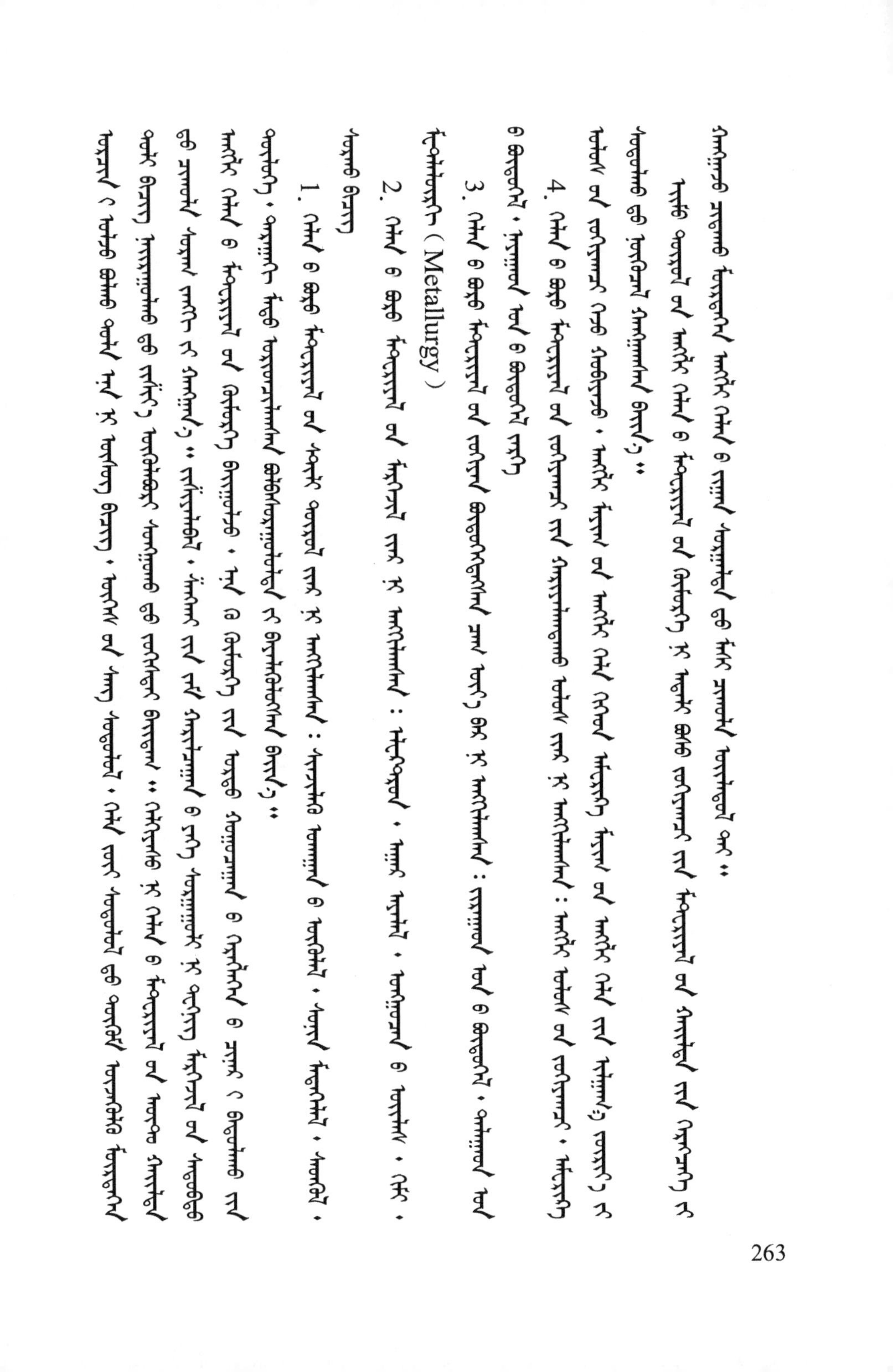

ᠮᠧᠲ᠋ᠠᠯᠯᠦ᠋ᠷᠭᠢ (Metallurgy)

(ᠬᠣᠶᠠᠳᠤᠭᠠᠷ) YULE ᠬᠦᠰᠦᠨᠦ — ᠦᠭᠡ ᠶᠢᠨ ᠳᠠᠪᠲᠠᠮᠵᠢ ᠶᠢᠨ ᠬᠡᠮᠵᠢᠭᠳᠡᠬᠦᠨ ᠦ ᠲᠣᠭᠠᠴᠠᠭ᠎ᠠ

ᠲᠣᠭᠠᠴᠠᠭᠠᠨ ᠤ ᠬᠡᠮᠵᠢᠭᠳᠡᠬᠦᠨ ᠳᠦ ᠦᠨᠳᠦᠰᠦᠯᠡᠭᠰᠡᠨ ᠦᠭᠡ ᠶᠢᠨ ᠳᠠᠪᠲᠠᠮᠵᠢ ᠶᠢᠨ ᠬᠡᠮᠵᠢᠭᠳᠡᠬᠦᠨ ᠦ ᠲᠣᠭᠠᠴᠠᠭᠰᠠᠨ ᠪᠠᠢᠳᠠᠯ ᠢ ᠬᠡᠮᠵᠢᠭᠳᠡᠬᠦ ᠪᠠᠢᠨ᠎ᠠ᠂ ᠪᠠᠢᠳᠠᠯ ᠤᠨ ᠬᠡᠮᠵᠢᠭᠳᠡᠬᠦᠨ ᠦ ᠵᠢᠭᠠᠬᠤ ᠪᠡᠷ ᠪᠣᠯᠪᠠᠰᠤ ᠲᠣᠭᠠᠴᠠᠭᠰᠠᠨ ᠦᠭᠡ ᠶᠢᠨ ᠲᠣᠭ᠎ᠠ ᠨᠢ ᠡᠨᠡ ᠶᠢᠨ ᠲᠣᠭᠠᠴᠠᠭᠰᠠᠨ ᠪᠣᠯᠤᠨ᠎ᠠ ᠃ ᠳᠦ ᠬᠠᠮᠢᠶᠠᠷᠤᠯᠲᠠ ᠶᠢᠨ ᠳᠣᠮᠣᠭ ᠢ ᠲᠣᠭᠠᠴᠠᠭᠰᠠᠨ YULE ᠬᠦᠰᠦᠨᠦ ᠶᠢ ᠦᠨᠳᠦᠰᠦᠯᠡᠭᠰᠡᠨ ᠪᠣᠯᠤᠨ᠎ᠠ ᠃ ᠲᠠᠢᠯᠪᠤᠷᠢ ᠶᠢᠨ ᠬᠡᠮᠵᠢᠭᠳᠡᠬᠦᠨ ᠳᠦ ᠂ ᠠᠩᠭ᠍ᠯᠢ (G.Yule) ᠦᠭᠡ ᠶᠢᠨ ᠳᠠᠪᠲᠠᠮᠵᠢ ᠶᠢᠨ ᠬᠡᠮᠵᠢᠭᠳᠡᠬᠦᠨ ᠲᠣᠭᠠᠴᠠᠭᠰᠠᠨ ᠳᠦ ᠂ ᠲᠣᠭᠠᠴᠠᠭᠰᠠᠨ ᠦᠭᠡ ᠶᠢᠨ ᠲᠣᠭ᠎ᠠ ᠨᠢ ᠬᠡᠮᠵᠢᠭᠳᠡᠬᠦᠨ ᠳᠦ ᠬᠠᠮᠢᠶᠠᠷᠤᠯᠲᠠ ᠲᠠᠢ ᠪᠣᠯᠤᠨ᠎ᠠ ᠂ ᠦᠭᠡ ᠶᠢᠨ ᠳᠠᠪᠲᠠᠮᠵᠢ ᠶᠢᠨ ᠲᠣᠭ᠎ᠠ ᠨᠢ ni ᠪᠣᠯᠬᠤ ᠳᠤ ᠂ ᠦᠭᠡ ᠶᠢᠨ ᠲᠣᠭ᠎ᠠ ᠶᠢ i ᠪᠣᠯᠭᠠᠪᠠᠯ ᠂ ᠲᠣᠭᠠᠴᠠᠭᠰᠠᠨ ᠦᠭᠡ ᠶᠢᠨ ᠨᠡᠢᠲᠡ ᠲᠣᠭ᠎ᠠ ᠶᠢ N ᠪᠣᠯᠭᠠᠪᠠᠯ ᠂ ᠦᠭᠡ ᠶᠢᠨ ᠳᠠᠪᠲᠠᠮᠵᠢ ᠶᠢᠨ ᠬᠡᠮᠵᠢᠭᠳᠡᠬᠦᠨ ᠳᠦ 1 ᠪᠣᠯᠬᠤ ᠦᠭᠡ ᠶᠢᠨ ᠲᠣᠭ᠎ᠠ ᠨᠢ n1 ᠪᠣᠯᠬᠤ ᠳᠤ ᠂ ᠲᠣᠭᠠᠴᠠᠭᠰᠠᠨ ᠦᠭᠡ ᠶᠢᠨ ᠬᠡᠮᠵᠢᠭᠳᠡᠬᠦᠨ ᠢ n1 +1/N ᠪᠣᠯᠤᠨ᠎ᠠ᠂ ᠡᠨᠡ ᠦᠭᠡ ᠶᠢᠨ ᠳᠠᠪᠲᠠᠮᠵᠢ ᠶᠢᠨ ᠬᠡᠮᠵᠢᠭᠳᠡᠬᠦᠨ ᠦ ᠲᠣᠭᠠᠴᠠᠭᠰᠠᠨ ᠨᠢ:

P (i)=ni : i/N

ᠵᠢᠱᠢᠶ᠎ᠡ ᠨᠢ : 10000 ᠦᠭᠡ ᠶᠢᠨ ᠳᠣᠲᠣᠷ᠎ᠠ ᠡᠨᠡ ᠦᠭᠡ ᠶᠢᠨ ᠳᠠᠪᠲᠠᠮᠵᠢ ᠨᠢ ᠂ 1 ᠳᠠᠪᠲᠠᠮᠵᠢ ᠲᠠᠢ ᠦᠭᠡ 1500 ᠪᠣᠯᠪᠠᠯ ᠂

P (i=1)=1500*1/10000=0.15

ᠪᠣᠯᠤᠨ᠎ᠠ ᠂ ᠡᠨᠳᠡ ᠡᠴᠡ ᠦᠵᠡᠬᠦ ᠳᠦ ᠂ X ᠲᠡᠨᠭᠡᠯᠢᠭ ᠲᠦ ᠂ Y ᠲᠡᠨᠭᠡᠯᠢᠭ ᠲᠦ ᠦᠭᠡ ᠶᠢᠨ ᠳᠠᠪᠲᠠᠮᠵᠢ ᠶᠢᠨ ᠬᠡᠮᠵᠢᠭᠳᠡᠬᠦᠨ ᠢ ᠲᠣᠭᠠᠴᠠᠭᠠᠯᠠᠬᠤ ᠪᠣᠯᠤᠨ᠎ᠠ᠂ P (i) ᠶᠢ ᠲᠣᠭᠠᠴᠠᠭᠠᠯᠠᠪᠠᠯ ᠂ i ᠪᠣᠯᠤᠨ P (i) ᠶᠢᠨ ᠬᠠᠷᠢᠴᠠᠭ᠎ᠠ ᠶᠢ ᠬᠦᠰᠦᠨᠦᠭᠲᠦ ᠵᠢᠷᠤᠭᠰᠠᠨ ᠳᠦ ᠂ ᠬᠦᠰᠦᠨᠦᠭᠲᠦ ᠶᠢᠨ YULE ᠬᠦᠰᠦᠨᠦ ᠶᠢ ᠬᠦᠰᠦᠨᠦᠭᠲᠦ 5—1 ᠳᠦ ᠬᠠᠷᠠᠭᠤᠯᠪᠠ᠃

ᠬᠦᠰᠦᠭ 5—1 ᠳᠦ ᠂ ᠲᠣᠭᠠᠴᠠᠭᠠᠨ I ᠪᠠ ᠲᠣᠭᠠᠴᠠᠭᠠᠨ II ᠶᠢᠨ YULE ᠬᠦᠰᠦᠨᠦ ᠶᠢ ᠬᠠᠷᠢᠴᠠᠭᠤᠯᠪᠠᠯ ᠂ ᠲᠣᠭᠠᠴᠠᠭᠠᠨ I ᠶᠢᠨ ᠦᠭᠡ ᠶᠢᠨ ᠬᠡᠮᠵᠢᠭᠳᠡᠬᠦᠨ ᠡᠴᠡ ᠶᠡᠬᠡ ᠪᠣᠯᠤᠨ᠎ᠠ ᠂ ᠬᠦᠰᠦᠭ 5—1 ᠳᠦ ᠦᠵᠡᠭᠦᠯᠪᠡ ᠃ ᠲᠣᠭᠠᠴᠠᠭᠠᠨ ᠶᠢᠨ YULE ᠬᠦᠰᠦᠨᠦ ᠶᠢ ᠬᠠᠷᠢᠴᠠᠭᠤᠯᠪᠠᠯ ᠂ ᠦᠭᠡ ᠶᠢᠨ ᠳᠠᠪᠲᠠᠮᠵᠢ ᠶᠢᠨ ᠪᠠᠢᠳᠠᠯ ᠢ ᠲᠣᠳᠤᠷᠬᠠᠢ ᠬᠠᠷᠠᠭᠤᠯᠵᠤ ᠪᠣᠯᠤᠨ᠎ᠠ ᠃

ᠪᠣᠯᠵᠤ ᠪᠣᠯᠬᠤ ᠵᠢᠷᠤᠭ ᠬᠡᠮᠡᠭᠳᠡᠨ᠎ᠡ ᠭᠡᠵᠦ ᠦᠵᠡᠵᠦ ᠪᠣᠯᠬᠤ ᠮᠡᠳᠡᠭᠳᠡᠬᠦᠨ (ᠬᠡᠮᠵᠢᠭᠳᠡᠬᠦᠨ ᠦᠭᠡ ᠶᠢᠨ ᠪᠣᠯᠬᠤ ᠲᠣᠭ᠎ᠠ ᠶᠢ ᠪᠠᠷᠢᠮᠲᠠᠯᠠᠬᠤ ᠪᠠᠢ᠌ᠨ᠎ᠠ ᠂ ᠬᠠᠷᠢᠨ ᠲᠣᠭᠠᠨ ᠳᠤ ᠬᠡᠪᠡᠴᠦ ᠦᠭᠡ ᠬᠡᠷᠡᠭᠯᠡᠭᠡᠨ ᠦ ᠳᠠᠪᠲᠠᠮᠵᠢ ᠶᠢ ᠵᠢᠷᠤᠭ ᠬᠡᠮᠡᠭᠳᠡᠨ᠎ᠡ ᠃

(ᠪᠣᠯᠤᠨ ᠬᠡᠮᠵᠢᠭᠳᠡᠬᠦᠨ)

ᠬᠡᠮᠵᠢᠭᠳᠡᠬᠦᠨ ᠢ ᠵᠢᠷᠤᠭ ᠢᠶᠠᠷ ᠲᠣᠳᠣᠷᠬᠠᠢ᠌ᠯᠠᠪᠠᠯ ᠳᠣᠣᠷᠠᠬᠢ ᠮᠡᠲᠦ ᠪᠣᠯᠤᠨ᠎ᠠ ᠃ ᠮᠡᠳᠡᠭᠰᠡᠨ ᠮᠡᠲᠦ ᠰᠢᠯᠢᠳᠡᠭ ᠦᠭᠡ ᠶᠢᠨ ᠬᠠᠷᠢᠴᠠᠭᠤᠯᠬᠤ ᠪᠣᠯ ᠂ ᠲᠣᠭᠠᠨ ᠤ ᠲᠣᠭᠠᠨ YULE ᠳᠤ ᠪᠠᠢ᠌ᠬᠤ ᠲᠣᠭᠠᠨ ᠤ ᠬᠡᠮᠵᠢᠭᠳᠡᠬᠦᠨ ᠪᠡᠷ ᠪᠣᠯᠬᠤ ᠶᠢᠨ YULE ᠲᠣᠭᠠᠨ ᠤ ᠬᠡᠮᠵᠢᠭᠳᠡᠬᠦᠨ ᠃

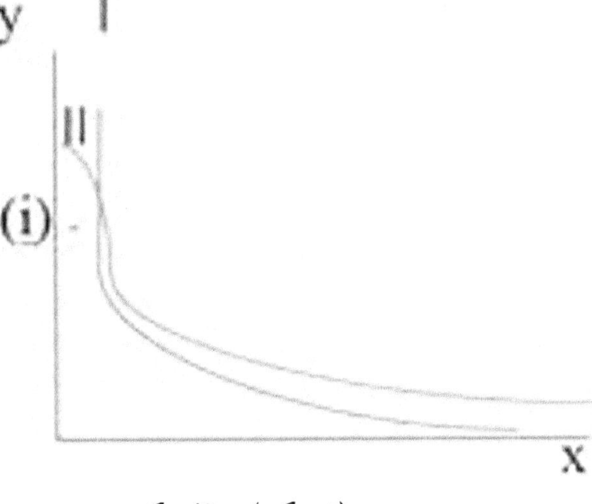

ᠵᠢᠷᠤᠭ 5—1 YULE ᠲᠣᠭᠠᠨ ᠤ ᠲᠣᠭᠠᠨ

ᠬᠡᠮᠵᠢᠭᠳᠡᠬᠦᠨ II ᠳᠤ ᠪᠠᠢ᠌ᠬᠤ ᠦᠭᠡ ᠶᠢᠨ ᠲᠣᠭ᠎ᠠ ᠬᠡᠮᠵᠢᠭᠳᠡᠬᠦᠨ I ᠡᠴᠡ ᠢᠯᠡᠭᠦᠦ ᠪᠠᠢ᠌ᠨ᠎ᠠ ᠂ ᠬᠡᠮᠵᠢᠭᠳᠡᠬᠦᠨ II ᠳᠤ ᠪᠠᠢ᠌ᠬᠤ ᠦᠭᠡ ᠶᠢᠨ ᠲᠣᠭ᠎ᠠ ᠬᠡᠮᠵᠢᠭᠳᠡᠬᠦᠨ II ᠳᠤ ᠪᠠᠢ᠌ᠬᠤ ᠃

ᠬᠡᠮᠵᠢᠭᠳᠡᠬᠦ ᠪᠣᠯᠤᠨ᠎ᠠ :

ᠲᠣᠭ᠎ᠠ :: ᠬᠡᠮᠵᠢᠯᠲᠡ ᠶᠢᠨ ᠳᠦᠩ ᠦ ᠬᠡᠮᠵᠢᠭᠳᠡᠬᠦᠨ ᠦ ᠦᠨᠡᠨ ᠬᠡᠮᠵᠢᠶ᠎ᠡ ᠪᠡᠷ ᠪᠠᠶᠢᠭᠠᠯ ᠤᠨ ᠲᠣᠭ᠎ᠠ ᠶᠢᠨ ᠬᠣᠭᠣᠷᠣᠨᠳᠤᠬᠢ ᠵᠠᠢ ᠢ ᠪᠠᠭᠠᠰᠬᠠᠬᠤ ᠳᠤ ᠬᠡᠮᠵᠢᠶ᠎ᠡ ᠶᠢᠨ ᠣᠨᠣᠪᠴᠢᠲᠠᠢ ᠴᠢᠨᠠᠷ ᠢ ᠬᠠᠷᠢᠴᠠᠭᠤᠯᠬᠤ ᠪᠣᠯᠤᠨ᠎ᠠ :: ᠪᠠᠶᠢᠭᠠᠯ ᠤᠨ ᠲᠣᠭ᠎ᠠ ᠶᠢᠨ ᠬᠣᠭᠣᠷᠣᠨᠳᠤᠬᠢ ᠵᠠᠢ ᠢ ᠬᠠᠷᠢᠴᠠᠩᠭᠤᠢ ᠠᠯᠳᠠᠭ᠎ᠠ ᠪᠡᠷ ᠬᠡᠮᠵᠢᠶᠡᠰᠦ ᠶᠢ ᠬᠠᠷᠢᠴᠠᠭᠤᠯᠬᠤ ᠲᠤᠢᠯ ᠤᠨ ᠠᠯᠳᠠᠭ᠎ᠠ ᠶᠢ ᠬᠠᠷᠢᠴᠠᠩᠭᠤᠢ ᠵᠢᠭᠠᠯᠲᠠ ᠪᠣᠯᠭᠠᠨ ᠬᠡᠮᠵᠢᠶ᠎ᠡ ᠶᠢᠨ ᠲᠣᠭᠠᠴᠠᠭᠠᠨ ᠤ ᠬᠠᠷᠢᠴᠠᠩᠭᠤᠢ ᠠᠯᠳᠠᠭ᠎ᠠ ᠭᠡᠨ᠎ᠡ ᠃ ᠲᠡᠭᠡᠨ ᠢ δ = |f−f*|/F :: ᠬᠠᠷᠢᠴᠠᠩᠭᠤᠢ ᠠᠯᠳᠠᠭ᠎ᠠ ᠶᠢᠨ ᠬᠡᠮᠵᠢᠶ᠎ᠡ ᠪᠠᠷ ᠤᠨ ᠲᠣᠭᠠᠴᠠᠭᠠᠨ ᠤᠯᠤᠭᠰᠠᠨ ᠢ ᠬᠠᠷᠢᠴᠠᠩᠭᠤᠢ ᠠᠯᠳᠠᠭ᠎ᠠ ᠪᠣᠯᠤᠨ᠎ᠠ :: ᠬᠠᠷᠢᠴᠠᠭᠤᠯᠬᠤ ᠦᠨᠡᠮᠡᠳ ᠠᠯᠳᠠᠭ᠎ᠠ |f−f*| ᠠᠯᠳᠠᠭ᠎ᠠ ᠶᠢᠨ ᠲᠣᠭᠠᠴᠠᠭᠠᠨ ᠪᠣᠯᠤᠨ᠎ᠠ :: ᠭᠡᠵᠦ ᠬᠡᠮᠵᠢᠯᠲᠡ ᠶᠢᠨ ᠳᠦᠩ ᠦ ᠬᠡᠮᠵᠢᠭᠳᠡᠬᠦᠨ ᠤᠨ ᠲᠣᠭᠠᠨ ᠬᠡᠮᠵᠢᠶ᠎ᠡ ᠪᠠ ᠳᠦᠩ ᠦ ᠬᠡᠮᠵᠢᠭᠳᠡᠬᠦᠨ ᠤᠨ ᠲᠣᠭᠠᠨ ᠬᠡᠮᠵᠢᠶ᠎ᠡ ᠶᠢᠨ ᠵᠥᠷᠢᠶ᠎ᠡ ᠬᠠᠷᠢᠴᠠᠩᠭᠤᠢ ᠦᠨᠡᠮᠡᠳ ᠠᠯᠳᠠᠭ᠎ᠠ ᠶᠢ ᠬᠡᠮᠵᠢᠯᠲᠡ ᠶᠢᠨ ᠳᠦᠩ ᠦ ᠬᠡᠮᠵᠢᠭᠳᠡᠬᠦᠨ ᠤᠨ ᠲᠣᠭᠠᠨ ᠬᠡᠮᠵᠢᠶ᠎ᠡ ᠶᠢᠨ ᠵᠥᠷᠢᠶ᠎ᠡ ᠶᠢᠨ ᠲᠣᠭᠠᠴᠠᠭᠠᠨ ᠤ ᠬᠠᠷᠢᠴᠠᠩᠭᠤᠢ ᠬᠡᠮᠵᠢᠶ᠎ᠡ |f−f*| ᠪᠣᠯᠤᠨ᠎ᠠ :: ᠠᠯᠳᠠᠭ᠎ᠠ ᠭᠡᠳᠡᠭ ᠬᠡᠮᠵᠢᠯᠲᠡ ᠶᠢᠨ ᠳᠦᠩ ᠦ ᠬᠡᠮᠵᠢᠭᠳᠡᠬᠦᠨ ᠤᠨ ᠲᠣᠭᠠᠨ ᠢ f* ᠃ ᠦᠨᠡᠨ ᠳᠦᠩ ᠦ ᠬᠡᠮᠵᠢᠭᠳᠡᠬᠦᠨ ᠤᠨ ᠲᠣᠭᠠᠨ ᠢ f ᠭᠡᠪᠡᠯ ᠃ ᠦᠨᠡᠨ ᠳᠦᠩ ᠦ ᠬᠡᠮᠵᠢᠭᠳᠡᠬᠦᠨ ᠦᠨᠡᠮᠡᠳ ᠠᠯᠳᠠᠭ᠎ᠠ (Absolute error) ᠪᠠ ᠬᠠᠷᠢᠴᠠᠩᠭᠤᠢ ᠠᠯᠳᠠᠭ᠎ᠠ (Fractional error) ᠭᠡᠵᠦ ᠬᠤᠪᠢᠶᠠᠭᠳᠠᠭ ᠪᠣᠯᠤᠨ᠎ᠠ :: ᠬᠠᠷᠢᠴᠠᠭᠤᠯᠬᠤ ᠦᠨᠡᠮᠡᠳ ᠲᠣᠭᠠᠨ ᠢ ᠪᠠᠶᠢᠭᠠᠯᠢ ᠶᠢᠨ ᠪᠦᠬᠦᠨ ᠲᠣᠭ᠎ᠠ :: ᠪᠠᠶᠢᠭᠠᠯ ᠤᠨ ᠲᠣᠭᠠᠨ ᠤ ᠪᠠᠶᠢᠭᠠᠯᠢ ᠶᠢᠨ ᠵᠢᠭᠠᠯᠲᠠ ᠢ ᠠᠯᠳᠠᠭ᠎ᠠ ᠪᠠᠷ ᠮᠡᠳᠡᠭᠳᠡᠨ᠎ᠡ ᠃ ᠠᠯᠳᠠᠭ᠎ᠠ ᠶᠢᠨ ᠬᠠᠷᠢᠴᠠᠭᠤᠯᠬᠤ ᠪᠠᠶᠢᠭᠠᠯᠢ ᠦᠨᠡᠮᠡᠳ ᠲᠣᠭᠠᠨ ᠦᠷᠭᠡᠯᠵᠢᠯᠡᠨ :: ᠮᠡᠳᠡᠬᠦ ᠦᠭᠡᠢ ᠶᠠᠮᠠᠷ ᠨᠢᠭᠡᠳᠦᠭᠡᠷ ᠬᠡᠮᠵᠢᠶ᠎ᠡ ᠶᠢᠨ ᠲᠣᠭ᠎ᠠ ᠪᠠᠷ ᠬᠡᠮᠵᠢᠭᠳᠡᠬᠦ ᠪᠠᠢᠨ᠎ᠠ ᠃ ᠪᠠᠶᠢᠭᠠᠯ ᠤᠨ ᠲᠣᠭ᠎ᠠ ᠶᠢᠨ ᠪᠠᠷᠤᠭ ᠪᠠ ᠪᠣᠳᠠᠳ ᠪᠠᠶᠢᠭᠠᠯᠢ ᠶᠢᠨ ᠬᠡᠮᠵᠢᠭᠳᠡᠬᠦᠨ ᠦᠨᠡᠨ ᠬᠡᠮᠵᠢᠶ᠎ᠡ ᠃ ᠬᠡᠮᠵᠢᠯᠲᠡ ᠶᠢᠨ ᠲᠣᠭ᠎ᠠ ᠢ ᠲᠣᠭᠠᠴᠠᠬᠤ ᠶᠢᠨ ᠲᠦᠯᠦᠭᠡᠯᠡᠭᠴᠢ ᠨᠢ ᠬᠡᠮᠵᠢᠭᠳᠡᠬᠦᠨ ᠦ ᠬᠡᠮᠵᠢᠶ᠎ᠡ ᠪᠠᠷ ᠪᠣᠯᠤᠨ᠎ᠠ ᠃ ᠲᠡᠭᠦᠨ ᠤ ᠪᠠᠶᠢᠭᠠᠯᠢ ᠢ ᠠᠯᠳᠠᠭ᠎ᠠ ᠶᠢᠨ ᠲᠣᠭ᠎ᠠ ᠶᠢ ᠰᠢᠨᠵᠢᠯᠡᠬᠦ ᠶᠢᠨ ᠬᠠᠮᠲᠤ ᠪᠠᠶᠢᠭᠠᠯᠢ ᠶᠢᠨ ᠲᠣᠭ᠎ᠠ ᠢ ᠲᠣᠭᠠᠴᠠᠬᠤ ᠪᠤᠶᠤ ᠬᠡᠮᠵᠢᠯᠲᠡ ᠶᠢᠨ ᠲᠣᠭ᠎ᠠ ᠪᠠᠷ ᠪᠣᠯᠤᠨ᠎ᠠ ᠃ ᠪᠠᠶᠢᠭᠠᠯᠢ ᠶᠢᠨ ᠬᠡᠮᠵᠢᠯᠲᠡ ᠶᠢᠨ ᠲᠣᠭ᠎ᠠ ᠢ ᠳᠦᠩ ᠦ ᠬᠡᠮᠵᠢᠯᠲᠡ ᠪᠠ ᠬᠡᠮᠵᠢᠶᠡᠰᠦ ᠶᠢᠨ ᠲᠦᠯᠦᠭᠡᠯᠡᠭᠴᠢ ᠪᠤᠶᠤ ᠬᠡᠮᠵᠢᠯᠲᠡ (Sample) ᠭᠡᠳᠡᠭ :: ᠬᠡᠮᠵᠢᠯᠲᠡ ᠶᠢᠨ ᠲᠣᠭ᠎ᠠ ᠢ ᠲᠣᠭᠠᠴᠠᠬᠤ ᠶᠢᠨ ᠪᠠᠶᠢᠭᠠᠯᠢ ᠶᠢᠨ ᠠᠯᠳᠠᠭ᠎ᠠ ᠶᠢᠨ ᠬᠡᠮᠵᠢᠶ᠎ᠡ ᠪᠣᠯᠤᠨ᠎ᠠ ᠬᠠᠷᠢᠴᠠᠩᠭᠤᠢ ᠦᠨᠡᠮᠡᠳ ᠤ ᠬᠡᠮᠵᠢᠭᠳᠡᠬᠦᠨ ᠦ ᠲᠣᠭᠠᠴᠠᠬᠤ ᠮᠡᠳᠡᠭᠳᠡᠬᠦᠨ) ᠢ ᠲᠣᠭᠠᠴᠠᠭᠰᠠᠨ ᠲᠣᠭᠠᠴᠠᠭᠳᠠᠨ᠎ᠠ :: ᠬᠡᠮᠵᠢᠯᠲᠡ ᠶᠢᠨ ᠃ ᠦᠨᠡᠨ ᠦ ᠪᠠᠶᠢᠭᠠᠯᠢ ᠶᠢᠨ ᠠᠯᠳᠠᠭ᠎ᠠ ᠲᠣᠭᠠᠴᠠᠭᠠᠨ ᠢ ᠲᠣᠭ᠎ᠠ ᠶᠢᠨ

1. ᠲᠤᠰᠬᠠᠢ ᠬᠡᠯᠡᠨ ᠦ ᠮᠠᠲ᠋ᠧᠷᠢᠶᠠᠯ ᠳᠤ ᠪᠠᠭᠲᠠᠭᠰᠠᠨ ᠲᠣᠭ᠎ᠠ ᠲᠠᠢ ᠰᠤᠳᠤᠯᠤᠭᠳᠠᠵᠤ ᠪᠤᠢ ᠦᠭᠡᠰ ᠨᠢ ᠲᠣᠭ᠎ᠠ ᠪᠣᠯᠤᠨ᠎ᠠ ᠃

2. ᠬᠡᠮᠵᠢᠭᠳᠡᠬᠦᠨ ᠰᠤᠳᠤᠯᠤᠭᠳᠠᠵᠤ ᠪᠤᠢ ᠦᠭᠡᠰ δ ᠳᠤ ᠲᠣᠬᠢᠶᠠᠯᠳᠤᠭᠰᠠᠨ ᠬᠡᠮᠵᠢᠶ᠎ᠡ ᠂ ᠬᠡᠮᠵᠢᠶᠡᠯᠡᠯ f ᠨᠢ ᠪᠣᠯ ᠪᠦᠬᠦ ᠬᠡᠮᠵᠢᠶ᠎ᠡ ᠳᠤᠮᠳᠠᠵᠢ ᠲᠤᠰᠬᠠᠢ ᠮᠠᠲ᠋ᠧᠷᠢᠶᠠᠯ ᠳᠤ ᠪᠠᠭᠲᠠᠭᠰᠠᠨ N ᠲᠣᠭ᠎ᠠ ᠳᠤ ᠪᠠᠢᠨ᠎ᠠ ᠃

ᠬᠣᠷᠢᠳᠤᠭᠠᠷ ᠪᠦᠯᠦᠭ ᠬᠡᠯᠡᠨ ᠦ ᠮᠠᠲ᠋ᠧᠷᠢᠶᠠᠯ ᠤᠨ ᠬᠥᠮᠥᠷᠭᠡ ᠳᠦ ᠲᠦᠰᠢᠭᠰᠡᠨ ᠤᠶᠠᠨ

ᠨᠢᠭᠡ ᠂ ᠬᠡᠯᠡᠨ ᠦ ᠮᠠᠲ᠋ᠧᠷᠢᠶᠠᠯ ᠤᠨ ᠬᠥᠮᠥᠷᠭᠡ ᠳᠦ ᠲᠦᠰᠢᠭᠰᠡᠨ ᠤᠶᠠᠨ ᠤ ᠰᠤᠳᠤᠯᠭᠠᠨ ᠤ ᠠᠷᠭ᠎ᠠ ᠪᠠᠷᠢᠯ

ᠬᠡᠯᠡᠨ ᠦ ᠮᠠᠲ᠋ᠧᠷᠢᠶᠠᠯ ᠤᠨ ᠬᠥᠮᠥᠷᠭᠡ ᠳᠦ ᠲᠦᠰᠢᠭᠰᠡᠨ ᠤᠶᠠᠨ (corpus stylistics) ᠢ ᠬᠡᠯᠡᠨ ᠦ ᠮᠠᠲ᠋ᠧᠷᠢᠶᠠᠯ ᠢᠶᠠᠷ ᠰᠤᠳᠤᠯᠤᠭᠰᠠᠨ ᠤᠶᠠᠨ ᠤ ᠰᠤᠳᠤᠯᠭ᠎ᠠ ᠪᠣᠯᠤᠨ᠎ᠠ ᠃ 《 ᠬᠡᠯᠡᠨ ᠦ ᠮᠠᠲ᠋ᠧᠷᠢᠶᠠᠯ ᠤᠨ ᠬᠥᠮᠥᠷᠭᠡ ᠳᠦ ᠲᠦᠰᠢᠭᠰᠡᠨ ᠤᠶᠠᠨ ᠨᠢ ᠤᠷᠠᠨ ᠵᠦᠬᠢᠶᠠᠯ ᠤᠨ ᠬᠡᠯᠡ ᠵᠢ ᠰᠢᠨᠵᠢᠯᠡᠬᠦ ᠳᠦ ᠬᠡᠯᠡᠨ ᠦ ᠮᠠᠲ᠋ᠧᠷᠢᠶᠠᠯ ᠤᠨ ᠬᠥᠮᠥᠷᠭᠡ ᠶᠢᠨ ᠠᠷᠭ᠎ᠠ ᠵᠢ ᠬᠡᠷᠡᠭᠯᠡᠬᠦ ᠂ ᠦᠨᠳᠦᠰᠦᠨ ᠳᠦ ᠨᠢ ᠤᠷᠠᠨ ᠵᠦᠬᠢᠶᠠᠯ ᠤᠨ ᠬᠡᠯᠡ ᠪᠡᠷ ᠰᠢᠨᠵᠢᠯᠡᠭᠰᠡᠨ ᠦᠷ᠎ᠡ ᠳᠦᠩ ᠢ ᠲᠣᠭᠠᠨ ᠤ ᠬᠡᠮᠵᠢᠶ᠎ᠡ ᠪᠡᠷ ᠢᠯᠡᠷᠡᠭᠦᠯᠬᠦ ᠪᠣᠯᠤᠨ᠎ᠠ 》〔2〕 ᠃ ᠡᠨᠡ ᠨᠢ ᠬᠡᠯᠡᠨ ᠦ ᠮᠠᠲ᠋ᠧᠷᠢᠶᠠᠯ ᠤᠨ ᠬᠥᠮᠥᠷᠭᠡ ᠳᠦ ᠲᠦᠰᠢᠭᠰᠡᠨ ᠤᠶᠠᠨ ᠤ ᠰᠤᠳᠤᠯᠭ᠎ᠠ ᠶᠢᠨ ᠬᠡᠯᠡ ᠶᠢᠨ ᠲᠣᠭᠠᠨ ᠤ ᠰᠤᠳᠤᠯᠭ᠎ᠠ ᠶᠢᠨ ᠠᠷᠭ᠎ᠠ ᠪᠠᠷᠢᠯ ᠤᠨ ᠬᠡᠯᠡᠨ ᠦ ᠮᠠᠲ᠋ᠧᠷᠢᠶᠠᠯ ᠤᠨ ᠬᠥᠮᠥᠷᠭᠡ ᠶᠢᠨ ᠬᠡᠷᠡᠭᠯᠡᠭᠡ ᠪᠣᠯᠤᠨ᠎ᠠ ᠃ ᠬᠡᠯᠡᠨ ᠦ ᠮᠠᠲ᠋ᠧᠷᠢᠶᠠᠯ ᠤᠨ ᠬᠥᠮᠥᠷᠭᠡ ᠳᠦ ᠲᠦᠰᠢᠭᠰᠡᠨ ᠤᠶᠠᠨ ᠤ ᠰᠤᠳᠤᠯᠭ᠎ᠠ ᠨᠢ ᠬᠡᠯᠡᠨ ᠦ ᠮᠠᠲ᠋ᠧᠷᠢᠶᠠᠯ ᠤᠨ ᠬᠥᠮᠥᠷᠭᠡ ᠶᠢᠨ ᠲᠣᠳᠣᠷᠬᠠᠢ ᠪᠠᠷᠢᠮᠲᠠ ᠪᠣᠯᠤᠨ᠎ᠠ ᠃

ᠬᠡᠯᠡᠨ ᠦ ᠰᠤᠳᠤᠯᠭ᠎ᠠ ᠳᠤ ᠬᠡᠷᠡᠭᠯᠡᠭᠳᠡᠵᠦ ᠪᠠᠢᠭ᠎ᠠ 〈 ᠬᠡᠯᠡᠨ ᠦ ᠮᠡᠳᠡᠭᠡᠯᠡᠯ ᠦᠨ ᠰᠠᠩ 〉》 ᠶᠢ ᠵᠢᠱᠢᠶ᠎ᠡ ᠪᠣᠯᠭᠠᠨ ᠲᠠᠢᠯᠪᠤᠷᠢᠯᠠᠪᠠᠯ ᠰᠢᠰᠲ᠋ᠧᠮ ᠦᠨ ᠲᠤᠬᠠᠢ ᠳᠤ ᠬᠠᠮᠤᠷᠤᠭᠳᠠᠨ ᠠ᠂ 《 ᠳᠤᠮᠳᠠᠳᠤ ᠤᠯᠤᠰ ᠤᠨ ᠮᠡᠳᠡᠯᠭᠡ ᠶᠢᠨ ᠰᠠᠩ 》 (CNKI) ᠪᠤᠶᠤ 《 ᠳᠤᠮᠳᠠᠳᠤ ᠤᠯᠤᠰ ᠤᠨ ᠬᠡᠯᠡᠨ ᠦ ᠮᠡᠳᠡᠭᠡᠯᠡᠯ ᠦᠨ ᠰᠠᠩ 》 ᠤᠨ ᠰᠢᠰᠲ᠋ᠧᠮ ᠢ ᠪᠤᠶᠤ ᠬᠡᠯᠡᠨ ᠦ ᠮᠡᠳᠡᠭᠡᠯᠡᠯ ᠦᠨ ᠰᠠᠩ ᠤᠨ ᠰᠢᠰᠲ᠋ᠧᠮ ᠦᠨ ᠪᠠᠢᠭᠤᠯᠤᠯᠲᠠ ᠶᠢ ᠰᠣᠳᠤᠯᠤᠨ ᠰᠢᠨᠵᠢᠯᠡᠬᠦ ᠳᠤ ᠴᠢᠬᠤᠯᠠ ᠪᠣᠯᠤᠨ᠎ᠠ ᠃ ᠳᠡᠭᠡᠷ᠎ᠡ ᠳᠤᠷᠠᠳᠤᠭᠰᠠᠨ ᠰᠠᠩ ᠤᠳ ᠤᠨ ᠪᠠᠭᠠᠵᠢ ᠶᠢᠨ ᠲᠤᠰᠠ ᠪᠠᠷ ᠪᠢᠴᠢᠭ ᠦᠨ ᠡᠬᠡ ᠶᠢᠨ ᠮᠡᠳᠡᠭᠡᠯᠡᠯ ᠢ ᠭᠠᠷᠭᠠᠨ ᠠᠪᠴᠤ ᠪᠣᠯᠬᠤ ᠶᠢᠨ ᠬᠠᠮᠲᠤ ᠪᠠᠷ ᠪᠠᠰᠠ ᠬᠡᠯᠡ ᠰᠤᠳᠤᠯᠬᠤ ᠬᠡᠷᠡᠭᠰᠡᠯ ᠢ ᠪᠡᠯᠡᠳᠬᠡᠵᠦ ᠪᠣᠯᠤᠨ᠎ᠠ᠂ ᠵᠢᠰᠢᠶᠡᠯᠡᠪᠡᠯ ᠪᠣᠯᠭᠣᠯ (Cluster) ᠪᠤᠶᠤ ᠬᠣᠯᠪᠣᠭ᠎ᠠ ᠶᠢᠨ ᠵᠠᠭᠪᠤᠷ ᠤᠨ ᠲᠤᠰᠬᠠᠢ ᠬᠡᠷᠡᠭᠰᠡᠯ᠂ ᠳᠠᠪᠲᠠᠮᠵᠢ ᠶᠢᠨ ᠬᠡᠷᠡᠭᠰᠡᠯ᠂ ᠲᠦᠯᠬᠢᠭᠦᠷ ᠦᠭᠡ᠂ ᠲᠤᠭᠠᠯᠠᠯ ᠤᠨ ᠮᠠᠭᠠᠳ᠂ Readability Analyzer ᠮᠡᠲᠦ ᠶᠢᠨ ᠪᠢᠴᠢᠭ ᠦᠨ ᠪᠣᠯᠪᠠᠰᠤᠷᠠᠯ ᠤᠨ ᠬᠡᠮᠵᠢᠶ᠎ᠡ ᠶᠢ ᠲᠣᠭᠠᠴᠠᠬᠤ ᠮᠣᠳᠸᠯ ᠢ ᠪᠠᠭᠲᠠᠭᠠᠵᠠᠢ ᠃ ᠡᠭᠦᠨ ᠡᠴᠡ ᠭᠠᠳᠠᠨ᠎ᠠ᠂ WordSmith Tool · AntConc · ᠲᠡᠷᠭᠡᠳ ᠬᠡᠯᠡᠨ ᠦ ᠮᠡᠳᠡᠭᠡᠯᠡᠯ ᠦᠨ ᠰᠠᠩ ᠤᠨ ᠡᠳ᠋ᠢᠲ ᠬᠡᠷᠡᠭᠰᠡᠯ ᠦᠳ ᠢ ᠲᠤᠰᠠᠭᠠᠷ ᠬᠡᠷᠡᠭᠯᠡᠵᠦ ᠪᠣᠯᠬᠤ ᠪᠥᠭᠡᠳ᠂ ᠨᠢᠭᠡ ᠪᠦᠷ ᠳᠦᠷᠢᠮ ᠭᠠᠷᠭᠠᠬᠤ ᠬᠡᠷᠡᠭᠰᠡᠯ ᠳᠦ ᠪᠣᠯᠪᠠᠰᠤᠷᠠᠭᠰᠠᠨ ᠮᠡᠳᠡᠭᠡᠯᠡᠯ ᠦᠨ ᠰᠠᠩ ᠤᠨ ᠬᠡᠷᠡᠭᠯᠡᠭᠡ ᠶᠢᠨ ᠦᠢᠯᠡᠴᠢᠯᠡᠭᠡ ᠶᠢ ᠬᠠᠩᠭᠠᠨ᠎ᠠ ᠃

[illegible]

ᠭᠤᠷᠪᠠ᠂ ᠬᠦᠮᠦᠨ ᠦ ᠠᠮᠢᠳᠤᠷᠠᠯ ᠳᠤ [illegible]

[illegible]

ᠭᠡᠷᠡᠯᠲᠡᠢ ᠰᠢᠨᠵᠢᠯᠡᠯᠲᠡ ᠶᠢᠨ ᠠᠷᠭ᠎ᠠ ᠶᠢᠨ ᠬᠡᠷᠡᠭᠯᠡᠭᠡ ᠶᠢ ᠡᠬᠢᠯᠡᠭᠦᠯᠦᠭᠰᠡᠨ ᠪᠣᠯᠪᠠ ᠃ 1887 ᠣᠨ ᠳᠤ ᠨᠢᠭᠡ 《 ᠰᠢᠨᠵᠢᠯᠡᠬᠦ ᠤᠬᠠᠭᠠᠨ 》（《 Science 》）
ᠪᠢᠴᠢᠭᠯᠡᠯ ᠪᠢᠴᠢᠭᠰᠡᠨ ᠮᠧᠨᠳᠧᠨᠾᠣᠯ （ Mendenhall ） ᠨᠢ ᠳᠤᠮᠳᠠᠳᠤ ᠦᠭᠡ ᠶᠢᠨ ᠤᠷᠲᠤ ᠶᠢᠨ ᠰᠢᠨᠵᠢᠯᠡᠭᠡ ᠶᠢᠨ ᠬᠡᠷᠡᠭᠯᠡᠭᠡ ᠶᠢ
ᠰᠢᠨᠵᠢᠯᠡᠭᠡᠴᠢ ᠨᠢ ᠮᠡᠳᠡᠭᠰᠡᠨ （ ᠮ᠊ᠡ ᠦ 485—425 ᠣᠨ ） ᠪᠠᠶᠢᠭᠠ ᠲᠤᠰᠢᠳ᠋ᠢᠳ᠋ᠧᠰ （ Thucydises ）（ ᠮ᠊ᠡ ᠦ ᠣᠨ ᠰᠢᠨᠵᠢᠯᠡᠭᠡᠴᠢ ᠨᠢ ᠮᠡᠳᠡᠭᠰᠡᠨ 460—
ᠢ ᠬᠡᠷᠡᠭ ᠪᠣᠯᠭᠠ ᠃ [4] ᠡᠨᠡ ᠮᠡᠳᠡᠭᠡ ᠪᠡᠷ ᠬᠠᠷᠢᠨ ᠤ ᠲᠤᠰᠬᠠᠢ ᠰᠢᠨᠵᠢᠯᠡᠭᠡ ᠡᠳᠡᠭᠡᠷ ᠬᠡᠷᠣᠳ᠋ᠣᠲ᠋ᠧᠰ （ Herdotus ）（ ᠮ᠊ᠡ ᠦ ᠣᠨ
ᠪᠣᠯᠭᠠᠭᠰᠠᠨ ᠶᠢᠨ ᠰᠠᠨᠠᠭ᠎ᠠ ᠶᠢᠨ ᠬᠡᠯᠡ ᠪᠡ ᠰᠢᠨᠵᠢᠯᠡᠭᠡᠨ ᠪᠡ ᠮᠣᠷᠭ᠋ᠠᠨ ᠳᠤ ᠂ ᠳ᠋ᠢ · ᠮᠣᠷᠭ᠋ᠠᠨ （ D.Morgan ） ᠪᠡᠷ ᠰᠠᠨᠠᠭᠠᠯ ᠪᠣᠯᠤᠨ ᠦᠭᠡ ᠶᠢᠨ ᠲᠣᠭ᠎ᠠ

ᠬᠡᠮᠵᠢᠶᠡᠨ ᠳᠦ ᠬᠡᠯᠡᠯᠭᠡ ᠰᠣᠨᠢᠷᠬᠠᠯᠲᠠᠢ᠂ ᠥᠭᠦᠯᠡᠪᠦᠷᠢ ᠶᠢᠨ ᠤᠷᠲᠤ ᠶᠢ ᠲᠣᠭᠠᠴᠠᠭᠠᠯᠠᠯ ᠤᠨ ᠬᠡᠯᠡᠯᠭᠡ ᠳᠦ ᠥᠭᠦᠯᠡᠪᠦᠷᠢ ᠶᠢᠨ ᠳᠤᠮᠳᠠᠵᠢ ᠶᠢᠨ ᠤᠷᠲᠤ ᠶᠢᠨ ᠬᠡᠮᠵᠢᠶ᠎ᠡ ᠪᠡᠷ ᠵᠢᠱᠢᠶᠡᠯᠡᠪᠡᠯ᠂ ᠲᠡᠭᠦᠨ ᠦ ᠤᠷᠲᠤ ᠶᠢᠨ ᠬᠡᠮᠵᠢᠶ᠎ᠡ ᠶᠢᠨ ᠦᠭᠡ ᠶᠢᠨ ᠲᠣᠭ᠎ᠠ ᠪᠠᠷ ᠲᠣᠭᠠᠴᠠᠭᠠᠯᠠᠳᠠᠭ᠂ ᠳᠤᠮᠳᠠᠵᠢ ᠪᠠᠷ ᠦᠭᠡ ᠶᠢᠨ ᠤᠷᠲᠤ ᠬᠣᠶᠠᠷ ᠵᠦᠢᠯ ᠦᠨ ᠬᠡᠮᠵᠢᠶ᠎ᠡ ᠪᠠᠢᠨ᠎ᠠ :: ᠵᠢᠱᠢᠶᠡᠯᠡᠪᠡᠯ᠂ ᠲᠠᠺᠧᠷᠢ (Thackeray)᠂ ᠳ᠋ ᠂ ᠳᠧᠹᠣ (D. Defoe) ᠨᠠᠷ ᠤᠨ ᠵᠣᠬᠢᠶᠠᠯ ᠤᠨ ᠥᠭᠦᠯᠡᠪᠦᠷᠢ ᠶᠢᠨ ᠳᠤᠮᠳᠠᠵᠢ ᠤᠷᠲᠤ ᠨᠢ ᠬᠣᠷᠢᠨ ᠦᠭᠡ ᠡᠴᠡ ᠳᠡᠭᠡᠭᠰᠢ ᠪᠠᠢᠳᠠᠭ :: ᠳ᠋ᠢᠺᠧᠨᠰ (Dickens) ᠤᠨ ᠥᠭᠦᠯᠡᠪᠦᠷᠢ ᠶᠢᠨ ᠤᠷᠲᠤ ᠨᠢ 4 ᠳᠠᠬᠢᠨ ᠪᠠᠭᠤᠷᠠᠭᠰᠠᠨ ᠪᠠᠢᠨ᠎ᠠ᠂ ᠬᠤᠷᠢᠶᠠᠨ ᠵᠢᠱᠢᠶᠡᠯᠡᠪᠡᠯ᠂ ᠡᠳᠦᠭᠡ ᠦᠶ᠎ᠡ ᠶᠢᠨ ᠵᠣᠬᠢᠶᠠᠯ ᠤᠨ ᠥᠭᠦᠯᠡᠪᠦᠷᠢ ᠨᠢ ᠪᠤᠭᠤᠷᠠᠭᠰᠠᠨ ᠪᠠᠢᠳᠠᠭ ::

(ᠭᠤᠷᠪᠠ) ᠥᠭᠦᠯᠡᠪᠦᠷᠢ ᠶᠢᠨ ᠤᠷᠲᠤ

ᠬᠡᠯᠡᠬᠦ ᠦᠭᠡ ᠳᠦ ᠥᠭᠦᠯᠡᠪᠦᠷᠢ ᠶᠢᠨ ᠤᠷᠲᠤ ᠶᠢᠨ ᠬᠡᠮᠵᠢᠶ᠎ᠡ ᠨᠢ ᠲᠣᠳᠣᠷᠬᠠᠢ ᠪᠣᠯᠳᠠᠭ᠂ ᠬᠡᠯᠡᠯᠭᠡ ᠶᠢᠨ ᠳᠦᠷᠢᠮ ᠦᠨ 《。 》《? 》《! 》 ᠵᠡᠷᠭᠡ ᠲᠡᠮᠳᠡᠭ ᠢᠶᠡᠷ ᠲᠠᠰᠤᠯᠤᠨ ᠬᠤᠪᠢᠶᠠᠭᠳᠠᠳᠠᠭ ᠮᠥᠷ ᠲᠡᠮᠳᠡᠭ ᠦᠨ ᠬᠣᠭᠣᠷᠣᠨᠳᠤ ᠶᠢᠨ ᠦᠭᠡ ᠶᠢᠨ ᠲᠣᠭ᠎ᠠ ᠶᠢ ᠬᠡᠯᠡᠳᠡᠭ :: ᠲᠣᠭᠠᠴᠠᠭᠠᠯᠠᠯ ᠤᠨ ᠬᠡᠯᠡᠯᠭᠡ ᠳᠦ ᠥᠭᠦᠯᠡᠪᠦᠷᠢ ᠶᠢᠨ ᠤᠷᠲᠤ ᠶᠢ ᠲᠣᠭᠠᠴᠠᠭᠠᠯᠠᠬᠤ ᠳᠤ ᠥᠭᠦᠯᠡᠪᠦᠷᠢ ᠶᠢᠨ ᠳᠤᠮᠳᠠᠵᠢ ᠶᠢᠨ ᠤᠷᠲᠤ ᠶᠢᠨ ᠪᠣᠳᠣᠯᠭ᠎ᠠ ᠶᠢ ᠬᠡᠷᠡᠭᠯᠡᠭᠡᠳᠦ ᠪᠣᠯᠵᠠᠢ᠂ ᠭᠡᠵᠦ ᠰᠠᠨᠠᠭᠰᠠᠨ ᠤ ᠬᠦᠮᠦᠰ 1888 ᠣᠨ ᠳᠤ ᠱᠧᠷᠮᠠᠨ (Sherman) ᠳᠠᠭᠤᠰᠬᠠᠭᠰᠠᠨ ᠪᠠᠢᠨ᠎ᠠ :: ᠲᠡᠭᠦᠨ ᠦ ᠰᠤᠳᠤᠯᠤᠯ ᠪᠠᠷ᠂ ᠬᠡᠯᠡᠬᠦ ᠳᠤᠮᠳᠠᠵᠢ ᠳᠤ᠂ ᠳᠤᠮᠳᠠᠵᠢ ᠳᠤ ᠶᠢᠨ ᠬᠡᠮᠵᠢᠶ᠎ᠡ ᠪᠢᠳᠡᠨ ᠦ ᠥᠭᠦᠯᠡᠪᠦᠷᠢ ᠶᠢᠨ ᠤᠷᠲᠤ ᠶᠢᠨ ᠲᠣᠭᠠᠴᠠᠭᠠᠯᠠᠯ ᠳᠤ ᠵᠣᠬᠢᠬᠤ ᠭᠡᠳᠡᠭ ᠪᠠᠷ ᠲᠠᠭᠠᠷᠠᠭᠰᠠᠨ ᠪᠣᠯᠤᠨ᠎ᠠ ::

ᠲᠣᠭᠠᠴᠠᠭᠰᠠᠨ ᠪᠣᠯᠪᠠᠯ ᠳᠤ ᠰᠢᠨᠵᠢᠯᠡᠭᠡᠨ ᠪᠢᠴᠢᠭᠴᠢ ᠬᠡᠮᠵᠢᠭᠳᠡᠬᠦᠨ ᠡᠴᠡ ᠦᠭᠡᠢ ᠃ ᠲᠣᠭᠠᠴᠠᠭᠠᠨ ᠤ ᠠᠷᠭ᠎ᠠ ᠪᠡᠷ ᠪᠠᠶᠠᠯᠢᠭ ᠮᠡᠳᠡᠭᠳᠡᠬᠦᠨ ᠡᠴᠡ ᠤᠷᠢᠳᠠᠴᠢᠯᠠᠨ ᠤ ᠰᠢᠨᠵᠢᠯᠡᠭᠡᠨ ᠬᠡᠯᠡᠯᠭᠡ ᠶᠢᠨ ᠬᠡᠮᠵᠢᠶ᠎ᠡ ᠶᠢ ᠬᠡᠷᠡᠭᠯᠡᠬᠦ ᠪᠡᠷ ᠮᠡᠳᠡᠭᠳᠡᠬᠦᠨ ᠳᠦ ᠲᠦᠰᠢᠭᠯᠡᠨ ᠃ ᠬᠡᠯᠡᠯᠭᠡ ᠶᠢᠨ ᠲᠣᠭ᠎ᠠ ᠪᠦᠷᠢᠳᠬᠡᠯ ᠦᠨ ᠮᠡᠳᠡᠭᠳᠡᠬᠦᠨ ᠦ ᠪᠢᠴᠢᠭᠳᠡᠬᠦᠨ ᠢ ᠬᠡᠯᠡᠯᠭᠡ ᠶᠢᠨ ᠡᠪᠬᠡᠮᠡᠯ ᠢ ᠬᠠᠷᠢᠴᠠᠭᠤᠯᠬᠤ ᠃ ᠲᠣᠭᠠᠴᠠᠭᠠᠨ ᠮᠡᠳᠡᠭᠳᠡᠬᠦᠨ ᠪᠠᠶᠠᠯᠢᠭ ᠤᠨ ᠲᠦᠰᠢᠭ ᠤᠨ ᠲᠣᠭ᠎ᠠ ᠪᠦᠷᠢᠳᠬᠡᠯ ᠢ ᠲᠣᠭᠠᠴᠠᠭᠠᠨ ᠤ ᠰᠠᠩ \ ᠪᠢᠴᠢᠭ ᠮᠡᠳᠡᠭᠡ ᠶᠢᠨ ᠬᠡᠯᠡᠯᠭᠡ ᠶᠢᠨ ᠬᠡᠮᠵᠢᠶ᠎ᠡ) ᠃ ᠬᠡᠯᠡᠯᠭᠡ ᠶᠢᠨ ᠪᠦᠷᠢᠳᠬᠡᠯ ᠦᠨ ᠰᠠᠩ ᠤᠨ ᠲᠣᠭᠠᠴᠠᠭᠠᠨ ᠤ ᠲᠦᠰᠢᠭ ᠮᠡᠳᠡᠭᠡ ᠪᠢᠴᠢᠭ ᠤᠨ ᠲᠣᠭᠠᠴᠠᠭᠠᠨ ᠤ ᠰᠠᠩ ᠤᠨ ᠬᠡᠯᠡᠯᠭᠡ ᠶᠢᠨ ᠪᠢᠴᠢᠭ ᠪᠤᠶᠤ (ᠪᠦᠷᠢᠳᠬᠡᠯ ᠢ : ᠬᠡᠯᠡᠯᠭᠡ ᠶᠢᠨ ᠪᠦᠷᠢᠳᠬᠡᠯ = ᠬᠡᠯᠡᠯᠭᠡ ᠶᠢᠨ ᠪᠦᠷᠢᠳᠬᠡᠯ ᠦᠨ ᠰᠠᠩ ᠤᠨ ᠬᠦᠰᠦᠨᠦᠭ ᠢ ᠲᠣᠭᠠᠴᠠᠭᠠᠨ ᠤ ᠪᠠᠶᠠᠯᠢᠭ ᠲᠦ ᠬᠠᠳᠠᠭᠠᠯᠠᠭᠰᠠᠨ ᠃ ᠬᠡᠯᠡᠯᠭᠡ ᠶᠢᠨ ᠪᠦᠷᠢᠳᠬᠡᠯ ᠦᠨ ᠬᠠᠮᠢᠶ᠎ᠠ ᠶᠢᠨ ᠪᠢᠴᠢᠭ (file) ᠬᠡᠯᠡᠯᠭᠡ ᠶᠢᠨ ᠪᠦᠷᠢᠳᠬᠡᠯ ᠦᠨ ᠰᠠᠩ ᠤᠨ ᠲᠣᠭᠠᠴᠠᠭᠠᠨ ᠤ ᠡᠨᠳᠡ ᠶᠢᠨ ᠬᠡᠷᠡᠭᠯᠡᠬᠦ (ᠪᠢᠴᠢᠯᠭᠡ)

ᠵᠣᠬᠢᠶᠠᠭᠴᠢ ᠶᠢᠨ ᠲᠣᠭᠠᠴᠠᠯ ᠤᠨ ᠲᠣᠭᠠᠴᠠᠭᠠᠨ ᠤ ᠬᠡᠯᠡᠯᠭᠡ ᠶᠢ ᠲᠣᠭᠲᠠᠭᠠᠬᠤ ᠳᠤ ᠬᠡᠷᠡᠭᠯᠡᠭᠰᠡᠨ ᠠᠷᠭ᠎ᠠ ᠃ ᠲᠣᠭᠠᠴᠠᠭᠠᠨ ᠤ ᠡᠷᠳᠡᠮ ᠤᠨ ᠰᠤᠳᠤᠯᠤᠯ ᠤᠨ ᠬᠡᠯᠡᠯᠭᠡ ᠶᠢᠨ ᠵᠣᠬᠢᠶᠠᠯ ᠢ ᠪᠢᠴᠢᠭᠰᠡᠨ ᠵᠣᠬᠢᠶᠠᠭᠴᠢ ᠶᠢ ᠲᠣᠭᠲᠠᠭᠠᠬᠤ ᠶᠢᠨ ᠬᠡᠯᠡᠯᠭᠡ ᠶᠢᠨ ᠵᠣᠬᠢᠶᠠᠯ ᠤᠨ ᠵᠣᠬᠢᠶᠠᠭᠴᠢ 《 ᠪᠢᠴᠢᠯᠭᠡ 》 ᠤᠨ ᠬᠡᠯᠡᠯᠭᠡ ᠶᠢ ᠰᠤᠳᠤᠯᠤᠭᠰᠠᠨ ᠪᠣᠯᠤᠨ᠎ᠠ ᠃ ᠮᠣᠷᠲᠣᠨ (Morton) ᠤᠨ 1965 ᠤᠨ ᠳᠤ ᠬᠢᠭᠰᠡᠨ ᠤ (1957 ᠤᠨ) ᠤᠨ ᠵᠣᠬᠢᠶᠠᠭᠴᠢ ᠶᠢᠨ ᠲᠣᠭᠠᠴᠠᠭᠠᠨ ᠤ ᠰᠤᠳᠤᠯᠭ᠎ᠠ ᠪᠡᠷ ᠪᠠᠷᠢᠮᠲᠠ ᠃ ᠫᠯᠠᠲᠣ (Plato) ᠶᠢᠨ 《 ᠵᠣᠬᠢᠶᠠᠯ ᠤᠨ ᠲᠣᠭᠲᠠᠭᠠᠬᠤ ᠶᠢᠨ ᠲᠣᠭᠠᠴᠠᠭᠠᠨ ᠤ ᠰᠤᠳᠤᠯᠤᠭᠰᠠᠨ ᠪᠣᠯᠤᠨ᠎ᠠ ᠃ ᠸᠧᠢᠺ (Wake) ᠪᠠᠷᠢᠮᠲᠠ ᠳᠤ ᠭᠧᠷᠰᠣᠨ (Gerson) (1363 —1429 ᠣᠨ) ᠤᠨ ᠪᠢᠴᠢᠭᠰᠡᠨ ᠪᠣᠯᠤᠨ᠎ᠠ ᠃ ᠲᠣᠮᠠᠰ ᠠ ᠺᠧᠮᠫᠢᠰ (Thomas a kempis) (1380— ᠣᠨ) ᠤᠨ ᠪᠠᠷᠢᠮᠲᠠ ᠳᠤ ᠪᠢᠴᠢᠭᠰᠡᠨ ᠵᠣᠬᠢᠶᠠᠯ ᠤᠨ ᠵᠣᠬᠢᠶᠠᠭᠴᠢ ᠶᠢᠨ ᠰᠤᠳᠤᠯᠤᠯ ᠤᠨ ᠠᠷᠭ᠎ᠠ ᠪᠡᠷ ᠬᠡᠯᠡᠯᠭᠡ ᠶᠢᠨ ᠵᠣᠬᠢᠶᠠᠯ ᠤᠨ ᠪᠢᠴᠢᠯᠭᠡ 《 de imitatione christi 》(《师主篇》) ᠶᠢᠨ ᠵᠣᠬᠢᠶᠠᠭᠴᠢ ᠶᠢ ᠲᠣᠭᠲᠠᠭᠠᠬᠤ ᠳᠤ ᠬᠡᠷᠡᠭᠯᠡᠭᠰᠡᠨ ᠪᠣᠯᠤᠨ᠎ᠠ ᠃ ᠲᠣᠭᠠᠴᠠᠭᠠᠨ ᠤ ᠪᠢᠴᠢᠭᠰᠡᠨ ᠵᠣᠬᠢᠶᠠᠭᠴᠢ ᠶᠢᠨ ᠪᠠᠶᠠᠯᠢᠭ ᠤᠨ

ᠪᠠᠷᠢᠮᠲᠠᠯᠠᠭᠰᠠᠨ ᠬᠡᠯᠡᠨ ᠦ ᠰᠤᠳᠤᠯᠤᠯᠴᠢᠳ ᠂ ᠲᠡᠷᠡᠴᠢᠯᠡᠨ ᠬᠡᠯᠡᠨ ᠦ ᠮᠠᠲ᠋ᠧᠷᠢᠶᠠᠯ ᠤᠨ ᠰᠠᠩ ᠤᠨ ᠮᠠᠲ᠋ᠧᠷᠢᠶᠠᠯ ᠢᠶᠠᠷ ᠰᠤᠳᠤᠯᠵᠤ ᠬᠡᠯᠡᠨ ᠦ ᠬᠡᠷᠡᠭᠯᠡᠭᠡᠨ ᠦ ᠣᠨᠴᠠᠯᠢᠭ ᠤᠨ

ᠮᠡᠳᠡᠯ ᠪᠠᠷᠢᠮᠲᠠ ᠪᠣᠯᠭᠠᠨ ᠬᠡᠷᠡᠭᠯᠡᠵᠦ ᠪᠠᠢᠨ᠎ᠠ 《 ᠠᠩᠭᠯᠢ ᠬᠡᠯᠡ 》 ᠶᠢᠨ ᠬᠡᠯᠡᠨ ᠦ ᠮᠠᠲ᠋ᠧᠷᠢᠶᠠᠯ ᠤᠨ ᠰᠠᠩ ᠳᠤ ᠦᠭᠡ ᠶᠢᠨ ᠳᠠᠪᠲᠠᠮᠵᠢ ᠶᠢᠨ ᠬᠦᠰᠦᠨᠦᠭ ᠵᠢᠭᠰᠠᠭᠠᠯᠲᠠ ᠶᠢ ᠮᠠᠰᠢ ᠶᠢᠨ ᠪᠠᠷᠢᠮᠲᠠ ᠲᠠᠢ ᠪᠢᠴᠢᠭᠰᠡᠨ ᠪᠠᠢᠨ᠎ᠠ ᠃

ᠨᠡᠷ᠎ᠡ ᠪᠤᠶᠤ ᠲᠡᠮᠳᠡᠭ ᠶᠢᠨ ᠬᠡᠯᠪᠡᠷᠢ ᠶᠢᠨ ᠦᠭᠡ + ᠨᠡᠷ᠎ᠡ ᠦᠭᠡ ᠂ ᠳᠠᠭᠠᠪᠤᠷ ᠦᠭᠡ + ᠨᠡᠷ᠎ᠡ ᠦᠭᠡ ᠂ ᠲᠡᠮᠳᠡᠭ ᠦᠭᠡ + ᠨᠡᠷ᠎ᠡ ᠦᠭᠡ ᠵᠡᠷᠭᠡ ᠦᠭᠡ ᠶᠢᠨ ᠵᠢᠷᠤᠮ 40 ᠦᠭᠡ ᠶᠢᠨ ᠳᠠᠷᠠᠭᠠᠯᠠᠯ (Word Sequences · 词序列) ᠢ ᠰᠤᠳᠤᠯᠵᠤ ᠂ ᠬᠣᠶᠠᠷ ᠳᠤ ᠳᠠᠪᠲᠠᠮᠵᠢ ᠪᠠᠨ ᠬᠠᠷᠢᠴᠠᠭᠤᠯᠤᠨ (Hofland) ᠪᠠ ᠬᠣᠶᠠᠷ ᠤᠨ 《 LOB ᠬᠡᠯᠡᠨ ᠦ ᠮᠠᠲ᠋ᠧᠷᠢᠶᠠᠯ ᠤᠨ ᠪᠠᠶᠢᠭᠤᠯᠤᠯ 》 ᠳᠤ ᠪᠠᠨ ᠨᠢᠭᠡᠳᠦᠭᠡᠷ ᠦᠨ ᠬᠦᠰᠦᠨᠦᠭ ᠲᠦ ᠨᠢᠭᠡᠳᠦᠭᠡᠷ ᠦᠨ ᠨᠡᠷ᠎ᠡ ᠦᠭᠡ ᠪᠤᠶᠤ — ᠲᠤᠰᠬᠠᠢ ᠦᠭᠡ — ᠲᠡᠮᠳᠡᠭ ᠦᠭᠡ ᠪᠣᠯᠤᠨ ᠵᠡᠷᠭᠡ ᠲᠣᠭᠠᠴᠠᠭᠰᠠᠨ ᠪᠠᠢᠨ᠎ᠠ ᠃ ᠶᠣᠬᠠᠨᠰᠣᠨ (Johansson) ᠪᠣᠯᠤᠨ ᠬᠣᠶᠠᠷ ᠳᠤ ᠲᠣᠭᠠᠴᠠᠭᠰᠠᠨ : ᠳᠠᠭᠠᠪᠤᠷ ᠦᠭᠡ — ᠨᠡᠷ᠎ᠡ ᠦᠭᠡ — ᠲᠣᠭᠠᠴᠠᠭᠰᠠᠨ ᠦᠭᠡ ᠪᠣᠯᠤᠨ ᠬᠠᠮᠲᠤ ᠦᠭᠡ — ᠲᠡᠮᠳᠡᠭ ᠦᠭᠡ — ᠲᠣᠭᠠᠴᠠ ᠦᠭᠡ — ᠤᠨ ᠬᠡᠯᠡᠨ ᠤᠨ ᠲᠣᠭᠠᠨ ᠰᠤᠳᠤᠯᠤᠯ ᠂ ᠲᠣᠭᠠ ᠪᠢᠴᠢᠭᠯᠡᠯ ᠳᠤ ᠨᠢᠭᠡᠳᠦᠭᠡᠷ ᠦᠨ ᠬᠡᠯᠡᠨ ᠤᠨ ᠳᠠᠪᠲᠠᠮᠵᠢ ᠶᠢ ᠦᠵᠡᠭᠦᠯᠦᠨ ᠲᠣᠭᠠᠴᠠᠨ ᠲᠣᠭᠠᠴᠠᠭᠰᠠᠨ ᠳᠤ ᠂ ᠬᠣᠶᠠᠷ ᠰᠢᠨᠵᠢᠯᠡᠭᠰᠡᠨ ᠪᠡᠷ ᠪᠣᠯᠤᠨ ᠪᠠᠶᠢᠭᠤᠯᠬᠤ ᠪᠠ ᠬᠠᠷᠢᠴᠠᠭᠤᠯᠤᠨ ᠶᠢᠨ 《 BROWN ᠬᠡᠯᠡᠨ ᠦ ᠮᠠᠲ᠋ᠧᠷᠢᠶᠠᠯ ᠤᠨ ᠪᠠᠶᠢᠭᠤᠯᠤᠯ 》 ᠳᠤ ᠨᠢᠭᠡᠳᠦᠭᠡᠷ ᠪᠠᠷᠢᠮᠲᠠ ᠤᠨ ᠲᠣᠭᠠᠨ ᠬᠠᠷᠢᠴᠠᠭᠤᠯᠤᠨ ᠶᠢᠨ BROWN · ᠬᠣᠶᠠᠷ ᠤᠨ LOB ᠬᠣᠶᠠᠷ ᠤᠨ ᠲᠣᠭᠠᠨ ᠳᠤ ᠰᠤᠳᠤᠯᠭᠠᠨ ᠬᠡᠯᠡᠨ ᠦ ᠮᠠᠲ᠋ᠧᠷᠢᠶᠠᠯ ᠤᠨ ᠪᠠᠶᠢᠭᠤᠯᠤᠯ ᠪᠠᠷ ᠲᠤᠬᠠᠢᠯᠠᠭᠰᠠᠨ ᠰᠢᠨᠵᠢᠯᠡᠭᠡ ᠲᠣᠭᠠᠴᠠᠨ ᠂ ᠲᠣᠭᠠᠨ ᠤᠨ ᠬᠡᠯᠪᠡᠷᠢ ᠪᠣᠯᠤᠨ ᠵᠢᠭᠠᠯ ᠤᠨ 8 ᠨᠢ ᠲᠣᠭᠠ ᠲᠣᠭᠠᠴᠠᠭᠰᠠᠨ ᠳᠤ ᠬᠠᠷᠢᠴᠠᠭᠤᠯᠤᠭᠰᠠᠨ ᠪᠠᠢᠨ᠎ᠠ ᠃ ᠬᠡᠯᠡᠨ ᠤᠨ ᠬᠡᠷᠡᠭᠯᠡᠯ ᠤᠨ ᠤᠨ ᠳᠠᠪᠲᠠᠮᠵᠢ ᠵᠢᠷᠤᠮ15 ᠵᠦᠢᠯ ᠢ ᠪᠠᠷᠢᠮᠲᠠᠯᠠᠨ ᠂ ᠵᠢᠭᠠᠯ ᠦ ᠨᠡᠷ᠎ᠡ ᠦᠭᠡ ᠶᠢᠨ ᠲᠣᠭᠠᠴᠠᠭᠠᠯᠠᠯ ᠤᠨ ᠲᠣᠭᠠᠨ ᠢ ᠬᠦᠴᠦᠯᠦᠭᠦᠷ ᠰᠢᠨᠵᠢᠯᠡᠬᠦ ᠶᠢᠨ ᠠᠷᠭ᠎ᠠ (Factor Analysis) · ᠲᠣᠭᠠᠨ ᠤᠨ ᠬᠤᠪᠢ ᠬᠡᠮᠵᠢᠶ᠎ᠡ ᠢ ᠰᠤᠳᠤᠯᠤᠯᠴᠠᠭᠰᠠᠨ ᠪᠠᠢᠨ᠎ᠠ ᠃ ᠵᠢᠭᠠᠯ ᠦ ᠲᠣᠭᠠᠴᠠᠭᠠᠯᠠᠯ ᠪᠠᠢᠳᠠᠯ ᠬᠢᠭᠡᠳ ᠳᠠᠭᠠᠪᠤᠷ ᠦᠭᠡ ᠶᠢᠨ ᠳᠠᠪᠲᠠᠮᠵᠢ · ᠲᠣᠭᠠᠴᠠᠭ᠎ᠠ ᠶᠢ ᠪᠠᠷᠢᠮᠲᠠᠯᠠᠵᠤ · ᠬᠣᠶᠠᠷ ᠬᠡᠯᠡᠨ ᠦ 100 ᠲᠣᠭᠠᠴᠠᠭᠰᠠᠨ ᠤᠨ ᠲᠣᠭᠠᠨ ᠢ ᠪᠠᠷᠢᠮᠲᠠᠯᠠᠵᠤ · ᠬᠦᠴᠦᠯᠦᠭᠦᠷ ᠰᠢᠨᠵᠢᠯᠡᠬᠦ ᠶᠢᠨ ᠠᠷᠭ᠎ᠠ (Factor ᠰᠢᠨᠵᠢᠯᠡᠭᠡ ᠬᠢᠭᠰᠡᠨ ᠪᠣᠯᠤᠨ ᠫᠠᠯᠮ (Palme) ᠪᠣᠯᠤᠨ ᠃ ᠲᠣᠭᠠ ᠳᠠᠭᠠᠪᠤᠷ ᠦᠭᠡ · ᠲᠡᠮᠳᠡᠭ ᠦᠭᠡ ᠪᠣᠯᠤᠨ ᠬᠠᠷᠢᠴᠠᠭᠤᠯᠬᠤ ᠬᠡᠮᠵᠢᠶ᠎ᠡ ᠶᠢᠨ ᠲᠣᠭᠠ ᠲᠣᠭᠠᠴᠠᠭᠠᠯᠠᠯ ᠢ ᠪᠠᠷᠢᠮᠲᠠᠯᠠᠨ · ᠬᠡᠯᠡᠨ ᠤᠨ ᠬᠡᠷᠡᠭᠯᠡᠯ ᠤᠨ ᠲᠣᠭᠠᠨ ᠶᠢᠨ ᠬᠠᠷᠢᠴᠠᠭ᠎ᠠ ᠢ ᠪᠠᠷᠢᠮᠲᠠᠯᠠᠨ ᠰᠢᠨᠵᠢᠯᠡᠨ ᠤᠨ ᠮᠡᠳᠡᠯ ᠰᠢᠨᠵᠢᠯᠡᠭᠡ ᠲᠣᠭᠠᠨ ᠤᠨ

ᠪᠠᠶᠢᠨ᠎ᠠ ᠂ ᠭᠠᠳᠠᠭᠠᠳᠤ ᠦᠭᠡ ᠶᠢᠨ ᠬᠠᠷᠢᠴᠠᠭ᠎ᠠ ᠶᠢ ᠬᠠᠷᠢᠴᠠᠭᠤᠯᠪᠠᠯ) ᠮᠣᠩᠭᠣᠯ ᠦᠭᠡ ᠨᠢ 92.25% ᠢ ᠡᠵᠡᠯᠡᠵᠦ ᠂ 7.75% ᠢ ᠭᠠᠳᠠᠭᠠᠳᠤ ᠦᠭᠡ ᠡᠵᠡᠯᠡᠵᠦ ᠪᠠᠶᠢᠨ᠎ᠠ ᠃ « ᠰᠢᠨᠵᠢᠯᠡᠬᠦ ᠤᠬᠠᠭᠠᠨ » ᠤ ᠨᠡᠷ᠎ᠡ ᠶᠢᠨ ᠲᠣᠯᠢ ᠵᠢᠨ 439 ᠦᠭᠡ (ᠨᠡᠶᠢᠲᠡ ᠶᠢᠨ ᠲᠣᠭ᠎ᠠ ᠶᠢ ᠪᠠᠷᠢᠮᠵᠢᠯᠠᠭᠤ ᠪᠡᠷ ᠬᠠᠷᠭᠤᠯᠵᠤ ᠦᠵᠡᠪᠡᠯ

[illegible]	92.25%													7.75%							
	55.58%							30.30%	6.38%					5.7%					0.91%	0.68%	0.46%
[illegible]	32.35%	9.11%	3.64%	0.46%	3.87%	3.87%	2.28%	30.30%	0.68%	3.19%	0.91%	1.37%	0.23%	3.19%	1.14%	0.23%	0.91%	0.23%	0.91%	0.68%	0.46%
[illegible]	142	40	16	2	17	17	10	133	3	14	4	6	1	14	5	1	4	1	4	3	2
[illegible]	[illegible]	[illegible]	[illegible]	[illegible]	[illegible]	[illegible]	[illegible]	[illegible]	[illegible]	[illegible]	[illegible]	[illegible]	[illegible]	[illegible]	[illegible]	[illegible]	[illegible]	[illegible]	[illegible]	[illegible]	[illegible]
	[illegible]								[illegible]					[illegible]					[illegible]		[illegible]
	ᠮᠣᠩᠭᠣᠯ ᠦᠭᠡ													ᠭᠠᠳᠠᠭᠠᠳᠤ ᠦᠭᠡ							

ᠪᠠᠷᠢᠮᠵᠢᠯᠠᠭ᠎ᠠ 5—5 « ᠰᠢᠨᠵᠢᠯᠡᠬᠦ ᠤᠬᠠᠭᠠᠨ » ᠤ ᠨᠡᠷ᠎ᠡ ᠶᠢᠨ ᠲᠣᠯᠢ ᠵᠢᠨ ᠦᠭᠡᠰ ᠦᠨ ᠲᠥᠷᠥᠯ ᠦᠨ ᠬᠠᠷᠢᠴᠠᠭ᠎ᠠ ᠪᠠᠶᠢᠳᠠᠯ

ᠪᠠᠷᠢᠮᠵᠢᠯᠠᠭ᠎ᠠ ᠨᠢ ᠳᠣᠣᠷ᠎ᠠ ᠬᠢ ᠬᠦᠰᠦᠨᠦᠭᠲᠦ ᠶᠢᠨ ᠰᠢᠨᠵᠢᠯᠡᠯ ᠪᠠᠷᠢᠮᠵᠢᠯᠠᠭ᠎ᠠ 5—5 ᠳᠤ ᠪᠠᠶᠢᠨ᠎ᠠ ᠃

ᠪᠣᠯᠤᠨ᠎ᠠ (ᠰᠠᠨᠠᠯ ᠤᠨ ᠬᠡᠮᠵᠢᠶ᠎ᠡ ᠶᠢᠨ ᠪᠠᠲᠤᠯᠠᠬᠤ ᠶᠢᠨ ᠬᠡᠮᠵᠢᠶ᠎ᠡ ᠪᠡᠷ ᠂ ᠲᠤᠰᠬᠠᠢ ᠶᠢ ᠬᠡᠪᠰᠢᠯ ᠤᠨ ᠲᠤᠰᠬᠠᠢ ᠳᠤ ᠲᠣᠭᠠᠴᠠᠭᠰᠠᠨ ᠬᠡᠮᠵᠢᠶ᠎ᠡ 0.01% ᠶᠢᠨ ᠲᠦᠪᠰᠢᠨ
ᠬᠠᠪᠰᠤᠷᠤᠯᠲᠠ) ᠂ ᠬᠣᠶᠠᠷ ᠦᠭᠡᠯᠡᠯ ᠳᠦ ᠬᠠᠮᠲᠤ ᠳᠤ ᠬᠤᠪᠢ ᠬᠡᠮᠵᠢᠶᠡᠨ ᠦ ᠰᠢᠯᠭᠠᠭᠤᠷ (ᠦᠭᠡ ᠶᠢᠨ ᠲᠣᠭ᠎ᠠ ᠪᠠᠷᠢᠮᠲᠠ ᠬᠠᠷᠢᠴᠠᠭᠤᠯᠤᠯᠲᠠ ᠂ ᠲᠣᠭ᠎ᠠ ᠪᠠᠷᠢᠮᠲᠠ ᠶᠢᠨ
ᠬᠠᠮᠲᠤᠷᠠᠯᠲᠠ ᠶᠢᠨ ᠬᠦᠴᠦᠨ ᠪᠡᠷ ᠵᠢᠭᠠᠪᠠᠯ ᠦᠭᠡ ᠶᠢᠨ ᠲᠣᠭ᠎ᠠ ᠶᠢᠨ ᠳᠠᠷᠠᠭᠠᠯᠠᠯ ᠤᠨ ᠬᠠᠷᠢᠴᠠᠭᠤᠯᠤᠯ ᠲᠣᠳᠣᠷᠬᠠᠢ ᠪᠣᠯᠪᠠ :

1. ᠳᠠᠭᠠᠪᠠ ᠦᠭᠡ : ᠨᠡᠷ᠎ᠡ ᠦᠭᠡ > ᠦᠢᠯᠡ ᠦᠭᠡ > ᠲᠣᠭ᠎ᠠ ᠦᠭᠡ > ᠴᠠᠭ ᠤᠨ ᠦᠭᠡ = ᠲᠡᠮᠳᠡᠭ ᠦᠭᠡ > ᠲᠡᠢᠯ ᠦᠭᠡ >
ᠦᠭᠡ ᠶᠢᠨ ᠦᠭᠡᠷ ᠦᠭᠡ < ᠴᠠᠭ ᠤᠨ ᠦᠭᠡ < ᠠᠷᠭ᠎ᠠ ᠦᠭᠡ > ᠬᠠᠮᠲᠤ ᠦᠭᠡ > ᠲᠡᠮᠳᠡᠭ ᠦᠭᠡ > ᠴᠠᠭ ᠤᠨ ᠦᠭᠡ > ᠲᠡᠢᠯ ᠦᠭᠡ > ᠲᠣᠭ᠎ᠠ ᠦᠭᠡ

2. ᠬᠠᠮᠲᠤᠷᠠᠬᠤ ᠬᠡᠯᠪᠡᠷᠢ : ᠲᠣᠭᠲᠠᠭᠤᠨ ᠨᠡᠷ᠎ᠡ ᠦᠭᠡ > ᠲᠣᠭᠲᠠᠭᠤᠨ ᠲᠣᠭ᠎ᠠ ᠦᠭᠡ > ᠲᠣᠭᠲᠠᠭᠤᠨ ᠦᠢᠯᠡ ᠦᠭᠡ > ᠦᠢᠯᠡ ᠦᠭᠡ ᠶᠢᠨ
ᠲᠡᠮᠳᠡᠭᠯᠡᠬᠦ ᠬᠠᠮᠲᠤ ᠦᠭᠡ > ᠳᠠᠭᠠᠪᠤᠷᠢ ᠦᠭᠡ > ᠪᠣᠯᠤᠨ ᠤ ᠦᠭᠡ > ᠲᠣᠭᠲᠠᠭᠤᠨ ᠴᠠᠭ ᠤᠨ ᠦᠭᠡ < ᠦᠭᠡ ᠶᠢᠨ ᠦᠭᠡ = ᠲᠣᠭᠲᠠᠭᠤᠨ ᠲᠡᠮᠳᠡᠭ ᠦᠭᠡ ᠪᠣᠯ ᠪᠣᠯᠪᠠ ::

ᠳᠠᠭᠠᠪᠠ ᠦᠭᠡ ᠶᠢᠨ ᠬᠠᠮᠲᠤᠷᠠᠬᠤ ᠬᠡᠯᠪᠡᠷᠢ ᠶᠢᠨ ᠲᠣᠭ᠎ᠠ ᠪᠣᠳᠣᠯᠭ᠎ᠠ ᠶᠢ ᠰᠢᠨᠵᠢᠯᠡᠪᠡᠯ ᠂ ᠨᠡᠷ᠎ᠡ ᠦᠭᠡ ᠶᠢ ᠪᠣᠳᠣ ᠰᠢᠯᠢᠭᠤᠯ ᠳᠤ ᠰᠢᠯᠭᠠᠭᠤᠯᠤᠭᠰᠠᠨ ᠦᠭᠡ
ᠬᠤᠪᠢ ᠬᠡᠮᠵᠢᠶ᠎ᠡ ᠨᠢ ᠬᠠᠮᠲᠤᠷᠠᠭᠰᠠᠨ ᠂ ᠲᠣᠭ᠎ᠠ ᠶᠢ ᠪᠣᠳᠣ ᠰᠢᠯᠢᠭᠤᠯ ᠳᠤ 55.58% ᠢ ᠡᠵᠡᠯᠡᠪᠡ ᠂ ᠳᠠᠭᠠᠪᠤᠷᠢ ᠦᠢᠯᠡ ᠦᠭᠡ ᠪᠠᠰᠠ ᠲᠣᠭ᠎ᠠ ᠶᠢ ᠪᠣᠳᠣ 30.30% ᠢ
ᠡᠵᠡᠯᠡᠵᠦ ᠂ ᠬᠣᠶᠠᠷ ᠦᠭᠡ ᠪᠡᠷ ᠬᠠᠮᠲᠤᠷᠠᠭᠰᠠᠨ ᠬᠠᠪᠰᠤᠷᠤᠯᠲᠠ ᠶᠢᠨ ᠬᠤᠪᠢ ᠬᠡᠮᠵᠢᠶ᠎ᠡ ᠶᠢᠨ ᠬᠦᠰᠦᠨᠦᠭ ᠲᠦ ᠬᠠᠮᠲᠤᠷᠠᠯᠲᠠ ᠶᠢᠨ ᠪᠣᠯᠤᠨ᠎ᠠ 5—6 ᠳᠤ ᠦᠵᠡᠭᠦᠯᠪᠡ ::
ᠪᠣᠯᠣᠯᠴᠠᠭ᠎ᠠ 5—6 《ᠳᠠᠭᠠᠪᠤᠷᠢ ᠪᠣᠳᠣ》 ᠳᠤ ᠬᠠᠮᠲᠤᠷᠠᠭᠰᠠᠨ ᠦᠭᠡ ᠶᠢᠨ ᠲᠣᠭ᠎ᠠ ᠂ ᠬᠠᠮᠲᠤᠷᠠᠭᠰᠠᠨ ᠲᠣᠭ᠎ᠠ ᠪᠣᠯᠤᠨ ᠬᠤᠪᠢ ᠬᠡᠮᠵᠢᠶ᠎ᠡ ᠳᠤ ᠲᠣᠭᠠᠴᠠᠭᠰᠠᠨ

ᠪᠣᠯᠤᠭᠰᠠᠨ

ᠬᠠᠮᠲᠤᠷᠠᠭᠰᠠᠨ ᠲᠣᠭ᠎ᠠ	ᠦᠭᠡ ᠶᠢᠨ ᠲᠣᠭ᠎ᠠ	ᠬᠤᠪᠢ ᠬᠡᠮᠵᠢᠶ᠎ᠡ
1	248	79.23%
2	35	11.18%
3	17	5.43%
4	7	2.24%
5	1	0.23%
6	1	0.23%
7	2	0.46%
8	1	0.23%
9	1	0.23%

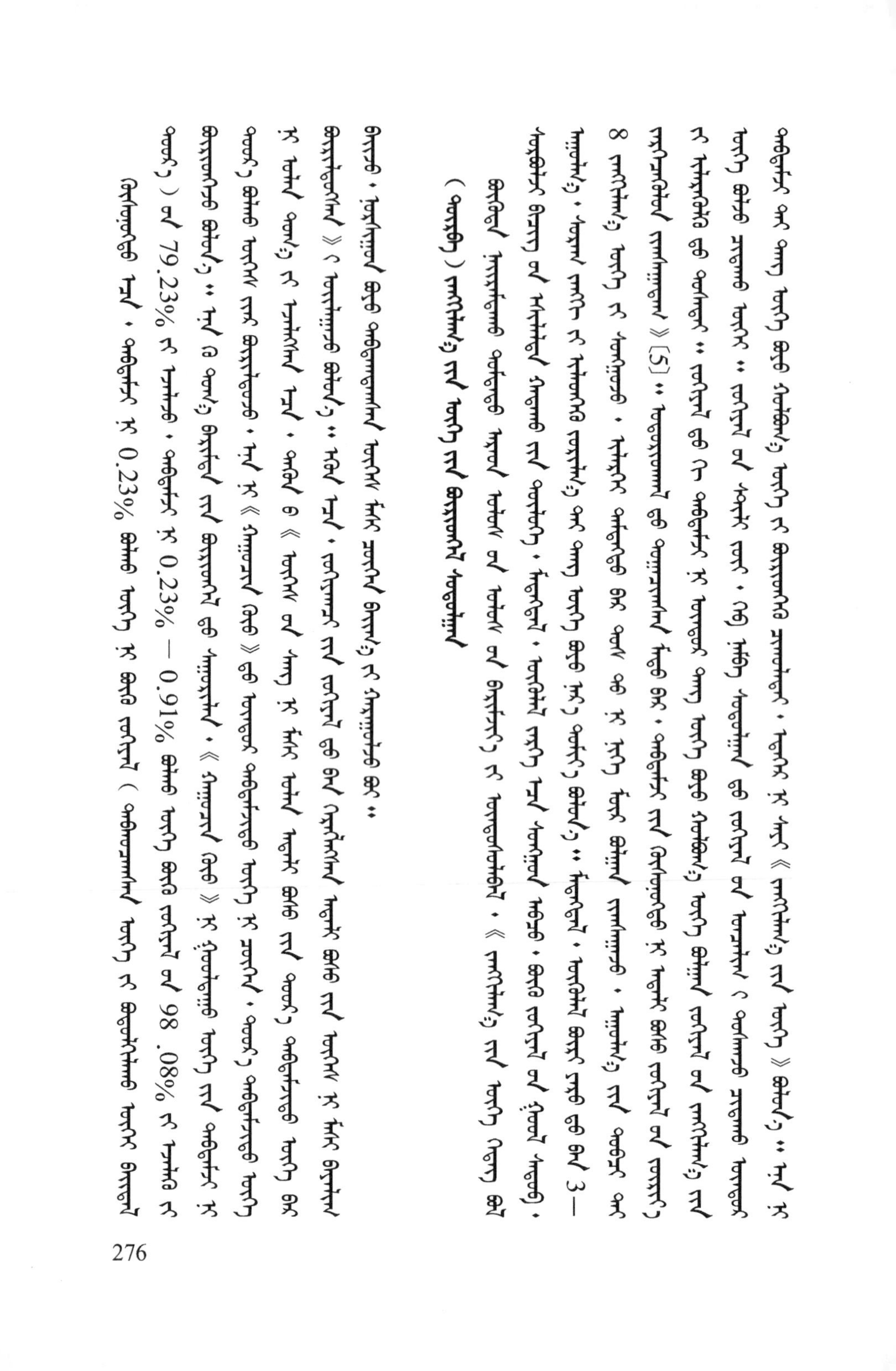

ᠮᠠᠲ᠋ᠧᠷᠢᠶᠠᠯ ᠤᠨ ᠰᠠᠩ ᠤᠨ ᠰᠢᠨᠵᠢᠯᠡᠭᠡᠨ ᠪᠠᠷ ᠬᠢᠵᠦ᠂ ᠤᠳᠬ᠎ᠠ ᠶᠢᠨ ᠰᠢᠨᠵᠢᠯᠡᠬᠦ ᠶᠢᠨ ᠬᠠᠮᠤᠭ ᠤᠨ ᠰᠢᠨᠡ ᠠᠷᠭ᠎ᠠ ᠪᠣᠯᠤᠭᠰᠠᠨ ᠮᠠᠲ᠋ᠧᠷᠢᠶᠠᠯ ᠤᠨ ᠰᠠᠩ ᠤᠨ ᠲᠤᠰᠠ ᠪᠡᠷ ᠪᠠᠶᠢᠭᠤᠯᠤᠭᠰᠠᠨ ᠃ ᠪᠠᠶᠢᠭᠤᠯᠤᠭᠰᠠᠨ᠂ ᠮᠠᠯᠪᠧᠷᠭ (Mahlberg) ᠪᠣᠯᠤᠨ ᠮᠠᠺᠢᠨᠲ᠋ᠠᠶᠢᠷ (Mcintyre) ᠨᠠᠷ 《皇家赌场》 ᠬᠡᠮᠡᠬᠦ ᠵᠣᠬᠢᠶᠠᠯ ᠢ ᠰᠢᠨᠵᠢᠯᠡᠭᠡᠳ ᠵᠣᠬᠢᠶᠠᠯ ᠤᠨ ᠳᠣᠲᠣᠷᠠᠬᠢ ᠦᠭᠡ ᠬᠡᠯᠡᠯᠭᠡ ᠶᠢ ᠮᠠᠲ᠋ᠧᠷᠢᠶᠠᠯ ᠤᠨ ᠰᠠᠩ ᠤᠨ ᠠᠷᠭ᠎ᠠ ᠪᠠᠷ ᠵᠣᠬᠢᠶᠠᠯ ᠢ ᠰᠢᠨᠵᠢᠯᠡᠭᠰᠡᠨ᠃ ᠲᠡᠳᠡ ᠵᠣᠬᠢᠶᠠᠯ ᠤᠨ ᠳᠣᠲᠣᠷᠠᠬᠢ ᠰᠠᠩ ᠤᠨ ᠦᠭᠡ ᠶᠢ ᠰᠢᠨᠵᠢᠯᠡᠵᠦ᠂ ᠦᠭᠡ ᠬᠡᠯᠡᠯᠭᠡ ᠶᠢᠨ

《 ᠮᠠᠲ᠋ᠧᠷᠢᠶᠠᠯ ᠤᠨ ᠰᠠᠩ 》 ᠳᠤ ᠬᠠᠮᠢᠶᠠᠷᠠᠬᠤ ᠶᠢ ᠰᠢᠨᠵᠢᠯᠡᠬᠦ᠂ ᠵᠣᠬᠢᠶᠠᠯ ᠢ ᠮᠠᠲ᠋ᠧᠷᠢᠶᠠᠯ ᠤᠨ ᠰᠠᠩ ᠤᠨ ᠪᠦᠬᠦ ᠲᠣᠭᠠᠨ ᠪᠠᠶᠢᠳᠠᠯ ᠢ ᠰᠢᠨᠵᠢᠯᠡᠬᠦ ᠳᠦ᠂ ᠪᠠᠶᠢᠳᠠᠯ wordsmith tools ᠬᠡᠮᠡᠬᠦ ᠶᠢᠨ ᠫᠷᠤᠭ᠌ᠷᠠᠮ ᠳᠤ ᠵᠢᠴᠢ ᠬᠡᠷᠡᠭᠯᠡᠭᠡ ᠪᠡᠷ ᠰᠢᠨᠵᠢᠯᠡᠭᠡᠨ ᠦ ᠲᠣᠭ᠎ᠠ ᠪᠠᠷ ᠲᠣᠭᠠᠴᠠᠭᠠᠨ ᠪᠠᠶᠢᠨ᠎ᠠ ᠲᠤ᠂ ᠦᠭᠡ ᠶᠢᠨ ᠳᠠᠪᠲᠠᠮᠵᠢ ᠶᠢ ᠪᠣᠳᠣᠬᠤ ᠳᠤ ᠰᠢᠨᠵᠢᠯᠡᠭᠡᠨ ᠦ ᠬᠡᠮᠵᠢᠶ᠎ᠡ ᠶᠢ ᠬᠡᠷᠡᠭᠯᠡᠭᠡᠨ ᠦ ᠪᠣᠳᠣᠯᠲᠠ ᠶᠢ ᠲᠣᠳᠣᠷᠬᠠᠶᠢᠯᠠᠬᠤ ᠳᠤ ᠬᠠᠮᠢᠶᠠᠷᠠᠬᠤ ᠦᠭᠡ ᠶᠢᠨ ᠪᠠᠶᠢᠳᠠᠯ ᠢ ᠲᠣᠳᠣᠷᠬᠠᠶᠢᠯᠠᠵᠤ ᠪᠣᠯᠬᠤ ᠶᠢ ᠬᠠᠷᠠᠭᠤᠯᠤᠭᠰᠠᠨ ᠪᠣᠯᠤᠨ᠎ᠠ᠃ [6]

《 ᠪᠣᠯᠤᠨᠳᠠᠭᠠᠷ ᠰᠠᠩ 》 ᠳᠤ ᠪᠠᠶᠢᠭᠤᠯᠤᠭᠳᠠᠭᠰᠠᠨ ᠰᠤᠳᠤᠯᠭ᠎ᠠ ᠪᠣᠯᠤᠨ᠎ᠠ᠃ ᠪᠡᠢᠺᠧᠷ ᠪᠠᠰᠠ (Baker) ᠨᠠᠷ ᠦᠭᠡ ᠶᠢᠨ ᠳᠠᠪᠲᠠᠮᠵᠢ ᠶᠢ ᠪᠣᠳᠣᠬᠤ ᠳᠤ ᠰᠤᠳᠤᠯᠤᠭᠰᠠᠨ ᠬᠡᠷᠡᠭᠯᠡᠭᠡᠨ ᠦ ᠰᠢᠨᠵᠢᠯᠡᠬᠦ ᠶᠢ ᠮᠠᠲ᠋ᠧᠷᠢᠶᠠᠯ ᠤᠨ ᠪᠦᠲᠦᠭᠡᠯ ᠦᠨ ᠰᠠᠩ ᠳᠤ ᠬᠠᠷᠢᠴᠠᠭᠤᠯᠵᠤ 《 ᠮᠠᠲ᠋ᠧᠷᠢᠶᠠᠯ ᠤᠨ ᠰᠠᠩ 》 ᠪᠡᠷ

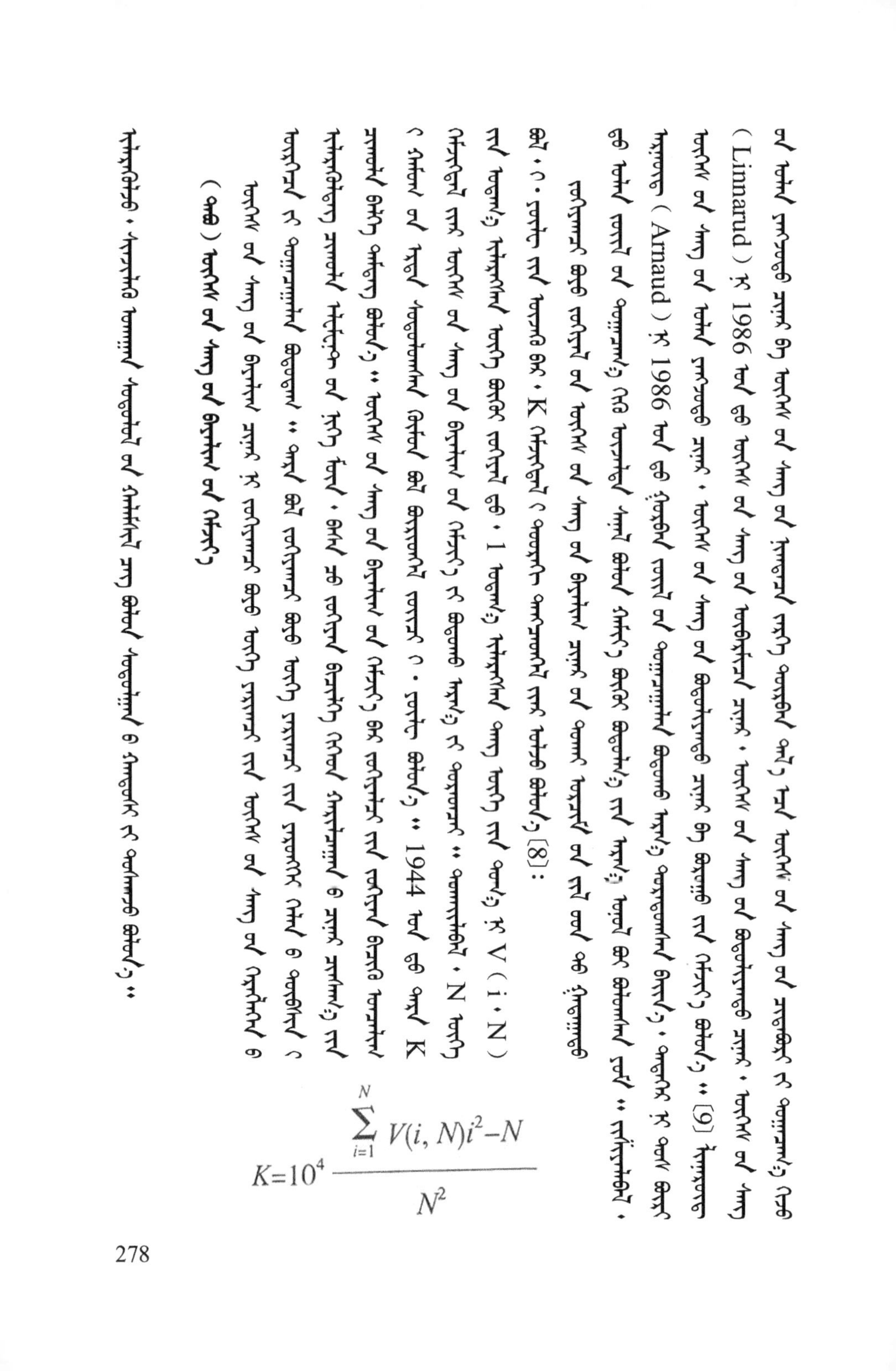

$$K=10^4\,\frac{\sum_{i=1}^{N} V(i,N)i^2-N}{N^2}$$

ᠰᠢᠯᠭᠠᠭᠤᠷ ᠢ ᠬᠡᠷᠡᠭᠯᠡᠨ᠎ᠡ ᠄ ᠡᠨᠡ ᠪᠡᠷ ᠪᠢᠴᠢᠭ᠌ ᠦᠭᠡ ᠶᠢᠨ ᠬᠡᠯᠡ ᠶᠢ ᠰᠤᠷᠤᠯᠴᠠᠭᠴᠢ ᠶᠢᠨ ᠬᠡᠯᠡᠨ ᠦ ᠴᠢᠳᠠᠪᠤᠷᠢ ᠶᠢᠨ ᠬᠥᠭᠵᠢᠯ ᠢ ᠬᠡᠮᠵᠢᠵᠦ ᠂ ᠬᠡᠯᠡᠨ ᠦ ᠴᠢᠳᠠᠪᠤᠷᠢ ᠶᠢ
ᠦᠭᠡᠰ ᠦᠨ ᠰᠠᠩ ᠤᠨ ᠨᠢᠭᠲᠠᠷᠠᠭᠴᠠ ᠪᠠᠷ ᠳᠦᠭᠦᠷᠬᠡᠢ ᠳᠦ ᠪᠠᠢᠨ ᠰᠤᠷᠤᠯᠴᠠᠭ᠎ᠠ ᠳᠤ ᠬᠦᠮᠦᠨ ᠦ ᠪᠢᠴᠢᠭ᠌ ᠦᠭᠡ ᠶᠢᠨ ᠴᠢᠳᠠᠪᠤᠷᠢ ᠶᠢ ᠬᠡᠮᠵᠢᠬᠦ ᠳ᠋ᠦ ᠨᠢ ᠬᠡᠷᠡᠭᠯᠡᠭᠳᠡᠭ ᠪᠠᠢᠳᠠᠯ ᠢ ᠲᠣᠳᠣᠷᠠᠢᠯᠠᠭᠰᠠᠨ ᠪᠠᠢᠨ᠎ᠠ ᠄

ᠲᠣᠭᠠᠴᠠᠯ ᠰᠤᠳᠤᠯᠭ᠎ᠠ ᠶᠢᠨ ᠠᠷᠭ᠎ᠠ ᠂ ᠲᠡᠷᠡ ᠴᠢᠬᠤᠯᠠ ᠡᠭᠦᠨ ᠢ ᠪᠢᠴᠢᠭ᠌ ᠦᠭᠡ 《 ᠪᠢᠴᠢᠭ᠌ ᠦᠭᠡ 》 ᠳᠦ ᠬᠡᠷᠡᠭᠯᠡᠭᠰᠡᠨ ᠦᠭᠡᠰ ᠦᠨ ᠲᠣᠭ᠎ᠠ ᠂ ᠦᠭᠡᠰ ᠦᠨ ᠰᠠᠩ ᠤᠨ ᠨᠢᠭᠲᠠᠷᠠᠭᠴᠠ ᠂ ᠦᠭᠡᠰ ᠦᠨ ᠣᠯᠠᠨ ᠵᠦᠢᠯ ᠴᠢᠨᠠᠷ ᠂ ᠦᠭᠡᠰ ᠦᠨ ᠨᠠᠷᠢᠯᠢᠭ ᠴᠢᠨᠠᠷ ᠂ ᠦᠭᠡᠰ ᠦᠨ ᠪᠤᠷᠤᠭᠤ ᠬᠡᠷᠡᠭᠯᠡᠭᠡ ᠵᠡᠷᠭᠡ ᠪᠣᠯᠤᠨ᠎ᠠ ᠄ 〔13〕

《 ᠦᠭᠡᠰ ᠦᠨ ᠰᠠᠩ ᠤᠨ ᠨᠢᠭᠲᠠᠷᠠᠭᠴᠠ 》 ᠭᠡᠳᠡᠭ ᠨᠢ ᠪᠢᠴᠢᠭ᠌ ᠦᠭᠡᠨ ᠳᠦ ᠬᠡᠷᠡᠭᠯᠡᠭᠰᠡᠨ ᠤᠳᠬ᠎ᠠ ᠲᠠᠢ ᠦᠭᠡ (Lexical/Content Words) ᠶᠢᠨ ᠡᠵᠡᠯᠡᠬᠦ ᠬᠤᠪᠢ ᠶᠢ ᠬᠡᠯᠡᠨ᠎ᠡ ᠄ ᠷᠢᠳ (Read) ᠤᠨ 2000 ᠣᠨ ᠤ ᠰᠤᠳᠤᠯᠭ᠎ᠠ ᠪᠠᠷ ᠂ 《 ᠦᠭᠡᠰ ᠦᠨ ᠰᠠᠩ ᠤᠨ ᠨᠢᠭᠲᠠᠷᠠᠭᠴᠠ 》 40% ᠠᠴᠠ ᠳᠡᠭᠡᠭᠰᠢ ᠪᠣᠯᠪᠠᠯ ᠂ ᠲᠡᠷᠡ ᠪᠢᠴᠢᠭ᠌ ᠦᠭᠡ ᠶᠢᠨ ᠤᠳᠬ᠎ᠠ ᠨᠢ ᠪᠠᠶᠠᠯᠢᠭ ᠪᠣᠯᠤᠨ᠎ᠠ ᠂ 40% ᠠᠴᠠ ᠪᠠᠭ᠎ᠠ ᠪᠣᠯᠪᠠᠯ ᠤᠳᠬ᠎ᠠ ᠨᠢ ᠬᠣᠭᠣᠰᠣᠨ ᠪᠣᠯᠤᠨ᠎ᠠ ᠄ 〔12〕

ᠦᠷ (Ure) ᠨᠢ 1971 ᠣᠨ ᠳᠤ 《 ᠦᠭᠡᠰ ᠦᠨ ᠰᠠᠩ ᠤᠨ ᠨᠢᠭᠲᠠᠷᠠᠭᠴᠠ 》 ᠭᠡᠳᠡᠭ ᠤᠬᠠᠭᠳᠠᠬᠤᠨ ᠢ ᠳᠡᠪᠰᠢᠭᠦᠯᠦᠭᠰᠡᠨ ᠪᠠᠢᠨ᠎ᠠ ᠂

1. ᠦᠭᠡᠰ ᠦᠨ ᠰᠠᠩ ᠤᠨ ᠨᠢᠭᠲᠠᠷᠠᠭᠴᠠ (Lexical Density LD)

ᠪᠢᠴᠢᠭ᠌ ᠦᠭᠡ ᠶᠢᠨ ᠬᠡᠯᠡᠨ ᠦ ᠪᠦᠲᠦᠴᠡ ᠶᠢᠨ ᠨᠠᠷᠢᠯᠢᠭ ᠴᠢᠨᠠᠷ ᠢ ᠬᠡᠮᠵᠢᠬᠦ ᠄

ᠦᠭᠡᠰ ᠦᠨ ᠰᠠᠩ ᠤᠨ ᠨᠢᠭᠲᠠᠷᠠᠭᠴᠠ ᠪᠣᠯ ᠪᠢᠴᠢᠭ᠌ ᠦᠭᠡ ᠶᠢᠨ ᠤᠳᠬ᠎ᠠ ᠶᠢᠨ ᠠᠭᠤᠯᠭ᠎ᠠ ᠶᠢᠨ ᠬᠡᠮᠵᠢᠶ᠎ᠡ ᠪᠣᠯᠤᠨ᠎ᠠ ᠂ ᠦᠭᠡᠰ ᠦᠨ ᠰᠠᠩ ᠤᠨ

ᠨᠢᠭᠲᠠᠷᠠᠭᠴᠠ ᠬᠡᠳᠦᠢ ᠢᠯᠡᠭᠦ ᠪᠣᠯᠬᠤ ᠲᠤᠰᠤᠮ ᠤᠳᠬ᠎ᠠ ᠨᠢ ᠪᠠᠶᠠᠯᠢᠭ ᠪᠣᠯᠤᠨ᠎ᠠ ᠄ ᠡᠭᠦᠨ ᠢ 《 ᠰᠤᠷᠤᠯᠴᠠᠭᠴᠢ ᠶᠢᠨ 》 ᠪᠢᠴᠢᠭ᠌ ᠦᠭᠡ ᠶᠢᠨ ᠴᠢᠳᠠᠪᠤᠷᠢ ᠶᠢ ᠬᠡᠮᠵᠢᠬᠦ ᠳ᠋ᠦ ᠬᠡᠷᠡᠭᠯᠡᠨ᠎ᠡ ᠄ 〔11〕

ᠦᠭᠡᠰ ᠦᠨ ᠰᠠᠩ ᠤᠨ ᠨᠢᠭᠲᠠᠷᠠᠭᠴᠠ ᠶᠢ ᠪᠣᠳᠣᠬᠤ ᠠᠷᠭ᠎ᠠ ᠂ ᠦᠭᠡᠰ ᠦᠨ ᠰᠠᠩ ᠤᠨ ᠨᠢᠭᠲᠠᠷᠠᠭᠴᠠ ᠶᠢᠨ ᠲᠣᠭᠠᠴᠠᠯ ᠤᠨ ᠠᠷᠭ᠎ᠠ ᠨᠢ ᠣᠯᠠᠨ ᠵᠦᠢᠯ ᠪᠣᠯᠤᠨ᠎ᠠ ᠄ 〔10〕 ᠷᠢᠳ (Read) ᠨᠢ 2000 ᠣᠨ ᠳᠤ ᠦᠭᠡᠰ ᠦᠨ ᠰᠠᠩ ᠤᠨ ᠪᠢᠴᠢᠭ᠌ ᠦᠭᠡ ᠶᠢᠨ ᠠᠷᠭ᠎ᠠ ᠨᠢ ᠦᠭᠡᠰ ᠦᠨ ᠰᠠᠩ

ᠲᠡᠮᠳᠡᠭ ᠦᠭᠡ ᠶᠢᠨ ᠲᠣᠭ᠎ᠠ ᠪᠠᠷ ᠬᠤᠪᠢᠶᠠᠵᠤ᠂ ᠦᠭᠡᠰ ᠦᠨ ᠨᠡᠢᠲᠡ ᠲᠣᠭ᠎ᠠ ᠳᠤ ᠡᠵᠡᠯᠡᠬᠦ ᠬᠤᠪᠢ ᠶᠢ ᠦᠭᠡᠰ ᠦᠨ ᠲᠣᠭ᠎ᠠ ᠶᠢᠨ ᠪᠣᠳᠠᠲᠤ ᠦᠭᠡ ᠶᠢᠨ ᠲᠣᠭ᠎ᠠ ᠳᠤ ᠡᠵᠡᠯᠡᠬᠦ ᠬᠤᠪᠢ ᠪᠠᠷ ᠲᠣᠭᠠᠴᠠᠨ᠎ᠠ᠃ ᠲᠡᠭᠦᠨ ᠦ ᠲᠣᠭᠠᠴᠠᠬᠤ ᠠᠷᠭ᠎ᠠ ᠨᠢ ᠳᠣᠣᠷᠠᠬᠢ ᠮᠡᠲᠦ ᠪᠣᠯᠤᠨ᠎ᠠ :

ᠦᠭᠡ ᠶᠢᠨ ᠨᠢᠭᠲᠠᠷᠠᠭᠤᠯ LD= ᠪᠣᠳᠠᠲᠤ ᠦᠭᠡ ᠶᠢᠨ ᠲᠣᠭ᠎ᠠ / ᠨᠡᠢᠲᠡ ᠦᠭᠡ ᠶᠢᠨ ᠲᠣᠭ᠎ᠠ *100%

ᠪᠣᠳᠠᠲᠤ ᠦᠭᠡ ᠶᠢᠨ ᠲᠣᠭ᠎ᠠ ᠨᠢ 《ᠰᠤᠷᠭᠠᠭᠤᠯᠢ ᠶᠢᠨ》 ᠳᠤ ᠨᠡᠢᠲᠡ ᠦᠭᠡ ᠶᠢᠨ ᠲᠣᠭ᠎ᠠ 439 ᠪᠣᠯᠬᠤ᠂ 《ᠰᠤᠷᠭᠠᠭᠤᠯᠢ ᠶᠢᠨ》 ᠳᠤ ᠪᠣᠳᠠᠲᠤ ᠦᠭᠡ ᠶᠢᠨ ᠲᠣᠭ᠎ᠠ ᠶᠢ ᠲᠣᠭᠠᠴᠠᠭᠠᠳ 377 ᠪᠣᠯᠪᠠᠯ᠃ ᠡᠨᠡ ᠬᠦ 《ᠰᠤᠷᠭᠠᠭᠤᠯᠢ ᠶᠢᠨ》 ᠳᠤ ᠦᠭᠡ ᠶᠢᠨ ᠨᠢᠭᠲᠠᠷᠠᠭᠤᠯ ᠢ :

LD=377 ÷ 439 × 100%=85.88%

ᠲᠤᠰ ᠦ ᠰᠣᠷᠢᠯᠲᠠ ᠳᠤ ᠲᠣᠭᠠᠴᠠᠭᠰᠠᠨ ᠦᠭᠡ ᠶᠢᠨ ᠨᠢᠭᠲᠠᠷᠠᠭᠤᠯ ᠨᠢ 40% ᠡᠴᠡ ᠳᠡᠭᠡᠭᠰᠢ ᠪᠠᠶᠢᠬᠤ ᠶᠣᠰᠣᠲᠠᠢ ᠪᠣᠯᠤᠨ᠎ᠠ᠂ ᠡᠨᠡ ᠨᠢ 《ᠦᠭᠡ ᠶᠢᠨ ᠨᠢᠭᠲᠠᠷᠠᠭᠤᠯ》 ᠤᠨ ᠬᠡᠮᠵᠢᠶ᠎ᠡ ᠳᠦ ᠬᠦᠷᠦᠭᠰᠡᠨ ᠪᠣᠯᠤᠨ᠎ᠠ᠃

2. ᠦᠭᠡ ᠶᠢᠨ ᠬᠤᠪᠢᠷᠠᠯ ᠤᠨ ᠬᠡᠮᠵᠢᠶ᠎ᠡ (Lexical Variation LV)

ᠦᠭᠡ ᠪᠣᠯ ᠬᠡᠯᠡᠨ ᠦ ᠦᠨᠳᠦᠰᠦᠨ ᠪᠦᠷᠢᠯᠳᠡᠬᠦᠨ ᠪᠣᠯᠬᠤ ᠪᠠ ᠦᠭᠡ ᠶᠢᠨ ᠬᠤᠪᠢᠷᠠᠯ ᠢ ᠬᠡᠮᠵᠢᠶᠡᠬᠦ ᠨᠢ ᠪᠢᠴᠢᠭ ᠦᠨ ᠬᠡᠯᠡᠨ ᠦ ᠦᠨᠡᠯᠡᠬᠦ ᠴᠢᠬᠤᠯᠠ ᠪᠣᠯᠤᠨ᠎ᠠ᠃ ᠲᠡᠶᠢᠮᠦ ᠡᠴᠡ ᠦᠭᠡ ᠶᠢᠨ ᠬᠤᠪᠢᠷᠠᠯ ᠤᠨ ᠬᠡᠮᠵᠢᠶ᠎ᠡ ᠶᠢ ᠲᠣᠭᠠᠴᠠᠬᠤ ᠠᠷᠭ᠎ᠠ 〔14〕᠂ ᠵᠢᠱᠢᠶᠡᠯᠡᠪᠡᠯ ᠦᠭᠡ ᠶᠢᠨ ᠲᠥᠷᠦᠯ ᠢ ᠬᠡᠷᠡᠭᠯᠡᠭᠰᠡᠨ ᠦᠭᠡ ᠶᠢᠨ ᠲᠣᠭ᠎ᠠ ᠳᠤ ᠬᠤᠪᠢᠶᠠᠵᠤ ᠭᠠᠷᠭᠠᠭᠰᠠᠨ ᠬᠤᠪᠢ ᠶᠢᠨ ᠬᠡᠮᠵᠢᠶ᠎ᠡ ᠭᠡᠳᠡᠭ᠃ ᠡᠨᠡ ᠨᠢ ᠦᠭᠡ ᠶᠢᠨ ᠲᠥᠷᠦᠯ ᠪᠠ ᠦᠭᠡ ᠶᠢᠨ ᠳᠦᠷᠰᠦ ᠶᠢᠨ ᠬᠠᠷᠢᠴᠠᠭ᠎ᠠ (Type—token Ratio, TTR) ᠭᠡᠨ᠎ᠡ᠃ ᠡᠨᠡ ᠨᠢ ᠦᠭᠡ ᠶᠢᠨ ᠲᠥᠷᠦᠯ ᠢ ᠬᠡᠷᠡᠭᠯᠡᠭᠰᠡᠨ ᠦᠭᠡ ᠶᠢᠨ ᠨᠡᠢᠲᠡ ᠲᠣᠭ᠎ᠠ ᠳᠤ ᠬᠤᠪᠢᠶᠠᠵᠤ ᠭᠠᠷᠭᠠᠭᠰᠠᠨ ᠬᠠᠷᠢᠴᠠᠭ᠎ᠠ ᠪᠡᠷ ᠲᠣᠭᠠᠴᠠᠭᠰᠠᠨ ᠦᠭᠡ ᠶᠢᠨ ᠲᠥᠷᠦᠯ ᠪᠠ ᠦᠭᠡ ᠶᠢᠨ ᠳᠦᠷᠰᠦ ᠶᠢᠨ ᠬᠠᠷᠢᠴᠠᠭ᠎ᠠ ᠪᠣᠯᠤᠨ᠎ᠠ᠃

[illegible]

[illegible] ::

[illegible]

[illegible]

[illegible] :: [illegible]

[illegible] :

[illegible] LV=TTR= [illegible] / [illegible]*
100%

[illegible] 439 [illegible]

[illegible] 430 [illegible] :

LV=TTR= 430 ÷ 439 × 100%=97.9%

[illegible] ::

3. [illegible] (Lexical Sophistication LS)

[illegible]

ᠦᠭᠡᠰ》ᠦᠨ ᠢ ᠲᠣᠭᠠᠴᠠᠭᠰᠠᠨ ᠪᠠᠢᠨ᠎ᠠ ᠃
ᠦᠭᠡᠰ ᠢ 79% ᠢ ᠡᠵᠡᠯᠡᠵᠦ ᠂ 《ᠦᠭᠡᠰ ᠦᠨ ᠰᠠᠩ ᠤᠨ ᠪᠠᠶᠠᠯᠢᠭᠰᠢᠯ ᠤᠨ ᠬᠡᠮᠵᠢᠭᠦᠷ ᠳᠠᠭᠤᠰᠬᠤ ᠡᠯᠡᠬᠡᠨ
ᠦᠭᠡᠰ ᠦᠨ ᠰᠠᠩ ᠤᠨ ᠪᠠᠶᠠᠯᠢᠭᠰᠢᠯ ᠢ ᠬᠡᠮᠵᠢᠭᠦ ᠵᠢᠭᠠᠯᠲᠠ ᠪᠣᠯᠭᠠᠪᠠ ᠃ ᠲᠣᠭᠠᠴᠠᠭᠰᠠᠨ ᠤ ᠲᠣᠭ᠎ᠠ ᠪᠣᠯ ᠂ 《ᠬᠡᠯᠡᠨ ᠦ ᠪᠠᠭᠠᠰᠢ 》 ᠳᠤ ᠣᠷᠣᠭᠰᠠᠨ ᠬᠡᠷᠡᠭᠯᠡᠭᠳᠡᠬᠦ
ᠦᠭᠡᠰ ᠦᠨ ᠰᠠᠩ ᠤᠨ ᠪᠠᠶᠠᠯᠢᠭᠰᠢᠯ ᠤᠨ ᠵᠢᠭᠠᠯᠲᠠ ᠢ ᠣᠷᠣᠭᠰᠠᠨ ᠬᠡᠷᠡᠭᠯᠡᠭᠳᠡᠬᠦ ᠦᠭᠡᠰ ᠦᠨ ᠪᠠᠷᠢᠮᠵᠢᠶ᠎ᠠ ᠳᠤ ᠲᠣᠭᠠᠴᠠᠭᠳᠠᠬᠤ ᠂ ᠣᠷᠣᠭᠰᠠᠨ ᠨᠢ ᠨᠡᠢᠲᠡ ᠪᠣᠯ ᠢ

LS=347 ÷ 439 × 100% =79%

ᠪᠠᠢᠨ᠎ᠠ ᠃ ᠡᠨᠡᠬᠦ ᠨᠢ ᠂ 《ᠬᠡᠯᠡᠨ ᠦ ᠪᠠᠭᠠᠰᠢ 》 ᠳᠤ ᠦᠭᠡᠰ ᠦᠨ ᠰᠠᠩ ᠤᠨ ᠪᠠᠶᠠᠯᠢᠭᠰᠢᠯ ᠤᠨ ᠵᠢᠭᠠᠯᠲᠠ ᠢ ᠃
ᠦᠭᠡᠰ ᠦᠨ ᠨᠡᠢᠲᠡ 347 ᠪᠠᠢᠭ᠎ᠠ ᠂ ᠡᠳᠡᠭᠡᠷ ᠢ 《ᠬᠡᠯᠡᠨ ᠦ ᠪᠠᠭᠠᠰᠢ 》 ᠪᠠ ᠪᠤᠰᠤ ᠲᠡᠭᠡᠷᠯᠡᠭᠰᠡᠨ ᠬᠡᠷᠡᠭᠯᠡᠭᠳᠡᠬᠦ ᠦᠭᠡᠰ ᠪᠠ ᠳᠠᠪᠲᠠᠮᠵᠢ ᠪᠠᠢᠳᠠᠯ
ᠲᠣᠭᠠᠴᠠᠭᠰᠠᠨ ᠢ ᠲᠣᠭᠠᠴᠠᠭᠰᠠᠨ ᠂ 《ᠬᠡᠯᠡᠨ ᠦ ᠪᠠᠭᠠᠰᠢ 》 ᠳᠤ ᠭᠠᠷᠴᠠᠭ ᠤᠨ ᠲᠣᠭ᠎ᠠ ᠪᠠᠢᠭ᠎ᠠ ᠢ 439 ᠂ ᠡᠨᠡ ᠪᠡᠷ ᠬᠤᠪᠢ ᠢ 0.23% ᠲᠣᠭᠠᠴᠠᠭ᠎ᠠ
ᠳᠤ ᠬᠤᠪᠢ *100%

ᠦᠭᠡᠰ ᠦᠨ ᠰᠠᠩ ᠤᠨ ᠪᠠᠶᠠᠯᠢᠭᠰᠢᠯ ᠤᠨ ᠵᠢᠭᠠᠯᠲᠠ LS = ᠭᠠᠷᠴᠠᠭ ᠪᠠ ᠪᠤᠰᠤ ᠪᠠᠶᠠᠯᠢᠭᠰᠢᠯ ᠦᠭᠡᠰ ᠦᠨ ᠲᠣᠭ᠎ᠠ ᠬᠤᠪᠢ / ᠭᠠᠷᠴᠠᠭ ᠤᠨ ᠲᠣᠭ᠎ᠠ ᠪᠠᠢᠭ᠎ᠠ
ᠢ ᠃
ᠢ ᠬᠡᠷᠡᠭᠯᠡᠭᠡ ᠬᠡᠮᠵᠢᠭᠦᠯᠬᠦ ᠦᠭᠡᠰ ᠦᠨ ᠬᠡᠷᠡᠭᠯᠡᠭᠡ ᠪᠣᠯᠤᠨ ᠦᠭᠡᠰ ᠦᠨ ᠰᠠᠩ ᠤᠨ ᠦᠭᠡᠰ ᠪᠦᠬᠦᠢ ᠂ ᠡᠨᠡ ᠪᠣᠯ ᠬᠡᠷᠡᠭᠯᠡᠭᠳᠡᠬᠦ ᠬᠠᠷᠢᠴᠠᠩᠭᠤᠢ ᠳᠤ ᠲᠣᠭᠠᠴᠠᠭᠳᠠᠬᠤ
ᠬᠡᠮᠵᠢᠶ᠎ᠡ ᠬᠡᠮᠵᠢᠭᠦᠯᠬᠦ ᠦᠭᠡᠰ ᠦᠨ ᠳᠤ ᠬᠡᠷᠡᠭᠯᠡᠭᠳᠡᠬᠦ ᠳᠠᠪᠲᠠᠮᠵᠢ ᠪᠠᠢᠳᠠᠯ ᠤᠨ ᠬᠡᠯᠪᠡᠷᠢ ᠪᠠᠢᠳᠠᠯ ᠤᠨ ᠰᠢᠨᠵᠢᠯᠡᠯ ᠪᠠ ᠂ ᠬᠡᠮᠵᠢᠶ᠎ᠡ ᠬᠡᠮᠵᠢᠭᠦᠯᠬᠦ ᠦᠭᠡᠰ ᠦᠨ ᠠᠷᠭ᠎ᠠ
ᠬᠡᠮᠵᠢᠭᠦ (lexical frequency profile LFP) ᠳᠤ ᠳᠠᠪᠲᠠᠮᠵᠢ ᠶᠢᠨ ᠬᠡᠯᠪᠡᠷᠢ ᠪᠣᠯᠤᠨ᠎ᠠ ᠃ ᠡᠨᠡ ᠪᠡᠷ ᠪᠣᠯ ᠰᠠᠨᠠᠯ ᠤᠨ ᠠᠷᠭ᠎ᠠ ᠪᠠ ᠭᠠᠷ
ᠦᠭᠡᠰ ᠦᠨ ᠳᠠᠪᠲᠠᠮᠵᠢ ᠶᠢᠨ ᠬᠠᠷᠢᠴᠠᠩᠭᠤᠢ ᠃ ᠯᠠᠦᠹᠡᠷ ᠤᠨ 1995 ᠣᠨ ᠤ ᠰᠤᠳᠤᠯᠭ᠎ᠠ ᠳᠤ ᠲᠣᠭᠠᠴᠠᠭᠰᠠᠨ ᠂ ᠡᠳᠡᠭᠡᠷ ᠢ ᠦᠭᠡᠰ ᠦᠨ ᠰᠠᠩ ᠤᠨ ᠬᠡᠮᠵᠢᠶ᠎ᠡ ᠳᠤ
ᠬᠡᠮᠵᠢᠭᠦᠯᠬᠦ ᠦᠭᠡᠰ ᠦᠨ ᠠᠷᠭ᠎ᠠ ᠪᠠᠷᠢᠮᠲᠠ ᠬᠡᠮᠵᠢᠶ᠎ᠡ ᠬᠡᠮᠵᠢᠭᠦᠯᠬᠦ ᠦᠭᠡᠰ ᠦᠨ ᠵᠡᠷᠭᠡ ᠪᠠᠢ ᠃ ᠡᠳᠡᠭᠡᠷ ᠡᠨᠡ ᠢ ᠭᠠᠷᠴᠠᠭ ᠪᠠ ᠰᠤᠷᠤᠯᠴᠠᠭ᠎ᠠ ᠪᠠᠶᠠᠯᠢᠭᠰᠢᠯ
ᠪᠠᠢᠨ᠎ᠠ ᠃ ᠳᠠᠷᠠᠭ᠎ᠠ ᠳᠤ 2000 ᠣᠨ ᠤ ᠰᠤᠳᠤᠯᠭ᠎ᠠ ᠳᠤ ᠲᠣᠭᠠᠴᠠᠭᠰᠠᠨ ᠂ ᠬᠡᠮᠵᠢᠶ᠎ᠡ ᠲᠣᠭᠠᠴᠠᠭ᠎ᠠ ᠪᠡᠷ ᠪᠠᠶᠠᠯᠢᠭ ᠦᠭᠡᠰ ᠰᠤᠷᠤᠯᠲᠠ ᠪᠠ ᠪᠡᠷ ᠲᠣᠭᠠᠴᠠᠭᠰᠠᠨ

ᠪᠦᠷᠢᠯᠳᠦᠭᠦᠨ ᠬᠠᠮᠤᠷᠤᠯᠲᠠ ᠪᠠ ᠳᠠᠪᠲᠠᠮᠵᠢ ᠪᠣᠯ᠂《ᠰᠢᠳᠤᠷᠭᠤ ᠲᠤᠭᠤᠵᠢ》 ᠳᠤ ᠦᠭᠡᠰ ᠦᠨ ᠲᠣᠭ᠎ᠠ ᠶᠢᠨ ᠬᠠᠮᠤᠷᠤᠯᠲᠠ ᠨᠢ 85.88%᠂ ᠦᠭᠡᠰ ᠦᠨ ᠲᠣᠭ᠎ᠠ ᠶᠢᠨ ᠬᠡᠮᠵᠢᠶ᠎ᠡ ᠰᠠᠢᠵᠢᠷᠠᠭᠤ ᠬᠠᠮᠤᠷᠤᠯᠲᠠ ᠨᠢ 97.9%᠂ ᠦᠭᠡᠰ ᠦᠨ ᠲᠣᠭ᠎ᠠ ᠶᠢᠨ ᠪᠦᠷᠢᠯᠳᠦᠭᠦᠨ ᠬᠠᠮᠤᠷᠤᠯᠲᠠ ᠨᠢ 79% ᠪᠣᠯᠤᠭ᠎ᠠ ᠪᠠ ᠬᠡᠮᠵᠢᠭᠳᠡᠯ ᠦᠨ ᠬᠡᠮᠵᠢᠶ᠎ᠡ ᠬᠡᠲᠦ ᠶᠡᠬᠡᠳᠬᠡᠯ ᠬᠦᠷᠦᠭᠰᠡᠨ ᠪᠠᠶᠢᠳᠠᠯ ᠳᠤ ᠦᠭᠡᠰ ᠦᠨ ᠲᠣᠭ᠎ᠠ ᠶᠢᠨ ᠬᠠᠮᠤᠷᠤᠯᠲᠠ ᠬᠡᠵᠢᠶ᠎ᠡ ᠴᠤ᠂ ᠦᠭᠡᠰ ᠦᠨ ᠲᠣᠭ᠎ᠠ ᠶᠢᠨ ᠪᠠᠭᠠᠰᠬᠠᠨ ᠪᠠᠭᠤᠷᠠᠬᠤ ᠬᠡᠵᠢᠶ᠎ᠡ ᠴᠤ᠂ ᠦᠭᠡᠰ ᠦᠨ ᠲᠣᠭ᠎ᠠ ᠶᠢᠨ ᠬᠡᠮᠵᠢᠶ᠎ᠡ ᠶᠢᠨ ᠬᠦᠷᠢᠶᠡᠯᠡᠩ ᠳᠦ ᠪᠠᠶᠢᠳᠠᠭ ᠲᠡᠭᠦᠰᠬᠡᠯ ᠦᠨ ᠬᠡᠮᠵᠢᠶ᠎ᠡ ᠲᠠᠢ ᠪᠣᠯᠭᠠᠨ᠎ᠠ᠃

ᠲᠠᠢᠯᠪᠤᠷᠢ:

〔1〕ᠳ᠂ ᠪᠠᠲᠦᠷ᠂ ᠪᠣ ᠰᠤᠷᠤᠭᠤᠨᠠᠰᠤᠲᠤ:《ᠮᠣᠩᠭᠣᠯ ᠬᠡᠯᠡ ᠶᠢᠨ ᠦᠭᠡᠰ ᠦᠨ ᠳᠠᠪᠲᠠᠮᠵᠢ ᠶᠢᠨ ᠲᠣᠯᠢ》᠂ ᠦᠪᠦᠷ ᠮᠣᠩᠭᠣᠯ ᠤᠨ ᠰᠤᠷᠭᠠᠨ ᠬᠦᠮᠦᠵᠢᠯ ᠦᠨ ᠬᠡᠪᠯᠡᠯ ᠦᠨ ᠬᠣᠷᠢᠶ᠎ᠠ᠂ 1998 ᠣᠨ᠃

〔2〕何安平：《语料库语言学与英语教学》，外语教学与研究出版社，2004年，第1页。

〔3〕卫乃兴：《语料库语言学的方法论及相关理论》，《外语研究》，2009年第5期。

〔4〕〔8〕施建军：《计量文体学导论》，北京大学出版社，2016年，第6、20页。

〔5〕《中华人民共和国国家标准：科学技术报告、学位论文和学术论文的编写格式》（GB/T7713 —87）〔EB/OL〕. http://www. sport.gov.cn/n16/n33193/n33208/n33463/n33898/136730.html 2008—12—25.

〔6〕Baker M. Toward a methodolaogy for investigating the style of a literary translator 〔J〕).Target, 2000,12（12）: 241—266.

〔7〕mclntyred.A case for corpus stylistics: Ian Fleming's casino Rogale〔J〕.English Text Construction,

〔14〕Malvern et al.,2004.
论文，2016 年，第 22 页。
〔13〕赵翊竹：《基于语料库的初中生英语写作词汇丰富性对比研究》，东北师范大学硕士学位
语大学博士学位论文，2011 年，第 4 页。
〔12〕郑玉荣：《基于历时学习者语料库的中国英语专业学生词汇与句法发展研究》，上海外国
学》，2012 年第 3 期。
〔9〕〔10〕〔11〕张艳、陈纪梁：《言语产出中词汇丰富性的定量测量方法》，《外语测试与教
2011.4（2）: 204—227.

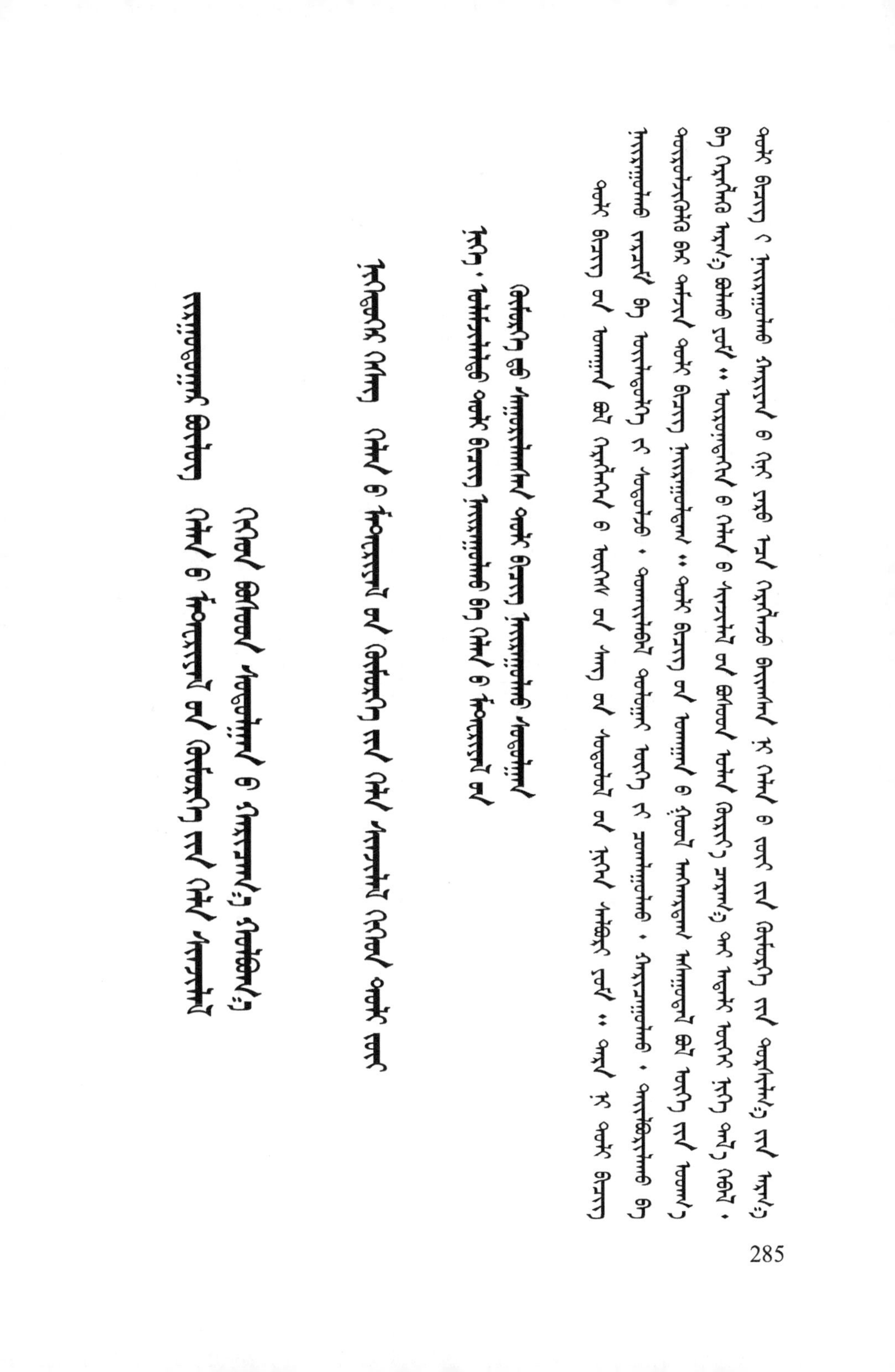

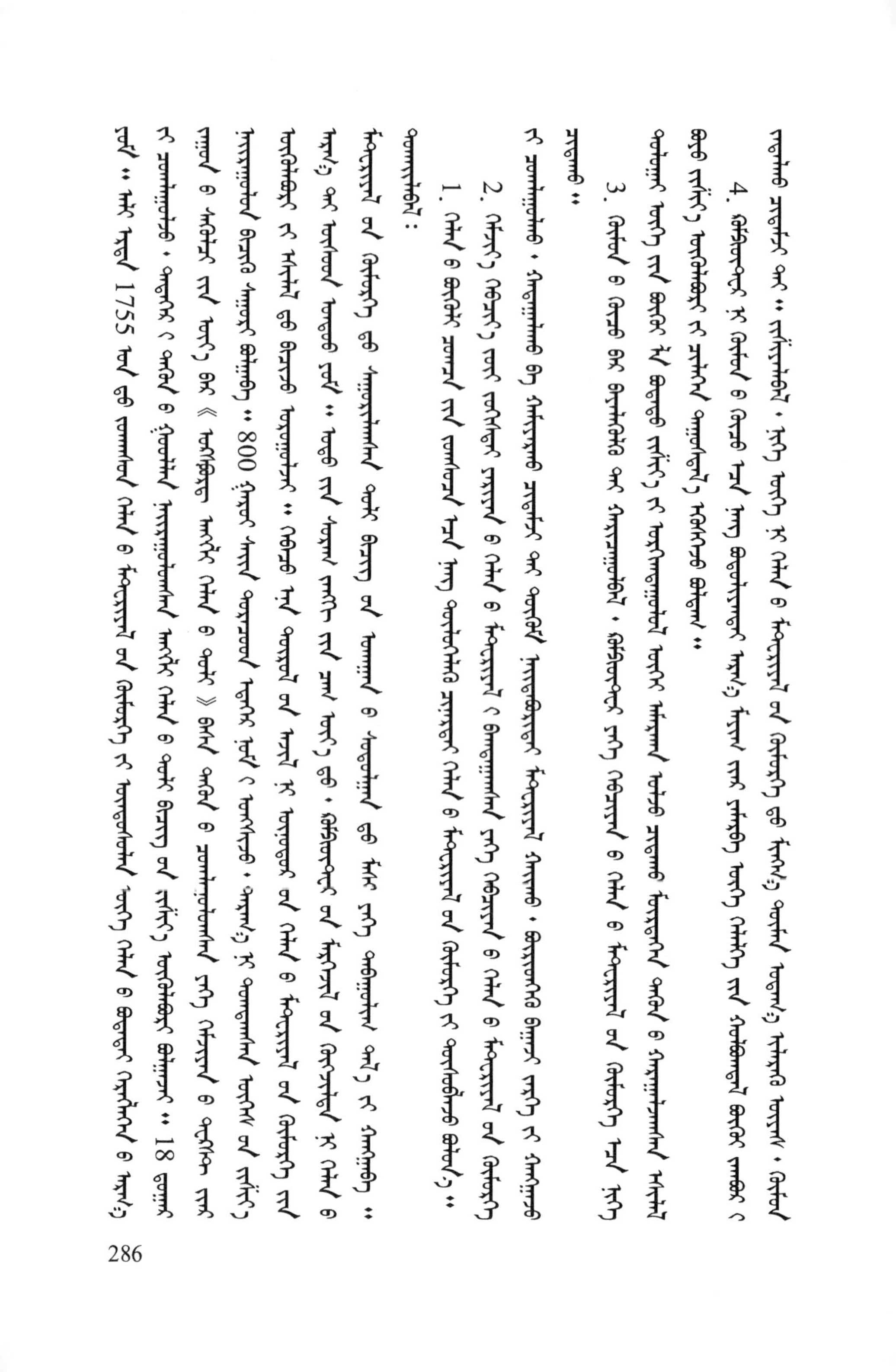

ᠬᠡᠷᠡᠭᠯᠡᠭᠳᠡᠵᠦ ᠪᠠᠢᠨ᠎ᠠ ᠃ 《COBUILD ᠠᠩᠭ᠌ᠯᠢ ᠬᠡᠯᠡ ᠰᠤᠷᠤᠯᠴᠠᠭᠴᠢᠳ ᠤᠨ ᠲᠣᠯᠢ》 ᠶᠢᠨ ᠰᠤᠷᠤᠯᠴᠠᠭᠴᠢᠳ ᠲᠤᠰᠬᠠᠢᠯᠠᠨ ᠵᠣᠷᠢᠭᠤᠯᠤᠨ ᠪᠣᠯ ᠠᠩᠭ᠌ᠯᠢ ᠬᠡᠯᠡ ᠰᠤᠷᠤᠯᠴᠠᠭᠴᠢᠳ ᠤᠨ ᠬᠡᠷᠡᠭᠴᠡᠭᠡᠨ ᠪᠣᠯᠤᠨ ᠠᠩᠭ᠌ᠯᠢ ᠬᠡᠯᠡ ᠰᠤᠷᠤᠯᠴᠠᠭᠴᠢᠳ ᠤᠨ ᠲᠣᠯᠢ ᠶᠢᠨ ᠨᠣᠶᠢᠯᠠᠭᠴᠢ ᠪᠡᠷ ᠲᠡᠭᠦᠨ ᠦ ᠪᠦᠲᠦᠭᠡᠯ ᠬᠢᠭᠡᠳ ᠬᠡᠷᠡᠭᠯᠡᠭᠡᠨ ᠦ ᠣᠨᠴᠠᠯᠢᠭ ᠢ ᠬᠡᠷᠡᠭᠯᠡᠭᠴᠢᠳ ᠲᠦ ᠲᠠᠨᠢᠯᠴᠠᠭᠤᠯᠤᠭᠰᠠᠨ ᠪᠠᠢᠨ᠎ᠠ ᠃ ᠪᠢᠳᠡ ᠡᠨᠳᠡ ᠨᠣᠶᠢᠯᠠᠭᠰᠠᠨ ᠢ ᠪᠠᠷᠢᠮᠲᠠ ᠪᠣᠯᠭᠠᠨ ᠤ ᠰᠤᠷᠤᠯᠴᠠᠭᠴᠢ ᠶᠢᠨ ᠳᠤᠰᠢᠶᠠᠯ ᠢ ᠲᠤᠯᠭᠠᠭᠤᠯᠪᠠᠯ ᠂ ᠲᠡᠷᠡ ᠨᠢ ᠨᠣᠭᠤᠭᠠ ᠪᠠᠭᠤᠷᠠᠢ ᠦᠭᠡ ᠶᠢᠨ ᠲᠣᠭᠠᠨ ᠤ ᠨᠣᠭᠤᠭᠠ ᠪᠣᠯᠤᠨ 《 ᠨᠣᠭᠤᠭᠠ ᠪᠠᠭᠤᠷᠠᠢ 》 ᠬᠡᠭᠡᠳ 2000 ᠣᠨ ᠤ ᠳᠠᠬᠢ 《COBUILD ᠠᠩᠭ᠌ᠯᠢ ᠬᠡᠯᠡ ᠰᠤᠷᠤᠯᠴᠠᠭᠴᠢᠳ ᠤᠨ ᠲᠣᠯᠢ》 ᠪᠣᠯᠤᠨ ᠨᠡᠶᠢᠲᠡᠯᠡᠭᠳᠡᠭᠰᠡᠨ 1987 ᠣᠨ ᠤ ᠠᠩᠭ᠌ᠯᠢ ᠬᠡᠯᠡ ᠶᠢᠨ ᠲᠣᠯᠢ ᠶᠢ ᠬᠠᠷᠢᠴᠠᠭᠤᠯᠪᠠᠯ ᠂ ᠲᠡᠭᠦᠨ ᠦ ᠨᠡᠮᠡᠭᠳᠡᠭᠰᠡᠨ ᠬᠠᠮᠤᠭ ᠤᠨ ᠴᠢᠬᠤᠯᠠ ᠣᠨᠴᠠᠯᠢᠭ ᠨᠢ ᠨᠣᠭᠤᠭᠠ ᠪᠠᠭᠤᠷᠠᠢ 《Collins COBUILD ᠠᠩᠭ᠌ᠯᠢ ᠬᠡᠯᠡ ᠰᠤᠷᠤᠯᠴᠠᠭᠴᠢᠳ ᠤᠨ ᠲᠣᠯᠢ》 ᠶᠢᠨ ᠨᠣᠭᠤᠭᠠ ᠪᠠᠭᠤᠷᠠᠢ ᠶᠢᠨ ᠰᠠᠨ ᠬᠦᠮᠦᠨ ᠦ ᠬᠡᠷᠡᠭᠴᠡᠭᠡᠨ ᠦ ᠵᠠᠷᠢᠮ ᠨᠡᠶᠢᠲᠡᠯᠡᠭ ᠲᠡᠷᠡ ᠬᠡᠰᠡᠭ ᠦᠨ AHI ᠠᠩᠭ᠌ᠯᠢ ᠬᠡᠯᠡ ᠰᠤᠷᠤᠯᠴᠠᠭᠴᠢᠳ ᠤᠨ ᠲᠣᠯᠢ ᠶᠢᠨ ᠦᠭᠡ ᠶᠢᠨ ᠲᠣᠭ᠎ᠠ ᠶᠢᠨ ᠪᠠᠶᠠᠯᠢᠭ ᠢ ᠦᠭᠡᠰ ᠦᠨ ᠰᠠᠩ ᠤᠨ ᠬᠡᠮᠵᠢᠶ᠎ᠡ ᠂ 《 ᠨᠣᠭᠤᠭᠠ ᠪᠠᠭᠤᠷᠠᠢ ᠶᠢᠨ ᠨᠡᠶᠢᠲᠡᠯᠡᠯ ᠦᠨ ᠲᠣᠭᠠᠨ ᠤ ᠨᠣᠭᠤᠭᠠ ᠪᠠᠭᠤᠷᠠᠢ 》 ᠢ ᠬᠠᠷᠢᠴᠠᠭᠤᠯᠤᠭᠰᠠᠨ ᠪᠠᠢᠨ᠎ᠠ ᠃ ᠲᠡᠷᠡ 1971 ᠣᠨ ᠳᠤ ᠬᠡᠪᠯᠡᠯ ᠨᠡᠶᠢᠲᠡᠯᠡᠭᠰᠡᠨ ᠲᠣᠭᠠᠨ ᠤ ᠪᠠᠶᠠᠯᠢᠭ ᠠ ᠵᠢᠷᠤᠮ ᠤᠨ 500 ᠰᠠᠶ᠎ᠠ ᠦᠭᠡ ᠶᠢᠨ ᠰᠠᠩ ᠢ ᠦᠨᠳᠦᠰᠦᠯᠡᠨ ᠂ ᠨᠡᠶᠢᠲᠡ ᠶᠢᠨ 22 ᠮᠢᠩᠭ᠎ᠠ ᠨᠣᠭᠤᠭᠠ ᠠᠩᠭ᠌ᠯᠢ ᠬᠡᠯᠡ ᠰᠤᠷᠤᠯᠴᠠᠭᠴᠢᠳ ᠤᠨ ᠨᠡᠶᠢᠲᠡᠯᠡᠯ ᠦᠨ ᠪᠠᠶᠠᠯᠢᠭ ᠢ ᠪᠦᠷᠢᠯᠳᠦᠭᠦᠯᠦᠨ ᠂ ᠠᠩᠭ᠌ᠯᠢ ᠬᠡᠯᠡ ᠰᠤᠷᠤᠯᠴᠠᠭᠴᠢᠳ ᠤᠨ ᠲᠣᠯᠢ ᠶᠢᠨ ᠦᠨᠳᠦᠰᠦᠨ ᠳᠤ ᠶᠢ ᠲᠣᠪᠴᠢ ᠲᠣᠭᠲᠠᠭᠠᠵᠤ ᠂ ᠨᠡᠶᠢᠲᠡᠯᠡᠭᠦᠯᠦᠨ ᠂ ᠪᠢᠳᠡ ᠠᠩᠭ᠌ᠯᠢ ᠬᠡᠯᠡ ᠰᠤᠷᠤᠯᠴᠠᠭᠴᠢᠳ ᠤᠨ ᠲᠣᠯᠢ ᠳᠤ ᠰᠣᠩᠭᠤᠭᠰᠠᠨ ᠦᠭᠡ ᠶᠢᠨ ᠪᠠᠶᠠᠯᠢᠭ ᠢ ᠨᠡᠶᠢᠲᠡ ᠶᠢᠨ ᠬᠡᠷᠡᠭᠯᠡᠭᠡᠨ ᠦ ᠪᠠᠷᠢᠮᠲᠠ ᠪᠡᠷ ᠲᠣᠭᠲᠠᠭᠠᠪᠠ ᠂ ᠡᠨᠡ ᠨᠢ 《 ᠨᠣᠭᠤᠭᠠ ᠪᠠᠭᠤᠷᠠᠢ ᠶᠢᠨ ᠨᠡᠶᠢᠲᠡᠯᠡᠯ ᠦᠨ ᠲᠣᠭᠠᠨ ᠤ ᠨᠣᠭᠤᠭᠠ ᠪᠠᠭᠤᠷᠠᠢ 》 ᠢ ᠬᠡᠷᠡᠭᠯᠡᠭᠰᠡᠨ ᠦᠨ ᠨᠣᠲᠠᠯᠭ᠎ᠠ ᠂ ᠨᠣᠲᠠᠯᠭᠠᠳᠠᠭᠰᠠᠨ AHI ᠠᠩᠭ᠌ᠯᠢ ᠬᠡᠯᠡ ᠰᠤᠷᠤᠯᠴᠠᠭᠴᠢᠳ ᠤᠨ ᠲᠣᠯᠢ

ᠡᠨᠡ ᠮᠡᠲᠦ 20 ᠵᠠᠭᠤᠨ ᠤ ᠰᠡᠭᠦᠯᠴᠢ ᠶᠢᠨ ᠣᠨ ᠤ ᠳᠤᠮᠳᠠ ᠡᠴᠡ ᠂ ᠡᠬᠢᠯᠡᠨ ᠨᠣᠭᠤᠭᠠ ᠪᠠᠭᠤᠷᠠᠢ ᠶᠢᠨ ᠲᠣᠭᠠᠨ ᠤ ᠨᠣᠭᠤᠭᠠ ᠮᠡᠲᠦ 《 ᠨᠣᠭᠤᠭᠠ ᠪᠠᠭᠤᠷᠠᠢ 》 ᠪᠣᠯᠬᠤ ᠪᠠ ᠪᠣᠯᠤᠨ ᠂ ᠲᠡᠷᠡ ᠨᠢ ᠂ ᠲᠡᠭᠦᠨ ᠡᠴᠡ ᠬᠡᠷᠡᠭᠯᠡᠭᠡᠨ ᠦ ᠪᠠᠢᠳᠠᠯ ᠤᠨ ᠪᠠᠢᠳᠠᠯ ᠢ ᠪᠦᠷᠢᠯᠳᠦᠭᠦᠯᠦᠨ ᠲᠤᠰᠬᠠᠢ ᠪᠠᠢᠳᠠᠯ ᠪᠣᠯᠬᠤ ᠪᠠᠢᠳᠠᠯ ᠪᠠᠢᠨ᠎ᠠ ᠃

ᠬᠡᠷᠡᠭᠯᠡᠭᠡᠨ ᠦ ᠨᠣᠲᠠᠯᠭ᠎ᠠ ᠶᠢᠨ ᠡᠨᠡ ᠮᠡᠲᠦ ᠰᠢᠨᠵᠢᠯᠡᠯ ᠳᠦ ᠨᠡᠶᠢᠲᠡᠯᠡᠭᠦᠯᠦᠨ ᠂ ᠪᠠᠶᠠᠯᠢᠭᠵᠢᠭᠤᠯᠤᠨ ᠂ ᠪᠢᠳᠡ ᠪᠦᠲᠦᠭᠡᠯ ᠦᠨ ᠪᠠᠢᠳᠠᠯ ᠨᠣᠲᠠᠯᠭᠠᠳᠠᠭᠰᠠᠨ ᠪᠠᠢᠨ᠎ᠠ

ᠡᠭᠦᠨ ᠡᠴᠡ ᠂ ᠲᠡᠷᠡ ᠪᠦᠲᠦᠭᠡᠯ ᠦ ᠠᠩᠭ᠌ᠯᠢ ᠬᠡᠯᠡ ᠰᠤᠷᠤᠯᠴᠠᠭᠴᠢᠳ ᠤᠨ ᠲᠣᠯᠢ ᠶᠢᠨ ᠣᠨᠴᠠᠯᠢᠭ ᠪᠣᠯᠤᠨ ᠂ ᠬᠡᠮᠵᠢᠶ᠎ᠡ ᠶᠢ ᠲᠣᠭᠲᠠᠭᠠᠬᠤ ᠨᠣᠭᠤᠭᠠ ᠪᠠᠭᠤᠷᠠᠢ ᠪᠠᠢᠨ᠎ᠠ ᠃

ᠤ ᠪᠠᠢᠳᠠᠯ ᠢᠶᠠᠷ ᠨᠣᠲᠠᠯᠭᠠᠳᠠᠭᠰᠠᠨ ᠂ ᠡᠳᠡᠭᠡᠷ ᠰᠠᠶ᠎ᠠ ᠦᠭᠡ ᠶᠢᠨ ᠮᠡᠳᠡᠭᠡ ᠪᠣᠯᠤᠨ ᠬᠡᠷᠡᠭᠯᠡᠭᠡᠨ ᠪᠠᠢᠳᠠᠯ ᠢᠶᠠᠷ ᠪᠣᠯᠤᠨ ᠦᠭᠡ ᠶᠢ ᠰᠤᠷᠤᠯᠴᠠᠬᠤ ᠳᠤ ᠲᠤᠰᠠᠯᠠᠬᠤ

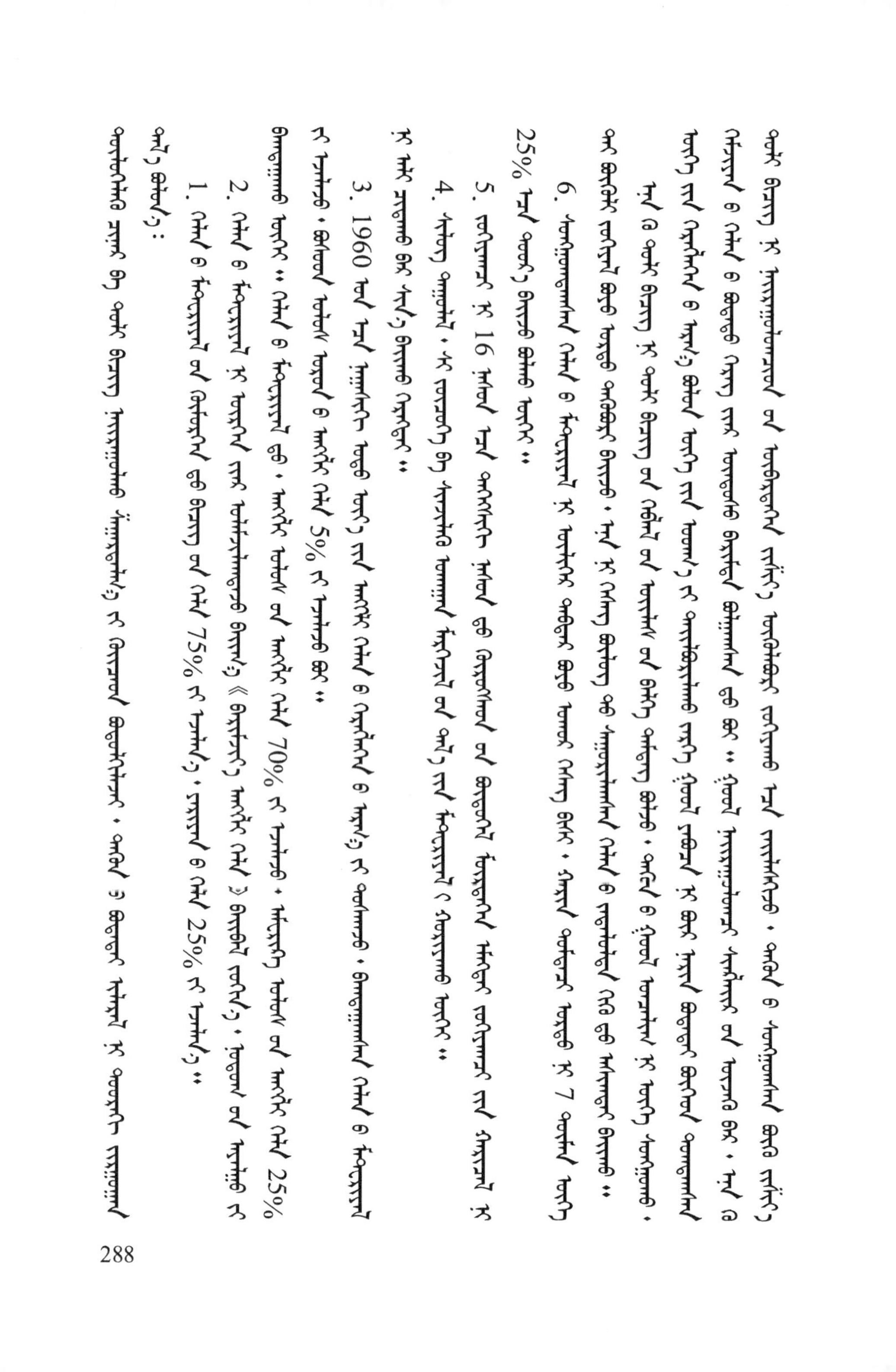

[illegible]
[illegible]:
1. [illegible] 75% [illegible] 25% [illegible]。
2. [illegible] 《[illegible]》 [illegible]
[illegible] 70% [illegible] 25%
[illegible] 5% [illegible]。
3. 1960 [illegible]
[illegible]。
4. [illegible]。
5. [illegible] 16 [illegible]
25% [illegible]。
6. [illegible] 7 [illegible]
[illegible]
[illegible]
[illegible]
[illegible]
[illegible]

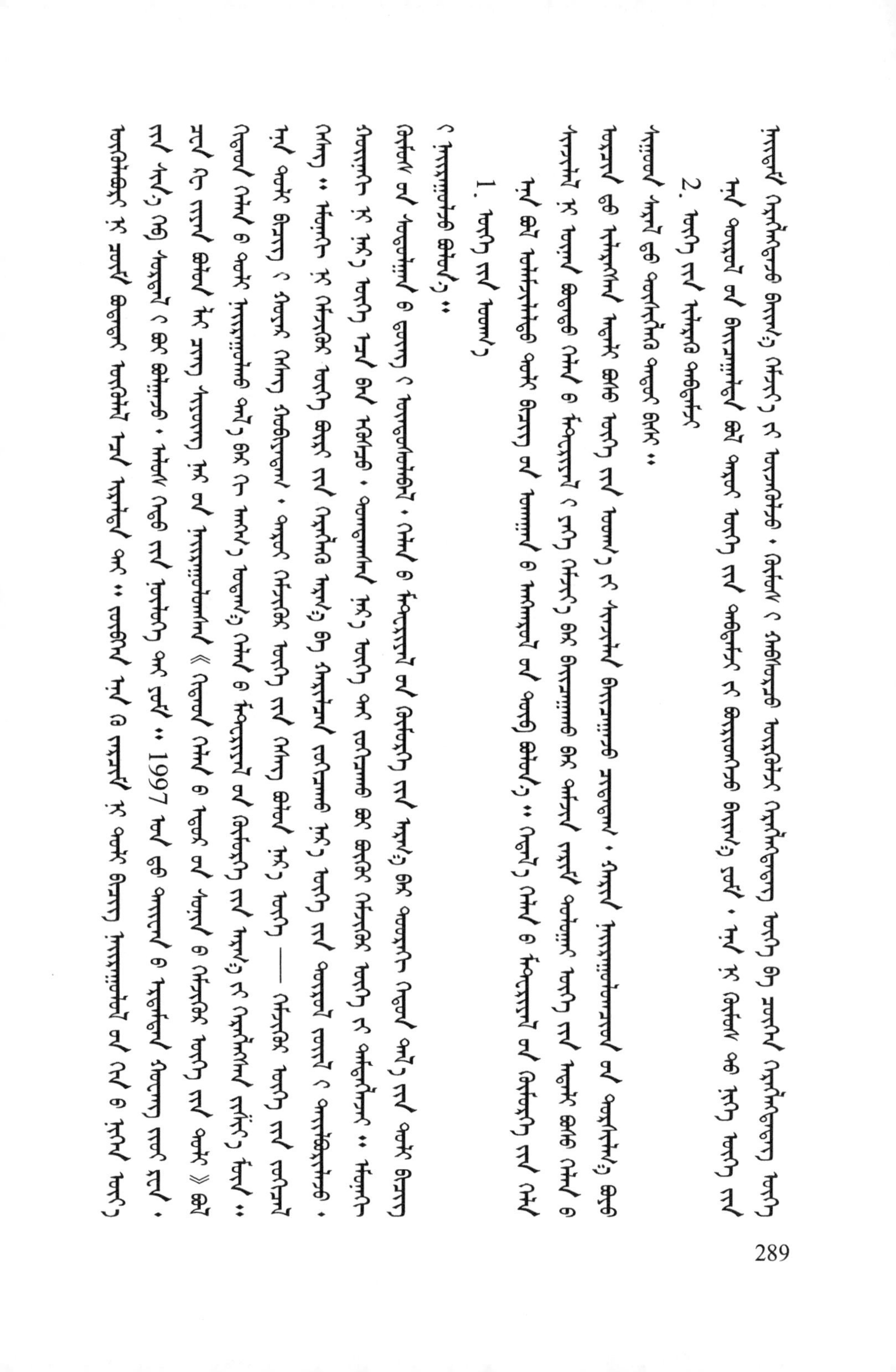

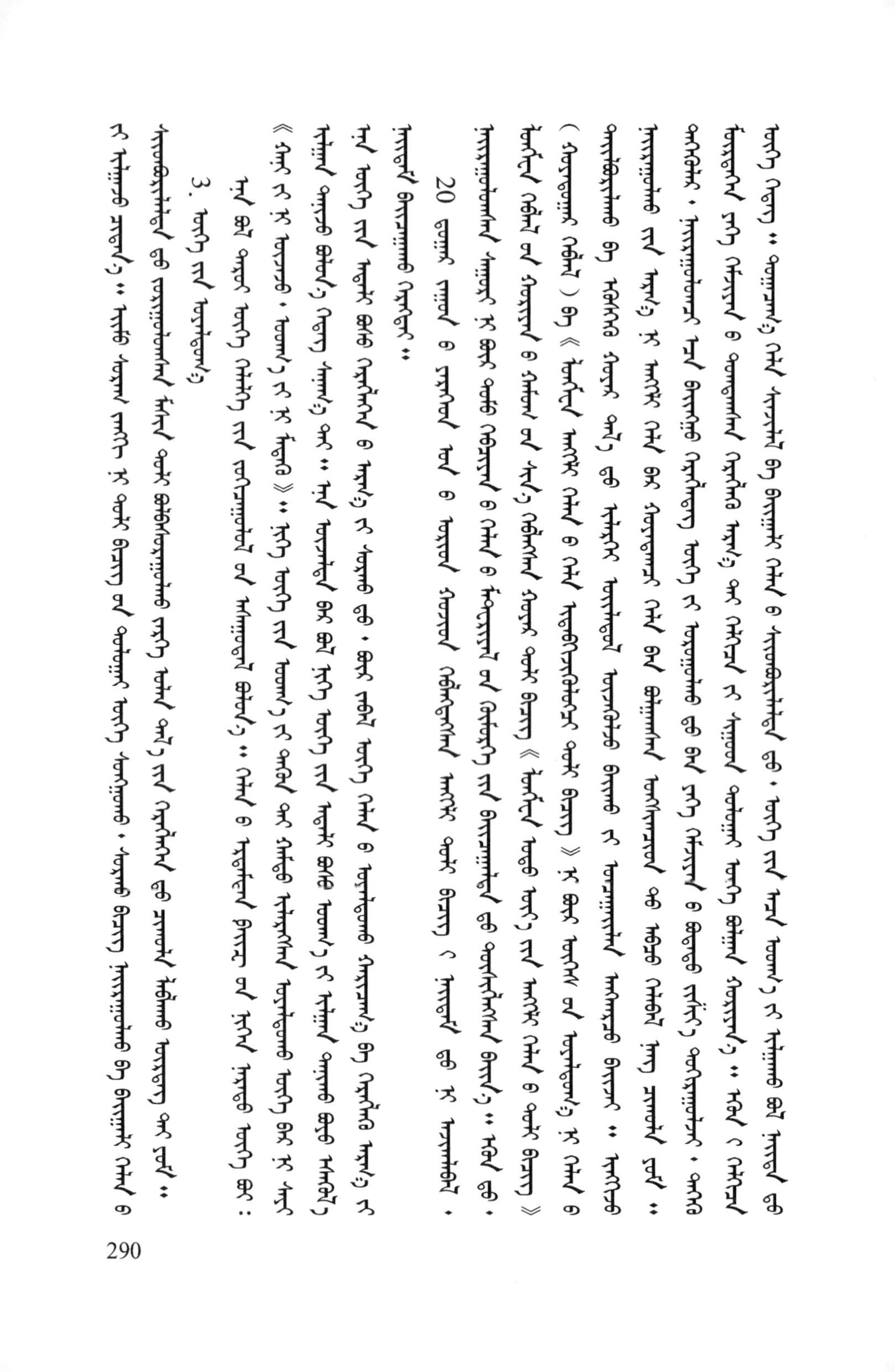

ᠣᠯᠠᠨ ᠵᠢᠷᠤᠮ ᠤᠨ ᠬᠡᠯᠡ ᠶᠢ ᠬᠡᠷᠡᠭᠯᠡᠬᠦ ᠳᠦ ᠬᠡᠯᠡᠯᠴᠡᠭᠡᠨ ᠦ ᠣᠷᠴᠢᠨ ᠳᠤ ᠲᠣᠬᠢᠷᠠᠭᠤᠯᠵᠤ ᠬᠡᠷᠡᠭᠯᠡᠬᠦ ᠪᠣᠯ ᠬᠡᠯᠡᠨ ᠦ ᠬᠡᠪ (register) ᠤᠨ ᠠᠰᠠᠭᠤᠳᠠᠯ ᠮᠥᠨ ᠪᠣᠯᠤᠨ᠎ᠠ᠂ ᠬᠡᠯᠡᠨ ᠦ ᠬᠡᠪ ᠢ ᠵᠥᠪ ᠰᠣᠩᠭᠣᠬᠤ ᠨᠢ ᠬᠡᠯᠡᠯᠴᠡᠭᠡᠨ ᠦ ᠦᠷ᠎ᠡ ᠳᠦᠩ ᠳᠦ ᠨᠥᠯᠥᠭᠡᠯᠡᠬᠦ ᠴᠢᠬᠤᠯᠠ ᠬᠠᠮᠢᠶ᠎ᠠ ᠲᠠᠢ ::

[illegible] ᠪᠠᠶᠢᠨ᠎ᠠ ᠄ [illegible]

[illegible] 》〔1〕 [illegible] 《〈ᠮᠣᠩᠭᠣᠯ ᠤᠨ ᠨᠢᠭᠤᠴᠠ ᠲᠣᠪᠴᠢᠶᠠᠨ〉 [illegible] 》 [illegible] ᠄

2016 ᠣᠨ ᠳᠤ [illegible] 《〈ᠮᠣᠩᠭᠣᠯ ᠤᠨ ᠨᠢᠭᠤᠴᠠ ᠲᠣᠪᠴᠢᠶᠠᠨ〉 [illegible] ᠄

[illegible] 《 [illegible] 》 [illegible] 《 [illegible] 》 [illegible] 《 [illegible]

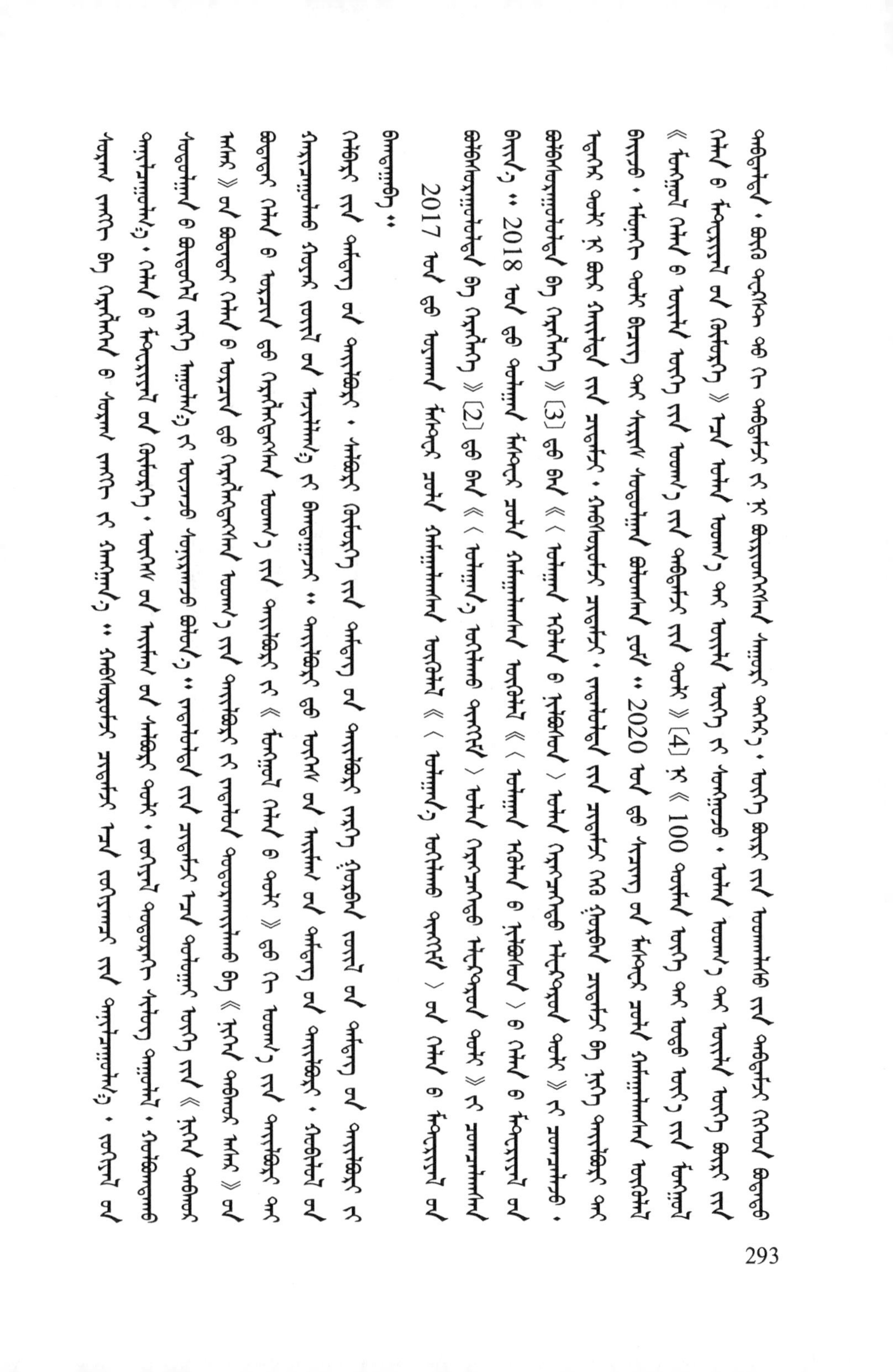

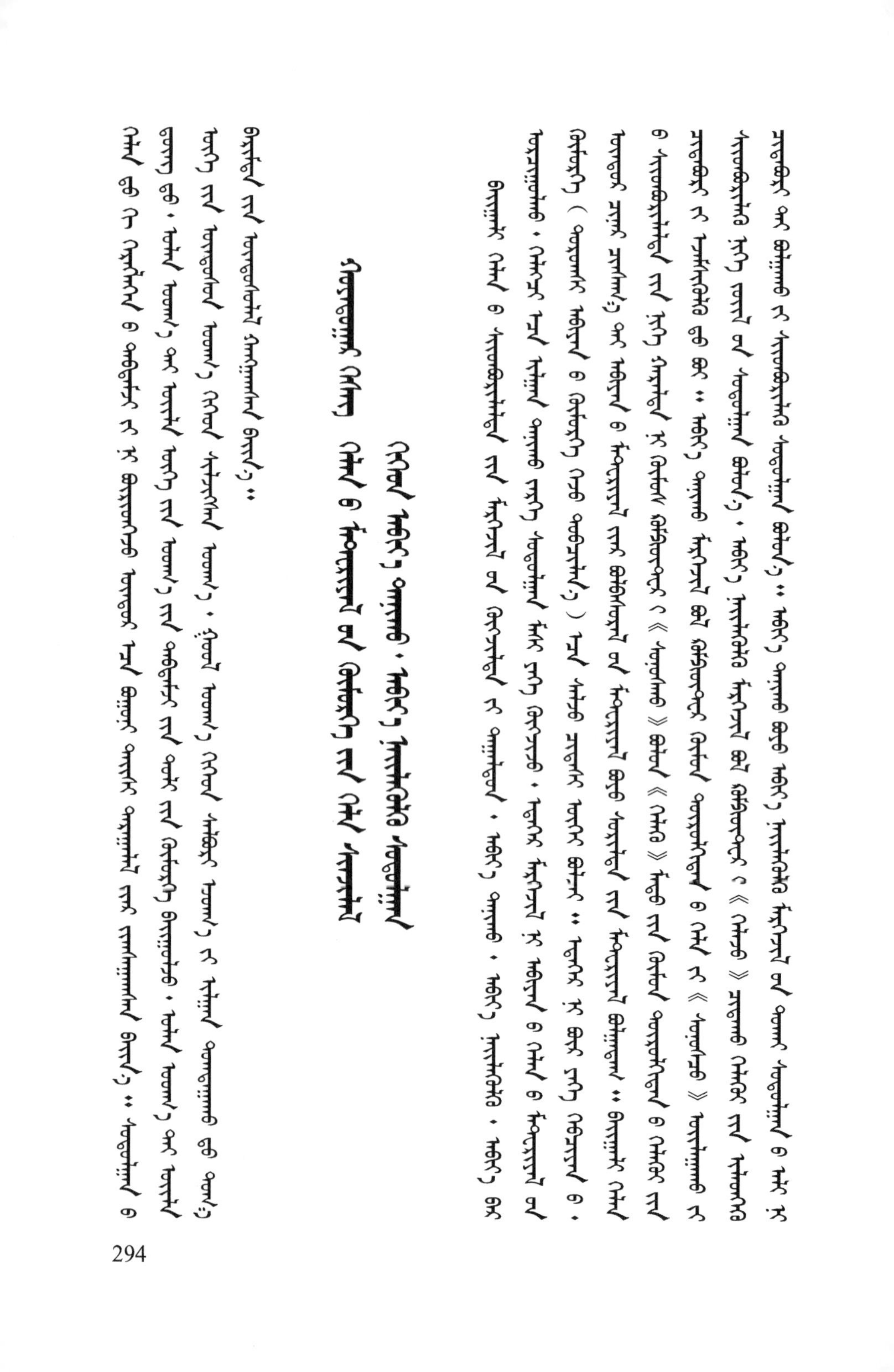

[illegible]

ᠭᠤᠷᠪᠠ᠂ ᠮᠣᠩᠭᠣᠯ ᠤ ᠬᠠᠭᠠᠨ ᠤ ᠣᠷᠳᠣᠨ ᠳᠤ ᠬᠠᠷᠢ ᠶᠢᠨ ᠱᠠᠰᠢᠨ ᠪᠠ ᠬᠠᠷᠢ ᠶᠢᠨ ᠰᠣᠶᠣᠯ ᠲᠠᠢ ᠬᠠᠷᠢᠯᠴᠠᠭᠠᠨ

[illegible]

[illegible]

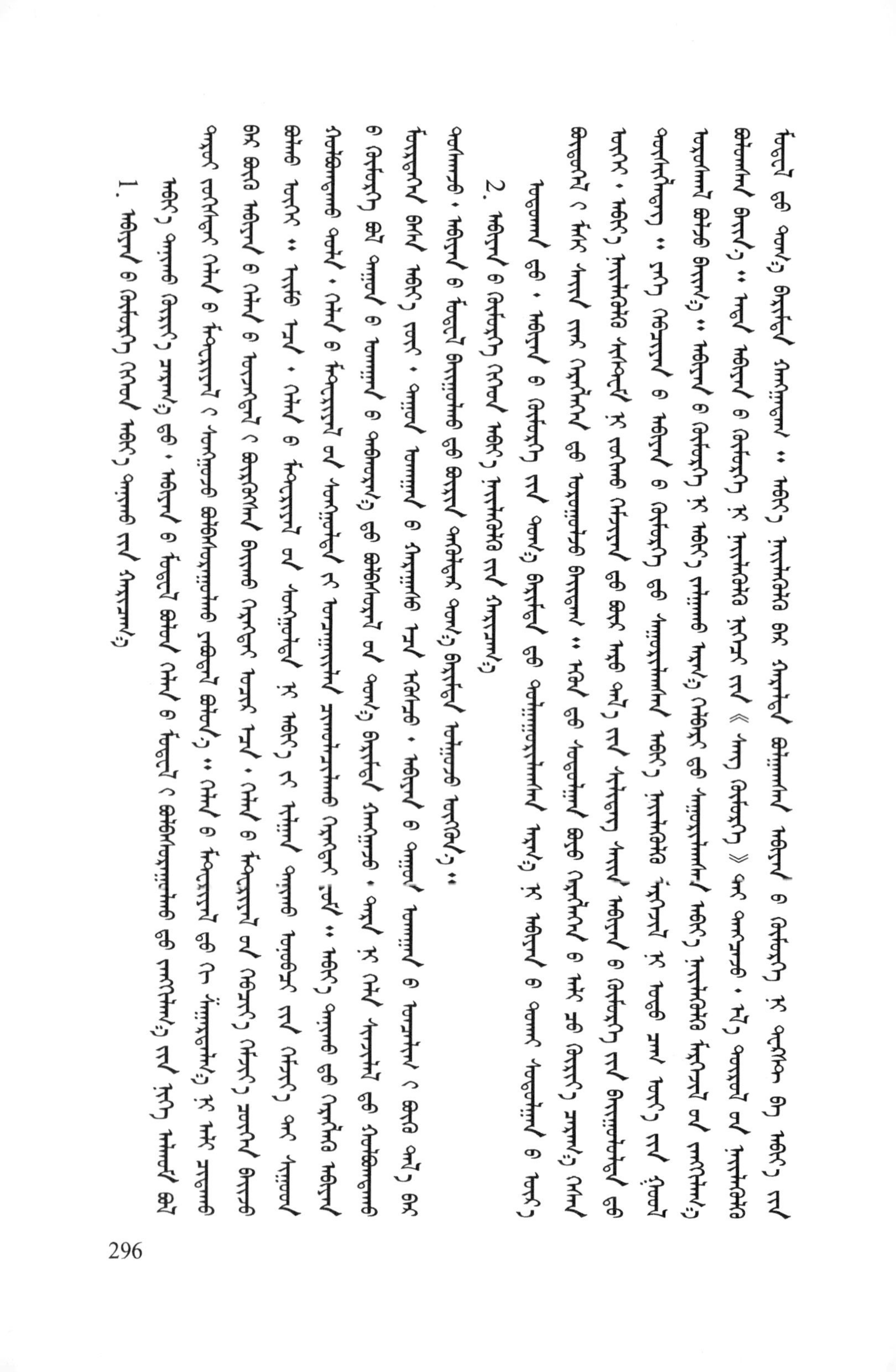

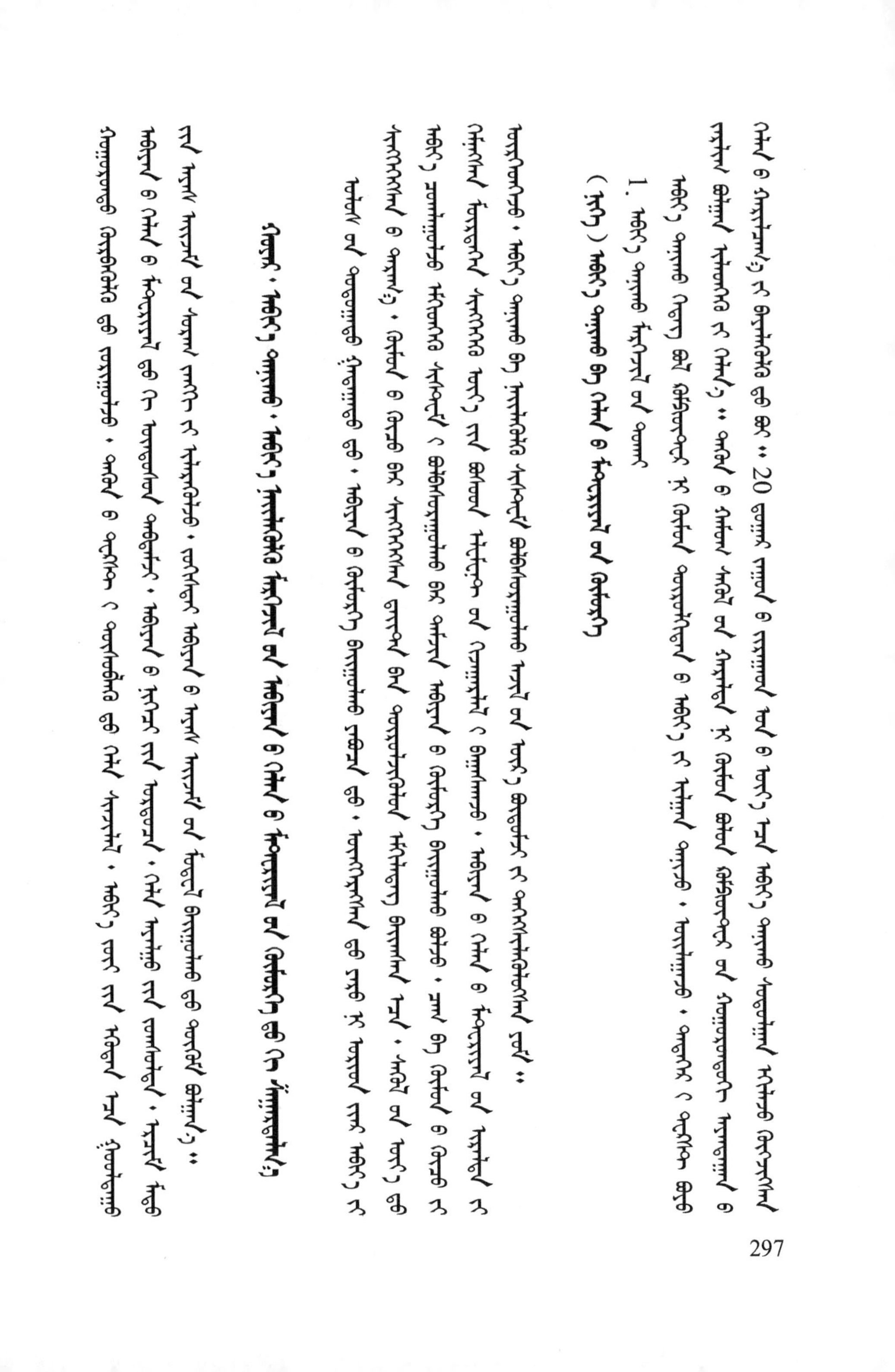

[illegible] 20 [illegible]

[illegible]

1. [illegible]

([illegible]) [illegible]

[illegible]

[illegible]

[illegible]

[illegible] ::

2. [illegible]

[illegible] (中文识别引擎) [illegible] :: 21 [illegible] IMB [illegible] ViaVoice [illegible] Microsoft [illegible] (Hidden Markov Model,HMM) [illegible]

ᠳᠣᠯᠭᠢᠶᠠᠨ ᠬᠡᠯᠪᠡᠷᠢ ᠪᠡᠷ ᠵᠠᠯᠭᠠᠬᠤ ᠰᠢᠰᠲ᠋ᠧᠮ（波形拼接系统）ᠲᠠᠢ ᠬᠠᠷᠢᠴᠠᠭᠤᠯᠪᠠᠯ ᠤᠨ ᠳᠦᠭᠦᠮ᠂ ᠴᠢᠨᠠᠷ ᠲᠠᠢ ᠬᠡᠯᠡᠨ ᠦ ᠳᠠᠭᠤᠨ ᠤ ᠳᠠᠭᠤᠳᠤᠯᠭ᠎ᠠ ᠳᠤ ᠳᠥᠭᠥᠮ ᠪᠣᠯᠳᠠᠭ᠃

2. ᠳᠠᠭᠤᠨ ᠨᠡᠢᠯᠡᠭᠦᠯᠦᠯ ᠦᠨ ᠰᠢᠰᠲ᠋ᠧᠮ ᠦᠨ ᠬᠥᠭᠵᠢᠯ ᠦᠨ ᠲᠣᠶᠢᠮ

ᠭᠠᠳᠠᠭᠠᠳᠤ ᠣᠷᠣᠨ ᠤ ᠰᠤᠳᠤᠯᠤᠯ ᠤᠨ ᠲᠣᠶᠢᠮ᠃ ᠲᠣᠬᠢᠶᠠᠯᠳᠤᠯ ᠤᠨ ᠬᠡᠯᠡ ᠪᠡᠷ᠂ ᠳᠠᠭᠤᠨ ᠤ ᠵᠠᠳᠠᠯᠤᠯ ᠢ ᠰᠤᠳᠤᠯᠬᠤ ᠳᠤ ᠬᠡᠷᠡᠭᠯᠡᠭᠳᠡᠭᠰᠡᠨ ᠳᠠᠭᠤᠨ ᠨᠡᠢᠯᠡᠭᠦᠯᠦᠯ ᠦᠨ ᠰᠢᠰᠲ᠋ᠧᠮ ᠦᠨ ᠬᠥᠭᠵᠢᠯ ᠢ ᠬᠠᠷᠠᠪᠠᠯ᠂ ᠡᠷᠲᠡᠨ ᠦ ᠮᠡᠬᠠᠨᠢᠭ ᠲᠠᠢ ᠪᠣᠯᠪᠠᠰᠤᠷᠠᠭᠤᠯᠤᠯ᠂ ᠨᠡᠢᠯᠡᠭᠦᠯᠦᠯ ᠦᠨ ᠳᠦᠷᠢᠮ ᠢ ᠲᠠᠯᠪᠢᠵᠤ᠂ Klatt ᠤᠨ ᠰᠢᠰᠲ᠋ᠧᠮ ᠢ ᠲᠥᠯᠦᠭᠡᠯᠡᠭᠰᠡᠨ ᠪᠣᠯᠠᠢ᠃ 20 ᠵᠠᠭᠤᠨ ᠵᠢᠯ ᠦᠨ ᠨᠠᠶᠠᠳ ᠣᠨ ᠤ ᠡᠬᠢᠨ ᠳᠦ᠂ ᠳᠠᠭᠤᠨ ᠨᠡᠢᠯᠡᠭᠦᠯᠦᠯ ᠦᠨ ᠠᠵᠤ ᠦᠢᠯᠡᠳᠪᠦᠷᠢ ᠶᠢᠨ ᠰᠢᠰᠲ᠋ᠧᠮ ᠦᠨ ᠲᠥᠯᠦᠭᠡᠯᠡᠭᠴᠢ DEC（Digital Equipment Corporation）ᠺᠣᠮᠫᠠᠨᠢ ᠶᠢᠨ DECtalk ᠪᠣᠯᠤᠨ᠎ᠠ᠂ ᠲᠡᠷᠡ ᠪᠣᠯ TTS ᠪᠣᠯᠤᠨ ᠮᠡᠷᠭᠡᠵᠢᠯ ᠦᠨ ᠳᠤᠰᠬᠠᠯ ᠤᠨ ᠵᠠᠮ ᠳᠠᠬᠢ ᠨᠡᠢᠯᠡᠭᠦᠯᠦᠯ ᠦᠨ ᠰᠢᠰᠲ᠋ᠧᠮ ᠢ ᠪᠠᠶᠢᠭᠤᠯᠤᠭᠰᠠᠨ ᠠᠩᠬᠠᠨ ᠤ ᠪᠦᠲᠦᠭᠡᠭᠳᠡᠬᠦᠨ ᠪᠣᠯᠤᠨ᠎ᠠ᠃ ᠰᠤᠳᠤᠯᠤᠯ ᠤᠨ ᠳᠠᠭᠤᠨ ᠳᠤ ᠰᠠᠭᠤᠷᠢᠯᠠᠭᠰᠠᠨ ᠳᠤᠰᠬᠠᠯ ᠤᠨ ᠵᠠᠮ ᠳᠠᠬᠢ ᠨᠡᠢᠯᠡᠭᠦᠯᠦᠯ ᠦᠨ ᠪᠠ Klatt ᠤᠨ ᠵᠠᠭᠪᠤᠷ / ᠵᠡᠷᠭᠡᠴᠡᠬᠡ ᠬᠣᠯᠪᠣᠭᠰᠠᠨ ᠳᠤᠰᠬᠠᠯ ᠤᠨ ᠨᠡᠢᠯᠡᠭᠦᠯᠦᠯ ᠦᠨ ᠰᠢᠰᠲ᠋ᠧᠮ ᠢ ᠲᠤᠷᠰᠢᠨ ᠪᠠᠶᠢᠭᠤᠯᠤᠭᠰᠠᠨ᠃ Holmes ᠤᠨ ᠳᠠᠭᠤᠨ ᠨᠡᠢᠯᠡᠭᠦᠯᠦᠯ ᠦᠨ ᠮᠠᠭᠠᠳ ᠢ ᠰᠠᠢᠵᠢᠷᠠᠭᠤᠯᠪᠠᠯ ᠤᠨ ᠳᠠᠭᠤᠨ ᠤ ᠴᠢᠨᠠᠷ ᠢ ᠰᠠᠢᠵᠢᠷᠠᠭᠤᠯᠬᠤ ᠳᠤ ᠴᠢᠬᠤᠯᠠ ᠨᠥᠯᠦᠭᠡ ᠦᠵᠡᠭᠦᠯᠦᠭᠰᠡᠨ ᠪᠠᠢᠨ᠎ᠠ᠃

ᠳᠠᠭᠤᠨ ᠨᠡᠢᠯᠡᠭᠦᠯᠦᠯ ᠦᠨ ᠮᠠᠭᠠᠳ ᠢ ᠰᠠᠢᠵᠢᠷᠠᠭᠤᠯᠬᠤ ᠶᠢᠨ ᠲᠥᠯᠦᠭᠡ ᠡᠷᠳᠡᠮᠲᠡᠳ ᠦᠨ ᠪᠠᠷᠢᠮᠲᠠᠯᠠᠬᠤ ᠰᠤᠳᠤᠯᠤᠯ ᠤᠨ ᠬᠥᠳᠡᠯᠭᠡᠭᠡᠨ ᠳᠦ᠂ ᠬᠡᠯᠡ ᠶᠢ ᠪᠦᠷᠢᠯᠳᠦᠭᠦᠯᠬᠦ ᠶᠢᠨ 《ᠬᠡᠯᠡ》 ᠳᠡᠭᠡᠷᠡᠬᠢ ᠳᠠᠭᠤᠨ ᠨᠡᠢᠯᠡᠭᠦᠯᠦᠯ ᠦᠨ ᠵᠠᠭᠪᠤᠷ ᠢ ᠰᠤᠳᠤᠯᠤᠨ᠂ ᠬᠡᠯᠡᠨ ᠦ ᠪᠦᠲᠦᠴᠡ ᠶᠢᠨ ᠰᠤᠳᠤᠯᠤᠯ ᠳᠠᠭᠤᠨ ᠨᠡᠢᠯᠡᠭᠦᠯᠦᠯ ᠦᠨ ᠬᠥᠭᠵᠢᠯ ᠢ ᠲᠦᠷᠭᠡᠳᠬᠡᠭᠰᠡᠨ ᠪᠠᠢᠨ᠎ᠠ᠃ ᠳᠠᠭᠤᠨ ᠨᠡᠢᠯᠡᠭᠦᠯᠦᠯ ᠦᠨ ᠠᠷᠭ᠎ᠠ ᠪᠠ ᠪᠦᠲᠦᠴᠡ ᠳᠤ ᠲᠤᠬᠠᠢᠯᠠᠭᠰᠠᠨ ᠰᠤᠳᠤᠯᠤᠯ ᠬᠡᠳᠦᠢ ᠬᠡᠳᠦᠨ ᠭᠠᠷᠴᠠᠭ ᠳᠤ ᠬᠤᠪᠢᠶᠠᠭᠳᠠᠨ᠎ᠠ᠃

1. ᠳᠠᠭᠤᠨ ᠨᠡᠢᠯᠡᠭᠦᠯᠦᠯ ᠦᠨ ᠮᠠᠭᠠᠳ ᠤᠨ ᠤᠴᠢᠷ

（ᠬᠡᠮᠵᠢᠶ᠎ᠡ）ᠳᠠᠭᠤᠨ ᠨᠡᠢᠯᠡᠭᠦᠯᠦᠯ ᠦᠨ ᠬᠡᠯᠡᠨ ᠦ ᠮᠡᠳᠡᠷᠡᠮᠵᠢ ᠶᠢᠨ ᠬᠡᠮᠵᠢᠶ᠎ᠡ

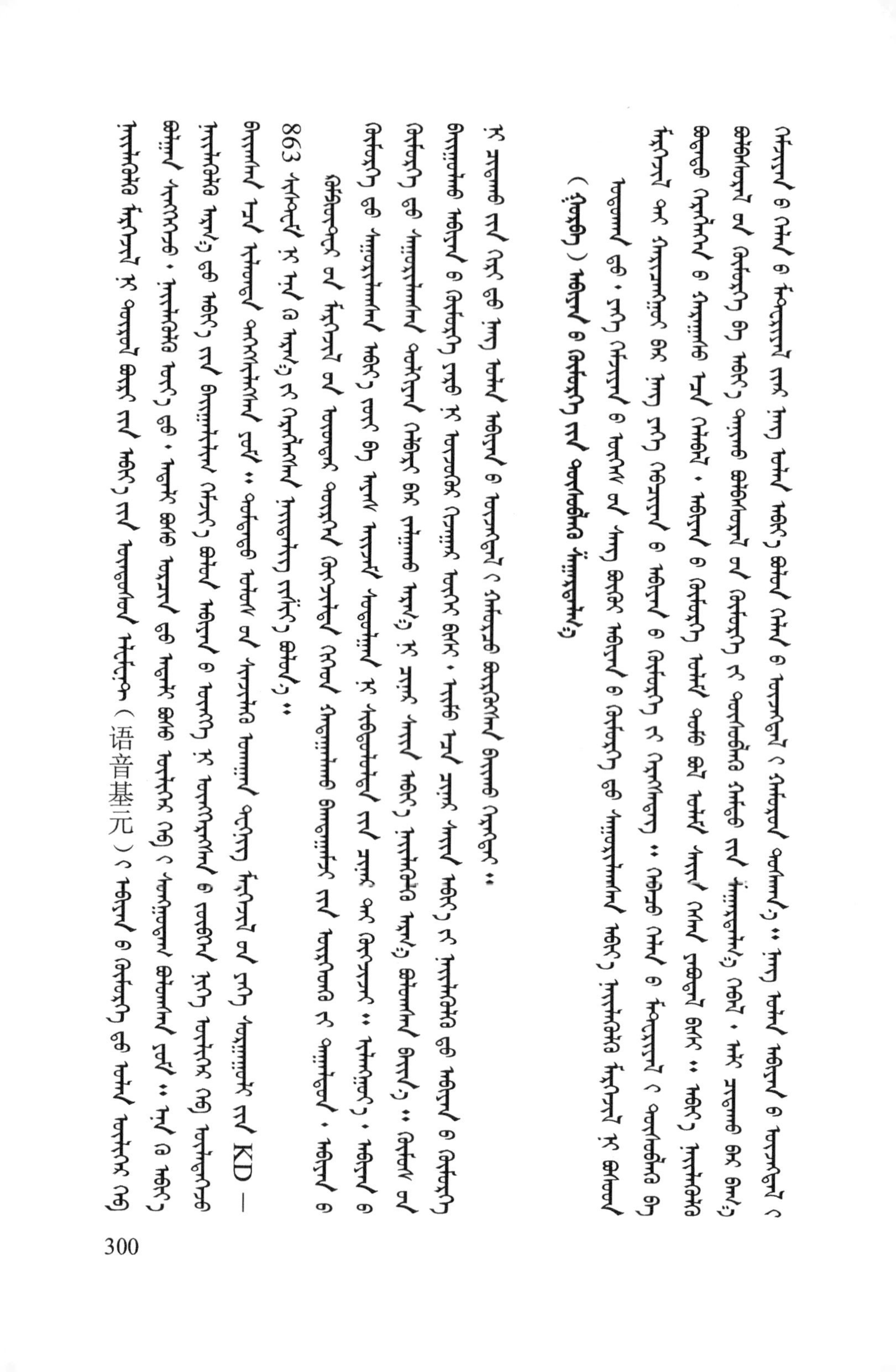

（语音基元）

KD —

863

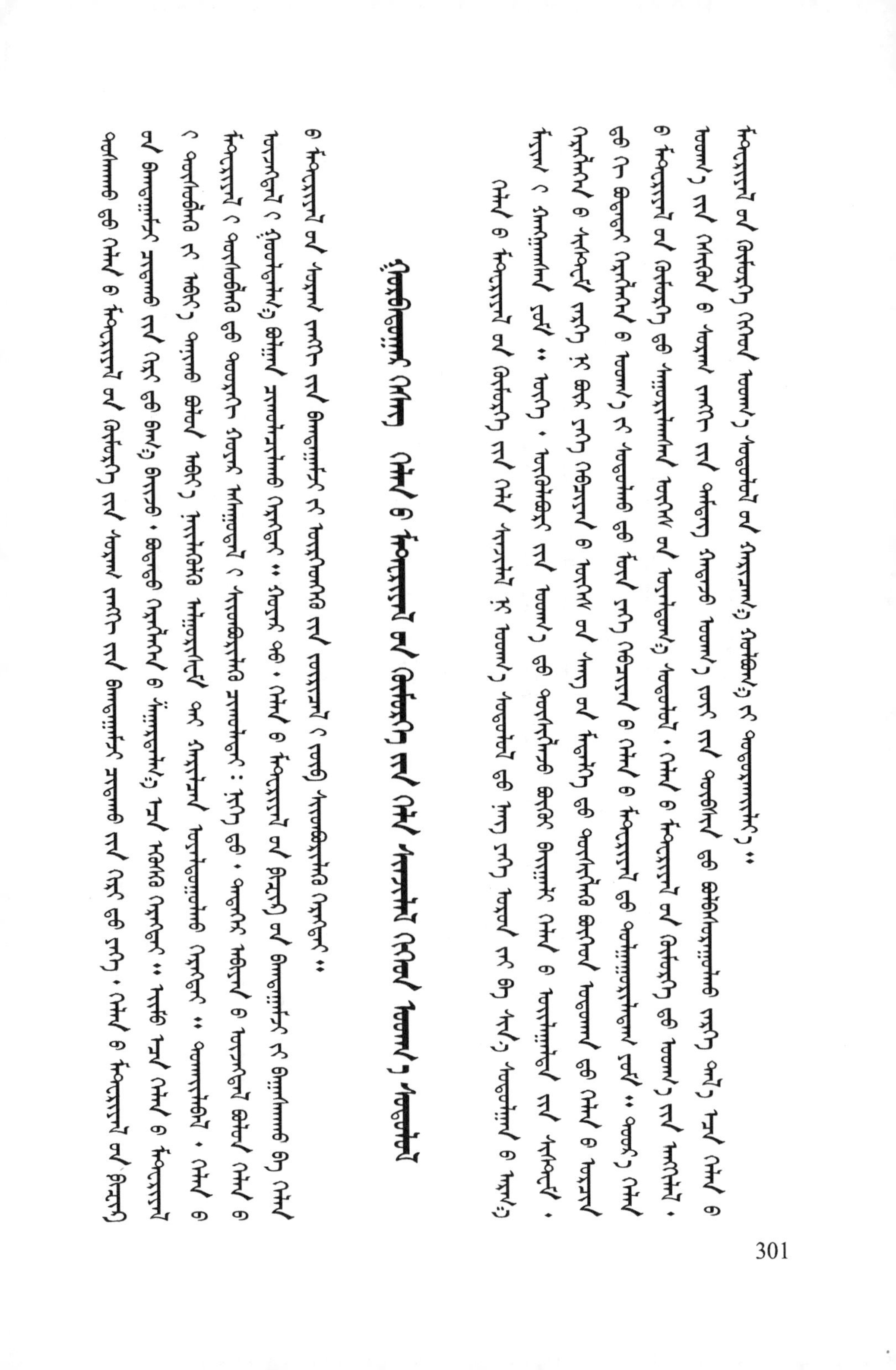

[illegible]

[illegible]

[illegible]

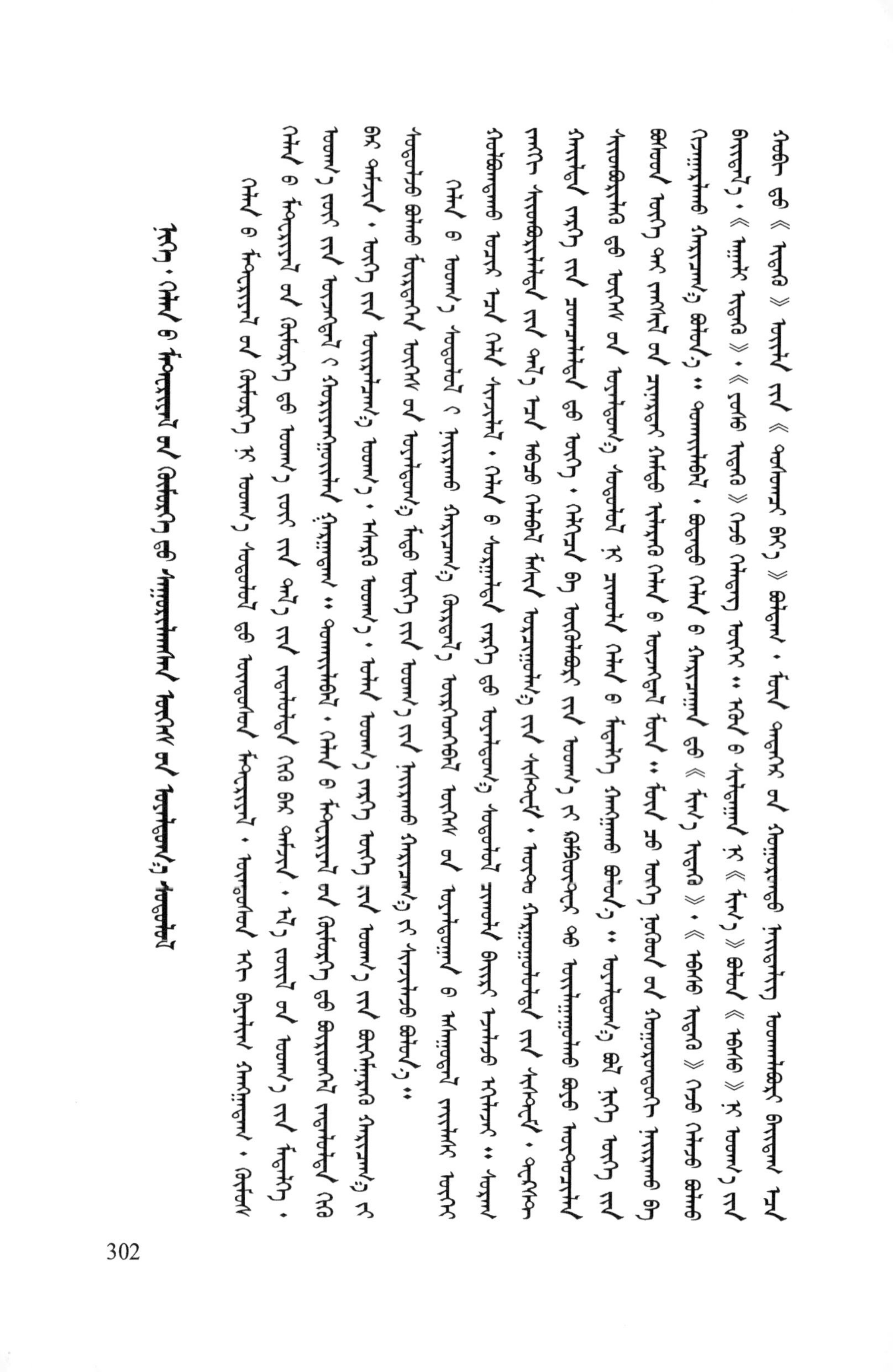

MI

T

MI

T (T—Score · T 值)

MI (Mutual Information Score · 交互信息值)

ᠮᠡᠳᠡᠭᠳᠡ ᠶᠢ ᠪᠠᠳᠤᠯᠭᠠᠵᠤ :: ᠬᠣᠯᠪᠣᠭᠠᠰᠤ ᠂ ᠬᠠᠷᠢᠴᠠᠯ ᠤᠨ ᠪᠣᠳᠤᠯᠭ᠎ᠠ AntConc ᠳᠤ ᠡᠨᠡ ᠬᠡᠯᠪᠡᠷᠢ ᠬᠡᠮᠵᠢᠭᠦᠷ ᠦᠨ ᠲᠣᠭᠠᠴᠠᠭᠠᠨ ᠪᠠᠶᠢᠨ᠎ᠠ ::
ᠲᠣᠭᠠᠴᠠᠭᠠᠨ ᠬᠠᠷᠢᠴᠠᠯ ᠤᠨ ᠪᠣᠳᠤᠯᠭ᠎ᠠ ᠳᠤ ᠲᠤᠰ ᠪᠠᠢᠬᠤ ᠶᠢ ᠪᠠᠶᠢᠨ᠎ᠠ MI ᠬᠡᠮᠵᠢᠭᠦᠷ ᠂ T ᠬᠡᠮᠵᠢᠭᠦᠷ ᠪᠣᠯᠤᠨ ᠬᠡᠮᠵᠢᠶ᠎ᠡ ᠶᠢᠨ ᠲᠣᠭ᠎ᠠ ᠶᠢᠨ ᠲᠣᠭᠠᠴᠠᠭᠠᠨ ᠤ

ᠭᠠᠷᠤᠯ ᠤᠨ ᠮᠠᠭᠠᠳ ᠤᠨ ᠬᠡᠮᠵᠢᠶ᠎ᠡ ᠶᠢᠨ ᠪᠠᠶᠢᠳᠠᠯ · ᠪᠣᠯᠪᠠᠰᠤᠷᠠᠯ ᠤᠨ ᠬᠡᠮᠵᠢᠶ᠎ᠡ ᠳᠦ ᠬᠠᠮᠢᠶᠠᠷᠤᠯᠬᠤ ᠶᠢᠨ ᠬᠠᠮᠲᠤ ᠮᠣᠩᠭᠣᠯᠴᠤᠳ · ᠬᠡᠮᠡᠵᠦ ᠲᠣᠭᠠᠴᠠᠭᠰᠠᠨ ᠨᠢ ᠮᠣᠩᠭᠣᠯ ᠤᠨ ᠬᠡᠯᠡᠨ ᠦ ᠰᠤᠳᠤᠯᠤᠯ ᠤᠨ ᠬᠡᠮᠵᠢᠶ᠎ᠡ ᠶᠢᠨ ᠳᠦᠷᠢᠮ ᠤᠨ ᠬᠠᠷᠢᠴᠠᠭ᠎ᠠ ᠶᠢ ᠲᠣᠳᠤᠷᠬᠠᠶᠢᠯᠠᠨ ᠨᠣᠲᠠᠯᠠᠭᠰᠠᠨ · ᠮᠣᠩᠭᠣᠯ ᠤᠨ ᠬᠡᠮᠵᠢᠶ᠎ᠡ ᠳᠦ ᠨᠢᠭᠡ ᠭᠠᠷᠤᠯ ᠢ ᠬᠡᠷᠡᠭᠯᠡᠭᠰᠡᠨ ᠪᠠᠷ ᠮᠡᠳᠡᠭᠳᠡᠵᠦ ᠪᠠᠶᠢᠨ᠎ᠠ :: ᠡᠨᠡ ᠨᠢ ᠮᠣᠩᠭᠣᠯ ᠬᠡᠯᠡᠨ ᠦ ᠰᠤᠳᠤᠯᠤᠯ ᠤᠨ ᠬᠡᠮᠵᠢᠶ᠎ᠡ ᠶᠢᠨ ᠳᠦᠷᠢᠮ ᠢ ᠪᠠᠷᠢᠮᠵᠢᠯᠠᠬᠤ ᠳᠤ ᠴᠢᠬᠤᠯᠠ ᠤᠴᠢᠷ ᠲᠠᠢ · ᠮᠣᠩᠭᠣᠯ ᠬᠡᠯᠡᠨ ᠦ ᠰᠤᠳᠤᠯᠤᠯ ᠤᠨ ᠬᠡᠮᠵᠢᠶ᠎ᠡ ᠶᠢ ᠪᠣᠯᠪᠠᠰᠤᠷᠠᠭᠤᠯᠬᠤ ᠳᠤ ᠬᠠᠮᠢᠶᠠᠷᠠᠬᠤ ᠪᠠᠶᠢᠳᠠᠯ ᠢ ᠲᠣᠳᠤᠷᠬᠠᠶᠢᠯᠠᠨ ᠬᠠᠷᠠᠭᠤᠯᠤᠯᠲᠠ ᠶᠢᠨ ᠬᠡᠮᠵᠢᠶ᠎ᠡ ᠲᠠᠢ ᠪᠣᠯᠵᠠᠢ ::

(ᠨᠢᠭᠡ) ᠮᠣᠩᠭᠣᠯ ᠬᠡᠯᠡᠨ ᠦ ᠰᠤᠳᠤᠯᠤᠯ ᠤᠨ ᠬᠡᠮᠵᠢᠶ᠎ᠡ ᠶᠢᠨ ᠲᠦᠯᠬᠢᠭᠦᠷ

ᠪᠠᠶᠢᠭᠤᠯᠤᠯᠲᠠ ᠶᠢᠨ ᠪᠣᠳᠯᠢᠭᠤᠳ ᠤᠨ ᠬᠡᠮᠵᠢᠶ᠎ᠡ ᠶᠢᠨ ᠪᠦᠲᠦᠭᠡᠯ 《 ᠮᠣᠩᠭᠣᠯ ᠬᠡᠯᠡᠨ ᠦ ᠰᠤᠳᠤᠯᠤᠯ ᠤᠨ ᠳᠦᠷᠢᠮ ᠦᠨ ᠬᠡᠮᠵᠢᠶ᠎ᠡ ᠶᠢ ᠬᠠᠷᠢᠴᠠᠭᠤᠯᠤᠯᠲᠠ 》〔5〕 ᠳᠦ ᠮᠣᠩᠭᠣᠯ ᠬᠡᠯᠡᠨ ᠦ ᠲᠣᠭᠠᠴᠠᠭᠰᠠᠨ ᠤ ᠪᠠᠶᠢᠳᠠᠯ ᠢ ᠲᠣᠳᠤᠷᠬᠠᠶᠢᠯᠠᠨ ᠨᠣᠲᠠᠯᠠᠭᠰᠠᠨ · ᠮᠣᠩᠭᠣᠯ ᠬᠡᠯᠡᠨ ᠦ 5 ᠤᠳᠠᠭ᠎ᠠ · 121 ᠪᠠᠶᠢᠷᠢ ᠤᠳᠠᠭᠠᠯᠠ · ᠰᠤᠳᠤᠯᠤᠯ ᠤᠨ ᠬᠡᠮᠵᠢᠶ᠎ᠡ ᠶᠢᠨ 6 ᠤᠳᠠᠭ᠎ᠠ · 262 ᠪᠠᠶᠢᠷᠢ ᠤᠳᠠᠭᠠᠯᠠ ᠪᠢᠴᠢᠭᠰᠡᠨ ᠬᠡᠷᠡᠭᠯᠡᠭᠰᠡᠨ · ᠪᠠᠷᠤᠭ ᠳᠤ ᠬᠠᠮᠤᠭ ᠤᠨ ᠦᠭᠡ ᠶᠢᠨ 7 ᠤᠳᠠᠭ᠎ᠠ · 198 ᠪᠠᠶᠢᠷᠢ ᠤᠳᠠᠭᠠᠯᠠ · ᠭᠤᠷᠪᠠᠨ ᠨᠢ ᠬᠡᠮᠵᠢᠶ᠎ᠡ ᠶᠢᠨ ᠲᠣᠭ᠎ᠠ ᠶᠢ ᠨᠢ ᠮᠣᠩᠭᠣᠯᠴᠤᠳ ᠬᠡᠷᠡᠭᠯᠡᠭᠳᠡᠭᠰᠡᠨ ᠪᠠᠶᠢᠳᠠᠯ ᠶᠢ ᠬᠠᠷᠢᠴᠠᠭᠤᠯᠵᠤ ᠪᠠᠶᠢᠨ᠎ᠠ :: ᠲᠡᠷᠡ ᠨᠢ

ᠵᠢ ᠬᠡᠷᠡᠭᠯᠡᠭᠡᠨ ᠦ᠌ ᠳᠠᠪᠲᠠᠮᠵᠢ ᠶ᠋ᠢᠨ ᠬᠡᠮᠵᠢᠭᠳᠡᠬᠦᠨ ᠳᠦ ᠰᠤᠷᠤᠯᠴᠠᠭᠴᠢᠳ ᠤ᠋ᠨ ᠬᠡᠷᠡᠭᠯᠡᠭᠡᠨ ᠢ ᠰᠢᠨᠵᠢᠯᠡᠪᠡ ᠃ ᠰᠢᠨᠵᠢᠯᠡᠭᠡᠨ ᠦ᠌ ᠦᠷ᠎ᠡ ᠳ᠋ᠦ᠍ᠩ ᠳᠦ ᠬᠡᠷᠡᠭᠯᠡᠭᠡᠨ ᠦ᠌ ᠳᠠᠪᠲᠠᠮᠵᠢ ᠶ᠋ᠢᠨ ᠪᠣᠳᠠᠳ ᠬᠡᠮᠵᠢᠭᠳᠡᠬᠦᠨ ᠢ ᠲᠣᠭᠠᠴᠠᠪᠠ ᠃ ᠲᠡᠷᠡ ᠨᠢ ᠪᠣᠳᠠᠳ ᠤ᠋ᠨ ᠰᠢᠨᠵᠢ ᠴᠢᠨᠠᠷ ᠢ ᠬᠡᠮᠵᠢᠭᠳᠡᠬᠦᠨ ᠳᠦ ᠰᠢᠨᠵᠢᠯᠡᠭᠰᠡᠨ ᠳᠦ ᠬᠡᠷᠡᠭᠯᠡᠭᠡᠨ ᠦ᠌ ᠳᠠᠪᠲᠠᠮᠵᠢ ᠶ᠋ᠢᠨ 4 ᠳᠤᠭᠠᠷ ᠳᠡᠰ ᠦ᠋ᠨ ᠬᠡᠮᠵᠢᠭᠳᠡᠬᠦᠨ ᠦ᠌ ᠲᠣᠭ᠎ᠠ ᠨᠢ 31 ᠬᠦᠷᠦᠭᠰᠡᠨ ᠪᠠᠢᠨ᠎ᠠ 《 ᠪᠣᠳᠠᠳ ᠤ᠋ᠨ ᠪᠣᠳᠠᠳ ᠬᠡᠮᠵᠢᠭᠳᠡᠬᠦᠨ ᠦ᠌ ᠰᠢᠨᠵᠢᠯᠡᠯ 》〔6〕 ᠳᠦ ᠪᠣᠳᠠᠳ ᠤ᠋ᠨ ᠬᠡᠮᠵᠢᠭᠳᠡᠬᠦᠨ ᠢ ᠲᠣᠭᠠᠴᠠᠭᠰᠠᠨ ᠳᠦ ᠬᠡᠷᠡᠭᠯᠡᠭᠡᠨ ᠦ᠌ ᠳᠠᠪᠲᠠᠮᠵᠢ ᠶ᠋ᠢᠨ ᠬᠡᠮᠵᠢᠭᠳᠡᠬᠦᠨ ᠦ᠌ ᠲᠣᠭᠠᠴᠠᠯ ᠤ᠋ᠨ ᠰᠢᠨᠵᠢᠯᠡᠯ ᠢ ᠬᠡᠷᠡᠭᠯᠡᠭᠡᠨ ᠦ᠌ ᠳᠠᠪᠲᠠᠮᠵᠢ ᠶ᠋ᠢᠨ ᠪᠣᠳᠠᠳ ᠤ᠋ᠨ ᠬᠡᠮᠵᠢᠭᠳᠡᠬᠦᠨ ᠦ᠌ ᠵᠢᠱᠢᠶᠡᠯᠡᠪᠡᠯ

(ᠵᠢᠱᠢᠶ᠎ᠡ) ᠬᠡᠷᠡᠭᠯᠡᠭᠡᠨ ᠦ᠌ ᠳᠠᠪᠲᠠᠮᠵᠢ ᠶ᠋ᠢᠨ ᠪᠣᠳᠠᠳ ᠤ᠋ᠨ ᠬᠡᠮᠵᠢᠭᠳᠡᠬᠦᠨ ᠦ᠌ ᠵᠢᠱᠢᠶᠡᠯᠡᠪᠡᠯ

ᠳᠡᠯᠭᠡᠬᠦ (Nbba1128) : ᠪᠠᠭᠤᠯᠭᠠᠬᠤ ᠂ ᠬᠠᠮᠢᠭᠠᠯᠠᠬᠤ ᠂ ᠰᠠᠭᠤᠯᠭᠠᠬᠤ ᠂ ᠰᠢᠯᠵᠢᠭᠦᠯᠬᠦ ᠂ ᠲᠠᠯᠪᠢᠬᠤ

ᠪᠤᠯᠭᠠᠬᠤ ᠬᠡᠮᠵᠢᠭᠳᠡᠬᠦ (Nbba1127) : ᠬᠣᠣᠰ ᠂ ᠪᠠᠭᠴᠠ ᠂ ᠰᠡᠭᠦᠯ ᠂ ᠪᠣᠭᠣᠳᠠᠯ ᠂ ᠪᠣᠭᠳᠠ ᠂ ᠰᠤᠷᠭᠠᠯ ᠂ ᠮᠢᠩᠭ᠎ᠠ

ᠰᠢᠳᠬᠦ ᠬᠠᠷᠢᠴᠠᠬᠤ (Nbba1126) : ᠬᠤᠤᠰ ᠂ ᠪᠠᠭᠠᠰ ᠂ ᠪᠤᠭᠤᠳᠠᠭᠠᠰ ᠂ ᠰᠢᠷᠭᠢᠭᠤᠯᠤᠯᠲᠠ ᠂ ᠮᠢᠩᠭᠠᠳᠤᠯᠭᠠᠰ

ᠪᠠᠭ᠎ᠠ ᠶ᠋ᠢᠨ ᠠᠩᠭᠢᠯᠠᠬᠤ (Nbba1125) : ᠠᠩᠭᠢᠯᠠᠬᠤ ᠂ ᠰᠢᠯᠭᠠᠬᠤ ᠂ ᠪᠤᠯᠭᠠᠬᠤ ᠂ ᠬᠤᠪᠢᠶᠠᠬᠤ ᠂ ᠬᠤᠪᠢᠶᠠᠷᠢᠯᠠᠬᠤ

ᠲᠣᠭ᠎ᠠ ᠪᠣᠳᠣᠬᠤ (Nbba1124) : ᠰᠠᠭᠤᠯ ᠂ ᠪᠣᠯᠭᠠᠨ ᠂ ᠪᠠᠭᠤᠯ ᠂ ᠰᠢᠯᠵᠢᠭᠦᠯᠦᠭᠰᠡᠨ ᠂ ᠪᠤᠰᠤᠳᠤᠭᠤᠯᠤᠭᠰᠠᠨ ᠂ ᠲᠣᠭ᠎ᠠ

ᠰᠢᠯᠢᠬᠤ ᠬᠠᠷ᠎ᠠ (Nbba1123) : ᠰᠠᠷᠠᠭᠤᠯ ᠂ ᠬᠣᠷᠢ ᠂ ᠪᠣᠭᠤᠳᠠᠢ ᠂ ᠭᠠᠯᠠᠰ ᠂ ᠪᠣᠭᠤᠳᠠᠯ ᠂ ᠪᠢᠴᠢᠬᠦᠦᠨ

ᠨᠡᠮᠡᠬᠦ ᠶ᠋ᠢᠨ (Nbba1122) : ᠰᠤᠭᠤᠯ ᠂ ᠬᠣᠭᠤᠯ ᠂ ᠭᠠᠭᠤᠯ ᠂ ᠬᠠᠭᠤᠷᠯᠠᠬᠤ ᠂ ᠲᠤᠰᠢᠶ᠎ᠠ

ᠳᠡᠯᠭᠡᠬᠦ (Nbba1121) : ᠬᠠᠷ᠎ᠠ ᠂ ᠬᠣᠷ᠎ᠠ ᠂ ᠰᠠᠷᠠᠭᠤᠯ ᠂ ᠬᠣᠭᠤᠯᠠᠨ ᠂ ᠰᠢᠯᠠᠭᠤᠨ ᠂ ᠰᠢᠯᠠᠭ

ᠪᠤᠰᠤᠳ ᠬᠡᠮᠵᠢᠭᠳᠡᠬᠦ ᠲᠣᠭᠠᠴᠠᠯ ᠪᠣᠳᠣᠯᠭ᠎ᠠ ᠬᠡᠷᠡᠭᠯᠡᠭᠡᠨ ᠦ᠌ ᠳᠦ ᠶ᠋ᠢ ᠬᠡᠮᠵᠢᠭᠳᠡᠬᠦᠨ ᠪᠠᠢᠨ᠎ᠠ ᠃

ᠭᠠᠵᠠᠷ ᠤ᠋ᠨ ᠬᠡᠷᠡᠭᠯᠡᠭᠡᠨ ᠦ᠌ ᠪᠣᠳᠠᠳ ᠤ᠋ᠨ ᠨᠡᠷᠡᠢᠳᠦᠯ ᠃ ᠲᠣᠭᠠᠴᠠᠭᠰᠠᠨ ᠬᠠᠷ᠎ᠠ ᠶ᠋ᠢᠨ ᠳᠡᠯᠭᠡᠬᠦ ᠶ᠋ᠢᠨ ᠪᠣᠯᠤᠨ ᠰᠢᠨᠵᠢᠯᠡᠭᠡᠨ (ᠵᠢᠱᠢᠶ᠎ᠡ ᠨᠢ Nbba112) ᠶ᠋

B0LBACV/Cr} ,/Wp1 HOGERUHUI/Ac JAYILAGVL/Is HOMON/Ne1/ (Nbba1)—U/ {hvb GER/Ne1} B0LG_A/Ve1+JV/Fn1 DAD/Ve2+V/Zv1+GSAN/Ft11/ (Vgu6) {don +JU/Fn1 {uij EJEGUI/Ac/ (Aoo2) HEGER_E/Ne2/ (Nob1)—BER/Fc51/ (Nob22)} /Ne1 TERGE/Ne1/ (Nbbu211)—BER/Fc51}{ham NOHOR/Ne1/ (Nbba1127)} HI/Ve1 {OS/Ve2+HU/Ft12/ (Vsh7) NASV/Ne1+N/Zx / (Nbba1122)—ACA/Fc41}{bag UHER MUI/Fs22 ./Wp1 {sed []L0BSANG/Nt/ (Nbba1123) } {don HEDUI/Ra—BER/Fc51} (Vhl1) BURI/Gx} {uij TEGUN/Rb—U/Fc12} AGVR/Ne2 HUR/Ve2+U/Zv1/ (Vgu1)+ HURENG/Ac/ (Abu) $AR/Ne1/ (Nbba22622)—VN/Fc11 HA$ANGNA/Ve2+HV/Ft12/ —VN/Fc11 SEDHIL/Ne2/ (Nvh) } VYIDHARLA/Ve2+JV/Fn1/ (Vgu3) {Tog HIHVNA/Ve2+HV/Ft12/ (Vhd3) TVTVM/Gh} {uij []L0BSANG/Nt1/ (Nbba1123)

{tog HASAG/Ne1/ (Nbbu211) TERGE/Ne1+N/Zx/ (Nbbu211) —U/Fc12

[illegible] :

[illegible]

[illegible] 31 [illegible]

[illegible] 4 [illegible]

[illegible] 《 [illegible] 》 [illegible] — [illegible] 《 [illegible] 》 [illegible] 《 [illegible] 》 [illegible] — [illegible] 《 [illegible] 》 [illegible] — [illegible]

[illegible] · sil : [illegible] · don : [illegible] ([illegible]) [illegible] · uij : [illegible] · sed : [illegible] · cag : [illegible] · bag : [illegible] · ham : [illegible] · hvb : [illegible] · hur : { } [illegible] ([illegible] · [illegible] tog : [illegible] · Van1 : [illegible] · Nc : [illegible] · Vgh1 : [illegible]) [illegible] · Nob22 : [illegible] · Vgu6 : [illegible] · Nbba1 : [illegible] · Vhu2 : [illegible] · Nbba1122 : [illegible] · Nbba1127 : [illegible] · Aoo2 : [illegible] · Nob1 : [illegible] · Nbba22622 : [illegible] · Vhl1 : [illegible] · Vgu1 : [illegible] · Vsh7 : [illegible] · Nbba1123 : [illegible] · Nvh : [illegible] · Vgu3 : [illegible] · Abu : ( ) [illegible] ([illegible] · [illegible] Nbbu211 : [illegible] · Vhd3 :

[illegible] 《 / 》 [illegible]

Fc21} ULU/Su HUSE/Ve1+MUI/Fs22/ (Vgh1) ./Wp1

CAD/Ve2+HV/Ft12/ (Van1) CAG/Ne1/ (Nc)−I/Fc31}{sil YAGV/Ra+N/Zx−DV/

Fc12 UR_E/Ne1/ (Nbba1127) {don TVLA/Gs}{hur AMARA/Ve2+HV/Ft12/ (Vhu2)

ᠭᠠᠷᠭᠠᠭᠰᠠᠨ ᠴᠤ ᠬᠡᠯᠡᠪᠡ ᠲᠣᠭᠠᠨ ᠤ ᠭᠠᠷᠭᠠᠭᠰᠠᠨ ᠢ ᠪᠣᠯᠪᠠᠰᠤᠷᠠᠭᠤᠯᠬᠤ ᠳᠤ ᠲᠣᠭᠠᠴᠠᠭᠰᠠᠨ ᠲᠣᠭᠠᠨ ᠤ ᠮᠡᠳᠡᠭᠡ ᠬᠣᠶᠠᠷ ᠲᠣᠭᠠᠨ ᠤ ᠬᠠᠷᠢᠴᠠᠭ᠎ᠠ ᠪᠠ ᠬᠡᠷᠡᠭᠯᠡᠭᠡ ᠶᠢ ᠪᠣᠳᠣᠯᠴᠠᠭᠤᠯᠤᠭᠰᠠᠨ ᠪᠠᠶᠢᠨ᠎ᠠ ::

ᠨᠣᠮᠯᠠᠯ :

〔1〕ᠰᠤᠳᠤᠪ ᠳᠠᠷᠤᠭ᠎ᠠ : 《〈ᠵᠠᠩᠭᠠᠷ ᠣᠳᠣᠨ ᠬᠠᠰ〉 ᠤᠨ ᠬᠡᠯᠡᠨ ᠦ ᠲᠣᠭᠠᠴᠠᠭᠠᠨ ᠤ ᠪᠠᠶᠢᠭᠤᠯᠤᠯᠲᠠ ᠶᠢᠨ ᠰᠤᠳᠤᠯᠤᠯ》, ᠥᠪᠦᠷ ᠮᠣᠩᠭᠣᠯ ᠤᠨ ᠶᠡᠬᠡ ᠰᠤᠷᠭᠠᠭᠤᠯᠢ ᠶᠢᠨ ᠮᠠᠭᠢᠰᠲ᠋ᠷ ᠤᠨ ᠲᠡᠭᠦᠰᠦᠯᠲᠡ ᠶᠢᠨ ᠥᠭᠦᠯᠡᠯ, 2016 ᠣᠨ ::

〔2〕ᠰᠠᠷᠠᠨᠭᠤᠯ : 《〈ᠮᠣᠩᠭᠣᠯ ᠤᠨ ᠨᠢᠭᠤᠴᠠ ᠲᠣᠪᠴᠢᠶᠠᠨ〉 ᠤᠨ ᠬᠡᠯᠡᠨ ᠦ ᠲᠣᠭᠠᠴᠠᠭᠠᠨ ᠤ ᠪᠠᠶᠢᠭᠤᠯᠤᠯᠲᠠ ᠶᠢᠨ ᠰᠤᠳᠤᠯᠤᠯ》, ᠥᠪᠦᠷ ᠮᠣᠩᠭᠣᠯ ᠤᠨ ᠶᠡᠬᠡ ᠰᠤᠷᠭᠠᠭᠤᠯᠢ ᠶᠢᠨ ᠮᠠᠭᠢᠰᠲ᠋ᠷ ᠤᠨ ᠲᠡᠭᠦᠰᠦᠯᠲᠡ ᠶᠢᠨ ᠥᠭᠦᠯᠡᠯ, 2017 ᠣᠨ ::

〔3〕ᠪᠠᠶᠠᠷᠮᠠ : 《〈ᠮᠣᠩᠭᠣᠯ ᠬᠡᠯᠡᠨ ᠦ ᠲᠣᠭᠲᠠᠭᠠᠯ〉 ᠤᠨ ᠬᠡᠯᠡᠨ ᠦ ᠲᠣᠭᠠᠴᠠᠭᠠᠨ ᠤ ᠪᠠᠶᠢᠭᠤᠯᠤᠯᠲᠠ ᠶᠢᠨ ᠰᠤᠳᠤᠯᠤᠯ》, ᠥᠪᠦᠷ ᠮᠣᠩᠭᠣᠯ ᠤᠨ ᠶᠡᠬᠡ ᠰᠤᠷᠭᠠᠭᠤᠯᠢ ᠶᠢᠨ ᠮᠠᠭᠢᠰᠲ᠋ᠷ ᠤᠨ ᠲᠡᠭᠦᠰᠦᠯᠲᠡ ᠶᠢᠨ ᠥᠭᠦᠯᠡᠯ, 2018 ᠣᠨ ::

〔4〕茜沁 : 《蒙古语多义动词语义频率词典库的构建研究》，内蒙古大学硕士学位论文，2020年。

〔5〕〔6〕ᠥᠪᠦᠷ ᠮᠣᠩᠭᠣᠯ ᠤᠨ ᠶᠡᠬᠡ ᠰᠤᠷᠭᠠᠭᠤᠯᠢ ᠶᠢᠨ ᠮᠣᠩᠭᠣᠯᠴᠤᠳ ᠤᠨ ᠬᠡᠯᠡᠯᠴᠡᠭᠡᠨ ᠦ ᠰᠤᠳᠤᠯᠤᠯ ᠤᠨ ᠬᠦᠷᠢᠶᠡᠯᠡᠩ 2016 ᠣᠨ ᠤ ᠥᠪᠦᠷ ᠮᠣᠩᠭᠣᠯ ᠤᠨ ᠪᠠᠭᠰᠢ ᠶᠢᠨ ᠶᠡᠬᠡ ᠰᠤᠷᠭᠠᠭᠤᠯᠢ ᠶᠢᠨ ᠬᠡᠯᠡ ᠪᠢᠴᠢᠭ ᠦᠨ ᠰᠤᠳᠤᠯᠤᠯ ᠤᠨ 《ᠮᠣᠩᠭᠣᠯ ᠬᠡᠯᠡ ᠪᠢᠴᠢᠭ》 ᠰᠡᠳᠬᠦᠯ ᠦᠨ ᠰᠢᠨᠵᠢᠯᠡᠭᠡᠨ ᠦ ᠪᠦᠳᠦᠭᠦᠯᠡᠯ ᠦᠨ ᠪᠠᠶᠢᠳᠠᠯ ::

[illegible]

[illegible]

*

[illegible]

*

2024 ᠣᠨ ᠤ 10 ᠰᠠᠷ᠎ᠠ ᠳᠤ [illegible]

2024 ᠣᠨ ᠤ 10 ᠰᠠᠷ᠎ᠠ ᠳᠤ [illegible]

[illegible] : 100013

[illegible] : (010) 58130062 58130914

[illegible] : 48.00 [illegible]

图书在版编目（CIP）数据

语料库语言学理论与实践基础知识 : 蒙古文 / 海银花等编著 . -- 北京 : 民族出版社 , 2024. 6. -- ISBN 978-7-105-17287-0

Ⅰ . H03

中国国家版本馆 CIP 数据核字第 2024TR1356 号

作　　者：海银花　达胡白乙拉　包敏娜　包艳花
　　　　　玉荣　吴金星　额尔敦朝鲁　阿荣娜
责任编辑：秀 兰
责任校对：华 荣
封面设计：金 晔

出版发行：民族出版社
地址：北京市和平里北街 14 号
邮编：100013
网址：http://www.mzpub.com
印刷：北京中石油彩色印刷有限责任公司
经销：各地新华书店
版次：2024 年 10 月第 1 版　2024 年 10 月北京第 1 次印刷
开本：880 毫米 × 1230 毫米　1/32
字数：250 千字　印张：10.125
定价：48 .00 元
ISBN　978-7-105-17287-0 /　H · 1254（蒙 85）

该书若有印装质量问题，请与本社蒙文发行科联系退换。
蒙文室电话：010 - 58130062　蒙文发行科电话　010 - 58130914

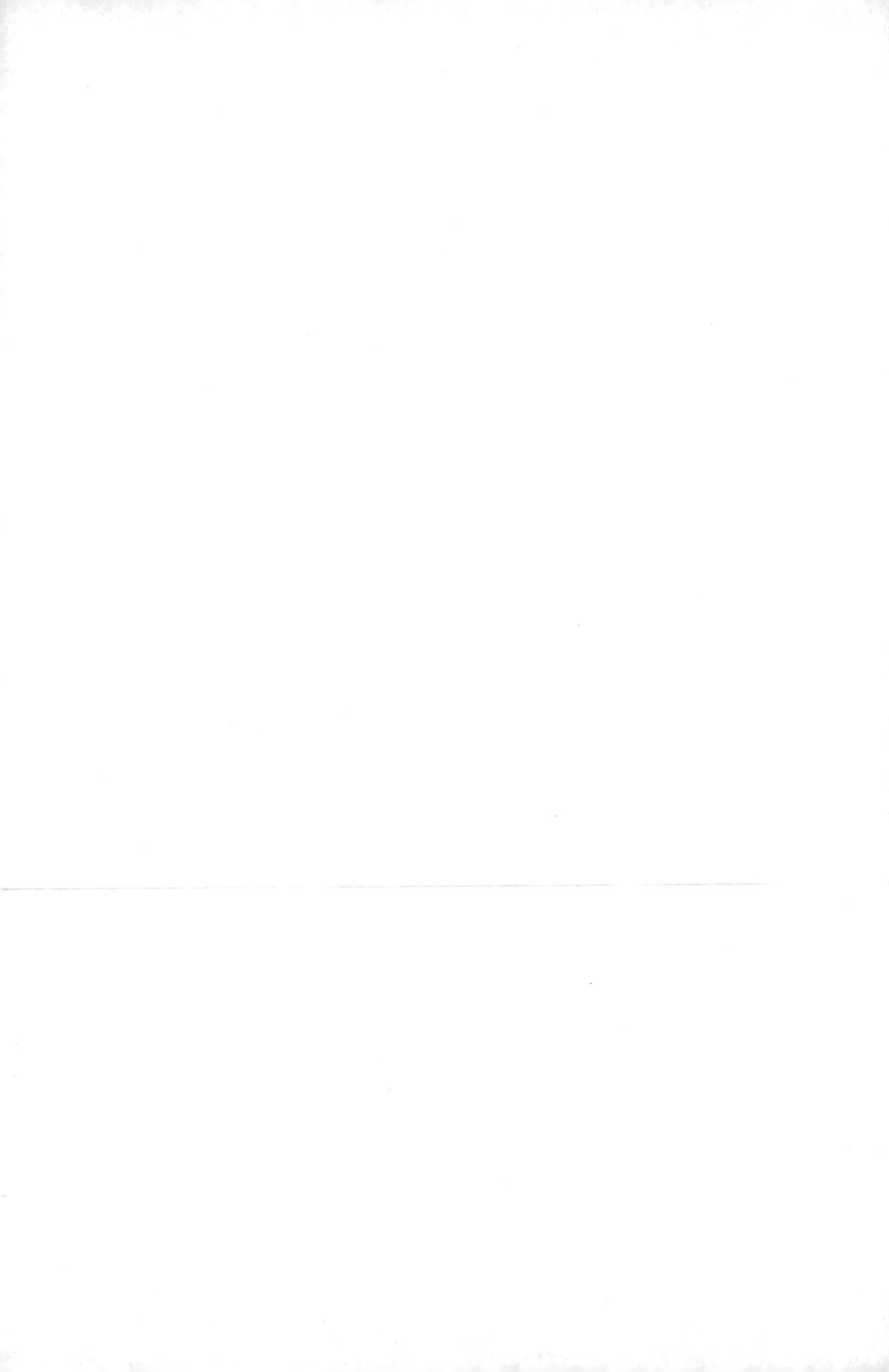